U0908519

公共管理学

PUBLIC MANAGEMENT

主　编　李国正
副主编　徐晓雯　何　琴
曹惠民　李京华
张　宁　张　克
梁　誉　蒋敏娟

首都师范大学出版社
CAPITAL NORMAL UNIVERSITY PRESS

图书在版编目（CIP）数据

公共管理学 / 李国正主编. —北京：首都师范大学出版社，2018. 8（2024. 1 重印）

ISBN 978-7-5656-4769-7

Ⅰ. ①公… Ⅱ. ①李… Ⅲ. ①公共管理-教材 Ⅳ. ①D035-0

中国版本图书馆 CIP 数据核字（2018）第 176020 号

GONGGONG GUANLIXUE

公共管理学

主编　李国正

责任编辑　张成水

首都师范大学出版社出版发行

地　址　北京西三环北路 105 号

邮　编　100048

电　话　68418523（总编室）　68982468（发行部）

网　址　http://cnupn.cnu.edu.cn

印　刷　河北赛文印刷有限公司

经　销　全国新华书店

版　次　2018 年 8 月第 1 版

印　次　2024 年 1 月第 3 次印刷

开　本　787mm×1092mm　1/16

印　张　42. 5

字　数　790 千字

定　价　89. 00 元

版权所有　违者必究

如有质量问题　请与出版社联系退换

序

从学科发展来看，公共管理学（公共行政学、行政管理学）在产生和发展的过程中，从政治学、行政法学、经济学、企业管理学、社会学、心理学等学科借鉴了大量的理论和方法。从一定意义上讲，公共管理学是一门借用的学科，也是一门综合性的学科。从学科设置来看，公共管理学是从政治学中分化而来的，因此，公共管理学与政治学的关系非常密切，国内很多院校的公共管理学和政治学都是设置在同一个院系。所以说，公共管理学来源于政治学，公共管理学也研究政治学所研究的一些问题，公共管理学的研究者也应该懂得政治学的一些理论和研究方法。

从广义上讲，公共管理学作为一门学科，自产生以来对于推动政府改革和发展做出了重要的贡献。公共管理学所研究的核心问题就是“政府与市场关系”，具体而言，就是政府应该做哪些事情、能做哪些事情，市场应该做哪些事情、能做哪些事情。随着外部环境的变化，政府与市场的关系定位也是在变化发展的。中华人民共和国成立以来，我国的“政市”关系就经历了数次的变化，十八大以来进一步将其定义为“让市场在资源配置中起决定性作用，更好地发挥政府的作用”。那么，今后随着我国市场经济的不断完善，政府与市场的关系也会有进一步的演变和发展，这都是符合经济社会发展规律的，也是经济社会发展的需要。

目前，国内研究公共管理学的学者队伍不断壮大，改革开放以来，相关的教材也有很多，每一本教材都从不同的角度、框架对公共管理学的知识进行了尽可能完善、详尽的梳理和总结。本书的独特之处在于，它不但较为清晰地梳理了公共管理学的框架和相关模块的内在逻辑关系，而且对十八大以来政府改革的热点进行了较为详尽的分析和总结，是目前国内公共管理学教材中不可多得的一部佳作。

对于很多公共管理学的初学者或者爱好者来说，本书无疑可以更好地引导各位了解公共管理学的学科框架、政府的起源和发展、政府体制、政府运作流程、政府监督及政府改革与发展等方面的知识。我相信，本书的出版，将推进我国公共管理学科理论研究的发展和国家治理体系的进一步完善。

黄恒学教授

2016 年 1 月 1 日于北大燕园

前 言

这本教材是在中国共产党第十八次全国代表大会召开之后开始编写的，十八届五中全会之后编写完成，并于中国共产党第十九次全国代表大会召开之后进行了修订。可以说，这本书的编写是中国进入“新常态”之后，在习近平新时代中国特色社会主义思想指导下撰写并修订完成的，所以突出了未来中国政府改革的趋势和方向。与此同时，本书对于十八大以来关于政府改革及社会管理模式创新等热点问题也给予了足够的重视。

本书在编写过程中，一方面力争能够更加通俗易懂地展现公共管理学的知识脉络，另一方面也在努力用公共管理学相关知识分析现实的政府改革问题和社会管理问题，进而期待能够让读者朋友更加容易地把握公共管理学科的基本知识和框架结构。

对比国内其他权威公共管理学教材，本书的特点主要有以下几个方面：一是对十八大以来的热点问题涉及较多，能够让读者更加明晰地把握热点问题的分析思路；二是编者在写作过程中力争站在初学者的视角去组织语言，所以每章节的语言比较通俗易懂；三是本书的逻辑架构从政府由来出发，依次介绍了政府存在的基础、政府体制、政府运作流程、政府监督、政府改革与发展，逻辑清晰，知识点全面；四是在每章节中都有承上启下的逻辑关系说明，方便读者理解每章节的内在关系和整个学科体系的架构。

从整本书的框架来看，大概可以分为以下四个部分：

第一部分讲述的是政府的由来与发展、政府与政党关系以及政府体制。政府的由来与发展讲述了政府机关由小到大，由“小政府”到“行政国家”的演变历程，以及自伍德罗·威尔逊 1887 年发表《行政学之研究》以来，公共管理学相关理论的演进历程。政府与政党关系主要讲述了政党制度、西方政党与政府关系以及中国共产党领导下的中国政府。政府体制包括了政府职能、权力、宏观层面的行政组织和微观层面的行政领导（者）等章节。其中，职能是政府存在的前提，是公共管理学科研究的核心；权力是政府存在的基础，也是政府职能得以履行的保证，所以职能和权力可以合称为“职权”，二者不可分割。我们还应该认识到，权力是一种客观的存在，无所谓好坏，所以行政权力本身是既不会做好事也不会做坏事的，只有将行政权力赋予某一个群体或者个人，它才能真正发挥出作用。行政权力赋予某一个群体或者个人的过程，就是行政权力的“人格化”，被赋予权力的人就是行政领导（者），这个精英群体就是领导层或者管理层。但是，行政领导拥有了行政权力之后，也必须逐步构建一个趋近完善的组织，来帮助领导决策和执行具体的任务，这一个群体就构成了政府组织。在政府组织中，每个领导者都会竭尽全力去挖掘组织的潜力，激发组织的能动性，进而提高组织效率。这个目标的实现就需要依靠人力资源管理，也就是人事行政。

第二部分讲述的是政府的运作流程和工作方法，包括政府决策、政策的执行、执行的方法、行政效率及绩效考核等内容。在第一部分中，我们掌握了政府体制的构造，那么，一个逐渐完善的政府体制存在的目的就是履行职能，包括经济管理职能和社会管理职能，这个职能履行的主要方式就是政策的制定和执行。当然，在一些特殊时期，政府甚至会直接承担经济职能和社会职能，比如计划经济时期。但是，随着市场（企业）的完善和社会（社区）的发展，政府的很多经济职能和社会职能被剥离，更多的是从事宏观管理，而不是直接提供产品和服务。让市场“法无禁止即可为”，让政府“法无授权不可为”。此外，在政府制定政策和执行政策的过程中，必须讲究一定的方法和程序（行政方法），这样才能更有效率（行政效率），才能更加体现公平和正义。

第三部分讲述的是对政府的监督。因为政府自产生之后，权力不断膨胀，并且政府的触角已经伸展到了经济、社会等各个领域，随时都有侵犯私权的可能，所以要对政府进行约束，对政府的约束就包括了法律制度约束（有法可依）、监督（有法必依）、奖惩责罚（违法必究）、伦理制度等。十八大以后，政府改革的一个重要趋势就是法治化，何为政府法治化，何为法治化政府，何为依法行政，如何做到依法行政，就成了公共管理学研究与学界关注的重点。要回答这些问题，关键是抓住“法律”“监督”“责任”“透明化”“伦理”几个关键词。

第四部分讲述的是政府改革与发展。政府自产生到现在，承担了很多的经济社会管理职能，但是很多问题也逐步凸显出来，比如效率低下、机构臃肿、决策迟缓、官僚化等，所以，为了适应经济社会的发展，政府必须不断地进行改革。政府的改革一方面涉及的是自身不良现象，另一方面涉及的是政府经济社会管理重心的转变、管理方式方法的转换等。

所以，对于初学者来说，在通读本书前，或者在学习公共管理这门学科之前，必须掌握这门学科的框架和内在的逻辑关系，这是学习和掌握公共管理学最关键的。这个框架和内在逻辑关系也正是本书的特点和价值之一。

值得一提的是，这本教材汇集了北京大学、清华大学、中国人民大学、中国人民公安大学等诸多国内名校教师和博士的智慧，可以说是进入公共管理学殿堂必不可缺的一本书。具体而言，本书编写工作的安排如下：

第一、三、五、十二、二十章	李国正	北京工业大学
第二、十一章	张　宁	中国人民公安大学
第四章	宋　萌	北京工业大学
第六、十四章	高　波	中国传媒大学
第七章	郭佳良	西南交通大学
第八章	张　克	中央党校（国家行政学院）
第九章	李京华	山西师范大学
第十章	梁　誉	南京财经大学
第十三章	徐晓雯	山东财经大学
第十五章	何　琴	湖南师范大学
第十六、十七章	曹惠民	中国矿业大学（徐州）
第十八、十九章	蒋敏娟	中国社会科学院大学

本书的编写得到了北京大学政府管理学院黄恒学教授的指导，黄教授为本书

提出了大量宝贵的意见和建议。此外，本书在编写过程中还得到了北京大学、清华大学、中国人民大学、中国人民公安大学、北京工业大学、中国矿业大学（北京）等院校博士研究生、硕士研究生（含MPA、MBA）同学的帮助和支持，在此表示感谢！同时也要感谢北京工业大学经济与管理学院副院长艾小青老师、研究生办公室胡波老师以及MPA中心郭宏伟老师等在本书编写过程中所提供的帮助和支持！北京工业大学2015级MPA班同学对书中案例所做出的贡献为这本教材增色很多。

目录

第一章　绪　论

牢骚太盛防肠断，风物长宜放眼量。　　——毛泽东《七律·和柳亚子先生》

见善如不及，见不善如探汤。　　——《论语·季氏篇》

不畏浮云遮望眼，自缘身在最高层。　　——王安石《登飞来峰》

战略上最重要而又最简单的准则是集中兵力。

——卡尔·冯·克劳塞维茨《战争论》

在封建社会，我们很难想象国家机器（政府）会像今天这样庞大，也很难想象我们的衣食住行、生老病死都和它有着千丝万缕的关系。在封建社会，绝大多数人每天过着“男耕女织”的简单、封闭生活，日出而作、日落而息，人们的经济、社会生活更多地受到乡规民约的规范，很多人一生可能都不曾走出过自己土生土长的村落、乡镇，真可谓“鸡犬之声相闻，民至老死，不相往来”①；同时，国家机器的职责主要是“对外抵御侵略，对内征税、征兵以及维护社会公正”②。然而，伴随着自给自足的自然经济解体以及工商业经济的发展，公共组织逐步壮大、政府职能逐渐扩展，为公共管理学的产生与发展奠定了丰沃的土壤。

第一节　公共管理学概述

一、政府的起源、发展与内涵

政府从哪里来的？为什么要有政府？政府有什么用？这些问题，困扰了古今中

① 出自《道德经·第八十章》。

② 亚当·斯密．国富论［M］．孙善春，李春长译．北京：中国华侨出版社，2010.

外的无数知识分子，百思不得其解。从爱琴海到中土神州，从古希腊罗马到春秋战国，从柏拉图、亚里士多德等西方先贤到孟子、荀子等东方哲人，政府的起源问题一直萦绕于轴心时代的哲学家们心中。到了十七、十八世纪，文艺复兴、启蒙运动带来的理性主义的发展，促使洛克、卢梭、霍布斯等哲学家们对政府起源这一问题进行更深层次的进一步思考，也正是这一社会转型时期，涌现出了无数优秀的政治哲学理论，对于这一系列问题进行了不同层次、不同角度的回答。下面，本书将对古今中外具有代表性的关于政府起源的学说进行介绍与概述，并于下文介绍政府的发展。

（一）政府的起源

关于政府起源问题，可以先按照创造主体的不同大致分为神创论和自创论。

1. 神创论

秉持神创论观点的学者一般认为，神创造世间万物，包括人类组织中的政府。如罗马帝国时期的神学家和哲学家奥古斯丁就曾说过：“除了上帝以外，别无权力。”[①] 在其名著《上帝之城》中，他把上帝创造的城市分为两种：一种是由受上帝宠爱的信徒组成的“上帝之城”，另一种是由被上帝遗弃的人所组成的“世俗之城”，人类会在上帝创造的“上帝之城”中得到救赎。在奥古斯丁的世界观里，不管是“上帝之城”还是“世俗之城”都由上帝所创造，其中的政府都是承受上帝的意志来统治其市民的。奥古斯丁关于政府起源的学说带有典型的神创论的色彩。到了中世纪，奥古斯丁的神创论得到了进一步的发展，其中尤以托马斯·阿奎那的思想最具代表性。托马斯·阿奎那是经院哲学的代表性人物，他创造性地把理性引入神学，利用自然法的一系列准则来论证“神创论”；同时他也是自然神学最早的提倡者。托马斯·阿奎那在其宏篇巨著《神学大全》中提出“所有权柄尽出于神”[②]等观点，既是对奥古斯丁等罗马帝国时期的思想家的理论体系的继承和集大成者，更是对神创论的发扬。托马斯·阿奎那认为，人世间所有的权力都来自于上帝，其中包括政府的公权力在内；而政府，自然是由上帝所创造的。在东方，关于政府的起源问题也不乏神创论的观点。比如，西汉时期的思想家、政治家董仲舒就在与汉武帝的“天人三策”当中提出了著名的“君权神授”[③]，认为君主的权力来自于天命，而君主所组建的政府自然也源于天命。董仲舒的“君权神授”学说，为当时的

① 奥古斯丁．上帝之城：驳异教徒［M］．吴飞译，上海：上海三联书店，2008.

② 托马斯·阿奎那．神学大全［M］．北京：商务印书馆，2013.

③ 张强．董仲舒的天人理论与君权神授［J］．江西社会科学，2002（2）：5.

政府塑造统治权力上的合法性提供了坚实的法理基础。

2. 自创论

与神创论所认为的政府由神、上帝或虚无缥缈的天命所建立的观点不同，持自创论观点的学者坚信政府是由人类自己所建立的，而这也是大多数古今中外学者的观点。但是，自创论中关于政府具体是如何起源、如何发展的也存在着很大的分歧，几千年来形成了丰富的流派。其中分类，目前学界代表性的观点认为，除去神权论，可以分为契约论和暴力论两大流派，也有学者在此基础上进行创新，认为可以分为冲突论、融合论、契约论和土匪论四种流派[①]。本书认为，可以按照自创论中学者们对于人性的假设分类，分为性善论与性恶论两种流派。其中，性善论的代表学者有洛克、卢梭和孟子等，这一类思想家普遍倾向于认为人类的天性是善良、和谐的；性恶论的代表学者有霍布斯、马基雅维利、马克思和商鞅等，这一类思想家普遍倾向于认为人类的天性是邪恶的、好斗的。

（1）性善论

自创论中持性善论观点的思想家认为，人的天性是善良温和的，人们会趋向于通过订立契约或建立克里斯玛型权威的方式来建立政府。如英国思想家洛克，就认为人天性追求幸福，在自然状态中出于克服自然条件阻碍和障碍的需要，相互订立契约，组建政府，来保卫其子民，“一切含灵之物，本性都有追求幸福的趋向。通过契约的方式，谋求他们彼此之间的安全和和平的生活，使他们能够享受其私有财产，防止外人入侵。”[②]性善论上的契约色彩除了在洛克身上体现，在法国思想家卢梭身上更是显露无遗。卢梭认为，政府建立之前的自然状态是一个人人享有充分自由的时代，但随着社会经济的发展，自然状态出现了人类无法自发解决的矛盾与困难。由此，人类“把权利让渡出来，赋予一个有机体，寻找一种结合的方式，使它能够以合力保护和保障其成员的生命健康和财产，并且其成员身处其中仍像身处自然状态中一样自由。”[③] 而战国时期思想家孟子，虽然也在自创论中持有性善论的观点，但在关于政府起源的具体细节上更加倾向于通过克里斯玛型权威[④]的建立而不

① 章荣君．政府起源及其信任问题的发轫［J］．湖湘论坛，2020，33（3）：47-54.

② 洛克．政府论（下篇）［M］．北京：商务印书馆，1964.

③ 卢梭．民约论［M］．北京：法律出版社，1958.

④ 德国社会科学家马克斯·韦伯将人类社会的统治形式分为克里斯玛型（charisma）的统治、传统型的统治与法理型统治三种，克里斯玛型统治的合法性建立在被统治者对统治者个人超凡的能力和品质的承认上。

是契约的订立。孟子主张“辟除民害”和“与民教化”的观点[①]，认为在原始社会时期部落首领通过一系列集成的资源和力量，替百姓消灾解难，如阻挡洪水、驱逐猛兽等，并通过传播知识教化民众，由此来建立基于部落首领的克里斯玛型权威的政府。

（2）性恶论

而自创论中持性恶论观点的思想家则认为，人的天性是利己、邪恶的，趋利避害的，人们出于摆脱战争状态、侵略其他共同体或剥削另一个阶级等原因而建立暴力机器。比如，英国著名的思想家霍布斯就认为，政府只是“一个人造的机器人”，用来维持秩序。实际上，霍布斯比上文所提及的洛克和卢梭要更早提出“自然状态”这一说，但是霍布斯出于人性本恶的假设，把自然状态假设为一个战争状态：在自然状态（战争状态）中，每个人都是平等的，并且享有充分的自由，每一个个体必将由于争夺有限的资源而进行“一切人反对一切人”的战争。为了摆脱这样一种“一切人反对一切人”的自然状态（战争状态），人们出于理性而联合起来，订立契约，建立政府这一有机体，用“国教”来约束其治下的人民，这种借助暴力来维持秩序的有机体正是霍布斯所称的“利维坦”[②]。与洛克和卢梭的契约思想相比，洛克和卢梭所提出的更像是一种“善意的盟约”，而霍布斯一开始所提的契约更像是“停战协定”。春秋战国时期商鞅所提出的“止争息乱”说也与霍布斯有异曲同工之妙：“故圣人承之，作为土地、货财、男女之分。分定而无制，不可，故立禁；禁立而莫之司，不可，故立官；官设而莫之一，不可，故立君。”[③] 商鞅认为，上古时期民众因为争夺私有财产而起争执，圣人出面订立法制，规范社会秩序，结束此种“战争状态”，政府由此产生。而性恶论的其他代表人物，如马克思则认为，国家并非社会生而有之，而是阶级矛盾不可调和的产物[④]，而政府则是一个阶级对另一个阶级剥削的工具。

（二）政府的发展

虽然学者们对于政府如何起源众说纷纭，但是近代以来，学界在政府发展的历史演变上基本达成了共识。以政府发展的核心——政府与市场的关系为视角，政府的发展演变可以大致描述为“管得最少的政府就是最好的政府”时期、“凯恩斯革

① 徐国利．中国古代国家起源论的发展及其特征［J］．史学史研究，2012（3）：4.
② 霍布斯．利维坦：Leviathan［M］．上海：商务印书馆，1900.
③ 高亨注．商君书注译［M］．北京：中华书局，1974.
④ 张效敏．马克思的国家理论［M］．上海：上海三联书店，2013.

命”时期、“新自由主义经济”时期和“新一轮国家干预”时期，本书第六章将会进行详细论述。

（三）政府的含义与内涵

首先我们需要理清政府的含义。关于政府定义的文献汗牛充栋，本书在此列举3个具有代表性的定义。《辞海》认为，政府，即国家行政机关，是国家机构的组成部分①；《布莱克维尔政治制度百科全书》认为，就其作为秩序化统治的一种条件而言，政府是国家的权威性表现形式。其正式的功能包括制定法律，执行和贯彻法律，以及解释和应用法律。这些功能在广义上相当于立法、行政和司法功能②；《当代中国政府与行政》则认为，在有阶级的社会里，政府是国家进行阶级统治、政治调控、权力执行和社会管理的机关。③

在上文所列举的三个定义中，《辞海》是从狭义上给出“政府”的定义，认为政府等同于国家行政机关；而《布莱克维尔政治制度百科全书》和《当代中国政府与行政》则是从广义上认为政府包括了行政机关、立法机关和司法机关等国家公权力组织。

本书认为，从广义上看，政府是为了实现公共利益，运用公共权力制定、执行和解释法律，国家权威具象化的公共组织；从狭义上看，政府与国家行政机关同义，指为了实现公共利益，运用公共权力执行法律，解决公共问题以服务公民的国家行政组织。

在理清了政府的含义后，政府的内涵也就跃然纸上了。本书认为，政府具有以下内涵：（1）以实现公共利益为愿景；（2）以运用公共权力为手段；（3）以解决公共问题为目标；（4）以社会公民为服务对象。

二、公共管理学的起源、含义与内涵

政府作为公共管理学中最重要的一个参与主体，政府的管理实践为公共管理学的发展培育了丰厚的养分，奠定了坚实的基础。在对政府的起源、发展与内涵有了一个大致的了解后，我们回归正题——公共管理学。

（一）公共管理学的起源

公共管理学的起源是学习本学科最基本的一个问题，也是很多人都容易忽略的

---

① 辞海 政治法律分册［M］. 上海：上海辞书出版社，1978.

② 韦农·波格丹诺，邓正来 . 布莱克维尔政治制度百科全书［M］. 中国政法大学出版社，2011.

③ 谢庆奎 . 当代中国政府与行政［M］. 北京：当代世界出版社，2003.

问题。但是，如果不清楚公共管理学这门学科是怎么来的，我们就很难把握住这门学科将来会怎么发展。正所谓：不知过往者，无以图将来①。

公共管理学的起源问题涉及本学科的学科价值，本学科所研究的重点和方向，以及公共管理学所研究对象的发展历程。了解了公共管理学的起源问题，等于掌握了公共组织（政府）最初面临的问题。具体而言，关于公共管理学的由来，我们可以从广义和狭义两个方面进行分析。

1. 狭义的公共管理学

从狭义角度来看，公共管理（Public Management）作为一门理论，发展于20世纪70年代。公共管理学作为一门学科和学派，旨在帮助公共管理者获取解决公共问题及处理公共事务所需的知识、机能与策略。它以公共管理者和公共组织（政府）作为研究对象，既重视公共管理的外在环境，又重视内在的管理。公共管理者重视私人部门的管理方法和技术，但未改变公共部门的主体性。它具有多学科交叉性。

此外，从狭义角度来看，公共管理的出现是伴随着对传统行政学典范的挑战而来的。在实践方面，自20世纪80年代以来，政府再造推动的新公共管理（New Public Management）运动风行全球。这股改革浪潮以及伴随而生的许多思想和观点，极大地扩充和丰富了公共管理的理论。新公共管理是当代政府改革过程中出现的一种思潮，在很大程度上是当代行政改革的代名词。它以新古典经济理论古典经济学的核心是劳动价值理论，从斯密到李嘉图再到马克思无不以劳动价值理论作为自己理论的核心。新古典经济学则完全放弃了劳动价值理论，他们更多的是采用效用价值理论和均衡价值理论，并发展出新制度经济学；新制度经济学（New Institutional Economics）则是一个侧重于交易成本②的经济学研究领域。

2. 广义的公共管理学

从广义上讲，公共管理学可以等同于行政学。那么，从这个角度讲，公共管理学这门学科到底是缘何而起呢？从根本上来说，公共管理学的起源是由政府的发展

---

① 管仲《管子 形势第二》有曰："疑今者，察之古；不知来者，视之往。万事之生也，异趣而同归，古今一也"。

② 交易成本（Transaction Costs）又称交易费用，是由诺贝尔经济学奖得主科斯（Coase R. H., 1937）所提出，交易成本理论的根本论点在于对企业的本质加以解释。交易成本是指在建立商品交易过程中，没有被易主考虑到而损耗掉的成本，譬如讨价还价花去的精力与时间，为防止受骗而采取的保险措施等，这些举动花费的成本都是交易成本、公共选择为其理论基础，其核心理念是在公共管理中引进市场机制。

决定的，而政府的发展又和资本主义的发展密不可分。正所谓：经济基础决定上层建筑①。

在封建社会，国家职能主要是抵御外敌侵略、税收、维持社会秩序等②。最初，这些国家职能在西方社会主要是由议会来主导的，在古代中国主要是由从县令到皇帝所组成的官僚系统所承担。在资本主义萌芽、发展之前，整个社会处于自给自足的状态，无论是议会还是封建官僚系统都还可以游刃有余地处理日常所发生的各种事务，甚至中国封建社会的县令可以集行政、司法等于一身。

但是，伴随着资本主义的发展，整个社会状态发生了巨大变化：一方面，伴随着工商业发展，市场主体（企业）越来越多，国内外市场交易越来越频繁；另一方面，整个社会人员开始流动，由乡村开始向城市转移，随之而来的是经济社会事务逐渐增多。这两个方面叠加交织，使得原有的国家系统很难应对自如。这个时候，政府的发展及独立性的增强就成了必然。伴随着政府独立性的增强和承担的事务越来越多，它自身在发展过程中所存在的问题和在处理问题时所呈现出的不良行政现象，引起了很多政治家、企业家及学者的关注。这个时候，针对政府的研究已经箭在弦上。换言之，伴随着经济社会事务的增多，原有的国家系统已经无法应对自如，这个时候新的承担者——政府，却在管理活动中暴露出了层出不穷的问题，其中最大的问题就是效率低下。因此，公共管理学产生的一个重要原因就是研究如何让政府更高效地履行它的职能。

综上所述，公共管理学的产生是经济社会发展的必然产物，公共管理学是一门入世的学问，是一门从实践中来到实践中去的学问。在公共管理实践中，只要用心总结、多加思考，任何人都可以成为公共管理专家。同样，由于我国经济、社会、文化等方面的独特性，中国的公共管理学研究必须立足中国实际。

（二）公共管理学的含义与内涵

本书所指的公共管理学主要是从广义角度进行探讨。

公共管理（学）概念可以通过与私人部门管理（学）进行对比来深入地剖析。一方面，公共部门管理与私人部门管理有相似性，公共管理学从私人部门的管理学中借鉴了很多原理、方法和思想，同时两者都遵循基本的管理流程和理念。但是，两者也存在本质的区别，这主要表现在政治权威与经济权威、多元制衡与自主性、公共利益与私人利益、法的支配与意思自治、政府与市场、多元理性与经济理性等

---

① 马克思．资本论（第 1 卷）[M]．北京：人民出版社，1975.

② 亚当·斯密．国富论 [M]．孙善春，李春长译．北京：中国华侨出版社，2010.

多个方面①。

此外，有一些学者将研究政府的这门学科称为“公共行政学”②。那么，公共管理学与公共行政学这两个概念存在哪些关联性呢？长期以来，中国学界对使用“公共行政学”还是“公共管理学”一直存在争论，今天更多学者更倾向于使用“公共管理学”这一名称。中国公共管理学界认定的一本顶级刊物是 *Public Administration Review*，翻译为《公共行政评论》，而不是《公共管理评论》，而美国的 ASPA，后面的 PA 也是行政而不是管理。我们用“公共管理”一词，可能在很大程度上受了新公共管理运动的影响，尤其是欧文·休斯《公共管理导论》的影响。③

本书认为，从根本上讲，公共行政学强调公共性，追求公平和正义；公共管理学强调效率性，追求效率和效益。但是，从大多数意义上来看，我们可以将公共管理学等同于公共行政学。

通过以上几个维度的总结和分析，我们对于公共管理的含义有了一定程度的了解。其实，不同时期人们对公共管理的理解也存在很大区别。依据时间先后，对于公共管理的理解大概有五种比较有代表性的观点。

1. 皮瑞（Perry）和克莱姆（Kraemer）的观点④

公共管理是一种新的途径，它是传统公共行政的规范取向以及一般管理之工具取向的结合体。公共管理的重点是将公共行政作为一种职业，并将公共管理者视为职业的实践者，而非政客或政治家。

2. 卡尔森（Garson）和欧尔曼（Overman）的观点⑤

公共管理是对行政的一般方面的学科间整合的研究，它将人力、财政、物资、信息和政治资源的管理与管理学的计划、组织、控制职能相融合。

卡尔森和欧尔曼还说明了公共管理与公共行政的六点不同：（1）它包括一般管理的计划、组织、控制职能，以替代讨论社会价值以及官僚与民主的冲突；（2）对经济和效率标准认同的工具取向以替代公平、回应或政治特色；（3）以对中层管理

① 张成福，党秀云．公共管理学［M］北京：中国人民大学出版社，2007.

② 张国庆．公共行政学［M］.4 版．北京大学出版社，2017.

③ 摘自复旦大学竺乾威教授在《中国社会科学评价》杂志主办的“公共管理的自主性与开放性”学科对话会上的讲话。

④ Kraemer K L，Perry J L. Innovation and computing in the public sector：A review of research［J］. Knowledge，Technology & Policy，1989.

⑤ Bowman J S，Garson G D，Overman E S. Public management research in the United States［J］. American Political Science Association，1983，78（3）：800.

者的使用关注，取代政治或政策精英的观点；（4）倾向于视管理为类同管理，或者至少使公共和私营部门的管理差异极小化，而不是夸大它们的差异；（5）以关注组织内部运作那样的理性态度，关注组织的外部环境，而不是过分关注法律、制度和政治过程；（6）与科学管理传统的强有力的思辨联系，而不是与政治学或社会学紧密关联。

3. 奥托（Otto）、海蒂（Hyde）和沙夫里茨（Shafritz[①]）的观点

公共管理是公共行政或公共事务的一部分，综合了公共行政的方案设计与组织重建、政策与管理规划、通过预算制度进行资源分配、财务管理、人力资源管理以及各种方法和艺术。公共管理将公共行政视为一门职业，将公共管理者视为职业的实践者。公共管理关注那些能够将理念、政策转化为行动规则的管理工具、技术、知识和技巧。

4. 波兹曼（Bozeman[②]）与史陶斯曼（Straussman）的观点

公共管理就是对政治权威的管理。如果不考虑组织的性质，大部分管理工作和任务是具有共通性的。但公共管理的主要领域是在政治系统下，一旦政治权威进入管理戏局，管理的游戏规则就会改变。在他们看来，公共管理远比内部行政具有更广的含义；公共行政一词几乎与政府官僚组织相关联，而公共管理一词更具有弹性。

5. 休斯（Hughes）的观点[③]

他认为，与管理相比，行政的范围更狭小，功能更有限，因此，从公共行政到公共管理的变化意味着理论和功能的变化；公共行政是服务公众的活动，公务员执行从其他方面产出的政策；公共行政关注程序，将政策转化为行动和机关管理；管理包括行政，但同时意味着以最大化的效率实现组织目标以及对结果的责任；公共行政的焦点在于过程、程序以及顺序性，而公共管理包括的方面更多；公共管理者不仅仅遵循知识，而且关注达成结果以及为达成结果而承担的责任。

综合以上学者的观点，本书认为，公共管理是以政府为核心的公共组织，综合运用行政、经济、管理、法律等方法，广泛借鉴企业管理理念和方法，通过制定、执行公共政策（国家战略）和提升政府的治理能力、绩效、公共服务品质，从而增

---

① Bowman J S , Garson G D, Overman E S. Public management research in the United States [J]. American Political Science Association, 1983, 78 (3): 800.

② Bozeman, Barry, Goodsell, et al. The Case for Bureaucracy: A Public Administration Polemic [J]. Journal of Policy Analysis & Management, 1983.

③ 欧文·E. 休斯. 公共管理导论 [M]. 4 版. 张成福，马子博，等译. 北京：中国人民大学出版社，2015.

进公共利益和实现公民利益诉求的过程。

公共管理的内涵则在于：（1）公共管理的主体是以政府为核心的公共组织；（2）公共管理的客体是企业、公民等利益相关者；（3）公共管理的手段包括行政、经济、管理、法律等；（4）公共管理的方式主要是通过制定政策、提供服务来实现；（5）公共管理的目的是增进公共利益和实现公民的利益诉求；（6）公共管理是一个过程，在这个过程中，广泛吸收了企业管理的理念、思想和方法。

根据公共管理的概念，我们可以进一步把公共管理学的定义概括为：以政府等公共组织为研究对象，广泛借鉴企业管理、社会学、政治学、经济学等学科的理论、思想和方法，以期改进政府管理活动的效率和效益的学科。

由此，我们也可以进一步得出公共管理学的内涵：（1）公共管理学以政府、第三部门等公共组织为研究对象；（2）公共管理学作为一个多元的、综合性的学科，在发展的过程中大量吸收了企业管理、社会学、政治学和经济学等不同领域学科的理论体系和思想方法；（3）公共管理学以改进政府管理活动的效率和效益为目的；（4）公共管理学以实现公共利益为学科愿景。

三、公共管理、行政管理与公共行政概念辨析

（一）行政与管理概念辨析

行政（Administration）与管理（Management）是作为社会经济生活当中经常使用的高频词，经常会出现在诸如政府系统、企业组织的各种架构或职能介绍里面。实际上，不管是在中文或是英文的语境当中，行政和管理的含义都是非常接近的，这两个词也经常会混合使用。那么，如果非要细究行政与管理之间的不同，这两者之间有什么区别与联系呢？

在《牛津英语词典》（*Oxford Dictionary of English*）和《科林斯词典》（*Collins Cobuild English Dictionary*）当中，我们可以找到对行政（Administration）和管理（Management）两个词的解释。《牛津英语词典》把行政定义为“为了计划、组织和运营一个企业、学校或其他组织而要去做的活动”或是“组织安排一项已决定的任务的过程或行动”，把管理定义为“运营和控制企业等类似组织的活动”或是“妥善安排好一群人或一个机构的手段和技巧”①；《科林斯词典》则把行政定义为“一个组织或机构运行所必需的组织和监督的一系列活动”或“组织和监督的过程”，把管理定义为“对企业或其他组织的控制和组织”或“人们驾驭自己人生历程中不

① Oxford. Oxford dictionary of English [M]. Oxford University Press, 2010.

同时段的一种方式”[①]。从两者的拉丁文词源中也可以看出两者的区别：“行政”的意思更加偏向于服务，而“管理”更加注重结果的达成。[②]

其他经典教科书中也不乏对这两个词的辨析。国内有的学者认为，行政通常指政府公共行政过程中的政务的分析和推行，以实现社会公平正义等行政理念为指导；而管理则指政府运用依法获授的国家行政权力，在法律原则范围内行使自由裁量权，以行政效率和行政效益为基本考虑标准，处理公共行政事务的过程和活动。[③] 国内也有其他学者认为，行政在本质上是进行服务与治理，管理则是控制或取得结果；这种观点在很大程度上是受到了 20 世纪 80 年代新公共管理运动的影响，带有明显的结果导向的色彩。[④]

最后，行政与管理一方面都是组织活动或职能的简要描述，另一方面在以下四点上存在着区别：[⑤]

（1）语义上，行政指一种执行行为，即管理、指导、监督各种事物和行为来进行服务和治理；管理则是指通过对个人行动的过程进行指导和控制来取得理想的结果。

（2）本质上，行政聚焦于执行指令以及服务；管理则聚焦于结果的实现和结果责任的承担。

（3）内容上，行政关注过程和程序的合法性以及为客体提供的服务；管理在一定程度上覆盖了行政的内容，关注组织如何以效率最大化的方式来实现组织目标，对结果负责。

（4）使用上，行政的使用范围更加狭窄，管理则更能描述所要完成的工作，在使用上更普遍。

（二）公共管理与公共行政概念辨析

上文对行政与管理这两个概念进行了辨析，两者虽在很大程度上作为同义词使用，但在语义、本质、内容和使用上仍有着一定的区别。基于对行政与管理的辨析，若把范围都限定在“公共”领域，“公共管理”和“公共行政”又会有怎样的联系

---

① Collins H. Collins Cobuild English dictionary ［M］. Shanghai Foreign Language English Press, 2000.

② 欧文·E. 休斯. 公共管理导论［M］.4 版. 张成福，马子博，等译. 北京：中国人民大学出版社，2015.

③ 张国庆. 公共行政［M］.4 版. 北京：北京大学出版社，2017.

④ 陈振明. 公共管理学［M］.2 版. 北京：中国人民大学出版社，2017.

⑤ 陈振明. 公共管理学［M］.2 版. 北京：中国人民大学出版社，2017.

与不同呢?

国内有学者认为，公共管理是在公共行政的基础上衍生出来的；公共管理只是公共行政和公共事务这一广大领域的一个组成部分，而公共管理者则是指将公共行政作为职业的人。其认为，公共管理与公共行政至少存在以下这几个方面的不同①：(1) 公共行政以规范为其取向，公共管理则结合了一般管理与规范取向；(2) 公共行政的重点在于讨论社会价值取向和官僚、民主的冲突，公共管理的重点则在于讨论现实的一般管理的问题；(3) 公共行政的研究范围囊括政治、法律、文化和社会等多个层面的问题，公共管理则一般聚焦于具体的现实问题；(4) 公共行政更注重权力结构互动的分析，而公共管理则聚焦于政府机关内部的运作情形；(5) 公共行政更倾向于过分夸大与企业管理之间的差异，而公共管理更倾向于缩小与企业管理之间的差别。(6) 公共行政更多用于政治或政策精英身上，公共管理则更多表现为对中层管理的实用性的关注。

也有其他学者认为，公共管理与公共行政在实施主体、活动内容与范围及目标等一些基本原则和管理理念方面保持一致，在某种程度上也可以相互替代；但仍然在基础、要点、手段和焦点等方面存在差异。②

(三) 行政管理与公共行政概念辨析

与前文所述“行政”与“管理”、“公共行政”与“公共管理”一样，“公共行政”与“行政管理”之间的差别同样是非常小的；在中国，行政管理与公共行政都是对于“Public Administration”的翻译，本质上指代的事物都是类似的，行政管理学和公共行政学都是中国各大高校开设相关专业与相关课程所使用的称谓。

行政管理与公共行政之间并无本质上的重大差异。如使用行政管理，则更加偏向于其作为“行政”与“管理”的复合体所传达出的概念，即通过合法、规范、民主、合理和灵活等方式来提供服务或执行和实施政策③；如使用公共行政，则更加偏向于其“公共性”，会更强调在公共事务管理的过程当中公共利益、社会公平与社会正义等规范性价值，主张从更广的公共的视角来看待组织问题。

不管使用行政管理还是公共行政，其背后所具有的内涵都是政府作为国家行政机关管理国家事务、社会事务和自身事物的活动。在宪法意义上，政府的公共行政

① 张成福，党秀云．公共管理学（修订版）[M]．北京：中国人民大学出版社，2007.

② 陈振明．公共管理学 [M]. 2 版．北京：中国人民大学出版社，2017.

③ 夏书章．行政管理学 [M]. 6 版．广州：中山大学出版社，2018.

管理的合法性与有效性构成了政府一切公共行政管理思想与行政行为的基本价值标准。[①]

（四）公共管理与行政管理概念辨析

一般认为，与“公共管理”和“公共行政”的关系相类似，公共管理也是行政管理所衍生的一部分。但随着理论与实践的发展，公共管理所覆盖的研究范围已经比传统的行政管理要大得多了：在我国高等教育领域，按照研究生专业目录（1997）[②] 的划分，公共管理不管是在本科阶段还是研究生阶段都是作为一级学科存在。在本科专业目录中，公共管理一级学科下设行政管理、劳动与社会保障、土地管理和公共事务管理 4 个二级学科；而在研究生专业目录中，公共管理一级学科下设行政管理、社会医学与卫生事业管理、教育经济与管理、社会保障、土地资源管理 5 个二级学科。可见，在教育领域，公共管理被认为是囊括了传统行政管理的更广泛的学科层级。

而在理论界，虽然公共管理与行政管理都强调“管理”的重要性，都大体上以效率、结果等为导向，但在研究领域、管理工具和研究重点三个方面还是有些许差别：

（1）研究领域上，传统行政管理的研究范围仅仅只是对于国家行政组织自身的管理以及对于外界社会的管理，在主体上比较受限制；而公共管理的研究领域则从狭义上的政府即国家行政机关的研究，拓展到了整个社会治理与运作的研究，包括第三部门[③]治理等一系列问题都被公共管理学纳入研究领域当中。

（2）管理工具上，传统的行政管理倾向于使用行政工具、法律工具、财政与货币工具等传统的管理工具来进行社会治理；公共管理则倾向于使用新式的管理工具，通过与社会、市场多方主体的合作来完成治理，特别是 20 世纪 80 年代以来的新公共管理运动，带来了凭单制、PPP 模式、特许经营等一系列新式管理工具，对公共管理理论与实践的发展都产生了深远的影响。

（3）研究重点上，传统的行政管理更加注重内部国家行政机关的管理与自上而

---

① 张国庆．公共行政学［M］．4 版．北京：北京大学出版社，2017.

② 国务院学位委员会、国家教委关于施行《授予博士、硕士学位和培养研究生的学科、专业目录》的通知。

③ 第三部门，即“通过志愿提供公益”的 NGO 或 NPO。从范围上讲是指不属于第一部门（政府）和第二部门（企业）的其他所有组织的集合，它独立于政府和私人部门之外，以实现公共利益为目标，强调非营利性、志愿性的合法组织，主要为民政部门注册的社会团体、基金会、民办非企业单位及未注册的草根组织。

下的社会管理，重视管理的过程与效率；而公共管理更加注重政府与外部社会、市场整个环境的互动与合作，通过系统性的社会效益的评估与考虑来力图实现效率与公平的结合。

（五）三者联系与区别

上文对行政与管理、公共管理与公共行政、行政管理与公共行政、公共管理与行政管理四对概念进行了两两之间的大致辨析，在此基础上，如表 1-1 所示，公共管理、公共行政与行政管理三者之间的联系与区别也昭然若揭了。

表 1-1　公共管理、公共行政与行政管理三者之间的联系与区别

辨析对象		公共行政	行政管理	公共管理
区别	研究基础	行政	管理	管理
	研究主题	关注组织的制度设计	关注实现目标的具体运作过程	既关注组织的制度设计，又关注实现目标的具体运作过程
	管理工具	行政、法律、财政等工具	行政、法律、财政等工具	凭单制、PPP 模式、特许经营等工具
	研究对象	政府	政府	公共领域所有社会主体
	研究取向	聚焦于应然性规范价值	聚焦于实然性现实问题	既聚焦于应然性规范价值，又聚焦于实然性现实问题
	层级关注	关注高层政策精英	关注中高层管理者	关注中高层管理者
联系		1. 三者在效率、责任等基本原则和管理理念方面大体上保持一致性 2. 三者在一定程度和范围内可以相互替代 3. 三者都是关于公共事务治理的理论与实践 4. 公共管理由公共行政与行政管理在社会经济发展中衍生出来		

四、国家治理、政府治理与社会治理概念辨析

中国共产党十八届三中全会《决定》指出，我国全面深化改革的总目标是“完善和发展中国特色社会主义制度，推进国家治理体系和治理能力的现代化”①。此后，国

① 中共中央关于全面深化改革若干重大问题的决定［N］. 新华社，2013-11-15.

家治理以及与国家治理相关的政府治理和社会治理得到了学界和实践界的更加广泛重视。那么，国家治理、政府治理与社会治理之间有着什么样的关系和区别呢？

（一）学界观点

对于国家治理、政府治理和社会治理三者概念之间的辨析已有丰富的研究。[①]有的学者认为，国家治理囊括了政府治理和社会治理。持这种观点的学者一般认为，国家作为一个“共同体”，包括了政府、市场以及社会系统，所以对于国家的治理理应包含对于政府和社会的治理。有的学者认为，社会治理应当包含国家治理和政府治理，持这种观点的学者一般把社会看作较为广义的概念，认为社会治理实质上是一种总体性的治理，广义的社会治理即对于国家及社会的治理。也有一部分学者持融合论的观点，认为国家治理与社会治理相互融合。这种观点认为，国家与政府起源于社会，所以国家治理与政府治理也起源于社会治理，目的是达到整个社会治理效能的最大化；而国家治理与政府治理的绩效又会影响到社会治理的效能，所以三者呈相互影响的状态。

除了上述包含论与融合论的观点，也有学者通过对元治理理论的借鉴，认为社会治理与国家治理相对独立，而政府治理则被包含于国家治理当中。持此种独立论的学者一般认为，社会治理与国家治理是两套不同的运行逻辑，国家担当的是“元治理”[②] 的角色。在元治理视域当中，国家承担的是制度供给者的角色，要做的是完善好一系列政策与制度帮助社会治理的平稳运行；而社会治理则依托公民社会，来实现“自组织的管理”，与国家治理相对独立。

本书主要采取融合论的观点，认为国家治理、政府治理和社会治理实质上都是关于公共事务的治理，三者之间有机结合并相互影响。

（二）国家治理、政府治理和社会治理的基本含义[③]

国家治理在当今中国的语境下，既借鉴了西方传统治理理论的“善治”的思想，又汲取了中国古代思想中“治国理政”的内容，主要指党领导人民科学、民主、依法和有效地进行治国理政。

---

① 蔡益群．社会治理的概念辨析及界定：国家治理、政府治理和社会治理的比较分析［J］．社会主义研究，2020（3）：149-156．

② 元治理（Meta-Governance）由鲍勃·杰索普（Bob Jessop）提出，意为“关于治理的治理”。元治理即通过协调市场、层级和网络三种不同的治理模式，来确保三种模式之间的有机结合来应对社会问题。

③ 王浦劬．国家治理、政府治理和社会治理的含义及其相互关系［J］．国家行政学院学报，2014（3）：11-17．

政府治理通常包括三方面的内容：一是政府通过对自身的内部管理，优化政府组织结构，改进政府运行方式和流程，强化政府的治理能力，从而使政府全面正确地履行职能，提高政府行政管理的科学性、民主性和有效性。二是政府作为市场运行中“看得见的手”，通过转变政府职能、健全宏观调控对市场经济健康运行，更好地发挥政府的作用，进行经济和市场治理活动。三是政府作为社会管理主体，对社会公共事务进行的管理活动。

社会治理在西方的语境下指的是社会中心主义和公民个人本位下的理性经济人的社会自我治理，在中国的语境下则是指在党委领导、政府负责、民主协商、社会协同、公众参与、法治保障和科技支撑的基本格局下的社会治理体系。[①]

（三）国家治理、政府治理和社会治理的联系与区别

通过对国家治理、政府治理和社会治理的基本含义做出解析，在中国政治话语体系和语境下，国家治理、政府治理和社会治理既有相同之处，也有不一样的地方。

1. 相同之处

正所谓“民惟邦本”，可以说，在我国，无论国家治理、社会治理、政府治理，在本质上都是人民所有的治理、依靠人民的治理、为人民的治理，也就是人民治理。[②]在具有“人民治理”的共同本质的语境下，国家治理、政府治理和社会治理具有以下三点相同之处：（1）出发点层面，三者的出发点都是人民群众的根本利益；（2）制度层面，三者都在依法治国的基本方略下，遵照法律的制度逻辑运行；（3）顶层设计层面，三者皆是国家治理体系与治理能力现代化的重要组成部分。

2. 区别之处[③]

国家治理、政府治理和社会治理具有以下四点区别：

（1）从治理主体上看，国家治理的主体是人民，由代表了人民的中国共产党进行执政；政府治理的主体则是狭义上的政府，即国家行政机关；社会治理的主体则包括了党、政府、企业、第三部门、公民等社会多元异质性主体。

（2）从涉及社会关系来看，国家治理主要涉及政治、经济、法律、社会、文

---

① 十九届四中全会《中共中央关于坚持和完善中国特色社会主义制度、推进国家治理体系和治理能力现代化若干重大问题的决定》提出，必须加强和创新社会治理，完善党委领导、政府负责、民主协商、社会协同、公众参与、法治保障、科技支撑的社会治理体系。

② 杨立华．人民治理：国家治理、社会治理和政府治理的共同本质［J］．学海，2021（2）：64—75.

③ 王浦劬．国家治理、政府治理和社会治理的含义及其相互关系［J］．国家行政学院学报，2014（3）：11—17.

化、军事等多个方面的社会联系，还会在特定场域下涉及国际关系，国家治理所涉及的社会关系较为广泛；政府治理所涉及的主要是行政关系，本质上是政府行政权力与公民权利之间的关系，具体表现为政府行政机关与行政相对人之间的社会联系；社会治理则涉及更为深入、复杂的社会关系，如社会福利关系、社会公共服务关系等。

（3）从涉及内容来看，国家治理主要涉及国家安全、稳定、发展、改革和治理的各种方面，涉及本国与其他主权国家、国际组织的国际关系，更涉及整个人类命运共同体的发展；政府治理主要涉及的内容则是市场治理、社会事务治理和安全治理等方面，是人民意志的贯彻执行；社会治理则通常涉及的是公民的社会生活和社会活动，如社会公共服务、社会组织管理和社区管理等事项。

（4）从机制选择来看，国家治理通常依靠的是国家政治权力和公共权力的权威性机制，具有来自全体人民根本利益要求和共同意志主张基础上的合法性；政府治理则更多依靠行政权力，本质上是对于国家政治权力的执行权的使用，即“治权”；而社会治理则通常包含着多种机制，如行政权力机制、社会自治意义上的公民自我管理机制等。

五、公共管理与私人管理的联系与区别

公共管理学，其核心是研究政府和市场的关系问题。公共管理，其核心是政府和市场关系在现实中的展开。因此，理解政府与市场（企业）的联系与区别、公共管理和私人管理的联系与区别就显得尤为重要。

从两者的关系来看，公共管理和私人管理都遵循一般管理的理念和流程。因此，很多私人管理的理念和方法在公共管理中都是可行的，并且在实践中的应用已经很多，比如美国、英国、新西兰在20世纪七八十年代的改革①。

从两者的区别来看，公共管理和私人管理在价值选择、权力来源、考核标准、目标追求等方面是不同的。具体而言，主要表现为以下几个方面②：

（一）公共利益与私人利益

就价值选择来看，公共性是公共管理价值选择的核心。政府具有促进和实现公共利益的义务和责任，这是公共管理区别于私人管理的一个重要特征。公共管理应

---

① 胡雁．西方“新公共管理”理论及其对我国行政改革的启示［J］．法制与社会：锐视版，2007（7）：2.

② 张成福，党秀云．公共管理学（修订版）［M］．北京：中国人民大学出版社，2007.

当将公共利益作为自己行动的出发点，当代公共管理的一个核心议题就是如何保证政府及其管理者能够代表并回应公共利益。相反，私人组织和部门往往是个人利益最大化的追求者，经济利润不仅仅是其管理的底线，而且往往被视为具有积极的经济和社会价值。当然，私人企业对经济利益的追求不能损害社会中其他人的权益。

（二）政治权力与经济权力

就权力来源来看，公共管理是一种活动，这种活动在本质上是国家的活动。公共管理权力属于政治权力的一种，来源于公民。政府虽然是公共服务的提供者，但也是政治权力的执行者，所以许多公共管理活动本身就有强制性，当人们有违反法令的事情发生时，其便可以在职权范围内依法予以处理，而其他组织不具有这种公权力。私人部门或组织的管理，在很大程度上也是权力的行使，但这种权力是市场的权力或经济的权力。这种权力不是制度与法律所授予的，而是来自经济性的市场力量，这种权力往往不能以国家强制力为后盾。此外，需要特别指出的是，在西方国家，私人部门往往会通过院外活动等方式间接地拥有政治权力。

（三）权力制衡与自主性

政府部门虽然较重视层级节制的权力，但大多数情况下，它仍然处于各种政治力量相互作用的环境中，因此，公共管理的过程充满了政治气氛，公共管理的自主性受到影响。私人部门的管理，固然也受到各种权力以及政治环境的影响，但这种影响与公共管理不可比拟，因而，私人部门管理有相对充分的管理自主权。

（四）法的支配与意思自治

政府部门可以依据不同的具体情况采取不同的行政行为，但是应在法律规定的范围内，受到法的支配，这是法治国家的基本要求和原则。随着社会的发展，在现实管理中政府拥有广大的自由裁量权，并存在“街头官僚①”现象，但法治政府的基本内核并没有发生根本性的改变。对于私人领域的管理，相较于公共管理的严格受法律支配而言，其更多遵循的是契约自由和意思自治，拥有高度的管理裁量权，其内部管理和外部的交易活动完全可以按自己的意思而为之。

（五）德能勤绩廉与效益

从考核标准来看，政府部门的考核标准比较多元和全面，不但对政府机关和

---

① “街头官僚”一词，最早见于美国行政学者李普斯基 1977 年发表的《走向街头官僚理论》一文。按李氏的解释，街头官僚是指处于低层次行政执行单位同时也是最前线的政府工作人员，包括警察、公立学校的教师、社会工作者、公共福利机构的工作人员、收税员，等等。街头官僚的行政行为是一个权变函数，其权变因素包括街头官僚特征、行政相对人特征和街头环境等。

公共管理者的工作效率有要求，而且还对其道德伦理、廉洁奉公等方面提出了要求。比如，我们很难想象处理拆迁事务时，如果只注重效率，而不关注人民的利益诉求，其结果会如何。相比之下，私人部门的考核比较注重效益和效率，即更加注重结果而不是过程。

（六）多元理性与经济理性

公共部门处在各种社会力量作用的中心，公共管理事实上也承担着社会价值权威性分配的职责。在这个利益和价值多元化的社会，政府往往需要在多元的甚至是冲突的利益和价值之间做出平衡和选择。因此，政府治理中的理性往往是多元理性，需要综合考虑各种利益和价值的平衡。私人部门的管理，因为它的组织属性和职能有限，所以造成的社会影响面较小，不易形成整体社会作用，因而其管理大多为工具的经济理性考虑，通常不顾及或少顾及其他理性的考虑。

（七）手段多元化与单一的经济手段

对于公共部门来说，为了实现管理目的，可以使用的手段比较多元化，包括经济手段、行政手段、法律手段等。比如为了解决城市交通拥堵问题，政府可以采取“小汽车限购”、提高燃油税、限行、收取拥堵费等措施。私人部门相对来说就比较单一，主要是运用经济手段来参与市场竞争。

六、公共管理的价值选择①

进入新时代以来，我国的公共管理实践进入了一个崭新的时期。与之相对应，公共管理的价值选择也需要与时俱进，适应公共管理实践对于公共管理理论的要求。

（一）新时代中国公共管理的指导思想

新时代下的中国公共管理，必须全面贯彻党的二十大精神，坚持以马克思列宁主义、毛泽东思想、邓小平理论、“三个代表”重要思想、科学发展观、习近平新时代中国特色社会主义思想为指导，适应新时代中国特色社会主义发展要求，坚持稳中求进工作总基调，坚持正确改革方向，坚持以人民为中心，坚持全面依法治国，以加强党的全面领导为统领，以国家治理体系和治理能力现代化为导向，以推进党和国家机构职能优化协同高效为着力点，改革机构设置，优化职能配置，深化转职能、转方式、转作风，提高效率效能，为全面建设社会主义现代化国家新征程、实现中华民族伟大复兴的中国梦提供有力制度保障。

---

① 中共中央关于深化党和国家机构改革的决定［N］. 新华社，2018-03-04.

（二）新时代中国公共管理的原则

1. 坚持党的全面领导

党的全面领导是新时代中国公共管理的根本保证。必须坚持中国特色社会主义方向，增强政治意识、大局意识、核心意识、看齐意识，坚定中国特色社会主义道路自信、理论自信、制度自信、文化自信，坚决维护以习近平同志为核心的党中央权威和集中统一领导，自觉在思想上政治上行动上同党中央保持高度一致，把加强党对一切工作的领导贯穿改革各方面和全过程，完善保证党的全面领导的制度安排，改进党的领导方式和执政方式，提高党把方向、谋大局、定政策、促改革的能力和定力。

2. 坚持以人民为中心

全心全意为人民服务是党的根本宗旨，实现好、维护好、发展好最广大人民根本利益是党的一切工作的出发点和落脚点。必须坚持人民主体地位，坚持立党为公、执政为民，贯彻党的群众路线，健全人民当家作主制度体系，完善为民谋利、为民办事、为民解忧、保障人民权益、倾听人民心声、接受人民监督的体制机制，为人民依法管理国家事务、管理经济文化事业、管理社会事务提供更有力的保障。

3. 坚持优化协同高效①

优化就是要科学合理、权责一致，协同就是要有统有分、有主有次，高效就是要履职到位、流程通畅。必须坚持问题导向，聚焦发展所需、基层所盼、民心所向，优化党和国家机构设置和职能配置，要坚决破除制约市场在资源配置中起决定性作用、更好发挥政府作用的体制机制弊端，围绕推动高质量发展，建设现代化经济体系，加强和完善政府经济调节、市场监管、社会管理、公共服务、生态环境保护职能，调整优化政府机构职能，全面提高政府效能，建设人民满意的服务型政府。

4. 坚持全面依法治国

依法治国是党领导人民治理国家的基本方式。必须坚持改革和法治相统一、相促进，坚持依法治国、依法执政、依法行政共同推进，坚持法治国家、法治政府、法治社会一体建设②，依法依规完善党和国家机构职能，依法履行职责，既发挥法治规范和保障改革的作用，在法治下推进改革，做到重大改革于法有据，又通过改革加强法治工作，做到在改革中完善和强化法治。

---

① 张丽新．把握“优化协同高效”的内涵和要求［N］．黑龙江日报，2022-04-28.

② 余凌云．法治国家、法治政府与法治社会一体建设的途径［J］．法学杂志，2013，34（6）：6.

第二节 公共管理学研究对象、方法以及与其他学科关系

一、公共管理学研究对象

公共管理学是一个研究公共管理活动或公共管理实践的学科，可以将它界定为一门综合地运用各种科学知识和方法来研究公共管理组织和公共管理过程及其规律的学科。它的目标是促使公共组织尤其是政府组织更有效地提供公共物品。换句话说，公共管理学是一门研究公共组织如何有效地提供公共物品的学问。

如前所述，公共管理学研究的核心是政府与市场关系问题①，即政府和市场这两种资源配置工具的定位问题和职能划分问题。对公共管理学核心问题的把握有助于我们更好地理解公共管理学的学科框架。

二、公共管理学研究方法

公共管理学的研究方法是非常重要的部分，是今后从事学术研究和科研工作所必须掌握的，也是很多公共管理学的初学者容易忽略的部分。所谓公共管理学的研究方法，就是对于诸多的社会问题、现象，应该运用什么工具来进行研究和分析，进而总结出规律、特点和理论。②

公共管理学使用的分析方法具有两个方面的特征：其一，公共管理学使用的大多数分析方法是众多社会科学共同使用的方法，例如，逻辑分析的方法（包括归纳和演绎等）、社会调查方法、社会统计方法等；其二，在实际的研究过程中，行政管理学使用的分析方法常常是交叉、交替和混合使用的。

一般来说，公共管理学常用的分析方法如下：

1. 逻辑分析法

逻辑分析法，又称哲学研究法，主要从哲学的观点出发研究公共行政现象，通过运用理性判断、非理性判断、逻辑推理、因果关系分析等直接与哲学思想相关的分析方法，研究公共行政过程中矛盾的普遍性与特殊性、共性与个性的关系以及一般规律与特殊规律的关系，进而形成一定的普遍适用的有关公共行政的理论基础和行为准则。

---

① 白永秀，王颂吉．我国经济体制改革核心重构：政府与市场关系［J］．改革，2013（7）：8.

② 安俊美．公共管理学研究方法阐释与探索［J］．内蒙古财经大学学报，2013，11（1）：4.

2. 文献分析法

文献分析法主要指搜集、鉴别、整理文献，并通过对文献的研究，形成对事实科学认识的方法。文献分析法是一项经济且有效的信息收集方法，它通过对与工作相关的现有文献进行系统性的分析来获取工作信息。一般用于收集工作的原始信息，编制任务清单初稿。

3. 历史分析法

历史分析法，又称史学研究法，注重公共行政和行政管理学的起源、发展及演变沿革的过程，不同时期的不同特点和历史类型，以及历史情形对现实行政的影响和借鉴意义。

4. 实证分析法

实证分析法，又称事实研究法、行政调查法，指通过观察、描述事实，进而依据事实得出结论的分析方法。其特点是以实际、具体的行政事项或行政过程为研究对象，本着具体情况具体分析而不拘泥于通则或定律的原则，研究行政问题的症结所在，并制定切合实际、行之有效的对策。近年来，实证研究方法越来越多地应用到了公共管理问题的研究当中。

5. 规范分析法①

规范分析法，又称理论分析法，主要指通过价值判断做出结论的分析方法，即根据一定的理念、价值标准或行为规范对“是非”做出一定的评价。

6. 比较分析法

比较分析法主要通过对不同行政制度或行政模式、不同公共政策选择等行政问题的对比分析，研究不同政府间在行政理念、行政思想、行政原则和管理职能、管理体制、管理方式、管理手段等方面的差异，研究实现高效、民主行政的途径和方法，是一种既适用于空间序列，又适用于时间序列的分析方法。

7. 系统分析法②

系统分析法，又称生态研究法或环境研究法，其特点是将相关行政活动进而整个行政过程乃至社会环境视为一个有机整体，着重研究各个相关部分的交互影响、双向往来、动态平衡、彼此关系，进而寻求最优化的行政选择。

---

① 谢晖．论规范分析方法［J］．中国法学，2009（2）：9.

② Bertalanffy L V. General system theory：foundations，development，application［M］. G. Braziller，1969.

8. 生理分析法

生理分析法主要研究政府官员的生理需要和生理状况与物质欲望满足和物质工作条件之间的关系，研究的目的在于建立二者之间的合理对应关系。

9. 心理分析法

在广泛的意义上心理分析法包括行为研究法或人际关系研究法。心理分析的方法主要有：（1）因素分析法；（2）心理实验法；（3）类型分析法；（4）相关设计法；（5）观察法等。

10. 案例分析法

研究者选择一个或几个场景为对象，系统地收集数据和资料，进行深入的研究，用以探讨某一现象在实际生活环境下的状况。适合当现象与实际环境边界不清而且不容易区分，或者研究者无法设计准确、直接又具系统性控制的变量的时候，回答“如何改变”“为什么变成这样”及“结果如何”等研究问题。同时包含了特有的设计逻辑、特定的资料搜集和独特的资料分析方法。可采用实地观察行为，也可通过研究文件来获取资料。

11. 模拟分析法

其特点是通过使用定量概念和方法，来模拟行政管理中的某些基本因素或条件，从中寻求行政管理合理、效率和效益的模式。

12. 利益分析法

利益分析法主要研究利益在公共行政管理过程中的特殊作用。其主要内容如下：①要把握重大社会事件背后的阶级和社会集团的利益根源；②各个阶级和社会集团的利益是由它在社会关系中的地位决定的；③分析利益格局是制定战略的依据；④要根据社会事件对谁有利有害的性质和程度，决定我们的政策和策略。

我们在研究中，时常会运用到一种或者一种以上的研究方法，同一个现实问题可以运用不同的方法进行研究。研究方法是我们实现对现实问题研究的切入点，是我们撬动现实问题的杠杆和纽带。

三、公共管理学与其他学科的关系

公共管理学科的意义，是建立在与其他学科的相互联系、相互比较、彼此相交的相互关系基础上的。它与相关学科具有密切的关系。

（一）公共管理学与政治学

一般认为，公共管理学源自政治学，其最初目的是研究如何有效地保卫宪法和执行宪法[①]。所以，从渊源上说公共管理学是政治学的分支科学，中国的公共管理学和政治学现在在学科上被分开了，原来公共管理学（当初叫公共行政学或行政管理学）是与政治学在一起的，现在分属两个不同的学科，前者属于管理学，后者属于法学，[②]但二者具有比较明显的领域差别。政治学主要是研究国家的基本理论和制度，比如国家的起源、构成要素、体制，国家的政治原则、政治权力、政治制度，以及其他政治性的原理原则和实践。公共管理学则主要研究政府体制和政府行为等行政现象，研究如何制定正确的政府目标和有效地达到这些目标。因此，实务是其基本内容。就相互关系而言，公共管理学是借政治学指引其努力的方向，政治学则有赖于公共管理学充实它的内涵。

（二）公共管理学与行政法学[③]

有的学者认为，公共管理学源自行政法学，因为公共管理学的形成是从研究法律对行政活动的规范开始的。后来由于行政活动日渐繁多，公共管理学才逐渐分离独立成一门学科。从现代学科的领域看，行政法学是以行政法律关系为研究对象的学科，其性质和内容是研究和规定公共行政管理的法律规范，比如政府权力主体如何行使职权，以及在其对公民的权利和其他政府权力有所侵犯时如何惩处和补救等。其典型表述方式是各种行政法律规范。公共管理学则研究推行和执行政务及如何使之有效的原理原则和技术方法，尤其注重行政行为在行政过程中的有效性。行政法学与公共管理学都是以国家行政为中心观念的学科。前者有赖于后者不断充实其内容，后者则有赖于前者提供维护自身合法权威的规范，进而加强自身的性能。因此，公共管理学与行政法学在现代社会中是紧密联系、相互促进的两门学科。

（三）公共管理学与企业管理学

企业管理学是科学管理运动兴起以来的有关企业管理的理论和方法的总称。一般认为，企业管理学较公共管理学后起，它主要研究如何管理和改进企业的经营状况，提高生产率和增加利润。但它兴起之后却不断对公共管理学产生重大、直接的影响和推动。应当说，公共管理学借用或吸收了相当多的企业管理学的概念、理论和方法，同样，企业管理学也率先借鉴了公共管理学某些思想、理论和方法。因此，可以说，二者在本质上是一致的，在方法论上也是相通的，但在研究对象、目的和

---

① Woodrow Wilson. The Study of Administration［J］. Political Science Quarterly, 1887.

② 摘自竺乾威教授在《中国社会科学评价》杂志主办的“公共管理的自主性与开放性”学科对话会上的讲话。

③ 布拉德利．宪法与行政法［M］. 北京：商务印书馆，2008.

范畴等方面却存在明显的差别。[①] 公共管理学与企业管理学是内容上交叉、理论研究和研究方法上相互借鉴、学科发展上相互影响和相互渗透、研究领域上各异的两门学科。

（四）公共管理学与社会学

社会学是研究人类社会各种社会生活现象的学科，是社会科学的基本学科之一。从广义上说，一切社会生活都是它的研究对象，其中包括社会学的概念、方式和手段。公共管理学只有将行政现象置于广大的社会环境中来考察，才能获得比较符合实际的理论和解决办法。从狭义上说，社会学则不以公共权力的成立和行使为特定的研究对象。就相互关系而言，社会公共事业的管理是公共管理学的重要内容，许多重大社会问题只有依靠国家行政机关的法权地位和特有的方式、手段才能解决。所以，公共管理学与社会学是相互促进、相互支持的。

（五）公共管理学与经济学

经济学是研究人类社会在各个发展阶段上的各种经济活动和各种相应的经济关系及其运行、发展的规律的科学。经济学中的“理性经济人”假设、博弈论以及制度经济学相关理论等越来越多地应用到了公共管理学理论和实践的研究中。同样经济学的研究也广泛应用了公共管理学的理论和方法。

除了以上学科外，公共管理学与统计学、心理学、社会心理学、行为科学、运筹学、高等数学、计算机语言学、公共关系学等学科都有着比较密切的关系。未来学科交叉的研究越来越成为公共管理学研究的趋势，广泛借鉴和运用其他学科门类的理论方法，能够极大推进公共管理学的发展。

第三节 公共管理学的发展历程

一、公共管理学理论起源与发展[②]

回溯整个公共管理学的学科历程，公共管理学（Public Management）是从公共行政学（Public Administration）中衍生出来的，而公共行政学的前身则是行政学

---

① 欧文·E. 休斯. 公共管理导论［M］.4 版. 张成福，马子博，等译. 北京：中国人民大学出版社，2015.

② 林尚立. 公共管理学：定位与使命［J］. 公共管理学报，2006，3（2）：6.

(Administration), 行政学的内容则在很长一段历史时期里都是政治学所讨论的。威尔逊 1887 年发表的《行政学研究》中倡导政治行政二分法，他本人也被公认为“现代行政学之父”；但关于公共管理学的起源，中外各界学者却莫衷一是，各有各的看法。其中分歧主要在于对公共管理学的定义：如若把公共管理学定义为广义上的包括现代行政学在内的整个学科，那么公共管理学则起源于 1887 年威尔逊发表的《行政学研究》①；如把公共管理学定义为狭义上的新公共管理中的带有“管理主义”色彩的学派，那么公共管理学则起源于 20 世纪的七八十年代。本书主要持广义上的公共管理学的观点，认为公共管理学起源包括了现代行政学在内，起源于威尔逊 1887 年发表的《行政学研究》。

实际上，虽然学者们对于公共管理学确切的起源实践莫衷一是，但对于公共管理学的发展历程还是在一定程度上达成了共识的。纵观公共管理学的发展历程，与两个学科有着非常密切的联系：政治学和管理学。在公共管理学的发展历程当中，政治学构成了最直接的学科基础，与行政学有直接关联；而管理学则是在一定程度上为行政学向公共管理学的转化提供了一系列直接的推动作用。美国有学者针对这一点有很经典的论述：“政治学对于公共行政的演化和内在价值观有深刻的影响，管理学在这方面的影响则没那么大。但在很多其他方面，管理学对公共行政起到了一个更积极的影响作用。”②

作为一门相对独立的学科，最初从政治学中发展而来的公共管理学，自然而然地也应当有其独有的研究对象和研究体系。在其从行政学、公共行政学一路走来的过程中，公共管理学综合吸收了经济学、管理学、法学、社会学和心理学等多门社会科学甚至自然科学的学术精华，以充实其学科基干、完善其学科体系，并一步步地造就了今日的生机勃勃。

二、公共管理学演进的划分方法

关于公共管理学的发展阶段，国内外的公共管理学者认识不尽相同，因而他们的划分方法也有所差异。归纳起来，大致有以下几种划分方法：

（一）西方一般管理（经济管理和企业管理）思想的演变

美国著名管理学家雷恩把管理思想史的演变分为三个时期：（1）科学管理时期（19 世纪末至 20 世纪初）。（2）社会人时期（20 世纪 20 年代开始至第二次世界大

---

① Woodrow Wilson. The Study of Administration [J]. Political Science Quarterly, 1887.

② 尼古拉斯·亨利. 公共行政与公共事务 [M]. 北京：华夏出版社，2002.

战）。（3） 当前时期（第二次世界大战以后）。

（二）国内外学者对公共管理学的划分方法

1. 二阶段划分法

中央政治局常委王沪宁认为："行政学的研究可以分为两个阶段：第二次世界大战之前为行政学研究的前期；第二次世界大战之后为行政学研究的后期。前期行政学被称为'科学管理阶段'，后期被称为'行为科学阶段'，或称'人际关系阶段'。第二次世界大战之后，公共行政学迅速发展。"由此可见，行政发展和行政改革已经成为一种席卷全球的历史潮流。

2. 三阶段划分法

中国台湾学者张润书把公共管理学的演变分为三个时期：（1） 传统理论时期：X 理论时期，1900—1930 年。1898 年泰勒开始在贝瑟利恩钢铁公司进行时间—动作研究，1932 年霍桑实验第二回合结束。（2） 行为科学时期：Y 理论时期，1930—1960 年。1961 年孔兹发表《管理理论丛林》。（3） 系统理论时期：权变理论时期，1960 年至今。

《哈佛行政管理全集》（上册）（中国社会科学出版社，1985 年版）把行政学的演变分为三个阶段①：传统的行政管理阶段（1900—1930 年），人性的行政管理阶段（1930—1960 年），系统权变的行政管理阶段（1960 年以后）。这种划分和张润书的划分基本一致。

中山大学夏书章教授把公共管理学的演变分为三个阶段②：（1） 形成阶段——传统管理时期：19 世纪末（1887） 至 20 世纪 20 年代。1898 年泰勒开始在贝瑟利恩钢铁公司进行时间—动作研究，1911 年泰勒发表《科学管理原理》，1915 年科学管理理论形成，1915—1925 年古典组织理论形成。（2） 成长阶段——科学管理时期：20 世纪 20—40 年代。1924—1927 年第一回合霍桑实验；1927—1932 年第二回合霍桑实验。（3） 科学化阶段——现代化管理时期：始于 20 世纪 40 年代。

张润书与夏书章的划分方法，主要是参照西方经济管理思想和企业管理思想的演变过程进行划分的。

3. 五阶段划分法

为了便于较为系统地了解公共管理学产生和发展的全貌，体会公共管理学思想的连续性并从历史联系的方面加以考察，美国行政学家尼古拉斯·亨利在其著作

---

① 哈佛行政管理全集（上册）［M］. 北京：中国社会科学出版社，1985.

② 夏书章. 行政管理学［M］. 6 版. 广州：中山大学出版社，2018.

《公共行政与公共事务》中把20世纪以来公共管理学的发展按照范式演进分为五个时期①：（1）政治行政二分法（1900—1926年）。（2）行政原则（1927—1937年）。（3）作为政治学的公共行政学（1950—1970年）。（4）作为管理学的公共行政学（1956—1970年）。（5）作为公共行政学的公共行政学（1970年至今）。

彭和平将西方公共管理学的产生和发展分为以下几个时期：（1）早期研究时期：19世纪末至20世纪初。1898年泰勒开始在贝瑟利恩钢铁公司进行时间—动作研究，1911年泰勒发表《科学管理原理》，1915年科学管理理论形成，1915—1925年古典组织理论形成。（2）两次世界大战期间：1917—1945年。（3）第二次世界大战战后时期：从1946年西蒙的《行政管理格言》开始。（4）20世纪60年代至70年代：1961年孔兹发表《管理理论丛林》到1968年新公共行政产生。（5）20世纪80年代至今。

北京大学张国庆教授依据新学派的创立、新理论的形成、新的研究方法的提出为主要划分标准，把公共管理学的演变分为五个时期：（1）早期行政研究时期：1887年威尔逊到1911年泰勒。（2）传统行政研究时期：1911—1933年霍桑实验。（3）修正行政研究时期：1933—1960年。（4）整合行政研究时期：1960年以来。1961年孔兹发表《管理理论丛林》。（5）重建或革新行政研究时期：20世纪80年代至20世纪90年代以来。②

4. 六阶段划分法

武汉大学丁煌教授根据美国学者杰伊·M. 沙夫利兹和阿尔伯特·C. 海德以及德怀特·沃尔多等人划分公共管理学的标准，将公共管理学的演变分为六个时期③：（1）西方公共管理学的提出与创立：1887—1918年，至1919年马克斯·韦伯的“官僚制”理论提出为止。（2）西方公共管理学的正统时期：1919—1941年，从马克斯·韦伯的“官僚制”理论到巴纳德的系统行政组织理论。（3）西方公共管理学的批评与转变时期：1941—1959年，从巴纳德的系统行政组织理论到德罗尔的政策科学思想。（4）西方公共管理学的应用与发展时期：20世纪60年代，从德罗尔的政策科学到弗雷德里克森为代表的新公共行政。（5）西方公共管理学的挑战与创立时期：20世纪70年代，从弗雷德里克森为代表的新公共行政开始。（6）西方公共管理学的总结与探索时期：20世纪80年代，代表人物有布坎南、奥斯本、登哈特。

① 尼古拉斯·亨利．公共行政与公共事务［M］．北京：华夏出版社，2002.

② 张国庆．公共行政学［M］.4版．北京：北京大学出版社，2017.

③ 丁煌．西方行政学说史［M］．武汉：武汉大学出版社，2004.

三、公共管理学发展史及范式演进

纵观一百多年来公共管理学的发展历程，上文已列举了中外不同学者对于公共管理学发展历程的阶段划分。需要注意的是，公共管理学的发展是一个学术共同体互相交融的过程[①]，不存在机械割裂的时期与范式，时期与时期、范式与范式之间也会存在着相互影响，甚至在同一时期内会存在多种学科范式并行的现象。在本书中，我们将按照公共管理学范式变迁的逻辑，从效率主义范式、宪政主义范式、管理主义范式和治理主义范式出发，为公共管理学一百多年来的学科发展绘制一幅清晰、详细的画卷。

（一）效率主义范式

效率主义范式兴盛的时期主要是1887年到20世纪40年代。秉持效率主义范式的学说的主要特点是一切以效率为准绳，注重经济与效率，强调效率目标下的科学化、技术化向度，具有明显的工具理性色彩。效率主义范式的代表理论主要如下：

1. 威尔逊与古德诺的政治行政二分法

威尔逊是美国著名政治学家、行政学家、历史学家、教育家、改革家和政治家，曾任美国普林斯顿大学校长，美国第28届总统。

1887年，威尔逊发表《行政学之研究》一文，标志着行政管理学概念上的行政学正式产生。其观点包括：[②]

第一，批判了当时美国的民主政治体制问题（清谈、迟缓、彼此牵制，以及行为无力等现象）。

第二，主张重新认识权力和授权，认为如果对权力控制和使用得当，那么集中的权力能更好地为国民造福，这种权力越大越好。

第三，应把重点放到行政管理之上（事实上，执行一部法律往往比制定一部法律要困难得多）。

第四，要恢弘政治的功能，必须提高行政效率。

第五，从结构上否定三权分立，提出政治行政二分法，认为国家权力主要掌握在议会与行政部门手里。

第六，良好政府的两大支柱为政务官和文官。

古德诺是美国著名政治学家、教育家、行政学家，曾任美国哥伦比亚大学教授，

---

① 刘梦甜．推动新时代公共管理学科高质量发展［N］．光明网，2021-12-15.

② Woodrow Wilson. The Study of Administration［J］. Political Science Quarterly，1887.

美国政治学会第一任主任，1913—1914 年曾在北京担任袁世凯的宪法顾问、政治顾问，因撰写《共和与君主论》（1915 年），鼓吹帝制而卷入中国政治漩涡，并因此身负骂名①。

1900 年，古德诺发表《政治与行政：一个对政府的研究》一书。其观点包括：②

第一，三权分立不符合民主国家的实际，因为民主国家的主要职能只有政治与行政两种。

第二，政治是国家意志的表现，是民意的表现和政策的决定，是由议会掌握的制定法律和政策以表达国家意志的权力。行政是国家意志的执行，是民意的执行和政策的执行，是由行政部门掌握的执行法律和政策的权力。

第三，行政学不研究政治问题，而研究行政效率、使用方法或技术标准。

第四，为了提高行政效率，政治最好排除在行政之外，政府官员区分为政务官和常务官，并规定常务官在政治上保持中立。

政治行政二分法的提出，适应了社会复杂化及政府职能扩张的需求，是政治体制发展的必然结果，也是西方民主体制自我完善下的产物。对于公共管理学的发展来说，政治行政二分法为传统行政学的发展奠定了基础，提供了理论上的先决条件。③ 但是，由于其历史局限性，政治行政二分法过于机械地把政治行政割裂开来，既不符合实践情况，理论上也遭到了行为主义学派、新公共行政学派、公共政策学派和新公共管理等学派的诘难。

2. 泰勒的科学管理理论

弗雷德里克·温斯洛·泰勒是美国古典管理学家，科学管理的创始人，被管理界誉为“科学管理之父”。在米德维尔工厂，他从一名学徒工开始，先后被提拔为车间管理员、技师、小组长、工长、设计室主任和总工程师。在这家工厂的经历使他了解工人们普遍怠工的原因，他感到缺乏有效的管理手段是提高生产率的严重障碍。为此，泰勒开始探索科学的管理方法和理论。

1911 年，泰勒发表《科学管理原理》。其观点包括：④

---

① 张学继．古德诺：敲响洪宪帝制开场锣鼓［J］．浙江人大，2004（3）：1.

② 弗兰克·J. 古德诺．政治与行政：一个对政府的研究［M］．上海：复旦大学出版社，2011.

③ 刘兴鹏，吴湘玲．政治—行政二分法述评与启示［J］．甘肃理论学刊，2013（6）：4.

④ Taylor F W. The Principles of Scientific Management［J］. History of Economic Thought Books，1911.

第一，科学管理的中心问题是提高劳动生产率。第二，工作需要第一流的人才。第三，要对人才进行培训，使其在标准化的环境中掌握标准化的工作方法。第四，实行“计件工资制”的差别性工资报酬制度。第五，劳资双方需要紧密协助、相互配合。第六，实行科学化的计划职能。第七，实行职能工长制。第八，在管理控制上实行“例外原则”。

泰勒的科学管理理论的优点在于其与实践的紧密联系，几乎所有管理原理、原则和方法，都是经过泰勒自己亲自试验和认真研究后提出的。它的内容里所涉及的方面都是以前各种管理理论的总结，与所有管理理论一样，都是为了提高生产效率，但它是最成功的。它坚持了竞争原则和以人为本原则。不过，科学管理原理也有其一定的局限性，如研究的范围比较小、内容比较窄，侧重于生产作业管理。另外泰勒对于现代企业的经营管理、市场、营销、财务等都没有涉及。更为重要的是他对人性假设的局限性，即认为人仅仅是一种经济人，这无疑限制了泰勒的视野和高度。

3. 法约尔的一般管理理论

亨利·法约尔（Henri Fayol，1841—1925 年），法国人，管理实践家、管理学家、地质学家、国务活动家，被后人尊称为“管理理论之父”，古典管理理论的主要代表人之一，亦为管理过程学派的创始人。[①] 1860 年，法约尔毕业于圣艾蒂安国立矿业学院，同年进入高芒特里—福尔尚布德，任矿井工程师。1886 年，任该矿井的管理人员。1888 年，在该公司濒临破产时，被提升为公司总经理，经过他出色的管理，到 1918 年他退休时，该公司已在财务和经营上立于不败之地。他曾担任过法国陆军大学和海军学校的管理学教授，在邮政机关作过管理调查。1918 年退休后，创立了管理研究中心，并亲自担任领导，该组织对法国企业、陆军和海军的管理有很大影响。[②]

1916 年，法约尔发表《工业管理与一般管理》。其观点包括[③]：

第一，区分了“经营”与“管理”，并强调了管理的普遍性；他认为，“经营”包括技术活动、商业活动、财务活动、安全活动、会计活动和管理活动，其中管理活动又分为计划、组织、指挥、协调和控制，即著名的“管理五要素”说。

第二，法约尔根据自己长期从事的管理活动提出了一般管理的 14 项原则，分别是：劳动分工、权责一致、纪律严明、统一指挥、统一领导、个人利益服从整体利

---

① 白洁．亨利·法约尔：从工程师到管理大师［J］．现代企业文化，2012（1）：48—49.

② 刘诗白，邹广严．新世纪企业家百科全书（第 2 卷）［M］．北京：中国言实出版社，1999.

③ 法约尔．工业管理与一般管理［M］．北京：中国社会科学出版社，1982.

益、报酬合理、集中化管理、等级制度、秩序规范、公平、人员稳定、首创精神和团队精神。

第三，人员在管理的等级中所处的地位不同，其必须具备的能力的相对重要性也不同。技术能力是大型企业下层人员和小型工业企业领导人的主要能力；管理能力是较高层领导人的主要能力。进言之，随着企业由小到大、管理者职位由低到高，其管理能力在管理者必要能力中的相对重要性也不断增加，而其他诸如技术、商业、财务、安全、会计等能力的重要性则相对降低。

第四，大力提倡在大学和专科学校中开设管理课程，传授管理知识，通过管理教育来获取和提升管理能力。

法约尔的一般管理理论是古典管理思想的重要代表，后来成为管理过程学派的理论基础，也是以后各种管理理论和管理实践的重要依据，对管理理论的发展和企业管理的历程均有着深刻的影响。不过，总的来说法约尔的思想并没有逃脱出“机械模式”的桎梏，对于组织成员行为、组织环境等关注甚少。

4. 马克斯·韦伯的官僚制理论

马克斯·韦伯，德国社会学家、历史学家、政治学家、经济学家、哲学家，是现代西方一位极具影响力的思想家，同泰勒和法约尔处于同一时期，对西方古典管理理论的确立做出杰出贡献，是公共行政学的创始人之一，被后世称为“组织理论之父”。[①]韦伯的代表著作有《新教伦理与资本主义精神》（1905），在该书中，韦伯论述了两个重要问题：西方近代资本主义的产生及其本质；社会伦理与经济行为的关系。该书在肯定精神与文化因素对经济社会发展具有巨大的推动力的前提下，阐述了新教伦理与潜藏在资本主义发展后面的某种心理驱动力（即资本主义精神）之间的某些关系[②]。

韦伯曾在海德堡大学与哥廷根大学求学，后在腓特烈·威廉大学（今柏林洪堡大学）就读并开始执教。之后韦伯陆续于弗莱堡大学、海德堡大学、维也纳大学以及慕尼黑大学任教。韦伯对政治实践也具有一定影响，曾前往凡尔赛会议担任德国谈判代表团的顾问，并参与了魏玛共和国宪法的起草设计。韦伯的弟弟阿尔弗雷德·韦伯也是一位著名的经济学家和社会学家。

---

① 孔繁斌. 行政管理理性化的追求与困境——马克斯·韦伯的官僚制理论分析［J］. 南京大学学报：哲学·人文科学·社会科学，1998（1）：6.

② Weber M. The protestant ethic and the spirit of capitalism［M］. China Social Sciences Publishing House，1905.

在韦伯的理论体系中，权威有三种来源：一是传统型权威，它的合法性来自传统习惯，组织成员之间的关系是建立在个人关系、喜好偏爱、社会特权的基础之上；二是克里斯玛型（超人型）权威，古代王朝的创立时期，常得益于某个具有超凡魅力的领袖，人们信赖他那种拯救社会的神力，对乌托邦式美好世界的追求形成对领袖的拥戴，并焕发出“打江山”的动力；三是法理型权威，即由制度规定组织层级、部门划分、职位设置、成员资格，能够形成非人格化的层级节制体系和部门结构，组织成员是否胜任仅仅取决于他的能力，而不是取决于他对组织领袖的个人忠诚和个人依赖。

韦伯所提出的官僚制（Bureaucracy），正是基于上述第三种法理型权威建立起来的合理—合法型组织。韦伯认为，官僚制是依职能和职位分工分层、以规则为管理主体的管理方式和组织体系，亦称科层制。官僚制具有以下特点①：

第一，合理的分工。在组织中明确划分每个组织成员的职责权限并以法规的形式将这种分工固定下来。

第二，层级节制的权力体系。在组织中实行职务等级制和权力等级化，整个组织是一个层级节制的权力体系。

第三，依照规程办事的运作机制。在组织中任何管理行为都不能随心所欲，都要按章行事。

第四，形式正规的决策文书。在组织中一切重要的决定和命令都以正式文件的形式下达，下级易于接受明确的命令，上级也易于对下级进行管理。

第五，组织管理的非人格化。在组织中管理工作是以法律、法规、条例和正式文件等来规范组织成员的行为，公私分明，对事不对人。

第六，适应工作需要的专业培训机制。官僚制发展的一个重要标志就是专业管理人员的增加和各业务部门专家人数的增加。

第七，合理合法的人事行政制度。量才用人，任人惟贤，因事设职，专职专人，以及适应工作需要的专业培训机制。

通过对官僚制进行深入的剖析，韦伯认为官僚制的优点在于：

第一，严密性。官僚制组织通过等级结构进行控制，按专业化标准，权力分层、职位分等、层层节制、环环相扣、秩序井然，严格的岗位责任制使一切个人都统一在一个法则系统之内。

第二，合理性。由于专业技术知识居于中心地位，任何规定都详细具体，具有

---

① 丁煌．西方行政学说史［M］．武汉：武汉大学出版社，2004.

可操作性，因而显示出精确、迅速、统一、协调、节约和高效等优势。

第三，稳定性。非人格化秩序的确立，使管理的任何步骤都源于法规，摆脱了长官意志，保证了体制的连续性和稳定性。

第四，普适性。官僚制组织适用面广，政府机关、公共事业单位，各种企业甚至私人组织都可以采用。

同样，官僚制也存在着不可避免地存在缺点：韦伯认为官僚制犹如一个巨大的铁笼，将人固定在其中，压抑了人的积极性和创造精神，使人成为一种附属品，只会机械地例行公事，成为没有精神的专家，没有感情的享乐人，整个社会将变得毫无生气。不过韦伯仍抱有希望，他希望人们可以用“超人型权威”来对旧世界、旧组织进行革命性的破坏，来破除日益僵化的官僚制对人的异化和束缚。

对于韦伯的官僚制理论的评价，也应当从意义与问题两个方面去辩证地看待①：

从社会政治意义而言，一方面，随着资本主义的发展，新型的工业化大企业发展迅速，这种新型的组织需要有稳定、严格、精细、可靠的管理，官僚制则是可以满足这种需要的理想管理形式；另一方面，官僚制理论也对旧的传统以及对经济发展的政治控制进行了一定程度上的解构，强调以知识和技能进行管理的必要。

从学术意义而言，韦伯的官僚制理论主要有以下几点理论贡献：

第一，开启了组织（行为）理论研究的先河，韦伯也因此被誉为“组织理论之父”。

第二，构建起一整套现代行政管理体系的的规则。如专业分工，层级节制，考试录用，职责权限，工作报酬等。

第三，强调法理型权威在现代社会管理中的重要性；强调在知识和技能的基础上进行控制，促进了管理法治化、科学化。

第四，讲求效率的行政观，符合资本主义生产方式的需要。

韦伯的官僚制理论同样也存在许多问题：

第一，官僚制理论过于理想化，是高度纯化的理论描述，与现实中的组织有差距。

第二，偏重于静态研究，过分强调机械的正式组织的功能，忽视了组织运作的过程和非正式组织的影响力。

第三，偏重于对组织内部形态和管理结构的分析，缺乏对组织与其环境间相互关系的探讨。

---

① 丁煌．西方行政学说史［M］．武汉：武汉大学出版社，2004.

第四，过分强调专业分工和职能权限划分，忽视宏观协调。

第五，过分强调人员稳定，导致组织惰性；过分强调年资在升迁中的意义，导致论资排辈，缺乏主动性和创造性。

第六，过分强调组织利益和组织效率，忽视了组织成员多方面的心理需求及人性发展；组织僵化、缺乏弹性与适应性。

5. 古利克与厄威克的行政原则

卢瑟·哈尔西·古利克（Luther Halsey Gulick，1892—?）是一名美国管理学家，曾任美国哥伦比亚大学公共关系学院院长，曾经担任罗斯福总统的行政管理委员会的成员，出版了许多关于管理方面的著作。

林德尔·厄威克（Lyndall F. Urwick）（1891— 1983 年）：英国著名的管理史学家、教育家、管理学家。曾长期担任英国一家管理公司的董事长。1928—1933 年间担任在日内瓦的国际管理协会的首任会长。任职期间，厄威克因工作需要经常在美国进行活动，从而对美国企业管理理论的发展影响很大。

在 1937 年出版的由古利克和厄威克合编的《管理科学论文集》中，包含了一系列反映当时管理学方面不同意见的论文[①]。其论文集中的主要作者有穆尼（James D. Mooney）、法约尔（Henri Fayol）、丹尼森（Henry S. Dennsion）、L. J. 亨德森（L. J. Henderson）、怀特黑德（T. N. Whitehead）、梅奥（Elton Mayo）、福莱特（Mary B. Follett）、李（Hohn Lee）、格兰库纳斯（V. A. Graicunas）以及编者本人。这本论文集第一次将法国管理学家法约尔的论文《管理理论和国家》介绍给美国读者，其中厄威克还对法约尔和穆尼两人的思想做了比较。文集还包括了霍桑试验早期成果的报道。这本论文集中的作者，除梅奥和福莱特以外，大都属于组织理论中的传统学派的代表人物。[②]

在该论文集中，古利克把关于管理职能的理论系统化，提出了有名的管理七职能论，并取每种职能英文词的首字母而称作 POSDCORB，即 Planning（计划）、Organising（组织）、Staffing（人事）、Directing（指挥）、Coordinating（协调）、Reporting（报告）、Budgeting（预算）。古利克提出的这七种管理职能，虽不断有后人加以增减或修改，但基本上包括了当时有关管理过程的观点，并成为该领域研究的出发点。

---

① Gulick L，Urwick L. Papers in the Science of Administration［J］. The Academy of Management Journal，1970，13（4）：361-371.

② 关力．厄威克和古利克对古典管理理论的系统化［J］. 管理现代化，1987（2）：2.

而厄威克在其早期著作中也提出了适用于一切组织的八项原则：

（1）目标原则，所有的组织都应当表现出有关实际任务的目标，组织起来进行工作；

（2）相符原则，权力和责任必须相符；

（3）职责原则，即上级对直属下级的职责是绝对的；

（4）组织阶层原则；

（5）控制幅度原则，即每一个上级所管辖的相互之间有工作联系的下级人员不应超过 5 人或 6 人；

（6）专业化原则，即每个人的工作应限制为一种单一的职能；

（7）协调原则，组织横向系统要协调发展，有利于整体目标；

（8）明确性原则，即对于每项职务都要有明确的规定。

厄威克吸收了泰罗的管理过程要以科学调查为指导原则的思想，经过分析引出一般性的结论，即把科学分析作为指导一切管理职能的基本原则，是“组织设计论”的一个重要代表人物。

在公共管理学的发展历史上，古利克和厄威克所处的地位几乎是同等的。这种地位，与其说是由于他们在现代管理思想上有什么创新，倒不如说是由于他们在古典管理理论的系统化方面所做的大量工作而确立的。但是，以古利克和厄威克为集大成者的古典管理理论对组织环境以及环境的变化的考虑较少，因此对管理的动态性未予以充分的认识和关注。

6. 行为科学（新社会科学）

1949 年，美国芝加哥大学在美国福特基金会资助下，进行“个人行为与人群关系”的研究计划，这个计划简称行为科学（新社会科学）。①

（1）梅奥和霍桑实验。1927—1932 年，美国哈佛大学教授梅奥等人在美国西方电气公司连续五年进行新的实验，进行对组织中的人的行为的实证性研究。他们认为，对人格的尊重、参与、情绪发泄、社会平衡、士气、非正式群体是组织管理过程中的决定因素。②

霍桑实验包括四个阶段：第一个阶段，车间照明实验（照明实验）——员工被尊重；第二个阶段，继电器装配实验（福利实验）——人际关系比福利更重要；第三个阶段，访谈计划（访谈实验）——士气与劳动生产率有密切的关系；第四个阶

① 刘继云，孙绍荣．行为科学理论研究综述［J］．金融教学与研究，2005（5）：36—37.

② 乔治·梅奥．工业文明的人类问题［M］．陆小斌译．北京：电子工业出版社，2013.

段，继电器绕线机组的工作室实验（群体实验）——非正式组织。

（2）激励理论。激励理论包括马斯洛的人类需求层次理论、赫兹伯格的双因素理论、斯金纳的强化理论等。具体参见第五章第二节内容。

7. 赫伯特·西蒙的行为主义行政观

赫伯特·亚历山大·西蒙（Herbert Alexander Simon），1916 年生于美国威斯康星州的密尔沃基，毕业于芝加哥大学，1937 年获政治学本科学位、1943 年获得政治学博士学位。1978 年获得诺贝尔经济学奖，1975 年获得图灵奖。他学识渊博、兴趣广泛，研究工作涉及经济学、政治学、管理学、社会学、心理学、运筹学、计算机科学、认知科学、人工智能等广大领域，并做出了创造性贡献，在国际上获得了诸多特殊荣誉。

20 世纪 40 年代以来，传统的古典行政学受到了越来越多的挑战。面对困境中的公共行政学，西蒙认为，传统行政学之所以失败，在于其缺少一套科学的概念工具，因此他主张引入逻辑实证主义，重建一门更加精致、更有效率的行政科学，从而塑造了一种经典的理性行政模式。值得一提的是，同时期西蒙还与另一位意见相左的学者沃尔多有过一场“西方行政学说史上最激动人心、最富于启发意义的争论”，史称“西瓦之辩”①；关于沃尔多的观点，本书后文中将会于“宪政主义范式”处提及。

西蒙一生著作颇丰，代表作有 1947 年的《行政行为》。西蒙的主要观点如下：②

第一，决策是管理的中心，决策贯穿管理的全过程。西蒙认为，任何作业开始之前都要先做决策，制订计划就是决策，组织、领导和控制也都离不开决策。

第二，在决策准则上，用满意性准则代替最优化准则。西蒙认为，完全的合理性是难以做到的，管理中不可能按照最优化准则来进行决策。首先，未来含有很多的不确定性，信息不完全，人们不可能对未来无所不知；其次，人们不可能拟定出全部方案，这既不现实，有时也是不必要的；最后，即使用了最先进的计算机分析手段，也不可能对各种可能结果形成一个完全而一贯的优先顺序。

第三，强调集体决策与组织对决策的影响。西蒙指出，经理的职责不仅包括本人制定决策，也包括负责使他所领导的组织或组织的某个部门能有效地制定决策。他所负责的大量决策制定活动并非仅仅是他个人的活动，同时也是他下属人员的

---

① 颜昌武，刘云东．西蒙-瓦尔多之争——回顾与评论［J］．公共行政评论，2008（2）：28.

② Dahl R A，Simon H A. Administrative Behavior：A Study of Decision-Making Proceses in Administrative Organization［J］. Administrative Science Quarterly，1957，2（2）：244.

活动。

第四，发展人工智能，逐步实现决策自动化。西蒙在他所著的《管理决策新科学》一书中，用了大量篇幅来总结计算机在企业管理中的应用，特别是计算机在高层管理及组织结构中的应用。

西蒙对于行政学、政治学、经济学、心理学和计算机科学等学科的融会贯通，使其具有其他行政学家所不具备的多元学科背景，运用各个领域的知识来对行政学的理论和实践进行研究，也使其理论自成体系，对行政学后续的发展产生了极大的影响。虽然西蒙在其学术生涯中都在批判传统的古典行政学，认为其不过是一种“行政谚语”[①]；但是，西蒙的理论到头来并没有脱离传统古典行政学的最根本上的束缚[②]，即仍然以组织的效率为最终目标，仍然只是效率主义范式研究的一部分。

（二）宪政主义范式

宪政主义范式兴盛的时期主要是20世纪50年代到20世纪70年代。秉持宪政主义范式的学说的主要特点是由仅仅以效率研究为核心转向更关注公平、责任和伦理等行政民主性价值取向的研究，主张社会正义与社会公平，主张改革、入世、与实际过程相关的公共行政学，主张构建新型的政府组织形态，主张突出行政管理的“公共”性质，主张“民主行政[③]”。但是，宪政主义范式过度强调了民主、公平等规范价值，沉溺于理论、制度的设计，其管理缺乏坚实的实践基础。宪政主义范式的代表理论主要是新公共行政学派，而同时期也诞生了一些其他学科进展，下文将一一介绍。

1. 以沃尔多等学者为代表的新公共行政学派

上文提到，西蒙与另一位意见相左的学者沃尔多有过一场“西瓦之辩”；与西蒙“重建一门更精致、更有效率的行政科学”主张不同，面对困境中的公共行政学，沃尔多主张凸显行政研究中历史和文化视野的重要性，强调公共行政学是一种政治理论，并将民主等规范价值注入公共行政的理论与实践当中，从而为公共行政学设定规范研究的议程。“西瓦之辩”表面上看是西蒙与沃尔多之间的观点的交锋，

---

① 赫伯特·西蒙．管理行为［M］．杨砾，韩春立，徐立译．北京：北京经济学院出版社，1988.

② 陈振明．公共管理学［M］．2版．北京：中国人民大学出版社，2017.

③ 孔凡宏，张继平．民主行政的实现与现实：价值、制度与技术——文森特·奥斯特罗姆民主行政思想评析［J］．中国行政管理，2009（9）：5.

实际上是两位学者背后的公共管理学的研究范式——以西蒙为代表的效率主义范式和以沃尔多为代表的宪政主义范式的交锋。与西蒙选择向其他学科寻求“西瓦之辩”的答案不同，沃尔多选择深耕于本领域，并积极向青年学者传播自己的观点，最终形成了声势浩大、影响至今的新公共行政学派。

（1）背景

20世纪60年代至20世纪70年代初，对美国来说是一个动荡不安的时代，越南战争、公民权运动、水门事件、能源危机带来的社会政治问题，使公众对政府丧失了信心。与此同时，英国同美国一样经济陷入“滞胀”困境中，经济低速增长与通货膨胀同时并存，现实对行政学理论提出了新的挑战。

1968年，由时任雪城大学人文科学教授和《公共行政评论》主编的沃尔多发起，在明诺布鲁克召开了一次青年公共行政学者会议，目的是考虑未来行政学领域可能的发展方向。会议结果产生了“新公共行政学”运动，指责作为应用型学科的公共行政学离开了时代主题，逃避了现实中的重大问题，应该进行改革。会议发表了《走向一种新公共行政学：明诺布鲁克观点》（1971年出版）。它以公平为核心，拒绝了传统公共行政学的一系列基本观点（经济和效率），尤其是政治—行政二分法和官僚体制理论。它强调政治与行政的连续性以及行政管理与价值的关联，并寻求具有灵活性的行政组织结构。①

1988年，认同新公共行政观点的学者再次会聚雪城大学，试图总结第一次会议以来的发展变化，研讨所面临的新问题以及解决问题的新途径。第二次明诺布鲁克会议后，《公共行政评论》于1989年3月、4月以“第二次明诺布鲁克会议：公共行政的变迁纪元”为题专号刊登了会议的观点。它主张公共行政当中的价值取向，反对价值中立（value-neutrality）②，强调社会公平与社会正义。

（2）主要观点

新公共行政学派的基本思想是，要以社会公平作为核心价值，建构一种入世、改革、具有广泛民主的新公共行政学，其主要观点是：

① 陈振明．从公共行政学、新公共行政学到公共管理学——西方政府管理研究领域的“范式”变化［J］．政治学研究，1999（1）：82-91.

② 价值中立是德国社会科学家马克斯·韦伯用语，与“价值相关”相对。价值中立指在确立了研究对象之后，必须放弃任何主观的价值观念，严格以客观、中立的态度进行观察和分析，从而保证研究的客观性和科学性。认为研究者关心的是事实的陈述，而不是对事物做好坏评价的观点。它另一层含义则是区分了事实领域与价值领域、事实判断与价值判断。因而我们并不能简单地从“是”与“不是”推论出“应该”与“不应该”。

第一，以社会公平和社会正义为核心价值。新公共行政学认为，传统的公共行政学注重公共服务管理的效率、经济和协调性，它的焦点在于高层管理和重要职能部门的管理，以至于有效性、经济性和协调性经常以社会公平为代价，而实现社会公平恰恰是新公共行政的基本目标，因此要在公共行政学的经典目标和理论基础中增加社会公平一项，并以此为核心重塑现代公共行政的价值体系。

关于社会公平作为公共行政核心价值的意义，弗雷德里克森曾做出高度概括①："社会公平是我们用一系列价值偏好，包括组织设计偏好和行为方式偏好的关键词语。社会公平强调政府提供服务的公平性；社会公平强调公共管理者在决策和组织推行过程中的责任与义务；社会公平强调公共行政管理的变革；社会公平强调对公众要求做出积极的回应（responsiveness），而不是以追求行政组织自身需要满足为目的；社会公平还强调在公共行政的教学与研究中更注重与其学科的交叉以实现对解决相关问题的期待……总之，倡导公共行政的社会公平是要推动政治权力以及经济福利转向社会中那些缺乏政治、经济资源支持，处于劣势境地的人们。"

据此，新公共行政学提出自己的目标：现代公共行政必须考察政府提供的服务是否促进社会公平，效率必须以公平的社会服务为前提、为代价。

第二，反对政治行政二分法。以社会公平为核心，致力于突破传统公共行政学以政治与行政两分法为基础的思维框架。新公共行政学拒绝"政治中立"② 的观点，认为行政系统游离于政策制定之外的状况根本不存在。行政人员既从事行政执行，也从事政策制定，"行政管理者不是中性的。应责成他们承担责任，把出色的管理和社会公平作为社会准则、需要完成的事情或者基本原理。"

对行政人员的决策地位的认识采取积极态度，有助于提高行政机关及其人员的自觉意识，即除在执行政策中尽职尽责外，更以主动的态度设计政策议程，并使用裁量权发展公共政策，使政策更加有效地解决社会问题。

第三，改造政府组织架构。新公共行政学认为，组织结构与功能状况关系到公共服务的质量，而传统的官僚制组织体制已经造就了一种超稳定的能力，使政府失去了必要的敏感性和同情心，正在远离社会公众。因而需要寻求以顾客导向、应变

---

① H. 乔治·弗雷德里克森. 公共行政的精神［M］. 北京：中国人民大学出版社，2003.

② 政治中立（Neutral Politics），指西方国家规定文官在国家政治活动中保持"中立"立场，即文官不参与政治活动，相对各政党、利益集团居"公正""超然"地位，不介入政争漩涡。这是保证文官摆脱党派、种族、宗教等方面的纷争，使文官客观、公正、独立地为国家服务的制度。文官的政治中立是同政治制度中的多党制、有限政府制相配合的制度。它是为了保证多党制之下的政策连续性，同时也是为使政府一般行政人员避免受政治变迁的冲击而建立的。

灵活和回应性强的组织形态。

因此，分权、权力下放、规划、合同、敏感性训练、责任扩大、顾客导向、组织发展成为新公共行政学分析组织问题的一些基本概念。他们还主张用诸如行政分权模型、居民控制模型、讨价还价模型等组织模型，对现有科层制组织体系，尤其是组织结构进行改造。

第四，扩大传统行政学研究范围。对于公共行政学的研究范围和内容，新公共行政学认为，两分法使得行政研究的焦点局限于行政机关的预算、组织和管理、人事以及大量其他中性问题上，很少重视与社会、政治密切相关的政策制定与政策分析等研究，使公共行政远离于社会危机处理的需要，因而过于狭窄，过于以“组织内部”为取向，理论上过于空洞。

这就需要从一种全新的角度对行政现象进行分解，通过重新定义分配过程，整合过程、边际交换过程和社会动机过程，来适应和改善公共行政学。

第五，主张民主行政。新公共行政学认为，民主行政的核心在于尊重人民主权和意愿，实现社会正义和社会公平，反对滥用权力和行政无能。民主行政要求公众需要是行政系统运转的轴心，即公众的权利或利益应高于政府自身的利益扩张和利益满足。他们期待着公共行政发展进入到一个全新的领域，即建立民主行政的模型，并主张通过行政改革使民主行政得以实现。

（3）评价

新公共行政学的理论主张对公共行政学的发展有着重要影响，尤其是关于公共行政的价值观、道德观和关注现实政策的主张，一直是当代公共行政的中心议题。新公共行政学的研究重心在公共行政学的“公共部分”，倡导公共服务的平等性、行政官员的政治回应性、民主行政、社区自治等基本价值，强调将“社会公平”引入政府目的和运作机制之中，即“要推动政治权力以及经济福利转向社会中那些缺乏政治积极资源支持，处于劣势境地的人们”①。尽管由于新公共行政学自身的一些原因，如缺乏概念的连贯性、没有明确限定的宪法基础等，它没有成为行政学研究的主导范式，然而正是由于它对社会公平与正义的追求，对公共行政“公共性”的关注，公共行政学自此开始步入“自觉构建公共性”的历史阶段。新公共行政学的主要贡献在于将社会公平提高到公共行政追求的首要价值目标，倡导民主行政，增强了公务员的内省伦理道德意识等。它扩大了公共行政学研究的视野，极大地丰富、发展了公共行政学。

① H. 乔治·弗雷德里克森. 公共行政的精神［M］. 北京：中国人民大学出版社，2003.

2. 同时期的其他学科进展

（1）系统论、权变论与生态行政学

1937 年，贝塔朗菲（Ludwig Von Bertalanffy）提出一般系统论[①]，纠正科学管理和行为科学的偏颇，用动态的、开放的、联系的思想和方法取代之，倾向于“原则性”而非“技术性”。

菲德勒提出了权变理论[②]，“权宜通达，应付变化”。在承认系统论的基础上，否认存在“最佳”的管理理论和方法，一切取决于特定的时间、地点和条件。

生态行政学由高斯（John M. Gaus）最先提出，指政府和环境的互动（Interactions）和动态平衡（Dynamic Equilibrium）。1961 年，雷格斯（Fred W. Riggis）在《生态行政学》中提出了生态模式（Ecological Model），并将各国行政模式划分为融合型（Fused Mode）的农业型行政模式、棱柱型（Prismatic Mode）的过渡行政模式、绕射型（Diffracted Mode）的工业型三类[③]。

（2）公共政策分析（Public Policy Analysis）

公共政策分析也称政策科学、政策研究、系统分析、系统工程或社会工程等。它产生的背景是现代政府的政策条件和政策任务的复杂化。社会科学和自然科学的发展为政策科学的形成提供了理论基础和使用技术，现实压力为其提供了发展动力。主要代表人物是拉斯维尔（Harold D. Lasswell）。他于 1951 年撰写了《政策科学：近来在范畴与方法上的发展》。

（三）管理主义范式

管理主义范式主要兴盛于 20 世纪 80 年代到 90 年代。如果说效率主义范式是以效率为核心，宪政主义范式是以价值为核心，那么管理主义范式就是以结果为核心。管理主义范式通过引入工商管理的技术和方法，以组织管理的结果为导向，大大提升了实践中的管理效能，丰富了管理理论的发展。管理主义范式主要以新公共管理学派为代表，下文将对新公共管理做简单概述。

---

① 一般系统论是关于任意系统研究的一般理论和方法。其主要任务是以系统为研究对象，从整体出发研究系统整体和组成系统整体各要素的相互关系，从本质上说明其结构、功能、行为和动态。

② 权变理论（Contingency Theory），又称情境理论。20 世纪 60 年代以后，由关于领导有效性研究转入权变理论。权变理论认为，领导的有效性不是取决于领导者不变的品质和行为，而是取决于领导者、被领导者和情境条件三者的配合关系，即领导有效性是领导者、被领导者和领导情境三个变量的函数。

③ 里格斯．行政生态学［M］．北京：商务印书馆，1982.

1. 背景

20世纪60年代以来，西方民权运动风起云涌，经济滞胀初露端倪，失业以及公共安全、环境污染、社会保障等矛盾日益暴露，这与公共行政模式的预期形成很大的反差。[①] 变革成为国际社会普遍而迫切的要求，一场来自政府和公共部门内部的改革运动——肇始于英国，随后在美国发展，进而扩大至西方主要发达国家，最后又波及许多发展中国家和转型国家——终于拉开了帷幕。

这场行政改革运动即新公共管理运动，与此前来自理论界的“新公共行政”运动有着根本性区别。[②]“一方面，它从一开始就是实践导向的，侧重于政府和公共组织的内部结构、公共服务的供给方式的根本性改变，而其最终目标则是要减小政府规模、压缩政府活动空间、创新服务供给方法，以更低的费用、更高的效率实现公共目标；另一方面，其价值观预设、理论基础和方法来源与公共行政范式完全不同，它不是要补充和修缮公共行政范式，而是要彻底扬弃公共行政范式，实现范式革命而不是改良。”

新公共管理运动的代表人物及著作有：奥斯本和盖布勒的《改革政府：企业精神如何改革着公营部门》[③]、巴泽雷的《突破官僚制 ：政府管理的新愿景》[④] 等。

2. 主要观点[⑤]

（1）以顾客为导向，奉行顾客至上的全新价值理念。新公共管理完全改变了传统模式下政府与公众之间的关系，政府不再是发号施令的权威官僚机构，而是以人为本的服务提供者，政府公共行政不再是“管制行政”而是“服务行政”。公民是享受公共服务的“顾客”，政府以顾客需求为导向，尊崇顾客主权，坚持服务取向。新公共管理关注政府项目实施的有效性，表现出一种目标导向的趋势，行政权力和行政行为从属和服务于“顾客”的满意度这一中心。政府以提供全面优质的公共产品、公平公正的公共服务为其第一要务。在新公共管理看来，政府是负责任的“企业家”，而公民是其尊贵的“顾客”。这是公共管理理念向市场法则的现实复归。作

---

① 陈广胜．走向善治：中国地方政府的模式创新［M］．杭州：浙江大学出版社，2007.

② 张钢．公共管理学引论［M］．杭州：浙江大学出版社，2003.

③ 戴维·奥斯本，特德·盖布勒．改革政府：企业精神如何改革着公营部门［M］．上海：上海译文出版社，1996.

④ Barzelay M, Armajani B J. Breaking through bureaucracy: a new vision for managing in government［M］. University of California Press, 1992.

⑤ 简·莱恩．新公共管理［M］．赵成根，王洛忠，崔跃嵩，等译．北京：中国青年出版社，2004.

为“企业家”的政府并非以营利为目的，而是要把经济资源从生产效率较低的地方转移到效率较高的地方，“由顾客驱动的政府是能够提供多样化和高质量的公共服务的政府”。对公共服务的评价，应以顾客的参与为主体，注重换位思考，通过顾客介入，保证公共服务的提供机制符合顾客的偏好，并能产出高效的公共服务。

（2）治道变革，政府职能由“划桨”转为“掌舵”。新公共管理主张政府在公共行政中应该只是制定政策而不是执行政策，政府应该把管理和具体操作分开。用《改革政府》的作者戴维·奥斯本等人的话说，就是政府的角色应是“掌舵”而不是“划桨”。他们认为传统政府低效的一个重要原因就是忙于划桨而忘了掌舵，做了许多做不了、做不好、舍本求末的事情。正如彼得·德鲁克在其名著《不连续的时代》中所写道的：“任何想要把治理和实干大规模地联系在一起的做法只会严重削弱决策的能力。任何想要决策机构去亲自实干的做法也意味着干蠢事。”① 至于掌舵的主要途径，新公共管理认为要通过重新塑造市场，不停地向私人部门施加各种可行和有利的影响让其“划桨”的方式来进行。

（3）在公共管理中引入竞争机制。传统公共行政力图建立等级森严的强势政府，强调扩张政府的行政干预。新公共管理则主张政府管理应广泛引入市场竞争机制，通过市场测试，让更多的私营部门参与公共服务的提供，提高服务供给的质量和效率，实现成本的节省。以竞争求生存，以竞争求质量，以竞争求效率。竞争性环境能够迫使垄断部门对顾客的需要变化做出迅速反应。相对于动用政府本身的公务员来说，合同外包是允许政府实验各项政策的全新供给体系，通过市场测验可以判断出新政策的合意性。“风险规避，尤其是政治风险的回避，是公共行政人员推行民营化的主要动机”。

（4）重视效率追求。追求效率是公共行政的出发点和落脚点。相比于传统效率主义范式的做法，新公共管理在追求效率方面主要采取三种方法：第一，实施明确的绩效目标控制。与传统公共行政重遵守既定法律法规、轻绩效测定和评估的做法不同，新公共管理主张放松严格的行政规制，实行严明的绩效目标控制，既确定组织、个人的具体目标，并根据绩效目标对完成情况进行测量和评估。第二，重视结果。传统的官僚主义政府注重的是投入，而不是结果。他们往往只会花掉预算分解的每个项目的资金，对结果和收益毫不关心。新公共管理根据交易成本理论，重视管理活动的产出和结果，关注公共部门直接提供服务的效率和质量，主张对外界情况的变化以及不同的利益需求做出主动、灵活、低成本、富有成效的反应。第三，

① Drucker P. The Age of Discontinuity: Guidelines to Our Changing Society [M]. 2017.

采用私营部门成功的管理手段。新公共管理强调政府广泛采用私营部门成功的管理手段和经验，如重视人力资源管理、强调成本—效益分析①、全面质量管理②、强调降低成本，提高效率等。

（5）改革公务员制度。新公共管理主张对公务员制度的一些重要原则和核心特征进行瓦解：一是通过推行临时雇佣制、合同用人制等新制度，打破传统的文官法"常任文官无大错不得辞退免职"的规定。二是废弃公务员价值中立原则，新公共管理"主张放弃政府的与逻辑实证论相联系的表面上的'价值中立'（Value-Neutrality）"，它正视行政所具有的浓厚的政治色彩，认为不应将政策制定和行政管理截然分开。强调公务员与政务官之间存在着密切的互动和渗透关系，主张对部分高级公务员应实行政治任命，让他们参与政策的制定过程，并承担相应的责任，以保持他们的政治敏感性。新公共管理认为正视行政机构和公务员的政治功能，不仅能使公务员尽职尽责地执行政策，还能使他们以主动的精神设计公共政策，使政策能更加有效地发挥其社会功能。

（6）创建有事业心和有预见的政府。新公共管理认为"政府必须以收费来筹款，通过创造新的收入来源以保证未来的收入"。不仅如此，政府还必须转变价值观，在把利润动机转向公众使用的基础上，尽可能使政府公共管理者转变为企业家，学会通过花钱来省钱、为获得回报而投资。与此同时，新公共管理认为，传统公共行政只注重提供服务而不注重预防，结果当问题变成危机时，再花大量的金钱、精力去进行治疗。新公共管理认为社会更需要预防，即解决问题而不是提供服务。为此，政府应该把更多的工作放在预防上。有预见的政府会做两件根本的事情：一是使用少量钱预防而不是花大量钱治疗；二是在做出重要决定时，尽一切可能考虑到未来。

3. 实践探索

实践中，新公共管理的先锋是英国撒切尔内阁和美国里根政府。1979 年撒切尔内阁掀起这场运动，直接目的是减少预算赤字，提高政府效率。该运动分四个阶段：（1）引入私人部门管理技术阶段。撒切尔内阁提出著名的 3E 标准，即经济（Econ-

---

① 成本—效益分析是通过比较项目的全部成本和效益来评估项目价值的一种方法，成本—效益分析作为一种经济决策方法，将成本费用分析法运用于政府部门的计划决策之中，以寻求在投资决策上如何以最小的成本获得最大的收益。常用于评估需要量化社会效益的公共事业项目的价值。

② 全面质量管理是以产品质量为核心，建立起一套科学严密高效的质量体系，以提供满足用户需要的产品或服务的全部活动。

omy)、效率(Efficiency)和效益(Effectiveness),作为衡量行政管理和公共服务的最终尺度。① (2)公共服务私有化阶段,这使政府规模和活动范围大大缩小。(3)公共服务代理化阶段。决策部门只负责政策制定,不再掌管政策执行。(4)公共和私人部门伙伴关系阶段。美国里根政府崇尚市场至上、个人自由和政府最小化。其基本理念是:政府就应像一个大型公司那样予以组织和管理,公共部门和私人部门都需按照同样的经济参数和管理原则进行评价。

尽管各国新公共管理运动的规模、深度存在差异,但作为一场世界范围的改革潮流,其主要做法是一致的②。(1)调整政府职能。主要措施有:减少对企业和社会的直接干预;通过打破垄断,引入竞争机制,实行公共服务社会化;推行国有企业民营化,从而减轻政府负担,缩小政府规模。(2)创新管理方式。主要做法包括:充分借鉴企业管理手段,如项目招投标、质量管理、使用者收费、合同外包、人力资源开发等,实现政府管理创新;运用现代信息技术,推进电子政务,再造政府管理流程;开展政府绩效评估,如英国推行政府公共服务承诺制,美国实行联邦政府绩效管理,都取得积极成效。(3)实行分权改革。即围绕决策权与执行权的分离,一些国家将政府部门分解成决策部门和具有特定服务功能的执行机构,通过签订责任书等方式,明确执行机构的责任范围、工作目标及考核标准。英国、澳大利亚、瑞典等都采取了相关做法。

4. 评价

新公共管理作为管理主义范式的代表,在公共管理理论发展的历史进程中,在新公共管理的实践中发挥着双重作用。

一方面,它突破了传统公共行政理论的羁绊,以新自由主义经济学、公共选择理论、交易成本理论和工商企业管理理论等经济理论为其理论基础,以"理性经济人"③ 的个人主义理性思维方法为表征,以市场经济的竞争式管理方法为取向,形成了以结果为取向的绩效目标管理方法、以顾客为取向的回应性管理方法、以外部

---

① 20世纪80年代初,英国的效率小组建议要在财务管理新方案中设立"经济"(Economy)、"效率"(Efficiency)、"效益"(Effectiveness)的"3E"标准体系,以取代传统的效率标准(如财务、会计指标等)。不久,英国审计委员会又将"3E"标准纳入到绩效审计框架中,并运用于地方政府以及国家健康服务的管理实践。

② 高小平,沈荣华. 推进行政管理体制改革:回顾总结与前瞻思路[J]. 中国行政管理,2006,(1):9—13.

③ 理性经济人(Economic Man 或 Homo Economicus)是一个经济学术语,它假定人是始终理性且自利的,并以最优方式追求自己的主观目标。

为取向的战略管理的管理方法体系。

这些管理方法在实践中的运用，拓展了公共管理的研究范围与主题，丰富了公共管理的方法，优化了学科结构，完善了理论基础与实践模式，提高了政府管理的效率，在当代西方公共管理实践中发挥了重要的作用。

另一方面，由于新公共管理理论方法论囿于经济学的理论基础，并以“理性经济人”理念为逻辑起点，以引入市场机制、追求效率为目的，就不可避免地重蹈工具理性的覆辙，将公共行政仅仅作为了实现效率目标的工具，导致政府公共管理的公共性与价值性的缺失，从而招致理论界与实践领域的批判。

尽管如此，新公共管理作为一种新的管理学派，在一定的社会发展阶段中，仍然具有它存在的必要性。我国目前市场经济的发展要求转变政府职能，建立起一个灵活、高效、廉洁的政府，形成新的管理模式。当代西方政府改革的“新公共管理”取向及模式对于我国市场经济的发展和行政改革的深化，对于在市场经济条件下处理好政府与市场、企业和社会的关系，完善宏观调控机制，形成新的管理模式，提高政府行政效率具有一定的参考价值。

（四）治理主义范式

治理主义范式兴盛于 20 世纪 90 年代至今。治理主义范式的出现，很大程度上是对管理主义范式所带来的一系列问题的回应。管理主义范式过于注重结果、注重效率，治理主义范式是对公平、民主等规范价值的适度回归。治理主义范式主要有以下代表性理论：

1. 登哈特夫妇的新公共服务理论

罗伯特 · B. 登哈特，美国亚利桑纳州立大学公共事务学院教授，美国国家公共行政研究院院士，并且曾担任美国许多州政府和地方政府在质量管理、战略规划和公共生产率等方面的咨询顾问。作为国际著名的公共行政学家，登哈特博士曾经担任美国公共行政学（ASPA）会长、中佛罗里达大学公共行政系主任、密苏里大学哥伦比亚分校副校长以及密苏里州长的生产率咨询委员会主席，他还是美国公共行政学会全国公共服务运动组织的创始人和第一任主席。登哈特博士著述甚丰，迄今为止，已经出版了 16 本专著，其中有代表性的著作包括：《新公共服务》《公共组织理论》等。珍妮特 · V. 登哈特，美国亚利桑纳州立大学公共事务学院教授，她的教学和研究兴趣主要集中在组织理论、组织行为以及领导领域。

登哈特夫妇在民主社会的公民权理论、社区和市民社会的模型、组织人本主义

和组织对话的基础上，提出了新公共服务的七大原则①：

（1）服务而非掌舵

这是被登哈特认为是七大原则中最突出的原则。公共管理者的重要作用并不是体现在对社会的控制或驾驭，而是在于帮助公民表达和实现他们的共同利益。

（2）公共利益是目标而非副产品

公共利益是管理者和公民共同的利益和责任，是目标而不是副产品。新公共服务提出，建立社会远景目标的过程并不能只委托给民选的政治领袖或被任命的公共行政官员。政府的作用将更多地体现在把人们聚集到能无拘无束、真诚地进行对话的环境中，共商社会应该选择的发展方向。

（3）战略地思考，民主地行动

新公共服务理论认为，符合公共需要的政策和计划，只有通过集体努力和协作的过程，才能够最有效地、最负责任地得到贯彻执行。为了实现集体的远景目标，在具体的计划实施过程中，依然需要公民的积极参与，使各方的力量集中到执行过程中去，从而迈向预期的理想目标。通过参与和推动公民教育计划、培养更多的公民领袖，政府就可以激发公民自豪感和责任感。

（4）服务于公民而不是顾客

新公共服务理论认为，政府与公民之间的关系不同于工商企业与顾客之间的关系，不能够用企业与顾客之间的关系来替代政府与公民之间的关系。

（5）强调多元责任

新公共服务要求公务员不应当仅仅关注市场，也应该关注宪法和法令，关注社会价值、政治行为准则、职业标准和公民利益。新公共服务理论意识到了这些责任的现实性和复杂性。

（6）重视人而不只是生产率

新公共服务理论家在探讨管理和组织时十分强调“通过人来进行管理”的重要性。在新公共服务理论家看来，如果要求公务员善待公民，那么公务员本身就必须受到公共机构管理者的善待。

（7）超越企业家身份，重视公民权和公共事务

新公共服务理论明确提出，公共行政官员并不是其机构和项目的业务所有者，政府为公民所有。

---

① 罗伯特·B. 丹哈特，珍妮特·V. 丹哈特．新公共服务：服务而非掌舵［J］．刘俊生译，张庆东校．中国行政管理，2002（10）：7.

新公共服务理论提出和建立了一种更加关注民主价值与公共利益，更加适合现代公共社会和公共管理实践需要的新的理论。新公共服务理论吸收了传统公共行政的合理内容，承认新公共管理理论对于改进当代公共管理实践所具有的重要价值，但摒弃了新公共管理理论的固有缺陷。新公共服务理论还把效率和生产力置于民主、社区、公共利益等更广泛的框架体系中，对效率主义范式和管理主义范式都具有某种替代作用，有助于建立一种以公共协商对话和公共利益为基础的公共服务行政。

但是，从技术性而言，新公共服务理论并没有明确提出一个“行动纲领”，其倡议性大于实用性，对于实践的指导性意义要远小于新公共管理理论。

2. 奥斯特罗姆夫妇的多中心治理理论

埃莉诺·奥斯特罗姆（Elinor Ostrom，1933—2012 年），出生于美国。她供职于美国印第安纳大学，是美国著名政治学家、政治经济学家、行政学家和政策分析学家，美国公共选择学派的创始人之一。2009 年 10 月 12 日，奥斯特罗姆成为历史上第一个获得诺贝尔经济学奖的女性。文森特·奥斯特罗姆（Vincent A. Ostrom），美国著名政治学家、政治经济学家、行政学家和政策分析学家，公共选择理论的开创者之一、美国公共选择学派的创始人之一。

（1）概述

多中心治理理论认为个人是具有独立决策能力、能够计算成本收益的理性人，但又不是传统经济学上的完全的理性人或经济人，而是能够自主决策、受环境影响易犯错误和改正错误、受社群的非正式规范约束的社会人、复杂人；该理论认为，纵向上层级节制、横向上专业分工的政府单中心统治未必能够保证效率。

（2）理论基础——治理理论

在政治学的视野里，治理指向的是政治管理的过程，它包括政治权威的规范基础，处理政治事务的方式和对公共资源的管理。而从公共行政学的维度探究，治理理论则强调一种多元的、民主的、合作的、非意识形态化的公共行政。[①] 作为体现民主、权力多中心化的理论体系，当代治理意味着国家和公民社会关系的重新调整，意味着“人类在国家（政府）—市场—公民社会三维组合中，寻求不同以往的、更为有效的实现共同利益道路努力。”因此，该理论指向的是政府向社会分权、权力回归于民众、民间社会的兴起和国家政府权力的相对弱化，并鼓励公民参与地方或社区的公共事务管理的全过程，倡导培育和提升公民的自主管理能力。

① 俞可平．治理与善治［J］．北京：社会科学文献出版社，2000.

治理首先体现为主体的多元化。治理理论的兴起拓展了传统国家与社会二分关系的分析架构，形成一种新型的国家与社会关系范式。治理除了政府机关和各种机构外，还包括市民社会的参与、各种利益集团以及部门间的协商，有助于克服国家和市民社会各自能力的有限性，并因而建立国家与市民社会之间的互动网络。正如罗西瑙在其《没有政府的治理》一书中所认为的，“管理活动的主体未必是政府，也无须依靠国家的强制力来实现”，“现在政府的一些治理职能，正在由非源自政府的行为体所承担”①。

其次，治理的本质在于其所倚重的权力流行机制并不是线性单向单中心的，而是双向互动、多中心流通的。多元化的治理主体之间存在着权力互动关系，并最终形成公民自主服务与民营、政府服务相结合的、多中心的公共事务管理体系。

再次，治理还体现为一个互动的过程，它主要通过合作、协商、认同等方式来实现对公共事务的管理。罗茨认为，治理意味着政府管理含义的变化，指的是一种新的管理过程，或者一种改变了的有序统治状态，或者一种新的管理社会的方式。

（3）理论内容

而由奥斯特罗姆夫妇提出的多中心治理，则是意在构建由多中心秩序构成公共服务的体制。多中心秩序也可以理解为一种“多中心的政治体制”。“多中心意味着有许多在形式上互相独立的决策中心……他们在竞争性关系中签订合约，并从事合作性的活动，或者利用新机制来解决冲突……也在这一意义上，可以说他们是作为一个体制运作的。”②因此，多中心体制对公共产品供给的重大意义在于，打破单中心体制下权力高度集中的格局，形成多个权力中心来承担公共产品供给职能，并且相互展开有效竞争，从而有利于解决搭便车和政府成本攀高的困境。同时，多中心治理体制有助于“维持社群所偏好的事务状态”。多中心治理体制为公共服务提出了不同于官僚行政理论的供给逻辑，主张公共服务的供给是一个多元主体的合作、协同过程，改变了政府作为单一公共服务的供给主体的模式，构建起了政府、市场和社会三维框架下的多中心供给模式，从而有效地克服单一靠市场或政府来实现公共服务供给的不足。

多中心治理作为西方公共管理研究领域的一种新的治理模式，它提出了政府与市场之外的治理公共事务的新的可能性，并在政府、市场这两个中心之外引入第三

① 罗西瑙．没有政府的治理［M］．南昌：江西人民出版社，2001.

② 埃莉诺·奥斯特罗姆．公共事务的治理之道［M］．北京：生活·读书·新知三联书店，2000.

个中心，认为“多中心”是自主治理的根本前提。同时，多中心体制设计的关键因素是“自发性”，自发性的属性可以看作多中心的额外的定义性特质。理论和实践表明，基于自主治理和自发性的第三部门有利于公民参与意愿的表达和参与途径的实现。第三部门组织的发展壮大与治理水平、治理能力之间存在着比较明显的正相关关系。因此，多中心治理是以自主治理为基础，允许多个权力中心或服务中心并存，通过竞争和协作形成自发秩序，力求减少搭便车行为，提高服务的效能水平，从而克服公共事物治理的困境。同时，由第三部门的自治机制来提供公共服务具有相对优势，出于对“政府失灵”和“市场失灵”的回应，第三部门的兴起和壮大能够实现公平与效率的良好契合；第三部门还具备相对的灵活性和适应能力；另外，由于更贴近基层，第三部门更能切实有效地解决许多急迫的公共服务需求。

奥斯特罗姆的多中心治理理论，产生于深刻的理论分析与丰富的实证分析。对真实世界里发生的各类自组织模式的广泛考察，使得她具备超越一般经济学家的视野，承接英国社会学家博兰尼的“社会秩序理论”[①]，提出了“多中心治理”理论。其核心就是，在私有化和国有化两个极端之间，存在其他多种可能的治理方式，并且能有效率地运行。奥氏的研究证明：与政府强加各项规章以及纯粹的市场化方式相比，当地社区可以独自更好地管理森林、湖泊和渔场等公共资源。一群相互依赖的个体“有可能将自己组织起来，进行自主治理，从而能在所有人都面对搭便车、规避责任或其他机会主义行为诱惑的情况下，取得持续的共同收益。”“多中心”一词现已成为一种思维方式和理论框架，更成为公共物品的生产与公共事务的治理模式之一[②]：

首先，多中心意味着公共物品的多个生产者，公共事务的多个处理主体。作为一种治理思路，多中心治理首先意味着在公共物品生产、公共服务提供和公共事务处理方面存在着多个供给主体。试图在保持公共事务公共性的同时，通过多种参与者提供性质相似、特征相近的物品，从而在传统中由单一部门垄断的公共事务上建立一种竞争或准竞争机制。通过各个生产主体之间的竞争，来迫使各生产者自我约束，降低成本，提高质量和增强回应性。并且，公民还可根据各生产者的相对优势，按照自己的意愿，在各个生产者之间进行选择。其次，多中心治理意味着政府、市场的共同参与和多种治理手段的应用。不论是政府垄断还是纯粹的市场提供，都没

---

① 迈克尔·博兰尼．自由的逻辑［M］．2版．冯银江，李雪茹译，长春：吉林人民出版社，2011.

② 李平原，刘海潮．探析奥斯特罗姆的多中心治理理论——从政府、市场、社会多元共治的视角［J］．甘肃理论学刊，2014（3）：127—130.

有跳出“政府 vs. 市场”非此即彼的思维定势，从其本质上讲，都是一种单中心的治理思路，因而也各有缺陷。政府垄断公共事务会造成公共物品提供的单一，无法满足多种偏好，而且会导致政府扩大、效率丧失以及寻租腐败等一系列问题。由于市场是以“成本—效益”为核心的处理思路，因此“私有化”策略在公共事务的处理方面，会导致公共性的缺失和公共利益的不足。而多中心治理模式则跳出了传统的非此即彼的思维局限，主张政府和市场既是公共事务处理的主体，又是公共物品配置的两种不同的手段和机制，主张在公共事务的处理中，既充分保证政府公共性、集中性的优势，又利用市场的回应性强、效率高的特点，综合两个主体、两种手段的优势，从而提供了一种合作共治的公共事务治理新范式。

最后，多中心治理要求政府转变自身的角色与任务。奥氏指出，在公共物品的生命周期中，大致存在着三个角色：“消费者、生产者和连接消费者与生产者的中介者”。在公共物品的生产过程中，三个角色分别由不同的主体来扮演。因此，“多中心治理既反对政府的垄断，也不是所谓的私营化”①。其观点不意味着要求政府从公共事务领域的退出和责任的让渡，而是政府角色、责任与管理方式的变化。多中心治理中政府不再是单一主体，而只是其中一个主体。政府的管理方式也从以往的直接管理变为间接管理。在多中心治理中，政府更多地扮演了一个中介者的角色，即制定多中心制度中的宏观框架和参与者的行为规则，同时运用经济、法律、政策等多种手段为公共物品的提供和公共事务的处理提供依据和便利。

（4）理论评价

奥氏多中心治理理论早已超出了诺奖委员会所谓“经济治理”的框限，已然成为一派极其重要的政治思潮与社会运动。虽然多中心治理理论存在着主体责任不清晰、积极性可能难以调动等治理风险，但为现代政府会处理公共事务提供重要的理论支撑。在我国社会经济不断发展、改革开放不断深化的情形下，多中心治理理论能够很好地契合我国政府公共事务治理发展的趋势，我国公共治理的发展既不是完全西化也不是过分强调政府的控制，在民生、经济等诸多领域，多中心治理理论能够为政府缓解自身压力，提高发展效能，提供理论借鉴。

四、公共管理模式

（一）公共管理模式概述及发展历程

公共管理模式是指在公共管理过程中存在或可供选择的处理政府与市场关系的

① 刘峰，孔新峰．多中心治理理论的启迪与警示——埃莉诺·奥斯特罗姆获诺贝尔经济学奖的政治学思考［J］．行政管理改革，2010（1）：5.

方式或政府与市场的分工方式，政府对公共管理模式的选择直接关系到政府对公共管理功能的定位以及政府对公共管理的参与程度和参与方法。

有人就有管理，公共管理是自人类产生便存在的，只是作为一种理论的公共管理在20世纪才产生。20世纪以前的公共管理也是存在公共管理模式的，即对公共事务的管理方式。自古至今，人类经历了许多社会形态，它们相对应的公共管理模式依据性质可分为“原始民主型”“统治型”“管理型”以及“服务型”。

古代城邦是由一个城市控制的区域，通常拥有主权。历史上的城邦通常是大文化圈的一部分，如古希腊城邦[①]（如雅典、斯巴达）、迦南的腓尼基城邦（如泰尔、西顿）、中部美洲的玛雅城邦、“丝绸之路”上的小国（如撒马尔罕、布哈拉）和意大利城邦（如佛罗伦萨、威尼斯）、东亚黄河流域的华夏城邦。欧洲历史上有两个重要的城邦时期——古希腊的城邦和文艺复兴时的意大利城邦，现时欧洲的文明都发源自这些时期。然而，这些文明的城邦通常只存活很短时间，因为它们的土地和实力都不足以抵抗周围的外敌。此外，这些小区域组织在松散的地理和文化个体中互存，成为大国建立稳固势力的障碍。故此，这些城邦保持小国寡民的规模，拥有独立主权，实行自治，始终没有发展为统一专制的帝国。城邦就是一个“公民集体”，公民成为城邦政治的核心力量，他们有较多机会直接参与城邦的公共事务，行使自身的政治权利，公民政治成为希腊城邦民主政治的突出特点。在古希腊的许多城邦国家中，奴隶主民主政治广泛存在。在这种制度下，公民享有比较广泛的权利，他们享受国家的津贴，有权选举和被选举国家管理人员直至最高长官，可以广泛地参与国家大事。

封建社会的公共管理模式是统治型模式。社会生产力的发展导致了私有制的产生和阶级的分化，掌握公共管理权力的一部分人利用自己手中的公共权力使自己在阶级分化中得以“胜出”，并最终将“原始民主型”政治国家攫取为维护本阶级利益、进行阶级统治和阶级压迫的统治工具。在这一时期，国家对社会的公共管理实质上是一种不平等的统治，是一种统治行政。它以统治者为中心，以实现统治阶级利益最大化为宗旨，以维护阶级统治为主要任务，以专制为运行体制基础，以统治者的任意专断为管理方式，突出的是政府的阶级统治功能。

资本主义社会的公共管理模式是管理型模式。随着统治型公共管理走向极端，社会生产和社会生活的各个领域悄悄地酝酿和发生了一场生产方式的根本

① 古希腊城邦是指一个独立、自主、单独的城镇为中心的国家，又译为“城市国家”。城邦是古希腊政治的内涵的主要概念，出自《荷马史诗》。

性变革：追求更高效率的资本主义生产方式的萌芽、发展和确立。为了给新的生产方式开辟道路，新兴集团开始通过启蒙运动的方式，将本阶级的价值诉求披上“公共性”的价值外衣，向社会宣扬自由、公正、平等、民主、博爱、效率的价值理念。为了实现“公共性”的价值目标，并对现代民主型公共管理进行了一系列的制度设计，其中最为重要的便是政治与行政二分理论（行政在此被作为执行国家意志的工具）、作为行政的工具的官僚制理论以及倡导效率的科学管理理论。它以政府为中心，以经济效率等工具理性为主要价值取向，以为社会经济发展创造良好条件为主要任务，以民主、法治为运行体制基础，以法治为管理方式，它突出的是政府的管理功能。

新兴工业国家的公共管理模式是服务型管理模式。基于政治行政二分、官僚制理论和科学管理原理之上的管理型公共管理虽然在一定程度上强调了公共管理的公共性本质，但它仍然将效率作为核心价值追求，强调管理技术和效率，强调程序和规则，忽视了被管理者的情感和需求，忽视了组织成员的创新精神。新公共管理运动提出将公民视为顾客，并给“顾客”以最满意服务，这给进一步思考公共管理模式的发展方向提供了启迪。相对于新公共管理，新公共服务要求应该将公共管理建立在公共利益的观念之上，并要求公共管理人员应该“为公民服务并确实全心全意为他们服务”。新公共服务认为，公共管理应该在实现公共服务使命的基础上提高服务质量，强调公民理念，关注公民的愿望、要求和利益，重视公民参与和公共责任等。服务行政范式是随着人类社会从工业社会进入后工业社会而兴起的一种管理范式。它以有效促进公共利益的最大化为宗旨，以公民为本位或中心，以管理就是服务为理念，以人文关怀、民主、法治、公平、责任等价值为运行基础，以多元参与、合作共治为服务形式，它突出的是政府的公共服务功能，更能体现出政府的本质特征。“服务型”公共管理强调采用私人部门的质量管理思想实现公共部分的公共服务使命，关注提高服务质量和产出价值，强调公民参与和公共责任制。

（二）新公共管理模式

随着20世纪管理实践和理论的发展，基于韦伯式的官僚制管理模式的弊端日益显露，并引起人们的重视。虽然官僚制模式在规章制度的准确性、稳定性、严厉性和可靠性等方面优于其他形式，但它的等级结构、非人格化、专业分工等因素使它难以实现人性化，从而最终影响效率的提高。为克服韦伯理论的官僚制模式的以上弊端，西方学者提出了一些新的模式，其中影响最为广泛的就是新公共管理模式。根据美国著名学者盖伊·彼得斯等的分类，将新公共管理模式分为以下四类：企业家政府模式、参与政府模式、灵活政府模式、放松政府管制模式。①

1. 企业家政府模式

企业家政府模式又叫市场模式，它认为企业家政府有以下特点：企业家政府是起催化作用的政府，为社会各项事务提供服务；企业家政府是社区拥有的政府；企业家政府是竞争性的政府；企业家政府是有使命感的政府；企业家政府是讲究结果的政府；企业家政府是受顾客驱使的政府；企业家政府是有事业心的政府；企业家政府是预见的政府；企业家政府是分权的政府；企业家政府是以市场为导向的政府。可以看出，它把政府看作市场的一部分，具有市场的性质。它主张在政府整个管理过程中引进市场因素，以实现高效率、高质量运行。

（1）引入市场机制。戴维·奥斯本和特德·盖布勒在《改革政府》一书中将竞争分为公对私、私对私、公对公的竞争，因此政府无论是在对外管理运行中还是在内部管理运行中都是存在竞争的，而且这竞争是有效的。竞争能提高效率，使投入少产出多，既能提高政府办事效率，又能节省财政支出；竞争能打破垄断，对社会上“顾客”的需求做出反应；对于内部人员来说，通过竞争能提高士气和自尊心。②

（2）采用合同制。采用合同制是将竞争机制引入公共服务领域的常见途径，它通过合同出租、公私合作、用者付费制等形式来实现。合同出租是将政府垄断的公共产品生产提供权转让，转让方是政府主管部门，受转让方是内部行政组织、公营事业组织、社区组织、私人企业等，将公共服务“准市场化”“非垄断化”。公私合作是特殊的合同出租，因为它规定了受转让方和转让内容，它通过政府特许或其他形式吸引中标的私营部门参与基础设施建设或提供某项服务。用者付费制起源于美国。指政府对某种物品、服务或行为确定价格，由使用者或行为者支付这种费用，其目的是想通过付费把价格机制引入到公共服务中来。

（3）按照市场游戏规则制定公共政策。主张将职能下放给许多具有企业理念的公共部门，公共政策的制定以市场信息为基准，由具有企业家素质的公共部门领导根据自己的分析来制定。而在实际工作中，政府领导层不想放松控制，造成理论与实践的矛盾。

---

① B. 盖伊·彼得斯. 政府未来的治理模式［M］. 吴爱明，夏宏图译. 北京：中国人民大学出版社，2014.

② 戴维·奥斯本，特德·盖布勒. 改革政府：企业家精神如何改革着公共部门［M］. 周敦仁，等译. 上海：上海译文出版社，2006.

(4) 实行合同聘用制和建立以功绩制①为原则的个性化绩效工资制度。将政府工作人员当作企业员工一样，打破了终身雇佣制②的管理方法，打破了“大锅饭”式的工资分配制度，以此来调动积极性，提高工作效率。

(5) 以公众为中心，围绕公共需求转。政府通过制定政策来规范公众行为，企业家政府模式视公众为“消费者”，遵循一切为人民服务。

2. 参与政府模式

参与政府模式主要涉及组织内部层级关系的调整，它认为传统科层官僚制的组织机构和管理方式是影响效率发挥的主要障碍。它的政治主张如下：主张分权，放权于基层，吸收被排斥在过程之外的基层团体、政治力量；放权于服务对象；共同协商，吸收基层公务员、社会团体以及公众共商大计。它反映了政府重视并激励公民参与公共管理的价值观念，在决策上、体制上、管理上加强内部参与管理。

在具体措施上，有以下具体内容：减少政府层次，缩小上下级沟通距离；建立各种委员会式机构，改自上而下的集权式决策方向为自下而上的参与决策方式，将公众吸收于决策过程中；实施以团队为单位的评估与奖惩，培育团队意识，提高政府整体质量。

3. 灵活政府模式

灵活政府模式主要涉及政府组织与雇员关系的调整，针对科层官僚制带来的政府僵化弊端，强调不断创新组织结构，以建立灵活创新的政府。在组织上建立临时性机构，如工作委员会、工作小组、项目小组等，来完成日常事务或特别任务，任务完成后解散；在人事上实施短期的或临时雇（聘）佣制，待任务完成后解雇；在权力上根据地缘管理原则下放权力，提高组织的灵活性和多样性。

4. 放松政府管制模式

放松政府管制模式主要涉及政府与公务员、政府与公众关系的调整。一方面，在传统行政组织中，公务员受到严密组织和烦琐规章的双重束缚，影响其自身潜能、创造力和积极性的发挥，导致工作效率低下，从而影响社会整体利益；另一方面，

---

① 功绩制是一种由国家行政机关通过考试和其他考核方法达到量才任职、优胜劣汰的人事行政制度，开始于中国夏代，后于英国维多利亚时代被引进西方，是现代文官制度的基本特征之一。它有利于克服恩赐制和政党分赃制的弊端，但也有着自身的局限性。

② 终身雇佣制是个人在接受完学校教育开始工作时，一旦进入一个组织，将一直工作到退休为止，而组织不能以非正当理由将其解聘的制度。最早是日本企业倡导的一种管理实践，与其相对应的管理实践包括对年轻员工实行全面的职业管理和教育培训，对留住员工和保持员工对组织的忠诚度、承诺度等有积极作用。

政策制定的制度烦琐、程序繁杂、成本过高，造成政府的官僚主义和腐败，加重公众负担和政府与公众的对立。放松政府管制模式要求“规制缓和”：对于公务员放松规制，废除规章、程序，突破把决策作为政治家特权的传统做法，使公务员有更多权变决策机会和执行规章制度的灵活性，最大限度地发挥其积极性和能动性；对于公众，减少办事程序、手续，获得政府的简便、快捷服务，较好地协调政府与各方的利益关系。

五、中国公共管理模式

中国政府在 20 世纪 70 年代以前也进行过多次机构改革，主要是因为计划经济体制下政府机构规模膨胀过快，超过财政承受能力。1978 年中国开始进行的改革与市场化进程有关，尤其是 90 年代以来，与中国的经济转型有必然的关系。1998 年，新一轮的国务院改革开始，其指导思想主要是公共行政的传统准则以及集权性的韦伯式的官僚体制的基本准则，尚缺少西方各国流行的新模式。①

在国外，新公共管理模式很受欢迎，并为大多数国家的公共部门争先采用。但中国正处在计划经济体制向市场经济体制转轨时期②，并不适合照搬新公共管理模式。原因主要有以下两个方面：首先，新公共管理模式以发达的市场机制为基础。新公共管理模式提倡的市场化改革方案，是以西方国家成熟的市场机制和发育比较完全的市场行为主体为前提的。而中国的市场经济正处于起步阶段，市场机制不健全，市场主体发育不良，非政府组织也尚显稚嫩，这都必然成为我们借鉴新公共管理模式的限制条件。其次，新公共管理模式假定政府面临的是管理绩效的困境而非政府行为规范化和法治化的问题。新公共管理理论甚至认为，改革面临的问题是在过度规范化、法治化和过多控制的情形下，如何提升政府的管理能力和管理绩效。与此不同，中国的公共管理可以说面临着双重困境：一方面是政府行为法治化不足，政府权力缺乏制约，行政侵权、非法行政现象严重，人治色彩、家长制作风普遍；另一方面表现为政府管理能力不足以及由此而来的管理绩效问题。因此，这两点差异决定了我们不能简单地照搬西方新公共管理模式，必须立足于中国政府管理中面临的政府行为非规范化、低法治化以及政府管理能力和管理绩效的不理想状况，来正确借鉴西方国家政府改革的有益经验。

---

① 刘熙瑞．服务型政府——经济全球化背景下中国政府改革的目标选择［J］．中国行政管理，2002（7）：3.

② 马凯，曹玉书．计划经济体制向社会主义市场经济体制的转轨［M］．北京：人民出版社，2002.

在实践中，新型的公共管理改革也取得了巨大成效：政府规模缩小，财政危机有所缓解，政府管理和生产公共服务的能力普遍提升，政府的信任危机得到改善。新公共管理作为成功的改革典范，具有重要的借鉴价值。

从整体来说，我们可以学习新公共管理模式的以下理念：强调管理的政治性质，公共管理者应该清醒地认识其所处的政治环境，积极参与政治或政策领域；公共服务生产的市场化，提供了一个增强政府公共服务生产能力的有效模式，即在政府公共服务生产处于困境时，利用社会力量和资源提高公共服务供给水平；确立“顾客”观念的价值导向，使得“顾客”的满意度成为评价政府绩效的一个重要指标，有利于切实提高政府的服务意识；发挥企业家型领导者的作用，公共部门的领导人具备企业家素质，能够以公共目标为导向，积极创新，对公共资源和私人资源进行有效整合，充分发挥两者的优势，以公共资源促进私人资源的有效运营，同时以私人资源来弥补公共资源之不足。

我们也可以从新公共管理四个具体模式来借鉴：借鉴企业家政府模式，降低行政成本，提高工作效率；借鉴参与政府模式，下放决策权，使公共决策更加民主化；借鉴灵活政府模式，精员简政；借鉴放松政府管制模式，既依法行政又“规制缓和”。①

随着全球一体化的发展趋势，为进一步发挥政府在完善中国社会主义市场经济建设中的作用，提高行政服务质量和效率，我们需要在立足中国国情的基础上，借鉴西方新公共管理理念，以便更好地建设服务型政府②。

（一）公共管理的干预模式

1. 含义

公共管理的干预模式又称官僚模式、科层模式，是一种政府依靠庞大的官僚组织对社会生活进行全面干预并垄断公共管理过程的公共管理模式。在这种公共管理模式下，市场对公共管理的参与是间接而非直接的。

2. 理论基础

公共管理干预模式的理论基础是 20 世纪 20 年代德国学者马克思·韦伯设计的官僚制模型。这一模型的原则主要有四个方面：（1）在政府组织中，每个官员都有

---

① 宋世明．从公共行政迈向公共管理——当代西方行政改革的基本发展趋势［J］．国家行政学院学报，2018（1）．

② 刘熙瑞．服务型政府——经济全球化背景下中国政府改革的目标选择［J］．中国行政管理，2002（7）：3.

固定的职责和权限，他们只能在自己的职责范围内发布命令而不能越权；（2）政府组织有严格的等级，下级组织必须接受上级组织的监督和管理；（3）政府各项活动都严格按照行政文件的规定进行；（4）以能够胜任工作为前提，政府工作人员领取固定薪俸并终身任职，使政府公职成为受尊重的职业。韦伯认为，按照职权分明、层级节制、政令严格、稳定任职原则构建起来的政府组织是最为合理的政府组织，这种政府组织完全能够取得最高行政效率和胜任各项行政任务。

3. 弊端

第一，从政府组织自身看，干预模式下的政府组织，由于严格的层级节制关系，导致整个政府组织的刻板僵化与动作迟缓，使政府难以灵活主动地应对瞬息万变的信息社会、竞争活跃的市场经济和利益多元化的公共期望，大大影响了政府基本功能的发挥。机械的专业部门分工，导致政府机构林立，增加了政府管理成本和协调沟通困难，降低了行政效率。人员的终身从业制度，导致行政人员循规蹈矩、唯上是从，缺乏创新精神和社会责任感。

第二，从政府与社会的关系来看，干预模式下的政府由于垄断了公共服务的供给过程而使自身负担沉重，不仅降低了政府公共服务的供给能力，使政府在公共服务过程中捉襟见肘，而且使政府组织外其他社会组织，特别是社会中介组织（社会保险、劳务、律师、公证、审计、会计、信息等咨询服务机构）全面萎缩。

4. 改革

20 世纪 80 年代后，西方各主要市场经济国家进行了“重塑政府”① 式行政改革：一方面是对传统组织、文官组织、行政程序、行政方法以及政府权力体制进行改革，使政府组织自身的状况与功能得到改善；另一方面则通过国有企业私有化、公共事务民营化、政府业务合同化等措施，使政府与社会的关系得到调整。经过十余年的改革，20 世纪 90 年代后，西方各主要市场经济国家的政府基本上实现了从公共管理干预模式向市场模式的转变。②

---

① 1992 年，美国学者 D. 奥斯本和 T. 盖布勒发表《改革政府：企业精神如何改革着公营部门》，提出了“重塑政府”的概念。书中总结了发生于美国各级公共部门运用企业管理经验来提高公共行政和公共服务效益的试验，提出了用企业精神改革公共部门的一系列观点和主张。

② 陈振明．从公共行政学、新公共行政学到公共管理学——西方政府管理研究领域的“范式”变化［J］．政治学研究，1999（1）．

（二）公共管理的市场模式

1. 含义

公共管理的市场模式是一种政府与市场分权、政府与市场共同参与公共管理过程的公共管理模式。在这种公共管理模式下，政府不再垄断公共服务的供给过程，市场对公共管理的参与是直接而非间接的。

2. 理论基础

公共管理市场模式的理论基础是公共选择理论与新公共管理理论。公共选择是将政府的一些职能释放给市场和社会，通过政府与市场关系的重组来改革政府。新公共管理则与之相反，认为公共部门和私营部门之间不存在实质性差别，并以二者间的相似性为基础提出了一系列管理方面的建议和主张。它并不排斥政府，而是试图来改造它。作为市场模式的理论基础，虽然公共选择和新公共管理存在分歧，但它们之间仍有重合之处，即它们都相信市场的作用。虽然它们在对政府改革的见解和方法上有差异，但由于对市场及其主体——企业的共同青睐，它们仍能在实践中组合起来，共同构成市场模式的理论基础。

3. 市场模式的具体做法①

（1）私有化。市场模式中最激进的做法是全盘的私有化。在英国、日本和许多欧洲国家，私有化都备受欢迎。这里的私有化是指将原先由政府控制或拥有的职能交由企业私方承包或出售给私方。其中最主要的形式是全部直截了当地出售国有或国营的企业。支持私有化的人一般认为，私有化可以提高产品质量，同时保持对消费者的需求随时做出反应的能力；私有化使各国政府得以减少财政赤字，使政府不必为了维护效率低下的国有企业（尤其是僵尸企业，僵尸企业是指已停产、半停产、连年亏损、资不抵债，主要靠政府补贴和银行续贷维持经营的企业）而付出大量的补贴；通过自由市场机制决定资源配置，私有化可以长期创造更多的工作岗位和为所有的人提供更多的机会；私有化促成更开放、更富竞争力的经济，从而保证更多的个人收入和更稳定的就业。

但事实上，激进的私有化在西方国家也受到来自多方的抵制。对于许多公共物品和具有天然垄断性的行业，国有仍是一贯有效的选择。同时许多人认为“国有”更能照顾社会公平和提高社会福利。由于私有化在实践中遇到了许多阻力，而且引发了一系列技术上和政治上的问题，许多国家避免对一些敏感性的公共服务采取私

① 陈振明．走向一种“新公共管理”的实践模式——当代西方政府改革趋势透视［J］．厦门大学学报（哲学社会科学版），2000（2）：76—84.

有化的方式而采取了其他形式（即下面要讨论的几种形式）。

（2）公共服务的付费制[①]。市场模式认为，对于一些公共服务应当采取收费的方式。其主要目的是通过付费把价格机制引入公共服务中来。从理论上讲，付费制具有一些优点：①它能够克服免费提供公共服务所导致的对资源的不合理配置和浪费；②无偿提供公共服务将导致无目的的补贴和资助，对社会公平造成损害；③通过付费，价格可以真正起到信号灯的作用，从而使市场机制在公共服务领域得以良好运用；④客观上，通过付费也可以增加政府的财政收入，缓和政府的财政危机。

但是，付费制本身也存在缺陷。对于一些特定的公共服务，付费制并不合适（比如教育、卫生和社会服务）。一般认为，对于使用者和公众可以自由选择服务项目的服务领域，采用付费制比较合适。现在西方许多国家开始采用付费制，但其目的大多是为了缓和政府财政危机，实际上并没有使价格机制真正发挥作用，所以付费制离理论家们所设想的理想状态还差得很远。

（3）竞争与合同制。市场模式强调竞争，认为竞争能够提高效率，使投入少而产出多；通过竞争可以打破垄断，能迫使公营垄断组织对顾客的需要做出反应，从而实现消费者主权与“公众主权”；并且通过竞争可以提高公共部门组织内部员工的自尊心和士气。竞争有多种形式。奥斯本和盖布勒在《改革政府》一书中将竞争分为三类[②]：一是公对私的竞争，即让公营组织和私营组织都来提供公共服务，从而促使其竞争；二是私对私的竞争，即政府要求私营企业彼此竞争，以提供一些公共服务；三是公对公的竞争，即政府促使自己内部组织之间进行竞争，以达到良好的服务效果。

把竞争机制引入公共服务领域最常见的途径是采用合同制，即由公共部门和政府作为顾客与委托人，同代理人即那些真正提供服务的组织（公营的或私营的）签订合同。政府的职责是确定需要什么、签订合同并监督绩效，具体的服务则由缔约的另一方来提供。这样政府就成为真正的管理者，而不再是提供者。合同制对政府起到了“卸载”的作用，在西方普遍被采用。刚开始它只局限于废物垃圾的处理、手工服务等简单劳动，现在已扩大到政策制定、信息收集等专业化的领域，应用越来越广泛。

---

① 陈振明．走向一种“新公共管理”的实践模式——当代西方政府改革趋势透视［J］．厦门大学学报（哲学社会科学版），2000（2）：76—84.

② 戴维·奥斯本，特德·盖布勒．改革政府：企业精神如何改革着公营部门［M］．上海：上海译文出版社，1996.

（4）内部市场。内部市场是市场模式中应用范围比较窄的一种方式，它主要是在英国行政改革中得到了广泛的应用，并成为英国行政改革的一大特点。其他一些国家，如新西兰、瑞典等，只是借用了英国的一些做法。①

内部市场最大的特点就是将提供公共服务的政府部门人为地划分为生产者和购买者两方，这样在政府组织内部就产生了“生产者”和“消费者”两个角色。内部市场的实现需要具备三个要素：①要明确划分生产者和消费者；②内部市场的主体（生产者和消费者）在内部签定准合同和商业契约，并在此基础上运作；③它要求一定的付费制和会计制度作保障。它是西方公共管理改革的一个新思路，很有创新性，但运作起来需要许多条件来支持。它需要政府形成一种契约意识和平等的竞争环境，需要高素质的管理人员和完备的信息管理系统。而这些在目前很难具备，所以其应用范围还很窄。

（5）分权与权力下放。实行分权与权力下放的主要目的是想通过公共组织政治和执行的分离来赋予执行者更大的自主权，使被授权的下级组织成为独立的单位，能够自己控制自己的预算，能够自由地与其他组织进行竞争，而政治家只是确立目标并对绩效进行有效控制。

分权的一种方式是通过财政分权来实现。这种方式在英国得到广泛应用。英国财政部于 1982 年公布的财务管理新方案，主要特征就是采取了财政分权的形式。分权的另一种方式是通过建立内部代理机构来实现的。这些代理机构享有更大的自主权，在决策和执行上更为灵活。与财政分权相比，这种分权方式中等级官僚组织链条被打碎得更彻底。

（6）自由化与放松管制。自由化主要体现为放松管制。这在北美的行政改革中比较盛行。其基本的观念是“政府无效率的主要原因是对管理层进行干预控制的内部规制和规则的数量太多，它们包括人事规则、僵化的付酬制度、预算规则、具有约束性的采购法则以及许多别的规制。基本的假设是，如果公共组织能够清除这些清规戒律，它就能更加具有灵活性和效率。”放松管制包括放松市场管制、社会管制和行业管制等，其重点是放松市场管制。它在 20 世纪 70 年代成为经济理论上的热门话题，80 年代形成高峰并扩展到各个领域。但放松管制并不是不要政府的干预，而是要减少不必要的政府干预与管制。

---

① 周晓丽．新公共管理：反思，批判与超越——兼评新公共服务理论［J］．公共管理学报，2005，2（1）：7．

（7）PPP 模式（Public-Private Partnership）[①]。PPP 模式即政府和社会资本合作，是公共基础设施中的一种项目运作模式。在该模式下，鼓励私营企业、民营资本与政府进行合作，参与公共基础设施的建设。[②] PPP 优势在于使合作各方达到比单独行动预期更为有利的结果：政府的财政支出更少，企业的投资风险更轻。

与 BOT（Build-Operate-Transfer）[③] 相比，狭义 PPP 的主要特点是，政府对项目中后期建设管理运营过程参与更深，企业对项目前期科研、立项等阶段参与更深。政府和企业都是全程参与，双方合作的时间更长，信息也更对称。

政府和社会资本合作模式是在基础设施及公共服务领域建立的一种长期合作关系。通常模式是由社会资本承担设计、建设、运营、维护基础设施的大部分工作，并通过“使用者付费”及必要的“政府付费”获得合理投资回报；政府部门负责基础设施及公共服务价格和质量监管，以保证公共利益最大化。

当前，我国正在实施新型城镇化发展战略。城镇化是现代化的要求，也是稳增长、促改革、调结构、惠民生的重要抓手。立足国内实践，借鉴国际成功经验，推广运用政府和社会资本合作模式，是国家确定的重大经济改革任务，对于加快新型城镇化建设、提升国家治理能力、构建现代财政制度具有重要意义：

首先，推广运用政府和社会资本合作模式，是促进经济转型升级、支持新型城镇化建设的必然要求。政府通过政府和社会资本合作模式向社会资本开放基础设施和公共服务项目，可以拓宽城镇化建设融资渠道，形成多元化、可持续的资金投入机制，有利于整合社会资源，盘活社会存量资本，激发民间投资活力，拓展企业发展空间，提升经济增长动力，促进经济结构调整和转型升级。

其次，推广运用政府和社会资本合作模式，是加快转变政府职能、提升国家治理能力的一次体制机制变革。规范的政府和社会资本合作模式能够将政府的发展规划、市场监管、公共服务职能，与社会资本的管理效率、技术创新动力有机结合，减少政府对微观事务的过度参与，提高公共服务的效率与质量。政府和社会资本合作模式要求平等参与、公开透明。政府和社会资本按照合同办事，有利于简政放权，

① 刘薇．PPP 模式理论阐释及其现实例证［J］．改革，2015（1）：12.

② 李秀辉，张世英．PPP：一种新型的项目融资方式［J］．中国软科学，2002（2）．

③ BOT（Build-Operate-Transfer）即建设—经营—转让，指私营企业参与基础设施建设，向社会提供公共服务的一种方式。中国一般称之为“特许权”，是指政府部门就某个基础设施项目与私人企业（项目公司）签订特许权协议，授予签约方的私人企业（包括外国企业）来承担该项目的投资、融资、建设和维护，在协议规定的特许期限内，许可其融资建设和经营特定的公用基础设施，并准许其通过向用户收取费用或出售产品以清偿贷款，回收投资并赚取利润。

更好地实现政府职能转变，体现现代国家治理理念。

最后，推广运用政府和社会资本合作模式，是深化财税体制改革、构建现代财政制度的重要内容。根据财税体制改革要求，现代财政制度的重要内容之一是建立跨年度预算平衡机制、实行中期财政规划管理、编制完整体现政府资产负债状况的综合财务报告等。政府和社会资本合作模式的实质是政府购买服务，要求从以往单一年度的预算收支管理，逐步转向强化中长期财政规划，这与深化财税体制改革的方向和目标高度一致。推广使用PPP模式，是支持新型城镇化建设的重要手段。有利于吸引社会资本，拓宽城镇化融资渠道，形成多元化、可持续的资金投入机制。

第四节 公共管理体制

一、公共管理体制概述

公共管理体制是指为了公益目的，由社会上发展起来的多元管理主体以及它们组成的网络结构，综合运用公私部门所提供的有效方式与方法，在公民广泛参与、参加、制约下，对公共事务进行管理活动并承担管理责任的一种体制。

公共管理体制既是国家政治体制的组成部分，又与经济体制和社会各项事业的管理体制紧密相关，具有以下主要特征：

（一）政治性

公共管理体制是政治体制的重要组成部分。首先，它必须体现政治和政治体制的要求，是实现阶级统治目标，加强政府等公共组织合法性功能的体制性和强制性工具。公共管理体制的改革必须由政治权威决定，它附属于政治权威和政治体制。[①] 其次，公共管理体制是以各级各类公共组织有效地进行政治统治和社会公共事务管理为价值的，而处理好社会公共事务是以扩大政治统治基础为目的的。

（二）规范性

确立公共管理体制就是为了使组织的权力划分、机构设置及运行有统有分、有整有合、有章有据、浑然一体，使权力行使的范围、程度、界限都有规则，不然就

① 苏有．试论政治制度与公共管理的关系［J］．民办高等教育研究，2016（1）：4.

会出现侵权、越权和异地使用权等混乱局面。[①] 公共管理体制的规范性可以确保公共组织的设置、权力的划分、运行及各要素之间关系的有序性。

（三）稳定性

公共管理体制具有稳定性。首先，它是由政治体制的稳定性决定的。一个国家的政治体制一般是不会轻易改变的，因为它涉及阶级统治的大问题。因此，作为政治体制组成部分的公共管理体制也必然具有稳定性。其次，一种公共管理体制一旦形成，便不会经常变动。它不仅可以确保公共管理的有序性，而且还可以确保社会的稳定。

（四）系统性[②]

公共管理体制具有系统性。这一管理体制本身就是一个系统，它是由公共组织子系统、公共权力子系统、职能子系统等组成。它具有一般系统的整体性、结构性、层次性、相关性和有序性。各级各类公共部门组织是在公共管理体制的整合下才能成为一个有机整体，才能各自发挥作用而又互相协调。这一系统有纵向结构和横向结构，纵向结构又称为层级结构，只有这些结构之间具有相关性和有序性，才能使公共管理体制发挥整体作用。

（五）滞后性

公共管理体制一旦形成之后，就有一定的稳定性。它的变革或变化往往发生在社会变化之后。它与社会的其他构成要素相比，更趋稳定，往往表现为僵化或保守。它的滞后性是由其稳定性决定的，它常常不可能对社会每时每刻发生的变化及时做出反应。若它对社会各种变化都及时做出反应，不仅会造成管理的混乱，而且也会造成社会的混乱，因为各种社会构成要素十分活跃，时时刻刻都在发生变化。而公共管理体制除非在社会变迁发生质的飞跃时，即发生社会革命或变革时必须进行变革之外，一般的社会演进不可能使公共管理体制对它及时做出反应。但是，社会演进积累到一定程度，即量变发展到质变的时候，也必须对这些变化做出反应，要进行体制改革。

二、公共管理的基础

公共管理是一个政治的、经济的、社会的、文化的、心态的综合性概念、行为

---

① 唐纳德·凯特尔．权力共享：公共治理与私人市场［M］．北京：北京大学出版社，2009.

② Bertalanffy L V. General system theory：foundations，development，application［M］. G. Braziller，1969.

和过程。政府是这一概念、行为和过程的主体。这种主体地位是以合法合理的权力即政府权力为基础的。政府从这种权力地位出发，通过履行特定的职能，实现国家对广泛的社会生活的有效管理。“行政的第一个目标就是获得并保持权力，行政官员的职位就是建立在这个基础之上的。这个目标是完成其他目标的先决条件。”①

因此，公共权力是公共管理的基础，是公共管理职能履行的保障，是公共部门和公共管理者追求的目标。

我们将在第七章详细论述公共权力。

三、公共管理的主体与客体

（一）公共管理的主体

在通常情况下，政府即国家行政机关，是行政管理行为的主体。政府通过实施公共行政管理，来履行国家的社会职能。在此基础上，从名义享有公共权力和具体行使公共权力的角度分析，公共管理的主体又可以分为以下四种：

1. 政府

包括中央政府和地方政府。

2. 政府行政机关

政府机关的公共行政权力是通过法律规定以及在法律规定之下的政府内部授权获得的。

3. 行政首长

各国政府即行政机关通常实行首长负责制②。因而，行政首长无论在名义上还是在实际执行上都是公共政府权力的一种主体。行政首长可以分为四种情况：（1）政府首脑；（2）政府首脑以下的高级政务类行政首长；（3）政务首长以下的各级常务首长；（4）由宪法和有关法律所特别授权的一部分官员，主要是指主持人事行政事项的少数首长。

4. 政府普通公务员

当然，伴随着共同治理思想在公共管理中的广泛运用，公共管理的主体不断扩展，非营利组织等也逐步成为公共管理主体的一部分。从一定程度上来看，主客体实现了转换。

---

① 彭和平，竹立家，等．国外公共行政理论精选［M］．北京：中共中央党校出版社，2000.

② 首长负责制是指各级政府及其部门的首长在民主讨论的基础上，对本行政组织所管辖的重要事务具有最后决策权，并对此全面负责。

（二）公共管理的客体

公共管理是一种以全社会为对象的管理类型，这是它区别于其他任何管理的最显著的特点之一。政府通过行使公共行政权实施公共行政管理，与社会生活中的几乎一切行为主体发生行政、法律关系。在通常情况下，所谓社会行为主体是指具有法人和自然人的资格和地位且有一定行为能力的公民、公民团体、社会组织。政府的行政行为是影响乃至决定它们社会生存条件的最重要的因素之一。

概括地说，国家公共行政管理的客体大致可以分为以下六类：

1. 公民

公民，是政府公共行政管理规模最大的行为对象。党的十九大报告指出，新时代中国特色社会主义思想，明确新时代我国必须坚持以人民为中心的发展思想。国家公共管理的原则必须依据国家法律和政府行政法规，其最普遍适用的标准是：履行对国家所承担的义务，比如，缴纳税金、服兵役等；遵守社会生活的行为规范和道德规范，比如，不妨碍公共道德和他人私生活等。在对公民实施公共行政管理方面，政府可能采用的行政手段是多种多样的。

2. 经济性组织

经济性组织，包括制造业、服务业、金融业、科技业和其他一切以盈利为目的的组织。政府与它们的公共行政管理关系，主要表现在利率、税收、正当开支、工业卫生、环境保护、人身保障等方面。执照、许可证等申请、登记、备案、审批制度，限期改正、吊销营业执照直至拘捕等惩处制度，是政府对经济性组织实施行政管理的经常性方式。

3. 社会性组织

社会性组织，包括教会、社区团体、群众团体等一切不以营利为目的的组织。一般来说，政府对它们的公共行政管理以不妨碍他人、不危害社会和公众、不违反国家法律和公共行政管理法规为限度。登记制度和检查制度是政府对其管理的主要方式。

4. 政治性组织

政治性组织，包括政党和一切以政权或政治性权力为目的的组织。政府对它们的行政管理主要是依据法律促使它们按照政治竞争的规则开展政治活动，防止和制止它们颠覆国家的政治企图。登记制度和检查制度通常也适用于政治性组织。

5. 教科文组织

教科文组织，包括学校、科学研究单位和各种文化团体。政府在多数情况下对这类组织予以支持、财政资助和提供各种便利，但同时要求它们遵守国家法律和政府行政法规，不得危害公共安全和公共健康，在必要时，也可能对其采取强制性的行政措施。

6. 新闻性组织

新闻性组织，包括报社、新闻社、电台、电视台等一切新闻传播媒介组织。政府对它们的公共行政管理也以不违背国家法律和政府行政法规为限度。新闻性组织是政府公共行政管理的一大难点，因为政府本身是新闻监督的主要对象之一。① 在实际过程中，新闻传播的合法性，也常常是分歧最大的领域之一。

四、公共管理的主要方式

公共管理的根本目的是实现民富国强，推动社会的均衡稳定发展。为此，就必须正确地制定和有效地实施行政方略，其中，正确地选择管理方式是至关重要的。因为一定的行政目标和行政内容是通过一定的行政管理方式来实现的。政府的公共行政管理方式是多种多样的，也是发展变化的。不同历史文化传统、不同发展阶段、实行不同政治体制和经济体制的国家，其公共管理方式有着较大的差异。②

从世界各国政府公共管理实践的情况看，常见的国家公共管理方式主要有以下几种：（1）行政立法、行政司法、行政管理法规；（2）行政决策、行政决定、行政政策；（3）行政领导、行政指导、行政引导；（4）行政规划、行政计划、行政预算；（5）行政协调、行政沟通、行政平衡；（6）行政干预、行政检查、行政制裁；（7）行政扶助、行政救济、行政服务。

在接下来的章节中将会一一对这些管理方式进行介绍。

第五节　中国公共管理学的发展历程及展望

一、中国公共管理学的发展历程③

我国具有悠久的治国理政研究传统，近现代意义上的行政管理学或行政学（即后来的公共管理学）在我国的发展几乎与西方同步。19 世纪末 20 世纪初，在西方

① 杨旎．融媒体时代的政府公共关系：分析政府信任的第三条路径［J］．中国行政管理，2019（12）：6.

② 薄贵利．中国行政学：问题、挑战与对策［J］．中国行政管理，1998（12）：4.

③ 陈振明．中国公共管理学 40 年——创建一个中国特色世界一流的公共管理学科［J］．国家行政学院学报，2018（4）：9.

行政管理学诞生之初，中国就对其进行了引进借鉴，并将不断发展行政管理学理论。党的十一届三中全会后，一批哲学社会科学学科恢复重建，我国行政管理学也迎来了新的发展机遇。

1979 年 3 月，邓小平同志在党的理论工作务虚会上指出："政治学、法学、社会学以及世界政治的研究，我们过去多年忽视了，现在也需要赶快补课。"响应邓小平同志的号召，张友渔、周世逑、夏书章、丘晓等老一辈政治学与行政学学者为行政管理学的恢复重建积极行动。例如，1982 年 1 月 29 日，夏书章在《人民日报》发表文章，呼吁"把行政学的研究提上日程"；1982 年 2—6 月，中国政治学会委托复旦大学开办全国行政管理学讲习班；1983 年，中国政治学会在济南举行政治行政体制改革研讨会，讨论了政治学与行政学研究的基本问题；1984 年 8 月，国务院办公厅、劳动人事部在吉林省吉林市召开"全国行政科学研讨会"，提出建立有中国特点的行政管理学；1985 年 7 月，《中国行政管理》杂志正式创刊；等等。这些都是推动行政管理学"补课"的典型事件。

在专业及机构设置方面，20 世纪 80 年代中期，武汉大学等高校获准设立行政管理本科专业。随后，一批高校建立了行政学或行政管理学的教学与研究机构，有些高校将原来的"政治学系"更名为"政治学与行政管理学系"。1996 年，全国研究生专业目录修订，增加了管理学门类，下设包括公共管理在内的五个一级学科，行政管理学（行政学）从政治学中分离出来，成为公共管理一级学科之下的五个二级学科之首，正式确立了公共管理学科作为哲学社会科学及管理科学重要组成部分的地位。

此后，公共管理学在我国的发展进入快车道，扎根中国实践的中国特色公共管理学逐渐形成。中国特色公共管理学是在我国改革开放进程中逐渐成长起来的，其形成既是学科内在发展规律作用的结果，也受外在社会需要的推动。一方面，我国改革开放和社会主义现代化建设特别是党和国家领导制度及政府机构改革的伟大实践，是中国特色公共管理学兴起的强大动力和催化剂，为学科发展提供了前所未有的历史机遇和研究空间。另一方面，经济全球化、社会信息化的深入发展改变了公共管理的实践模式、理论形态和知识体系，对中国特色公共管理学创新发展提出了新的时代要求。

二、新时期中国公共管理学的发展

（一）新时期中国公共管理学的时代特点

1. 公共管理面临新的挑战

为了应对艰巨繁重的国内改革发展稳定任务，特别是在新时代新征程上，实现新的更大的发展，中国将加快形成以国内大循环为主体，国内国际“双循环”[①] 相互促进的新发展格局。在高质量发展的新目标和构建新发展格局的时代背景下，如何改善国家（政府）与社会、市场的营商环境、政务环境、市场环境，更好地吸引跨国企业，深度融入国际分工和全球产业链，不断扩大国内国际“双循环”相互促进发展的交集，实现国内国际双循环真正互促式发展，形成国内国际有效统一的大市场[②]；如何建设一个充满生机与活力的服务型政府，以适应双循环的发展格局及我国经济社会高质量发展，对公共管理学科都提出了新的挑战。

2. 公共管理实践亟须公共管理学科的发展

我国的公共管理学科亟须扎根本土化实践，聚焦公共管理实践中的核心话题，同时立足于时代和国际前沿，把握未来趋势，进而界定我国公共管理学科的学科边界，确立研究的核心命题。随着公共管理实践的丰富与发展，亟须重新构建公共管理学科的知识框架体系，科学厘定和发展公共管理的相关理论，正确界定关键核心概念的内涵和外延，发展并完善中国特色的公共管理学科的理论体系。

一是要从中国的历史发展中，从数千年的行政管理实践中汲取历史营养，以史为鉴，丰富当代的公共管理理论。中国具有悠久的治国理政的研究传统，至少可以追溯到夏商周的国家或政府形成之时，古代中国为全人类创造了极为丰富的国家治理或政府管理的思想遗产；二是正确处理与借鉴国际先进的管理思想、管理观点、管理方法与技术，加强与国外公共管理实践的对比研究；三是要持续推进公共管理本土化发展。要以中国公共管理的实践来提出中国的理论、中国的观点，凸显中国特色、中国风格和中国气派，讲好公共管理学的中国故事[③]，建构符合中国特色的公共管理学科理论体系；四是要关注大数据对公共管理变革带来的影响。大数据客观上为公共管理提供处理公权力内部的权力运作问题、公权力对公共资源的配置问题提供工具和手段，以及为我们维护社会安全、应对社会问题提供全新的思路和技术。

3. 公共管理交叉学科的特点越来越明显，研究方法越来越呈现多样化

公共管理学科的理论基础来源于政治学、管理学、社会学、经济学等多个学科，

---

① 2020 年 5 月 14 日，中央首次提出“构建国内国际双循环相互促进的新发展格局”。5 月下旬“两会”期间，习近平总书记再次强调，要“逐步形成以国内大循环为主体、国内国际双循环相互促进的新发展格局”。

② 2022 年 4 月 10 日，《中共中央 国务院关于加快建设全国统一大市场的意见》发布。《全国统一大市场》是指把物流成本降下来，能够让负重前行的中国经济更加轻盈，更有活力。同时，全国统一市场的构建也会拉动消费，更好发挥消费对经济发展的带动作用。

③ 黄琲．新时代中国公共管理学的发展之道［N］．澎湃新闻．2019-09-11.

需要运用多学科的思想、理论与方法来研究中国公共管理的实践问题。在全球化、信息化、网络化、智能化的时代背景下，提高治理能力、推进国家治理能力现代化仅仅依靠传统的公共管理单一学科是不够的，必须强化与其他学科的交叉互动及融合发展，拓展深化公共管理的范式、范畴与空间，促进多学科、跨学科、跨领域的综合交叉、整合集成。例如，有关社区治理的研究，呈现出政治学、社会学、管理学等多学科并进的势头。[①] 在政治学看来，社区治理是国家权力与社会权利有序调适的过程。在社会学看来，社区治理和社区建设是社会学研究本土化的重要领域之一，等等。相关研究成果呈多元化、丰富化等特点。因而应综合运用多个学科的知识来多维度、多视角地研究中国公共管理实践。

随着公共管理学的不断进步以及对外学术交流的日益频繁，公共管理学研究的科学性和规范性也在不断提升，研究方法也呈现出多样化的特征。研究者在基于研究需要的前提下，应不惧新方法，敢于突破舒适区，开展新的学习，探索新的甚至是其他专业领域的方法和技术，或者主动寻求与其他专业领域的学者开展交叉研究，进行新的努力和尝试。通过定性与定量方法的有机结合，提高公共管理研究的科学性和规范性，进而提升公共管理研究的整体学术水平。

（二）新时期中国公共管理学的发展趋势

1. 持续推进理论创新是中国公共管理学科发展的必由之路

当代国外的公共管理与公共政策的理论和实践发生了深刻的变化；在我国改革开放和现代化建设事业的发展过程中，政府改革和治理方面也产生了大量急需解决的重大问题。公共管理学科应当深刻把握国内外学科流变发展的实质，遵循内在的发展规律，突破制约发展的障碍，不断增强问题意识，强化观念创新、思维创新、制度创新、组织创新、政策创新以及技术方法创新。通过“批判的吸收、创造性的思考和平等的交流”[②] 来构建一种既扎根中国又连接世界的概念体系和理论框架，为公共管理学科做出原创性的贡献。

2. 关注公共管理“大问题”，为构建人类命运共同体贡献中国智慧

未来十年，将是中国经济社会大发展的十年，也是实现民族振兴、国家富强的关键阶段。中国公共管理学科应关注时代“大问题”，不断增强问题意识、使命意识，促进中国特色公共管理学科协同创新。国家治理体系与治理能力现代化的重大

---

① 董晓宇．公共管理的理论基础与实践发展——由传统公共行政到公共管理研究之二［J］．北京行政学院学报，2004（4）：5.

② 薛澜，张帆．公共管理学科话语体系的本土化建构：反思与展望［J］．学海，2018（1）：10.

战略部署，拓展了当代公共管理的范畴、视域与空间，为中国特色公共管理学科体系、理论体系、话语体系构建以及高层次人才培养带来了新契机、新任务，提出了新挑战、新要求。为此，中国公共管理学界应积极参与国家治理现代化实践，参与国际治理并促进全球治理进步。

对于公共管理者来说，公共管理者关注社会的公共利益，培养有公益精神、有公益能力、能用知识和理性驾驭激情和欲望的优秀社会工作者，成为人类文明的维护和发展的中坚力量，是这一现代学科天生的使命。而对于全球治理体系中坚力量的中国来说，未来，在人类命运共同体理念指引下，中国如何与其他国家和谐共处，为世界提供造福世界各国人民的公共产品，也将是公共管理学科使命担当。公共管理学科应着眼于全球视野，思考中国公共管理研究能够为全球知识界提供怎样的概念、理论、证据和知识，为构建人类命运共同体提供中国方案。

【思考题】

1. 公共管理学产生的根源是什么？
2. 公共管理的基础与核心问题是什么？
3. 公共管理为什么必须坚持党的领导？
4. 公共管理学研究的对象是什么？
5. 结合实例谈谈实证研究方法的运用。
6. 为什么说公共管理学是一门借用的学科？

【案例】浙江高质量发展建设共同富裕示范区

共同富裕是社会主义的本质要求，是人民群众的共同期盼。改革开放以来，通过允许一部分人、一部分地区先富起来，先富带后富，极大解放和发展了社会生产力，人民生活水平不断提高。党的十八大以来，以习近平同志为核心的党中央不忘初心、牢记使命，团结带领全党全国各族人民，始终朝着实现共同富裕的目标不懈努力，全面建成小康社会取得伟大历史性成就。

党的十九届五中全会对扎实推动共同富裕作出重大战略部署。实现共同富裕不仅是经济问题，而且是关系党的执政基础的重大政治问题。共同富裕具有鲜明的时代特征和中国特色，是全体人民通过辛勤劳动和相互帮助，普遍达到生活富裕富足、精神自信自强、环境宜居宜业、社会和谐和睦、公共服务普及普惠，实现人的全面发展和社会全面进步，共享改革发展成果和幸福美好生活。随着我国开启全面建设社会主义现代化国家新征程，必须把促进全体人民共同富裕摆在更加重要的位置，向着这个目标更加积极有为地进行努力，让人民群众真真切切感受到共同富裕看得见、摸得着、真实可感。

当前，我国发展不平衡不充分问题仍然突出，城乡区域发展和收入分配差距较大，各地区推动共同富裕的基础和条件不尽相同。促进全体人民共同富裕是一项长期艰巨的任务，需要选取部分地区先行先试、做出示范。浙江省在探索解决发展不平衡不充分问题方面取得了明显成效，具备开展共同富裕示范区建设的基础和优势，也存在一些短板弱项，具有广阔的优化空间和发展潜力。支持浙江高质量发展建设共同富裕示范区，有利于通过实践进一步丰富共同富裕的思想内涵，有利于探索破解新时代社会主要矛盾的有效途径，有利于为全国推动共同富裕提供省域范例，有利于打造新时代全面展示中国特色社会主义制度优越性的重要窗口。那么，应当如何推动浙江高质量发展建设共同富裕示范区的建设呢？

一、提高发展质量效益，夯实共同富裕的物质基础

（一）大力提升自主创新能力。以创新型省份建设为抓手，把科技自立自强作为战略支撑，加快探索社会主义市场经济条件下新型举国体制开展科技创新的浙江路径。深化国家数字经济创新发展试验区建设，强化“云上浙江”和数字强省基础支撑，探索消除数字鸿沟的有效路径，保障不同群体更好共享数字红利。

（二）塑造产业竞争新优势。巩固壮大实体经济根基，夯实共同富裕的产业基础。促进中小微企业专精特新发展，提升创新能力和专业化水平。推动农村一二三产业融合发展，建设农业现代化示范区，做精农业特色优势产业和都市农业，发展智慧农业。

（三）提升经济循环效率。落实构建新发展格局要求，贯通生产、分配、流通、消费各环节，在率先实现共同富裕进程中畅通经济良性循环。深化供给侧结构性改革，扩大优质产品和服务消费供给，加快线上线下消费双向深度融合。畅通城乡区域经济循环，破除制约城乡区域要素平等交换、双向流动的体制机制障碍，促进城乡一体化、区域协调发展。

（四）激发各类市场主体活力。推动有效市场和有为政府更好结合，培育更加活跃更有创造力的市场主体，壮大共同富裕根基。完善产权保护制度，构建亲清政商关系，促进非公有制经济健康发展和非公有制经济人士健康成长。加大反垄断和反不正当竞争执法司法力度，提升监管能力和水平，实现事前事中事后全链条监管，防止资本无序扩张。

二、深化收入分配制度改革，多渠道增加城乡居民收入

（一）推动实现更加充分更高质量就业。强化就业优先政策，坚持经济发展就业导向，扩大就业容量，提升就业质量，促进充分就业。支持和规范发展新就业形态，完善促进创业带动就业、多渠道灵活就业的保障制度。

（二）不断提高人民收入水平。优化政府、企业、居民之间分配格局，支持企业通过提质增效拓展从业人员增收空间，合理提高劳动报酬及其在初次分配中的比重。实施扩大中等收入群体行动计划，激发技能人才、科研人员、小微创业者、高素质农民等重点群体活力。

（三）完善再分配制度。支持浙江在调节收入分配上主动作为，加大省对市县转移支付等调节力度和精准性，合理调节过高收入。依法严厉惩治贪污腐败，继续遏制以权力、行政垄断等非市场因素获取收入，取缔非法收入。优化财政支出结构，加大保障和改善民生力度，建立健全改善城乡低收入群体等困难人员生活的政策体系和长效机制。

（四）建立健全回报社会的激励机制。鼓励引导高收入群体和企业家向上向善、关爱社会，增强社会责任意识，积极参与和兴办社会公益事业。充分发挥第三次分配作用，发展慈善事业，完善有利于慈善组织持续健康发展的体制机制，畅通社会各方面参与慈善和社会救助的渠道。三、缩小城乡区域发展差距，实现公共服务优质共享

（一）率先实现基本公共服务均等化。推进城乡区域基本公共服务更加普惠均等可及，稳步提高保障标准和服务水平。推动义务教育优质均衡发展，建成覆盖城乡的学前教育公共服务体系。深入实施健康浙江行动，加快建设强大的公共卫生体系，深化县域医共体和城市医联体建设，推动优质医疗资源均衡布局。

（二）率先实现城乡一体化发展。高质量创建乡村振兴示范省，推动新型城镇化与乡村振兴全面对接，深入探索破解城乡二元结构、缩小城乡差距、健全城乡融合发展的体制机制。促进大中小城市与小城镇协调发展。推进以县城为重要载体的城镇化建设，推进空间布局、产业发展、基础设施等县域统筹，赋予县级更多资源整合使用的自主权。

（三）持续改善城乡居民居住条件。针对新市民、低收入困难群众等重点群体，有效增加保障性住房供给。全面推进城镇老旧小区改造和社区建设，提升农房建设质量，加强农村危房改造，探索建立农村低收入人口基本住房安全保障机制，提升城乡宜居水平。

（四）织密扎牢社会保障网。完善社会保障制度，加快实现法定人员全覆盖，

建立统一的社保公共服务平台，实现社保事项便捷“一网通办”。健全多层次、多支柱养老保险体系，大力发展养老保险。规范执行全国统一的社保费率标准。

【问题】

共同富裕是社会主义的本质要求，也是人民群众的共同期盼。请结合所学知识和地方政府实践，谈谈政府、市场主体、社会组织和公民在推动实现共同富裕过程中各自的行动逻辑。

第二章 坚持党的领导与公共管理

东方欲晓，莫道君行早，踏遍青山人未老，风景这边独好。

——毛泽东《清平乐·会昌》

盲人骑瞎马，夜半临深池。——《世说新语·排调》

以其昏昏，使人昭昭。——《孟子·尽心下》

“党政军民学，东西南北中，党是领导一切的”①。实现中华民族伟大复兴的中国梦，广泛调动各方面的积极性、主动性和创造力，既要自觉维护党中央的政治权威，也要构建一体化的领导体制，从制度上确保党始终总揽全局、协调各方。公共管理要坚持党的领导，其本质就是要处理好党政关系。

第一节 政党概述

一、政党的含义、起源与类型

（一）政党的含义

英语中的“政党”（Party）一词，源自拉丁文的 pars 或 partire，意为划分或分割，最先进入英语的词汇形式是 part，意为社会的一部分。17 世纪后，part 演化成

① 习近平．决胜全面建成小康社会 夺取新时代中国特色社会主义伟大胜利［N］．人民日报，2017-10-28（01）．

party，意为某种政治组织，常常与派系（Fraction）混用。直到博林布鲁克子爵[①]（Bolingbroke）明确区分了政党和派系的不同，埃德蒙·柏克[②]则第一次给政党明确下了定义：政党，即大家基于一致同意的某些特殊原则，并通过共同奋斗来促进国家利益而团结起来的人民团体。

中文中的“党”，最初是指居民的基层单位，《周礼》中记载：“五家为比，五比为闾，五闾为族，五族为党”，由此引申出乡邻至亲友好之意，“睦于父母之党”。“党”又指亲族姻戚或意气相同的朋辈。春秋战国时已有“朋党”“党人”之说，开始指上层社会中利害观点一致者结成的集团。几千年来，“党”字一直为人诟病，《论语·卫灵公》云：“君子群而不党”；《墨子》云“不偏不党”；《书经》曰：“无偏无党，王道荡荡；无反无则，王道正直”。到汉朝时，“党”已经是一个非常明确的贬义词，“诸侯有罪，傅相不举奏，为阿党。”党的含义是指官僚帮派在政治上相互勾结的行为。此后，“结党”和“营私”便成为一对连体兄弟，如影随形。宋代以前的党，以争官位和个人、团体利益为宗旨。宋仁宗时，开始有朋党出现。明神宗时宦官魏忠贤专权，士大夫官僚又遭排挤，他们不免又聚在一起“清议”，讽议朝政，评人论物。魏忠贤给聚集在无锡东林书院周围的失意旧官僚文人，扣上“东林党”的帽子，搜捕治罪。到了十九世纪六七十年代，现代意义上的汉字“政党”才从日本远渡重洋来到中国。

纵观国内外，对于政党的定义数不胜数。埃德蒙·柏克认为，政党是大家基于一致同意的某些特殊原则，并通过共同奋斗来促进国家利益而团结起来的人民团体；李文良认为，政党是由特定阶层中以部分最积极的分子组成的，具有明确政治主张，为夺取、影响和巩固政权而开展活动的政治组织[③]；马克思主义[④]认为，政党本质上是特定阶级利益的集中代表者，是特定阶级政治力量中的领导力量，是由各阶级的政治中坚分子为了夺取或巩固国家政治权力而组成的政治组织。

本书认为，政党是有着特定的政治目标，能够团结并代表特定群体的利益的政治性活动团体。在代议制民主政体里，政党争取执政一般以参选为手段，并有时结

---

① 第一代博林布鲁克子爵亨利·圣约翰（Henry St. John）（1678—1751年）英国政治家、政治作家。他的政治生涯跨越斯图亚特王朝（托利党当权）至汉诺威王朝首位国王乔治一世（辉格党当权）的转变时期，著有《论贤王》等。

② 埃德蒙·柏克（Edmund Burke，1729—1797年）是18世纪英国著名的政治家和保守主义政治理论家。

③ 李文良．美国政府运行机制［M］．长春：吉林大学出版社，2008.

④ 马克思，恩格斯．共产党宣言［M］．3版．北京：人民出版社，1997.

成政治联盟，在必要时联合执政。政党通常有特定的政治目标和意识形态，针对国家和社会议题有各自的主张，定立政纲展示愿景。

（二）政党的起源

中国的封建社会中始终没有产生西方式的现代性政党，根本原因在于中国自古以来就缺乏民主的传统①。而对于现代政党的产生，有几种不同的解释理论。

制度论认为，政党的出现是伴随议会与选举制度改革的结果。历史局势论认为，政党是在新旧制度交替和民族战争中，因为政治理念的不同而产生争议，从而产生了多样性的政党。发展论认为，社会现代化导致社会各方面关系得以加强，从而出现了政党。危机论认为，形成国家时会发生新政治秩序的合法性危机，政党正是为了解决这一问题而产生的。

马克思主义认为政党是在阶级基础上产生的，是阶级斗争发展到一定阶段的产物。列宁和毛泽东则进一步指出，现代政党是阶级的领导者。法国政治社会学家杜瓦杰将政党产生的方式归纳为内生党和外生党：内生党是议会内部的议员联合起来而形成的；外生党是统治集团外的政治力量对统治集团发起挑战并要求在议会中取得自己的席位而产生的。

塞缪尔·亨廷顿则对政党的发展规律提出了一个四阶段模式②：

1. 宗派阶段：通常为政党从传统到现代的过渡时期，少数政治精英以其野心在短暂联合下展开权力斗争，在议会内部形成不同派别。如果没有议会，主宰局势的政党往往会变成革命密谋集团。

2. 两极化阶段：议会中的派系与社会势力联合组成政党，形成两极化格局。如果革命性政党要改变现行制度，那么国家中政治力量很可能会分化成革命派和反革命派。

3. 扩展阶段：政治领袖通过各种办法得到群众的拥护，以实现自己控制政权的目标。在革命模式或民族主义模式中，革命性的政党尽力号召群众，通过获得民众的支持来推翻现有体制或驱逐帝国主义，实现自己的目标。

4. 制度化阶段：在议会内部发展出来的政党常常会形成两党制，如果有外力介入则会形成多党制，而革命性的政党则会建立起一党制或一党为主的政党制度。

---

① 1944年6月中旬，毛泽东在接见中外记者西北参观团时说：“中国是有缺点的，而且是很大的缺点，这种缺点，一言以蔽之，就是缺乏民主。中国缺乏民主，是在座诸位所深知的。只有加上民主，中国才能前进一步。”

② 亨廷顿．变化社会中的政治秩序［M］．北京：生活·读书·新知三联书店，1989.

总之，现代政党不管通过什么途径和方式产生，都离不开三大前提条件：一是国家制度安排所形成的权力开放性；二是社会与国家的二元分立所形成的社会自主性；三是社会利益分化和自主结社发展所形成的社会多元化[①]。先组织社会，再组织国家，在国家的发展中人们通过形成组织掌握国家政权来实现自己的愿望和要求，组织就转换成了政党；这就是政党的产生逻辑，更是人类生活的自我组织逻辑。

（三）政党的类型

按照不同的划分方式，会产生不同类型的政党。主要可以按照以下方式来划分：

1. 根据意识形态划分

依据意识形态对政党进行分类是人们使用的最多的一种分类方式。政党通常被认为是处在一个政治光谱中。典型的类型包括激进的左翼政党、改良的中间偏左政党以及保守的右翼政党。左派通常倾向于社会民主主义、社会主义或共产主义，共同特征是主张国家管制市场实行某种计划的必要。而右派政党则倾向于自由放任经济[②]（laissez-faire），反对国家干预自由市场，力主自由贸易，强调市场经济的调控功能，并且重视宗教与家庭等传统价值。在此基础上又可以进一步细分为共产主义政党、民主社会主义政党、保守主义政党、民族主义政党、法西斯主义政党、生态主义政党和地区主义政党。

（1）共产主义政党：共产主义政党奉行共产主义，冷战时期发展达到顶峰，1986 年有 15 个社会主义国家共有 9000 万党员。但是苏联解体后，中东欧地区的共产党大部分解散或者其成员放弃了信仰。西方国家中的共产党在本国影响甚微，而现存的社会主义国家的共产党则多走上了经济改革的道路。

（2）民主社会主义[③]政党：民主社会主义政党是第二国际解散后持改良主义的成员建立的走中间路线的政党，奉行社会民主主义或民主社会主义，1951 年 19 个国家的民主社会主义政党在德国法兰克福建立了社会党国际，党员数目有 1600 多万，在一些国家有单独执政或联合执政的经历。

---

① 林尚立．政党、政党制度与现代国家——对中国政党制度的理论反思［J］．中国延安干部学院学报，2009（5）：10.

② 自由放任主义或无干涉主义，源自法语的“laissez-faire”（“让他做、让他去、让他走”），意思就是政府放手让商人自由进行贸易。这一词首先在 18 世纪由重农学派在字典里使用，以反对政府对贸易的干涉。这一词到了 19 世纪早期和中期成为自由市场经济学的同义词。

③ 民主社会主义是英国工党和其他国家的右翼社会党理论家所宣扬的一种现代改良主义思潮。它反对无产阶级革命，鼓吹超阶级的国家观点，视混合经济为社会主义，主张以渐进的改良措施来达到社会主义。出现于第一次世界大战以后，第二次世界大战后广泛传播于西欧一些国家。

（3）保守主义政党：保守主义政党是资本主义国家的主要政党，二战以后其影响主要局限于发达国家。其主要国际组织有国际民主联盟和基督教民主联盟，共有90多个政党参加。

（4）民族主义[①]政党：民族主义政党大多产生于发展中国家的民族独立运动中，大多主张民族主义。许多民族主义政党在本国进行一党制统治，没有较大的国际性组织。

（5）法西斯主义政党：法西斯主义政党主要是指二战期间在德国、意大利、日本等国出现的独裁政党。目前在欧洲国家仍然存在法西斯主义倾向的新纳粹极右派政党，但大部分偏向反移民的民族主义和反对欧盟一体化，不能与二战期间在德国、意大利、日本等国出现的法西斯极权独裁政党相提并论。

（6）生态主义政党：大多是发达国家内主张生态保护、社会公正、基层民主的政党，最为典型的是绿党，国际组织有欧洲绿党。

（7）地区主义政党：一些国家中以维护所代表的地区或少数民族利益的政党，一般都只在本国活动，基本上是小党，几乎没有上台执政的机会。有些地区主义政党更是以争取本地区独立为目标，例如英国的苏格兰民族党。

2. 根据合法性划分

根据政党是否为其所在国家的法律承认，可以分为合法的政党和非法的政党。

合法政党为该国法律所认可，一般都认同现行的制度，可以合法地开展各种活动。非法的政党不为该国法律所认可，往往以推翻现行制度为目标，只能秘密开展活动。

某些国家还有半合法的政党，这些政党虽然得不到法律的认可，但是国家又默许他们进行一些公开或半公开的活动。根据政党在该国政治生态中的参与程度，又可以将合法的政党分为起主导作用的体制内政党（例如日本自民党、美国共和党）和在政党竞争中只起到很小作用的体制外政党（例如苏格兰民族党、美国进步党）。体制内政党又可以分为执政党、在野党[②]和参政党。

3. 根据组织方式划分

根据政党的组织方式又可以分为精英党、干部党和群众党；根据政党的活动范

---

① 民族主义（Nationalism），即指以自我民族的利益为基础而进行的思想或运动。在近代以来，民族主义推动了民族解放与平等，是现代国际社会的源泉。民族主义通常是指以维护本民族利益和尊严为出发点的思想与行为。

② 在野党（Party out of Power），是指政党政治国家内未执政的政党，和执政党是互斥的集合，通常也称反对党。

围则可以分为全国性政党、地区性政党和国际性政党。政党的基层组织因为政党所处的社会，或者政党的目标而会有所不同。法国学者杜瓦杰依照基层组织类型对政党进行归类，分为细胞（Cell）、俱乐部（Caucus）、支部（Branch）①：

（1）“细胞”又称小组、苏维埃。以“细胞”为基层组织的政党通常不以赢得议会选举为目的，而是志在推翻现状政治秩序。执政后通常垄断政权，组织深入整个市民社会的所有领域，贯彻政党意志，对社会实行彻底统治。其组织原则是民主集中制。例如苏联共产党、朝鲜劳动党等。纳粹党亦属细胞型政党，其组织原则为绝对的领袖、元首制。

（2）以“俱乐部”为基层组织的政党。以赢得各级议会、地方政府行政首脑职位之选举为目的，组织最为松散，平常没有规律的组织生活，干部以志愿工作者为主，从事选举募款与政纲宣传。例如美国民主党、美国共和党。

（3）以“支部”为基层组织的政党，其情况介于上面两类之间。党基层组织有较为规律与严谨的政治架构，干部为常业专职人员，负责选举募款与政纲宣传。但支部并不全面渗透到市民社会。例如日本自民党、日本社会党，欧洲各民主国家的政党。

4. 根据政党纪律与政纲严谨程度

依照政党纪律与政纲严谨程度，除了一党专政国家外，实行竞争性政党体制的国家的政党一般分为“刚性政党”与“柔性政党”。

刚性政党政纲与党章规定严谨，长期具有一贯性。党纪较为严格，党员实行登记制度，有时进行考察筛选，较难随意参加。其中央与基层组织架构较为清晰，具有明确定义的日常业务，行政领导职权明确。欧洲民主国家政党，特别是倾向工人阶级的政党多属于此类。

柔性政党政纲与党章内容较为模糊，随着选举情势保持较大弹性，因选情与领导人政见而常有变异。党纪松散，甚至没有党员登记制度，政党机构不清楚其党员人数与身份，出入自由不需考察。柔性政党中央与基层组织具有很大随意性，大多只在选举期间活动，平时仅是俱乐部与谈话会性质，中央领导只是候选人的竞选总干事，没有实质的政党领导权，党领导层拥有实权。美国、加拿大、澳大利亚、新西兰等国政党属之。

① Duverger M. A New Political System Model: Semi – Presidential Government [J]. European Journal of Political Research, 2006, 8 (2): 165–187.

二、中西政党制度比较

政党制度是现代民主政治的重要实现形式，是国家政治制度的重要组成部分。一个国家实行什么样的政党制度，是由这个国家的历史传统和现实国情决定的。世界政党制度具有多样性，没有也不可能有普遍适用于各国的政党制度。

（一）西方主要国家的政党制度

当代西方发达国家实行的最主要的政党制度就是两党制①和多党制②。

两党制国家一般实行单选区简单多数投票制，这是支撑两党制的主要支柱。这种制度是指，将全国划分若干个选区，每一个选区只产生一名议员，在所有候选人中获得简单多数即可当选，而不管其是否获得绝对多数选民的支持。这种制度对比较大的政党和政治力量比较集中的政党有利，而不利于小党的发展。因为在此制度下，如果选民不满意现任议员，为了形成有效的对抗力量，只能聚集所有的反对票推选出共同的候选人与之竞争，否则就会导致现任议员的再度当选。这种自然形成的互相对抗的双方，就构成了两党制的基本条件，英国和美国是典型的单选区简单多数投票制。

在权力运作的机构、政府组成方面，两党制国家内的政府一般是一党独自执政，偶尔会有少数党参与执政，但往往处于次要地位。这种形式的政府组成，较之于多党制国家的多党联合政府要稳定得多。

而在多党制的国家中，一般存在三个以上的政党，各党都可以单独或联合参加竞选，几个主要政党实力相当，议会中的议席由许多政党分别掌握，某一个政党很难控制议会多数而单独组织政府，因此往往由几个主要政党联合起来形成议会多数，进而组成联合政府。

多党制的国家选举制度往往实行的是比例代表制，各政党按照所得选票占全部票数的百分比分配议席。这种选举办法可以较好地反映社会多元意见。比例代表制有利于小党发展，而且比较客观地反映各政党的实力。这种选举办法最早出现于瑞士，后来法国、德国和意大利等欧洲大陆的国家采用了这种选举制度。

西方资本主义国家政党产生较早，政党选举时间也较长，因此其政党制度也相对较为稳定。但是，这并不意味着西方资本主义国家的政党制度就不需要发展和变

---

① 两党制，是指由两个在国家政治生活中占垄断地位的资产阶级政党，通过在议会选举中获得多数席位或总统选举中获胜的方式，轮流上台执政。

② 多党制指在多党并立的资本主义国家中，各政党轮流执政或联合执政。

化，事实上，不管是两党制的国家还是多党制的国家，其选举投票办法都有一定的问题和不足。

在单选区简单多数选举制下，由于“赢者通吃”，支持落败者的选票被忽略不计，这就造成一部分人所支持的小党很难获胜，导致投票结果并不能准确反映选民的意愿，长此以往，就会造成选民投票意愿的下降，投票率偏低。在实行比例代表制的国家，政党只要获得一定额度的选票就能安全当选，这一方面有利于一些代表少数人政党利益的小党的生存，但另一方面也会给一些偏激和激进的政党提供机会。当年德意法西斯政党的上台就是在比例代表制下以激进的政纲吸引了大批支持者，从而顺利进入立法机关并掌控政权。

由于选举制度对于政党制度有着较为重大的影响，因此，资本主义国家的政党改革战略往往采取改变选举制度来实现。为了把两种选举制度的优点都发挥出来，许多资本主义国家采用混合制，即把单选区简单多数选举制与比例代表制相结合的选举制度。

（二）我国的政党制度①

中国共产党领导的多党合作和政治协商制度是中国的一项基本政治制度。这一制度既植根中国土壤、彰显中国智慧，又积极借鉴和吸收人类政治文明优秀成果，是中国新型政党制度。《中华人民共和国宪法》② 规定：“中国共产党领导的多党合作和政治协商制度③将长期存在和发展。”

中国政党制度中包括中国共产党和八个民主党派，以及无党派人士。八个民主党派是中国国民党革命委员会（简称民革）、中国民主同盟（简称民盟）、中国民主建国会（简称民建）、中国民主促进会（简称民进）、中国农工民主党（简称农工党）、中国致公党（简称致公党）、九三学社、台湾民主自治同盟（简称台盟）。中国共产党同各民主党派长期共存、互相监督、肝胆相照、荣辱与共，形成了“共产党领导、多党派合作，共产党执政、多党派参政”的政治格局。

在长期的革命、建设、改革实践中，在为中国人民谋幸福、为中华民族谋复兴的伟大历史进程中，中国共产党历经重重考验，成为中国工人阶级的先锋队、中国

---

① 中华人民共和国国务院新闻办公室．白皮书：中国新型政党制度［R/OL］.（2021-06-25）［2023-11-09］. http：//www. gov. cn/zhengce/2021-06/25/. content_ 5620794. htm.

② 2018 年 3 月 11 日，第十三届全国人民代表大会第一次会议通过《中华人民共和国宪法修正案》。此处宪法以脚注所指版本为准。

③ 中国共产党领导的多党合作和政治协商制度是中华人民共和国的一项基本的政治制度，是具有中国特色的政党制度。

人民和中华民族的先锋队，成为中国特色社会主义事业的领导核心。各民主党派逐步发展成为各自所联系的一部分社会主义劳动者、社会主义事业建设者和拥护社会主义爱国者的政治联盟，成为中国特色社会主义参政党。无党派人士成为中国政治生活中的重要力量。

中国新型政党制度创造了一种新的政党政治模式，在中国的政治和社会生活中显示出独特优势和强大生命力，在推进国家治理体系和治理能力现代化中发挥了不可替代的作用，也为人类政治文明发展做出了重大贡献。

三、中西党政关系比较

党政关系，不管对于西方国家还是我国，都是政治体制的核心议题和关注对象。狭义上的党政关系通常仅指政党与行政机关的关系，而广义上的党政关系则指政党与整个国家公权力机关系统的关系；本书此处使用广义的党政关系作为论述对象。在西方，政党通过团结自己的松散的党员，用投票、参选等方式来参与政治；在中国，党政关系经历了“党的一元化领导”“党政分开”和“党领导一切”三个阶段①，而不管是哪个阶段，“坚持党的领导”都作为一条主线贯穿其中。下面我们将从政党与权力机关的关系、政党与行政机关的关系和政党与司法机关的关系三个方面来逐一对中西党政关系做一个对比。

（一）政党与权力机关的关系②

在西方国家，议会、政党和选举制度被誉为西方民主制的三大支柱。19 世纪，欧美各国普遍设立了议会，政党也随之兴起，到了二战后基本已经在世界范围内得到了普及，到今天已经有两百多年的历史。西方国家的议会与政党从其产生与发展历史来看，存在着非常紧密的联系，政党与权力机关之间主要存在着以下两种关系：

一是议会为政党提供行动场域。在实行总统制的国家当中，总统一般掌握行政权，议会一般掌握立法权。在议会或国会当中，政党会为席位的争夺而进行竞争，以争取控制议会的立法权、财政预算审批权和弹劾权等权力。而在实行议会制的国家当中，议会对于政党而言无疑具有更重要的地位，因为议会制下的议会相比于总统制，还多了组阁权、质询权和倒阁权等，特别是英国等“议行合一”的国家，掌握了议会同时也就掌握了行政部门；所以，在议会制下，议会中各个政党的席位的竞争只会更激烈。

---

① 杨启迪，高磊．浅析建国以来党政关系的历史演进［J］．科教导刊：电子版，2018（27）：2.

② 石世峰．西方国家政党与议会的关系［J］．吉林人大，2006（3）：3.

二是政党为议会提供核心动力。当议会以资产阶级人权否定封建等级特权，重构了国家权力的社会基础，以议会民主制取代了封建王权专制，奠定了国家权力的民主基础时，背后少不了政党活动的支撑。代议制、利益整合和监督政府等议会的基本功能，都需要靠政党来完成正常运作。自由组建的政党之间的博弈和竞争使议会各项活动的开展成为可能，同时也促进了议会民主制的发展。

在中国，政党与权力机关的关系主要体现为中国共产党与人民代表大会之间的关系。就规范意义而言，国家治理体系和治理能力的现代化一个核心问题是党和人大的关系。我国宪法规定，我国的根本政治制度是人民代表大会制度，我国全部国家权力之来源、配置、行使和监督等各个环节都与其相关；而中国共产党则是中国特色社会主义的领导核心。所以，从规范意义而言，党和人大的关系至关重要。党和人大主要存在着以下两种关系：

一是党对人大进行政治领导①。中国共产党作为当代中国国家治理体系当中的最高领导者，是毫无疑问的中国特色社会主义建设的核心领导力量。“党政军民学，东西南北中，党是领导一切的”，党对于人大的领导自然也应当包括在内。各级党委在对同级人大进行政治领导的同时，也应当坚持党的领导、人民当家作主和依法治国的有机统一，不应把党的领导简化为党委书记的个人领导②。

二是人大对党进行法律监督③。邓小平同志曾一阵见血地指出：“我们要坚持共产党的领导，当然也要有监督、有制约。”④ 在理论和实践中，受环境影响，我们往往强调党对人大的政治领导，而忽视了人大对党在法律上的监督作用。《中华人民共和国宪法》第六十二条规定：“全国人民代表大会行使下列职权：（一）修改宪法；（二）监督宪法的实施……”；第五条第三款、第四款规定：“一切国家机关和武装力量、各政党和各社会团体、各企业事业组织都必须遵守宪法和法律。一切违反宪法和法律的行为，必须予以追究。”虽然 2018 年宪法修正案中把党的领导写入了宪法，但是人大对党的法律监督作用仍然不能忽视，正所谓“要防止滥用权力，就必须以权力来约束权力”⑤，在未来应当进一步发挥人大的作用，把党对人大的政治领导和人大对党的法律监督有机统一起来。

---

① 胡伟．国家治理体系下的党和人大关系［J］．探索与争鸣，2019（12）．

② 蒋劲松．论党委与人大关系之理顺［J］．法学，2013（8）：16.

③ 王忠祥，韦宝平．试论人大对党的法律监督［J］．前沿，2012，25（3）：24—28.

④ 邓小平．邓小平文选（第 3 卷）［M］．北京：人民出版社，1993：28.

⑤ 孟德斯鸠．法意［M］．北京：商务印书馆，1913.

（二）政党与行政机关的关系

在广义的党政关系中，政党与行政机关的关系即狭义的党政关系往往被认为是最核心的部分。当今世界，沃尔多所言之“行政国家”现象在一定程度上已成为现实，行政权替代了法权成为灵活应对社会经济发展带来的一系列社会复杂问题的最有力的“宝剑”；而政党在现代政治生活中也发挥着广泛的作用，是现代社会政治变迁的主要推动力量。社会主义革命过程中的共产党、第三世界民族独立过程中的民族主义政党以及政治经济改革过程中的发达国家的政党，都在各自的国家和社会中扮演着极为重要的作用。

在西方国家当中，政党与行政机关之间的关系主要通过多党制中领导人的选举来表现。在多党制中，各政党可以单独或联合参加议会选举或总统选举。由在议会中占多数席位的一个或几个政党联合组织政府，参加政府的政党即为执政党或在朝党；只有少数议席、不参加政府的政党则为在野党，起某种监督政府并牵制其活动的作用。一般来说，在西方国家的政党选举中，任何一个政党要想在竞争中取胜，就必须尽量避免提出极端的政策选择，因为“一个候选人或一个政党如果持非中间派的观点，他（或它）就很容易遭到中间派的攻击而失去许多选票”①。因为西方国家大多是以中产阶级为主导的国家，要赢得大多数选民的支持，就必须提出适中的政策。

但是随着“社会撕裂”的趋势在全球范围内蔓延，越来越多的西方政党为了讨好民粹主义②选民，提出一系列极端的“逆全球化”政策；与此同时，革新派政党也为了选举，推出一系列激进的改革措施，使“社会撕裂”的现象火上浇油。典型例子是2020年美国大选，拜登及其背后的民主党与特朗普背后的共和党为了争取大选胜利，各自提出了差异化十足的具有鲜明特色的政策纲领，以期获得更多、更稳固的选票。

在我国，中国共产党与人民政府之间的关系也是重中之重，但绝不是照搬西方

---

① 哈罗德·戈斯内尔等．美国政党和选举［M］．上海：上海译文出版社，1980，167.

② 民粹主义（Populism）可译为平民主义，是在19世纪的俄国兴起的一股社会思潮。民粹主义的基本理论包括：极端强调平民群众的价值和理想，把平民化和大众化作为所有政治运动和政治制度合法性的最终来源；依靠平民大众对社会进行激进改革，并把普通群众当作政治改革的唯一决定性力量；通过强调诸如平民的统一、全民公决、人民的创制权等民粹主义价值，对平民大众从整体上实施有效的控制和操纵。民粹主义表面上以人民为核心，但实际上是最缺乏公民个人尊严与个人基本权利的观念。民粹主义者崇拜“人民”，但他们崇拜的是作为一个抽象整体的“人民”，而对组成“人民”的一个个具体的“人”却持一种极为蔑视的态度。

国家的多党制选举的产物。在讨论中国共产党和人民政府的关系时，首先必须要明确中国共产党是核心领导力量。中国共产党的领导是中国特色社会主义最本质的特征，是中国特色社会主义制度的最大优势；在中国共产党的领导下，党政关系的制度安排的理想状态是党和政府在国家治理中制度上的耦合，功能上的协调和政治过程上的统一①。

在党的十九大报告中，习近平总书记重申要“坚持党对一切工作的领导”②，并将它置于新时代坚持和发展中国特色社会主义基本方略的第一条。党的十九届三中全会审议通过了《中共中央关于深化党和国家机构改革的决定》和《深化党和国家机构改革方案》，进一步发挥党的领导的制度优势；这次机构改革通过建立健全党对重大工作的领导体制机制、强化党的组织在同级组织中的领导地位、统筹设置党政机构、推进党的纪律检查体制和国家监察体制改革等方式，进一步巩固党的领导。关于此次机构改革，本章第三节还会进行深入论述。

（三）政党与司法机关的关系

现代法治社会当中，司法作为实现社会正义的最后一道防线，人们总是赋予司法以中立的“第三方”的角色，要求法官在审判时依据现行法律公正严明地做出裁决，而不是受其他人为因素影响。政党作为现代国家政权和政治生活的核心，特别是执政党，在不断向公共权力渗透的过程中，也不可避免地会与司法机关产生若即若离的某种“神秘”的关联。那么，政党与司法机关之间究竟是怎样的关系呢?

在西方，从形式上看，政党与司法之间貌似没有太大关联：政党与司法权之间不存在领导或隶属的关系，政党无法直接向司法机关和法官下达指令，甚至政党还会成为司法审查的对象；而司法官员则保持中立，不因执政党的更替而更替，司法官员任职后不能兼任行政官员或议会议员，也不能以政党党员的身份从事政党活动，在党派与党派之间、权力与权力之间恪守“司法独立”③。但是，理论层面上的“司法独立”通常会因实践情况而发生变动，政党与司法之间更是存在着相当程度上的隐性关联：执政党通常通过对行政机关和立法机关的控制，来向司法机关施加压力，

① 林尚立．党政关系建设的制度安排［J］．理论参考，2002（8）：15—17.

② 十九大报告一般指《决胜全面建成小康社会　夺取新时代中国特色社会主义伟大胜利》。《决胜全面建成小康社会 夺取新时代中国特色社会主义伟大胜利》是习近平总书记代表第十八届中央委员会于2017年10月18日在中国共产党第十九次全国代表大会上向大会做的报告。

③ 封丽霞．政党与司法：关联与距离——对美国司法独立的另一种解读［J］．中外法学，2005，17（4）：415—432.

或进行价值上的引导和细节上的游说[①]；比如英国，保守党会利用在上议院的优势地位，发表对司法案件的看法和评价来引导司法机关对案件的判断。除此之外，法官的任命也少不了政党的影响，通常会被打上执政党的意识形态与价值观念的深深的烙印；比如美国，在任命终身大法官时，总是会首先从长期追随、支持或同情本党派的法官当中进行挑选和提名，以达到尽量对司法进行控制的目标。

在中国，中国共产党主要通过对司法机关的领导来避免产生对法律建设不利的消极社会效应，消除人们对法律和社会可能出现的离异感，促使整个社会的行为取向与法律目标一致，使国家始终处于持续稳定的、长治久安的有序状态。[②] 但是也应当认识到，长期以来中国具有行政司法不分、行政长官兼理司法事务的传统，以及人们对于行政干预司法现象的习以为常的历史弊病，司法机关需要在坚持中国共产党的领导下坚持原则、实事求是、忠于人民、忠于法律。[③] 应当通过党的领导，保证党的路线方针政策在国家司法活动中贯彻落实的前提下保障司法机关依法独立行使司法权，做出公正严明的裁决。

第二节　党领导政府的主要方式途径

上文提到，党政关系很重要的一部分是政党与行政机关的关系。而在中国，政党与行政机关的关系很大一部分是中国共产党对人民政府的领导关系。1949 年 10 月 1 日，中国共产党正式执政，作为革命领导者的中国共产党在内战胜利后，从对革命党的领导自然地转为对国家政权的领导。[④] 中国共产党成为国家政权的领导者后，政府受命于党发挥其管理职能，成为国家政治、经济、文化和社会生活的直接管理者。由此，中国共产党对人民政府的领导关系便产生了。[⑤]

党对政府领导的关系产生后，这一关系自新中国成立以来经历了大大小小的变迁，对此学术界颇有争论。但是，学术界在大致阶段划分上仍达成了共识[⑥]：改革

① 赵晓耕，段俊杰．正确定位党与司法的关系——从董必武的司法思想和美国的司法实践谈起［J］．惠州学院学报，2014，34（2）：6.

② 汪火良．论党支持司法：理论阐释和实现方式［J］．北京：湖南行政学院学报，2017（6）：7.

③ 董治良．法治中国建设的探索与实践（第 1 卷）［M］．北京：法律出版社，2015.

④ 秦立春，张勇．党对政府领导研究述评［J］．湖南师范大学社会科学学报，2011，40（5）：4.

⑤ 那仁敖其尔．中国社会主义领导学［M］．呼和浩特：内蒙古人民出版社，1990.

⑥ 秦立春，张勇．党对政府领导研究述评［J］．湖南师范大学社会科学学报，2011，40（5）：4.

开放前，党对政府基本上是实行一元化的领导体制，所不同的是有的学者认为新中国成立初期我国就发展成了党的一元化领导体制，有的学者则认为党的一元化领导体制是随着“一五计划”的实施才开始的，并随着“文化大革命”达到顶峰；到了改革开放后，党对政府的领导与改革开放前相比有了巨大的改善，从十一届三中全会到党的十四大在领导方式上已经基本完成了转变——从党对政府的一元化领导转变到政治领导、思想领导和组织领导，党的十五大更是在此基础上进一步将党的领导方式推进到一个新的境界，提出了以依法治国为党领导人民治理国家的基本方略。接下来，本节将从政治领导、思想领导和组织领导三个层面详细介绍党领导政府的三种主要方式，并在最后论述党的政策是如何通过国家意志的表达转换为公共政策的。

一、党对政府的政治领导

政治领导是国家或政党所制定和执行的反映其阶级利益、意志的路线、方针、政策，党对政府的领导首先是政治上的领导。中国共产党作为中国工人阶级先进的政治组织，首先是通过实行政治领导来发挥工人阶级先锋队的作用。这就是毛泽东同志所指出的“无产阶级经过它的政党实现对于全国各革命阶级的政治领导”①。党的政治领导是政治原则、政治方向、重大决策的领导，是用党的路线、方针、政策引导无产阶级和人民群众去进行革命和建设。党要发挥政治领导的职能作用，首先要制定和执行正确的路线、方针、政策。这是我们党成立一百多年来的一条最基本的领导经验。毛泽东同志说过：“一个政党要引导革命胜利，必须依靠自己政治路线的正确和组织上的巩固。”② 他还说过，有了总路线还不够，还必须在总路线指导之下，在工、农、商、学、兵、政、党各个方面有一整套适合情况的具体方针、政策和办法，才有可能取得革命和建设事业的胜利。党的路线、方针、政策正确与否，决定党所领导的革命和建设事业的成败。

中国共产党对政府的政治领导体现在三个方面：一是党的最高领导机关依据马克思主义的普遍真理，结合本国的实际情况，制定出符合客观规律的路线、方针、政策，对社会主义的政治、经济、文化、外交、军事等方面的重大措施，做出明确的规定，使人民群众明确为之奋斗的目标和当前的行动任务；二是各级党组织要把党的路线、方针、政策同本地区、本部门、本单位的具体实际结合起来，使党的路

① 毛泽东．毛泽东选集（第1卷）[M]．北京：人民出版社，1968.

② 毛泽东．矛盾论 [M]．2版．北京：人民出版社，1952.

线、方针、政策得到贯彻落实，能卓有成效地完成党所提出的任务；三是党的路线、方针、政策需经过人民群众的实践反复检验，力求不断完善。[①] 一般来说，为了稳固总领导权，在政治领导、思想领导和组织领导中，政治领导是实现总领导的首要组成部分。

在实践当中，中国共产党对于政府乃至整个国家公权力机关负有政治领导责任，但不应该也不可能事无巨细地进行管理。[②] 比如，党不能越过人大直接调动国家干部，而是需要经过权力机关的选举、罢免或批准来调动干部；党不能越过政府的行政权力直接“批条子”，以领导“条子”代替正式文件，干预正常行政权力运行机制；党也不能越过司法机关，直接进行案件的审判和办理。只有社会各机构各司其职管理社会事务，才能够既保证党的政治领导，又能充分发挥各方面积极性。

二、党对政府的思想领导

加强和改善党对政府的领导，思想领导是极其重要的方面。这是因为一个政权的瓦解往往是从思想领域开始的，思想防线被攻破了，其他防线就很难守得住。我们党一贯重视思想领导问题。毛泽东同志认为：“掌握思想领导是掌握一切领导的第一位。”[③] 党的十八大以来，习近平总书记高度重视加强党的思想领导，他关于做好意识形态工作和新闻舆论工作、加强党的思想建设的一系列重要论述，深刻阐述了加强思想领导的极端重要性。当前，社会思想意识多元多变，不同思想观念和价值取向的碰撞交锋更加频繁。我们要加强和改善党对政府的领导，必须把加强和改善思想领导摆在极端重要位置。[④]

加强和改善党对政府的思想领导，首先要明确统一、正确的指导思想；人民政府要始终走在为人民服务的前列，成为人民拥护和信任的政府，就必须有统一、正确的指导思想。[⑤] 如果党和政府自身在思想上不统一，人民群众就会无所遵循，甚至会造成思想上的混乱。这就要求加强思想建设，使政府在思想上向同级党委看齐，全党在思想上向中央基准看齐。毛泽东同志在党的七大预备会议上讲过一段名言：“要知道，一个队伍经常是不大整齐的，所以就要常常喊看齐，向左看齐，向右看

---

① 刘建明．宣传舆论学大辞典［M］．北京：经济日报出版社，1993.

② 益蕾．正确理解党的领导主要是政治、思想和组织领导［J］．理论研究，2004（Z1）：27—28.

③ 毛泽东．毛泽东选集（第2卷）［M］．2版．北京：人民出版社，1991.

④ 赵周贤．把思想领导摆在极端重要位置［N］．澎湃新闻，2020-10-22.

⑤ 《中国行政管理》编辑部，邵景均．坚持和加强党对政府的全面领导［J］．中国行政管理，2018（7）：1.

齐，向中间看齐。我们要向中央基准看齐，向大会基准看齐。看齐是原则，有偏差是实际生活，有了偏差，就喊看齐。”① 经验告诉我们，在形体上看齐比较容易，在思想上看齐就不那么容易了。加强和改善党对政府的思想领导，政府要在思想上向同级党委看齐，全党要在思想上向中央基准看齐，向党的理论和路线方针政策看齐。党的十八届五中全会指出：“党的十八大以来，以习近平同志为总书记的党中央毫不动摇坚持和发展中国特色社会主义，勇于实践、善于创新，深化对共产党执政规律、社会主义建设规律、人类社会发展规律的认识，形成一系列治国理政新理念新思想新战略，为在新的历史条件下深化改革开放、加快推进社会主义现代化提供了科学理论指导和行动指南。”当今中国，在党的十九大中被确立为全党指导思想的习近平新时代中国特色社会主义思想，是治国理政的核心指导思想。

习近平新时代中国特色社会主义思想一是开辟了马克思主义新境界，实现了马克思主义基本原理与中国具体实际相结合的又一次飞跃；二是开辟了中国特色社会主义新境界，深刻揭示了新时代中国特色社会主义的本质特征、发展规律和建设路径；三是开辟了治国理政新境界，正是在这一思想指引下，我们党团结带领人民推动党和国家事业取得了历史性成就，发生了历史性变革；四是开辟了管党治党新境界，正是遵循这一思想，我们党以坚强的决心、空前的力度，推进全面从严治党，管党治党实现从“宽松软”到“严紧硬”的深刻转变。②

作为各级政府的重大政治任务，深入学习贯彻习近平新时代中国特色社会主义思想，是增强政治意识、大局意识、核心意识和看齐意识的前提，是思想上政治上行动上同党中央保持高度一致的实际举措，更是政府开辟新境界、做出新作为、展示新气象的基础。坚持党对政府的思想领导，就要坚持和贯彻习近平新时代中国特色社会主义思想，保持政府工作的正确方向，不断加强政府的自身建设，用习近平新时代中国特色社会主义思想这面旗帜“统一思想和意志，凝聚智慧和力量”③。

三、党对政府的组织领导

党的组织领导就是通过党的各级组织、党员干部和广大共产党员组织和带领人民群众去执行党的路线方针和完成党提出的各项任务。党的政治领导和思想领导，最终都是要靠党的各级组织、党的干部和广大党员去实施和完成的，没有强有力的组织领导，党的政治领导和思想领导就会落空。如果说政治领导是核心，思想领导

---

① 摘自 1945 年，毛泽东在党的七大预备会议上的讲话。

② 王晓晖．新时代提出新课题 新课题催生新理论 新理论引领新实践［N］．新华社，2017-10-26.

③ 赵周贤．把思想领导摆在极端重要位置［N］．澎湃新闻，2020-10-22.

是基础，那么，组织领导就是政治领导和思想领导的保证；党的政治领导、思想领导和组织领导三者之间是有机统一的。

具体来说，党的组织领导在政府中的实现途径主要有三条：一是在非党组织领导机关中设立党组，并发挥党组的作用。党组是党在中央和地方国家机关、人民团体、经济组织、文化组织、社会组织和其他非党组织的领导机关中设立的领导机构，在本单位发挥领导作用是实现党对非党组织领导的重要组织形式。按照党章规定，党组发挥所在单位领导核心作用。党组的任务，主要是负责贯彻执行党的路线、方针、政策；加强对本单位党的建设的领导，履行全面从严治党责任；讨论和决定本单位的重大问题；做好干部管理工作；团结党外干部和群众，完成党和国家交给的任务等。《中国共产党党组工作条例》第十条规定了下列非党组织应当设立机关党组①：市级以上人大常委会、政府、政协，应当设立机关党组；县级人大常委会、政府、政协根据工作需要，可以设立机关党组；人大常委会、政府、政协设立机关党组的，其办公厅（室）不再设立党组。二是向政权机关和人民团体推荐重要干部，培育党在政权中的领导骨干。《中共中央关于地方党委向地方国家机关推荐领导干部的若干规定》② 第一条规定，地方党委向地方国家机关推荐领导干部是它应当履行的一项重要职责。推荐范围包括：地方人大常委会组成人员、人民政府组成人员、人民法院院长、人民检察院检察长，以及属于党委管理的由地方国家机关任命的其他领导干部。三是充分发挥全体共产党员的先锋模范作用和基层党组织的战斗堡垒作用，如在新冠肺炎疫情防控期间，充分动员、鼓励党员干部参与到一线抗疫的志愿服务当中，发挥在全社会的先锋模范作用。

近年来，党中央政治局常委会每年都召开会议，专门听取全国人大常委会、国务院、全国政协、最高人民法院、最高人民检察院党组工作汇报。这是全面加强党对政权领导的标志性会议。它表明，党对政府及其他国家机关的领导，不是采取直接“下命令”的办法，而是通过对党组的领导实现的。各级政府坚持党的领导，在组织上，就要直接坚持和尊重本政府党组的领导，坚决贯彻落实党组做出的重大决策、决议和规定。“党组必须服从批准它成立的党组织领导。”政府党组要坚持党中央集中统一领导这个“根本的政治规矩”，紧密结合政府工作具体实际，领导政府

① 中国共产党党组工作条例［R/OL］.（2019-04-15）［2023-11-09］. http：//www. qov. cn/zhengce/2019-04/15/content_ 5383062. htm.

② 中共中央关于地方党委向地方国家机关推荐领导干部的若干规定［R/OL］.（2018-12-04）［2023-11-09］. http：//www. qizhiwang. org. cn/ni/2018/1204/c422547-30441704. html.

工作不断创造新的业绩。为了加强党的组织领导，十九大决定，在省市县对职能相近的党政机关探索合并设立或合署办公，有关本次十九大机构改革与党的组织领导，本章第三节还会再详细论述。可以相信，只要全面坚持和加强党的领导，政府工作就能够不断创造新的辉煌。①

四、党的政策转化为公共政策

上文在理论上论述了中国共产党对人民政府的政治上、思想上和组织上的领导。那么，在实践中，党是如何发挥领导作用，将党的政策转化为公共政策的呢？在回答这个问题之前，我们先来对比一下西方国家的政党，看看在西方国家当中执政党是如何将其主张转化为公共政策的。

在西方，通常要经过几年一度的竞选，由某个或某些资产阶级政党执掌或参与国家政权，其代表人物担任政府首脑，或者参加内阁，在议会中占取多数或一定席位。执政党按照竞选纲领治理国家与社会，旨在维护资本主义私有制度，巩固资产阶级专政。在野的资产阶级政党与执政的资产阶级政党虽然在权力斗争中互相对立，力图取而代之，但是它们的基本价值观和基本社会目标却是一致的，都是维护资本主义制度并巩固资产阶级专政。所以在换届改选、政局动荡和社会危机中，双方又会在激烈的争吵中出现有限的抵制、微妙的配合和改头换面的取代。在这种竞争性选举的体制下，一个政党要想将其主张转化为公共政策，就需要参与政治选举，靠获取尽可能多的选票来获得执政机会并对公共权力实行全面控制；选举获胜的政党即转化为执政党，通常会把本党的精英或执政联盟其他党派的精英安排到政府机构的关键和核心职位上，靠政党精英来推行带有本党意识形态色彩或政治偏好的公共政策。由此，政党便把其团体意志转换成了国家意志。

但是，现代西方选民已不再单凭政党的意识形态、政治理想和路线纲领来进行投票选择，问题选票的比例在不断上升，即选民更多地以政策可行性、解决具体问题的效能作为投票的依据。因此，任何一个西方政党要在选举中立于不败之地，就必须在经济理论、发展模式、经济政策上不断摸索、革新，以解决选民最关心的发展经济、增加就业、保护生态环境、改善社会福利、提高生活质量等问题。② 例如，西欧保守党对20世纪末政坛失势进行总结和反思，努力改变在选民心目中的社会“冷酷者的面孔”，强调人本主义、团结互助的传统价值观，提出要建立一个兼顾效

① 《中国行政管理》编辑部，邵景均．坚持和加强党对政府的全面领导［J］．中国行政管理，2018（7）：1.

② 王瑜．西方政党治国理政方式的新变化［N］．中国共产党新闻网，2005-07.

率与公平的中右特色的“欧洲社会模式”。多数保守党结合本国实际，大幅度调整政策，提出了治国理政的新思路，使西欧社会的“政治钟摆”再次右摆。西欧各国社会党也把实现经济增长、提高人民生活水平、创造更多的就业机会作为施政重点，注意通过为老百姓提供更多的实惠来显示其政绩，从而提高社会党的威望。

与西方政党不同，中国共产党将党的政策转换为公共政策的方式遵循着不同的逻辑。当代中国现行的政治体制是中国共产党领导的议行合一制①，这种体制赋予中国的政策过程两大特征：其一是从宪法规范的权力关系来看，全国人民代表大会是国家最高权力机关，行使国家的立法权，在国家机关体系中居首要的、全权的地位。其二是从政府系统与中国共产党的关系上看，中国共产党是中国政府系统的领导核心，左右着政府过程的运行，主导着公共政策的制定。因此，中国公共政策的制定与执行的过程，实际上“是指以中国共产党为首的所有履行当代中国社会公共权力的组织机构的决策与执行的过程”②。

在当代中国的政治体制中，党的政策以两种形式成为公共政策③：

（一）直接形式

党的历次代表大会和中央全会通过的政策性文件，如党的十一届三中全会公报（1978 年 12 月 22 日通过），以及党的主要领导人发表的一些重要讲话，都是直接采取政府行为而贯彻于社会生活各领域之中的。

（二）间接形式

从党的十三大起，开始强调通过间接的方式将党的政策转换为公共政策，即“使党的主张通过法定程序，变成国家意志”④。将党的政策变成国家意志的法定程序有三种类型：

第一，中共中央与国家机构联名发布政策方案。如《中共中央 国务院关于支持浙江高质量发展建设共同富裕示范区的意见》（2021 年 6 月 10 日发布）、《中共中央国务院关于优化生育政策促进人口长期均衡发展的决定》（2021 年 7 月 20 日发布），等等。通过联名发布政策方案的方式来进行政策宣示，这种方式在中国的政治生活

---

① 关于当代中国现行的政治体制到底是议行合一还是议行分开，或是议行复合制，学界尚有争论，本书采取的观点是当代中国现行的政治体制是中国共产党领导的议行合一制，此处不做过多讨论。

② 胡伟．政府过程［M］．杭州：浙江人民出版社，1998.

③ 宁骚．公共政策学［M］. 2 版．北京：高等教育出版社，2011.

④ 中国共产党第十三次全国代表大会文件汇编［M］．北京：人民出版社，1987.

中是司空见惯的。

第二，中共中央提出政策创议，国家机构据此制定具体的政策方案，并按照法定程序通过。习近平总书记2021年在多次国际会议上提到环保、生态问题，给予高度重视，各部委、地方政府则根据习近平总书记讲话精神，围绕“碳中和”“碳达峰”等主题，制定一系列配套的“政策群”①。

第三，政府决策以党提出的政策原则为依据。如2020年5月14日，中央首次提出“构建国内国际双循环相互促进的新发展格局”。5月下旬“两会”期间，习近平总书记再次强调，要“逐步形成以国内大循环为主体、国内国际双循环相互促进的新发展格局”。部委与地方政府在进行宏观经济决策时，就要以“双循环”为依据与参照，再结合地方或部门实际，来进行最终决策。

总的来说，赋予党的政策以国家政策、政府政策的形式，使之定型化、规范化和法制化，是党更有效地实现其对国家和政府各机构的领导以及在社会生活各领域贯彻其主张的基本途径。

第三节　机构改革赋能党的领导②

2023年2月26日至28日，中国共产党第二十届中央委员会第二次全体会议在北京成功召开。会议审议并通过了党和国家机构改革方案，该方案是在充分征求意见的基础上而形成的。与此同时，会议同意将党和国家机构改革方案中的国家机构改革部分，在法定程序下提交党的十四届全国人大一次会议审议。2023年3月7日，党的十四届全国人大一次会议进行了第二次全体会议。在会议上，与会代表审议了《国务院关于提请审议国务院机构改革方案的议案》。随后，2023年3月10日，2900多名全国人大代表在人民大会堂大礼堂通过表决器的形式进行了投票表

① 所谓政策群是指国家、政府和一定类型的政治体制中的执政党在某一较长时间内制定和实施的内容各异但理念同源、导向相近的政策的聚合体。如自1978年党的十一届三中全会以来中国实行改革开放政策，涵盖了各个阶段、各个领域、各个方面的成千上万项政策（包括党章、党的历次代表大会的报告决议、党中央历次全会的决议和公报、历次全国人大会议通过的政府工作报告和其他报告、宪法、法律、行政法规、规章和制度等），中国特色社会主义理论为所有这些政策提供了共同的理念，这些政策的共同导向是实现中国特色社会主义现代化。因此我们就可以把所有这些政策视作“改革开放政策群”。

② 参考张博．论党的全面领导与党和国家机构改革的关系［J］．当代世界与社会主义，2020（1）：8.

决，正式通过了关于国务院机构改革方案的决定，并批准了这一方案的实施。这标志着党的十八大之后第九次国务院机构改革正式启动。

党的十八大之前，我国于1982年、1988年、1993年、1998年、2003年、2008年共进行了六次机构改革。2013年，第七次机构改革的核心是稳步推进大部制改革。2018年，第八次机构改革的核心在于加强重点领域和关键环节的机构职能优化和调整，并着眼于政府职能的转变，坚决消除制约因素，使市场在资源配置中发挥决定性作用，更好地发挥政府的作用。① 2023年，新一轮机构改革的目标则是，通过对重点领域机构职责的优化和调整，进一步深化党和国家机构改革，实现“构建系统完备、科学规范、运行高效的党和国家机构职能体系”。②

党的二十大报告对深化机构和行政体制改革做出了重要决策部署。党的二十届二中全会通过的《党和国家机构改革方案》，对新一轮编制改革做出明确部署，是推进治理现代化的重大探索，也为新时期我国编制改革提出了新思路、新要求。2023年改革开放以来的第九轮编制改革拉开帷幕，根据方案，党中央新组建了五个机构，包括中央金融委员会、中央金融工作委员会、中央科技委员会、中央社会工作部和中央港澳工作办公室。国务院机构改革共有13项举措，重大变化包括重新组建科学技术部和金融监管体系的改革。此外，全国人大组建了全国人大常委会代表工作委员会，全国政协界别设置进行了优化整合，并新增“环境资源界”，在过去机构改革基础上的进一步“深化”。③

党和国家机构是我们党执政的重要载体，也是上层建筑的组成部分。党和国家机构的改革，按照党的十一届三中全会的论述，就是“改变同生产力发展不适应的生产关系和上层建筑，改变一切不适应的管理方式和活动方式和思想方式，因而是一场广泛、深刻的革命”。党和国家机构改革既是党的全面领导形塑之下的的结果，更是检验、加强和赋能党的领导的重要方式。党和国家的机构改革主要在党内、横向和纵向三个维度来赋能党的领导，下文将一一阐述。

一、党内：工作机关的机构改革

党的全面领导首先体现在党对自身建设的领导，在此基础上带领人民有效治理国家，领导治国理政等各领域方面；而要有效领导治国理政等各领域方面，就需要

---

① 陈振明．党和国家机构改革与国家治理现代化——机构改革的演化、动因与效果［J］．行政论坛，2023，30（5）：57—65.

② 中共中央国务院印发《党和国家机构改革方案》［N］．人民日报，2023-03-17（01）.

③ 中共中央国务院印发《党和国家机构改革方案》［N］．人民日报，2023-03-17（01）.

完善党的工作机关，对党的工作机关进行改革。那么，什么是党的工作机关呢？

党的工作机关是党实施政治、思想和组织领导的政治机关，是落实党中央和地方各级党委决策部署，实施党的领导、加强党的建设、推进党的事业的执行机关，主要包括党委办公厅（室）、党委职能部门、党委办事机构和党委派出机关。[①] 其中，党委办公厅（室）是党委的综合部门，负责推动党委决策部署的落实，按照党委要求协调有关方面开展工作，承担党委运行保障具体事务；党委职能部门是负责党委某一方面工作的主管部门，按照规定行使相对独立的管理职能，制定相关政策法规并组织实施，协调指导本系统、本领域工作，比如党委组织部、宣传部、统战部、政法委等；党委办事机构是协助党委办理某一方面重要事务的机构，一般是指党委为加强跨领域、跨部门重要工作的领导和组织协调而设立的议事协调机构的常设办事机构，比如党委网信办、编办、港澳台办等；党委派出机关是党委为加强对特定领域、行业、系统领导而派出的工作机关，根据有关规定代表党委领导该领域、行业、系统的工作，比如直属机关工委、教育工委等。

而根据《中共中央关于深化党和国家机构改革的决定》和《深化党和国家机构改革方案》，涉及到党的自身建设的机构改革，主要是建立健全党对重大工作的领导体制机制，调整议事协调机构（包括办事机构）、派出机关以及直属事业单位这几类党的工作机关的机构设置和职能配置。通过对党的工作机构的改革，实现党的领导的全覆盖，赋能党的全面领导，使党的全面领导更加坚强有力。本次党的工作机关的改革主要分为以下三个层面：

一是议事协调机构及其办事机构层面。决策议事协调机构的设置，是发挥党总揽全局、协调各方的领导作用的重要制度安排。总体上看，本次党和国家机构改革设立新的党中央决策议事协调机构，在重要领域设立新的党中央派出机关，就是为了扬优势、补短板、强弱项，加强党中央对重大工作的集中统一领导。其中，党中央议事协调机构的办事机构，采取了单独设置、合并设立、合署办公[②]、挂靠、“设在”等组织形式。比如，中央机构编制委员会办公室为中央机构编制委员会常设办事机构，此处采取了单独设置的形式；而中央社会治安综合治理委员会办公室，则是与中央政法委员会机关合署办公，此处采取了合署办公的组织形式。

---

① 摘自《中国共产党工作机关条例（试行）》（2017 年 3 月 1 日起施行）。

② 需要注意，合并设立与合署办公是两个概念：合并设立是一个机构，两块牌子，不是两个机构，指一个机构根据工作需要，以两个名称对外开展工作；而合署办公是两个机构，两块牌子，不是一个机构，指两个机构根据工作需要，以两个名称对外开展工作，但在同一地点办公。

二是党的工作机关的职能层面。党的工作机关的职能，在保持基本稳定的基础上，需要进行优化调整，来赋能党的全面领导。最重要的，仍是上文所述的对议事协调机构的改革；不过有别于上文从组织结构层面对议事协调机构做出的分析，此处议事协调机构的改革主要从职能上去论述。自党的十四届二中全会[①]后，议事协调机构的职能一直被确定为"议事协调"，发挥参谋研究的作用。而本次改革更多地将原来的议事协调职能转换为决策协调职能，强化决策和统筹协调的能力，拓展了议事协调机构的职能，为党中央领导重大工作创造了组织条件。如中央全面深化改革委员会、中央网络安全和信息化委员会、中央财经委员会等，由中共中央总书记任委员会主任，其委员会成员包括党政军群各方面，集多重成员身份于一身，强化了谋大事、议大事和抓大事功能。其他党的工作机关的职能也有所完善，如为加强党对干部培训工作的集中统一领导，组建新的中央党校（国家行政学院），作为党中央直属事业单位。

三是党的工作机关间关系层面。长期以来，党的工作机关间存在着机构职责交叉、多头管理等问题，需要统筹调整党的工作机关间的关系，这一点主要体现在政法领域。政法领域多个议事协调机构经过整合，主要由中央政法委一家承担原来各个议事协调机构的职能。与此类似的是，2019 年，中央深改委号召从顶层设计做好"归口管理[②]"，推进"政法口"改革，在政法委"协调管理"下，有效协调法院、检察院、公安部门和安全部门等成员单位通力合作，避免"九龙治水"、政出多门等弊端。关于归口管理，下文关于同级组织间关系的机构改革部分还会再详述。

二、横向：同级组织间关系的机构改革

在同级组织间关系的机构改革中，本质上需要解决的是"党长期执条件下我国国家治理体系中党政军群的机构职能设置问题"[③]。只有形成优化协同高效的横向协调机制，才能够完成党和国家机构改革的政治任务，加强党对各领域的全面领导。根据《中共中央关于深化党和国家机构改革的决定》和《深化党和国家机构改革方案》，同级组织间关系的机构改革主要是将顶层设计和探索实施结合起来，通过调

---

① 1993 年，党的十四届二中全会提出"在党中央设置这样一些高层次的议事机构是有必要的"。

② 归口管理是一种管理方式，一般是按照行业、系统分工管理，防止重复管理、多头管理。归口管理实际上就是指按国家赋予的权利和承担的责任、各司其职，按特定的管理渠道实施管理。

③ 中共中央宣传部．习近平新时代中国特色社会主义思想学习纲要［M］．北京：学习出版社，人民出版社，2019.

整党委办公厅（室）、党委办公室这两类工作机关的机构设置和职能配置，统一归口协调管理，以发挥党组织在同级组织中的领导作用。具体来说，要发挥好党组织在同级组织中的领导作用，需要做好以下两个层面的工作：

一是要在各类非党组织中设立党组，发挥好党委（党组）的作用，以解决党的组织和工作全覆盖的问题。党组作为党在中央和地方国家机关、人民团体、经济组织、文化组织和其他非党组织的领导机关中设立的领导机构，在本单位发挥领导作用，是党对非党组织实施领导的重要组织形式。本次党和国家机构改革当中，更加注重党组在民营企业等非公经济组织中的设立，通过进一步推动党组的设立，来扩大党对社会经济生活的影响力，更好地发挥党的领导作用。

二是完善统一归口协调管理工作。在充分发挥党组（党委）作用的基础上，实行统一归口协调管理，通过利用党的工作机关领导同级组织的方式，来“理顺党政机构职责关系，统筹设置党政机构，减少多头管理，减少职责交叉”①，赋能党对同级组织的领导。在本次党和国家机构改革中，以党的工作机关（特别是党的职能部门）为“口子”进行归口领导，基本实现了各项工作都归口于一个“口子”——组织口、宣传口、统战口、政法口等，形成了党的职能部门“归口协调管理”的新机构和新职能，理顺了党组织和同级组织间的关系，为党的全面领导提供了具体的组织和制度保障。对于已归口部门，本次改革进一步明确和健全党的工作机关和已归口部门的关系，如中央统战部统一领导国家民族事务委员会②、中央组织部统一管理中央机构编制委员会办公室③；对于新归口部门，则开始明确和建立党的工作机关和新规口部门的领导关系，随着新归口部门的“并入”，该部门承担的职能一并由党的工作机关承担，如作为国务院直属机构的国家新闻出版署（国家版权局）在

---

① 习近平．论坚持党对一切工作的领导［M］．北京：中央文献出版社，2019.

② 改革前，二者的关系主要体现为国家民委主任同时为中央统战部副部长，依靠跨越党政不同部门的“多重成员身份”体现统战部门和民委的关系，制度机制并不完善，一定程度上影响了民族领域统战工作的实效。这次机构改革将国家民委归口中央统战部领导，明确了中央统战部对国家民委的“统一领导”，在机构设置、职能配置和权属关系上明确了边界、职责，国家民委主任同时兼任中央统战部副部长，加强了党对民族工作的集中统一领导，为构建大统战工作格局奠定了坚实组织基础。

③ 改革前，中央编办主任兼任中央组织部副部长，主要依靠跨越不同部门的“多重成员身份”体现中央组织部和中央编办的关系，机构编制管理和干部管理的权限并没有完全理顺。这次机构改革调整中央机构编制委员会为党中央决策议事协调机构，统筹负责党和国家机构编制工作；与此同时，中央编办作为中央编委的办事机构，归口中央组织部管理，继续由中央编办主任兼任中央组织部副部长。

中央宣传部加挂牌子，由中央宣传部承担相关职责；作为国务院部委管理的国家局，国家公务员局在中央组织部加挂牌子，由中央组织部承担相关职责。

三、纵向：央地关系的机构改革

如果说横向上同级组织间关系的机构改革是为了加强“块”的统筹，那么纵向上央地关系的机构改革就是为了加强“条”的统筹。在央地关系的视角下，党的全面领导毫无疑问包含党中央对各地方的领导，各地方又包含省级及以下党的组织和其他组织。加强对于央地关系的机构改革，赋能党对幅员辽阔的各个地方的全面领导，“确保党中央集中统一领导和国家制度统一、政令统一”①。纵向上央地关系的机构改革主要包括以下两个层面：

一是做好地方机构改革的“规定动作”。在理顺中央和地方职责关系的过程中，省级及以下机构改革作为深化党和国家机构改革大盘子的一部分，要在中央领导和部署下有条不紊地展开改革。维护党中央的集中统一领导，既是地方机构改革执行“规定动作”的目的所在，更是党中央对地方机构改革提出的明确要求。地方贯彻中央的要求，比照中央改革进程，将机构改革的路线图、时间表报经中央批准后实施。如本次党和国家机构改革当中，地方就应遵循中央设置的党政机关数量限额，省级的党委部门一般是 18 个左右，政府工作部门一般是 42 个左右，党政机构设置总数控制在 60 个以内。

二是做好地方机构改革的“自选动作”。党中央治国理政的其中一条基本思路，就是充分调动中央和地方两个方面的积极性。改革开放之初，1982 年机构改革时就已提出：“中央层面进行机构改革以后，省级党委可参照中央党政机关机构改革的精神和做法，结合本地的实际情况，酝酿制定机构改革方案。”② 本次党和国家机构改革当中，《中共中央关于深化党和国家机构改革的决定》和《深化党和国家机构改革方案》更是再一次重申了地方因地制宜的必要性：“除中央有明确规定外，允许地方因地制宜设置机构和配置职能，允许把因地制宜设置的机构并入同上级机关对口的机构，在规定限额内确定机构数量、名称、排序等。”本次改革当中，很多省份就充分发挥地方的积极性，因地制宜设置机构。如海南省在合并了文化部门和旅游部门的基础上，进一步整合力量组建旅游和文化广电体育厅；③ 浙江省则以省林业局代替了省林业厅，作为省自然资源厅管理的副厅级机构。

---

① 习近平．论坚持党对一切工作的领导［M］. 北京：中央文献出版社，2019.

② 董兆祥，彭小华．中国改革开放 20 年纪事［M］. 上海：上海人民出版社，1998.

③ 图读海南机构改革情况［N］. 海南日报，2018-10-08.

第四节 新时代全面加强党的领导

一、全面加强党的领导的重大意义

坚持党对一切工作的领导，是由党的性质决定的。马克思与恩格斯在《共产党宣言》中指出："共产党人是各国工人政党中最坚决的、始终起推动作用的部分"，"在无产阶级和资产阶级的斗争所经历的各个发展阶段上，共产党人始终代表整个运动的利益"。[①] 列宁对共产党的性质也做过明确阐述，指出："党是阶级的先进觉悟阶层，是阶级的先锋队。"[②]我们党是以马克思列宁主义为指导建立起来的无产阶级政党，是中国工人阶级的先锋队，同时是中国人民和中华民族的先锋队，是中国特色社会主义事业的领导核心，代表中国先进生产力的发展要求，代表中国先进文化的前进方向，代表中国最广大人民的根本利益。这是坚持党对一切工作的领导的政治前提、实践基础和根本条件。

坚持党对一切工作的领导，是对历史经验的深刻总结。早在1942年9月，我们党就强调："党应该领导一切其他组织，如军队、政府与民众团体。根据地领导的统一与一元化，应当表现在每个根据地有一个统一的领导一切的党的委员会"。[③] 1962年1月，毛泽东同志在扩大的中央工作会议上明确指出："工、农、商、学、兵、政、党这七个方面，党是领导一切的。党要领导工业、农业、商业、文化教育、军队和政府。"[④] 百年来，正是始终坚持党对一切工作的领导，我们党领导人民完成新民主主义革命，实现了从几千年封建专制向人民民主的伟大飞跃；领导人民完成社会主义革命，推进社会主义建设，实现了中华民族由近代不断衰落到根本扭转命运、持续走向繁荣富强的伟大飞跃；领导人民进行改革开放新的伟大革命，实现了中国人民从站起来到富起来、强起来的伟大飞跃，迎来了实现民族复兴的光明前景。

坚持党对一切工作的领导，是推进新时代中国特色社会主义事业的根本保证。中国特色社会主义最本质的特征是中国共产党领导，中国特色社会主义制度的最大

---

① 马克思，恩格斯．共产党宣言［M］．3版．北京：人民出版社，1997.

② 列宁．列宁选集（第3卷）［M］．北京：人民出版社，1972.

③ 摘自1942年9月1日中共中央政治局《关于统一抗日根据地党的领导及调整各组织间关系的决定》。

④ 摘自毛泽东1962年1月30日《在扩大的中央工作会议上的讲话》。

优势是中国共产党领导，党是最高政治领导力量。坚持党对一切工作的领导，是党和国家的根本所在、命脉所在，是全国各族人民的利益所在、幸福所在，是推进新时代中国特色社会主义的根本保证。正如习近平总书记所指出的："在国家治理体系的大棋局中，党中央是坐镇中军帐的'帅'，车马炮各展其长，一盘棋大局分明。"党要带领人民成功应对重大挑战、抵御重大风险、克服重大阻力、解决重大矛盾，不断推动中国特色社会主义从胜利走向新的胜利，必须坚持党对一切工作的领导。

二、坚持党对一切工作的领导

（一）增强"四个意识"，自觉维护党中央权威和集中统一领导

进一步增强政治意识，提高政治站位，坚定政治自觉。增强政治意识是坚持党对一切工作的领导的首要条件。要把握政治方向这个生命线，始终坚定正确政治方向，牢牢站稳政治立场，就要挺起理想信念这个主心骨，补足精神之钙，坚定中国特色社会主义道路自信、理论自信、制度自信、文化自信；要解决好世界观、人生观、价值观这个"总开关"问题，以信仰的力量凝聚意志力量、统一思想行动；要立起纪律规矩这个顶梁柱，以铁的纪律确保全党统一意志、统一行动、步调一致向前进。

进一步增强大局意识，提升观全局谋大势的能力。坚持在党和国家工作大局下行动，是坚持党对一切工作领导的基本前提。正确认识大局，就要深刻认识服从核心、维护核心就是服从大局、维护大局，就是最大的政治。自觉服从大局，就要坚决做到个人利益服从集体利益，局部利益服从整体利益，暂时利益服从长远利益，或叫作小局服从大局，小道理服从大道理。

进一步增强核心意识，筑牢绝对忠诚的思想根基。紧紧围绕核心，是坚持党对一切工作领导的本质要求。确立和维护习近平总书记党中央的核心、全党的核心地位，反映了全党全军全国各族人民的共同心愿，是党和国家根本利益所在。坚持党对一切工作的领导，必须在思想上充分信赖核心、政治上坚决维护核心、组织上自觉服从核心、感情上深刻认同核心；必须在行动上严守党的政治纪律和政治规矩，对党绝对忠诚，在政治立场、政治方向、政治原则、政治道路上始终同以习近平同志为核心的党中央保持高度一致。

进一步增强看齐意识，形成强大的向心力和凝聚力。看齐意识是坚持党对一切工作领导的根本保证。看齐就是要向党中央看齐，向习近平总书记看齐，向习近平新时代中国特色社会主义思想和党的理论和路线方针政策看齐，向党中央的重大决

策部署看齐。看齐既要在思想上看齐，也要在行动上紧跟，更要在工作中担当，真正做到在思想上同心同德、行动上步调一致、工作上勇挑重担，不折不扣地把党中央精神贯彻到位、落实到位。

（二）充分发挥党总揽全局、协调各方的作用[①]

充分发挥各级党委领导核心作用。“事在四方，要在中央。”党的二十大报告指出：“我们全面加强党的领导，明确中国特色社会主义最本质的特征是中国共产党领导，中国特色社会主义制度的最大优势是中国共产党领导，中国共产党是最高政治领导力量，坚持党中央集中统一领导是最高政治原则，系统完善党的领导制度体系，全党增强“四个意识”，自觉在思想上政治上行动上同党中央保持高度一致，不断提高政治判断力、政治领悟力、政治执行力，确保党中央权威和集中统一领导，确保党发挥总揽全局、协调各方的领导核心作用，我们这个拥有九千六百多万名党员的马克思主义政党更加团结统一。”各级党委要立足大局，集中主要精力抓住全局性、战略性、前瞻性的重大问题，有效实施党对经济建设、政治建设、文化建设、社会建设、生态文明建设以及国防和军队建设、外交、党的建设等各个领域的领导，保证党的理论和路线方针政策得到正确贯彻和全面落实；要统筹协调和处理好与人大、政府、政协等部门之间的关系，统筹安排好经济、组织、宣传、纪检、统战、政法等各个方面的工作，协调各种利益、理顺重大关系。党的各个部门都要对党委负责，自觉向党委报告重大工作和重大情况，在党委统一领导下，各司其职，各尽其责，相互配合，做好自身职责范围内的工作。

充分发挥党的基层组织的战斗堡垒作用和党员先锋模范作用。党的基层组织是党在社会基层组织中的战斗堡垒，是党的全部工作和战斗力的基础。要适应新时代中国特色社会主义发展要求，牢牢把握基层党组织的定位和属性，使每个基层党组织都能履行好党的政治责任、发挥政治引领作用、成为坚强战斗堡垒，把广大群众团结在党的周围。同时，落实服务功能，推动基层党组织更好地服务改革、服务发展、服务民生、服务群众、服务党员，在服务中体现党的政治优势。要充分发挥党员的先锋模范作用，教育引导党员牢固树立“四个意识”、坚定“四个自信”，坚决维护党中央权威，全面贯彻执行党的理论和路线方针政策，不断增强把方向、谋大局、定政策、促改革的能力和定力。

健全和完善权力监督体系。完善的权力监督体系是加强和改善党对一切工作领

---

① 黄一兵．坚持党对一切工作的领导［J］．求是，2018（2）．

导的重要举措。要通过强化自上而下的组织监督[①]，改进自下而上的民主监督，发挥同级相互监督作用，加强对党员领导干部的日常管理监督；通过深化政治巡视，坚持发现问题、形成震慑不动摇，建立巡视巡察上下联动的监督网，把权力关进制度的笼子。通过健全完善党统一指挥、全面覆盖、权威高效的监督体系，把党内监督同国家机关监督、民主监督、司法监督、群众监督、舆论监督贯通起来，为党总揽全局、协调各方健康运行提供坚强政治保证。

（三）完善坚持党的领导的体制机制[②]

健全集体领导制度[③]。集体领导是党的领导最高原则之一，是党实现对一切工作正确领导的可靠保证。中国特色社会主义新时代，健全集体领导制度，必须做到“四个服从”，即党员个人服从党的组织，少数服从多数，下级组织服从上级组织，全党各个组织和全体党员服从党的全国代表大会和中央委员会，最根本的是全党服从中央，确保政令畅通。要按照坚持和完善中国特色社会主义制度、推进国家治理体系和治理能力现代化，以及深化党的建设制度改革的要求，加强民主集中制建设的顶层设计、整体规划，努力使各项制度相互补充、相互衔接、相互协调，使制度运行涵盖各个领域、兼顾各个方面。

完善个人分工负责机制。集体领导是个人分工负责的基础和前提，个人分工负责是实现集体领导的有效途径和保证。完善个人分工负责机制，就是完善集体决策的执行机制。要明确规定各个领导成员所负的具体责任，做到事事有人管、人人有专责。在集体决策过程中，领导班子成员要切实增强全局观念和责任意识，以对党和人民事业高度负责的精神，充分发表个人意见；一旦领导班子做出决定，个人必须无条件服从，按照分工在各自职权范围内创造性地工作，保证集体决策得到坚决贯彻执行。如有不同意见，可以保留或向上一级党组织提出。每个班子成员都要自觉维护班子团结和领导集体权威，既履行好自己的职责，又积极参与集体领导，做到分工不分家、补台不拆台。

---

① 组织监督亦称“党的监督”，即党组织的监督，指中国共产党对国家行政机关及其工作人员的监督，包括中国共产党中央和各级党委的监督，党的各级纪律检查委员会的监督和党的基层组织的监督。在实践中，一般与监察委监督一同进行。

② 黄一兵．坚持党对一切工作的领导［J］．求是，2018（2）．

③ 在政治学上，集体领导制是领导方式的一种，在中国指由多人组成的中央政治局常委会及其集体领导机制，意即在决策上由一个集体或机构整体负责，而非一人决定。1992 年中国改革开放转型后，正式对集体领导制进行体制改革，形成集体领导与领导核心相结合的“政治局常委会制”。

完善和落实民主集中制[①]的各项制度。民主集中制是党的根本组织原则，是党内政治生活正常开展的重要制度保障。民主和集中是不可分割的统一整体。一方面，要充分发扬民主，尊重党员主体地位，保障党员民主权利，发挥各级党组织和广大党员的积极性、主动性和创造性，最大限度地凝聚全党意志、智慧和力量；另一方面，要实行正确的集中，保证全党的团结统一和行动一致，保证党的决定得到迅速有效的贯彻执行，提高党的创造力、凝聚力和战斗力。坚持民主基础上的集中与集中指导下的民主相结合，既要反对借集中之名搞“一言堂”、家长制，又要防止以民主之名自作主张、自行其是，防止和克服个人专断和软弱涣散两种倾向，确保党对一切工作的领导落到实处。

【思考题】

1. 什么是两党制、多党制？
2. 简述社会主义国家的政党制度。
3. 政党与政府的关系。
4. 中国共产党与政府的关系。

【案例】疫情防控体现的中国制度优势[②]

突如其来的新冠肺炎疫情在武汉发生后，以习近平同志为核心的党中央高度重视，迅速做出部署，提出“坚定信心、同舟共济、科学防治、精准施策”的总要求，采取了中国历史上最严格、最全面的防控措施，彰显了中国特色社会主义制度的优势。

第一，坚持党的集中统一领导为疫情防控提供了坚强的政治保证。

中国共产党领导是中国特色社会主义最本质的特征，是中国特色社会主义制度的最大优势。坚持和加强党的集中统一领导，是党和国家的根本所在，是战胜一切困难的“定海神针”。

疫情就是命令，防控就是责任。从中央到地方，各级党委将疫情防控作为重大

① 民主集中制是我们党的根本组织原则和领导制度，是马克思主义政党区别于其他政党的重要标志。在中国经济社会发展的实际运行中，这项制度把充分发扬党内民主和正确实行集中有机结合起来，既最大限度激发了全党创造活力，又统一全党思想和行动，有效防止和克服了议而不决、决而不行的分散主义。

② 赵晓军．疫情防控彰显中国制度优势［J］．社科院专刊，2020，520.

的政治任务，各级领导干部团结带领广大人民群众坚决贯彻落实党中央的决策部署，构筑起群防群治的严密防线。党的基层组织充分发挥战斗堡垒作用，党员充分发挥先锋模范作用。党的集中统一领导为疫情防控提供了坚强的政治保证，这是确保疫情防控取得胜利的最大制度优势。世界卫生组织总干事谭德塞高度评价中国在疫情防控中做出的卓越贡献："中方采取的措施不仅是在保护中国人民，也是在保护世界人民，我们对此表示诚挚感谢。中方行动速度之快、规模之大，世所罕见，展现出中国速度、中国规模、中国效率，我们对此表示高度赞赏。这是中国制度的优势，有关经验值得其他国家借鉴。"

第二，坚持全国一盘棋和集中力量办大事为疫情防控奠定了坚实基础。

党的十九届四中全会系统总结了我国国家制度和国家治理体系的13个优势，其中之一就是"坚持全国一盘棋，调动各方面积极性，集中力量办大事的显著优势"。

在疫情防控中，我们充分发挥全国一盘棋、集中力量办大事的制度优势，在党中央的统一指挥、统一协调、统一调度下，全国340多支医疗队、42600多名医务人员奔赴武汉，人民解放军、医护工作者、人民警察，以及社区工作人员和社会各界志愿者，纷纷加入到这场没有硝烟的疫情防控战中。在全国范围内，有400多万名社区工作者严防死守，编织着65万个城乡社区防控网，连接起坚不可摧的战"疫"长城。在病例不断攀升的困难面前，武汉市原有的医疗设备与床位远远不够。为了解决这个突出问题，党和政府动员各方力量建设火神山、雷神山医院。同时，国务院迅速建立了19个省份支援武汉以外的16个地市对口支援模式。这种"一省帮一市"和"多省帮一市"的对口支援模式，既是中国特色社会主义制度优越性的集中体现，也开创了世界面对突发事件应急管理的新模式。

第三，坚持全心全意为人民服务的宗旨为疫情防控凝聚了磅礴力量。

人民群众是党的力量源泉，人民立场是党的根本政治立场。5月22日，习近平总书记在十三届全国人大三次会议上强调："我们党没有自己特殊的利益，党在任何时候都把群众利益放在第一位。这是我们党作为马克思主义政党区别于其他政党的显著标志。"

生命重于泰山，一切以挽救生命为重。习近平总书记强调要始终把人民群众生命安全和身体健康放在第一位，不放弃任何一个生命，有一线希望就付出百分之百的努力。为了救治患者，在中国人最重视阖家团圆的除夕夜，医护人员"舍小家、顾大家"，驰援武汉，这是人民至上、生命至上理念的生动写照。

为挽救患者生命，中国不计成本。中国政府宣布，新冠肺炎患者和疑似患者的治疗费用无需个人承担。国家财政紧急下拨疫情防控补助资金，各地纷纷加大疫情防控投入，呼吸机、防护服、救护车等各类医疗物资全国调运。

第四，坚持人类命运共同体的理念为全球疫情防控发挥了重要作用。

在疫情面前，我们坚持人类命运共同体的理念，同舟共济的团结合作精神，构筑起阻止疫情传播的“第一道防线”，不仅为世界各国赢得了宝贵的防控时间，更为世界各国贡献了可贵的中国经验。在疫情发生之初，国际组织和世界许多国家分别向我们伸出了援手，给予我们大力支持。而当疫情在全球蔓延之后，我们在做好自身疫情防控工作的同时，努力加强与国际组织和相关国家开展合作，共同抗击疫情。我们向全球分享病毒全基因序列、核酸检测引物和探针序列，组织世界各国专家学者召开疫情防控视频会议。我们将 7 版新冠肺炎诊疗方案、6 版防控方案，翻译成多语种文本，与世界各国分享交流，供有关国家和国际组织借鉴，共同提升维护地区和全球公共卫生安全的能力。

我们秉持国际人道主义精神，以利他之心面对世界。我们第一时间向意大利、伊朗和伊拉克等国家派出志愿医疗专家团队，第一时间向世界受疫情影响较大的国家提供抗疫物资和检测设备，送去我们的抗疫经验和技术，共筑全球抗击疫情的严密防线。诚如我们在捐赠给意大利的防控物资上印着古罗马哲人塞涅卡的名言：“我们是同一片大海的海浪，同一棵树上的树叶，同一座花园里的花朵。”这是我们以实际行动践行人类命运共同体理念的真实写照。

人类是一个休戚与共的命运共同体，在全球疫情的大考面前，世界上没有哪个国家可以孤军作战，没有任何一个地方能成为世外桃源。我们始终坚持合作共赢、平等相待的原则，与各国携手应对这场全球性危机。经此一“疫”，中国特色社会主义制度优势进一步得到彰显。

【问题】

1. 结合材料中的疫情防控实践，谈谈我国的制度优势如何赋能疫情防控。

2. 结合所学知识与地方政府实践，论述在治理能力与治理体系现代化的建设过程中，我国的制度优势如何转化为治理效能？

第三章 公共组织

国之兴也，视民如伤，是其福也；其亡也，以民为土芥，是其祸也。

——《左传·哀公元年》

为政以德，譬如北辰，居其所而众星共之。 ——《论语·为政》

博学之，审问之，慎思之，明辨之，笃行之。 ——《礼记·中庸》

公共组织是一切公共管理活动的主体，是公共管理学研究的对象之一，是公共权力的载体，也是政府职能执行的主体和公共决策的主体。我们的日常生活、工作、学习都与公共组织密不可分，因此，公共组织也是我们非常熟悉的组织形态。

第一节 公共组织概述

一、公共组织的含义

本书所说的公共组织特指国家行政组织，即狭义的政府组织。国家行政组织以其特有的公共管理方式，最直接地表现国家职能的性质。一方面，在本质上它是占据统治地位的阶级推行其意志的工具，要保证反映国家性质的宪法和法律的全部、正确地实施；另一方面，在形象上，它是社会和公众利益的正式代表者，要实现国家对广泛社会生活的有效领导和管理。组织是管理的物质存在形式，任何行政管理问题都与组织相联系，因此，行政组织始终是公共管理学研究的最基本问题之一。

关于“公共组织”的含义，有代表性的观点大致有以下三种：

（一）广义和狭义的理解

从广义上说，公共组织就是以管理社会公共事务，提供公共产品和公共服务，以维护和实现社会公共利益为目的，拥有法定的或授予的公共权力的所有组织实体，包括政府和非营利组织（例如，红十字会、国际卫生组织等）；从狭义上说，则指为执行国家的政务所结成的有系统的组织机构，即政府或者行政组织。

（二）静态与动态的理解

从静态上说，公共组织是指国家为执行政务而依法组建的行政机关体系；从动态上说，则指行政机关作为管理系统发挥领导和管理国家政务职能而产生的各种组织活动。

（三）阶级属性与社会属性

从阶级属性上说，公共组织是居国家政治生活主导地位的阶级推行本阶级意志的组织工具；从社会属性上说，则是国家为实现社会目的而通过一定的法律程序所建立和规定的，有着一定行政目标、人员设置、权责分配、结构形态、财物所有的行政机关体系，其组织行为受国家强制力的保障。

二、公共组织的特征

公共组织（行政组织或者政府）作为公共权力的载体与其他社会组织不同，它有其自身的特征，具体表现如下：

（一）政治性

在阶级社会中，国家是统治阶级用来维护本阶级利益的工具，国家的意志就是统治阶级的意志。公共组织作为国家意志的执行者，其活动过程必然表现出鲜明的政治性特征。因为公共组织建立及运行的根本目的是维护和推行统治阶级利益和实现统治阶级的意志。在我们国家，任何公共组织都要坚持党的领导，加强公共组织内党组织建设。

（二）社会性

国家职能的两重性决定了公共组织必须承担管理社会公共事务的社会职能，它体现了公共组织的社会性特征。任何国家的公共组织在行使管理社会公共事务职能时，都需为全社会提供服务，其行为都具有维护社会公共利益的属性。公共组织的这种社会性是由于公共组织为了达到维护阶级统治，稳定社会秩序的目的所决定的。

（三）服务性

一方面，公共组织的社会性是通过其服务性表现出来的。公共组织作为管理国家政务的机构，还必须履行发展和完善社会各种公共事务的服务职能，即政府必须努力发展经济、文化、教育及各种公共福利事业，为整个社会提供服务。另一方面，公共组织作为上层建筑的重要组成部分，必须为经济基础服务。它要根据国家政治、经济、文化等事业的需要，制定各项法规政策，发挥其管理职能的作用，巩固经济基础，促进社会的发展。

（四）权威性

一方面，公共组织作为国家权力的合法代表，以国家的名义管理社会公共事务，拥有着凌驾于整个社会之上的权威，并用强制力来保证其政策法令的实施。全社会的团体、公民都有义务服从公共组织合法的管理与指挥，并不许与之抗衡，否则，要用法律和政纪加以惩戒与制裁。另一方面，公共组织也必须时刻维护自身的权威性，这是公共组织存在的前提和基础。

（五）法制性

一方面，法制性是公共组织权威性的来源，公共组织的设置及其宗旨和目标、人员编制及管理、行为规范、管理方式等都是由宪法和有关法律决定的。另一方面，“把权力关进制度的笼子里”，法制既是公共组织活动的依据，又是公共组织活动的手段之一；公共组织必须依据法律规定及运用法律手段来行使其职权，并承担法律责任。

（六）系统性

一方面，任何国家的公共组织都是依法设置的，由若干要素按一定目标结构、部门结构、权力结构所组成的职责分明、协调有序、纵横相连、浑然一体、政令统一的有机整体。一个国家的公共组织首先形成大系统，然后分成省级次系统和市、县级子系统。另一方面，公共组织的系统性还体现为在公共管理活动中公共组织必须考虑外部环境的反应，处理好公共组织与外部环境的关系。

三、公共组织的类型

根据行政工作的性质、内容和作用，可以对公共行政组织进行微观分类。公共组织作为一种组织形态，可以看作有生命的有机体，这个有机体是由不同部分构成的。在中央和地方各级政府组织中，一级政府机关，主要是由领导机关（或首脑机关）、职能机关（或部门机关）、辅助机关（含办公机关、办事机关和服务机关等）、咨询机关和派出机关等构成。

（一）领导机关

领导机关也称首脑机关，是一个公共行政组织的领导中枢和决策中心。领导机关的重要成员是行政首长，如总统、总理、省长、市长、县长等。行政首长具有法定的领导地位和领导权限，并负有相应的领导责任。领导机关是各级政府组织系统的领导与决策的核心，具有统筹全局，运筹决策，协调、控制与监督的功能。

中国国务院的领导机关，是在总理领导下的由副总理、国务委员及各部委首长参加的国务院全体会议和由总理、副总理、国务委员、秘书长组成的国务院常务会议。地方各级政府也有其各自相应的领导机关。

（二）职能机关

职能机关是指在领导机关的直接领导下，负责组织和管理某一方面的行政业务和社会事务的机关，又称执行机关。如国务院的部、委、办以及直属机构，地方政府的厅、局、委、处、科等。它的主要任务是贯彻执行领导机关的方针、政策、决定和指示，领导其管辖范围的业务、社会事务，指导下一级政府中相同业务部门的工作和相关业务。职能机关通过行使管理职能，为实现组织的总目标服务。

（三）辅助机关

辅助机关是为行政领导机关和职能机关能顺利有效地实现行政目标、完成工作任务、行使职能而在机关内部承担辅助性工作的机关。它对各职能机关没有直接的指挥和监督权力。辅助机关大体有三类：一是综合性辅助机关，如各级政府的办公厅（室），它参与政务，协助行政首长调查研究，进行决策，沟通协调各方面的关系，管理机关的日常事务；二是专业性辅助机关，如各机关的人事、财务以及其他专门事务机关；三是供给保障机关，如国务院机关事务管理局等。

（四）咨询机关

咨询机关是指为政府出谋划策，提供政策方案、政策规划的机构，通常由有权威的专家学者和富有经验的资深政府官员组成。咨询机关一般有两种形式：一是公共行政组织内部常设的政策规划组织，例如咨询委员会等；二是与政府组织保持密切联系的社会智囊机构。其主要功能是协助领导机关进行系统的决策科学研究，以保证行政决策的科学性、可行性和有效性。在现代公共行政中，由于行政事务的复杂化，咨询机关的作用越来越大，犹如政府的“内脑”和“外脑”。近年来，我国各级政府的决策越来越重视内部和外部咨询机关（思想库①）的作用，大大提升了政府公共政策的科学化水平。

（五）派出机关

派出机关是指一级政府机关根据公共行政的需要，按照法律规定或上级批准，在其管辖区域内设立的代表机构。派出机关不是一级国家行政机关，而是由一级政府委派，作为其代表在特定地区实施管理的机构。派出机关的职能主要是承上启下联络沟通，即督促检查辖区行政机关贯彻执行上级决议与指示，向上一级行政机关

---

① 关于思想库的相关研究，参考朱旭峰．中国思想库：政策过程中的影响力研究［M］．北京：清华大学出版社，2009.

报告辖区内行政机关的情况和意见。如中国国家审计署向各省派驻的特派员办事处、各省政府派出的地区行政公署、城市区政府下派的街道办事处等。

第二节　公共组织结构

结构是组织的基本属性之一。组织的性质不仅取决于它的构成要素，而且取决于它的结构方式。结构方式不同，即使要素相同，组织的性质也可能存在较大的差异。公共组织结构是机关组织各部门各层次之间依据法定规则所建立的一种正式的各种相互关系的体制。

一、组织的结构形态

（一）管理幅度与管理层次

1. 管理幅度

管理幅度又称控制幅度，是指一名主管人员能够直接领导、指挥和监督的下级人员或下级部门的数量和范围。

管理幅度与专业化直接相关，在制度上取决于组织的架构设计，在人力素质上取决于管理者与被管理者之间的品格与能力等，在环境上取决于社会发展水平和对组织的要求。

2. 管理层次

管理层次也称管理层级，是因管理幅度的有限性而带来的层级，是组织的纵向等级结构和层级的数目。

宪法规定的中国行政层级为中央—省—县—乡（镇）四级，但实际运行层级为中央—省—市—县—乡（镇）五级。不仅与法律相悖，而且与效率相左。其在城乡一体化、权责配置、组织规模和行政成本等方面所暴露出的种种弊端，已成为行政改革的严重障碍。经济的市场化、信息的网络化、管理的现代化为行政结构的扁平化提供了理论基础和现实条件。通过增加省级数量，改革市管县体制，市县分治，构建省直接管理县（市）的少层次大幅度的、扁平化的公共行政体制，应成为当前我国行政体制改革的战略选择。①

---

① 孙学玉，伍开昌．当代中国行政结构扁平化的战略构想——以市管县体制为例［J］．中国行政管理，2004（3）．

（二）组织结构形态

管理层次与管理幅度的反比关系决定了两种基本的管理组织结构形态：扁平结构形态和锥形结构形态。一般来说，管理幅度与管理层次成反比例关系，即在其他条件不变的情况下，管理幅度越大，管理层次越少；管理幅度越小，管理层次越多。公共组织的层级化应控制管理层次，尽量减少中间环节。管理幅度既不能过宽，也不能过窄。

1. 扁平结构

扁平结构是指组织规模已定、管理幅度较大、管理层次较少的一种组织结构形态。其优点是：（1）由于层次少，信息的传递速度快，从而可以使高层尽快地发现信息所反映的问题，并及时采取相应的纠偏措施；（2）由于信息传递经过的层次少，传递过程中失真的可能性也较小；（3）较大的管理幅度，使主管人员对下属不可能控制得过多过死，从而有利于下属主动性和首创精神的发挥。

过大的管理幅度，也会带来一些局限性：（1）比如主管不能对每位下属进行充分、有效的指导和监督；（2）每个主管从较多的下属那里取得信息，众多的信息量可能淹没了其中最重要、最有价值者，从而可能影响信息的及时利用，等等。

2. 锥形结构

锥形结构是管理幅度较小，管理层次较多的高、尖、细的金字塔形态。其优点与局限性正好与扁平结构相反：较小的管理幅度可以使每位主管仔细地研究从每个下属处得到的有限信息，并对每个下属进行详尽的指导。

但过多的管理层次造成的后果有：（1）不仅影响了信息从基层传递到高层的速度，而且由于经过的层次太多，每次传递都被各层主管加进了许多自己的理解和认识，从而可能使信息在传递过程中失真；（2）可能使各层主管感到自己在组织中的地位相对渺小，从而影响积极性的发挥；（3）往往容易使计划的控制工作复杂化。

二、公共组织的结构

结构是组织的基本框架。它确定组织的总格局，描述和规定组织的法定权力、职责以及各种行为主体之间的相互关系。

（一）直线结构

直线结构的特点是单一垂直领导，其结构简单，领导隶属关系明确，结构中每一层次的个人或组织只有一个直接领导，不与相邻个人或组织及其领导发生任何命令或服从关系。直线结构具有信息传递途径单一、传递速度快等优点，但基层自主性小，且由于各职位工作程序固定，容易导致僵化。这种结构主要为规模不大、工作较为简单的公共组织采用。

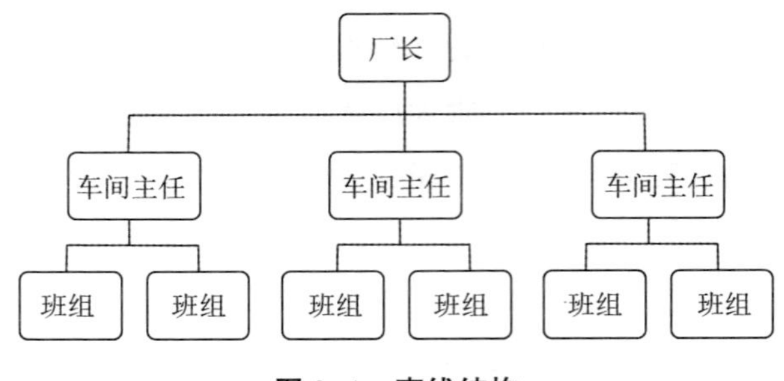

图 3-1　直线结构

（二）职能结构

职能结构是相关部门在水平方向依职能不同进行分工，再分别对下级部门实施领导的结构。在职能结构中，每个上级部门没有单一服从自己领导的下级部门，同样每个下级部门也不只服从一个上级部门。依靠水平分工领导，拓展了各层次管理事务的范围，适宜于相对复杂的管理工作，但下级部门由于多头领导，容易出现政出多门情况，而领导部门如果相互缺乏协调，反而会造成执行混乱的局面。

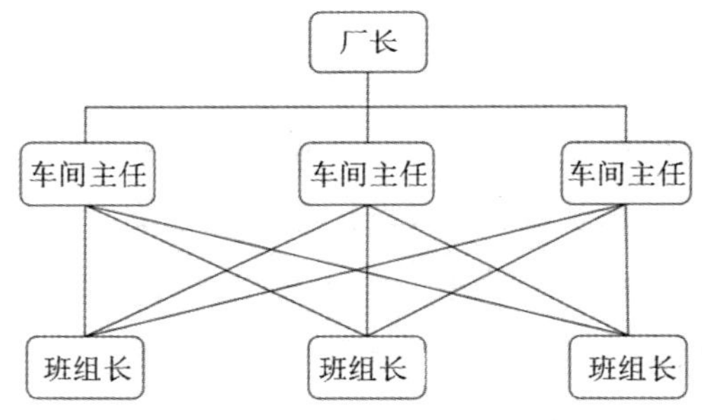

图 3-2　职能结构

（三）直线—职能结构

直线—职能结构是在综合直线结构和职能结构基础上形成的一种组织结构形式。各部门间既有垂直领导关系，又有水平领导关系。直线—职能结构形式加强了对水平层次领导部门的协调，有助于克服政出多门。同时，每个下级部门在只有一个明确上级领导的基础上，接受其他相关部门的指导和监督，有助于决策科学化、民主化。但这种结构的一个潜在缺陷是，垂直领导有可能排斥水平领导，部门之间关系更加复杂。

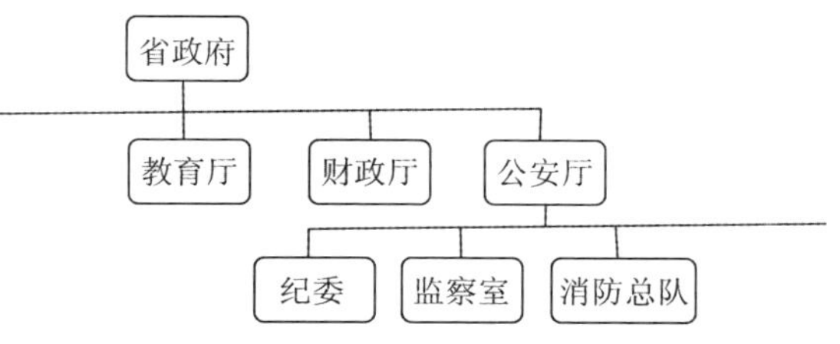

图 3-3 直线—职能结构

（四）直线—参谋结构

直线—参谋结构是一种在直线集权制基础上建立与行政首长相对应的参谋系统的组织结构。这种结构的设计思想，是要通过纳入一批具有某种知识、经验和技能的管理人员，并赋予他们一定职能的办法，来解决组织大型化、复杂化、专业化与首长个人局限性的矛盾。

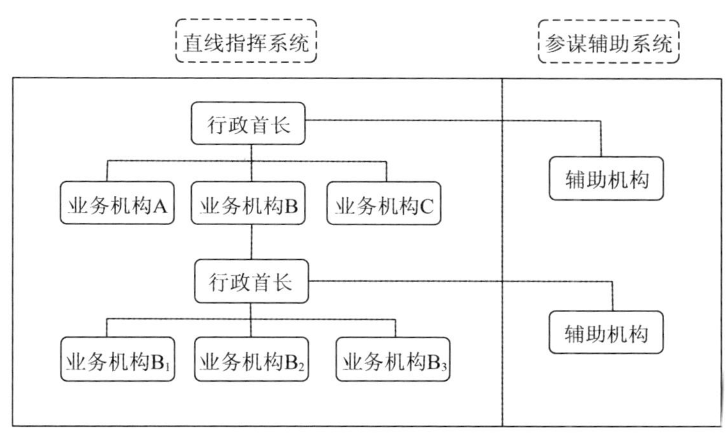

图 3-4 直线—参谋结构

（五）矩阵结构

矩阵结构是以完成某项工作为核心，从有关部门抽调人员组成临时机构来履行工作任务的结构。结构中垂直领导与水平领导是并重的，矩阵结构既保持了组织成员构成的稳定性，又有助于充分发挥组织成员的综合优势，组织效率相对较高。与前四个结构相比，矩阵组织更加灵活，适应能力更强，也被称为适应性组织，它适用于复杂工作需要，被广为采用，如不同时期政府设置的临时办公机构、协调小组和办公室。

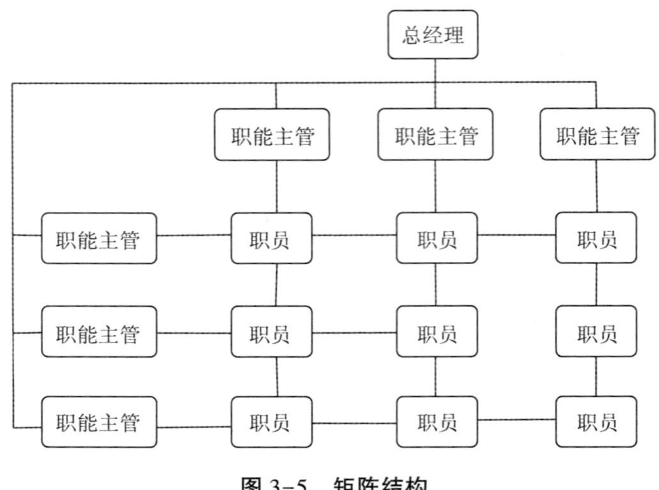

图 3-5 矩阵结构

（六）旁系组织结构

旁系组织结构是从科层结构的正式成员中抽出一部分人，按照自由联合的方式组织一定的常设机构，来解决特定问题。组织成员在完成任务时并不与本职工作相脱离，即“脱产”或“半脱产”，如经济学会、行政学会、职称等级评审委员会等。

三、公共组织结构的发展趋势

通过对组织结构的分析，结合当今各种公共组织的结构形态，我们可以看出，公共组织结构的发展呈现出以下趋势：

（一）扁平化

组织结构扁平化是指管理层次的减少和管理幅度的扩大。传统的金字塔式层次繁多，信息传递速度缓慢，导致决策速度大大降低。现代信息技术的发展，为组织扁平化提供了重要的功能支持，使企业中层管理人员上通下达的功能在很大程度上被现代大容量的通讯技术所替代。美国研究组织结构的专家郝马·巴拉密（Herma Ballemee）指出：“减少层次和压缩规模趋势源于降低成本的需要，当然他们也反映信息和通讯技术对管理的冲击。中层管理的作用是监督别人以及采集、分析、评价和传播组织上下和各层次的信息。但是，它的功能正随着电子邮件、声音邮件、共享数据库资源等技术的发展而减弱。”可见，职能组织等级结构赖以形成的管理幅度正被信息沟通幅度所取代。信息技术使企业高层管理者和下层之间可直接沟通，实现组织结构的扁平化。近年来，我国在各地推进的“省管县”试点工作，就是对组织结构扁平化的有益探索。

（二）柔性化

柔性是相对于刚性来讲的。传统企业的组织设计刚性十足，等级森严，权力过度集中于中高层管理者手中，基层管理者及员工几乎没有任何自主决策权，这种刚性化的权力关系越来越不能适应外部环境的变化。组织结构的柔性化主要是指职权结构的合理化，合理化的标志是其适应内外部环境变化的应变能力，主要体现为集权化和分权化的合理统一，即在进行分权化的同时，要实行必要的权力集中；在实行集权化的同时，要给予最灵活的和最大限度的分权。通过权限结构的调整，适当下放中高层管理人员的权力，充分授予基层员工应对突发性事件的权力以提高决策的实效性。

（三）灵活多变

为了适应不断变化的市场环境，从集权层级制到分权层级制再到扁平化的流程组织，组织结构的灵活性和适应性不断增强。传统组织为了开展经营活动，往往具有各方面（原材料供应、生产、销售等）的功能，按照分工原则，将其固定在各个“职能城堡”之中，结果使得企业规模过大，妨碍了企业的有效运作，面对迅速变化的市场，企业反应迟缓。流程型组织则是按照流程建立的具有高度柔性的流程团队，运用先进的信息技术（如流程型组织中 ERP、CRM、SCM 的广泛应用），根据市场需求的最新变化，迅速调整团队成员，以利于新产品的开发及顾客需求的满足，在激烈的市场竞争中，获得商业先机。

（四）组织边界动态化

传统的职能组织是以分工为指导，出现了等级森严、各自为政的企业边界。流程型组织打破了职能边界，以相关者利益作为企业的边界，从而带来了企业边界的日益渗透。虚拟企业就是流程边界模糊化的典型代表，它通过集成各成员的核心能力和资源，在管理、技术、资源等方面拥有得天独厚的竞争优势，通过分享市场机会和顾客实现共赢的目标，以便在瞬息万变、竞争激烈的市场环境中有更大的获胜机会。

（五）虚拟化

随着知识经济时代的来临，大量的员工将游离于固定的企业组织之外，分散劳动、家庭式办公等将会成为新的工作方式，于是，企业组织设计呈现出虚拟化的趋势。所谓企业组织设计的虚拟化是指当市场出现新的机遇时，企业与另外一些具有开发、生产、经营某种新产品所需的不同知识和技术的企业为了共同开辟市场、共同对付其他竞争对手而组成的企业联盟。这种企业组织形式是管理集成的产物，它将自身所不具备的或较弱的功能“虚拟”出去，如：产权虚拟、企业管理职能虚拟、企业组织架构虚拟，以及技术人才虚拟，等等，通过与其他企业的联盟来获取优势以弥补自身的不足，从而达到优势互补和资源共享。公共组织经常采用的一种虚拟结构是业务外包，通过将非核心化的业务外包给其他组织，以此来提高并强化公共组织的核心职能。20 世纪 80 年代之后，各国政府纷纷效仿企业成功的实践经验，构建了具有虚拟式结构特点的组织结构，以强化政府的公共服务职能。

四、省管县体制改革

（一）省管县体制改革的缘起与内涵

我国的省管县改革（Province Managing County Revolution）是从 2002 年开始在全国试点推行的。党的十八大、十八届三中全会提出，优化行政层级和行政区划设置，有条件的地方探索省直管县改革。按照这一要求，未来省直管县改革还将继续在行政层级和行政区划方面进行探索。

“省管县”体制是指省、市、县行政管理关系由目前的“省—市—县”三级体制转变为“省—市、县”二级体制，对县的管理由现在的“省管市—市管县”模式变为由省替代市，实行“省管县”模式，其内容包括人事、财政、计划、项目审批等原由市管理的所有方面。这种由省直接把转移支付、财政结算、收入报解、资金调度、债务管理等权限“下放”到县的“省管县”改革已在全国试点推行。

（二）省管县体制改革的意义

20 世纪 80 年代为了打破城乡分割、工农分割格局，更好地实现农业资源支持工业发展以及发挥城市带动周边经济发展的辐射作用，进行了“市管县”行政体制改革。但是由于改革速度过快，改革没有考虑到具体城市特殊经济实力状况，“市管县”行政体制改革在特定区域内的弊端凸显，在一些经济实力相比其辖下县域经济弱的城市，出现“小马拉大车”“市卡县”“市刮县”等现象，严重阻碍县域经济发展，而且“市管县”行政体制增加了管理层次，增设管理机构与人员，造成行政成本浪费、政策执行扭曲。①

市场经济、信息技术以及管理手段为“省直管县”体制改革创造条件，给予县

---

① 庞明礼．“市管县”的悖论与“省管县”的可行性研究［J］．北京行政学院学报，2007（4）．

级政府更大的对经济社会事务管理的权限，不仅能够克服“市管县”行政体制的弊端，还能够促进县域经济发展、公共服务均等化、节约行政成本，为我国城镇化建设道路打牢基础。①

（三）省管县体制改革的困境

有关“省管县”改革困境的讨论，拥有大量的理论和案例。从2004年至2013年，河南省委、省政府先后发布扩大部分县（市）管理权的政策，从此拉开了“省管县”改革的帷幕。作为一个典型的“省管县”改革案例，河南省的政策在执行中遇到了许多普遍性的问题。例如，2007年年底，由于国家相关政策的调整、经济社会发展发生新的变化等多种因素，部分下放的管理权限没有落实到位。河南省发改委一则通知，47个扩权县的12项“特权”被收回，约占总“特权”项目的20%。一时间，之前的改革有些半途而废，强县扩权被“砍”去一只臂膀。

此外，一些试点县脱离市辖之后，市级财政的一些配套资金没有了，很多项目开展遭遇了资金困难，这也显示出改革本身牵一发而动全身的特性。另外，由于“省管县”的改革并不彻底，以河南省邓州市为例，扩权初期，企业养老保险基金、医疗保险基金、失业保险金、机关事业单位养老保险基金的年度征收任务未纳入省直管范畴，依然由省辖市下达。在失业保险金的管理方面，仍存在省、市双重管理现象。省、市两个“婆家”，改革试点县可谓都不敢得罪，改革的成效自然难以令人满意。

当前，政府的触角已经深入到了经济社会的方方面面，任何改革都很难一次性解决所有的问题，而且还有可能带来新的问题，需要全面论证才能实行。

第三节　公共组织目标与原则

一、公共组织目标的作用

目标是组织的构成要素之一，它是组织预定在一定时间和空间内所要取得的最后成果，或者是组织为之奋斗以争取实现的一种未来状况，也可以理解成是组织的一整套的价值标准。

---

① 朱光磊．地方政府发展与府际关系，中国政府发展研究报告［M］．北京：中国人民大学出版社，2013.

（一）目标的功用与层次

1. 目标的功用

目标是组织及其成员行为的导向坐标，是组织聚合力的内在源泉。从管理的观点看，目标的功用有以下几个方面：（1）促进组织结构和权责体系合理化；（2）建立考核公平和客观的标准；（3）增强组织的协调能力和整合能力；（4）激发组织成员的工作热情和合作意识。

2. 目标的层次

目标作为组织的次级系统，本身又包含着一定的子系统，存在一定的结构：（1）从时间序列上看，目标系统可以分为长期—中期—后期目标；（2）从空间序列上看，可以分为整体—部分—个人目标；（3）从价值标准上看，可以分为社会—组织—团体目标；（4）从性质上看，可以分为综合—技术—心理目标，等等。

组织目标系统一般可以分为三个基本层次：

（1）总目标，也称整体目标，是由组织最高决策层制定并统帅全组织全力以赴的主体目标；

（2）分目标，也称机关目标或部门目标，一般指政府之下各个行政机关的工作目标；

（3）个人目标，通常指行政公务人员个人的工作目标。

（二）组织目标的合理化与特征

1. 组织目标的合理化

组织目标反映一定的客观需求、客观制约条件与组织对这种需求和制约条件的认知程度，同时反映组织的决心和行为能力。认知程度愈高则组织目标设置愈合理。所谓组织目标合理化，就是比较准确和全面地反映了一定时空环境内的客观需求和组织决心的组织目标。一般而论，组织目标合理与否取决于四个方面认知程度和条件：

（1）社会承认。这是衡量组织目标合理与否的主要标准，这意味着组织目标必须符合一定的社会需要或带来的一定利益，同时还必须符合社会生活的一般准则。

（2）组织能力。目标直接反映组织对社会环境和自身能力的判断，尤其反映组织领导者的个性、学识和胆识。

（3）团体状态。目标的合理性直接受制于组织所包含的若干工作团体的工作状态，团体目标的形成取决于组织的正式规定性和以利益为基础的对组织目标的认同。

（4）成员意识。这主要表现为组织成员对组织目标的了解程度、理解程度、关心程度和参与程度。

2. 行政组织目标的特征

主要有三个方面：（1）规定性。这种规定性集中表现为国家行政组织的目标由宪法、法律、法规及行政上级所规定，行政组织本身不得自行其是。（2）服务性。按照现代民主政治理论，行政权源于全体国民，因此，国家行政组织的一切目标都必须以全体国民的意志为转移，对社会公众负责，为大众谋求利益，即为全体国民服务。（3）复杂性。国家行政组织行为的对象和管理事务的普遍性、广泛性和自身组织规模庞大、部门横生、人员众多的特点，决定其目标的复杂性和多栏性。

3. 行政组织目标合理性的标志

主要有三个：（1）目标明确；（2）目标一致，是指组织目标上下贯通、左右联系、前后衔接，共同服从总目标；（3）目标组合，是指政府内部各级各类组织目标的层次性和差异性，并有机地组合为一个整体。

二、目标管理

目标管理是管理大师彼得·德鲁克（Peter Drucker）于1954年在其名著《管理实践》中最先提出的，其后他又提出“目标管理和自我控制”的主张。德鲁克认为，并不是有了工作才有目标，而是相反，有了目标才能确定每个人的工作。所以“企业的使命和任务，必须转化为目标”，如果一个领域没有目标，这个领域的工作必然被忽视。因此管理者应该通过目标对下级进行管理，当组织最高层管理者确定了组织目标后，必须对其进行有效分解，转变成各个部门以及各个人的分目标，管理者根据分目标的完成情况对下级进行考核、评价和奖惩。

目标管理是一种化组织需要为个人奋斗目标的管理哲学，也是一种组织实施计划和控制的管理方法，其中心思想，就是要经由集体的努力及自我控制来完成机关的共同目标。

（一）目标管理的概念

它是一种过程，是上、下两级管理人员共同确定目标的主要职责范围的过程，是一种实施管理计划和考核的方法，是一种个人与组织的关系。

（二）目标管理的性质

它是以行为科学为基础的一种管理思想和管理方法，它强调管理人员应该由他所要达到的目标而不是他的上级来指挥和控制，即目标管理和自我控制，也就是说，应当用更严格、更精确、更有效的内部控制来取代传统的外部控制。目标管理还强调参与，认为只有本人参与并最终确认的目标，才能为组织成员提供持久的导向并调动工作热情。因此，目标管理是一种以激励代替惩戒、以民主代替集权的管理方式。

（三）目标管理的实施

一般来说，成功地实施目标管理应当具备四个条件：（1）整个组织特别是各级管理人员，在理解的基础上对目标管理采取基本的支持态度；（2）各级管理人员应当比下级具备更高的协调、组织、领导能力、政策水平以及订立目标的技能，以使目标恰到好处，有机配合；（3）实行以精神鼓励为主、物质奖励为辅的激励制度；（4）目标管理从组织的高层管理部门开始。

三、公共组织原则

组织原则是为行政行为提供指导的一种基本理论，是使行政组织长期稳定、有效和充满活力的一般性或共同性的一系列规范和法则，是行政组织机关设置所应遵循的范例。

（一）组织原则的形成与意义

1. 公共组织原则的形成

能够称为原则的规范和法则至少应具备四个条件：（1）理论前提，即原则必须建立在对一定客观事物或现象的普遍性的观察基础上，即实践是原则的前提。（2）理论概括，即原则应有赖于对一定观察所得的分析研究，进而进行理论概括，并以凝练的语言进行准确的理论表述。（3）理论规范，即原则应当具备相对明确的准确性和规定性，一般应附有原则的适用条件。（4）社会价值，即原则必须能够为实践提供一定的规范性指导，原则必须具有实用性，这种实用性就是原则的社会价值。

2. 行政组织原则对行政组织建设的作用

（1）行政组织原则为行政组织建设提供了理论指导。在传统行政管理时期，行政组织原则强调科层制和专业化，所以那个时期的行政组织都有明显的科层制特色，即强调服从命令，强调分工，强调权责一致和管理幅度。在这些原则的指导下，行政组织更加注重垂直管理，注重上下级之间的领导，忽视了横向的沟通和协调。

（2）行政组织原则的变化促进了行政组织的改革。从传统组织原则到现代组织原则的发展，也促使了实践中组织时间的变化。在现代组织原则的指导下，组织建设更加趋向扁平化，更加注重非正式组织的作用，更加注重人际关系的研究。行政组织也朝着更加多样化的方向发展。

总之，行政组织原则对行政组织建设有理论指导作用，同时，行政组织建设在对行政组织理论进行检验的同时，也为行政组织原则的发展提供了动力。所以，二者是相互统一的，在相互促进的基础上共同向前发展。

（二）组织原则的主要内容

在对组织进行研究的不同历史时期，先后有过许多关于组织原则的理论概括，其中古典时期的组织原则和现代组织原则有不同之处。

1. 古典时期组织原则主要内容

（1）专业化分工原则，即根据行政事务的性质、特点对行政事务进行专业分工，分工的主要依据是目标、程序、人或物、地区等（代表人物：古立克）。

（2）命令统一原则。命令统一是官僚组织的基本要求，一个下属只服从一个首长的命令，一个部门只服从一个上级的命令，不得多头领导和越级指挥（代表人物：韦伯）。

（3）业务类同原则，即性质相同和相关的行政事务，应划归一人或一个部门来完成（代表人物：古立克）。

（4）权责法定原则。行政组织中的每个行政人员的工作任务、权限、责任和上下左右关系应有明确的规定。

（5）权责统一原则，即凡可以执行的责任，必须赋予指挥的权力。

（6）行政幅度原则，即对一级行政首长报告工作的部属不应超过六人，控制幅度宜小不宜大（代表人物：古立克）。

（7）政治与行政分离原则。政治是政策的制定，是权力斗争的场合；行政是政策的执行，是独立的技术系统。

2. 现代组织原则主要内容

现代组织理论的代表人物及其代表性的理论观点，主要是20世纪30年代巴纳德等人的社会系统学派的理论和梅奥等人的人际关系理论，直到第二次世界大战期间，他们在行政首长的功能、小集团理论、非正式组织与非正式关系理论、扁平组织结构研究、后官僚制（国家消亡时代的官僚组织）研究等方面多有建树。

第四节　公共组织环境

公共组织是环境的一部分，是整个行政生态系统的一部分；同时，公共组织又处于环境当中，连同其他因素构成一个生态系统。在这个生态系统中，任何因素都不能够随心所欲，包括其中最有权力的政府组织，相反，公共组织的一切活动都必须考虑内部与外部的环境因素，做到一切从实际出发、实事求是。因此，公共组织的任何行为都应该充分考虑周围环境的反应。

一、公共组织环境的内涵

每一个组织都是一个系统，每一个系统都只是一个更大系统的次级系统，更大的系统构成次级系统的外部环境。对国家行政管理而言，外部环境通常是指社会环境大系统。组织与环境之间通过彼此间的交互作用和互动，来影响对方的活动和行为，争取使对方服从自身的需要。组织不但受到外部更大社会系统的影响，而且受到内部更小结构的制约，组织内部诸因素的总和，构成组织的内部环境。内外环境的交互作用，共同作用于组织的总行为。

二、公共组织环境的构成

（一）一般社会环境

一般社会环境是指对包括国家行政组织在内的一切社会组织均发生影响或制约作用的宏观的社会因素之和，它直接关系到国家行政组织的总体目标、功能状态和管理方式。一般社会环境包括：文化、技术（物质基础）、教育、政治、法制、自然资源、人口、社会、经济（经济基础）、国防等。

其中，行政组织文化对组织机制的发挥至关重要。所谓行政组织文化是指在一定的社会历史背景下，行政组织在长期的实践活动中逐步形成的并为组织成员普遍认可和接受的，对组织及其成员具有持久影响力的行政价值观、行政意识、行政规范和行政思维模式的总和。具体而言，行政组织文化是指行政组织全体成员共同接受的价值观念、行为准则、团队意识、思维方式、工作作风、心理预期和团体归属感等群体意识的总称。当代中国政府组织文化主要表现为公仆精神、廉洁廉政、公民导向、依法行政等。

（二）特定社会环境

特定社会环境是指那些与行政组织的决策、转换和输出过程相关的更为具体的力量，或更为直接的因素。特定社会环境对组织的目标和价值系统、结构体系、技术系统、管理系统和社会心理系统都产生直接和具体的影响。在正常情况下，组织的宏观指导思想和总体战略反映一般社会环境的要求和制约，组织的管理制度、行为方式和策略思想反映特定社会环境的要求和制约。

（三）团体社会环境

社会组织或团体是当代社会的一种普遍的现象。组织社会化是民主政治的产物。在当今社会中，数不胜数的各种社会组织或团体共同组成了一个复杂的团体社会，国家行政组织正是处在这样一个团体和社会环境之中。组织的广泛性使其成为政府解决当代公共行政管理问题的关键之一，政府只有正确处理与各种社会组织或团体的关系，才能有效地达成自身的目标。

政府与社会团体相互作用的方式大致有三类：（1）国家行政组织从团体社会环境输入信息，经过内部转换，变为指示、规章、条例、意见、规划、计划等输出给社会。（2）社会团体从国家行政组织输入信息，经过内部转换，以态度、需求、意见等方式求得国家行政组织的理解、协助和支持。（3）国家行政组织以公平仲裁者的立场、态度和方法来化解、调停、了结各社会组织或团体之间的矛盾，以维护社会的安定和基本的社会秩序，并以此实现各社会团体之间的有益互动。正确处理与社会团体的关系是国家行政组织适应团体环境、治国安邦的一个重要标志，也是现代国家行政组织社会管理职能的一项重要的和经常的任务。

（四）组织气候（氛围、风气）

组织气候是生态行政学的一个重要概念，它是指组织成员的个性、目标与组织目标融合一致的一种变化过程，也可以说是组织内部环境的一种较具持久性的特质或行为气象，它由成员的工作感情、态度、思想、精神等所组成并通过上述因素表现出来。组织气候是一种中介变量，它间接反映组织内部环境的内在特征和内部环境诸因素相互关系的模式。

组织气候主要包括八个变数：（1）结构：个人感受到的组织的法规和纪律的程度，如放任或拘谨等。（2）责任：个人在组织中自主处理事务的程度。（3）风险：个人在组织工作中所面临的挑战及其程度。（4）奖励：组织在奖励方面的公平程度与个人对所享受的待遇的满意程度。（5）人情：个人与组织的融合程度，个人所感受到的他人所给予的关注、友情及社交机会和非正式组织的态度。（6）支持：个人所感受到的上司、同事和下级所给予的理解和协助。（7）冲突：个人所感受到的他人听取不同意见的程度。（8）标准：个人对组织目标以及组织所要求的绩效标准的重视程度。

毛泽东同志在《整顿党的作风》中指出："学风和文风也都是党的作风，都是党风。"十八大以来，中国共产党开始了"三风"建设，即转变作风、端正学风、改进文风。习近平总书记强调，以"三观"正"三风"，以"三风"强党建，这是

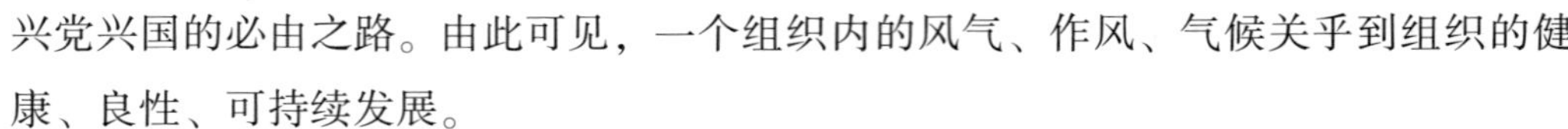

兴党兴国的必由之路。由此可见，一个组织内的风气、作风、气候关乎到组织的健康、良性、可持续发展。

三、公共组织与环境的关系

公共组织与外部环境密切关联、相互影响、相互依赖。公共组织适应外部环境需要而产生，又能动地选择与塑造外部环境。同时，外部环境对公共组织的影响又有微观与宏观之分。

（一）公共组织对外部环境的依赖

这是公共组织与外部环境互依性的首要表现，包括：公共组织适应外部环境的需要而产生；外部环境的需要制约着公共组织及其价值观、目标、规模、结构与行为方式；公共组织的物质要素——人、财、物，非物质要素——信息，都要从外部环境输入，故公共组织只有不断地与其外部环境进行物质、能量与信息的交换，只有适应外部环境的需要，才能生存和发挥其功能作用，并反作用于外部环境，服务于社会。

（二）公共组织对外部环境的选择与塑造

这是公共组织与外部环境的又一表现，包括：公共组织作为开放系统，必须要从外部环境中接受物质、能量和信息的投入；公共组织不仅选择外部环境，更要设法改善、控制外部环境，通过对外部环境的改善，使之优化；公共组织通过对外部环境的控制，使其按照公共组织的希望与要求发展。

总之，公共组织与外部环境是辩证统一的关系。外部环境创造了公共组织，而公共组织反过来又改变了外部环境。公共组织首先从其社会环境中汲取物质、信息、能量，接受社会环境的要求或支持，然后，又经过自身的加工，将其转换为路线、方针、政策与具体的公共管理行为，输出给社会环境，以满足社会环境需要，并推动社会发展。

【思考题】

1. 谈谈公共组织与私人组织的区别与联系。
2. 结合十九大以来中国政府改革内容，谈谈未来中国政府组织结构发展的趋势。
3. 行政系统与外部环境的关系是什么？
4. 政府能否等同于公共组织？

5. 结合实际，谈谈“市管县”体制与“省管县”体制的优劣。

6. 村民委员会是一级政府组织吗？在“乡村振兴”战略下，你认为应该如何加强村民委员会建设？

【案例】持续优化“一网通办”，提升政务服务能级①

为进一步提升“一网通办”政务服务能级，推动政务服务从“能办”向“好办”转变，浦东新区档案局按照浦东“一网通办”工作总体部署，认真做好政务服务标准化、规范化工作，不断推动政务服务更高效、更精准、更智能，切实提高企业和群众办事的便捷度、体验度、满意度。

行政服务事项信息更加精准

2021 年，浦东新区档案局“一网通办”行政服务事项目录发生较大调整，共取消行政许可 1 项、行政奖励 1 项、其他类别 7 项，新增其他类别 3 项。浦东新区档案局根据市局部署，第一时间调整事项目录，按照“减时限、减跑动、即办程度”要求，逐项修改办事指南，完成事项的标签关联，提高了办事指南的精准度，减少了企业群众跑办次数。

政务服务中心布局更加优化

根据政务服务中心标准化建设新地标规范，对迎春点接待大厅进行优化设置，取得了一定成效。政务服务综合集成，将“一网通办”依申请权力事项归集至接待大厅统一受理，并纳入政府服务管理平台，实现事项集中受理，杜绝“科室代窗口”的现象；功能布局科学合理，等待区、自助服务区、服务大厅等功能区及子功能区划分不断完善，便民物资配备齐全；人工引导规范有序，在等待区设置专职前台 1 名，为服务对象提供政策咨询、自助服务操作指导、叫号引导等舒适温馨的政务服务一站式体验。

行政服务事项办理更加高效

提升建设项目综合验收“加速度”。按照市、区综合竣工验收改革进程，浦东新区档案局进一步压缩档案移交时限，由原 10 个工作日压缩到 3 个工作日。此外，实行档案移交“限时承诺”，进一步压实闭环管理，确保建设工程档案“验得快、收得全”。

① 吴丹菁．持续优化“一网通办”提升政务服务能级［N］．浦东新区档案局，2022-02-07.

提升公共服务对象办事“体验度”。巩固“两个免于提交”成效。与区大数据中心沟通，通过后台数据自动比对等智慧化技术更好发挥档案大数据作用，减少证明材料的提供，43 项民生档案查询服务全部实现调用电子证照方式。优化为老服务举措。开辟老年服务绿色通道，对 70 岁以上老人无需预约无需等待，即到即办，更新为老服务标牌。做好“好差评”优化差评转办工作。根据区“好差评”工作流程，明确相关工作职责，定期对“好差评”工作进行分析统计，及时整改，不断提高服务质量和群众满意度。

提升政务服务线上线下“融合度”。开通行政服务事项在线预约功能，浦东新区档案局所有“一网通办”线下可办的依申请行政权力事项全部提供统一在线预约服务，行政相对人可以通过“一网通办”“随申办”在线预约，有效减少行政相对人的时间成本，提升人民群众办事的便捷性和满意度。

2022 年，浦东新区档案局将继续努力擦亮“一网通办”这张政务服务品牌，通过全面推进业务流程再优化和服务体系再升级，更加深入地参与到上海城市治理数字化转型过程中，更加积极地推进浦东营商环境持续提升，让更多市场主体受益。

【问题】

“一网通办”是近年来我国数字政府建设的成果之一。结合材料，请从数字技术对官僚制的解构与建构两方面谈谈，未来政府组织结构形态的走向。

第四章 公共管理者

良将不怯死以苟免，烈士不毁节以求生。 ——《三国志》

非得贤之难，用之难；非用之难，信之难。 ——《晋书》

人不率则不从，身不先则不难。 ——《宋史》

浊其源而望清流，曲其形而欲景直，不可得也。 ——《后汉书》

公共管理者和公共组织一样，是公共管理学研究的对象之一，前者是微观的研究领域，后者是宏观的研究领域。公共管理者是公共组织的主要构成要素，是公共权力的载体，是公共政策的制定者，也是一切公共管理活动的发出者。任何的公共管理活动、公共管理问题的核心都是公共管理者的问题。因此，公共管理服务、绩效的提升，核心也是公共管理者自身能力、观念等的提升。

第一节 公共管理者概述

一、公共管理者的含义

公共管理者，在现代民主国家，是经法定程序进入政府，担任政府公职，行使公权力，并从事公务管理的公职人员。

公共管理者是受国家和公民的委托，行使公权力，负责运用资源及指挥公务人员，达成政府施政目标的人。如果我们将政府视为一个企业或事业单位，公共管理者便是公共经理人。与过去的时代相比，如今的公共管理者的角色更加复杂，其责任更为重大，公民和社会对其期望更高。同样，现时代的公共管理性质对公共管理者的知能提出了更高的要求。

不同时代对管理者的要求是不一样的，从改革开放初期单纯的经济指标考核

（唯 GDP 论①）到“德能勤绩廉”的考核标准，说明了随着时代变迁、经济社会发展，对公共管理者综合素质的要求也在不断提升。

二、公共管理者的角色

（一）作为一般管理者的角色

管理理论家和管理者长期以来一直探讨和界定管理者做什么以及怎么做，即公共管理者应该承担什么角色的问题。

1. 著名的管理学大师亨利·明茨伯格曾经总结了八种研究管理者职能和角色的学派：

（1）古典学派。他们将管理者的角色用一套综合的职能予以描述。最典型的是法约尔提出的计划、组织、协调、指挥以及控制。在 30 年后，行政学家古利克进一步以 POSDCORB 代表公共管理者角色，即计划、组织、人事、指挥、协调、报告、预算，直到现在，这种描述仍然在管理学著作中占统治地位。

（2）伟人学派。他们试图通过对历史上以及现实中杰出人物的家庭、教育、社会交往、事业、个性等加以描述，将他们作为楷模和典型。

（3）企业家学派。他们更多地将管理者视为创新者、创造性思考者以及机会的发现者。

（4）决策理论学派。他们更多地将管理者视为复杂环境下的决策者。

（5）领导有效性学派。他们将领导特质以及管理风格视为导致有效绩效的因素。

（6）领导行为学派。他们通过对领导行为的观察和研究，研究成功领导的行为以及技能。

（7）领导权力学派。他们关心的是领导者的权力和影响，以及如何最大化地行使他们的权力。

（8）工作活动学派。他们运用归纳方法，以调查研究资料为基础，对管理的工作活动进行系统分析，然后确认管理者的活动。

尽管对于公共管理者角色进行了大量的研究，我们对于管理者角色的了解还是很少。正如有些学者所说的那样，“我们对于新几内亚或其他地方的原始人的动机、

---

① 唯 GDP 论是指以 GDP 的统计数据作为考核政府政绩最核心甚至是唯一的指标。“唯 GDP 论”导致了一系列的社会发展和城市问题。2013 年以来，在中央屡次强调不单以 GDP 论英雄的背景下，中国多个省份已对市、县（区）的考核进行了调整，据不完全统计，目前全国已有超过 70 个县市明确取消了 GDP 考核。

习俗和最隐秘的秘密的了解，比我们对尼莱佛商行的那些管理人员的了解要多”。严格来讲，有关管理角色的描述仍然处于原始的状态。

在众多的研究管理者角色的文献中，也不乏具有启发性的论述。下面我们通过对一些经典的管理角色论述的叙述，以帮助人们了解管理工作的性质。

2. 管理者的十大角色

哈佛大学教授、管理学大师亨利·明茨伯格（Henry Mintzberg）1973年在其巨著《管理工作的性质》中，对管理者的角色和作用进行了多方面的研究和论述。他通过大量、长期的观察和研究，得出结论：一个管理人才同时起着不同的作用。这些作用和工作可归纳为三个方面：人际关系方面的工作；信息情报方面的工作；决策方面的工作。

（1）人际关系方面的角色。人际关系方面的角色着重于人际关系的建立与维系，具体包括下列三种角色：①挂名首脑。由于其正式的权威，管理者是组织的象征，有责任和义务从事各种活动，如会见宾客、代表签约、剪彩、赴宴、致辞等。有些属例行公事，有些具有鼓舞人心的性质，但全都涉及人际关系的活动，没有一项涉及信息处理或决策。②领导者。负责对下属激励和鼓励，负责用人、培训和交际。管理者通过领导角色将各种分散的因素整合为一个合作的整体。③联络者。负责同他所领导的组织内外无数个个人和团体维持关系，建立和发展一种特别的联系网络，将组织与环境联结起来。

（2）信息情报方面的角色。管理者在其组织内部的信息传递中处于中心地位，事实上是组织的“中枢神经”，他既是获取外部信息的焦点，也是传递信息的来源。信息角色包括下列三项：①监听者。作为监听者，其角色是寻求信息，使其能够了解组织内外环境的变化，找出问题和机会。②传播者。将收集到的信息传播给组织的成员；有些信息是关于事实的信息；有些信息是关于价值的信息，即某人有关“应该”是什么的主观信息，目的是指导下属正确决策。③发言人。作为正式的权威，代表组织对外发布信息，以期争取公众、利害关系人的理解与支持，维护组织形象。

（3）决策方面的角色。管理工作中最重要的部分也许就是担任决策角色。管理者对他的组织战略决策系统负有全面的责任，也就是组织的每一项重大决策皆与管理者有关。包括以下四个主要角色：①企业家。作为企业家，管理者是组织中大多数可控变化的设计者和发起者，即按其意志进行变革的全部活动，包括发现利用各种机会，促进组织的变革。②故障排除者。企业家角色把注意力集中于可控的变革，而故障排除者角色则处理非自愿的情况以及部分非管理者所能控制的变革，如对一件未所预料的事件，一次危机或组织冲突的处理和解决。③资源分配者。资源分配是组织战略制定的核心，战略是由重要的组织资源的选择决定的。作为正式权威，管理者必须进行资源分配，这里所说的资源包括时间、金钱、物质材料、人力以及信誉。所谓资源分配主要是安排时间、安排工作、批准行动等。④谈判者。代表组织与相关组织和人士进行协商和谈判，进行资源的交易。

3. 奎恩等人的观点

在20世纪80年代以及90年代，以奎恩为代表的一群学者，对管理行为进行了广泛的实证研究，出版了一本巨著《成为一位卓越的管理者》，他们发展出竞值框架，并以此界定了八种看似相互矛盾又必须兼顾的管理角色。兹将这八种角色说明如下。

（1）导师。一个管理者如能恰当扮演好导师的角色，他将是一位关怀的、设身处地的管理者，表现出对下级的体恤与关怀。但如果太过分强调导师的角色，则会成为心软的、放纵的管理者。

（2）促进者。一个能扮演好促进者角色的管理者，是一位重视过程、促进互动的管理者，但如果太过强调参与，则会变成过度民主，进而损害管理生产力。

（3）监督者。能扮演好监督者角色的管理者，是一个对业务十分娴熟的技术专家，主要从事相关信息的收集活动，能使下属按部就班、有条不紊地完成组织的目标。但这种角色扮演过分，则会导致缺乏想象力、墨守成规和吹毛求疵。

（4）协调者。一个能扮演好协调者的角色，他将会是一个可靠的、可信任的管理者，对维系组织的团结有很大的帮助；但过度时，则会成为一个事事责难、追踪、要求，甚至过分多疑的管理者。

（5）指导者。管理者如能恰当地扮演好指导者的角色，他将会是一位果断的、英明的管理者，能为下属提供处事的框架、原则和方向。但若过分，则会沦为抱残守缺、刚愎自用者。

（6）生产者。作为一个生产者，他是一位工作取向、发起行动的管理者。然而，如果过分沉溺于这一角色，则可能产生个人主义、爱出风头的印象。

（7）掮客（broker）。懂得扮演掮客角色的管理者，是一位资源取向、政治上十分机敏的管理者，能为组织争取和获取资源。然而，过度热衷于争取资源的管理者则可能变成狂热的机会主义者。

（8）革新者。一个能恰如其分扮演革新者角色的管理者，是一位有创造力、聪明、能预见变革、带领改革的管理者。但是，过度求变有时会导致不切实际、理想化，进而浪费资源。

（二）公共管理者的特殊角色

1945年公共行政学者保罗·阿普里伯（Paul Appleby）曾说："政府是不同的，因为政府是政治的。"他同时从影响的广度与深度、公共责任和政治特质三个方面来分析政府组织的不同。公共管理者和一般管理者的角色和职责肯定有许多相吻合之处，因为管理（无论公与私）都会涉及对一个组织拥有的资源——人力资源、财政资源、物质资源、信息资源——进行规划、组织和协调，以有效的方法去实现组织目标。然而，管理工作的一个最显著的特征在于其环境适应性，即管理者不断依据环境的变化来调整自己的价值、角色和行为。公共管理的多元性、政治性以及公共性这些特质，也决定了公共管理者承担与一般管理者不同的角色。

对公共管理者的特殊角色，许多学者做了很好的阐发。阿普里伯（Appleby，1945）认为公共管理者除不能忽视政治角色与公共性质外，应成为民主价值与公共利益的保卫者和提倡者。哈特（Hart，1984）认为公共管理者应先具有公民的身份，并在公共服务使命的召唤下，经由法定程序任命，所以他不仅应娴熟政策执行技术，更应坚持与捍卫立国精神，保障和提升公民道德，如此方无愧为民主行政的卫士——高尚官员。他认为高尚官员应至少具有四项责任：重视道德；关爱公民；道德企业主义；责权并重。

在许多对公共管理者特殊角色的论述中，1983年魏姆斯利（Wamsley）等人在"黑堡宣言"中对公共管理者在民主社会治理中的角色的阐述最具典范性。他们对公共管理者在民主宪政治理中角色的论述，的确反映了公共管理者的特殊使命和角色。

1. 执行与捍卫宪法的角色

公共管理者在就职时已宣誓要护宪及行宪，行宪的预期目标是营造一个稳定且有效运作的政治体系，而终极目标则是增加机会，促进平等以及持续地改进和提升全民的生活品质。这是公共管理者的天职。

2. 人民受托者的角色

公共管理者受人民的托付，在治理过程中扮演正当与重要的角色，不能屈服于短视的压力，应考虑长远的全民利益。公共管理者要不惧强权，更不能妄自菲薄，只把自己当成工具，应以追求公共利益为职责。

3. 贤明少数的角色

公共管理者要能做到"众人皆醉我独醒"，不可人云亦云，要扮演贤明的少数，而不是随波逐流追求时尚的“喧嚷的多数”或有权的少数，他们有责任通过吸引民众参与公共事务，使贤明的少数变成多数。

4. 平衡轮的角色

公共管理者必须对外在环境有回应或有反应，但绝不是像地震仪一样忠实地从事刺激反应的记录，或像忠诚的仆人一样只听命行事，也不能只是很有技巧地在各种利益集团间躲闪、求存。公共管理者要肩负专业责任，也就是要以维持公共利益及宪政运作为职志，在治理过程中，公共管理者应以其合法权力及专业判断扮演平衡轮的角色。

5. 扮演分析者和教育者的角色

公共管理者应该或必须能够有意识地了解自己决策的价值体系与假定，为自己的所作所为提出合理说明并尽量将人民纳入治理过程。公共管理者应扮演分析者与教育者的角色，以增加民选领导、民意代表、所有在治理过程中的参与者，乃至一般民众对公共事务的了解，并向他们灌输公共利益的观念。

三、公共管理者的技能

公共管理者为扮演好其角色，必须具备一些基本的管理技能。所谓技能，系指后天发展起来的、处理特定的人、事、物的能力。管理技能不同于一般的业务能力，业务能力系从事某种具体工作的能力，如市场调查、产品设计、服务营销、研究发展等。一般而言，一个优秀的管理者多半具有较强的业务能力。当然，具有较强业务能力的人未必就是一个好的管理者。

（一）人际关系技能

正如瓦尔多所言，公共行政管理的本质在于其是协作性的人际活动，协作活动的核心在于人际的互动。一个管理者的大部分时间和活动都是与人打交道的：对外要与有关的组织和人员进行联系、接触；对内要联系上下级，特别是要善于激励诱导下属人员的积极性（即做人的工作）。一个管理者只有拥有人际关系技能才能将人员整合到各种协作性的活动之中。

人际关系技能十分复杂而且不易概括，最低限度包括一种他我意识（所谓“己所不欲，勿施于人”[①]），一种对他人的关怀和敏感，对自己责任的认知，对别人权益的尊重，做事符合人情事理等。诸多研究表明，人际关系技能是管理者必须具备的技能中最重要的技能。这种技能对各层次的管理人员都具有同等重要

① 出自《论语·颜渊》。

的意义。在相同条件下，一个具备这方面技能的管理者肯定可以在管理中取得更大的成功。

君子周而不比，小人比而不周。[①] 如果公共管理者把人际关系技能发挥过度，只知道“搞关系”，以至丧失原则，对于缺点互相容忍，对于错误互相包庇，那么，如此发展下去必定是互相勾结、沆瀣一气、朋比为奸，结为团团伙伙。习近平总书记曾指出，“党内绝不允许搞团团伙伙、结党营私、拉帮结派，搞了就是违反政治纪律”。根据《中国共产党纪律处分条例》：在党内搞团团伙伙、结党营私、拉帮结派、培植私人势力或者通过搞利益交换、为自己营造声势等活动捞取政治资本的，给予严重警告或者撤销党内职务处分；情节严重的，给予留党察看或者开除党籍处分。

（二）技术性技能

技术性技能主要指从事自己管理范围内所需的技术与方法。现代公共管理的一个显著特征在于其日益变为一个专业化的活动，有效的管理者必须拥有完成专业性工作所需的技术能力。例如，对于一个政策分析者而言，他必须掌握复杂的定量分析的方法。特别是电脑技术广泛应用于政府管理以后，对电子计算机和网络能力的了解和掌握就显得尤为重要。相对来说，管理层次越低的管理人员就越需要具有技术技能。特别是一线的管理者，技术技能尤为重要，因为，一线的管理人员大多从事训练下属人员或回答下属人员有关具体方面的工作，因此，他们必须知道如何去做下属人员所做的各种工作。

在实践当中，应该尽量避免“外行领导内行”现象的出现。在特殊情况下，作为一个外行领导，应该尽量提升自己的技术性技能，进而形成领导权威。此外，作为外行领导，应该尽量多听取专家意见、博采众长，提升自我的鉴别能力。

（三）概念化技能

所谓概念化技能，系指公共管理者所具有的宏观视野、整体考虑、系统思考和大局把握的能力。卡兹认为概念化技能包含着一个管理者体认到组织的功能是相互依赖的，并能够从大的背景上为组织的未来勾画远景。一位优秀的公共管理者必须了解国内外政治、经济、社会、文化发展变化的现状与趋势，从组织之中超脱出来，将组织视为大环境的一个有机组成部分，进而建构愿景、发展战略，以保证组织的永续生存和发展。

---

① 出自《论语·为政第二》。

中国古诗讲："不识庐山真面目，只缘身在此山中。"说明身在局中不识大体的道理。"欲穷千里目，更上一层楼。"站得高，才能看得远。中国古代之寓言井底之蛙、坐井观天、夜郎自大等说明的是人不可缺乏概念化技能的道理。

（四）诊断技能

所谓诊断技能，是指针对特定的情境寻求最佳反应的能力，也就是分析问题、探究原因、因应对策的能力。中国古代文官考试的"策论"，也就是考察官员的"诊断"应对功夫和能力。正如一个医生根据病人的病情进行诊断方能对症下药一样，一个公共管理者应根据组织内部各种现象来分析研究各种表象，进而探究其实质。如果我们将概念化技能视为"只见森林，不见树木"的话，那么，诊断技能便相当于"只见树木"，要由表及里，从现象掌握本质的功夫。

在管理实践中，经常出现"第三类错误"（Type Ⅲ Error）①，即以正确的手段解决错误建构的问题。即在应该正确阐释一个问题时，却对问题的实质或规范做出错误的解读，表面上看似找到了引发问题的原因并提出了正确的解决方案，但实际上并没有真正解决问题，反而把人们带入歧途。

（五）沟通技能

可以这样讲，没有沟通便没有管理和组织，管理工作所做的每件事情都包含着沟通。良好的沟通对于管理活动的推进至关重要，在中国古代，张仪、苏秦作为纵横家的代表，正是因为其具备了高超的沟通技能，才成为春秋战国时期的翘楚。管理者没有信息则不能做出决策，而信息只能通过沟通得到，决策一旦做出，就要进行沟通，否则决策再好也无人知晓。要处理好人际关系，就要进行广泛的意见沟通。可见，沟通是管理的基础，也是管理者的一项基本技能。

所谓的沟通技能，系指管理者具有收集和发送信息的能力，能通过书写、口头与肢体语言的媒介，有效与明确地向他人表达自己的想法、感受与态度，亦能较快、正确地解读他人的信息，从而了解他人的想法、感受与态度。管理者需要沟通的技能。沟通的技能涉及许多方面，如简化运用语言、积极倾听、重视反馈、控制情绪等。虽然拥有沟通技能并不意味着成为一个有效的管理者，但缺乏沟通技能会使管理者遇到许多麻烦和障碍。

---

① 第一类错误（Ⅰ型错误、拒真错误）：指拒绝了实际上成立的、正确的假设，为"弃真"的错误，其概率通常用 α 表示。第二类错误（Ⅱ型错误）：接受了实际上不成立的假设，也就是错误地判为无差别，这类取伪的错误称为第二类错误，其概率用 β 表示。简单说就是：你的假设是错误，但你接受该假设。第三类错误：对错误的问题提出了所谓"正确"的解决方案。

第二节 领导者与领导力

一、领导的含义

（一）领导的含义

领导就是选择一个方向，确定一个目标，制定一个规则，集合一个群体为实现既定的目标而共同工作。

（二）领导的功能

领导的基本功能包括三个方面：第一，确立发展方向和前进目标。第二，聚合追随者。第三，动员和组织群众。

（三）领导（者）与管理（者）的联系与区别

1. 领导（者）与管理（者）的联系

领导者与管理者是相对的。在宽泛的意义上，对上级而言下级就是管理者，对下级而言上级就是领导者。但是在严格的意义上，只有那些确定方向、制定规则的组织人才是完全意义上的领导者，而执行政策及使政策具体化的组织人则是管理者。

2. 领导（者）与管理（者）的区别

（1）领导者源于理想和信念的原创者，富于创新精神，强调思想和价值观，注重方向感和感悟力，依靠个性和美丽吸引群众；管理者倾向于安于现状，至多是基于既定理念的创新者，强调制度和规则，注重管束和控制，依赖程序和数量化的方法实施管理。

（2）领导者有理想、有抱负，崇尚革新，乐于挑战现状，主张不破不立，即不断打破旧的平衡，建立新的平衡；管理者接受传统，重视原则、秩序、习惯和技术方法。

（3）领导者富有激情和奉献精神，愿意为实现既定的理想和目标而付出巨大的、包括生命在内的代价；管理者通常比较理想，比较在意付出与所得之间的平衡。

（4）领导者放眼未来，追求前瞻性、历史的视角，注重谋取战略性和长远的利益；管理者重视策略性和短期效应、追求现实的利益。

（5）领导者放眼于全局性、综合性和宏观的问题；管理者着眼于局部的、专业性和微观的问题。

(6) 领导者讲求抓大放小，善于抓住主要矛盾，主张有所为，有所不为；管理者重视勉励勤为，事必躬亲。

(7) 领导者更依靠内心感悟的，包括来自灵感或直觉的个性化的行为选择，所以，在本质上，领袖从来是无法培养的；管理者更注重通过学习而获得知识，以及对规律性、普遍性方法的掌握。

二、公共管理者的素质与职责

(一) 公共管理者的素质

1. 公共管理者素质的内涵

公共管理者素质就是充当公共管理者角色的个体为完成其特定的职能职责、发挥其特定影响和作用所必须具备的自身条件，是基于普通素质、又按管理者角色的特点而形成和具备的有别于普通素质，专门适合于履行管理职能职责或者从事管理活动的个体特质。换一个角度说，公共管理者素质就是公共管理者的一切内在构成，是公共管理者借以生存发展的个人内在的条件和特殊本领。

公共管理者素质其实就是所有素质中作为公共管理人才素质的一种，是作为管理人才的公共管理者因其地位和作用而与其他人区别开来的、具有明显特殊的专门素质。公共管理者是组织中富有活力的唯一能够赋予组织生机的因素。缺乏管理素质的领导，不会充分利用各种资源，不可能提供有效的服务。尤其在国际竞争日趋激烈的今天，公共管理者的素质和工作状况直接决定着公共管理组织的成败，甚至决定着生存，公共管理者的素质是组织在竞争激烈的环境中唯一能够拥有的有效的优势。

2. 公共管理者应该具备的素质

(1) 公共管理者要有信用意识

人无信不立，政无信必颓。从“尾生抱柱”① 到“曾子杀彘”②，从商鞅“南门立木”到诸葛亮“挥泪斩马谡”，从“曹操断发”③ 到晋文公“退避三舍”，都说明了无论是普通个人，还是公共管理者，都要讲究诚信，进而才能取信于人，取信于

---

① 出自《庄子·盗跖》：相传尾生与女子约定在桥梁相会，久候女子不到，水涨，乃抱桥柱而死。

② 出自《韩非子·外储说左上》。

③ 出自《三国志》：三国时期，曹操发兵宛城时规定：“大小将校，凡过麦田，但有践踏者，并皆斩首。”可是，曹操的马却因受惊而践踏了麦田。他很严肃地让执法的官员为自己定罪。执法官对照《春秋》上的道理，认为不能处罚担任尊贵职务的人。曹操认为：自己制定法令，自己却违反，怎么取信于军？即使我是全军统帅，也应受到一定处罚。他拿起剑割发代首，传示三军：“丞相踏麦，本当斩首号令，今割发以代。”

民。公共管理者的行为代表着政府形象，政府公信力是由政府组织内部每一个公共管理者共同塑造的。政府要公开、透明、诚实守信，就需要切实提升每一个政府公共管理人员的素质。这就要求，公共管理者必须树立信用意识、实事求是、认真负责，从根本上摒弃“唯上不唯下”和“报喜不报忧”的官僚习惯，加强自身行政道德素质修养，与时俱进，提升自身修养；同时做到廉洁奉公，秉公办事，规范自己的行政行为。

我们必须清醒地看到，政务诚信的流失已经直接威胁到人民群众对党和政府的基本信任。一个令人担忧的现象是，有些群众对党和国家的一些部门和一些政策表现出严重的不信任。例如，2012 年“6·30 天津蓟县大火案”，对政府公布的死亡人数，在证据确凿的情况下，仍有民众质疑。因此，提高公共管理者信用意识至关重要。

（2）公共管理者要有服务意识

“民惟邦本，本固邦宁。”[①] 正如习近平总书记在十九大报告中指出的那样，“人民是历史的创造者，是决定党和国家前途命运的根本力量”。为此，新时代坚持和发展中国特色社会主义，就必须坚持人民主体地位，坚持立党为公、执政为民，践行全心全意为人民服务的根本宗旨，把党的群众路线贯彻到治国理政全部活动之中，把人民对美好生活的向往作为奋斗目标，依靠人民创造历史伟业。故而，公共管理者必须要有服务意识。服务应该是一种理念和价值追求，政府作为服务者的角色，基本宗旨就是为社会服务。

一些公共管理人员滥用职权、欺压百姓、欺上瞒下、贪污腐化，在很大程度上损害了政府公众的形象，严重影响了基层政府和人民群众的积极性，损伤地方政府部门的凝聚力和号召力。作为服务型政府就是要从公共利益出发，转变政府职能，代表广大人民的利益，真正做到为人民服务。

（3）公共管理者要有领导能力

人们通常把领导能力等同于权力，认为有权力就有领导能力。领导能力与权力确实有密切关系，但绝不是对等关系，有权力未必就有领导能力，否则就难以解释个别领导“有权无威”甚至“众叛亲离”的现象。权力仅是领导能力的重要来源，而不是领导能力的全部。在领导科学研究中，领导能力存在于精神信仰、思想观念、规章制度等方面，公共管理者的领导能力决定着公共组织的领导能力。

2018 年 1 月 5 日，习近平总书记在学习贯彻党的十九大精神研讨班开班式上发

① 出自《尚书·五子之歌》。

表重要讲话指出：必须做到能力过硬，不断掌握新知识、熟悉新领域、开拓新视野，全面提高领导能力和执政水平。然而，要提升公共管理者的领导能力，就要用国家信仰、科学理念等加以引导。①

（二）行政领导者的职责

1. 行政领导者的职责和其行政职位、行政职权是统一的。行政领导者要有行政职位，要有行政职权，要履行行政职责。行政领导责任有两种：（1）法律责任，即行政领导者如果违反民法和刑法的规定，则由法院依据民法和刑法的规定予以惩罚；如果违反了行政法规所规定的义务和职责，则由行政机关或其他特定机构根据法规予以惩罚。（2）普通责任，即指行政领导者没有触犯正式的法律，而仅涉及职业道德和工作责任心的问题。履行行政职责，是行政领导者含义的实质和核心，作为领导者，责任是第一位的，权力是第二位的，权力是尽责的手段，责任才是行政领导的真正属性。

2. 行政领导者职责的内容是非常丰富的，主要有：（1）负责贯彻执行法律、法规以及权力机关、上级行政机关的决定。（2）主持制定本地区、本部门的工作计划。（3）负责制定行政管理决策，决定行政管理工作中的重大问题。（4）正确地选拔、使用人才。（5）负责对本部门和下级行政机关的工作实行监督检查。（6）做好协调工作。

三、领导行为与领导力

（一）领导行为的含义

领导行为是指领导者在领导过程的不同阶段中因情境和任务需要会表现出不同领导行为。例如，建构和体察民情就是两种常见的领导行为分类。

任何一种领导行为，都不可能导致其他人对其行为的全面追随，追随关系只能存在于某些方面；领导行为并不总是有效的。领导行为仅仅是个人行为，而这种行为能否达到其预期目的，要受各种因素的制约。

领导行为是群体中的个人行为，其目的是在领导者和其他人之间建立起追随关系；一个人在群体中获得领导地位，可以采取各种不同的方法，而这些不同方法的有效性，除了与方法本身有关外，还受各种其他因素的制约。

---

① 胡月星．没有强大领导力就难以有效领导，提升领导力是聚焦点［N］．人民日报，2016-04-15.

（二）领导力的含义

领导科学研究告诉我们，组织发展与领导能力的提升并不是同步的。组织规模增大，并不意味着领导能力随之提升；组织规模小，并不代表没有强大领导能力。那么，领导能力究竟是什么呢？领导力就是在实践中有用的一系列人们能看到的技巧和能力。领导力讨论的是领导者要创造一种氛围，让人们在此氛围下抓住极富挑战性的机会，取得非凡的成功，即如何激励他人自愿地在组织中做出卓越的成就。领导力讨论的中心问题是领导者如何通过实际行动，把理念转化为行动，把愿景转化为现实，把障碍化为革新，把分裂化为团结，把风险化为奖赏。

根据领导力的定义，我们会看到它存在于我们周围，在管理层，在课堂，在球场，在政府，在军队，在上市跨国公司，在小公司直到一个小家庭，我们可以在各个层次，各个领域看到领导力，它是我们做好每一件事的核心。一个头衔或职务不能自动创造一个领导。

四、领导方式

领导方式是领导方法的一种表现，是在领导过程中领导者、被领导者及其作用对象相结合的形式。如陈云同志所说，领导方式的中心问题是正确处理上下级关系。

（一）以领导者对权力运用的方式为标准

以领导者对权力运用的方式为标准，领导方式大致可以分为以下三种：

1. 独裁式领导

又称为专制的领导，是一种传统的领导方式，这种领导完全依赖手中的权力与威势以强迫部属服从，只要有机会他们就会松懈下来，所谓怠工正是在这种领导方式下常有的现象。

（1）以权力威胁为基础，不以人格感召为手段；

（2）所有的政策、制度皆由领导者自己决定，不是只能奉命行事，没有参与和提高意见的机会或权利；

（3）以事为中心，追求生产成果而忽视员工的情绪与利益；

（4）采取严密的监督，时时刻刻鞭策员工服从；

（5）不以客观之事实作为根据，常以主观批评决定员工的工作效率；

（6）员工对领导者所指示的命令不能加以怀疑，即使命令的“可行性”有问题，也只有硬着头皮去干；

（7）有功则归首长独享，有过则惩罚部下，自己毫无责任。

2. 放任式的领导

放任式的领导其特征可以归纳为下列四点：

(1) 领导者对机关的工作不加过问，完全交由部属自行处理；

(2) 领导者毫不关心部属，也不关心工作；

(3) 领导者与员工的关系疏远；

(4) 领导对员工的奖惩完全是被动的、刻板的，丝毫不能激发员工的工作情绪。

放任式的领导最大的缺点为：

(1) 主管人员对部下的工作没有适当的指挥监督，工作人员均凭自己的意见各自为政，工作缺乏统一的标准，容易形成纠纷，以导致管理的混乱；

(2) 主管人员对下属没有正确的领导，人员的思想与行动非常不一致，大家无法形成牢固的团体意识，组织如同一盘散沙，精神涣散，情绪低落，随时有瓦解的可能。

3. 民主式的领导

民主式的领导对部属使用鼓励和引导的方式，让大家参与工作的决定并了解如何去做工作，部属的工作潜力可以得到充分的发挥。

民主式的领导其特征为：

(1) 机关的决策制定有大家共同参与决定，领导者只是处于决策过程中最后一步而已；

(2) 决策制定以后，如果部属发现有不妥或行不通之处可以直接请求修正；

(3) 决策实行的结果，凡有功之处，首长与员工共同分享工作成果；如有过失则行政首长先行检讨，然后再去寻求造成过错的原因；

(4) 对部属的奖惩是根据客观的事实及公平的标准来决定的；

(5) 领导者与部属充分合作，水乳交融，没有心理上的距离感；

(6) 对部属做政策性的指导，有关工作细节则放手让部属自行处理；

(7) 关心部属的生活及需要，尊重部属的人格。

(二) 以领导的作风与态度为标准

以领导者的工作作风与行为态度为标准，领导方式可分为以下两种。

1. 以人员为中心的领导

其特质为：

(1) 领导关心部属的生活，如个人情况、家庭状况、工作是否满意等；

（2）部属被授予应有的权责，在其职责范围内，领导者不随便加以干预；

（3）经常与员工举行会议，交换意见，听取部下的工作报告及存在的问题；

（4）以善意的态度为部下提供指示；

（5）运用激励法以满足部下的需要；

（6）信任部属。

2. 以工作为中心的领导

以工作为中心的领导方式其特质为：

（1）领导者只注重工作的进程，不关心部属；

（2）工作人员的优劣，完全取决于他们的工作效率；

（3）领导与部属之间只有工作上的来往，没有其他任何的感情交流；

（4）对部属采取严格的监督，动辄惩罚部属。

第三节 领导理论

一、权变领导理论

所谓权变领导理论，主要是认为管理工作即为诊断与评估可能影响领导者领导行为与效果的各种因素，因此领导者在从事领导行为的选择与运用时，必须对各种环境因素加以考虑。权变领导理论的核心就是一切从实际出发，实事求是地进行管理工作。最具代表性的权变领导理论主要有：

（一）艾凡雪维奇的情景因素说

领导者在采取与运用领导行为时，应注意下列四项情景因素：

1. 管理者的特性

（1）人格特质：如领导行为的自信力、个性、智力、能力等；

（2）需要与动机：领导行为是基于某种需要与刺激而产生动机，如对比能有所了解，将可以帮助解释、分析领导行为的取向。

（3）过去经验与强化：领导者过去接受他人领导的方式，系采取民主参与式、独裁专断式，抑或放任式的领导，均将影响领导者日后的行为与领导形态。

2. 部属特性

（1）人格特质：自信心的强弱对以“工作为中心”或以“员工为中心”的领导形态，将产生不同的影响；智力与能力的高低，亦会影响其与领导者之间的关系。

（2）需要与动机：依据马斯洛的需要层次论，部属将随需要层次的变化而产生不同的动机，因此，领导者应根据部属的需要与动机而采取不同的领导行为与领导形态。

（3）过去的经验与强化：部属过去所接受的领导形态，将影响其行为取向。

3. 团体因素

（1）团体发展：团体在不同的发展阶段，其内部活动的重点将会有所不同，领导者应由团体发展的不同阶段，不断的调整或改变领导的行为与形态。

（2）团体结构：领导行为应根据团体成员的交互行为及聚合力程度的不同适时地加以调整。

（3）团体工作：团体的工作性质不同，将影响到领导行为与领导形态，例如在旅行情景下，工作导向或体恤的领导较为有用；在非例行混淆不明确的情景下，员工导向或体恤型的则较为适当。

4. 组织因素

（1）权力基础：产生领导的权力基础为五种——奖励权力、强制权力、合法权力、归属权力、专家权力。

（2）规则与政策：由于组织内部所制定的各项规则之不同，及政策目标的差异，领导行为除受其限制外，亦需要配合并做出不同的适应。

（3）专业主义：在现代专业化的社会里，从某种程度上而言，专业知识是权力，也是影响力的基础，领导者与部属依其是否受过专业训练及所受训练程度的高低。

（4）时间：紧急情形下工作导向；正常情况下员工导向或体恤型领导导向。

（二）费德勒的权变领导理论

费德勒的权变领导理论认为，影响领导形态的情景因素主要有以下三个方面：

1. 职位权力

职位权力指职位本身所具有的权力，而促使部属顺从并接受其领导的程度，由于领导者所拥有的职位权力程度不同，其可采行的领导行为亦应有所不同。

2. 工作结构

工作结构指群体工作任务的例行程度及可预测性。

3. 领导者与部属关系

领导者与部属相处及部属对领导者信任与忠诚的程度，如双方关系良好，领导者就容易得到部属的合作与努力，领导行为就趋向于员工导向的形态；反之，领导者将趋向于工作导向的领导形态。

费德勒的权变领导理论是研究者了解领导效能的知识，领导者应如何采择领导行为，方能对部属产生影响，发挥组织效能，可以从改变情景因素或领导形态方面着手，这一理论对于部属生产力的提高及员工满足感的增进，具有相当价值。

（三）豪斯的途径目标理论

豪斯的途径目标理论基本上是根据佛洛姆所提的期望理论引申而来，豪斯认为：领导者的激励功能，包括对于部属工作目标的达成，增加个人报偿，并且澄清途径，减少阻碍或陷阱，使部属易于通过途径以获得报偿，同时在例行上增加个人满足的机会。

豪斯的途径目标理论的基本命题为：

命题一：领导的辅助功能。

命题二：领导行为对部属士气之激励。

因此，领导行为应以下列四种行为为架构：

1. 工具行为，即对部属的行为予以计划、组织与协调。

2. 支持行为，对部属需要的满足，给予支持性的考虑与关心。

3. 参与行为，领导者与部属分享情报，征询部属意见，并运用部属的构想与建议，以达成团体决策。

4. 成就导向行为，领导者为部属设定富有挑战性的目标，期望部属有高水准的工作表现以及不断地寻求改进。

途径目标理论认为上述四种领导行为，可由同一领导者依情景的不同而选择，而对于情景因素的考虑，主要包括以下三个方面：

1. 部属的特性

部属本身的能力、需要、机会等均会影响领导行为的选择：

（1）能力，指部属本身所具有完成工作的能力。

（2）控制所在，指部属对于工作上发生的事故，其所能掌握控制的程度。

（3）需要与动机，部属追求的需要与其动机，均将影响领导行为的方式。

2. 工作环境的特性

（1）部属的工作。

（2）工作团体。

3. 组织因素

（1）规则、政策与程序对部属工作约束的程度。

（2）高压或紧急情况。

（3）高度稳定的情景。

豪斯的途径目标理论所提出的领导行为较具弹性，依情景因素的不同而选择适当的行为，各种领导在不同情景下均应予以考虑，只是其运用程度有所不同。

二、转换型领导理论

（一）权变领导理论的缺失

1. 过去的领导理论皆将重点放在影响领导效能的各种因素。

2. 过去的领导理论基于“领导者”“被领导者”的二分关系，关注与领导与从属之间的角色区分，而忽略了组织成员自我引导、自我要求的可能性。

3. 过去的领导理论常将“领导者”与“管理者”混为一谈，而未能辩明管理者的主要任务在于“创造”，基于对组织使命的深切体认和个人积极主动的开创精神，引导组织整体的变革方向。

（二）转换型领导的意义

1. 领导者在不同的情境中运用不同的领导形态时应本着个人良知，确实明了各种领导行为的价值意义和可能结果。

2. 领导者应以超越私利的心情，为谋求组织更大的利益来努力。

3. 从这种利他的实践过程中，赋予部属更宽广的自主权力、自我发展空间，以促进自我的实现。

换言之，转换型领导肯定人员有自我实现的需求，并有自主的能力，领导者通过激励与引导，唤醒成员自发的意识与自信心，从而能心悦诚服地认同组织的目标，肯定组织与自己的未来发展，置个人私利于度外，完成组织整体的目标。转换型领导源于魅力与交易领导两种理论，是一种能够结合组织成员共同需求与愿望的组织变革过程，通过领导的作用，建立起人员对组织目标的共识与承诺，创造人员信念和行为转变的有利条件。

（三）转换型领导的构成要素

转换型领导由以下要素构成：

1. 个别的关怀

转换型领导对下属的个别关怀表现在三个方面：

（1）发展取向。领导能够针对部属的条件与潜能进行了解，依照不同的属性指派任务，促进其能力发展。

（2）亲和取向。领导者与部属之间保持密切的接触关系，能逐个、即时提供回馈，当面告知部属的工作表现如何，是否有改进之处，并让部属充分明了组织的运作现况。

（3）辅导取向。领导者不仅关心旧部属的情况，更注意新进人员的适应问题，能够从旁辅导，使其安心工作。

2. 动机的启发与精神感召

领导者必须先揭示一个能够结合组织发展与个人成长的未来愿景，同时考虑组织所处之情境和部属个别的需要，使这个共同愿景或组织目标成为人员工作的动机源头，赋予个人的工作行为比较深刻的行动意义。

3. 才智的激发

基本上，转换型领导假定人员才智能力的发挥是组织存在、发展的命脉所在，所以，领导者的职责在于建立一种能够激发组织上下才智的互动的过程。

才智的激发方法包括：理性导向、存在导向、理想导向三种途径。

（四）转换型领导者的特质

转换型领导者是组织活动的中心，也是组织图存变革的发动机，其应具的领导特质可以归纳如下：

1. 创造前瞻愿景

转换型领导者的个人魅力在于其能创造组织前瞻之愿景，借以凝聚内部的向心力和信任感，使人员的努力有了可以期待的目标，而不至于彷徨无措。

2. 启发自觉意识

转换型领导并非通过强制的方式来获取权力，而是领导者能够洞察人员不同的长处和潜能，循循善诱加以启发，而部属从授权的过程中得到自我发展，并心悦诚服。

3. 了解人性需求

从领导交易理论来说，人员的需求并予满足，以促进绩效表现，是领导者的要务；而转换型领导也必须能够了解人员需求的个别差异问题，给予适当的回应，只有如此，才能有效激发其潜能。

4. 鼓舞学习动机

在科技日新月异、竞争激烈的现代环境中，信息和知识是组织图存发展的唯一利器。转化型领导者本身不但有渴求新知识的强烈学习欲望，还有能培养部属不断学习新知的习惯。

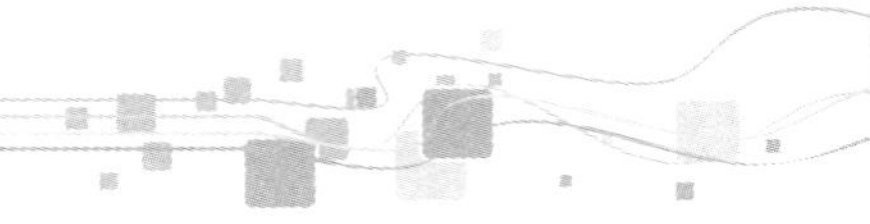

5. 树立个人价值

转换型的领导过程中，领导是组织上下信仰的对象，是组织存续的关键，所以转换型领导者必须树立起诚实、有信、正义、公道等价值信念，作为人员奉行的依据。

6. 乐于工作

转换型领导的工作态度对于塑造单位文化非常重要。领导者要求部属全力投入工作，自己也必须展现出对工作的高度热情，并能将这份热情加以扩散，以感染所有的组织成员。

第四节　公共领导的发展趋势

公共领导就是强调具有“公共性”的领导，具体而言，是指公共部门，特别是政府职能部门在公共管理过程中，为了实现公共利益、体现公共精神而进行的高层次管理活动。公共领导是社会主义中国现代行政领导发展的趋向，同样也是其为之奋斗的目标。

一、公共领导是具有公共精神的领导①

对于一般组织，领导是组织的统帅与灵魂，但对于公共管理来说，公共领导是为了实现公众利益而进行的社会活动，它应该成为组织本身与组织活动对象的公共性的领导和指引，即具备公共精神的领导。当然，这种公共精神不是虚幻的称谓，它表现为公共领导行为赖以实施的基本权力来源于公众，公共领导以实现组织的公共利益而不是单个成员个体利益为宗旨，公共领导是公共部门的领导而不是私人的领导。

当前，在国内外公共管理改革实践中，真正具备公共精神的领导并不普遍。因为公共领导首先考虑的是为谁服务的问题，其次才是怎样做好服务。但实际上，许多领导并没真正认识到其自身权力的公众来源，也不会认真考虑到为公众负责，而过多地甚至只是盯着对上级负责，其行为体现不出公共利益与公众要求，使得这种领导远离公共精神，甚至背道而驰。不论对公共领导做什么解释，公共领导的问题

---

① 应国良．与时俱进：公共领域的领导发展——从行政领导到公共领导［J］．中山大学学报（社会科学版），2003（6）．

都不能不讲“谁的领导”的问题：是个人领导，还是组织领导？是企业的领导，还是公共部门的领导？这些问题只能通过领导主体体现出来。

二、公共领导是政治或政策型领导

在许多传统公共管理理论流派看来，如何实现管理的效率与效益的方法是最重要的，然而现代公共管理理论却越来越重视高层次公共管理的影响与作用。这种独特的研究视角必然会使公共领导成为一个新的重要研究领域，并使公共领导更多地与高层决策及政治问题联系起来。从这一角度出发，公共领导又被看作一种政治或政策领导。

鲁克（Luke，1998）认为，政策领导是一个在多样化的利益中间激发公共政策制定与实施的活动，具体地说，政策领导涉及这样一些活动：激发人们对于有问题环境的注意，进而在各种竞争的多样化的利益中间就恰当的政策解决方案达成共同的认识，并能在公共政策的实施中不断地维持该公共政策。公共领导在政策制定与实施的层面上不同于一般的组织领导，相对而言，公共领导更关注外部组织之间的关系及其对重大决策的影响，而一般领导则致力于组织内部的政策目标。

越来越多的学者认为，不管是公共管理还是传统公共行政，都必须体现公共性的价值观，即公共管理要讲“政治”，而不是只关注效率和管理任务的实现。事实上，在政治与行政管理“二分法”的缺陷已经显露、大量的文献也已经证明政策制定和政策执行不可分割的情况下，现代公共管理与政治在其本质上已经是密不可分了。在美国，甚至街头工作也有决策问题，于是乎，美国出现了“街头官僚”[①] 现象。国外一些学者认为，公共管理是与传统公共行政不同的、自下而上的“政治管理”，并将这种政治管理看作公共组织管理中一个极为重要的构成部分。在这种管理中，公共管理者就像院外游说者那样，会与政治家或公共政策决策者进行博弈，通过影响政策过程和内容而获得公共组织有效运作的基本资源，包括公共权力资源、人力资源、信息资源、货币和其他物品等，在此基础上创造公共价值。这里的公共管理就可以理解为公共领导，因为公共领导本身就是高层公共管理，它与决策、政治的联系最为密切。所以我们说，作为公共管理高层决策者的公共领导，不仅要讲管理和效率，更要讲政治，并且公共管理的政治性特征主要体现在公共领导身上。

---

① “街头官僚”一词，最早见于美国行政学者李普斯基 1977 年发表的《走向街头官僚理论》一文。街头官僚是指处于低层次行政执行单位同时也是最前线的政府工作人员，包括警察、公立学校的教师、社会工作者、公共福利机构的工作人员、收税员等。

三、公共领导是战略型领导

战略与策略可能最早源于军事领域，但过去一直被私人管理所大量使用。如今，现代公共管理也把它们纳入自身考虑的范畴。正如欧文·休斯指出的，“传统的行政模式因其过分关注内部问题及其短视行为而受到批判。随着新公共管理的出现，以及公共部门越来越比以往更重视长期战略，这两方面的不足已有所改善”①。

战略问题受到重视，表明公共管理特别是公共领导比一般领导更加具有前瞻性和宏观驾驭力，它是完成公共管理重大任务不可或缺的资源条件。公共领导战略涉及如何运用智慧和指挥能力来引导公共组织去实现既定方针或目标，如何制定并控制良好政策使其达到最佳效果。国外有人认为，公共部门的战略管理或领导还包括，通过一个有意识的理性决策过程，使组织形成自己的目标，组织执行目标并对其进行监督。当环境和组织条件变化时及时对其进行适当调整等。

公共领导的战略管理区别于私人管理的战略性，这是由公共管理的本质特征所决定的。一般而言，公私部门的管理在管理层面和执行层面都大体相似，但在领导层面，由于公共管理是建立在公共权力强制力之上，它受到政治权威和合法强制力的双重限制，所以公共领导的战略有其独特内涵，例如权力（利）的不可让与性、绩效测评的困难等特点。这显然是私人部门领导在进行战略管理时无须考虑的。正如前述公共性时已涉及了的，这种区分还提醒我们，在我国公共领导理论与实践的建构上，如何真正体现领导行为的“公共性”，而不是简单地照搬私人管理的经验和做法，值得高度注意。

四、公共领导更关注对公共事务的管理

在很大程度上，传统公共行政关于领导问题的研究主要集中在对本组织的领导的研究。对公共管理而言，公共领导的活动不但是局限于组织内部，而且更主要的还包括组织之间进行的复杂多变的外部环境下的领导活动。亦即公共领导比以往领导更加关注组织内外的变化和与此相应的管理。这是因为公共管理的内涵的社会性，随着经济全球化趋势的加快，公共领导的社会化倾向会日益明显。

公共领导者一定要以开放的思维模式，走出内部管理的“禁区”，关注和解决更为广阔的领导外部世界的方方面面问题，有效地推动公共领导向前发展。这也从另一方面证实公共管理比公共行政更能吸引现代改革者的目光。

---

① 欧文·E. 休斯. 公共管理导论［M］. 彭和平，周明德，金竹青，等译. 北京：中国人民大学出版社，2001，149.

【思考题】

1. 领导是一门科学，还是一门艺术？

2. 简述管理与领导的区别与联系。

3. 公务员“公开选拔”的优势及劣势有哪些？

4. 如何理解公共管理者的“公共性”？

5. 领导力是否就是领导者的能力？

6. 比较与分析政府人力资源、公务员、公共部门人力资源、公共人力资源的区别与联系。

【案例】“职级并行”规定打通公务员上升通道①

新冠肺炎疫情发生初期，时任天津市疾控中心传染病预防控制室主任的张颖对宝坻百货大楼聚集性疫情进行抽丝剥茧、条理清晰的分析，并普及科学防疫知识，令公众信服。2020年2月，她获得火线提拔，升任天津市疾控中心副主任。

天津市委组织部对张颖的职务提拔，依据的是《党政领导干部选拔任用工作条例》和《公务员职务与职级并行规定》（以下简称《规定》）等有关规定。

2019年3月，中共中央办公厅印发的《规定》明确：不能或不倾向于晋升职务的公务员，通过晋升职级获得合理的待遇和尊严；职级不是达到最低任职年限就必须晋升，也不是简单按照任职年限论资排辈；职级不止于职级序列，可与领导职务互相转任、兼任，发挥人事管理功用。

对于《规定》，一种形象的说法是，职务与职级并行制度让公务员晋升通道从“独木桥”变成了“双通道”。有行政管理学专家认为，《规定》使得党管干部的制度体系更加稳固，党的公务员队伍结构不断优化，党的治理效能和执政优势更加明显。

随着1993年10月《国家公务员暂行条例》的施行，我国正式建立公务员制度。晋升提拔成为广大公务员密切关注的问题。这一制度施行20多年后，不少基层公务员反映自己“待遇低、岗位晋升通道窄”。

中央党校（国家行政学院）社会和生态文明教研部教授胡颖廉曾撰文《大数据解读基层公务员生存状况》指出：“无数基层公务员在权力‘金字塔’的底层消耗着青春和激情，有的人工作几十年还是副科长，自嘲患上了‘副科病’。”

① 节选自：焦敏龙．“职级并行”规定打通公务员上升通道［N］．中国青年报，2021-04-20（03）．

为此，2013 年党的十八届三中全会做出《中共中央关于全面深化改革若干重大问题的决定》：深化公务员分类改革，推行公务员职务与职级并行、职级与待遇挂钩制度。

针对如何并行、挂钩等问题，《2013 年度人力资源和社会保障事业发展统计公报》提出进行公务员和企业相当人员的工资试调查和分析比较。2014 年 8 月底，中共中央政治局会议通过《深化党的建设制度改革实施方案》。此后，改革先后在我国县以下机关、部分地区和部分在京中央机关试点。

2018 年 2 月党的十九届三中全会通过的《深化党和国家机构改革方案》提出，加强党对公务员队伍的集中统一领导。这年年底，十三届全国人大常委会表决通过新修订的公务员法。新法以 18 章 113 条对国家实行公务员职务与职级并行制度做出具体规定，例如重新设置职级序列、职级晋升条件和程序等。

2019 年 3 月 19 日，中办根据新修订的公务员法等有关法律法规，印发《公务员职务与职级并行规定》。同年 6 月 1 日，随着“一法一规”同时施行，公务员职务与职级并行制度正式在全国范围推开。

中国社科院马克思主义研究院习近平新时代中国特色社会主义思想研究部主任陈志刚分析认为，这意味着公务员职级职数将按机构编制数确定，基层单位职数会有较大增加。此外，职级职数比例放宽，资历在晋升中的分量明显上升。

“过去，科员有可能一辈子是科员。现在，职务与职级并行制度是一种激励。”刘刚（化名）2014 年到甘肃合水县人社局工作，《规定》施行后，他的职级从科员晋升为四级主任科员，月收入增加了 200 多元。

根据《规定》，公务员晋升职级应根据工作需要、德才表现、职责轻重、工作实绩和资历等因素综合考虑，例如，晋升四级主任科员，应当任一级科员两年以上。但不是达到最低任职年限就必须晋升，也不能简单按照任职年限论资排辈。

武汉大学法学院副院长、教授祝捷认为，《规定》使原本职务与职级对应的单轨制，成了职务与职级两条并行的晋升通道，从“独木桥”变成了“双通道”。

通过施行职务与职级并行制度，真正让公务员“能上能下”，是《规定》的一大亮点。

【问题】

“职级并行”规定打破了公务员的“晋升天花板”，有效促进了基层公务员的积极性。结合材料，试对比《规定》实施前后我国公务员晋升机制的变化，并指出该变化可能带来的潜在影响。

第五章 公共组织人力资源管理

不才者进，则有才之路塞。——《新唐书》

有贤而不知，知贤而不用，用贤而不委，委贤而不信，此四者古今之通患也。

——《南齐书》

智者弃短取长，以致其功。——《后汉书》

“鸿鹄之能远举者，为其有羽翼也；蛟龙之能腾跃者，为其有鳞鬣也。”① 对于一个组织而言，人才的选拔、培养、任用非常重要，对于公共组织亦是如此。公共组织人力资源管理的对象主要是公共管理者，通过人力资源管理，为公共组织选拔、培养、留住、用好各类人才。公共组织人力资源管理的核心是激发和调动公共管理者的积极性，并完成组织交给的各项任务。

第一节 公共组织人力资源管理概述

一、人力资源

（一）人力资源的含义和特征

人力资源，又称劳动力资源或劳动力，是指能够推动整个经济和社会发展、具有劳动能力的人口总和。经济学把为了创造物质财富而投入于生产活动中的一切要素通称为资源，包括人力资源、物力资源、财力资源、信息资源、时间资源等，其中人力资源是一切资源中最宝贵的资源，是第一资源。人力资源包括数量和质量两个方面。

① 出自《明史》卷七十一。

人力资源的最基本方面，包括体力和智力，从现实应用的状态来看，包括体质、智力、知识、技能四个方面。① 人力资源与其他资源一样也具有特质性、可用性、有限性。

人力资源具有生物性、时限性、再生性、磨损性（有形和无形）、社会性、能动性、增值性、难以模仿性、稀缺性等特点。

（二）人力资源与人力资本的联系与区别

1. 联系

人力资源和人力资本都是以人为基础而产生的概念，研究的对象都是人所具有的脑力和体力，从这一点看两者是一致的。而且，现代人力资源管理理论大多都是以人力资本理论②为根据的；人力资本理论是人力资源管理理论的重点内容和基础部分；人力资源经济活动及其收益的核算是基于人力资本理论进行的；两者都是旨在研究人力作为生产要素在经济增长和经济发展中的重要作用。

2. 区别

（1）在与社会财富和社会价值的关系上，两者是不同的。人力资本是由投资而形成的，强调以某种代价获得的能力或技能的价值，投资的代价可在提高生产力的过程中以更大的收益收回。因此，劳动者将自己拥有的脑力和体力投入到生产过程中参与价值创造，就要据此来获取相应的劳动报酬和经济利益，它与社会价值的关系应当说是一种由因索果的关系。而人力资源则不同，作为一种资源，劳动者拥有的脑力和体力对价值的创造有着重要的贡献，人力资源强调人力作为生产要素在生产过程中的生产、创造能力，它在生产过程中可以创造产品、创造财富，促进经济发展。它与社会价值关系应当说是一种由果溯因的。

（2）两者研究问题的角度和关注的重点也不同。人力资本是通过投资形成的存在于人体中的资本形式，是形成人的脑力和体力的物质资本在人身上的价值凝结，

---

① 美国著名心理学家麦克利兰于1973年提出了冰山模型，认为人员个体素质依据表现形式可以划分为表面的“冰山以上部分”和深藏的“冰山以下部分”。其中，“冰山以上部分”包括基本知识、基本技能，是外在表现，是容易了解与测量的部分，相对而言也比较容易通过培训来改变和发展；而“冰山以下部分”包括社会角色、自我形象、特质和动机，是人内在的、难以测量的部分，它们不太容易通过外界的影响而得到改变，但却对人员的行为与表现起着关键性的作用。

② 人力资本（Human Capital Management）理论最早起源于经济学研究。20世纪60年代，美国经济学家舒尔茨和贝克尔创立人力资本理论，开辟了关于人类生产能力的崭新思路。该理论认为物质资本指物质产品上的资本，包括厂房、机器、设备、原材料、土地、货币和其他有价证券等；而人力资本则是体现在人身上的资本，即对生产者进行教育、职业培训等支出及其在接受教育时的机会成本等的总和，表现为蕴含于人身上的各种生产知识、劳动与管理技能以及健康素质的存量总和。

是从成本收益的角度来研究人在经济增长中的作用，它强调投资付出的代价及其回报，考虑投资成本带来多少价值，研究的是价值增值的速度和幅度，关注的重点是收益问题，即投资能否带来收益以及带来多少收益的问题。人力资源则不同，它将人作为财富的来源来看待，是从投入产出的角度来研究人对经济发展的作用，关注的重点是产出问题，即人力资源对经济发展的贡献有多大，对经济发展的推动力有多强。

（3）人力资源和人力资本的计量形式不同。众所周知，资源是存量的概念，而资本则兼有存量和流量的概念，人力资源和人力资本也同样如此。人力资源是指一定时间、一定空间内人所具有的对价值创造起贡献作用并且能够被组织所利用的体力和脑力的总和。而人力资本，如果从生产活动的角度看，往往是与流量核算相联系的，表现为经验的不断积累、技能的不断增进、产出量的不断变化和体能的不断损耗；如果从投资活动的角度看，又与存量核算相联系，表现为投入到教育培训、迁移和健康等方面的资本在人身上的凝结。

二、人力资源管理

（一）人力资源规划

1. 人力资源规划的含义

人力资源规划是指使组织稳定地拥有一定有质量的和必要数量的人力，以实现包括个人利益在内的该组织目标而拟订的一套措施，从而求得人员需求量和人员拥有量之间在组织未来发展过程中的相互匹配。

2. 人力资源规划的目标

（1）得到和保持一定数量的具备特定技能、知识结构和能力的人员；

（2）充分利用现有人力资源；

（3）能够预测企业组织中潜在的人员过剩或人力不足；

（4）建设一支训练有素、运作灵活的劳动力队伍，增强企业适应未知环境的能力；

（5）减少企业在关键技术环节对外部招聘的依赖性。

（二）员工招聘与配置

1. 员工招聘的含义

员工招聘是指按照人力资源规划的要求把优秀、合适的人招聘进组织，把合适的人放在合适的岗位。

2. 人员配置的措施

（1）根据组织内外人力资源供求状况，采取相应调配措施。

（2）进行人才梯队建设。

（3）一般组织均实行从组织内部优先调配的人事政策。

（4）实行公开竞争的人事政策。

（5）充分考虑彼得原理①的效应。

（三）培训和开发

1. 培训与开发的定义

人力资源培训是给新雇员或现有雇员传授其完成本职工作所必需的基本技能的过程。

人力资源开发是指管理开发，指一切通过传授知识、转变观念或提高技能来改善当前或未来管理工作绩效的活动。正所谓“荆山之璞虽美，不琢不成其宝；颜冉之才虽茂，不学不弘其量”。②

2. 培训与开发的主要目的

（1）提高工作绩效水平，提升员工的工作能力。

（2）增强组织或个人的应变能力和适应能力。

（3）提高和增强企业员工对组织的认同和归属。

（四）薪酬管理

1. 薪酬的定义

薪酬是指员工为企业提供劳动而得到的各种货币与实物报酬的总和。

---

① 彼得原理是由美国教育学家、心理学家、管理学家劳伦斯·彼得于1960年首次公开发表，1969年在《彼得原理》一书中系统提出。彼得原理是关于经济组织中人员晋升的理论，指在实行等级制度的组织中，每个组织成员都会晋升到他所不能胜任的那一级。“彼得原理”对现实公共行政管理的意义在于：a. 彼得原理揭示了最基本的人事行政原则，即知人善任、适才适用。具体来说就是要根据每个人的专长和能力、志向和条件，做到才以致用、大才大用、小才小用、各尽其才、各得其所。政府机构中的每个职位都有其要求和条件，行政领导和人事部门应该根据这些条件和要求来选拔人才，一个人的能力、专长只有在与工作职位要求相一致时才能得到充分发挥，因此，人事行政必须做到知人善任、适才适用、因事用人。否则，不仅会造成人才的浪费，更会给工作造成损失。b. 彼得原理反映了组织人力资源管理的重要性。根据彼得原理可以简单地将一个组织中的人分成两类，第一类能胜任现在的工作，但不具备自我提升的素质，永远只能做好现职工作；第二类不但能胜任现在的工作，也具备自我学习、自我总结、自我提高的素质和能力。可见，组织的用人之道可简单地概括为发现并培养第二种人。由此推导的结论是必须充分认识到人力资源管理的重要性，并有效运作，发现（包括招聘和在组织内部发展）并培养组织每一职位的接班人，在人力资源上形成可持续发展的潜力。

② 出自《晋书·景帝纪》。

2. 薪酬福利制度制定的步骤

（1）制定薪酬策略；（2）工作分析；（3）薪酬调查；（4）薪酬结构设计；（5）薪酬分级和定薪；（6）薪酬制度的控制和管理。

3. 薪酬结构的定义

薪酬结构是指在一个企业的组织机构中，各项职位的相对价值与其对应的实付薪酬间保持着什么样的关系。

4. 影响薪酬设定的因素

（1）内部因素：企业的经营性质与内容、企业的组织文化、企业的支付能力、员工。

（2）外部因素：社会意识、当地生活水平、国家政策法规、人力资源市场状况。

（五）劳动关系

1. 劳动关系的定义

劳动关系是指劳动者和用人单位（包括各类企业、个体工商户、事业单位等）在劳动过程中建立的社会经济关系。

2. 劳动合同的含义

劳动合同是指劳动者与用人单位确立劳动关系、明确双方权利和义务的协议。劳动合同订立的原则：平等自愿，协商一致。

3. 劳动争议的定义及范围

劳动争议是指劳动关系双方当事人因实行劳动权利和履行劳动义务而发生的纠纷。

劳动争议的范围：

（1）劳动者与用人单位在履行劳动合同过程中发生的纠纷；

（2）劳动者与用人单位之间没有订立书面劳动合同，但已形成劳动关系后发生的纠纷；

（3）劳动者与用人单位因劳动关系是否已经解除或者终止，以及应否支付解除或者终止劳动关系经济补偿金发生的纠纷；

（4）劳动者与用人单位解除或者终止劳动关系后，请求用人单位返还其收取的劳动合同定金、保证金、抵押金、抵押物发生的纠纷，或者办理劳动者的人事档案、社会保险关系等移转手续发生的纠纷；

（5）劳动者以用人单位未为其办理社会保险手续，且社会保险经办机构不能补办导致其无法享受社会保险待遇为由，要求用人单位赔偿损失发生的纠纷；

（6）劳动者退休后，与尚未参加社会保险统筹的原用人单位因追索养老金、医疗费、工伤保险待遇和其他社会保险待遇而发生的纠纷；

（7）劳动者因为工伤、职业病，请求用人单位依法给予工伤保险待遇发生的纠纷；

（8）劳动者依据劳动合同法第八十五条规定，要求用人单位支付加付赔偿金发生的纠纷；

（9）因企业自主进行改制发生的纠纷。

三、战略人力资源管理

（一）战略人力资源管理理论的产生背景

20 世纪下半叶，随着经济和科技的高速发展，世界各国的竞争也越来越激烈，而人才的争夺更是处于竞争的中心地位。在 20 世纪 80 年代以前，企业已经在投资决策和市场营销中推行实施了战略管理，但是由于当时人力资源管理受到一些主客观条件的制约，所以并没有被纳入企业战略管理的范畴。20 世纪 80 年代，为了提高企业竞争力，各国企业争相引进新的生产方式和技术，以提高生产力，但因为没有同时重视改革人力资源管理体系，所以新的生产方式和技术并没有取得相应的绩效。这一现实促使人们去思考人力资源管理在企业战略管理中的地位，并大胆提出将两者结合的想法。

（二）战略人力资源管理理论的发展历程

1978 年，詹姆斯·沃克在《将人力资源规划与战略规划联系起来》中初步提出将战略规划与人力资源规划联系起来的思想，开启了战略人力资源管理理论的萌芽。

1981 年，Devanna 在《人力资源管理：一个战略观》中提出了战略人力资源管理这个概念。Devenna 认为，战略人力资源管理是组织战略管理中不可或缺的方面，因为人力资源是组织获得竞争优势的最主要因素，所以组织可以通过改革人力资源管理的规划、政策和模式等来增强企业的竞争力，从而实现其具有竞争优势的人力资源配置；还可以通过人力资源管理的灵活性，使人力资源与组织战略相匹配，从而实现组织的战略目标。

1982 年，Niniger 提出将人力资源规划与战略规划联结起来，从而增进组织的有效性的观点，标志着战略人力资源管理正式形成。

1984 年，Beer 等人的《管理人力资本》一书的出版标志着人力资源管理向战略人力资源管理的飞跃。Kanter（1983）、Baird 和 Meshonlam（1988）认为组织需要一种战略人力资源管理过程，去帮助他们适应对柔性和创新所产生的需求“战略奇迹”的速度。

1985 年，Golden 总结了人力资源规划与战略联结的四种形式：（1）监督：很少联结，人力资源只负责传统的行政工作。（2）单通路式：战略规划领导人力资源规划（或相反）。（3）互惠与相依式：双方同时进行。（4）整合式：二者以互动关系同时进行。

1987 年，Miller 认为战略人力资源管理是在企业中所有与人力资源有关的决策，而这些决策主要是为了协助实施企业战略以获得竞争优势。

1992 年，Schuler 认为战略人力资源管理的关键在于整合和调适。Wright 和 McMahan 认为战略人力资源管理必须实现垂直整合和水平整合。垂直整合的目的在于促进人力资源管理与企业战略规划互相整合，而水平整合则是强调使不同人力资源管理实践具有协调性和整合性。Wright 对战略人力资源管理的界定具有一定的代表性，Wright 将战略人力资源管理定义为“为使企业达成目标所进行的一系列有计划的，具有战略性意义的人力资源部署和管理行为”。

2001 年，Wright 等人认为战略性人力资源管理由三部分构成：（1）人力资源管理实践系统，包括招聘、职位分析、薪酬设计、培训、考核评价等所有的人力资源管理实践活动；（2）人力资本存量，包括组织的管理型人力资本、知识型人力资本、技能型人力资本和普通型人力资本的总和；（3）组织成员关系和行为，强调组织中成员之间的协作关系、个人意愿、相互情感和认知能力等。

2003 年，陈维政等人认为战略人力资源管理的核心在于：人力资源是企业持久优势的竞争资源，人力资源战略必须与企业战略整合。杨清等人认为战略人力资源管理就是人力资源实践活动与业务战略联系起来的过程，这个过程包括了识别业务战略所需具备的人力资源能力和保障能力而专门设计的政策和实践做法。

2004 年，Charles R. Greer（2004）以投资视角为切入点，依次论述了人力资本理论和人力资源的战略管理、战略规划、环境审视、战略实施、战略评估等，强调了人力资源在提升股东回报率和为利益相关者提供公平报酬方面不可替代的战略意义。

2005 年，安鸿章认为战略人力资源管理有两个特点：（1）将人视作组织中最重要的资源，将人才竞争作为企业之间的主要竞争；（2）战略性人力资源并不一定指那些拥有高级别岗位的人员。

（三）战略人力资源管理的特征①

1. 战略性

战略人力资源管理的本质是其“战略性”。人力资源管理战略和企业战略紧密结合是战略人力资源管理的核心特征。战略性的人力资源管理主要体现在四个方面：（1）在战略指导思想上，是“以人为本”的人本管理；（2）在战略目标上，是为了“获得竞争优势”的目标管理；（3）在战略范围上，是“全员参与”的民主管理；（4）在战略措施上，是运用“系统化科学和人文艺术”的权变管理。但基本的观点认为战略性主要表现在“战略贡献者”作用。马托森从三个方面论述了这种作用：（1）提高企业的资本运营绩效；（2）扩展人力资本；（3）保证有效的成本系统。沃尔里奇则提出了人力资源管理“战略性角色”的概念，认为当代人力资源管理已经从传统的“职能事务性”向“职能战略性”转变。劳伦斯·克雷曼、乔森纳·斯迈兰斯基等人侧重于从企业人力资源管理对企业价值链的重构、人力资源管理实践边界的扩展等角度，来阐述人力资源管理职能的战略性定位。

2. 匹配性

企业战略和人力资源战略的一致性即战略匹配是战略性人力资源管理的关键。Wright 等人强调了战略性人力资源管理的两个核心特征，即适配性（Fit）和适应性（Flexibility）。其中包括纵向匹配和横向匹配。纵向匹配也可以说是外部匹配，即人力资源管理必须与企业的发展战略匹配，和企业的发展阶段完全一致，考虑到组织的动态性，并完全吻合组织的特点。横向匹配也可以说是内部匹配，即整个人力资源管理系统各组成部分或要素相互之间的匹配，通过发展和强化人力资源的各种政策和实践之间的内在一致性来完成。舒勒、胡博从组织战略目标实现方面论述了战略人力资源管理职能，他们认为战略人力资源管理是一种统一性与适应性相结合的人力资源管理，必须与“组织的战略”及“战略需求”相统一②。

3. 目标性

战略人力资源管理的另一个特征就是目标性。战略人力资源管理的目的是：通过确保组织获取具有良好技能和良好激励的员工，使组织获得持续的竞争优势，从而形成组织的战略能力，依靠人们实现战略目标和依靠核心人力资源去建立竞争优势。但是战略人力资源管理的目标与目标性也不同于人力资源管理的目标。其目标性具有两个显著特点：其一是战略人力资源管理范式下的目标更强调雇员的个人目

① 萧鸣政．人力资源开发与管理［M］．2版．北京：北京大学出版社，2009.

② 倪敏玲．试议战略人力资源管理的本质与特征［J］．苏州大学学报，2005（4）．

标与企业战略结合在一起。也就是说，要通过合理的战略性人力资源管理使企业目标和员工个人发展目标尽可能相匹配。在企业管理理论中，对于人性的假设一直是各种企业管理理论的基础。而在战略性人力资源管理中，人被赋予了“自我实现的人”的角色，这也是人力资源管理的重要目标。其二是战略人力资源管理的目标更在于长期性和整体性。

4. 协同性

协同性，又称捆绑性，是指组织内部人力资源管理各项实践活动协同发挥作用，共同服务于某一特定目标的组合模式。人力资源管理实践的捆绑性特征是基于匹配性特征的。正是由于各项人力资源实践间的匹配能够使人力资源管理获取协同效应，所以才能促使运作中人力资源实践间的捆绑。

5. 动态性

动态性也可以说是灵活性，是指人力资源管理的柔性和灵活性，亦即人力资源管理对组织内外部环境的适应性。动态性基于一个基本的假设，即组织的内外部环境是不断变化的。因此在人力资源管理过程中，组织追求的不是某种最佳的人力资源管理实践，而是人力资源管理实践与组织内外部环境的不断适应。人力资源管理的动态性对组织和管理者都提出了全新的要求，它要求组织的系统保持柔性、人员保持柔性，更重要的是组织的文化必须具备创新求变的活力，组织学习能力的获取成为人力资源管理的一个重要目标。

（四）战略人力资源管理理论基础

战略性人力资源管理的主要观点是人力资源管理活动对组织绩效非常重要。许多学者根据各种不同的理论依据，例如一般系统理论、角色行为理论、制度理论、资源依赖理论、人力资本理论、交易成本理论、代理理论以及资源基础理论等，提出不同的理论架构来解释好的人力资源实务与企业绩效的关系。

1. 资源基础理论观点

最早应用在战略性人力资源管理的理论是组织经济学及战略管理文献中经常提到的资源基础观点。资源基础理论强调组织的竞争优势是由组织内部资源所产生。资源基础理论区分出三种组织资源，包含了实体资本、人力资本以及组织资本。Wright 和 McMahan 认为如果个人的能力分配呈现正态分布，可以通过四个方面来思考人力资源管理实务能否创造竞争优势：（1）某种人力资源要能创造持久性竞争优势，必须是因为该资源可以为企业提供价值，企业对劳动力的需求必须是异质的，而且必须有异质的劳动供给。（2）这些人力资源必须是稀少的，如果人力资源能力分配真的呈常态分配，则高素质的人力资源自然相对稀少，组织甄选系统的目标都是希望能够雇用到好的员工，可是能不能真的吸引并留住好的人才，则是一个值得思考的问题。(3) 为了维持竞争优势，人力资源必须是不可转移的。(4) 若要成为竞争优势来源，资源必须是不可取代的，若一个企业拥有高素质人才，一旦其他竞争者发展新的技术，提高了生产率，该企业将失去竞争优势，不过若该项技术可以模仿，则该企业可以通过取得技术并加以发展，使其重获竞争优势。也就是说技术是可能被取代的，而人力资源才是持久竞争优势的来源。

2. 人力资本理论观点

舒尔茨（Thodore Schults）[①] 于1960年提出人力资本理论，Wright（1994）在此基础上提出人力资本池观点，他们全面、系统地分析了人力资本的稀缺性、价值性、难以替代模仿等特性及其战略价值，正是由于人力资本的这些特性与战略价值，使之成为企业获取竞争优势的战略资产。因此，战略人力资源管理必须重视人力资本的投资与开发。人力资本理论观点认为，组织的成员所具备的技能与知识、能力等是具有经济价值的，而且人力资源管理活动对于人力资本的提升具有正向关系。这些提升人力资本的人力资源管理活动对组织绩效的发挥是最有利的。

3. 行为理论观点

另一个在战略性人力资源管理中常用到的理论是行为观点理论，此理论主要源于权变理论。行为观点理论的主要论点是：员工的行为是战略及组织绩效的中介变项，而人力资源实务是为了诱导或控制员工的态度与行为，不同的组织特性及经营战略则会引发不同的态度与行为需求。换句话说，人力资源管理是组织的重要工具，以传递角色信息，支持期望达到的行为，以及审核角色表现，以达到组织的目标。Miles 和 Snow 也提出类似的行为观点，认为人力资源实务必须随着战略的不同而改变，因为组织必须通过人力资源实务发展出不同的行为技能，才能推动战略。

4. 一般系统理论观点

一般系统理论观点认为人力资源管理是一个大组织底下的次系统。Wright 和 Snell 提出了用开放性的系统观点来描写组织的竞争管理模式，其中能力与技能被视为“投入”，员工行为被视为“转换”，而员工满意度与工作绩效被视为“产出”。

---

① 首先提出人力资本理论并对经济发展动力做出全新解释的是舒尔茨。他在长期的农业经济研究中发现，促使美国农业产量迅速增长的重要原因已不是土地、劳力或资本存量的增加，而是人的技能与知识的提高。同时，他发现工人工资大幅度增长中有一部分尚未得到解释。他将这一部分归功于人力投资的结果。于是，舒尔茨在1960年提出人力资本学说，其中心论点就是，人力资源的提高对经济增长的作用，远比物质资本的增加重要得多。

在这个系统中，有效的管理才能包括：（1）才能取得；（2）才能利用；（3）才能维持；（4）才能剔除。有效的管理行为则包括：（1）行为控制；（2）行为协调。因此，一般系统理论认为，人力资源管理此次系统可经由取得、运用、留任及转换适任人才等功能，提升组织效能。

5. 代理及交易成本理论

另一个常见的取向是代理与交易成本理论。交易成本理论是从财务或经济学的观点来看组织中人力的交换过程，主要是想探讨什么样的环境因素可以促使组织进行内部交换来降低交易成本。Jones 认为，有限理性及机会主义是造成人力交换的障碍。战略人力资源管理等各项活动可以有效管理雇主与员工的关系：可以使员工个人的贡献能清楚地定义出来，并适当地给予薪酬，否则员工将不会有诱因去提升绩效，而人力资源实务还可以作为衡量员工绩效的方法，透过这些方法，可以使员工行为及组织目标趋于一致。因此战略人力资源管理可发挥效用，使交易成本与代理成本降低，促进企业的效益提升。

6. 战略管理理论

艾尔弗雷德·钱德勒（Alfred Chandler）、迈克尔·波特（Michael Porter）[①] 等人关于战略管理的经典理论，对战略规划、企业战略及战略管理进行了深刻的分析论述，这就为战略人力资源管理所内含的“战略性管理”，以及人力资源管理与企业战略相匹配提供了一个理论平台。

四、公共组织与私人组织人力资源管理的区别与联系

人力资源管理概念首先在私营部门兴起，由人事管理发展而来。人事管理学发源于第一次世界大战期间科学管理和福利工作两大运动的融合，之后受到以梅奥为代表的人际关系学派的挑战，价值观逐渐发生根本变革，于 20 世纪 60 年代演变成现代企业人力资源管理。

近二十多年来西方政府再造运动掀起了一股市场化、民营化的浪潮，私营部门的理念与实践方式渐渐被引入到公共部门，企业人力资源管理理念与实践逐渐开始挑战公共部门的人事管理就是其中之一。公共部门传统人事管理受到冲击后的直接

---

① 迈克尔·波特 1980 年出版的《竞争战略》一书中总结了五种竞争力：行业中现有对手之间的竞争和紧张状态、来自市场中新生力量的威胁、替代的商品或服务、供应商的还价能力以及消费者的还价能力，这就是著名的“五力模型”。在激烈的商业竞争之中，只有灵活运用战略才能胜出，因此，波特为商界人士提供了三种卓有成效的战略，它们是成本优势战略、差异化战略和专一化战略。

后果就是公共部门人事管理新模式——公共部门人力资源管理的产生。公共部门人力资源管理的兴起是公共部门内的一场管理变革，将会对公共部门的传统人事管理产生根本性的冲击，进而会导致公共部门组织文化、组织体制的改善，组织与个人绩效的提高。

近年来，公共部门人力资源管理成为人们关注的一个焦点，其理论与实践发展非常迅速，颇有成果。公共部门人力资源管理是在对工商业界人力资源管理理念借鉴性引入的基础上形成的，两种不同部门的人力资源管理自然是有着千丝万缕的联系，存在着许多的相似性。然而，公共部门和私人部门是两个异质性的领域，公共部门人力资源管理在实践中逐渐发展出了不同于后者的一些特征，而且两者的差异性随着公共部门和企业人力资源管理实践的进一步发展愈加明显。

理论来自对实践的总结和提升，理论反过来指导实践。随着公共部门和私人部门人力资源管理实践的发展，我们有必要根据两者的发展历程在理论上厘清二者的异同点，以便更好地指导两种人力资源管理实践。

（一）公共部门人力资源管理和企业人力资源管理的相同点分析

1. 两种人力资源管理遵循共同的管理原则

公共部门人力资源管理和私人部门人力资源管理都是新时代条件下的产物，它们不同于旧式的人事管理体制，其运行必须符合新时代的要求，都要从时代要求出发，所遵循的原则基本也是一样的，主要包括人本原则、顾客满意原则和灵活性原则。人本原则就是以人为本，强调人是最重要的资源，强调更好地依靠雇员的自我指导、自我控制以及顺应人性的管理等，在实践中要求管理活动以人为中心，注重满足个人要求，开发个人才智。顾客满意原则也被称为“顾客导向”或“顾客至上”，是指组织根据顾客的需要组织生产、提供服务，以优质、高效的产品和服务赢得客户。由于竞争是公共人力资源管理时代的特色，所以为了适应竞争环境的多边性与不可预见性，公共人力资源管理必须具有相应的灵活性，使人力资源能够及时、迅速应对环境的变化，灵活性是人力资源管理体系的重要特性①。

2. 两种人力资源管理的基本职能和具体内容相同

两种人力资源管理都包括五项基本职能：（1）人力资源的获取，包括招聘、考试、选拔与委派；（2）人力资源的整合，即使被招收的员工了解企业的宗旨与价值观，接受并遵从其指导，使之内化为他们自己的价值观，从而建立和加强他们对组

① 麦克纳，比奇．人力资源管理［M］．北京：中信出版社，1998.

织的认同感和责任感；（3）人力资源的保持和激励，即向员工提供与其业绩相匹配的奖酬，增加其满意感，使其安心积极工作；（4）人力资源的调控与调整，评估员工的素质，考核其绩效，做出相应的奖惩、升迁、离退、解雇等决策；（5）人力资源的开发，对员工实施培训，并提供给他们发展机会，指导他们认清自己的长处与短处以及今后的发展方向。

两种人力资源管理的具体内容都包括制订人力资源计划、工作设计和岗位分析、人力资源招聘、人才甄选、人力资源的培训和开发、工作绩效评估、员工工资报酬和福利、劳动保护与劳资关系和员工档案的保管等方面。①

3. 两种人力资源管理环境的内部因素相同

"人是环境的产物"，人力资源管理活动总是在一定的环境中进行的，因此环境对于人力资源管理而言，是值得关注和强调的重要背景，是人力资源管理系统中的一个重要的子系统。人力资源管理的环境因素构成十分复杂，有的因素直接影响和制约着人力资源管理，有的因素间接地对人力资源管理产生作用。人力资源管理环境的划分按照不同的标准有多种划分方法，这里为了论述的方便，我们不妨采用一种常见的划分方法，将其分为外部环境因素和内部环境因素。

公共部门和企业不管有多大的差别，他们首先都是属于组织，因此二者在管理环境的影响因素方面的相同点主要表现为内部因素的大体一致。作为组织的公共部门和私人部门，在进行人力资源管理的活动中总会受到一定的与组织相关的内部环境因素的制约，这种制约往往是直接的。来自于内部环境的制约因素主要包括组织目标、组织制度、组织文化、高层管理者的风格、工作人员、工会组织、非正式组织和组织部门的其他部门②。

特定的组织目标必须被看作影响人力资源管理任务的一个主要内部因素，目标是组织持续存在的目的或原因，是人力资源一切管理活动的直接出发点。每一个管理层都应为明确的组织目标而工作，组织内部的每一个部门也都应该明白自己的目标，以便与组织的目标协调一致。组织制度是指组织的原则、结构、运行方式等，组织的原则、结构和运行方式对人力资源管理的开展是一个重要的制约因素。随着人力资源管理成为组织发展中越来越重要的因素，组织文化，尤其是企业文化也成为商业界和学术领域的一个热点，大家都明确提出要整合组织的文化来提升人力资源管理的有效性。和商业界相同，公共部门也存在组织文化，是

---

① 郜启扬，张卫峰．人力资源管理教程［M］．北京：社会科学出版社，2003.

② 陈振明，孟华．公共人力资源管理［M］．福州：福建人民出版社，2003.

指公共部门的社会心理倾向。组织文化主要是指与产生行为规范的正式结构相互影响的组织内部的共享价值、信仰和习惯的系统，因此，组织文化在很大程度上规范着组织成员的行为方式和态度，还决定了组织中的成员对管理措施的态度，并可能影响管理的结果和效果。不管是在公共部门还是在私人部门，高层管理者都拥有很大的自由度，不同的管理者针对同一个管理对象会采取不同的处理方式。人力资源管理的实质还是对人的管理，而所有组织中员工的能力、态度、个人目标和品质方面各有不同。在实施人力资源管理的过程中，管理者时常会发现对一个雇员有效的管理方式，对于另一个雇员来讲可能会无效。为了进行有效的管理，管理者必须考虑到每个雇员的差异。工会组织的存在，往往会要求所有雇佣员工的组织在人力资源管理中更多地考虑到工会组织作为雇员的代言人所提出的需求和施加的压力，管理过程中要求管理者和雇员之间长期的进行有效的互动和沟通。每个单位中都存在正式组织和非正式组织，非正式组织对于一个单位的所有管理活动都会产生一定的影响。公共部门和企业（小企业的情况有点不同）的人力资源管理活动主要是由人力资源管理部门负责，作为组织中的一个子部门，它和其他的部门往往是并列的，人力资源管理活动要想取得预期的成果一定要和其他部门建立良好的合作关系。尽管公共部门和私人部门的组织目标、组织制度以及上面所列举的其他因素的具体内容都是各不相同的，但在人力资源活动都会受到其这些因素的制约方面则是一致的。

（二）公共部门人力资源管理和企业人力资源管理的不同点分析

1. 两种人力资源管理对执行者的素质要求不同

这里的素质要求主要是指学历、品德等方面。一般来说，公共部门对这方面的要求比私人部门高一些。企业作为典型的私人部门，企业规模不同就会有不同规模、模式的人力资源管理结构。一般来说，小企业的企业领导就是人力资源工作的负责人，他们只派少数专、兼职人员处理日常人事业务；中型企业的领导一般不会亲自承担人力资源管理的职责，只是过问骨干人员的任免、奖酬制度设计等重大事情；大型企业一般需要设置专门的人力资源管理职能部门。但公共部门则不同，公共部门的重要职责是为社会提供公共物品、服务和维护社会的基本公平，因此，其人力资源管理部门会相对比较完善，地位也比较重要。就职于公共部门的人员往往都是通过严格的公务员考试和面试才能获得在公共部门就业的机会，相对来说具有较高的素质，对公务员实施人力资源管理者的素质要求自然也较高。另外，在公共部门当中，人力资源管理部（人事部）是一个独立性较强的部门，有着很高的地位，尤其是在人事管理阶段，上级缺少监督人力资源管理执行者行为的激励，下级和公众缺少监督他们行为的机制，这就要求承担公共部门执行人力资源管理的人员不仅要具有较强的工作能力，还要具有公正、无私的性格特质，也就是说“保证公共部门公共管理者的负责任的管理行为是一件非常紧迫的事情”。

2. 两种人力资源的管理对象不同

私人部门人力资源的管理对象是企业各种类型、各种层面的员工，素质和能力参差不齐。而在采用公务员制度的国家里，公共部门的管理对象是国家公务员，公务员是经过严格的公务员考试选拔上来的，因此其素质较高、工作能力较强。管理对象的不同以及管理对象之间的具体差异将导致两种人力资源管理的实践具有相当大的差别，企业人力资源管理活动由于管理对象的复杂性和多样性会比较不稳定，方式也趋向于多样化，而公共部门人力资源活动由于管理对象层次的一致性会比较稳定。

3. 两种人力资源管理的目标指向不同

从表面上看来，公共部门和私人部门人力资源管理的目的是一样的，两者都是为了提升人力资源在组织中的重要性，并积极推动人力资源作用的发挥和潜能的开发使组织与个人实现双赢（win-win），实则不然。因为两种人力资源管理的最终目标完全不一样，公共部门人力资源管理工作的最终目的是为人们提供更多的公共产品、更好的公共服务，促进社会的公共利益。而私人部门为顾客提供更好的服务只是服务于创造更多利润的最终目标。

4. 两种人力资源管理的外部环境因素不同

企业的生存环境是市场，公共部门的生存环境是整个社会。因此，前者的人力资源管理主要受劳动力市场、合法报酬、法律、社会需求、工会、股东、市场竞争、技术变革和经济形势等外部因素的影响。公共部门人力资源管理主要受一些宏观因素的影响，包括政治环境、经济环境、文化环境。公共人力资源管理是行政管理的一部分，是政治系统的一个子系统，因此，与国家的政治制度和行政体制的关系极为密切。就政治环境而言，其主要包括国家体制、政治制度、政党、国家法律、方针政策，以及政治风气、政治运行机制和方法等。上面所说的经济环境是指国家的经济制度、所有制形式、经济发展水平、国民生产总值、人均纯收入、国民生活水平以及发展后劲等，这些构成了公共部门人力资源管理的物质基础，一定的经济体制要求有相应的公共人力资源管理方式与其相适应。文化环境即指国家的社会历史背景、意识形态、价值观念和社会准则等，以及由此生成的社会人际关系、交往方式、生活理念等的总和。文化对于公共人力资源管理的影响主要有两个方面：一是公共人力资源来自于一定的社会文化环境，其所具有的价值观和行为准则会促使公共人力资源管理选择特定的行为模式；二是已有的社会意识形态、价值观、领导方式等会对公共人力资源管理的实践过程产生影响。公共部门人力资源管理的外部因素和国家这一概念有着紧密的联系，不同的国家其政治环境、经济环境以及文化环境的具体内容也必定不一致。另外，技术环境、人口环境、教育环境、国际环境等也都对公共人力资源管理产生了深刻的影响。

5. 两种人力资源管理目前的发展程度不同

现代企业人力资源管理已经经历了近 40 年的发展，从管理理念到管理实践都比较成熟，人力资源的管理水平成为企业能否取得成功的一个关键因素。而公共部门人力资源管理是借鉴了私人部门的人力资源管理成果而发展起来的，起步晚于后者，发展程度也不及后者，但其发展势头很迅猛。如大多数政府部门在大刀阔斧地进行人事改革，以期用公共部门人力资源管理模式取代已经不能适应新时代新要求的传统人事管理模式。

从以上的分析中，我们不难看出企业人力资源管理和公共人力资源管理从管理原则到管理的具体技巧等方面既分享着一些共同点，也存在着不少的差异。因此，一方面，公共部门可以对工商业界人力资源管理理念进行借鉴性引入，但另一方面，由于公共人力资源管理与私营部门的人力资源有着相当大的不同，工商业界的一些人力资源管理理念和技术并不是都能直接照搬进公共领域的，要针对公共领域的特殊性进行适应性地移植与调整。此外，公共部门人力资源管理现在只是在起步阶段，其发展必定是一个渐进的、曲折的过程。在此过程中，作为公共部门的改革者，要积极解放思想，本着充分利用人才、增进社会公共利益的原则引导改革。

第二节　公共组织激励理论

一、需要层次理论

马斯洛是美国近几十年影响相当广泛的人本主义心理学家。他于 1943 年初次提出了“需要层次”理论，在 1954 年又对这个理论做了进一步的发展和完善。马斯洛的需要层次理论在西方各国广为流传，近些年来，在我国思想界尤其是在我国的心理学界和管理理论界，也都产生了很大的影响。

需要层次理论的主要内容如下：

1. 需要层次理论把人类纷繁复杂的需要分为生理的需要、安全的需要、友爱和归属的需要、尊重的需要和自我实现的需要五个层次。1954 年，马斯洛在《激励与个性》一书中又把人的需要层次发展为七个。

人的需要由低到高的七个层次：

（1）生理的需要。生理的需要是人们最基本的需要。衣、食、住、行是每个人都少不了的，也是他们首先要考虑的。当然，这些需要不可能直接从工作上得到满足，但是他们可以通过完成工作而获得金钱，以金钱来购买他们所需要的衣、食、住、行等方面的物质条件。一旦这些生理的需要得到相对满足，那么人们的注意力就会集中到更高层次的需要上去。

（2）安全的需要。每一个人都希望安全，不仅希望人身安全，而且也希望避免疾病、失业和其他各种危险。这些需要是通过企业采用安全的设备、医疗、保险和退休福利等措施来满足的。

（3）友爱和归属的需要。人们都愿意与其他人进行社会交往，这种交往通常通过交谈和建立友谊来实现。人们在一起谈话，形成各种群体。人一般都喜欢与别人为伍，渴望得到别人的支持和友爱，并有所归属，得到承认。同时，人又给予别人以友爱。因此，工作单位和地点就不仅仅是一个工作场所的问题，而且也为人们进行社交活动，建立友谊和归属提供了机会。

（4）尊重的需要。每个人都有自尊和被人尊重的需要。人们都感到自己是很重要的，这样当他们干工作时才会增加自己的信心。在工作中满足尊重的需要的方法有很多，例如有提高其对完成工作的认识，提高其在同事中的社会地位，以及提升其职位等。

（5）求知的需要。人有知道、了解和探索事物规律的需要，而对环境的认识则是好奇心的结果。

（6）求美的需要。人都有要求匀称、整齐和美丽的需要，并且通过从丑向美转化而得到满足。

（7）自我实现的需要。当所有上述的需要均基本上得以满足时，自我实现的需要就变得突出起来，这对个人来说可能是最好的愿望。当人们的需要进入到这个层次时，都想发挥他们全部的内在潜力，来满足他们这种自我实现的需要。

2. 马斯洛认为，上述七种需要是按次序逐级上升的。当下一级需要获得基本满足以后，追求上一级的需要就成了驱动行为的动力。但这种需要层次逐渐上升并不是遵照“全”或“无”的规律，即一种需要 100%的满足后，另一种需要才会出现。事实上，社会中的大多数人在正常的情况下，他们的每种基本需要也都只是部分地得到满足。

3. 马斯洛把七种基本需要分为高、低二级，其中生理需要、安全需要、社交需要属于低级的需要，这些需要通过外部条件使人得到满足，如借助于工资收入满足生理需要，借助于法律制度满足安全需要等。尊重需要、自我实现的需要是高级的需要，它们是从内部使人得到满足的，而且一个人对尊重和自我实现的需要，是永远不会感到完全满足的。因此，通过满足职工的高级需要来调动其生产积极性，具有更稳定、更持久的力量。

二、双因素理论

双因素理论（Two Factors Theory）又称激励保健理论（Motivator-Hygiene Theory），是美国的行为科学家弗雷德里克·赫茨伯格（Fredrick Herzberg）提出来的。双因素理论认为引起人们工作动机的因素主要有两个：一是保健因素，二是激励因素。只有激励因素才能够给人们带来满意感，而保健因素只能消除人们的不满，但不会带来满意感。

其理论根据是：第一，不是所有的需要得到满足就能激励起人们的积极性，只有那些被称为激励因素的需要得到满足才能调动人们的积极性；第二，不具备保健因素时将引起强烈的不满，但具备时并不一定会调动强烈的积极性；第三，激励因素是以工作为核心的，主要是在员工工作时发生的。

1. 保健因素

保健因素是指造成员工不满的因素。保健因素不能得到满足，则易使员工产生不满情绪、消极怠工，甚至引起罢工等对抗行为；但在保健因素得到一定程度改善以后，无论再如何做改善的努力往往也很难使员工感到满意，因此也就难以再由此激发员工的工作积极性，所以就保健因素来说，“不满意”的对立面应该是“没有不满意”。

2. 激励因素

激励因素是指能造成员工感到满意的因素。激励因素的改善使员工感到满意的结果，能够极大地激发员工工作的热情，提高劳动生产效率；但即使管理层不给予员工使其满意的激励因素，往往也不会因此使员工感到不满意，所以就激励因素来说，“满意”的对立面应该是“没有满意”。

三、强化理论

强化理论也叫行为修正理论，是美国的心理学家斯金纳提出的以学习的强化原则为基础的关于理解和修正人的行为的一种学说。

强化是行为主义文献中最早出现的概念之一。强化原理后来演化为教育心理学中著名的学习原理——及时强化与反馈。强化这一概念的提出始于桑代克，到新行为主义代表人物斯金纳这里就达到了一定的理论高度，他们都认为强化作用是决定人和动物行为的关键因素。

1. 桑代克的强化理论

桑代克（1874—1949 年），美国心理学家、教育家，是第一个强化理论者，首创迷箱实验。

在“迷箱实验”中，将饥饿的猫禁闭于迷笼之内，饿猫可以用抓绳或按钮等三种不同的动作逃出笼外获得食物。饿猫第一次被关进笼子时，盲目地乱撞，一段时间后，可能做对了打开笼门的动作，逃出笼外。桑代克再重新将猫关入笼内，记录每次从实验开始到猫做出打开笼门的正确动作所用的时间。经过反复实验，桑代克得出猫的学习曲线，并认为猫是在进行“尝试错误”的学习——经过多次的尝试错误，饿猫学会了打开笼门的动作，由此得出了联结这一概念——刺激同反应融合形成一种联结。这种联结是通过学习过程建立、加强和组织起来的。

1933 年，桑代克又提出了“效果扩散”的现象。效果扩散是指奖励的效应不仅对受奖的联结起作用，而且对时间上邻近的，刚好发生在这个受奖联结包括受罚联结也起作用。这进一步说明了强化的影响。桑代克的强化原理对行为心理学很重要。

2. 斯金纳的强化理论

斯金纳（1904—1990 年）是新行为主义的代表人物。他认为，人或动物为了达到某种目的，会采取一定的行为作用于环境，当这种行为的后果对他有利时，这种行为就会在以后重复出现；不利时，这种行为就会减弱或消失。人们可以用这种正强化或负强化的办法来影响行为的后果，从而修正其行为。所谓强化，从其最基本的形式来讲，指的是对一种行为的肯定或否定的后果（报酬或惩罚），它至少在一定程度上会决定这种行为在今后是否会重复发生。

根据强化的性质和目的，可以把强化分为正强化和负强化。在管理上，正强化就是奖励那些组织上需要的行为，从而加强这种行为；负强化就是惩罚那些与组织不相容的行为，从而削弱这种行为。正强化的方法包括奖金、认可、表扬、提升机会等。负强化的方法包括批评、处分、降级等，有时不给予奖励或少给奖励也是一种负强化。

第三节　公共组织人力资源管理过程

一、公共组织人力资源的选拔

（一）考任制

1. 考任制的含义及形式

考任制是指用人单位或主管部门根据工作需要，公布范围条件，根据统一标准经过公开考试，识别、选拔领导干部的制度。考任制是我国古代最先创建的选拔官员的一种方式，现已被世界许多国家所采用。我国已实行了国家公务员考试制度。近年来，中央一些部委和一些省市公开招考司（局、厅）级和处级领导者，已取得了明显的效果。实践证明，考任制给领导干部队伍带来了新鲜血液和活力。

其具体运用主要有三种形式：

（1）公开选拔（包括竞争上岗）。在职位空缺时，面向社会进行公开选拔。

（2）任前测试。在干部提拔任用前，组织行政理论业务知识的测评，考察其是否具备与拟任职务相应的能力水平。

（3）资格准入。通过公开考试发现有培养前途和发展潜力的后备干部并进行储备。

2. 考任制的优缺点

考任制的核心在于分权，它一般体现为自下而上的无既定候选人的选人方式，将干部选拔任用的权力通过民主、公开的程序予以下放，让干部通过自身的参与和竞争来争取晋升的机会。

考任制的优点是明显的，它具有透明度，向所有符合条件的人开放，程序规范，标准清楚，有利于激发人的上进心。

但是，考任制也有其不足之处，它主要是侧重对参与者的业务能力和知识水平的考核，而对于参与者在实际工作中的工作成绩、管理能力、协调能力、个人品德则无法全面地体现出来。对于要求用德能勤绩考察干部，着重于综合素质的评价标准来看，单纯采用考任制显然也是不合适的。

（二）公选制

领导干部公开选拔制度是我国干部人事制度的重要改革工作和关键要求，这对建设我国政治文明有着重要意义。目前公开选拔制度建设取得了一定成效，但也存在着整体性、系统性不强，而片面化、局部化明显的主要问题。

1. 公选制的含义

作为我国干部选拔制度的重要形式，公开选拔（以下简称“公选”）在各地的实践中进行了有益的探索，但是也存在着一些相应的弊端需要改进。公选制度是面向社会并采用报名、考察和考试相结合的方式，是新型的领导干部考任制度，并与考任制、聘任制和委任制等形式构成了具有内在联系的干部选拔体系。

2. 公选制的发展阶段

公选制作为我国党政干部选拔的基础制度之一，从 20 世纪 80 年代出现以来，大致经过了“探索阶段”“推广应用阶段”“全面开展阶段”和“完善规范阶段”。

（1）探索阶段（1984—1992 年）

重庆市公用局在 1980 年使用了公开招聘的方式选拔国企的干部领导。随后 1984 年深圳、宁波各地等相继使用群众推荐和组织推荐、考试考察结合的办法，对处、科级干部进行了面向社会的公开选拔。而在 1985 年，宁波市则首次提出了“公开选拔”的概念，并增加了笔试面试的程序，这标志着公选制的产生。随后，江西、浙江等省都积极进行了公开选拔的工作试点，这使得公选制度得到了很大的推广和应用。

（2）推广应用阶段（1992—1998 年）

1992 年 6 月中组部转发了《关于采取“一推双考”的方式公开选拔副地厅级领导干部情况的报告》，这是对公开选拔领导制度的充分肯定，并向各地部门进行了积极的推广工作，极大地提升了公开选拔在领导干部选拔中的作用。党的十四届四中全会于 1994 年通过了《关于加强党的建设几个重大问题的决定》，这对公开选拔进行了完善和总结。1995 年，《党政领导干部选拔任用工作暂行条例》的出台则明确提出了推荐党委、政府及其工作部门某些领导成员人选，“还可以采取组织推荐、群众推荐、个人自荐等几种方式结合的方法。”1993—1998 年期间，全国开展公开选拔领导干部的省级单位已达 29 个。

（3）全面开展阶段（1998—2001 年）

这时期，首先，制度建设有了新进展，这保障了公选工作科学化水平的提高。1993 年出台的《关于进一步做好公开选拔领导干部工作的通知》是公选制度的第一个规定，这进一步规范了公开选拔工作。其次，公选制度规范化成为了重要的研究问题。为进一步提高公开选拔工作的整体水平，中央于 2000 年 1 月，召开了深化全国干部人事制度的改革工作会议，并颁布了《深化干部人事制度纲要》的文件。中央于 2000 年 6 月召开全国深化人事制度改革的工作会议，并颁布了《全国公开选拔党政领导干部考试大纲（试行）》，规定考试有公共科目考试、专业考试和面试组成，这首次以规则的形式对公选制度进行了统一规范。这不仅给以后的制度建设提供了重要基础，也有利于公开选拔从探索走向规范化，并且以法规、条例的形式把公选制度提升到了规范化、制度化的层面。

（4）完善规范阶段（2001 年至今）

几个重要法规文件的颁布是这个阶段的主要标志，包括《公开竞争暂行规定》《干部任用条例》和我们现在所熟知的《公务员法》。公开选拔正是出现在法律法规中，是在 2002 年 7 月中共中央印发的任用干部条例中，这对公开选拔的适用范围、工作程序和组织领导做了相对比较原则的规定。2004 年 4 月，中央为从整体上推进干部人事制度的改革，总共颁发了五个改革干部人事制度的文件。同年 5 月份，中央组织部对之前的考试大纲进行了重新修订，其中包括专业科目笔试、公共科目笔试和面试等相关内容，这使得公开选拔的程序更加具有了可操作性。2005 年的《公务员法》对涉及公开选拔的程序进行了进一步完善工作。经过长期的发展和实践，公开选拔制度已逐步规范化和科学化，但是仍然需要将其进行适应性、公正性和实用性的统一。

3. 公选制的成本分析

党政干部选拔任用中的成本问题是干部领导选拔工作中日益突出的问题，因此对于干部选拔成本进行量化分析，了解其中的存在方式和构成成本，对我们完善规范公选制的成本绩效会有着重要的意义。

一般的选拔成本主要有社会成本和政府成本。

社会成本主要体现在运行过程中的金钱、人情、利益等方面，其中可能还存在着暗箱操作等不合法的行为。

政府成本则主要包含机会成本、旁置成本、组织成本和风险成本等。首先，政府机会成本主要指政府在选择人才的时候可能会放弃更为优秀的人才。其次，政府旁置成本是指在干部选拔之后，由于未对其进行较好的后备计划，可能会导致干部人才的闲置，这对人才来说是极大的损失。再次，组织成本是干部选拔任用中可以比较明确量化的成本。这是政府在为组织干部选拔任用的过程中而发生的价值投入，主要包括人员供给和人员需求的预测成本、人员招聘计划的成本以及条例中设定的报名、笔试、考核、公示等各个环节的运营成本。最后，由于政府部门在考察过程中由于考察不周等主观原因而造成人才使用的不匹配和流失则产生了政府风险成本。这些成本的产生给整个干部选拔制度的进一步发展带来了一些阻碍困境。

4. 我国公选制的现状和问题

虽然经过多年的发展，我国领导干部选拔在很多方面都取得了很大的进展，并且也相继出台了《党政领导干部公开选拔和竞争上岗考试大纲》等相关重要文件，这些文件的推出进一步推动了这个制度的发展，但是不得不说，我国的公选制现状还存在着规范化、制度化和配套制度等方面的很多不足之处。

（三）委任制

1. 委任制的含义

委任制，亦称任命制，与选举制相对应，是指由立法机关或其他任免机关经过考察而直接任命产生行政领导者的制度。

2. 委任制的优缺点

（1）优点

程序简单，便于操作；权力集中，责任明确，指挥统一，行动迅速，利于治事和用人的统一，效率高、省时间。

（2）缺点

容易因领导个人的好恶，而出现“任人唯亲”等不正常的用人现象，也容易使行政机关的工作关系带有个人色彩，形成宗派主义；或因领导本身的视野与精力的限制，而造成在没有全面了解下属的情况下错误委任的现象。另外，对不胜任者不易调整，容易造成能上不能下、能进不能退的弊病。

（四）聘任制

1. 聘任制的含义

聘任制是指用人单位通过契约确定与人员关系的一种任用方式，又称聘用合同制，是相对委任制而言的。一般的做法是由用人单位采取招聘或竞聘的方法，经过资格审查和全面考核后，由用人单位与确定的聘任人选签订聘书，明确双方的权利义务关系和受聘人员的职责、待遇、聘任期等。

2. 聘任制的优缺点

（1）优点

有利于调整干部结构，在制度上激励干部奋发上进，扩大用人单位灵活的用人自主权；有利于促进人才竞争、人才流动，有利于发挥干部技能，做到人尽其才，才尽其用；有利于“唯才是举”“选贤任能”社会风气的形成。

（2）缺点

如果没有严格而有效的考核作保证，容易出现拉关系、搞宗派等不正之风。

二、公共组织人力资源的培训

（一）公共部门人力资源培训的含义

公共部门人力资源培训是政府人事管理系统的一项基本的管理职能。它指国家行政机关、国有企事业组织与人事行政主管机关，通过法律、法规的规定，运用一定的形式和方法，有计划、有组织地对公职人员进行以提高政治素质、业务能力和工作绩效为主要目的的终身的继续教育和训练活动。

作为一种成人继续教育，公共部门人力资源培训与一般的学校常规教育有所不同。首先，公共部门人力资源培训是以提高工作岗位的工作效率和水平，改进工作方式为核心与直接的目的，因此，它的针对性较强。培训的内容和方式，基本上都是围绕着公职人员从事行政活动所必备的政治素质、职业道德，以及知识、能力和技巧上。其次，公共部门人力资源培训是一种终身的、回归的继续教育，是常规教育的发展和延续，属于“第二过程教育”的再教育，它伴随着公职人员个人职业生涯发展的始终。再次，公共部门人力资源培训的内容是根据职位或职务的具体要求，向受训者灌输专门的知识和特殊的技能，以工作需要为着眼点。从长远和整体上看，培训是提高整个政府组织绩效的基本途径和手段。最后，公共部门人力资源培训的形式多样灵活，伸缩性较强。在教育时间、范围和方法上，都是切中公职人员工作需要的。

（二）公共部门人力资源培训的必要性

培训对个人和组织发展的重要性似乎是不言而喻的。但是，在实际的管理运作中，它常常被作为一种被动的行为或补救措施，即当组织诊断出现问题时，才会考虑到对员工的培训。因此，充分认识到公共部门人力资源培训的必要性和作用，有助于在人力资源管理中，以正确的观念和态度从事这一重要工作，积极发展和完善培训制度、体系及其技术、方法。

公共部门人力资源培训的必要性体现在：

第一，科技革命、信息社会与知识经济时代的到来，使公共部门人力资源管理面临着前所未有的挑战。21 世纪科技革命的结果给我们带来了信息社会和知识经济社会，正如约翰·奈斯比特所说：“在信息经济社会里，价值的增长不是通过劳动，而是通过知识实现的。‘劳动价值论’诞生于工业经济的初期，必将被新的‘知识价值论’所取代。”这些特征也已渗透到政府部门和行政管理工作中。这无疑要求公职人员必须接受终身的教育和培训，不断地进行知识与技能的更新，才能适应社会发展的需要，跟上时代前进的步伐。

第二，日益严峻的社会问题强化了公共管理者们接受培训的客观需要。相比半个世纪以前，今天政府要面对诸如犯罪、失业、环境污染、食品安全等一系列问题。这些问题往往带有多因、相互连带和性质难以判断等特征，解决社会问题的难度在不断加大。这使得政府公职人员必须强化准确判断事物和有效解决问题的能力，同时还能够用自己掌握的先进技术手段处理各种问题。因此，作为公共事业的管理者与社会问题的解决者，只有根据形势与发展的需要，通过培训途径不断地完善自我知识、能力和素质，才能出色地履行国家和人民赋予他们的责任。

第三，行政改革与行政发展对公共部门人力资源的素质提出了严格的要求。行政改革与发展是21世纪政府不可避免的趋势。行政发展意味着政府将成为服务的政府，而不是单纯统治的政府。行政管理将由目标管理的模式，进一步发展到绩效管理或全面品质管理。在政府与市场、政府与中介组织和居民自治组织的关系中，政府将更多地成为指导者，而不是直接管理者。如奥斯本和盖布勒所言，政府应是“起催化作用的政府，掌舵而不是划桨”。如何掌舵，是对公职人员素质的考验。毫无疑问，公共部门人力资源培训将在这个转型过程中充当至关重要的角色。培训将直面行政发展的前景，给公职人员全方位地灌输新的管理理念、管理思想、管理原则、管理方法和管理技术。

第四，从战略高度上看，国家已将公共部门人力资源开发与培训纳入到整个社会、经济发展的长期规划之中。人是事业发展的根本保证，国家社会、经济的发展离不开优秀的人才。公共部门人力资源作为维护政权稳定、促进社会进步的精英力量，它的发展方向和人才结构模式势必成为政府长期宏观规划的重要组成部分。因此，对公共部门人力资源的培训是一项战略性的任务，它关系到国家、民族的前途和命运。

（三）现代公共部门人力资源培训的特征

与营利性的或私营的企业组织相比，公共部门自身的性质和对公务员的特殊要求，使得公共部门人力资源培训除了培训工作的一般特点外，在培训目标、方向和知识构成等方面具有明显的特点。

1. 公职人员的政治理论和政治素质的培养在公共部门人力资源培训中占有重要比重

公共部门人力资源是构成国家政权组织体系的重要力量，换句话说，他们的所作所为是负有维持国家机器运行的使命，确立和保持政府的合法性地位，提供安定团结的政治、社会环境。每一个公职人员的行为都在公众面前展示和代表了国家和政府的形象，都为维护政府的政治合法性做出了应有的贡献，可见，公职人员的行为与政治之间存在着密切关系。因此，公共部门人力资源培训必须着力于对公职人员政治素养的教育。

2. 在发展中国家里，公职人员的法律观念和法律意识也是公共部门人力资源培训的重点

在发展中国家，随着经济的起飞，权力行政正在向法制行政过渡。依法治国、依法行政将成为这些国家治国安邦的主旋律。国家公职人员是法律的执行者，在很多情况下还是法律、法规的解释者，因此，公务员的法律素养的培养关系到他们能否有效地依法行政、在法律规定的范围中从事行政活动，而不是利用手中的权力随心所欲、侵犯公民的合法权益。

3. 在公共部门人力资源培训中，注重通才发展和专才发展相结合

通才类人才是指以法律、政治等社会科学学科为知识背景的人才，他们适用于弹性大、工作性质综合性强的行政事务；专才是指以专业、技术化程度较高的学科为知识背景的人才，他们适于从事比较专业化的行政管理活动。公共部门人力资源培训依据政府的发展趋势，根据工作需要，在不同层次上设计了通才发展和专才发展相结合的道路，使人才培养过程适应行政管理性质的要求。

4. 发展公职人员的职业能力，建立与不断完善公共部门人力资源在职培训和终身教育的体系，促进培训工作本身日益职业化的进程

信息知识社会、技能的更新速度越来越快，学习已经不是公职人员人生某个阶段的事情，单纯学习一种知识也不可能终身受用。公职人员的职业能力要想跟得上时代飞速发展的步伐，就必须将教育和培训通过各种方式贯穿于一生。为此，公共部门应该不断地完善公职人员的终身教育体系。

5. 发展公务员的人格素质已是公共部门人力资源培训刻不容缓的任务

任何一个人的素质都可以由认知能力和人格两大方面组成。前者标志着一个人的智力水平，反映出认识事物、把握事物本质的速度和能力，它包括知识、学习能力等；后者则是反映一个人个性、品德、价值观和态度等，体现出对社会的认识和处理人际关系的能力。人们普遍认识到，一个人仅仅拥有智力能力是不够的，还必须有健全、完善的人格，这样才能在人生的道路上不畏挫折和失败，才能努力发展自己，取得更大的成绩。所以，对公务员的培训而言，人格素质培养应该是与公务员知识、技能教育并重的内容，它不可或缺。

（四）公共组织人力资源培训的类型

公共部门人力资源培训属于在职教育，其形式具有较强的弹性，类型也是多种

多样。一般来说，有以下几种：

1. 任职或初任培训

对新录用、尚未正式任职的初任公务员进行的理论和实践教育培训，它是被录用后试用期内的必经环节，培训合格者才能被正式任用。

2. 在职培训

它的对象是已经在公共部门服务若干年的公职人员。这类培训根据社会经济环境的变化，以及政府某些行政职能的扩大和加盟、知识结构的更新等需求，以调整公职人员的知识技能，提高行政管理的能力为目的。培训的方式以离职学习为主。

3. 晋升培训

对在职公职人员中高层次的人员和有希望或拟将晋升到更高职位的公职人员进行的培训。此类培训有明确的针对性，它根据职务所要求的理论知识、政策水平、组织能力和综合素质，给予公职人员在政治、业务、技能等方面的教育，使其能够胜任更高一级的领导职位的工作。

4. 专门业务的培训

主要指公职人员在从事某项专门性的业务工作或临时性业务工作之前，接受的培训过程。其目标是掌握专业性工作所要求的特殊知识、技能和注意事项等。如我国近期建立和实行的向企业派出特派稽查员制度，担任特派稽查员的公务员首先就要接受财务、审计等方面的特殊专业知识和技能的培训。

三、公共组织人力资源的薪酬

（一）公共部门薪酬管理的含义和作用

公共部门薪酬是指公职人员在为组织目标和顾客需求提供所需的行为和服务时，从组织获取的工资、奖金和其他经济性补偿或间接性货币收入。对于公职人员来说，薪酬是其付出劳动和提供服务的回报或交换，是对个人人力资本使用的报偿，是个人经济收入和经济安全的主要来源，也是维持个人和家庭生活的重要决定因素之一。正如丹尼斯所说："员工和他们的家庭依靠工资来维持生活的开支。"薪酬同时也是体现公职人员个人价值的重要方面。

公共部门薪酬管理是指公共部门根据自身的发展战略和目标，依据国家政策与法律，并综合各方面的因素，确定薪酬策略并付诸实施的整个过程。薪酬管理与组织发展是相辅相成的，主要目的是为了在保障员工基本生活的同时，充分激励、发挥员工的能力，实现组织的发展目标。薪酬管理也是为了组织能够留住人才，拥有合理的人力成本，并保证组织内部的薪酬公平。

公共部门薪酬管理在人力资源管理上的重要作用主要体现在两个方面：一是薪酬管理决定着人力资源的合理配置与使用；二是薪酬管理直接决定着组织效率。

（二）公共部门薪酬管理的影响因素

近年来，公务员涨薪问题越来越受到全社会的关注，公共部门薪酬管理受到多重因素的叠加影响。

1. 组织外部因素

组织外部因素主要包括国家政策及法律法规、劳动力市场情况、经济发展状况、物价水平、社会经济文化环境等。

2. 组织内部因素

组织内部因素包括组织的经济实力、组织的战略规划、组织文化、管理决策层的态度等。

3. 员工个人因素

员工个人因素包括员工的职位及职务、员工的绩效表现、员工的资历与个人素质、员工的心理因素等。

（三）公共部门薪酬制度确立的原则

1. 按劳付酬原则

公共部门对员工薪酬分配的公平性，也就是对薪酬发放是否公正的判断与认识，是设计薪酬制度和进行薪酬管理时考虑的首要因素。正所谓“不患寡而患不均”。在今后的公务员薪酬改革中，秉持按劳付酬的原则至关重要。毛泽东在《关于纠正党内的错误思想》一文中曾言：“物质的分配也要按照‘各尽所能按劳取酬’的原则和工作的需要，决无所谓绝对的平均。”这就需要在薪酬管理中做到以下三点：一是薪酬制度要有明确一致的原则做指导，并有统一的、明确的规范做依据；二是薪酬制度要体现民主性与透明性；三是要为公务员创造机会均等、公平竞争的条件。

2. 竞争性原则

伴随着机关事业单位养老金改革，人才流动性得以提高，如何保证公共部门薪酬具有吸引力，进而招聘到所需要的优秀人才，是公共部门薪酬管理需要关注的重要问题。在中央“八项规定、六项禁令”颁布之后，公务员福利大幅度缩水，如果公务员的工资得不到适当的调整，那么很有可能导致大批公务员“下海”的现象出现。但是，公共部门要结合自身的财力和所需要的人才等状况，具体设定薪酬标准，但至少不能低于市场平均水平。

3. 定期增薪原则

定期增薪，是指依据有关法律规定，根据社会经济发展水平和政府财政预算，由国家定期增加公共部门工作人员的薪酬。定期增薪原则深受各国政府重视，根据我国《国家公共部门工作人员暂行条例》规定，国家根据国民经济的发展和生活费用价格指数的变动，有计划地提高国家公共部门工作人员的工资标准，使国家公共部门工作人员的实际工资水平不断提高。

4. 物价补偿原则

当物价上涨时，作为独立商品生产者和经营者的组织可以根据自身经营状况和劳资双方谈判的结果调整职工的工资，而公共部门工作人员的薪酬是经过法定程序调整的，各公共部门不能根据物价上涨的情况自发地进行调整。在这种情况下，要保证公共部门工作人员的实际薪酬水平不因物价上涨而下降，就需要实行物价补偿制度。我国《国家公共部门工作人员暂行条例》规定，国家根据国民经济的发展和生活费用价格指数的变动，有计划地提高国家公共部门工作人员的工资标准，使国家公共部门工作人员的实际工作水平不断提高。

5. 比较平衡原则

公共部门在确定公共部门工作人员薪酬时，应该考虑比较平衡原则，即在确定公共部门工作人员工资时，应当以组织职工的薪酬水平作为参照系，力求使公共部门工作人员的薪酬水平与组织职工的薪酬水平大体平衡。我国《国家公共部门工作人员暂行条例》规定，国家公共部门工作人员的工资水平与国有组织相当人员的平均工资水平应该大体持平。

6. 法律保障原则

市场经济是法治经济，在市场经济国家中，公共部门工作人员的薪酬都有明确的法律规定，并强调依法管理。与公共部门工作人员享有的其他权利一样，领取薪酬的权利是基于公共部门工作人员的身份发生的，并受国家法律的保障。除国家法律、法规和政策规定外，国家行政机关不得以任何形式增加或者扣减公共部门工作人员的薪酬，也不得提高或者降低公共部门工作人员的保险和福利待遇。任何单位和个人超过国家法律、法规和政策的规定，随意扣减公务员的工资和保险福利待遇，公务员都有权提出申诉，并追究法律责任。

四、公共组织人力资源的考核

（一）公共部门人力资源绩效考核的含义

我国公务员整体素质已有明显提高，但我国公务员工作岗位缺乏科学的工作分析和明确的岗位说明书，以此为基础构建的绩效考核制度和指标体系就未从根本上改变内容空洞、针对性差的固有缺陷，致使公务员考核、评估出现“走过场”现象，考核流于形式，个别甚至演变成人际关系考评。本小节立足于强化公共部门人力资源绩效考核的效用，提升其对广大公务员队伍激励、引导的价值，使之成为能切实评估公职人员工作业绩、工作能力、发展资质等的高效管理工具。鉴于此，本小节提出了几点改革和完善公共部门人力资源绩效考核管理的构想。

公共部门人力资源绩效考核（Perfomance Appraisal of Public Deparment）又称绩效评估或评价，是指国家行政机关及国有企事业单位组织等，依据法定的管理权限，按照一定原则和工作绩效测量标准，定期或非定期地对其所属公职人员在政治素质、工作业务表现、行为能力、工作成果等方面，进行系统、综合、全面的考察和评价，并以此作为公职人员奖惩、职务变动、工资增减、培训、辞退等管理活动的客观依据。

（二）公共部门人力资源绩效考核的战略价值

对公共部门人力资源进行科学的考核是近年来组织人事部门着力探索和研究的重点之一，也是干部人事制度改革的关键内容之一。随着 2006 年 1 月 1 日《中华人民共和国公务员法》（以下简称《公务员法》）的实施，并经 2017 年、2018 年修订为完善公务员制度、加强公务员队伍建设指明了方向，更为公务员的成长和发展提供了法律依据。如何高效、合理地开展公共部门人力资源绩效考核管理工作，已然成为落实科学发展观、政绩观的重要举措。

实施国家公务员绩效考核评估工作，是政府加强对党政干部有效管理的基础，也是人事部门对广大公务员依法管理的依据，其战略价值可从多方面加以反映：

1. 为公共部门其他人力资源管理工作构建基础

公共部门人力资源管理中的公职人员任免、奖惩、福利待遇、职位调动、晋升、培训等人力资源管理活动，都要以绩效考核结果为依据，即绩效考核是人力资源管理者做出人事决策的基础。同时，绩效考核也是其他人力资源管理活动开展效果、实施效率的反馈和体现。

2. 为公共部门从职人员的职业发展提供支持

通过对公职人员工作态度、工作成果、工作能力等方面的评估，可以发现其优势与不足。对于其优势部分应加以宣传和表扬，而对于其不足之处要实行辅导和培训。培训需求分析以及培训计划制订都要依据绩效考评的结果，并通过考核检验培训实施的效果。

人力资源管理者根据部门人员的绩效水平及发展资质，与其本人协商制订一套提高工作能力、提升工作业绩的系统性计划，并规划个人的职业生涯，为其职业发展提供支持。规划的制定，不仅能增强下属对公共组织的归属感，更能通过培养和储备各类人才促进组织的发展。

3. 为公共部门领导与下属之间的沟通搭建桥梁

绩效考核的通常离不开沟通。部门人员实际工作表现的考察和评价，下属考核结果的反馈以及各种意见反映、情况说明、申诉等，都需要上级与下级之间的互动和交流。绩效考核中的沟通有助于双方增进理解、增强信任、实现期望，并促进共同发展。

4. 为公共部门从职人员接受公众监督创造可能

依据公务员考核制度要求，考核内容和标准要公开，考核必须听取群众意见，对担任国务院各工作部门司局以上领导职位和县级以上地方政府工作部门领导职位的公务员进行考核，必要时可以进行民主评议或民意测验。此种规定，实际是向社会公众展示了公共部门工作人员的工作标准，从而使其工作作风、工作效率接受公众的监督和检查。

（三）公共部门人力资源考核体系的操作现状

我国公共部门人力资源绩效考核制度是以干部人事考核制度为基础发展而来，而前者又以国家机关人力资源绩效考核体系最为完善，所以本小节将以我国国家机关人力资源考核制度为例进行阐释。

我国国家机关人力资源的绩效考核实际由国家公务员考核与党政领导干部考核两部分构成，二者之间存在一定差别，但在操作中基本以公务员绩效考核为主。考核管理实践操作包括以下四个方面：

1. 考核内容

依据《公务员法》第三十五条规定，公务员的考核应当按照管理权限，全面考核公务员的德、能、勤、绩、廉，重点考核政治素质和工作实绩。考核指标根据不同职位类别、不同层级机关分别设置。

德，指公职人员政治、思想及道德品质的表现。能，指公职人员从事本岗位工作需具备的业务知识和技能。勤，指公职人员的工作态度、工作积极性及工作效率。绩，指公职人员工作产出的质量、数量、效益和贡献。廉，指公职人员廉洁、自律的程度。由于目前尚缺乏具体、规范、准确的解释和规定，只能对这五方面做粗糙、笼统的理解，难以量化分析，因而一定程度上影响了考核效果的发挥。

2. 考核种类

我国对国家机关工队员的考核分为平时考核和定期考核，后者以前者为基础。

平时考核也称不定期考核，是一种考察工作人员日常工作情况的经常性考核方式。对非领导岗位公务员的定期考核通常采取年度考核，其考核结果会作为奖惩、职务、级别调整，工资提升等的直接的、客观的依据。除了平时考核和定期考核之外，还存在着对公务员的专项考核。专项考核是对公务员完成重要专项工作，承担急难险重任务和关键时刻的政治表现、担当精神、作用发挥、实际成效等情况所进行的针对性考核，可以按照了解核实、综合研判、结果反馈等程序进行，或者结合推进专项工作灵活安排。

3. 考核程序

定期考核要先由个人按照职位职责和有关要求进行总结，主管领导在听取群众意见后，提出考核等次建议，由本机关负责人或者授权的考核委员会确定考核等次。

4. 考核结果

依据《公务员法》第三十八条规定，定期考核的结果分为优秀、称职、基本称职和不称职四个等次。考核结果要以书面形式通知公务员本人。连续 3 年被评为优秀或连续 5 年被确定为称职以上等次的，在本职务对应级别内晋升一级；考核连续 2 年被确定为称职以上等次者，在其现任职务工资的标准内晋升一个工资档次；连续 2 年被确定为优秀或连续 3 年被确定为称职，取得晋升职务的年度考核的资格条件；考核被确定为称职以上等次的，以其本年度 12 月份基本工资额为标准，加发一个月奖金。公务员定期考核 1 年被确定为不称职者，应予以降职；连续 2 年被确定为不称职者，应予以辞退。

（四）现行公共部门人力资源绩效考核制度的不足

绩效考核是公共部门人力资源管理系统中一项综合性较强的活动，涉及多方主体参与、历时长、影响大，因而难免在具体运作中受到某些方面的影响，造成考核难题、甚至考核失真、失效。针对考核工作可能面临的问题做前期研究和分析，有助于公共组织绩效考核工作的顺利开展。

1. 考核标准问题

由于我国现行公职人员的绩效考核内容——德、能、勤、绩、廉尚没有量化，加之考核标准千篇一律，没有针对不同部门、岗位做差异化设定，使得对所有工作人员的个性特征及工作表现、业绩状况只能做统一的概括性描述。考核标准的低操作性，导致我国公共部门人力资源的绩效考核，难达规范绩效管理所要求的信度与效度。

2. 考核者的问题

在公务员的年度考核规定中，考核者主要是被其直接上级主管，虽然《公务员法》中也规定了主管领导需听取群众意见方可提出考核等次意见，考核委员会或考核小组也由包括公务员代表在内的各种人员组成，但真正发挥作用的还是主管领导人和部门负责人。对于群众在整个绩效考评体系中处于何种角色、发挥何种作用都缺乏明确、具体的说明。所以，单一化的考核者，难免出现评估活动显失公平的现象，更可能诱发腐败的滋生。

3. 考核结果反馈问题

合理、完善的绩效考核是一个开放的系统，考核的全过程应该是上下级之间双向交流、增进彼此信任、明确工作目标、实现共同发展的过程。而在我国国家机关人力资源绩效考核相关制度中，则更倾向于将考核理解为一种发放奖金或福利、决定晋升的工具，忽视了反馈沟通的价值。如果绩效考核工作就是上级点评下级的手段，那么考核目标不仅难以实现，考核工作更面临流于形式的危险。

4. 考核效用发挥问题

绩效考核最为重要的作用之一，就在于其为其他人力资源管理工作提供客观依据。然而在我国现行公共部门人力资源管理实践中，考核的作用尚未完全发挥，使得在做出关乎公务员切身利益的奖惩、职务变动等决策时，领导、主管意见是主导，考核结果无大用，考核似乎成了公共部门人力资源管理过程中的一个“橡皮图章”。另外，实现公共部门工作人员职业发展的重要活动——培训，也没能与考核工作相衔接，这使得人员培养缺乏针对性和有效性。

5. 考核辅助活动问题

绩效管理是一项繁杂、技术性较强的工作，参与人员往往需要先接受专门的培训，考核工作也需要整个组织成员的认同和支持，尤其要获得组织领导的重视。但在我国的绩效考核实践中，很少会为参与考核的双方提供任何形式的培训，这就难以避免出现考核内容理解差异、考核程序操作混乱、评价者误区扰乱考核客观性等问题。而且，考评工作的意义和价值如果不能被组织人员所认识，考评工作在进行中如果没有领导的支持，那么绩效考核只能是组织“走过场”应付差事而已。

（五）改革和完善我国公共部门人力资源绩效考核管理的构想

绩效考核作为公共部门人力资源管理的重要内容，是评价和激励公务员的重要途径，也是公务员晋升、晋级的重要依据，在公务员制度中有着相当重要的地位。随着社会的进步，公共部门对于其人员的管理将逐步科学化、技术化，那么运用现代科技成果及先进的技术方法，对公务员进行标准化、具体化、度量化、客观化的考核，减少考核中主观因素的不当影响，将是不可阻挡的发展潮流。

在绩效考核中，我国应尽快研究出一套适合我国国情的、科学的公共部门人力资源绩效指标体系，构建以工作实绩为核心的考核标准，逐步改进考评测量方法，进一步扩大考核范围，强化民主评议，侧重平时考核，探索量化标准，推进分类分级考核制，完善考核结果与任用、培训、晋级、增资、年终奖励等紧密挂钩的有效体制。此外，我国应建立健全干部考核责任制，避免出现考核“无人问津”的现象。具体构想包括以下五个方面：

1. 切实落实各项法律法规

要从根本上规范国家公共部门人力资源管理活动，首先就要以相关法律法规作为基础。从《国家公务员暂行条例》到《公务员法》纳入整个过程，充分说明我国在探索提升公共部门人力资源管理水平方面已然走出了坚实的一步。但是法律的落实是一个缓慢的过程，其中需要各部委、各厅、各局法规的相应落实。只有法律法规真正到位了，包括绩效考核在内的各项人力资源管理工作才能得到切实的保障。

2. 认真进行工作分析，制定科学的岗位说明书

我国公共部门由于历史和现实的诸多原因，对工作岗位缺乏科学的工作分析和明晰的岗位说明书。而要使绩效考核有的放矢，就要将工作人员真正置于其所从事的具体工作和所负责的范围中，认识到绩效实际是与个人职位、能力、工作任务息息相关的概念。因此，应按照现代人力资源管理理念，加强工作分析和职位分类工作，针对不同部门、不同岗位、不同级别撰写详细、实用的岗位说明书，明确客观、具体的绩效标准和工作目标，真正做到分级、分类考核。

3. 细化、量化考核指标

工作分析、制定岗位说明书后，就要认真考虑现行绩效考核标准的操作性问题了。德、能、勤、绩、廉这五个标准比较宽泛、笼统，我国在改革考核制度时应根据不同地方、不同层次、不同部门的实际情况，完善考核指标体系，相应增加如当地政府的失业率、通货膨胀率、人均实际收入增长率等函数指标。对应每个考核指标都设有二级甚至三级的延伸子指标，并给予具体的考核标准描述，从而增加考核的效度和可信度。

4. 推行考核责任制，强化考核监控机制

考核责任机制，即将各考核主体在考核环节中的责任、失职行为追究处理等内容做出明确规定，以保证考核过程和结果的客观公正。为加强对考核工作的监督，应建立考核监控机制，确保考核结果的真实可靠，尤其要重视对考核者的监督和评估。

5. 及时反馈，推动绩效管理系统的开放化

将考核结果及时、准确地反馈给本人，并针对考核结果帮助被考核者改进工作

绩效、制定适宜的个人职业生涯发展规划以及培训计划。以实现人员成长，考察组织各项政策的实用性、管理方式的有效性以及人员配置的合理性。通过不断推进开放式绩效管理系统的形成，激活其在人力资源管理活动中的能动作用，从而为持续提升整个公共部门人力资源管理的水平做出贡献。

第四节 公共组织人力资源管理改革

一、品位分类与职位分类

（一）品位分类

品位分类是品（官阶、等级）和位（职位）作为分类评价的基本要素，只要具备一定官阶就可以担任与此级别相应的不同业务性质的职位，并享受相应级别的待遇。

所谓品位分类，是指以职员所具有的资格条件为主要依据，以职务或级别高低来确定待遇的人事分类制度。运用品位分类方法进行人事管理的国家，通常要先根据职务的性质做比较粗犷的分类，再根据职务的地位、职责与资格条件作广泛的分级，其人事框架结构一般比较简单。如法国把公务员分为 A、B、C、D 四等；德国分为简单职务、中等职务、上等职务和高级职务。由于品位分类是以“人”为中心进行的分类，强调人的资格条件，所以这些国家均十分重视公务员的资历，包括学历、工作年限等因素，尤以学历为重。品位分类的职务划分比较简单，使得公务员的分类工作相对简便，易于实行，也有利于培养通才式的公务员；对教育水平的强调，有利于吸收教育程度较高的优秀人员；对年资的强调，有利于队伍的稳定；官职相对分离使公务员的职位调动不影响其地位和待遇，使公务员具有安全感，也使公务员系统的结构富有弹性，适应性强，便于调整。但同时，品位分类也有分类不系统、轻视专业人才、限制了学历低但能力强的人的发展、工作不积极的人靠年资积累也有晋升机会等缺点。

（二）职位分类

1. 职位分类的含义

职位分类通常是根据职位的工作性质、责任轻重、难易程度和所需资格条件等进行分类，划分为若干种类和等级，以便对从事不同性质工作的人，用不同的要求和方法治理，对同类同级的人员用统一的标准治理，以实现人事治理的科学化，做到“适才适所”，劳动报酬公平合理，是现代人事分类的一种类型。与品位分类相对。职位分类是以“事”为中心的分类，侧重职位的职务、职责与职权。在组织里面，最常用的职位分类便是部门分类和等级分类，例如人事部司理，就涵盖了两方面的分类。

职位分类制度主要体现在两个方面：一是划分职位类型，二是职位设置。可以说《公务员法》规定的分类制度就是一种以职位分类为主，职位分类和品位分类相结合的分类制度。

2. 职位分类的特征

从职位分类的含义中我们可以看出，职位分类具有以下几个特征：

第一，职位分类是以“事”为中心的分类，即“因事择人”；

第二，职位分类所依据的根本要素是职位的工作性质、难易程度、责任大小及所需资格条件；

第三，职位分类并不是硬性规定何类职位应办什么事，而是对各个职位所干的事举行客观分析与评价，由此确定职位在职位分类布局中所处的位置，从而达到分类治理的目的；

第四，职位分类不是固定不变的，可随着职位工作的变化而变化，但不因工作人员的变动而变动；

第五，职位分类本身不是目的，而只是人事治理的一种科学方法。

3. 职位分类的优缺点

优点：（1）因事设人而避免了因人设事、滥竽充数现象；（2）可以使考试和考核标准客观，有利于事得其人，人尽其才；（3）便于实行公平合理的工资待遇和制定工作人员的培训筹划；（4）可以做到职责分明，淘汰不必要的推诿纠纷，有利于获得职位的最佳人选，并能避免办理机构重叠、层次过多、授权不清、人浮于事等问题，提高组织机构的科学化、系统化水平，使组织机构每每处于合理高效的状态；（5）有一套严格的法规文件；（6）以工作决定报酬，实行同工同酬；（7）为考试录用、考核奖惩、升迁等各项管理提供客观依据。

缺点：（1）在适用范围上，职位分类较适用于专业性较强的工作和职位，而对高级行政职位、秘密性职位，临时性职位和通用性较强的职位，则不太适用；（2）实施职位分类的程序烦琐复杂，需要动用大量的人力、物力并需要有履历的专家参与，否则难以达到科学和正确地步；（3）职位分类重事不重人，强调“职位面前人人平等”，因此严格限制了每个职位的工作数量、质量、责任，严格规定了人员的升迁调转途径，有碍于人的全面发展和人才流动，个人积极性不能得到充分发挥；(4) 职位分类在考核方面过于注重公开化和量化指标，使人感到烦琐、死板、不易推行。

(三) 品位分类与职位分类的区别

1. 从对象和依据上看，品位分类（Rank Classification）是以人为主要对象的分类，其依据是公务员个人所具备的条件（如资历、学历）和身份（如官职高低、所得薪俸的多少）。职位分类（Positional Classification）是以职位为主要对象的分类，其依据是国家公务员职位，按照工作性质、责任轻重、难易程度、所需资格条件四个因素，分为不同类别和等级，为国家公务管理提供的人事分类制度。

2. 从分类的方式看，品位分类是先根据工作性质将国家公务员职位做粗略的分类（横向），再根据职务的职责和公务员资格条件做粗略的分级（纵向），并根据职务做精细的分级。职位分类是先根据工作性质将公务员职位做精细分类，形成职系、职组和职门（横向），再根据职位工作的难易程度、责任大小和所需资格条件做精细的分级，形成职级和职等（纵向），形成规范的人事分类制度。

二、公务员制度改革

我国公务员制度的形成与发展经历了一个曲折变化的过程，政策的制定与执行在不断探索中积累了宝贵的知识和经验。尽管各项改革目前已取得了很大的成绩，但由于制度变革不可避免地带有一定程度的惯性特征，旧的观念、旧的体制、旧的做法仍然留有诸多痕迹。总体上讲，制度变革与建立社会主义市场经济体制和发展社会主义民主政治的要求还有明显差距，显得有些滞后。因而，进一步转变观念、优化体制、改进操作就成为完善我国公务员制度的迫切任务。

(一) 我国公务员制度改革中的障碍

1. 制约我国公务员制度完善的观念因素

思想解放是制度变革的前提，观念创新是一切创新的先导。从目前情况看，我国公务员制度的改革仍面临着强大的思想阻力。

(1) “官本位”思想。我国作为一个有着二千多年封建历史的国家，传统的文化理念不可避免地在人们的思想中长期存在，这种思想突出的表现就是“官本位”意识，从而构成了我国文化生态环境的复杂多样性。其具体表现是：评价一个人的事业成功与否，以其官职大小来衡量；各种社会生活、政治待遇，以官职大小分级享受，为官者仍是社会的轴心，形成官民倒置现象。在公务员制度建立之初，我们就提出向“官本位”开战的口号，但努力至今仍然没有真正突破这种陈腐的观念。许多事情仍然习惯于套用行政级别进行处理，这在地方政府机构中表现得更为突出。

由于工作条件和生活待遇都要与行政级别挂钩，无形中强化了整个社会的“逐官”意识，从而造成“千军万马奔官来”的不良局面。由此也引发了一系列问题，如“跑官要官”“买官卖官”“拉票贿选”等不正之风，污染了社会风气。

（2）“干部能上能下”。这种现象也是中华人民共和国成立后长期存在的问题。早在20世纪80年代初，党和政府就提出要逐步废除领导干部终身制，并进而建立了离退休等相关制度，对职务任期也做了明确的规定。但观念的转变并不是一个“冲锋”就可以解决的问题。三十多年过去了，的确有了很大的改变，但由于缺少干部能下的相关配套措施和社会环境，干部能上不能下的问题始终没有得到真正解决。尽管早已有了一些规定，但操作中随意性很大，总会有各种各样的理由，远没有形成有效的上下流动机制。鉴于此，中共中央政治局2015年6月26日召开会议，审议通过了《关于推进领导干部能上能下的若干规定（试行）》，这对于从制度上完善“干部能上能下”具有重要意义。此外，人民群众在决定干部“上”与“下”的问题上，参与权、选择权和监督权也极为有限。民主如果缺乏监督机制的保障，那么流于形式就在所难免。

（3）“求全责备”的观念。一般来讲，才干越高的人，其缺点往往也越明显，“有高峰必有深谷”，谁也不可能是“十项全能”。然而，道理归道理，实际归实际。在现实生活中，嫉贤妒能、求全责备的陈腐观念目前仍有市场。在用人问题上过分苛求，先看人家不能干什么，再看人家能干什么，眼睛总盯在缺点上。实际上，用人的目的不在于如何减少其短处，而在于如何发挥其长处，短处应靠制度约束，长处应靠制度激励。认识不到这一点，就可能埋没和浪费人才，降低政府机关的行政效率。

2. 制约我国公务员制度发展的体制因素

总体来看，我国正处于社会转型阶段，新旧体制的碰撞日趋激烈，各种矛盾逐渐显现。在这种情况下，如果不能有效突破旧体制的束缚，改革的本意就不能真正落到实处。

（1）法制不完善。就我国公务员管理而言，其法制上的不完善主要表现在以下三个方面：

第一，法规不完善。尽管目前我国已经建立起了相对健全的公务员管理的法律法规体系，但仍存在可改进的地方。例如公务员录用制度不够完善：虽然中国已经建立了公务员考试和录用制度，但在实际操作过程中还存在一些问题。在实际操作中，有些地区或部门存在“萝卜招聘”、“内部推荐”等现象，影响了公平公正的原则；还有一些考生为了通过考试而采取不正当手段，如抄袭等，也给公务员队伍带来了不良影响。

第二，“人治”问题。尽管我国在公务员立法方面已取得了长足进步，但是有法不依的现象仍然存在，且在管理过程中表现出一定的人治色彩。所谓人治，是相对于法治而言的，人治的泛滥必然导致法治的缺失。尽管传统的影响依然存在，但公务员法规所约束和调整的对象不是普通民众，而是直接掌握和行使具有广泛的包容性和强大的渗透性的行政权的“政治人”；不应再受人治思想的束缚。

第三，腐败现象。我国正处于现代化的进程之中，而现代化进程给一个社会带来的腐化，其程度同传统社会的性质以及现代化进程的性质有很大关系。部分公务员存在权钱交易行为，利用职务之便谋取私利，收受贿赂、贪污公款等行为时有发生。这些行为不仅损害了公共利益和政府形象，还破坏了公平公正的原则。“从我国监督体制来看，”后面插入“除了司法监督，”；有些领导干部走向腐败的速度与其不断被提拔和权力的增大是有着正比关系的，这使我们不能不对现行制度的一些漏洞产生疑问。

（2）监督不得力。从我国监督体制来看，除了司法监督，主要划分为两个部分，即国家监督和社会监督。在实际生活中，不论是国家监督还是社会监督都有缺位现象出现，而且监督更多依赖于部门和机构内部的自我监督，完全不符合权力制衡的基本原则。从本质上看，主要还是因为权力过于集中。对此，邓小平同志指出我国权力结构配置的弊端：

第一，横向上将其他各种不同性质的权力集中于党内；

第二，纵向上低层权力集中于高层，集中到各级的“第一把手”；

第三，权力过分集中的现象在权力的各个层次都不同程度地存在，相当普遍。

在这种表层划分、深层集中的权力结构下，如果只是自上而下层层设立监督机关，实际上并不能真正发挥出监督的有效作用。当然，监督权力的行使受制于整个政治体制改革，受制于整个大环境的条件变化，并不是公务员制度自身可以解决的问题。

3. 制约我国公务员制度落实的操作因素

制度只是一种设计，如果落实不力，再好的设计也只是徒劳。因此，不解决好操作层面的问题，公务员制度在实际工作中就不能够良好运行。

（1）选人用人上的问题。“要得到第一流的人选，必须求助于竞争。”1854 年英国诺斯科特和杜威廉《关于建立英国常任文官制度的报告》中的这句至理名言，今天已经成为世界各国公务员考任制度的共同信条。在我国，目前考试任用和竞争上岗制度的形成已使“伯乐相马”转变为“赛场比马”，干部任用也已从“要你干”转变为“我要干”，这种变化是干部人事制度改革的一项重要突破，可谓是一种质的飞跃。然而，制度的建立并不等于制度的执行，在具体操作过程中，仍存在漏洞，致使拉帮结派、任人唯亲的现象时有发生，“公开、公平、竞争、择优”的原则的落实有待进一步加强。因此，制度的细化和程序的规范仍是深化改革所面临的艰巨使命。

（2）考核上的问题。在考核方面，择优汰劣机制还没有真正形成，“千人一面”的现象仍比较严重，失真失实的问题也多有发生。主要表现：一是考核的指标设计操作性差，难以全面反映工作人员的实际绩效。二是考核人员的主观因素对考核结果影响较大，实际的操作往往流于形式，考核只是走过场。三是考核的等级偏少，只划分了优秀、称职、基本称职和不称职四个层级。四是考核结果与使用相脱节，除了考核连续三年优秀或者五年称职可以晋升一个工资档次外，几乎没有其他方面的关系，且一个工资档次增量很少。此外，有些部门还存在轮流使用优秀指标的问题，失去了考核的意义。

（3）培训上的问题。我国的公务员培训由于有了《国家公务员暂行条例》《公务员法》等法律法规的实施，可以说已经基本走上了正轨，并在实践中取得了较大的成绩，但仍需加以完善。不足之处主要表现在以下几个方面：一是各地培训的师资水平差异较大。从纵向来看，中央优于地方，各省优于县市；从横向来看，东部地区胜于中西部地区，经济发达地区胜于经济落后地区。二是各地的培训教材不统一，教材质量参差不齐。一些地区画地为牢，致使一些劣质教材滥竽充数。三是培训的部门各异，有的由行政学院进行，有的由党校进行，有的由成人院校进行。四是培训方法单一，基本都是“填鸭式”的教学方式，效果欠佳。五是培训没有区分度，能力素质高的和能力素质低的公务员采用相同的培训方法，严重影响了培训工作的效率。

（二）未来中国公务员改革的对策

针对中国公务员制度存在的问题，可以从以下几个方面对我国公务员制度进行改革：

1. 改革和完善考试录用制度

公务员的考试录用是公务员制度确立的重要标志之一，在公务员管理系统中是最基础的环节，考试的公开平等竞争性及其信度与效度直接影响到公务员队伍的整体素质。公开是扩大选人用人视野、平等公正地选拔任用干部的前提；竞争则是增强干部队伍活力、选贤任能的重要保证。通过加大公开力度进一步增强干部工作的透明度，做到干部政策让群众了解，程序方法让群众熟悉，资格条件让群众清楚，从而增强群众民主参与的热情和能力，促进选人用人的准确性和公信度的提高。

方法如下：(1) 一定要使公务员的招录范围面向全社会，不能用职业或身份户籍等作为评判的标准或取舍的根据。(2) 建立科学的选拔系统，选拔系统是确保高素质人才在公平合理的竞争中进入公务员队伍的一个关键点。(3) 选拔系统应进一步扩大考试录用的适用范围，尽量缩小委任制、调任制等行政任用方式，让更多的空缺职位增强竞争性，通过公开公平的考试选拔人才。(4) 要确保经过选拔的优秀人才正式进入拟定的公务员职位。

2. 建立科学健全的考核评价制度

科学完善的考核评价机制是促进各级公务员自觉履行岗位职责、积极干事创业的“助推器”，建立富有激励作用、科学合理的管理制度，充分调动公务员的积极性和创造性，发挥公务员现有能力的同时挖掘其潜在的创新能力，考核制度要在原有的基础上做相应的变革。对公务员的考核，不能采取单一的、高度统一的标准和模式，要根据创造性劳动的个体化、智能化的特点，以及不同工作领域、职务、任务等不同特点，实行多元化、差别性的评价标准和模式。通过建立正常的公务员业绩考核运行机制，发挥考核评价的导向激励作用，充分调动被考核对象干事创业的积极性，促进公务员立足于岗位建功立业。

3. 强化和完善公务员的职位分类制度

我国公务员分为领导职务和非领导职务，显然划分的依据不是录用的方式，而是工作性质。职务级别交叉幅度太小，应该增加公务员的级别，使低层职务与级别的交叉对应幅度扩大。人事职位分类应按照工作的性质、责任大小、难易程度以及从事该项工作所需要的资格条件，进行分门别类，为公务员的录用、考核、奖惩、晋升、培训、工资报酬等具体管理环节提供客观依据。

4. 加强公务员的教育培训，培养高素质的人才队伍

当前，加强公务员能力建设已成为世界性任务。要提高公务员的能力水平，应进一步突出能力建设的主题，坚持以能力建设为中心；进一步突出培训的针对性，高度重视对公务员的培训，注重培训实效，引入市场化培训机制。有针对性的培训是取得实效的关键所在。只有提高了公务员的能力水平，才有可能培养出高素质的公务员人才队伍。

总之，随着我国政治、经济改革的进一步深化，我国参与国际间的交流愈来愈频繁，我国公务员面临的挑战和考验越来越大。要应对政府职能的转变和行政效率的提高，公务员队伍建设必须与时俱进，开拓创新。只有公务员制度得以很好的改

革和完善，才能从根本上保证公务员素质的提高。

三、事业单位人事制度改革

我国事业单位人事制度改革存在人事制度法律法规体系不健全、人事管理权不强、思想观念不统一、配套改革欠缺、员工管理同质化严重等问题。文章从思想理念、制度环境及人事制度改革的配套建设方面提出推进中国事业单位人事制度改革、提高改革成效的改革路径。

（一）我国事业单位人事制度改革存在的问题

随着我国政府机构及现代企业人事制度改革的逐步开展和不断深入，事业单位人事制度也进行了一系列的改革探索。

我国事业单位人事制度改革是以“聘用合同制”为突破口，围绕“扩大事业单位人事管理权”“建立健全岗位管理制度”“搞活激励机制”及“完善人员分流制度”等方面展开。

然而受传统观念、制度环境的影响，改革的实际成果并不乐观：适用于聘用合同制的考核、薪酬、奖惩等一系列配套改革滞后于事业单位的人事制度改革，改革过程中出现“旧瓶装新酒”的现象，难以从根本上消除某些陈旧人事制度对改革的消极影响。主要表现在以下几个方面：

1. 事业单位人事管理权有待加强

形成于计划经济时代下的传统事业单位人事管理制度深受行政机关人事管理思维和管理惯性的影响，导致事业单位难以摆脱传统干部人事管理模式。无论从机构设置、人员编制、经费来源，还是实际工作的开展来看，事业单位人事管理陷于相对被动的地位，单位自身难以发挥人事管理的能动性。事业单位人事管理权的缺失束缚了以“聘用合同制”为核心的人事制度改革，人员招聘程序透明度低、规范性弱，阻碍了用人制度由“因人设岗”向“以岗定人”的转变，事业单位依旧成为行政改革的“分流器”。

2. 思想观念不统一

从本质上看，不断增长的改革需求与僵化的思想观念的矛盾是阻碍事业单位人事制度改革的主要因素。长期以来，由于事业单位与行政单位管理体制挂钩，导致部分事业单位仍未摆脱平均主义思想的束缚，收益分配依旧套用行政机关模式，与职工的绩效、人力资本脱节。事业单位内部仍存在“官本位”的思想，以官阶定报酬，形成了“万般皆下品，唯有做官高”的心理。此外，事业单位人事制度改革涉及利益的重新调配，部分干部职工为了维护既得利益对改革产生排斥心理，致使改革举步维艰。

3. 配套改革与人事制度改革不同步

事业单位人事制度改革是一项系统工程，需要管理制度、分配制度、激励制度、社会保障制度等相关制度的配套来保障改革成果。当前，相对滞后的改革配套制度一定程度上阻碍了事业单位人事制度改革的进程。具体体现在：首先，事业单位人事制度改革系统性不强，人事制度改革与配套制度改革协调性较弱，二者统筹规划困难，使事业单位人事制度改革受阻。其次，聘用合同制要求事业单位以岗定薪，以绩效定薪，但目前事业单位收入分配制度内平均主义成分较多，岗位因素体现不足，严重影响职工的积极性。此外，事业单位内部并未形成有效的激励机制，弱化的物质激励机制与精神激励机制难以调动职工创造性。最后，由于事业单位内部社会保障制度的缺位，未聘人员、失业人员、退休人员的“后顾之忧”没有妥善解决，导致事业单位淘汰机制难以运行，成为推进人事制度改革的“瓶颈”因素。

4. 人事制度法律法规体系不健全

人事部有关领导曾提出，薄弱的人事法制建设基础是阻碍我国人事制度改革的一大因素。迄今为止，事业单位人事管理活动缺少整体的、权威的法律支撑，已颁布的法律法规缺乏具体的操作细则，使得事业单位人事管理工作在具体执行过程中面临较多困难。事业单位人事制度法律法规的不健全造成了事业单位人事管理不规范，尤其是在人员录用过程中缺乏科学的考核制度，“暗箱操作”现象严重，有碍于人员招聘公正、公平的实现。

5. 员工管理同质化现象严重

我国事业单位种类繁多，主要包括各级党政机关及其附属机构，科教文卫组织，新闻出版社、体育、环境监测、城市建设等相关单位。由于事业单位类别庞杂，人才构成多样化，因此要求事业单位建立多元化的人事管理模式。虽然事业单位人事制度经历了若干年的改革，但其人员管理方式仍过于模式化，缺乏与事业单位类型、功能相匹配的人员管理框架，员工管理同质化现象严重。

（二）推进我国事业单位人事制度改革的对策

不少人把事业单位人事制度改革简单理解为“裁员”“精简”。实际上，事业单位人事制度改革的重点并不是简单的人员变动，而是建立一个与社会主义市场经济体制相适应，具有完善的管理机制、保障机制、激励机制的人力资源管理模式。

1. 对事业单位职能进行准确定位

完善现代事业法人制度首先应明确事业单位的基本职能：提供公益性社会服务，

清楚界定事业单位在职责上与行政机关、企业的区别。对完全履行行政职能的事业单位应归属为行政机构；对完全履行生产经营、技术开发和中介服务的事业单位应转制为企业；对难以从事业单位分离出去的行政职责，事业单位可继续承担，并且应办理法人登记，其职能范围应限于法人登记书规定的职能。

2. 规范政府、主管部门对事业单位的管理

在完善事业法人制度的过程中，政府或主管单位对事业单位放权、规范管理方式十分必要。主管部门对事业单位的管理方式应从微观向宏观转变，从以行政命令、指令性计划为主的直接管理向政策引导、实施监督的间接管理转变。赋予事业单位独立运作权，扩大其人事管理权、工资分配自主权。例如，对职能单一、规模过小、服务对象单一的事业单位可自行进行合并，其人员按分流渠道做出相应调整，合并后的事业单位可重新申请成为独立法人。

3. 完善事业法人治理结构

狭义的事业法人治理结构主要指事业单位举办者与法定代表人之间的关系；广义的事业法人治理结构还包括与单位职工、社会服务对象之间的关系。事业法人治理结构是通过法定代表人来建立与实现。因此，完善事业法人治理结构首先应通过建设培训制度，提高事业单位法定代表人的管理水平与基本素质。其次，要让所有职工通过适当的形式参与事业单位管理，根据自己对事业单位发展所做出的贡献，依法享有各自的权益，使单位职工与事业单位的利益相统一，协调二者关系。

4. 完善事业单位社会保障体系

完善事业单位社会保障体系是妥善解决未聘人员、失业人员、退休人员安置工作的主要途径，有助于促进事业单位人员的良性循环，优化人才配置。完善事业单位社会保障体系需要做到以下几点：第一，建立健全以养老保险为中心，以失业保险和医疗保险为重点的综合保障体系，为打破事业单位的“铁饭碗”提供“社会减震器”，在事业单位内部建立覆盖面广、制度约束力强的社会保障体系。第二，将以“单位管理”为主的管理方式向“社会管理”方式转变。将长期由单位负责的社会保险事务逐步交由社会上的服务机构管理，难以实行社会化管理的社会保险项目继续由本单位管理。第三，拓宽社会保障资金筹集渠道。除了政府、事业单位、在职职工共同筹集社会保障资金外，事业单位也可根据自身特点开展创收活动，增加经营性收入以弥补社会保障资金的不足。第四，社会保障资金监管主体多元化。运用相关法律法规对社会保障资金进行监管是多数事业单位的主流做法，除此之外，事业单位还可以建立包括领导者、职工在内的社会保障监管机制。社会保障资金监管主体的多元化有利于社会保障资金的有效使用。

5. 建立健全事业单位人员激励机制

建立健全合理的薪酬激励机制，是确保事业单位人事制度改革的关键环节，也是激发各类人才的积极性和创造性，吸引、凝聚人才的重要机制。按照组织行为学理论，人员的激励是在物质激励和精神激励的共同作用下完成的，因此，建立健全事业单位人员激励机制应从以下两大方面着手：物质激励与精神激励。

（1）完善以薪酬激励为主的物质激励制度。薪酬是衡量员工劳动成果的价值体现。马斯洛需要层次理论认为，生理需求是人类最低层次的需求，当低层次的需求得到满足时才有动力追求高层次需要的满足。对事业单位工作者来说，薪酬是满足其生理需求的最佳方式。此外，赫茨伯格的双因素理论认为，薪酬属于保健因素，当其得不到满足时易引起员工不满情绪，降低工作积极性。

对领导者来说，年薪制的实行是达成薪酬激励的主要手段。领导者的年薪是由基本收入及风险收入组成的，根据事业单位领导者的管理能力与经营业绩来确定其风险收入，薪酬随风险收入的增多而增加，当风险收入成为薪酬的主要组成部分时，年薪制的激励作用达到最大。年薪制将领导者利益与事业单位效益挂钩，激励领导者为自身利益最大化而努力工作。因此，完善事业单位领导者以年薪制为主的劳动报酬给付制度，是加强领导者薪酬激励的重要手段。

对普通职工来说，加快建立符合各类事业单位特点的绩效工资制是达成薪酬激励的主要手段。职工薪酬的确定应以岗位责任为重点，以绩效考核为核心，把职工薪酬与所从事的工作岗位、绩效挂钩，实行以岗定薪、岗变薪变的工资分配制度。在总工资水平不变的情况下，拉开不同岗位的薪酬档次。此外，对关键岗位薪酬应给予适当倾斜。

（2）丰富精神激励方式。精神激励是管理者运用特殊手段调动员工积极性、主动性的有效方式，是在物质需求满足之后，比金钱更具有吸引作用的激励方式。具体的精神激励可以分为以下两方面：

第一，考核激励。事业单位应在公平、公正、公开的基础上，依据领导考核与群众评议结合、工作实绩与工作态度相结合的考核原则，采取个别谈话、测评、召开座谈会等形式对员工进行考核。此外，考核内容应切合岗位特点：对管理岗位应注重政策水平、管理水平、工作效率的考核；对技术岗位应注重业务能力、技术水平、实际贡献的考核；对工勤岗位应注重服务质量、服务水平、服务态度的考核。考核结果分为优秀、良好、合格、不合格 4 个等级，以此作为人员续聘、晋升、分配、奖惩和解聘的主要依据，并在一定范围内公开考核结果。

第二，晋升激励。职务晋升是指员工从低一级的职位被提升到新的更高的职位，同时赋予与新职务一致的责、权、利的过程。事业单位以对管理者、职工考核的结果作为晋升的依据，采取横向晋升与纵向晋升相结合的方式。例如将专业技术人员职务划分为初、中、高（副高、正高）3 级，副高到正高级别的晋升即为横向晋升。职务晋升应遵循逐级晋升的原则，循序渐进。

第三，榜样激励。榜样的力量是无穷的。事业单位可选择工作表现突出、业绩先进的个人或集体作为榜样，对其加以表扬、肯定，并广泛宣传榜样事迹。此外，应给予榜样明显的物质奖励，以提高榜样的作用，增加员工学习榜样的动力。

6. 多渠道妥善安置分流人员

对事业单位人事制度改革过程中分流出去的工作人员，事业单位可从以下几方面着手处理其安置问题：第一，事业单位可将分流人员在行业内或行业间调剂安置，调剂前需对分流人员进行转岗培训。第二，事业单位应开设再就业培训课程，设立再就业基金，鼓励分流人员自行创业或投身其他行业。国家对离岗创业的事业单位人员应给予一定的税收、贷款优惠，为其自行创业提供方便条件和必要的帮助。第三，事业单位可采取分流人员提前退休的方式安置落聘人员，即：对工龄满 30 年以上或距离法定退休 5 年以内的未能成功竞聘上岗的老职工，事业单位对其实行提前退休（以下称内退）的办法。内退期间事业单位每月向其发放生活费，具体金额事业单位应按职工本人内退前 12 个月的月平均工资的一定比例发放，社保金按内退前规定比例从内退金中计提。职工内退达 5 年后应该办理正式退休。

【思考题】

1. 简述人事行政、人力资源管理、职能人力资源管理、战略人力资源管理的区别与联系。

2. 简述公务员选拔的方式及其优缺点。

3. 对比分析公共部门人力资源管理与私人部门人力资源管理的区别与联系。

4. 简述公共组织人力资源考核的内容及标准。

5. 结合实践，谈谈公务员品德考核。

6. 结合实践，谈谈未来中国公共部门人力资源管理的趋势。

7. 结合实践，谈谈养老金改革对中国公共部门人力资源管理的影响。

8. 结合实践，谈谈新加坡高薪养廉措施能否在中国公共部门人力资源管理中进行借鉴。

【案例】《公务员法》修订[①]

随着中国特色社会主义进入新时代，党和国家事业取得了历史性成就，发生了历史性变革，对公务员队伍建设和公务员工作提出了许多新要求，公务员法的一些规定也出现了一些不适应、不符合新形势新要求的地方，需要与时俱进地加以修订完善。

一是贯彻落实习近平新时代中国特色社会主义思想的需要。习近平新时代中国特色社会主义思想明确了新时代党的组织路线，对干部工作提出了一系列新精神新要求，为公务员制度建设和队伍建设提供了根本遵循，必须在公务员法中予以体现。

二是坚持和加强党对公务员工作领导的需要。贯彻落实党的十九大和十九届三中全会要求，加强党对公务员队伍的集中统一领导，必须将坚持和加强党对公务员工作的领导、党管干部原则等要求进一步体现到公务员法具体规定中。

三是深入推进公务员分类改革的需要。推行公务员职务与职级并行制度，是党的十八届三中全会确定的重大改革任务，经过一年多的实践，试点工作取得明显成效，制度设计切实可行，已经具备在全国范围推开的条件。同时，干部选拔任用制度、公务员分类管理、公务员聘任制改革等深入推进，这些改革成果也需要通过修订公务员法进一步加以巩固。

四是贯彻落实建设高素质专业化干部队伍决策部署的需要。党的十九大和全国组织工作会议对建设忠诚干净担当的高素质专业化干部队伍提出了明确要求，贯彻落实党中央决策部署，需要公务员法提供更有力的法律保障，特别是需要针对公务员队伍建设中存在的突出问题，采取有针对性的举措，做出有针对性的规定。

新修订的公务员法主要在以下几个方面做了补充调整和完善：

一是突出了政治要求。把习近平新时代中国特色社会主义思想作为公务员制度必须长期坚持的指导思想。把坚持和加强党的领导、坚持中国特色社会主义制度等一系列政治要求，体现到立法目的、管理原则、条件义务等规定中，把落实好干部标准贯穿公务员管理全过程和主要环节，进一步彰显了中国特色。

二是调整完善公务员职务、职级等有关规定。进一步推进公务员分类改革，改造非领导职务为职级，实行职务与职级并行制度，对领导职务与职级的任免、升降以及与此相关的条文进行了修改。新《公务员法》第十七条规定："国家实行公务

① 参考：中国公务员制度的重大改革和完善：中共中央组织部负责人就修订公务员法答记者问［N］．中国组织人事报，2019-01-02（1）．

员职务与职级并行制度，根据公务员职位类别和职责设置公务员领导职务、职级序列。”第十九条规定：“公务员职级层次在厅局级以下设置。综合管理类公务员职级层次分为：一级巡视员、二级巡视员、一级调研员、二级调研员、三级调研员、四级调研员、一级主任科员、二级主任科员、三级主任科员、四级主任科员、一级科员、二级科员。综合管理类以外其他职位类别公务员的职级序列，根据本法由国家另行规定。”此项规定取消了非领导职务，给予基层公务员更多的发展机会。

三是调整充实从严管理干部有关规定。将第九章章名“惩戒”调整为“监督与惩戒”，增加了加强公务员监督和公务员应当遵守的纪律等规定，修改完善了回避情形、责令辞职、离职后从业限制等规定，增加了在录用、聘任等工作中违纪违法有关法律责任的规定。

四是贯彻落实党中央关于加强正向激励的要求，健全完善公务员激励保障机制，加强了对公务员合法权益的保护。

五是根据公务员管理实践需要，对分类考录、分类考核、分类培训等进一步提出明确要求，对公务员考核方式、宪法宣誓、公开遴选等方面做了修改。

【问题】

1. 请结合材料与所学知识，谈谈《公务员法》的修订反映了我国人事管理的何种趋势？

2. 如何看待“官本位”思想的盛行？

第六章　政府职能

治政之道在于安民，安民之要在于察其疾苦。——明·张居正

政府职能，其实质就是政府“应该做什么，不应该做什么”“能做什么，不能做什么”的问题。从公共管理学的学科起源来看，早期公共管理学者之所以创立这门学科，就是为了“研究如何让政府更高效地履行职能”。因此，“政府职能”是整本书的核心，其他一切都是围绕这点展开的。在我们生活、工作、学习中，政府职能的触角几乎无处不在。

第一节　政府职能概述

一、政府职能的含义

（一）政府职能的概念

职能又称功能、职责。

政府职能又称行政职能，概括地说，政府职能是狭义政府即国家行政机关承担的国家职能，是相关政治权力主体按照一定的规则，经由一定的过程，通过多种表达形式实现彼此价值观念和利益关系的契合，从而赋予国家行政机关在广泛的国家政治生活、社会生活过程中的各种任务的总称，是国家行政机关因其国家公共政府权力主体的地位而产生，并由宪法和法律加以明示规定的国家行政机关各种职责的总称。

政府职能的含义：

(1) 政府职能的主体是政府。一般而言，广义的政府指的是立法机关、行政机

关和司法机关。狭义的政府指的是行政机关，即一般意义上的政府。

（2）政府职能的客体是国家政治、社会、经济问题，即政府行使职能所要解决的各种任务。

（3）政府行使职能的方式主要有经济途径、行政途径、法律途径、管理途径等。

（4）政府行使职能的目的是通过社会问题的解决，增进公共利益和回应公民的诉求。

（5）政府职能必须依据宪法和法律的规定，不能“越位”，更不能“缺位”和“错位”。

（二）行政职能的扩展

在现代国家中，政府的行政功能较之传统行政得到了大大的扩展。由于享有立法创议权，且获得了广泛的委托权，国家行政机关事实上已经涉足于相当多的立法功能、司法功能和检察功能，即行政立法和行政司法。

行政职能的扩展是一种世界现象，也是一种历史的必然。从发展趋势上说，当代社会有三个较为突出的特点：（1）发展变化的节奏加快，发展变化的内容趋向多元化、丰富化、复杂化；（2）各种新的事物层出不穷，譬如新思想、新观念、新学科、新技术、新行业、新文化、新财富、新需求等，并带来了一系列的新问题；（3）竞争日趋激烈，并使各类主体之间的社会关系进一步趋向复杂化。在这种历史条件下，“法律有限，人事无穷”的现象明显增多，造成和激化了传统国家体制、领导制度、管理方式与现实需要之间的矛盾。这就需要一种能够对现实变化及时做出反应并有效解决问题、对未来需要做出前瞻性判断并提前进行战略性规划的力量。在传统的国家公共权力主体的体系中，这种力量就是政府。这是因为，在传统的国家公共权力主体的体系中，唯有国家行政机关决策权力集中，并集合了管理现代社会所必需的各类专业人才。从这个意义上说，狭义政府即国家行政机关被推向国家权力的主导地位是合乎逻辑的。

（三）与政府职能相关的争论

争论的焦点在于政府到底应该做什么，不应该做什么。争论的中心问题集中在以下三个相互联系的问题上。

1. 国家与社会的关系

这种关系主要涉及政府的政治职能，权威与民主的关系问题是其核心问题。自资产阶级成功取得政权以来，政府的公共权威一直在上升，以至于成为名副其实的

“大政府”。其对社会政治生活的影响突出表现在：（1）精英政治盛行；（2）公共支出增长等方面。

2. 政府与市场的关系

这种关系主要涉及政府的经济职能。通常人们使用“市场失灵”与“政府失灵”来概括凯恩斯经济理论出现之后，关于政府与市场关系争论过程中两种几乎是截然相反的价值取向。

一般来说，所谓市场失灵，主要是指市场机制在实现资源配置方面存在许多的局限性或缺陷性，因而不能达到帕累托最优，不能实现预期社会经济目标。市场失灵是主张实行政府干预的强有力的理由。

所谓政府失灵，主要是指政府的政策干预措施不能实现预期的调节市场的作用，在某些条件下，甚至导致比市场失灵更坏的结果。政府失灵是主张实行更为彻底的市场经济的基本依据。

关于政府与市场关系的变化大致经历了以下几个发展阶段：

（1）管的最少的政府是最好的政府。亚当·斯密以理性“经济人”假定为理论基础，提出“自私的动机”“私有的企业”“竞争的市场”是自由经济制度的三大要素，认为不断增加国民财富的最佳途径就是给予经济活动完全的自由，由一只“看不见的手”支配市场。概括地说，政府职能规范的基本价值标准，就在于成为一个好的“守夜人”。在这种意义上，“管的最少的政府是最好的政府”。

（2）凯恩斯革命。20 世纪 30 年代的世界经济大危机催生了凯恩斯革命。凯恩斯主张：国家调节和干预经济生活，实现国家公共经济活动与私人资本运作的合作，指导社会消费倾向；实行积极的公共财政和金融政策，通过有意识的国家财政收入与支出和货币供应、利率等国家经济活动影响有效需求和社会总就业水平，包括改变租税体系、政府直接举办公共工程和投资非生产部门甚至扩充军备等；举债支出，即政府举债投资公共事业和弥补预算赤字，借此提高有效需求，增加总就业量。凯恩斯经济理论影响了一大批经济学家，30—70 年代被称为“凯恩斯时代”。

（3）新自由主义经济。20 世纪 70 年代以后出现了新的经济危机，通货膨胀和经济停滞同时出现，即所谓“滞胀”，凯恩斯主义陷入两难选择：如果采用扩张性的财政政策，势必加剧通货膨胀，如果采用紧缩性的财政政策，又会导致经济停滞。在这种条件下，出现了所谓新自由主义经济理论，成为这一时期的主流经济理论。其重要理论观点是：基于自由竞争的市场原理是正确的，只有市场可以对资源进行有效的配置；政府的缺陷源自担任政府公职者的有理性的经济人的人性特征，也就是说，基于人的理性地追求私利的本性，政治生活中人们同样要对自己行为的成本与收益进行计算；必须强调价值判断和伦理规范的重要性。

（4）新一轮国家干预。伴随着2008年美国金融危机的爆发，国家干预重新回到人民视野，美国金融危机的爆发起因之一就是政府对金融行业监管的缺失所导致的。随着金融危机在世界各国的蔓延，各国开始纷纷出台措施力保本国经济，包括中国政府的“4万亿”经济促进计划。在新常态下，政府面临经济下行压力也采取了一些刺激措施，比如加大了基础设施投资。由此开始，政府与市场的关系天平又开始向政府倾斜。

综上所述，政府与市场的关系不是恒定不变的，而是伴随着经济社会的发展在不断的调整。但是，经过大的历史反复，问题将不会集中在是否需要市场或是否需要政府干预，而会集中在如何实现市场对资源的基础配置与政府对市场的合理干预之间的平衡方面。

二、政府职能的由来

自有国家以来，政府职能问题就成为政府的基本问题之一。现代政府的行政职能问题则起始于20世纪30年代西方资本主义世界的经济大危机。其后，关于政府职能的争论大体上沿着发达国家和后发展国家两条轨迹发展变化。在西方，争论发展于60年代的社会正义运动和70年代的经济“滞胀”，丰富于80年代反传统思想、改革政府运动和90年代的再造政府运动。在东亚，起始于60年代的经济起飞，发展于70年代的经济高速增长，丰富于80年代的“东亚经济奇迹”，修正于90年代的“东亚金融危机”。

（一）罗斯福“新政”——现代政府行政职能问题的由来

1929—1933年席卷资本主义世界的经济危机，将整个资本主义世界推到了崩溃的边沿。以美国为例，出现了：(1)经济持续衰退；(2)金融体系接近崩溃；(3)失业剧增；(4)生产相对过剩危机；(5)社会危机。传统的“守夜人”政府面对这场大危机束手无策、一筹莫展。随着以凯恩斯主义经济理论为基础的、以国家干预为核心的罗斯福“新政”的推行，危机得到了控制，并逐步走出了困境。罗斯福政府通过两个“百日新政”，在美国的法律中写进了美国历史上最不寻常的一系列改革法案：紧急银行法案、节约法案、啤酒法案、农业法案、失业救济法案、工业复兴法案、以工代赈法案、社会保障法案、税制改革法案、银行法案等。

为了保证行动的有效性，罗斯福“使现代总统职位恢复了生气”，大大强化了政府职能：首先，大大扩充了总统的立法职权；其次，大大扩充了总统的行政职能；

再次，大大扩充总统的经济职能。罗斯福新政开创了国家强力干预社会经济的先例，并因此结束了高度放任自由的时代，使“19 世纪的个人自由主义让位于强调社会保障和集体行动”。罗斯福本人也因此成了那一时期美国人的共同领袖。1933 年至 1938 年，标志着美国制度上的剧变。

从大危机开始，人们一直讨论这样一个问题，即亚当·斯密关于“看不见的手”的自由市场经济理论是否存在缺陷？如果存在缺陷，那么是哪些缺陷，又应该如何克服呢？罗斯福新政有效地克服了大危机，但大危机后人们开始在讨论，罗斯福新政是否存在缺陷？如果存在缺陷，那么是些什么缺陷，又应该如何克服呢？自那以后，尽管西方国家围绕“国家干预主义”还是“自由经营论”形成了长时期争论，先后出现了现代货币学派、理性预期学派、供给学派、公共选择学派等自由经营的理论和实践，亦出现了新福利经济学、新凯恩斯主义等主张国家干预的理论以及克林顿的国家干预的政策实践，但从整体上看，争论的焦点已不是在理念上政府是否需要干预经济，而是在实践上政府应当干预什么、什么时候干预、干预到什么程度和通过什么方式干预。人们至少已经认识到，在诸如财产和资源，垄断、外部效应、共用品、社会性收入分配、调控宏观经济一类问题上，政府的干预是不可缺少的。①

在政府与经济、国家与社会的相互关系方面，20 世纪 60 年代以来西方国家先后出现了“混合经济”②“福利国家”以及“行政国家”的现象。

混合经济描述的是现代西方国家政府与经济的关系。所谓混合经济，区别于单独运用政府或者市场来配置资源方式的单一经济，综合运用政府手段和市场工具来进行资源的配置。例如，在改革开放前，中国实行高度集中的计划经济体制，就是单一经济形势，单独依靠政府来配置全社会的资源。

---

① 朱光华．政府经济职能和体制改革［M］．天津：天津人民出版社，1995，34—44.

② 汉森在 1941 年发表的《财政政策和经济周期》中，较系统地解释了“混合经济”含义。他认为，从 19 世纪末期以后，大多数资本主义国家的经济就开始逐渐变为私人经济和社会化经济并存的“公私混合经济”或者“双重经济”。汉森认为，这种“混合经济”具有双重的意义，即生产领域的“公私混合经济”（国有企业与私人企业并存）和收入与消费方面的“公私混合经济”（公共卫生，社会安全和福利开支与私人收入和消费的并存）。后来，萨缪尔森在《经济学》中也专门论述了“混合经济”。他认为，“混合经济”就是国家机构和私人机构共同对经济实行控制，但是，国家对经济的调节和控制更为重要。对此，萨缪尔森说：“普遍存在于世界各地的事实是：现代混合经济国家的人民都要求他们的代议制政府采取各种经济政策，来维持高额的就业数量，旺盛的经济增长和稳定的物价水平。”总之，“混合经济”在实质上就是国家干预的、以私人经济为基础的市场经济。

福利国家概括的是现代西方国家与社会的关系。所谓福利国家是指资本主义国家通过创办并资助社会公共事业，实行和完善一套社会福利政策和制度，对社会经济生活进行干预，以调节和缓和阶级矛盾，保证社会秩序和经济生活正常运行的一种方法。

行政国家表现的则是现代西方国家各个国家公共权力主体之间，以及政府与经济、政府与社会之间的综合关系。

混合经济、福利国家、行政国家分属于不同的范畴，但却反映了一种共同的现象，即政府在经济和社会生活中的地位已不再是“守夜人”的角色，而是成为了其中一个积极的、不可或缺的重要组成部分，在某些情况下甚至是最主要的组成部分。例如，利用政府和政府首脑特有的影响力促进本国企业与他国企业之间的贸易或合作；例如，发挥政府专署的权威制定对外经贸政策，以推动或保护本国企业的发展。总之，政府干预经济事实上已经成为西方国家的一种普遍的既定国策。但是干预的合理性或实践效用，则取决于政府的职能定位以及政府履行职能的能力。

（二）“东亚经济奇迹”——后发展国家政府行政职能问题的产生

如果说罗斯福新政的实践效用主要表现在对付经济危机的话，那么自 20 世纪 60 年代以来，东亚经济奇迹的出现及其规模化、持续化，则从积极的意义上证明了政府职能扩展对于后发展国家社会经济发展的突出作用。

东亚“儒家文化圈”① 国家和地区在推动社会经济发展的过程中，普遍实行了政府主导（指导）型的经济发展战略。政府通过制订经济计划和产业政策、实行金融和价格管理、确定外资外贸体系等方法，形成了“官、产、学”高度协同的一体化的经济发展和运行体制，进而促成了社会经济的超常规的高速发展，创造了举世瞩目的“东亚经济奇迹”。例如，日本通过组建通产省等方式对国民经济实行计划管理，通过宣示产业政策实行政府导向，通过推行行政指导等方式实行政府微观干预，并形成了独特的政企关系。相比之下，韩国政府介入经济比日本政府程度更深、方式更直接；韩国政府通过六个五年计划和进口替代发展战略、出口导向型经济发展战略、国际化自由化科技化发展战略三次大的战略调整，以及一系列的产业政策和行政规制，推动了韩国的经济发展。在经济发展的同时，日本、韩国基本上保持

① 儒家文化圈是一个过去的概念，是以儒家文化构建基础社会的区域的统称，为文化圈的概念之一。其指的是文化相近、历史上受中国政治及中华文化影响、过去或现在使用汉字、并曾共同使用文言文（日韩越称之为“汉文”）作为书面语（并不使用口头语言的汉语官话作为交流媒介）、覆盖东亚及东南亚部分地区的文化区域。

了社会的稳定。如此惊人的总体社会效果，至少可以证明这一时期日韩两国政府职能扩展的现实合理性和历史进步意义。

东亚国家和地区在实践方面的成功，不仅在于政府具有广泛的权能地位，而且在于这种权能地位得到了社会的比较普遍的认同和遵从，更在于政府从权能地位出发，通过发展规划、产业政策、行政规制等合理的方式，有效地促进了社会经济的发展和国民生活水平的提高，并因此唤醒了国民的自尊心和自豪感。也就是说，在因果关系上，社会对政府权能地位的认同和遵从，除了传统文化观念的影响以外，主要是以政府通过实践表现出来的有效地发展社会经济的意愿和能力为基本前提的。总之，后起的工业化国家和地区，只有在强大政府既具有权威又具有卓越政策制定和政策执行能力的基础上，实行政府主导或指导型的、政府与市场相结合的经济发展战略、经济体制和经济政策，实行适度的政企分离，才有可能最快、最合理、最大限度地动员、开发和组合资源，在较短的时间内形成发展势头并及时调整产业结构，实现经济的快速增长和社会财富的快速积累，缩短与发达国家的距离，进而实现国家经济现代化。它的经验还证明，经济现代化的过程不可能是纯经济的过程，而只能是特定的政治、经济、社会、文化等诸方面因素互动的过程。从基本价值认同的角度说，如果将尽快实现经济现代化作为国家的最高目标，那么，在一定历史时期内遵从政府的导向和经济规制，暂时放弃有关政治理念的纷争，避免社会动荡，对于后发展的国家来说可能是最明智的选择。

（三）“东亚金融危机”——后发展国家政府行政职能问题的修正

东亚金融危机反映出，实现和初步实现了现代化发展目标的东亚国家和地区，其社会内仍然蕴藏着“传统”与“现代化”之间的深刻矛盾，反映出在当代人类社会发展进步的主流特征急剧发生质量变换——工业化社会向信息化社会转换、工业经济向知识经济转换、区域经济向全球经济转换的历史性过程中，东亚国家和地区对新的、正在形成的主流经济显然认识、准备和参与不足，同时，在经济持续高速增长的特有的乐观氛围中，显然高估了国际金融资本对发展本国经济的积极意义，低估了国际金融资本和经济全球化对后发展国家可能造成的消极影响，以至于未能及时而有效地调整政府的职能和公共行政管理方式，未能及时而有效地改变经济体制和经济增长方式，未能及时而有效地修正政府的公共政策，因而失去了继续引导和推动社会经济持续增长的契机，终于以金融危机及其引发的严重经济衰退的方式付出了惨重的机会成本。

由东亚模式的特质和属性所决定，东亚金融危机与东亚国家和地区的政府职能、政府权力、政府体制、政府能力、政府管理方式有着直接的关系。在此意义上可以认为，东亚经济危机实际上是一种政府公共政策的危机，一种政府公共行政管理的危机。换言之，在信息时代已经到来，世界性的知识经济和国际金融格局初步形成，世界精神一体化程度不断加深的新的历史条件下，东亚各国和地区政府公共行政管理体制的僵化、失效以及缺乏足够的灵活性，政府公共政策的滞后、失误以及缺乏应有的前瞻性，政府公共行政能力的走低、弱化以及缺乏必要的坚定性，是造成东亚金融危机的主因之一。

不同的国家关于政府职能有不同的规制，问题在于既定的规制是否有利于国家的发展进步。东亚国家和地区政府职能重释的要旨在于改变传统的“政府替代”，转而由市场和社会发挥更为重要、更为广泛的功能。从发展的意义上说，政府职能只在于那些社会管不了、管不好、不能管、不愿管的各类公共事务。其中，承认、维护市场在资源配置中的基础作用，是重释政府经济职能的核心问题，尊重经济主体“自主经营、自负盈亏、自我发展、自我约束”的独立法人地位，则是重释政府经济职能的关键所在。

东亚国家和地区重释政府经济职能的历史必要性和必然性之一，就在于随着市场主体的普遍发育成熟，而任其自由地选择经营方式和发展道路。政府的基本经济职能则相应转向通过制定和执行公共政策实施宏观经济调控，转向制定国家经济发展战略和发展规划，转向顺应市场、制定监督市场规则。东亚国家和地区政府职能的重释，只在于改变传统政府职能的领域、范围、方式，改变其强制力、主导力、压迫力，而不是全面削弱政府的职能。

东亚国家和地区政府在新的历史条件下的社会职能可以表述为：通过制定和执行社会发展政策，从主要维护社会秩序转向维护社会正义和公平、实现社会均衡发展，包括适时制定和执行退休养老政策、医疗保健政策、安全和保险政策、环境和资源保护政策、住房政策、物价政策、教育政策以及道德重塑等。破除资产占有的垄断，尤其是借助公共权力实现资源占有的垄断，衰减社会财富相对公平的分配，提高国民生活质量水准而不仅仅是富裕程度，是重释政府社会职能的基本问题。

三、“东亚模式”与政府职能

如果从政府职能的角度研究东亚模式，东亚奇迹的出现证明主导型政府职能模式的有效性和生命力，其成功的因素将成为发展中国家发展经济的样板。虽然东亚发生了金融危机，这只是说明东亚模式需要不断变革和完善，意味着这些国家和地区要改变传统政府职能发挥作用的领域、范围和方式，而不是要削减政府职能。目前，东亚国家正在调整政府职能，它给我们的启示是：政府不能无视市场，滥用政府权力，代替市场主体行为；另一方面，在开放的经济中，政府的宏观调控应更加有力、有效和灵活。

（一）何谓“东亚模式”

作为非欧模式的东亚模式并不是一个理论问题，它是一种现实的存在①。东亚模式是指包括日本、亚洲“四小龙”和东盟国家在内的，经过战后近半个世纪的发展而形成的一种不同于西方现代化的范式。它包括政治、经济和文化诸多方面的广泛内容。

在政治上，东亚模式的特征是实行集权主义和精英治国。严厉的压制性体制成功地维持了一种稳定的社会环境和政治环境，而训练有素的技术精英则可以保证决策的合理化和科学化，获得经济增长。二战以后，东亚国家普遍实行威权主义政治体制，这种威权主义政权既不同于西方议会民主制，也不同于法西斯主义的集权主义，又不同于第三世界的个人（集团和家庭）利益型集权政府。这种政权基本上出于国家和民族利益，依据社会发展的需要，为有效地实现国家和社会现代化的迫切任务而建立起来的集权制政府。它对政局采取强制性稳定的统治方法，为经济的发展提供了一个稳定的社会政治环境。这种强制性稳定，虽具有一定的不可靠性，甚至有极大的危险性，但却是不得已而为之的做法。而那些具有专门知识和专业特长的技术精英和政治精英，则在国家经济生活中起决定性作用，成为东亚国家经济发展的功臣。

在文化特征上，儒家传统文化被称为东亚发展的“文化影响模式”，又被称为“东方情感型”模式，它与被称为“现代型模式”的西方型文化不同。根植于新教伦理的西方文化的现代型模式的特征是追求效率、强调个性，而东方情感型模式则强调人际关系和崇尚集体意识，个人利益服从国家利益，主张用伦理道德来规范人的行为和协调人际关系。这种情感型文化通过东亚新兴国家领导人的倡导，形成了关于伦理道德和正确人际关系的亚洲价值观念体系，对东亚经济与政治发展起着重要的促进作用，被认为是保持东亚地区工业经济发展的有决定意义的天生本性，亚洲的经济运作则立足于这种独特的价值观。

关于东亚现代化模式，学术界有着广泛的争论，不同的学者从不同角度提出

---

① 这里所指的东亚是广义的东亚，即狭义上的东亚加上中南半岛和马来群岛诸国，其中，中国的情况在这里不加讨论。

自己的看法。如罗荣渠先生提出东亚现代化进程中的三种基本演变形式：日本型、韩国型和中国型。日本学者若菜隆从类型转换的角度提出“国民国家型”“国富类型”“工业化类型”和“对抗类型”及其向“地域圈类型”“民富类型”“后工业化类型”和“共存类型”的转变。日本学者小林加多士则从东亚现代化的推进者属于有别于欧洲的一种集团人文类型出发，认为它的首要特征就是国家主导型现代化。①

东亚现代化是一种“后发”现代化，这一特征决定了东亚在现代化过程中强烈的主体自觉，在动员传统以及现代资源方面与西方的自发方式有着较大的不同。为强调这些特征，我们选用“政府主导型”来指认东亚现代化的模式，这一术语的核心便是国家权力在现代化进程中起到了举足轻重的作用。但是，这里需要说明的是，“政府主导型”并非指能够完全替代市场起作用的经济体制，而是指“政府能够为市场经济的发展提供稳定的制度框架，最充分地利用人们的动力和信息”，青木昌彦等学者称之为“市场增进论”。② 这一点正是后发型现代化国家在追赶先进国家的历史进程中所必需的。用一些学者的话来说，东亚模式的精髓在于：市场竞争是充分的，政府的势力是强大的，政府的力量和市场力量在东亚模式中取得了某种意义上的均衡。

“东亚模式”中的日本，在短短30年间恢复了经济大国的地位，与美、欧形成世界经济中的三足鼎立之势；“亚洲四小龙”，由贫穷、失运之地变为新兴经济明星，被国际组织列为“经济发达圈”的成员；泰国、马来西亚等东盟国家在亚洲金融危机爆发前也因其所取得的经济成就受到国际社会的普遍称赞。东亚经济保持30年高增长而没有发生重大的经济危机，即使战后两次使西方国家大伤元气的石油危机也未能中断东亚国家和地区的经济高速增长进程。从东亚国家和地区的现代化历史的渊源来看，“东亚模式”在一定时期顺应了经济发展的潮流，那种完全否认，甚至主张抛弃东亚模式的看法并不能令人信服。

（二）东亚模式中的政府与市场关系

要正确理解东亚模式中政府的独特作用，就需搞清楚东亚为何选择“政府主导型”模式。首先，应考虑东亚早期工业化所面临的初始条件。早期的东亚各国（地区）无论在地理位置和自然资源等天然形成的因素方面都处于相对不利的地位，尤其是历史积累的条件比较低劣。这种状况至少在理论上为政府发挥更积极的影响提

① 罗荣渠．东亚现代化：新模式与新经验［M］．北京：北京大学出版社，1997.

② 青木昌彦．政府在东亚经济发展中的作用［M］．北京：中国经济出版社，1998，13.

供了依据。同时，基于这样的现实，政府的作用不仅局限于为经济发展提供必要的制度和秩序，而且在很多领域直接参与调节经济活动。其次，要考虑到东亚工业化的初期所面临的政治经济格局。在东亚开始工业化时，大多数西方国家已处于发达状态，为摆脱落后状态，从激烈的国际竞争中脱颖而出，东亚的政府精英普遍信奉以“赶超”为主要内容的发展哲学。“赶超”战略没有政府的帮助是无法实现的。再次，由于凯恩斯主义的巨大影响，在20世纪50—70年代，政府干预的合理性被各国奉为政治经济学正统观念。最后，就是东亚的文化背景，上面已经提到，这里不再赘述。因此，从历史的角度看，东亚选择“政府主导型”的经济发展模式是一种历史的必然。

总而言之，东亚国家是在市场经济这一基本框架内发挥定律，即在国家经济起飞初期政府干预经济的范围和力度较大，随着市场经济发展到更高阶段则越来越重视和强化市场机制的作用，政府干预的程度则逐渐弱化。

目前东亚出现的经济、金融动荡，应该说是东亚模式在由低级向高级发展过程中出现的问题，正像西方国家走过的道路一样，东亚模式会在正确总结经验、吸取教训中，不断地完善和发展起来。

（三）东亚模式与东亚金融危机

1. 东亚金融危机及其原因

1997年7月初，一场货币危机冲击了东南亚。先是泰铢受到冲击，然后，菲律宾比索、印度尼西亚盾、马来西亚林吉特受到冲击，最后新加坡元与港币受到牵连。东南亚几国的中央银行联合干预无效。这几国的股市随之受到影响，股票行情下跌。前些年发展最快的房地产市场突然崩溃，使一些资金陷在房地产中无以自拔的当地银行濒临破产。随后又逐步扩大到韩国、日本。人们从不同的角度分析了金融危机发生的原因，比如：马来西亚总理马哈蒂尔认为，索罗斯肯定是金融危机的祸首；东亚依赖外资的出口导向型工业化战略陷入困境；以美国为首的西方发达国家对东亚国家的遏制等，不一而足。下面试从政府职能的角度加以分析。

东亚模式的一个重要特点就是政府对社会经济的干预较多。东亚经济起飞之初，市场体系很不健全，资金短缺，技术落后，需要发挥政府对经济的主导作用，以国家的力量组织经济，推动经济增长。随着东亚经济的快速发展，各个经济体内部市场体系逐渐发育成熟，国家干预应该从一些可以由市场很好发挥作用的领域及时撤出，但由于国家干预自我强化的惯性作用，虽然政府也注意到这个问题，但一些不必要的干预实际上并没有明显地减少。政府保护过多，在促进本国经济发展的同时，也一定程度上损害了市场功能的发挥，不利于激发企业的进取心，影响了企业的生机和活力。以韩国为例，韩国经济在80年代突飞猛进的发展，政府控制银行信贷体系，保证给企业优惠贷款起了很大的作用。韩国企业有了政府的支持，利用日元升值的机会，加大投资，大力扩大生产能力，买进西方国家先进技术，使它的产品迅速上了一个档次。然而，时过境迁，韩国经济从简单生产过渡到了更复杂的阶段，政府管理一切已不适应形势的发展。政府扶植某些企业的好处是，可以人为地造出经济上的比较优势，一些巨型的大企业先后在世界上崭露头角。这些企业与政府官员有特殊的关系，贷款容易，随意扩大生产，很快把经营范围扩大到许多企业领导并不熟悉的行业。这种企业与政府之间关系的后果就是企业不考虑市场影响，不考虑最大回报，只注重自己市场和资本份额的最大化。

应该强调的是，对东亚“政府主导型模式”的认识应当采取一种客观的、发展的观点。西方国家的资本主义从萌芽、发育到成熟，经过了300年的时间才发展到今天较为成熟的阶段，而且至今仍在不断调整和改良。东亚模式只经历了短短几十年，其缺陷和不成熟是难免的。从总体上说，东亚模式处于初级阶段，不能用西方现阶段成熟的模式标准来套用或衡量东亚不成熟的现存模式。像欧美的模式发展一样，它在其生命延续中，某一方面或某几个方面，发展落后于时代的变迁，需要调整革新，均属正常，无可厚非。我们不能因为“东亚模式”的一次挫折就说东亚模式已经过时。模式没有一劳永逸的，它的成功需要外部条件，更需要自身的改革完善。当前东亚各国正努力提高政府运行质量，清除官商勾结现象，增大政策透明度，健全法制，并努力调整产业结构，扩大内需，重视科技教育，重新振兴东亚经济。

2. 东亚模式中政府职能的调整

对东亚各国和地区来说，在经历了惨痛的金融危机及其引发的深度经济衰退之后，通过全面的政府改革以实现制度创新，进而为进一步现代化提供制度条件的紧迫性和重要性是显而易见的。问题在于，东亚国家和地区选取什么样的主导价值观，进而建立起系统的、合理的、可行的关于政府的理念和政府改革的目标模式。

尽管东亚各国和地区在发展水平、历史传统等方面存在着较大的差异，政府改革的宏观目标理所当然亦会存在较大的不同。但是，由于东亚各国和地区现代化的进程源自同一发展模式，并且遭受金融危机及其引发的经济衰退打击的情形相类似，因此，其政府制度创新就是根据本国和世界经济发展的客观要求，校正和确定政府在广泛的经济生活、政治生活、社会生活、文化生活中的角色定位和角色规范。它将涉及政府的行政性质、行政目的、行政责任、行政行为方式等行政理念。

不同国家关于政府会有不同的规制，问题在于既定的规制是否有利于国家的发展进步。东亚国家和地区政府职能重释的要旨在于改变传统的“政府替代”，转而由市场和社会发挥更为重要、更为广泛的作用。从政府的意义上说，政府的职能只在于那些社会管不了、管不好、不能管、不愿管的各类公共事务。其中，承认、维护市场在资源配置中的基础作用，是重释政府职能的核心问题。

东亚国家和地区重释政府职能的历史必然性和必要性之一，就在于随着市场主体的普遍发育成熟，而任其自由地选择经营方式和发展道路。政府的基本经济职能则相应转向通过制定和执行公共政策实施宏观经济调控，转向顺应市场和监督市场规则。但是，在强调市场作用的时候必须看到，政府与市场一样是不可或缺的。转变政府职能意味着要求“政府要发挥新的、不同的作用——不是作为唯一的提供者，而是作为促进者和管理者”。① 这些国家和地区政府职能的转变只在于改变传统政府职能的领域、范围、方式，改变其强制力、主导力、压迫力，而不是全面削弱政府的职能。

1997 年的金融危机之所以发生，有人认为是由于东亚各国（地区）对经济干预过度，造成各经济部门发展的不平衡而引起的，所以各国（地区）政府当局应放宽经济的干预，让经济纳入经济自由化的轨道。也有人认为东亚各国（地区）政府应加强对经济的干预力度，因为超前的经济自由化将会造成经济发展的不稳定，而且若政府放弃对主导产业的扶植，将会导致本国和本地区在日益激烈的国际竞争中丧失竞争优势。其实这两种看法各有道理，这里有一个长期目标和短期目标的问题。从长期来看，经济运行还是以市场机制为主，最后还要走向经济自由化。但从短期来看，东亚各国目前在经济运行中出现的一些结构性问题亟待解决，还需要政府之手的帮助和引导。各国根据不同的国情，今后可能要做一些调整。比如，韩国在此次金融危机中暴露出其金融体制上的诸多弊病，即政府对大企业的高保护政策，导致它们对政府的过度依赖，这可能会在银企关系改革、金融自由化问题上有所突破。台湾受金融危机的冲击虽然不算大，潜在的危机却时刻存在，所以下一步的重点会放在加快公营企业民营化的改革上，以增强经济活力。香港一直倡导“积极不干预主义”，不过在这次金融危机中仍显示出政府控制局势的能力，可见，“不干预”是相对的，在需要的时候，不但会出手干预，而且还相当有效。香港今后对经济的干预还会采取相对放任的态度，但配合产业政策和稳定经济秩序的干预还是应该强

① 世界银行．1997 年世界发展报告：变革世界中的政府［M］．北京：中国财政经济出版社，1997，2.

调的。

3. 东亚金融危机的启示

东亚金融危机曾引发国际和国内学者们对东亚模式的深入思考和探讨。在西方特别是在美国，有相当多的学者认为，金融危机在很大程度上粉碎了东亚模式。美国《外交》月刊说得更加明确："亚洲金融危机证明美国模式正确。"这多少反映出美国一些学者的自大。西方国家的发展模式在其发展过程中也经常出现重大的危机。试问在美国经济陷入危机时又证明谁的模式正确呢？与此相比较，东亚地区经济高速增长 30 年没有发生重大的危机，这本身就是奇迹，不能因为出现东亚金融危机，甚至个别国家陷入了严重的经济危机，就否定东亚模式。

东亚政府主导下的市场经济在东亚崛起过程中发挥了重要功能，功不可没。金融危机表明一些国家需要恰当处理政府与市场之间的关系。问题不在于要不要政府的干预，而在于如何干预。还要看到，政府干预不当并未发生在东亚模式成熟程度较高的新加坡以及中国的台湾和香港地区。实际上，新加坡政府对经济和社会发展的宏观干预并不少。正当印尼、马来西亚建造许多世界级的摩天大楼时，新加坡政府却下令银行缩减豪华房地贷款、减少其用地数额，而继续加强港口、机场、公路等基础和民用住房建设。李光耀曾指出：一些国家出错在政府本身。香港特区一直实行"积极不干预"的经济政策，但特区政府却在金融危机中发挥独特作用，强有力地对付了国际投机家的大肆冲击。东亚一些国家和地区从这次金融危机中吸取的教训不是不要政府，而是政府与市场要各尽其能又各尽其责。

东亚经济的发展在很大程度上得益于政府的强制性制度安排，但这种发展的结果却又要求更深刻和全面的市场经济。政府在完成启动，培育市场和把本国经济推入快车道以后，要及时地让位于逐渐壮大起来的市场，更要遵循经济规律与市场规则来调控和促进发展。在这一点上，人们正逐渐取得共识。东亚面临的经济增长危机，从另一个角度看，也是一场深刻的"政府危机"。但这并不意味着就此应转向新古典主义，否定政府在经济发展中的作用，从而走向另一个极端。长期历史发展所形成的政治经济格局，使得发展中国家比西方发达国家更加依赖政府的力量。因此，继续关注和思考有关政府的一些基本问题，不仅是东亚问题，而且是一个发展中国家极具现实性的问题。

认真分析研究这场危机及其发生的根源，进一步认清政府的作用，以及政府如何发挥作用，对于正确处理政府与市场的关系将会是十分有益的。

在政府与市场的关系上历来有两种主张，即自由放任主义和国家干预主义。但是，主张自由放任主义者并非反对一切国家干预政策，国家干预主义主张用政府干预弥补市场经济难以克服的缺陷，由此可以得出以下三点认识：政府对市场的干预是必要的；政府对市场的干预以市场为基础，目的是为了弥补市场机制本身难以克服的缺陷，市场在资源配置中仍然起基础性作用；政府的权力要予以制约和监督。

四、“中国模式”与政府职能

（一）中国模式的含义

1. 中国模式的背景及内涵

自1978年改革开放以来，中国经济已经持续繁荣稳定发展了40多年。中国经济体制改革取得成功的重要原因，是中国正确地选择了独具特色的渐进式改革道路，这种渐进式改革使得中国保持了较为稳定的增长率。

“中国模式”（或曰“中国道路”“北京共识”等），特指中国经济模式。改革开放以来，中国经济总量在世界上的排位由第10位上升到2010年的第2位，农村贫困人口减少到不足3千万，取得的成就引起全球的关注。由此，“中国模式”“北京共识”的说法开始在国际上流行。

“中国模式”是指在向市场经济过渡过程中，市场经济制度主要不是依靠从外部（西方）“引进的”政策和规则，而是根据自己国家的国情和改革进程中形成的政策、规则、路径和方式，逐步实现国家的新制度安排；也可以指走中国特有的社会主义道路。如果从制度变迁的视角审读“中国模式”的意义，它意味着中国开创了一条中国式的制度创新道路，这就是：“中国模式”在改革开放进程中逐渐形成的制度内生性，即中国转型的“内生性制度安排”。中国模式丰富和发展了世界发展模式，也必将为人类文明不断地走向繁荣与发展做出自己的贡献。

中国模式的具体内涵：

（1）从经济体制上看。中国已经根本改变传统的计划经济体制，初步建立起社会主义市场经济体制，这种体制不同于自由放任的市场经济体制，在主要以市场机制配置资源的基础上，更多地发挥市场、价格、竞争作用的同时，也特别注重合理地发挥政府宏观调控和战略指导的作用，没有完全放弃必要的国家管理经济的作用。

（2）从经济结构上看。改革开放以来，中国经济结构根据国情和国际环境，在不断的调整中趋向合理化。在轻工业快速发展、农业得到加强之后，重工业太重、轻工业太轻、农业落后的畸形产业结构已经改变，重点发展的是装备制造业、高技术产业和服务业；工业化与城市化不协调、城市化严重滞后的局面已经改观，在城市化加速发展的同时，并没有出现部分拉美国家和印度等国那样的过度城市化；正在实施西部大开发战略、东北老工业基地振兴战略、中部崛起战略，以缩小地区差距，实现地区平衡协调发展。

（3）从经济增长方式上看。中国的经济增长方式长期以来都是以粗放型为主，主要依靠高投入、高消耗发展经济，这种情况已经开始改变，新模式强调要依靠技术进步、加强管理，以低投入、高产出、高效益的集约型增长方式为主。

（4）从经济发展战略上看。中国已经成功实现战略转换，由重工业优先发展的赶超战略转变成现代化战略；由重速度、重数量、轻效益、轻质量的倾向转变成以经济效益为中心，注重效益、质量、合理实在的速度；由片面强调自力更生、闭关锁国转变成对外开放，掌握两套本领，利用两个市场、两种资源；实施科教兴国战略、可持续发展战略。

（二）“中国模式”中的政府与市场关系

中国经济模式是在改革“苏联模式”①（或曰“斯大林模式”）的过程中逐步形成的，“中国模式”也可以说是中国改革和发展的模式。从基本经济制度上看，中国由过去追求“一大二公、三纯四统”的单一公有制转变为以公有制为主体的多种所有制经济共同发展的基本经济制度，形成了多种所有制并存交融的混合经济；由过去分配方式单一、平均主义倾向严重的分配制度转变为多种分配方式并存、公平与效率并重、既有差别而差别又不能过大、既鼓励部分人先富又强调最终要达到共同富裕的分配制度。

从1992年十四大确立“市场在国家宏观调控下对资源配置起基础性作用”，十五大提出“使市场在国家宏观调控下对资源配置起基础性作用”，十六大提出“在更大程度上发挥市场在资源配置中的基础性作用”，十七大提出“从制度上更好发挥市场在资源配置中的基础性作用”，十八大提出“更大程度更广范围发挥市场在资源配置中的基础性作用”，十八大三中全会确立“让市场在资源配置中起决定性作用，更好发挥政府作用”，十九届三中全会提出“要坚决破除制约使市场在资源

---

① 所谓苏联模式，即指苏联在长期的社会主义实践中形成的制度、体制以及建设社会主义的方针、政策。这个模式形成于斯大林时期，并不断得到强化和固化。从社会基本制度的层面看，在经济领域，苏联建立了全民所有制和集体所有制这两种形式的社会主义公有制，使之在国民经济中占统治地位，并在此基础上实行了按劳分配原则；在政治领域，苏联确立并坚持苏联共产党在苏联社会中的领导地位，形成了以工人阶级为领导、以工农联盟为基础的苏维埃政权，对无产阶级和其他劳动人民实行广泛的民主，依靠无产阶级专政来保卫社会主义制度；在意识形态领域，苏共坚持无产阶级世界观——马克思列宁主义在苏联意识形态中的指导地位。

配置中起决定性作用、更好发挥政府作用的体制机制弊端，围绕推动高质量发展，建设现代化经济体系，调整优化政府机构职能，合理配置宏观管理部门职能，深入推进简政放权，完善市场监管和执法体制，改革自然资源和生态环境管理体制，完善公共服务管理体制，强化事中事后监管，提高行政效率，全面提高政府效能，建设人民满意的服务型政府。”在这 30 多年间，中国一直在探索如何正确地处理好“政府与市场”的关系。

第二节　政府职能构成及演变

一、政府职能构成

政府职能的内涵和外延从产生到现在一直在不断的变化，从现实的情况看，其外延更大了，内涵更丰富了。

斯密认为，政府最佳作用在于三大职能：“君主的义务，首先在保护本国社会的安全，使之不受其他独立社会的暴行与侵略，……君主的第二个义务，为保护人民不使社会中任何人受其他人的欺侮和压迫，换言之，就是建立一个严正的司法行政机构，……君主或国家的第三种义务就是建立并维持某些公共机关和公共工程”。①

布坎南认为，政府的职能可以分为三个层次：第一，执行现行法律的那些行动；第二，包括现行法律范围内的集体行动的那些行动；第三，包括改变法律本身和现行成套法律规定的那些活动。②

台湾张金鉴教授认为，行政职能大体上可以分为六种：（1）维护职能，即维护国家法典和制度的职能。主要通过制定得到社会公众较为普遍认同的国家典章法令，建立、确定和巩固国家的政治意识形态、国家的基本社会制度、国家的基本价值范畴、国家的法统。（2）保卫职能，即保卫国家和民族独立，保卫公民生命、财产和公民权利，维护社会秩序的职能。（3）扶助职能，即扶助各界公民、公民团体、工商组织均衡发展，扶助弱者生存的职能。（4）管制职能，即管制社会行为主体与国

---

① 亚当·斯密．国民财富的性质和原因的研究［M］．郭大力，王亚南译．北京：商务印书馆，1994，254、272、284.

② 詹姆斯·布坎南．自由、市场和国家——80 年代的政治经济学［M］．平新乔，莫扶民译．上海：上海三联书店，1989，244.

家公共权力主体的社会行为的职能。(5)服务职能，即通过兴办各类公共事业，直接造福于国民的职能。(6)发展职能，即运用各种可能的方式启发、诱导创新的意图和积极性，促动、推进发展和进步的行为的职能。

按照20世纪80年代以来革新行政学的观点，政府的职能有一些新的、不同的理论观点，尤其是政府社会职能的完善和发展。

二、行政国家现象

(一)行政国家的含义及特点

1. 行政国家的含义

行政国家是20世纪政府权力发展的独特现象。从发达国家开始，在世界范围内逐渐出现一种普遍的现象，即政府权力的急剧扩张，公共事务的扩张带来了公共利益的扩大化，行政机构和行政自主权明显增大，出现行政国家现象。

“行政国家”作为一种学术研究的概念和理论最早由美国行政管理学家德怀特·沃尔多于1948年发表、1984年再版的《行政国家：美国行政学的政治理论研究》一书中提出，经过弗里茨·马克斯(Fritz marx)于1957年发表的《行政国家：科层体制概论》等研究成果的发展，已成为一种确认的理论和公共行政的研究领域。

具体而言，行政国家是指人类社会发展到这么一个阶段——国家行政权渗透到人们社会生活的各个领域，人们在其生命的整个过程中离不开行政机关，行政机关的行为成为影响人们生命、财产、自由和国家安全、稳定、发展的一种几乎无所不能之物。

2. 行政国家的特点

行政国家的特点主要表现为以下几个方面：

(1)国家行政机构的数量大大增多，其所管理的内容异常庞杂，职能在日趋专门化的同时也更加复杂。

(2)行政人员的队伍日益庞大，行政事业费用大量增加，公共管理的成本越来越高。

(3)各种专门的行政委员会纷纷成立，与此相关，委任立法现象大量增加，这种趋势导致了政府权力的准立法化。政府权力内部的纠纷调停制度也不断健全和完善，这又带来了政府权力的准司法化。

(4)行政立法数量增加，自由裁量权的范围不断扩大。

(5)政府权力不仅自主性增强，而且地位日益提高，常常出现凌驾于立法权力和司法权力之上的情况。

（6）政府权力的服务功能渐趋重要，公共福利措施明显增多，福利主义政策波及全球。

（7）政府权力不断发生越轨现象，侵犯立法权力和司法权力，侵犯公民权利，甚至直接干预经济和社会事务。

（二）如何认识行政国家现象

行政权力的扩展与行政组织的扩展及行政职能的扩展是同步的。公共权力是政府的灵魂，公共组织是政府的骨骼血肉，行政职能则是政府存在的价值与意义。

行政国家首先是一种国家公共行政职能的现象，其次是一种国家公共权力的现象，同时也是一种国家公共事务管理现象，主要是指在资本主义国家立法、司法、行政三权分立的国家权利主体的关系中，政府权力和活动扩展，具有制定同议会立法效力相当的行政命令权和制定同法院判决效力相近的行政裁判权，大量直接管理和介入国家事务和社会事务，从而起着最活跃和最强有力国家的作用的一种国家现象。

具体而言，我们可以从以下几个方面进行解读：（1）行政国家现象的出现，是近代科学技术突飞猛进和生产力迅速提高所导致的结果。（2）与行政国家现象相伴而生的行政越权现象，是在政府权力增长过程中自身的恶性膨胀造成的。（3）政府权力在由“守夜警察”的消极身份转变为社会积极干预者身份的过程中，其本质特征并没有发生根本改变。（4）伴随着行政国家现象的出现，政府的触角也深入到了公民生活、工作的方方面面，加强对公共权力的监督成为必然。

三、“新常态”下中国政府职能重构

习近平总书记在2014年5月首次提出“中国经济呈现出新常态”。习近平总书记认为“新常态”有以下几个主要特点：速度——“从高速增长转为中高速增长”，结构——“经济结构不断优化升级”，动力——“从要素驱动、投资驱动转向创新驱动”。“新常态”下，产业结构调整和升级不断推进，国有企业改革逐渐深入，经济发展速度适当调整，这其中必然会涉及利益分歧和力量对比不平衡，进而导致资源占有不平衡，最终会造成社会心态失衡，促使各种社会矛盾的显著化。比如，城镇化过程中的“强制拆迁”问题、京津冀一体化过程中淘汰落后产能问题、土地流转过程中的利益分配问题等。

在这种复杂的情况下，中国政府的主要职能应该转向为社会提供公共物品，尽量减少利益分配不公正带来的冲击。具体而言，主要从以下几个方面着手：

（一）社会保障职能应有所加强

国有企业的改革，使一大批富余人员出现了短时间的失业，一方面，涌现了一批富裕群体，另一方面，又出现了为数不少的特困人员。此外，在城镇化过程中，大量的农村居民进入城镇，截至2014年底，农民工数量已经达到2.75亿左右，占到了全国总人口的近五分之一。但是，由于农民工群体受教育程度普遍水平低，并且主要集中在劳动密集型、技术含量低的建筑业、住宿餐饮、批发零售、社会服务等行业，收入水平较低，甚至有一些沦落为城市新的弱势群体和贫困群体①。在这种情况下，国家有必要建立以保障全体人民基本生活为目的的社会保障体系，保证改革开放有一个稳定的环境，实现经济的稳定发展。

（二）提供公共产品职能应有所加强

在市场经济条件下，社会的生活越来越丰富多彩，需要政府办的公益事业越来越多，尤其是在科技、教育、交通、通信、养老等领域，政府都应起到单个企业和单位无法起到的作用，在这种情况下，中国政府提供公共产品的职能应有所加强。在政府公共服务提供方面，应该注重服务质量的提升，并且积极探索多样化、多渠道的公共产品生产和提供渠道。

（三）刺激经济发展的职能应有所加强

我国实行社会主义市场经济，并不意味着国家对经济发展不管不问，相反，国家对经济发展的作用随着微观领域的退出，在宏观上的管理更应有所加强。政府应加强对刺激经济发展的研究，研究市场经济的运行规律，研究中国市场的运行规律，并及时采取适当的措施刺激经济的发展，这一职能几乎贯穿于经济发展的各个阶段。在“新常态”下，经济承受下行压力，国家将会出台更多的政策措施促增长。

（四）确保公共安全职能应再加强

人员的流动性越来越大，对人的管理难度也越来越大，特别是由于贫富差距的拉大，富裕群体与贫困群体的矛盾越来越尖锐，加上目前属于计划经济向市场经济转轨时期，各种矛盾错综复杂，有的矛盾在一定的时间里还很尖锐，甚至还会出现激化，在这种情况下，国家的公共安全职能应再加强，强化对所有社会人的管理，尤其是城镇中流动人口，强化安全力量。政府在维护社会稳定方面也应该转变以往行政主导的社会管控模式，向以“政府、市场、社会”合作治理的社会管理模式转变。

---

① 李国正．“十二五”末农民工就业状况及收入增长的影响因素分析［J］．理论与改革，2015（5）．

（五）调节收入分配职能应加强

随着改革开放的深入，各种深层次的矛盾越来越多，如东西部差距越来越大，富裕群体与贫困群体的收入差距越来越大，落后地区、不发达地区发展急需财政给予支持。不加强国民收入的再分配，就不能保证落后地区、不发达地区的发展，也不能保证发达地区的长期发展，同样也会造成社会的不稳定。当前，各级政府正在全面推进“精准扶贫”，这一伟大工程能否落实到位，能否产生实质效果也考验着各级政府调节收入分配的能力。

（六）自我改革的职能应加强

“改革是中国最大的红利。”目前我国的经济正在向纵深领域发展，随着经济的持续发展，我国现行政府的运作模式已越来越不适应形势的发展，从某种意义上说，政府的部分职能已成为经济发展的制约因素。现阶段，我国政府的运行模式已经制约了生产力的发展，政府必须加强自我革新以适应生产力的发展。值得期待的是，当前“多规合一”“最多跑一趟”等改革措施正在快速推进，政府自我革新能力逐步增强。

第三节　政府与市场关系：新时代下新型政商关系

正如前面章节所叙述的那样，政府与市场关系问题，核心是政府职能定位问题，即政府应该做什么，不应该做什么的问题。

一、政府失灵

现代市场经济条件下，市场调节(“无形的手”)和政府干预(“有形的手”)是有机结合在一起的。实践证明，市场的作用不是万能的，市场会出现失灵，同样政府的作用也不是万能的，政府的干预也会出现失灵。在我国市场经济发展过程中，正确处理好政府与市场的关系，减少政府失灵，对于完善我国社会主义市场经济体制具有重要意义。

（一）政府失灵的含义

所谓政府失灵，是指国家行动不能改善经济效率或当政府把收入再分配给不恰当的人，个人对公共物品的需求得不到很好的满足，公共部门在提供公共物品时趋向于浪费和滥用资源，致使公共支出规模过大或者效率降低。由于公共管理者也是

"理性经济人"[①]，所以，公共管理者在制定、执行政策，行使权力的过程中也会追求自身利益最大化。最终可能导致政府的活动并不总像应该的那样或像理论上所说的那样"有效"，甚至会产生失范行为（腐败）。

在布坎南[②]看来："政府作为公共利益的代理人，其作用是弥补市场经济的不足，并使各经济人所做决定的社会效应比政府进行干预以前更高。否则，政府的存在就无任何经济意义。但是政府决策往往不能符合这一目标，有些政策的作用恰恰相反。它们削弱了国家干预的社会'正效应'，也就是说，政策效果削弱而不是改善了社会福利。"

（二）政府失灵的表现

政府失灵与市场失灵一样是一种客观存在的现象，它是政府克服市场失灵所导致的效率损失超过市场失灵所导致的效率损失。一般地说，政府失灵表现为以下几种情形：

1. 政府政策的低效率

政府政策的低效率，即公共决策失误，是指政府干预经济活动达不到预期目标或者政府干预虽达到了预期目标但成本高昂。首先，政府制定所谓的公共政策并不一定代表社会公共利益，政府的思维方式和具体行为也并非完全理性、完全符合公共利益。如政府有关部门为维护本部门利益而出台的非公益性政策、地方保护主义等。在这种情况下，政府往往借社会公共利益之名行政府机构私利之实，从而导致政府失灵。其次，公共政策的制定过程，实际上是一个涉及面很广、错综复杂的过程，而正确的决策必须以充分可靠的信息为依据。但由于这种信息分散在无数的微观个体行为者之中，政府很难全面掌握，加之现代市场经济活动的复杂性和多变性，增加了政府对信息分析处理的难度，很容易导致政府决策的失误，出现政府失灵。此外，公共政策在执行上也存在着一些难以逾越的障碍。任何好的政策在实施和执

---

① 理性经济人的来源可以追溯到经济学鼻祖亚当·斯密所著的《国富论》，它是经济学家在做经济分析时关于人类经济行为的一个基本假定，意思是作为经济决策的主体都充满理性的，即所追求的目标都是使自己的利益最大化。具体说就是消费者追求效用最大化；厂商追求利润最大化；要素所有者追求收入最大化；政府追求目标决策最优化。

② 布坎南是公共选择学派最有影响、最有代表性的经济学家，是公共选择学派的创始人与领袖，布坎南被称为公共选择之父，主要代表性著作有《同意的计算》、《财政理论与政治经济学》（1960年）、《民主过程中的公共财政》（1976）、《自由的限度》（1975）、《立契约中的自由》（1978）、《征税的权利》（1980），以及《自由、市场与国家》（1986）等。除此之外，布坎南还发表了很多有影响的论文，例如他的《俱乐部经济理论》（1967）就构成公共选择理论中的一个重要的组成部分——地方公共决策中的"用脚投票"理论。

行过程中，都必须具有相应的前提和条件，主要包括必要的政策资源、正确的执行策略、合格的执行者、有效的沟通、正确的协调、适宜的环境、有效的监督等等，这些因素中的任何一方面或它们之间的配合出了问题，都可能导致政策失效。另外，在政策实施和执行过程中，由于中央和地方的财权和事权的分离及两者利益上的差异，易发生下级政府执行不力的情况，这必然导致政策失效。

2. 政府工作机构的低效率

首先，由于政府在提供公共物品的时候处于垄断地位，政府不但是公共物品的唯一提供者，而且政府中的各个部门也分别处于各类公共物品的垄断生产者地位，相互之间因为缺乏替代性而无竞争，这样政府各部门就缺乏降低成本、提高服务质量的压力。其次，由于政府官员花的是纳税人的钱，没有产权约束，在行政时往往不太考虑成本，而且本部门的年度财政节余不能自留，降低成本不能给本部门带来直接的收益，因此政府各部门都有扩大开支预算的倾向。再次，政府在提供公共物品和从事其他政府行为时，由于政府行为机制与市场机制的差异以及公共物品价格的非敏感性，衡量这些行为的社会成本和社会收益比确定市场行为的成本收益更加困难，政府在很多情况下很难利用“边际社会成本等于边际社会收益”的原则来判断自己的行为是否有效率。最后，由于民众与政府机构的地位不平等和信息不对称及监督力量薄弱，使得全社会缺乏对政府机构和官员的有效监督，从而不能很好地促进政府提高效率。

3. 政府的创租、寻租活动及官员腐败

租金是指某种资源由于产权垄断或经营垄断而产生的超额收入。寻租（Rent Seeking）① 是指由于政府的无意创租、被动创租和主动创租可使经济中产生巨额租金，经济人通过各种政治的、经济的、合法的、非法的手段从政府官员那里获得某种垄断特权或者是政府机构及其官员直接凭借其垄断特权而取得的非生产性利润的活动。由于寻租排除竞争，造成经济上的特权，阻碍生产效率的提高，过度干预资源配置，可能使社会平均利润被少数生产者不公平地占有。同时寻租活动把本来可用于生产活动的资源浪费在无益于增加社会财富的活动上，实质上增加了全社会的非生产性支出，其存在直接带来了资源配置的无效率及分配不公。更值得注意的是，

---

① 政府运用行政权力对企业和个人的经济活动进行干预和管制，妨碍了市场竞争的作用，从而创造了少数有特权者取得超额收入的机会。根据美国经济学家 J. 布坎南和 A. 克鲁格（Anne. Krueger）的论述，这种超额收入被称为“租金”（rent），谋求这种权力以获得租金的活动，被称作“寻租活动”，俗称“寻租”。

寻租活动扭曲了政府行为，如果政府官员接受了来自企业的特殊利益，就会使政府行为出现不公正，出现官员滥用权力的腐败现象。

4. 政府机构的内在效应及其规模的扩张

政府行为的内在效应是指政府机构及其官员在以追求公共利益或社会福利为借口的同时，力求实现自身的组织目标或自身利益的现象。如同外部性被看成是市场缺陷及市场失灵的一个重要原因一样，内在效应被认为是非市场缺陷以及政府失灵的一个基本原因。沃尔夫曾指出，市场缺陷理论的核心是外在性，而非市场缺陷理论的核心是内在性。内在效应使政府机构在非市场活动中不断扩大机构规模和提高运行成本，使其高于技术上的成本，导致较高的单位成本和比社会有效水平更低的非市场产出水平，这样就产生了非市场缺陷。政府部门这种追求私利的内在效应必然使社会资源低效配置，并极大地促进政府机构规模的扩张。虽然这种扩张表面上可能包含着政府要做得更好的愿望，但其结果却是事与愿违。政府也是由经济人组成的，无论是扩大官员自己的权限，还是提高待遇，都要通过扩大本部门的规模和提高预算来实现。为了本部门规模的最大化和预算的最大化，官员总是设法从上级争取更多的拨款，政府开支因此而增加，其结果虽然有利于官员所属的部门，但公共福利却受到损失。既然内部性决定了政府机构的行为及运行，那么政府机构对“利润”的追求在很大程度上左右了那些意志薄弱的行政部门和贪图享乐的政府官员，诱使其行为动机和行为准则可能会偏离服务的宗旨，以至于他们很可能无视国家和人们的利益，利令智昏，运用人们赋予的权利去贪婪的追逐“私人”利益。

（三）政府失灵的原因

1. 信息不完全

斯蒂格利茨认为，如同私人部门面临的信息不完全一样，公共部门制定和实施决策时也有信息不完全的问题。例如，政府难以确定把公共福利给予那些真正需要关怀或帮助的人。如果要把真正应该享受福利的人与不应该享受福利的人区分开来，其成本可能是很高的。在我国，还存在严重信息失真的问题，这方面主要指统计数据的掺假，由于考核地方官员以经济增长为主要指标，这就鼓励了各地官员在统计数据上弄虚作假，以虚假信息来对付上级政府的考核，而中央往往根据这些层层上报的有严重水分的失真数据做出形势判断，并制定相应的政策，这种政策供给的无效率可想而知。因此，完善政府信息公开制度，“让权力在阳光下运行”是今后政府改革的一个重点。

2. 公共管理者的动机

公共管理者是为自己的利益工作的，而政府政策具有公共物品的性质，这就使得公共管理者没有足够的动力去设计符合公共利益的政策。公共管理者是在一套既定的公务员规则下工作，这种规则往往不够灵活，它很难给好的官员相当于私人部门中做类似工作的人那种工资水平，或者很难给他们提供提升的机会，更为困难的是难以解雇能力低下的官员或将他们降职。现有制度安排和体制安排难以给公共管理者提供有效的激励，除了新加坡等个别实行“高薪养廉”国家的高级公务员。

3. 市场反应的不可预期

政府行动的成败不仅取决于政府官员的动机，而且取决于私人部门的反应。私人部门对政府行动的意外反应有时候使政府计划南辕北辙。例如，政府通过医疗计划向老年人提供近乎免费的医疗保健，但是这项计划却导致老年人对医疗服务的需求大量增加，由此导致政府在这方面的支出远远高于原先预期的水平。由于私人部门对政府计划的反应，与政府计划的不一致性，也是导致政府失灵的原因的之一。

4. 对政府行为的监督缺乏力度

改革开放以来，政府行为的一大特点可以概括为权力市场化与政府行为企业化。各级政府官员现在都将自己手中的公共权力视为一种稀缺资源，将前来办事的公民视为“客户”，以各种手段迫使客户进行“权钱交换”。这方面的例证翻开报纸随处可见。而反贪机构的膨胀根本赶不上贪污腐败行为膨胀的速度，贪污腐败的数额越来越大，卷入腐败丑闻的高官越来越多，这一点已从经济犯罪案件的直线上升得到证明。还有监督机构不能完全行使独立的监督权，监督者有可能被被监督者操作或支配，使获得信息的渠道不畅通，难以对政府机构的运行了如指掌。

（四）政府失灵的解决对策

政府失灵是客观存在的，政府失灵是随着经济发展所伴生的一种客观经济现象，只要政府存在，政府失灵就不可能消除，因此，我们的目标是如何最大限度和最为有效的减少政府失灵。正如布坎南所说，“市场的缺陷并不是把问题交给政府去处理的充分条件”“政府的缺陷至少和市场一样严重”。①

在现行的民主制度下，没有一种选择机制可以称得上是最优选择机制或有效率的选择机制。既然政治市场上现行的选择机制是失灵的，那么出路何在？公共

---

① 詹姆斯·布坎南．自由、市场与国家［M］．吴良健，等，译．北京：北京经济学院出版社，1988.

选择理论为此提出市场化改革和宪法制度改革两种思路。市场化改革是由公共选择理论中的芝加哥学派提出，宪法制度改革是由公共选择理论中的弗吉尼亚学派提出。

所谓市场化改革是试图通过把经济市场的竞争机制引入政治市场（公共管理）来提高后者的运行效率。市场化改革的思路主要包括三方面的内容：（1）明晰和界定公共物品——公有地、公海、公共资源——的产权，希望以此消除在这些公共物品使用上的“逃票乘车”和掠夺性消费。（2）在公共部门之间引入竞争机制，重构政府官员的激励机制，允许办事机构的负责人把他们生产中节省的成本以奖金的形式发给官员或用作预算外投资，按照市场经济原则来组织公共物品的生产。（3）重新设计公共物品的偏好显示机制，使投票人尽可能真实地显示其偏好。

所谓宪法改革，是试图通过建立一套经济和政治活动的宪法规则来对政府权力施加宪法约束，通过改革决策规则来改善政治。在公共选择理论家们看来，要克服政府干预行为的局限性及减少政府失灵，最关键的是要在宪制上做文章，布坎南认为，要改进政府的行政过程，首先必须改革规则，因此，“公共选择的观点直接导致人们注意和重视规则、宪法、宪法选择和对规则的选择。”① 布坎南等人着重从立宪的角度分析政府制定的规则和约束经济和政治活动的规则或限制条件，即他们并不直接提出具体的建议供政策制定者选择，而是为立宪改革提供一种指导或规范建议，为政策制定提出一系列所需的规则和程序，从而使政策方案更合理，减少或避免决策失误。

结合我国国情，对于如何防治政府失灵问题，在批判继承布坎南和其他学者有关理论框架的基础上，提出解决政府失灵的几点建议。

1. 积极推进行政体制改革，转变政府职能，构建服务型政府

进行行政体制改革，转变政府职能，突出表现在由微观的直接干预过渡到宏观的间接调控，以服务导向代替传统的政府中心主义。具体来说：首先，实行间接管理为主的方式。在市场机制条件下，政府应遵循市场通行的利益原则，利用政权和所有权所派生的各种手段，采取以经济利益机制为主的间接管理。其次，真正实现服务型政府的职能。服务型的政府就是做到确立政府的一切管理行为都要从服务市场、服务社会出发，寓管理于服务之中。服务型政府真正实现了政府服务观念的转变，采取以民为本，一切为民着想的管理方式，将政府的服务职能真正成为政府行

---

① 詹姆斯·布坎南，戈登·图洛克．同意的计算：立宪民主的逻辑基础［M］．陈光金，译．上海：上海人民出版社，2017.

为的一个指导原则。此外，逐步完善和发扬民主。民主是社会系统内，作为个体的集体成员与代表统一的集体行动的公共权力之间的关系状况，发扬民主的实质在于通过扩大公众对公共事务的话语权、知情权、参与权和监督权，改变公共产品生产的外部约束微弱状况，通过行使民主打破官僚体制的壁垒，使官僚职位成为具有高风险、高竞争特点的职位，以保持官僚队伍的活力，提高公共管理效率。推进政府体制改革要注重制度创新，挖掘制度在防范公共管理潜危机中的作用，使政府处于市场之外，阳光之下。

2. 实施有效的社会监督和约束机制

约束是一种反向激励，没有约束就没有合理的行为，经济生活如此，政治生活也是如此。政府机构和官员把握着重要的权力，如果没有监督和约束机制，权力就可能会变成谋取个人和组织私利的手段，而偏离了社会公共利益的目标。社会监督和约束可以从内部和外部两方面进行，外部监督与约束包括公众、新闻媒体、舆论的监督和约束以及社会组织的监督和约束；内部监督与约束主要指上下级间的纵向约束和同级间的横向约束。实施有效的监督与约束，必须把内外监督有机的结合起来，设计出一套既科学又严格的管理制度和制约规范，从法律上、制度上、机制上保证政府机构健康运行，从而使政府在明确定位的基础上朝着协调的方向发展。为了实现有效的监督与约束，一个重要前提是必须明确一种合理评价政府投入产出效率的标准。投入主要通过政府预算表现出来，而产出的度量则非常困难。在这种条件下，最有效的方式是强化对政府预算的监督与约束，通过遏制政府预算增长，防止政府机构膨胀、扩张以及由此造成的低效率。我国目前最需要加强和完善的是立法监督和司法监督，它们对于约束和规范政府官员的行为有着更为重要的意义，加强立法监督，即政府应当将政策的大多数制定权交由立法机关行使，这有利于立法权和执行权分开，避免政府利用立法权谋取利益，同时要完善司法监督，政府的行为要受到严格的司法控制。

3. 引入竞争机制，提高政府机构效率

只有打破政府独家生产公共产品的垄断，建立竞争机制，才能克服政府机构低效率的问题。引入竞争机制有两个好处，一是可提高政府提供公共物品的效率，做到以尽量少的投入，换取尽量多的产出。二是可避免政府包办带来的垄断，而且使经过竞争而得到生产权的企业或机构会自觉地注重作为消费者的选民的要求，让作为消费者的公民进行选择，这也是形成政府与公民协调关系的有效措施。这种竞争机制可以从以下几方面来建立：（1）使公共部门权力分散化，这有利于减少垄断成分，增加竞争因素，提高效率。虽然权力分散会带来规模不经济的坏处，但它又可以带来劳务质量提高的好处。(2) 许多由公共部门提供的服务，如清除垃圾等，可以承包给私人企业去经营，这样就比政府直接经营更有效率。(3) 强化各地方政府之间的竞争，在各级政府机构内部建立竞争激励机制，把市场竞争原则引入到非市场组织的政府机构之内，真正实现“择优上岗”。

4. 建立合适的偏好显示机制，提升服务的公共满意度

政府的决策应当体现人民的意志和要求，要使公共物品、法规和政策体现人民的利益和要求，仅凭各级干部的良好愿望和优秀品质是不够的，必须有一套把人民的利益和要求由下而上及时进行传达的机制（即偏好显示机制）。只有充分了解了人民的偏好，重大决策让群众知道，让群众参与，我们的决策才会符合人民的利益和要求。如果不了解人民的利益和要求，人民只是各种决策的被动接受者，我们制定的决策就有可能不切实际，就有可能好心办坏事。

5. 建立健全法律制度，规范政府行为

首先，通过立法来建立政府政策制定的规则和约束制度，使政策方案更合理，减少或避免公共决策的失误。其次，通过立法来严格划定政府活动的范围，使政府只能采取合理和适度的方式来干预调节经济。政府干预经济活动的方式，决不能简单地替代或否定市场机制的作用，而是要尽可能发挥市场机制的作用，并要始终保持与市场机制作用相一致的原则。即使政府干预方式合理，其干预调节也要有一个合适的“度”，这样才能达到预期的目标，如果政府干预过度，不但不能矫正市场偏差，反而会破坏市场运行的正常秩序。只有建立健全法律制度，规范政府行为，才能提升政府与市场的协调关系。

6. 打破地方保护主义

地方保护主义羽翼下的“诸侯经济”不仅破坏了统一市场，还限制竞争，保护落后。地方政府或不同主管部门制定的限制买卖对象或交易条件的行政命令，是出于对局部或部门利益实行片面保护的需要，带有浓厚的封建自然经济和主观意志色彩，严重地破坏了市场自由的原则，阻碍了市场的正常发育，破坏了商品流通秩序的正常状态。尽管地方保护主义在发展地方经济过程中起过不小的作用，而在全面推进市场经济的今天，其消极的一面更多地暴露出来。因而，打破“诸侯经济”，撤掉由“诸侯经济”设置的各种壁垒，促进和完善统一市场的形成和塑造公平竞争的体制环境，是经济体制改革成功的关键。在国内统一市场形成的过程中，一定要反对地方贸易保护主义，防止统一的国内市场被破坏，防止出现地方间贸易往来的互相封锁，人为地禁止或限制商品自由地进出入，其中包括非经济的和经济的手段，从设立关卡、征收高税费、提高或压低价格到明令禁止输出入、充当造假售假的保

护者等等。

7. 构建权利制衡机制，最大范围地遏制腐败

腐败现象的滋长和蔓延严重影响政府权威，危害社会稳定，破坏社会资源的优化配置。在我国，腐败问题已成为影响经济发展的一大公害，因此，如何最大化和最有效地遏制腐败，在我国尤为重要。邓小平同志曾经指出，“腐败问题要用法制来解决”，即构建一套较为完备的权力制衡机制，并以法律形式予以确立。通过权力制衡机制，提高腐败的机会成本以致使政府官员感到腐败不划算，从而达到遏制腐败的目的。香港的廉政在全世界享有盛誉，正是因为他们在反腐过程中突出强调权力制衡机制，同时执法如山。香港的廉政公署具有逮捕、搜查的种种权力，同时，行政、立法、司法对廉政公署又形成了制约。此外，从惩治腐败的角度而言，对违规官员进行严厉的行政和司法处罚是必要的，通过政府的铁腕举措打造清廉政府。但是需要防止和杜绝的一种现象是：只注重有法可依，无视有法必依工作。法律制定出来，必须实施才可以发挥其作用。政府的职责权限仅有法律来约束是不够的，因为我国存在“权大于法”的现象。

目前政府失灵现象在我国还相当的严重，因此建立完善的机制来解决政府失灵问题，其目的在于确保政府在弥补市场失灵的基础上，进而采取一定的措施防止政府失灵，实现经济与社会发展，市场调节与政府干预之间的良性互动关系和最优组合。“政府失灵”的矫正也是相对的，事实上不可能完全消除，就像“市场失灵”的矫正一样，矫正的结果又会产生一些新的问题。对“市场失灵”的矫正和对“政府失灵”的矫正，都是为了寻求一种市场与政府的相对有效组合，这种组合关系要随着社会经济的发展变化而不断调整、修正。

二、市场失灵

（一）市场失灵的定义

市场失灵是指市场不能有效作用，或是能有效作用但是结果不好的情况。

前者如外部性，如化工厂，它的内在动因是赚钱，为了赚钱对企业来讲最好是让工厂排出的废水不加处理而进入下水道、河流、江湖等，这样就可减少治污成本，增加企业利润。从而对环境保护、其他企业的生产和居民的生活带来危害。社会若要治理，就会增加负担。这种外部性是通过市场完全无法解决的，所以市场在这个时候是不能有效作用，称为市场失灵。后者比如说市场上按照每个人拥有的要素（如劳动能力、资本）来给予收入，所以导致富人越富，穷人越穷的

"马太效应"①，在现实中看到的就是股市上的机构投资者或是大户挣大钱，散户亏钱，这就是市场失灵的一种表现。贫富悬殊是市场有效运作的不良结果，也称为市场失灵。

（二）市场失灵的原因

资本主义利用市场机制配置资源虽然有它的积极作用，但也有它的消极作用，其原因是一定阶段资本主义盲目地追求自发的市场经济，资本主义私有制又制约了资本主义国家对市场经济的干预和干预结果，造成了"市场失灵"。所谓"市场失灵"是指利用市场法则的结果造成对市场发展的阻碍。资本主义条件下造成市场失灵的直接原因是因为市场机制在配置资源过程中存在的：

1. 自发性

即各个分散的企业只从自身的局部利益出发，按照市场信号调整微观经济的资源配置，往往使整个社会资源配置处在无政府状态。它需要经过长期的、无数次的反复，才有可能达到社会总供求的平衡。

2. 滞后性

各个市场主体在接受市场价格信号时，所获得的高于或低于商品生产价值时，已是在交换之后的事了，此时再行调整，一方面已发生了供应不足或供过于求的状况，另一方面这时的调整也不能及时满足供求平衡的需要。市场机制的作用自身不具备预见经济变化的功能。

3. 不稳定性

当市场机制的作用使社会总供给与总需求达到平衡时，不会因此而被稳定下来。各企业从自身利益出发，还会将资源从效益低下的部门向效益相对较高的部门转移，同时造成这一部门供求平衡的损害。市场机制的竞争是各企业为追求自身利益最大化，哪个部门获利相对丰厚就会调动自己的资源要素向哪一部门转移，从而造成供需平衡的不稳定性。而从根本上说，造成市场失灵的原因是对市场行为的过分依赖与放纵。

（三）市场失灵的表现

市场机制配置资源的缺陷具体表现在下列方面：

---

① "马太效应"来自圣经《新约·马太福音》一则寓言"凡有的，还要加倍给他叫他多余；没有的，连他所有的也要夺过来"。罗伯特·莫顿归纳"马太效应"为：任何个体、群体或地区，在某一个方面（如金钱、名誉、地位等）获得成功和进步，就会产生一种积累优势，就会有更多的机会取得更大的成功和进步。

1. 收入与财富分配不公

这是因为市场机制遵循的是资本与效率的原则。一方面资本与效率的原则又存在着“马太效应”（强者愈强、弱者愈弱的现象）。从市场机制自身作用看，这是属于正常的经济现象，资本拥有越多在竞争中越有利，效率提高的可能性也越大，收入与财富向资本与效率也越集中；另一方面，资本家对其雇员的剥夺，使一些人更趋于贫困，造成了收入与财富分配的进一步拉大。这种拉大又会由于影响到消费水平而使市场相对缩小，进而影响到生产，制约社会经济资源的充分利用，使社会经济资源不能实现最大效用。

2. 外部负效应问题

外部负效应是指某一主体在生产和消费活动的过程中，对其他主体造成的损害。外部负效应实际上是生产和消费过程中的成本外部化，但生产或消费单位为追求更多利润或利差，会放任外部负效应的产生与漫延。如化工厂，它的内在动因是赚钱，为了赚钱对企业来讲最好是让工厂排出的废水不加处理而进入下水道、河流、江湖等，这样就可减少治污成本，增加企业利润。从而对环境保护、其他企业的生产和居民的生活带来危害。社会若要治理，就会增加负担。

3. 竞争失败和市场垄断的形成

竞争是市场经济中的动力机制。竞争是有条件的，一般来说竞争是在同一市场中的同类产品或可替代产品之间展开的。但一方面，由于分工的发展使产品之间的差异不断拉大，资本规模扩大和交易成本的增加，阻碍了资本的自由转移和自由竞争。另一方面，由于市场垄断的出现，减弱了竞争的程度，使竞争的作用下降。造成市场垄断的主要因素：（1）技术进步；（2）市场扩大；（3）企业为获得规模效应而进行的兼并。当企业获利依赖于垄断地位，竞争与技术进步就会受到抑制。

4. 失业问题

失业是市场机制作用的主要后果，一方面从微观看，当资本为追求规模经营，提高生产效率时，劳动力被机器排斥。另一方面从宏观看，市场经济运行的周期变化，对劳动力需求的不稳定性，也需要有产业后备军的存在，以满足生产高涨时对新增劳动力的需要。劳动者的失业从宏观与微观两个方面满足了市场机制运行的需要，但失业的存在不仅对社会与经济的稳定不利，而且也不符合资本追求日益扩张的市场与消费的需要。

5. 区域经济不协调问题

市场机制的作用只会扩大地区之间的不平衡现象，一些经济条件优越，发展起点较高的地区，发展也越有利。随着这些地区经济的发展，劳动力素质，管理水平等也会相对较高，可以支付给被利用的资源要素的价格也高，也就越能吸引优质的各种资源，以发展当地经济。那些落后地区也会因经济发展所必需的优质要素资源的流失而越发落后，区域经济差距会拉大。再是因为不同地区有不同的利益，在不同地区使用自然资源过程中也会出相互损害的问题，可以称之为区域经济发展中的负外部效应：江河上游地区林木的过量开采，可能影响的是下游地区居民的安全和经济的发展。这种现象造成了区域间经济发展的不协调与危害。

6. 公共产品供给不足

公共产品是指消费过程中具有非排他性和非竞争性的产品。所谓非排他性也就是当这类产品被生产出来，生产者不能排除别人不支付价格的消费。因为这种排他，一方面在技术上做不到，另一方面却使技术上能做到，但排他成本高于排他收益。所谓非竞争性是因为对生产者来说，多一个消费者，少一个消费者不会影响生产成本，即边际消费成本为零。而对正在消费的消费者来说，只要不产生拥挤也就不会影响自己的消费水平。这类产品如国防、公安、航标灯、路灯、电视信号接收等。所以这类产品又叫非盈利产品。从本质上讲，生产公共产品与市场机制的作用是矛盾的，生产者是不会主动生产公共产品的。而公共产品是全社会成员所必须消费的产品，它的满足状况也反映了一个国家的福利水平。这样一来公共产品生产的滞后与社会成员与经济发展需要之间的矛盾就十分尖锐。

7. 公共资源的过度使用

有些生产主要依赖于公共资源，如渔民捕鱼、牧民放牧。他们使用的就是以江湖河流这些公共资源为主要对象，这类资源既在技术上难以划分归属，又在使用中不宜明晰归属。正因为这样，由于生产者受市场机制追求最大化利润的驱使，往往会对这些公共资源出现掠夺式使用，而不能给资源以休养生息。有时尽管使用者明白长远利益的保障需要公共资源的合理使用，但因市场机制自身不能提供制度规范，又担心其他使用者的过度使用，出现使用上的盲目竞争。

市场失灵的表现还有许多，它要求人们科学地认识市场机制的作用。

（四）市场失灵的对策

如果市场失灵达到一定程度市场的正常作用就会丧失，市场配置资源的功能也就失灵了。此时市场一般不能完全自行解决问题，为了保证市场的正常运转，政府需要制定一些政策来约束在这种情况下的欺诈行为。在宏观调控时要把握两个原则：一是政府尽量不参与资源配置；二是一旦参与要以市场的手段来进行。针对市场失灵的表现，作为经济主体的各级政府，发挥应有的经济职能解决市场失灵问题，可以采取如下对策：

第一，政府要做好提供公共物品的工作，搞好基础设施建设以保证整个国民经济有良好的“硬件条件”。同时，政府还要承担起那些投资规模大、资金回收期长而又是对经济发展起重大影响作用的项目，这样，既解决了市场不能提供公共物品的有效供给问题，保证了国民经济正常运行；同时，政府投资在过程中还可以解决相当一部分下岗工人的再就业问题，也可以带动其他相关产业的投资和生产，从而推动经济的繁荣。而对于经济发展中的垄断问题和其他不正当竞争问题，政府要站在仲裁者的立场，通过建立健全各项法律法规并严格执法加以解决。

第二，政府要建立良好的政治、经济、法律等制度和具体的运行体制，制定各级各类中长期的发展规划，降低交易成本，为经济的发展创造良好的“软件条件”。从我国经济发展的现状来说，当务之急是完善财产制度和市场经济制度。要加强国民经济和社会发展中长期规划的制定和研究，提出发展的重大战略、基本任务和产业政策促进国民经济和社会全面发展。

第三，政府还需要利用利率、国债、汇率、税收、预算等经济调控手段来“熨平”经济周期，使经济导入持续稳定的发展。制定财政政策和货币政策要以国家的宏观目标和总体要求为主要依据，发挥财政政策的功能，促进经济增长、优化结构、调节收入；发挥货币政策的作用，保持币值稳定、货币供求总量的平衡。

第四，政府要通过收入政策、税收政策和其他相关政策，努力缩小地区之间的差异，城乡之间的差距，居民收入水平的差距。使各个地区协调发展，在收入分配方面，政府要进行效率与公平兼顾的导向，通过政策的倾斜，对不同地区和社会成员之间进行公平与否的评价和调整。通过转移支付、完善税收制度、建立健全社会保障制度以扶持弱势群体，调节公众的心理平衡，达到维护经济稳定发展的目的。

三、“新常态”下政府与市场关系定位

党的十八届三中全会提出“使市场在资源配置中起决定性作用和更好发挥政府作用”。这一表述对“政府与市场”关系问题进行了重新定位，是政府与市场关系理论的新突破。

（一）改革开放以来社会主义市场经济发展中存在的问题

改革开放 40 多年的实践表明，改革是由问题倒逼而产生，又在不断解决问题中得以深化。正是社会经济的发展与现实经济体制的矛盾推动了体制变革。旧的问题解决了，新的问题又会产生，改革只有进行时，没有完成时。伴随着改革开放的不断深入，只有不断调整“政府与市场关系”，才能从制度安排上为经济发展提供原

始动力。

从改革开放到现在，虽然在党的领导下不断强化市场的作用，但是在现实中政府“越位、错位、缺位”的问题依然大量存在，导致了市场机制对资源的调配作用不能够充分发挥，尤其是掌握国家经济命脉的国有企业活力不足、企业管理体制机制不完善。

当前在社会主义市场经济运行中存在的突出问题主要体现在五个方面：①市场秩序不规范，以不正当手段谋取经济利益的现象广泛存在；②生产要素市场发展滞后，要素闲置和大量有效需求得不到满足并存；③市场规则不统一，一定程度上存在行业垄断和地方保护主义；④市场竞争不充分，阻碍优胜劣汰和结构调整；⑤政府既有干预过多又有监管不到位的问题。

针对这些问题，习近平总书记指出，应该做出“使市场在资源配置中起决定性作用”的定位，并认为，这样“有利于在全党全社会树立关于政府和市场关系的正确观点；有利于转变经济发展方式；有利于转变政府职能；有利于抑制消极腐败现象”。

（二）“新定位”的战略意义

“使市场在资源配置中起决定性作用和更好发挥政府作用”，这一重大理论观点是在党的十八届三中全会《中共中央关于全面深化改革若干重大问题的决定》（以下简称《决定》）的第一部分中表述的，起到了统领全局的作用。政府与市场关系的“新定位”是从顶层制度设计上给中国未来经济发展注入了新的动力。

“新定位”与全面深化改革具有密切关联的逻辑链条，这个链条包括：(1) 必须立足于我国长期处于社会主义初级阶段这个最大实际；(2) 必须坚持发展仍是解决我国所有问题的关键这个重大战略判断；(3) 必须以经济建设为中心；(4) 经济体制改革是发展的动力；(5) 经济体制改革是全面深化改革的重点；(6) 经济体制改革的核心问题是处理好政府与市场的关系；(7) 使市场在资源配置中起决定性作用和更好发挥政府作用；(8) 发挥经济体制改革牵引作用；(9) 推动生产关系与生产力、上层建筑与经济基础相适应；(10) 推动经济社会持续健康发展。

由此可见，在全面深化改革中，着眼于处理好政府与市场关系的“新定位”，处在关键位置，具有牵引、联动作用，具有全局意义。

（三）“新定位”的内涵与实质

1. 从中国改革开放历程看“新定位”

中国的改革是渐进式的改革。改革开放以来，就改革的思路看，先是有计划的商品经济的改革思路，然后逐步深化为社会主义市场经济的改革思路。

在确立有计划的商品经济改革思路以前，政府与市场关系的定位经历了两个阶段：一是政府在资源配置中发挥主体作用，也就是计划经济为主，市场调节为辅，此时的改革是一种增量改革，即在计划经济体制不做大的变动的前提下，增量部分和集贸市场由市场调节。二是政府在资源配置中发挥主导作用，即“国家调节市场，市场引导企业”。这相对于“计划经济为主，市场调节为辅”，是改革理论的深化与突破。但是这种表述，首先是没有直接鲜明地触及资源配置方式；其次，如果把市场引导企业看成企业根据市场信号来配置资源，那么国家调控市场在前，仍然间接地发挥着主导作用。

社会主义市场经济改革方向的确立，相对于有计划的商品经济，是理论和实践上的重大突破。这以后，政府与市场关系的定位，大体上也可以分两个阶段：一是政府宏观调控与市场发挥基础性作用。提法上首先是“使市场在宏观调控下对资源配置起基础性作用”，然后有“在更大程度上发挥”“从制度上更好发挥”“更大程度更大范围发挥”市场在资源配置中的基础性作用等表述。二是这次三中全会《决定》的新定位，即市场在资源配置中起决定性作用和更好发挥政府作用。

从政府发挥主体作用、间接地发挥主导作用，到市场起基础性作用，再到起决定性作用；从政府宏观调控到“科学的宏观调控，有效的政府治理”，生动地体现了我们党推动改革理论创新的基本脉络，我国改革开放40多年来所取得的巨大成就以及进一步发展的光明前景，说明了改革理论创新对推动改革实践创新所具有的重大先导作用。市场在资源配置中起决定性作用和更好发挥政府作用的“新定位”，必将推动改革实践的新突破，进一步推动解放思想，解放和发展社会生产力，解放和增强社会活力。

2. 从社会主义运动的理论与实践看“新定位”

如果我们把政府与市场关系的新定位放在社会主义运动的理论与实践的大背景下观察，会更加深刻地认识到改革理论与实践创新的必要性、重要性。马克思、恩格斯当年所设想的新的社会制度是在资本主义充分发展的基础上，在世界范围或多国范围内实现。他们说，“共产主义革命将不是仅仅一个国家的革命，而是将在一切文明国家里，至少在英国、美国、法国、德国同时发生的革命”[①]。他们在一系列经典著作中，所设想的未来社会不存在商品经济。但是他们从社会生产发展的规律出发论述了商品经济是不可逾越的阶段。马克思、恩格斯也对俄罗斯的“农村公

① 马克思恩格斯文集（第1卷）［M］. 北京：人民出版社，2009，687.

社”寄予希望，尤其是他们倡导并践行了历史唯物主义的方法论。1881年年初，荷兰共产党人纽文胡斯致信马克思，请教取得政权后，先应该干什么？马克思批评其提得不正确，因为“在将来某个特定的时刻应该做些什么，应该马上做些什么，这当然完全取决于人们将不得不在其中活动的那个既定的历史环境”①。列宁在研究一战爆发后欧洲各国形势的基础上认为，“经济和政治发展的不平衡是资本主义的绝对规律，由此应得出结论：社会主义可能首先在少数甚至在单独一个资本主义国家内获得胜利”②。十月革命胜利后，列宁对建设社会主义进行了积极探索，包括利用国家资本主义过渡、战时共产主义、新经济政策。他在病重期间，对俄国革命的必然性及新经济政策的必要性进行了深入思考，他认为，“我们对社会主义的整个看法根本改变了”③。

斯大林时期逐渐形成了以单一的公有制，高度集中的计划经济，重工业优先发展为特点的“苏联模式”，这个模式在国际环境严峻和国内社会剧烈变动中，促进了苏联经济社会的快速发展，赢得了反法西斯战争的胜利。但是，这个在特定条件下形成的模式后来被固化，被看成社会主义制度的标准和标本，并向社会主义阵营推销。再后来戈尔巴乔夫的改革，又将此连同社会主义制度一起予以葬送。

毛泽东领导的中国共产党人带领全国人民取得了中国革命的胜利，并对社会主义建设进行了富有成效的探索。苏共二十大以后，毛泽东同志说，独立自主，我们要进行第二次结合，找出在中国怎样建设社会主义的道路。④ 1956年2月14日开始到4月24日结束，毛泽东用了43天时间，听取了34个经济部门的汇报，4月25日、5月2日分别做了两次重要讲话，即《论十大关系》。1959年12月10日起到1960年2月9日，又用了两个月时间，他带头研读苏联《政治经济学教科书》，并指出，“商品生产，要看它同什么经济制度相联系，同资本主义制度相联系就是资本主义的商品生产，同社会主义制度相联系就是社会主义的商品生产”。⑤ 还首次提出社会主义发展阶段论。⑥ 邓小平同志确立了解放思想、实事求是的思想路线，提出了社会主义初级阶段的理论，社会主义本质的理论，发展是硬道理，革命是解放

---

① 马克思恩格斯文集（第10卷）［M］．北京：人民出版社，2009，458.

② 列宁专题文集·论社会主义［M］．北京：人民出版社，2009，4.

③ 列宁全集（第43卷）［M］．北京：人民出版社，1987，367.

④ 逄先知、金冲及．毛泽东传（1949-1976）（上）［M］．北京：中央文献出版社，2003，506.

⑤ 毛泽东文集（第7卷）［M］．北京：人民出版社，1999，439.

⑥ 毛泽东文集（第8卷）［M］．北京：人民出版社，1999，116.

生产力，改革也是解放生产力的理论，计划与市场都是调节手段的理论等，开启了改革开放的新时代。在提出实现小康、实现现代化的同时，于 1992 年提出“再过 30 年的时间，我们才会在各方面形成一整套更加成熟、更加定型的制度。”① 正是在这个背景下，在改革开放以来取得巨大成就的基础上，我们党对全面深化改革做出全面部署，对政府与市场关系做出了“新定位”。

从最初预测没有商品经济到高度集中的计划经济实践；从商品货币、价值法则甚至国家资本主义的运用，到计划与市场都是调节手段，再到坚持社会主义市场经济的改革方向，使市场在资源配置中起决定性作用和更好发挥政府的作用，可以说，我们对建设中国特色社会主义的规律性认识达到了空前的高度，这在社会主义经济学说史和改革思想史上具有标志性意义。

3. 从基础性作用与决定性作用的比较看“新定位”

有人认为从基础性作用到决定性作用，仅仅是政府与市场资源配置比重或领域板块的重新划分，显然不能简单地这样看。就“基础”一词的本义而言，它是工程用语，指建筑底部与地基接触的承重构件，我们经常说的“基础不牢，地动山摇”，一栋房子的基础不扎实，房子可能会倒，或者会倾斜、成危房。但是一栋房子光有基脚是不够的，还要有支柱，有房梁，有墙体，有屋顶。如果说一栋房子，基脚的材料和工程是市场配置的，其他的柱子、横梁、墙体、屋顶都是由政府用计划配置的，显然，市场在其中的作用就只有一部分，其配置资源的效益和效率就没有充分发挥出来。同样用这个比喻来看市场在资源配置中起决定性作用，建设一栋房子的决定性作用，应该既体现在基脚，又体现在支柱、横梁、墙体和屋顶上。不能反过来说，建了基脚或者建起了支柱就起了决定性作用。市场在建设这个房子中起决定性作用，就不存在把建房子的某一个部分某一道工序仍然留给政府去配置了。那么政府干什么？政府主要管建房的规划，管标准，管建这个房子可能给毗邻居民带来的影响。有的同志说建商品房由市场配置，建公共服务设施就由政府配置了，实际上也不能简单地这样看，政府对人民群众提供公共产品与服务，必须体现公平，但政府在公共服务设施的建设中，仍然要运用市场，比如代建制，比如招投标等。就是从事公共服务的机构和单位，内部也要进行改革，也要引入市场机制。政府还要购买服务。

由此看来，从基础性作用到决定性作用，虽然政府对资源的配置会大幅度减少，但不是简单的政府与市场配置资源比例上的重新划分，也不是简单的板块划分。有

---

① 邓小平文选（第 3 卷）［M］．北京：人民出版社，1993，372.

的同志可能会说“起决定性作用”的表述，有利于西方大国承认我市场经济国家地位，似乎我们是搞形式、做姿态，这显然是不正确的。确实，中国加入世贸组织，是以非市场经济国家的身份加入的，过渡期为 15 年，目前已有 81 个国家承认中国的市场经济地位。至今仍有西方某些国家不承认中国的市场经济地位，利用反倾销打压中国。但这些国家不会因为你提法变化而改变立场。而且到 2016 年，过渡期满，中国市场经济国家地位也自然而然地被确立起来。

4. 从更好发挥政府作用的内涵看“新定位”

市场在资源配置中起决定性作用和更好发挥政府作用，是政府与市场关系新定位的完整表述。不能简单地将这个新定位理解为“大市场、小政府”或者“强市场、弱政府”。“更好发挥政府的作用”要求非常高，而且有丰富的、新的内涵。包括“科学的宏观调控，有效的政府治理”，包括政府职责与作用的新要求等。把政府与市场联系起来看，政府既要解决“越位”“错位”的问题，又要解决“缺位”和“补位”的问题。比如《决定》指出：必须积极稳妥地从广度和深度上推进市场化改革，大幅度减少政府对资源的直接配置，推动资源配置依据市场规则、市场价格、市场竞争实现效益最大化和效率最优化。解决这类“越位”的问题是当务之急，任务也很艰巨，必须冲破思想观念的障碍，突破利益固化的藩篱。但是解决这类问题，通常会自上而下，主要取决于决心和勇气，在技术层面上难度不是很大；而解决“缺位”和“补位”的问题，可能是我们面临的严峻挑战。必须在转变职能和工作方式上下功夫，政府工作人员必须在思想观念的转变和知识结构的优化上下功夫。必须增强宏观意识和战略思维，必须熟练地掌握现代经济知识、现代市场知识、现代信息技术以及法律等其他知识。

《决定》强调政府的职责和作用包括：保持宏观经济稳定，加强和优化公共服务，保障公平竞争，加强市场监管，维护市场秩序，推动可持续发展，促进共同富裕，弥补市场失灵。总共八句话，每一句话要做到都很难，就拿最后一句话，即弥补市场失灵来讲，难度就相当大。从中国目前市场化进程看，市场失灵可能会有三种情况：一是源生性市场失灵，包括盲目性、外部性、垄断等问题。二是条件性市场失灵，我们处在市场化改革的进程中，由于市场规则不统一，市场秩序不规范，市场信号被扭曲。三是特殊性市场失灵。我们处在开放的环境之中，跨国公司拥有全球 80%以上的贸易及国际资本的流动。其生产链条的不同环节分布在不同国家和地区。这些公司自身的结构变动也可能会引起市场的波动，还有跨国金融资本的运作，对市场的影响就更大了。因此，如何弥补市场失灵，如何避免经济的大起大落，如何运用逆周期调节，规避经济和社会风险，都是政府需要主动应对的严峻考验。

由此可见，政府与市场关系的新定位，要求市场配置资源的决定性作用要充分发挥好，政府科学的宏观调控，有效的政府治理的作用也要充分发挥好，市场要强起来，政府也要强起来。

5. 从政府在改革中的关键作用看“新定位”

政府与市场关系的“新定位”，要求我们在改革的实践中两头着力，既要在市场特别是要素市场的发育上下功夫，在市场秩序、规则、公平竞争环境上下功夫；同时也要在政府职能转变和治理能力建设上下功夫。这两方面的改革可能会涉及到政府、市场、企业、社会和个人，涉及体制、机制、法规、政策等。但在这其中，政府处在改革的关键部位，既是改革的组织者、推动者，又是改革的对象，必须发挥主动性，要把该交给市场的交给市场，把该交给社会的交给社会，把自身该做的事情真正做起来，做到位。特别是敢于突破思想观念的障碍，突破利益固化的藩篱。

四、供给侧改革

（一）供给侧改革的背景

改革开放 40 多年来，中国经济持续高速增长，成功步入中等偏上收入国家行列，已成为名副其实的经济大国。但随着“人口红利”① 衰减、“刘易斯拐点”② 出现、“中等收入陷阱”③ 风险累积、国际经济格局深刻调整等一系列内因与外因的作用，经济发展正进入“新常态”。

2015 年以来，我国经济进入了一个新阶段，主要经济指标之间的联动性出现背离，经济增长持续下行与 CPI 持续低位运行，居民收入有所增加而企业利润率下降，消费上升而投资下降等等。对照经典经济学理论，当前我国出现的这种情况既不是传统意义上的滞胀，也非标准形态的通缩。与此同时，宏观调控层面货币政策持续加大力度而效果不彰，投资拉动上急而下徐，旧经济疲态显露而以“互联网+”为依托的新经济生机勃勃，东北经济危机加重而一些原来缺乏优势的西部省区异军突

---

① 所谓“人口红利”，是指一个国家的劳动年龄人口占总人口比重较大，抚养率比较低，为经济发展创造了有利的人口条件，整个国家的经济呈高储蓄、高投资和高增长的局面。

② 刘易斯拐点，是指劳动力过剩向短缺的转折点，是指在工业化进程中，随着农村富余劳动力向非农产业的逐步转移，农村富余劳动力逐渐减少，最终达到瓶颈状态。

③ 中等收入陷阱（Middle Income Trap）是一个国家发展到中等收入阶段（人均国内生产总值 3000 美元左右）后，可能出现两种结果：（i）持续发展，逐渐成为发达国家；（ii）出现贫富悬殊、环境恶化甚至社会动荡等问题，导致经济发展徘徊不前。后一种结果称走入了中等收入陷阱。

起……可谓是“几家欢乐几家愁”。简言之，中国经济的结构性分化正趋于明显。为适应这种变化，在正视传统的需求管理还有一定优化提升空间的同时，迫切需要改善供给侧环境、优化供给侧机制，通过改革制度供给，大力激发微观经济主体活力，增强我国经济长期稳定发展的新动力。

（二）供给侧改革的内涵

供给侧结构性改革旨在调整经济结构，使要素实现最优配置，提升经济增长的质量和数量。需求侧改革主要有投资、消费、出口三驾马车，供给侧则有劳动力、土地、资本、制度创造、创新等要素。

供给侧结构性改革，就是从提高供给质量出发，用改革的办法推进结构调整，矫正要素配置扭曲，扩大有效供给，提高供给结构对需求变化的适应性和灵活性，提高全要素生产率，更好满足广大人民群众的需要，促进经济社会持续健康发展。

供给侧结构性改革，就是用增量改革促存量调整，在增加投资过程中优化投资结构、产业结构开源疏流，在经济可持续高速增长的基础上实现经济可持续发展与人民生活水平不断提高；就是优化产权结构，国进民进、政府宏观调控与民间活力相互促进；就是优化投融资结构，促进资源整合，实现资源优化配置与优化再生；就是优化产业结构、提高产业质量，优化产品结构、提升产品质量；就是优化分配结构，实现公平分配，使消费成为生产力；就是优化流通结构，节省交易成本，提高有效经济总量；就是优化消费结构，实现消费品不断升级，不断提高人民生活品质，实现“创新—协调—绿色—开放—共享”的发展。

2016 年 1 月 26 日中央财经领导小组第十二次会议，习近平总书记强调，供给侧结构性改革的根本目的是提高社会生产力水平，落实好以人民为中心的发展思想。2017 年 10 月 18 日，习近平总书记在十九大报告中指出“深化供给侧结构性改革”。

（三）供给侧改革的主要内容

1. 调整完善人口政策，夯实供给基础

人口增长与经济发展之间的关系，一直以来是经济学的核心问题。“劳动是财富之父，土地是财富之母。”威廉・配第[①]的这一论述，第一次从经济的角度，概括

① 马克思评价威廉・配第（William Petty）是“政治经济学之父，在某种程度上也可以说是统计学的创始人”。他把经济学研究对象从流通领域转到生产领域，运用统计和数学方法来分析经济现象，并最先提出了劳动价值论的一些根本命题。提出对财政收支要进行总体分析，主张减少非生产性支出，增加生产性支出。

了人口与经济的关系。人口既是需求基础，也是供给基础。就当下中国供给侧改革的经济决策而言，调整和完善人口政策，是夯实供给基础的关键，是奠定中国经济调整转型和发展进步基础的关键。

2. 推进土地制度改革，释放供给活力

合理的土地制度安排对于激励生产要素和公共产品供给，释放供给活力，促进经济增长和经济发展方式转变，发挥着重要的微观管理和宏观调控功能。2015 年以来，我国城镇面临着日益严峻的去库存化和“后土地财政”的压力和挑战，农村则开始进入三权分置改革和集体建设用地、宅基地的试点阶段，推动城乡土地制度改革的合力基本形成，长期滞后的土地制度改革有望加速推进。

3. 加快金融体制改革，解除金融抑制

金融是现代经济的核心。改革开放以来，我国金融市场由小到大、由弱到强、由单一到多元，不断发展壮大。20 世纪 80 年代，我国金融改革的主要内容以引进市场经济金融体系的基本结构为主。90 年代上半期和中期以建立符合市场经济需要的金融机构和金融市场基本框架为主。2002—2008 年进入以健康化、规范化和专业化为特征的金融改革与发展新时期。当前，我国金融正处于市场化、国际化和多元化的阶段，面临着比以往更加复杂的局面。从国内来看，金融作为最重要的要素市场之一，由于改革不到位，存在着比较明显的金融抑制，需要加以改革。

4. 实施创新驱动战略，开辟供给空间

中国经济多年来的高速增长很大程度上得益于要素驱动和投资驱动，但是，经济进入新常态后，要素红利渐行渐远，投资驱动风光不再。“十三五”时期中国要继续发挥经济巨大潜能和强大优势，必须加快转变经济发展方式，着力推进供给侧结构性改革，坚定不移实施创新驱动发展战略，提高发展质量和效益，加快培育形成新的增长动力。

5. 深化简政放权改革，促进供给质量

新制度经济学认为，制度与劳动力、土地、资本、科技创新一样，是经济增长的要素之一。对世界历史横、纵两个方面的考察也表明，制度的内涵与制度质量是影响甚至决定一国经济长期绩效最重要的因素。当前，我国经济发展中遇到的诸多问题都可深入到体制机制层面上找原因，制度变革与制度创新刻不容缓。

6. 构建社会服务体系，推进配套改革

供给侧改革的最终目的是要增进供给体系的质量和效益，提高区域、产业、制度、产品等多个方面的竞争力。要实现这个目标，除了上述五大要素改革，还需要若干配套改革。构建社会普遍服务体系，即为其中之一。

五、新时代下新型政商关系构建

2016 年 3 月 4 日，习近平总书记参加全国政协十二届四次会议民建、工商联委员联组会时指出，要构建“亲”“清”新型政商关系。这为我们正确处理政府和企业关系，建立廉洁政治，支持企业发展，激励企业家创新创业提供了思想遵循和行动指南。

（一）新型政商关系的科学内涵[①]

政商关系，是企业与政府管理部门或管理体制的关系、企业家与政府官员的关系。正常的、良好的政商关系，既有利于政治权力在其边界范围内按照党的要求和人民的期待正确使用，又有利于企业按经济规律健康经营，能够促进经济社会发展。不正常的、畸形的政商关系，犹如政治雾霾，会使双方受到污损，最终损害党和人民的事业。马克思早在《1844 年经济学哲学手稿》中就这样论述，“资本是对劳动及其产品的支配权力。资本家拥有这种权力并不是由于他的个人的特性或人的特性，而只是由于他是资本的所有者。他的权力就是他的资本的那种不可抗拒的购买的权力”[②]。一个国家的经济社会发展，不能建立在畸形的政商关系上。

习近平总书记提出的新型政商关系，是指建立在制度化、法治化基础上的平等、独立、合作和互补的企业与政府之间的关系，与完善的市场经济相适应，而不是建立在非正式的、人际关系基础上的，尤其是建立在官商个人利益基础上的政商关系。习近平总书记反复强调，“‘官’‘商’交往要有道”，要做到“君子之交淡如水”，“而不要勾肩搭背、不分彼此”，“不能搞成封建官僚和‘红顶商人’之间的那种关系，也不能搞成西方国家大财团和政界之间的那种关系，更不能搞成吃吃喝喝、酒肉朋友的那种关系”。

“亲”“清”二字的精辟论述，是习近平总书记对新型政商关系本质特征精准而生动地诠释，体现了政商之间既相处“亲密”又不失“分寸”的最佳状态和内在关系。“亲”，既强调政府依法尽责为企业发展服务，真心实意支持经济发展，领导干部坦荡真诚同企业家接触交往，帮助解决企业实际困难，又倡导企业积极建言献策、释放经济活力，引导企业家爱国敬业、回报社会。“清”，既强调领导干部在同企业家打交道时要清白纯洁、把好分寸，不能以权谋私，不能搞权钱交易，又要求企业家洁身自好、诚信经营，坚守道德底线、守住法律红线。政商交

---

① 彭江龙．关于构建“亲”、“清”新型政商关系的思考［J］．党建研究，2017（8）．

② 马克思恩格斯文集（第 1 卷）［M］．北京：人民出版社，2009，130.

往要既“亲”又“清”，既不能楚河汉界，不相往来，“清而不亲”；也不能勾肩搭背，“亲而不清”。理解新型政商关系，要把握两个方面。一方面，企业健康发展离不开政府。作为组织，企业是一个开放的系统，无法孤立地运行，企业内部无法产生生存、发展需要的所有资源。与关键资源的提供者保持良好的关系，是企业生存和发展的关键。而政府是企业关键资源的提供者之一。政府为企业提供法律保障、政策扶持、行业信息，营造公平的市场环境，建立法治的市场经济。所以，企业的健康发展与政府是紧密联系的。另一方面，企业与政府应在法治框架下互动。市场和政府边界清晰，企业与政府行为规范，政府管理部门专业化，企业权利得到保障，政商关系建立在法治的基础之上。同时，企业与政府的交往建立在制度化的基础上，主要通过法定渠道方式或商会、行业协会与政府进行沟通，形成有利于企业发展的政策和营商环境。因此，这种政商关系是确定的、可预期的，是有法可依、有章可循的。

（二）构建新型政商关系的意义①

构建“亲”“清”政商关系，不仅是让政商双方都有法律和规矩可循，更是给领导干部如何跟企业打交道划出了底线、拓展了空间，这对于形成健康的政治生态、构建公正的市场环境、营造良好的社会风气都具有重大现实意义。

1. 构建新型政商关系，是净化政治生态的重要方面

我国历史上传统的政商关系行为模式常常表现为“寻求关系、建立关系、维护关系、利用关系、发展关系”，这种“亲密无间”的联系本身就是一种不正常的现象，往往导致官商勾结、以权谋私、利益输送等腐败问题，这种封建思想残余一定时期仍会存在。从党的十八大以来纪律审查和巡视监督的情况看，不少腐败官员都与不良商人存在利益往来。在异化畸变的政商关系下，官员以“权”逐“利”，商人以“利”围“权”，一些领导干部与企业老板之间保持相对稳定的关系圈子，进行封闭式权钱交易，甚至与不法商人结成利益共同体。权钱交易、官商勾结成了易发多发的腐败“标配”。不正常的官商关系恶化了地方的政治生态，导致干部被“围猎”，成为党内消极腐败现象产生的重要根源。“亲”“清”新型政商关系，阐明了党员干部的为政之道，不仅是作风建设的新要求，也是营造良好政治生态的重要路径。构建新型的政商关系要求领导干部和企业家交往要有道，要划出公私分明的界限，真正做到君子之交淡如水，既相敬如宾，又不要勾肩搭背、不分彼此。同样，企业家要实现从赚钱“靠关系”到“靠本领”的思维转变，应坚持“洁身自

① 彭江龙．关于构建“亲”、“清”新型政商关系的思考［J］．党建研究，2017（8）．

好、走正道，做到遵纪守法办企业、光明正大搞经营”。重塑透明、公平、公正的政商关系，无疑将有助于清除官商勾结、权钱交易的生成土壤，营造山清水秀健康的政治生态。

2. 构建新型政商关系，是优化市场环境的核心环节

政商关系直接反映了一个地区的市场环境建设水平，对一个地区经济社会发展具有重要影响。市场经济的良性运行，民营企业的快速发展，都离不开政府部门的规范管理和高效服务，两者本是互相依存、同生共长的鱼水关系。但是，被查处的一些腐败官员对于企业的关注并不是为了改善经商环境、帮助企业发展，而是盯着企业主“钱袋子”，利用手中的权力谋取私利。一些企业家也热衷于与政府官员吃吃喝喝、私相授受，以此获得补贴、优惠等特殊政策，获得监管尺度的放松。这种畸形的政商关系，破坏的不仅是政治生态，也不利于市场的发育和企业的成长，更会损害经济主体对市场的信心、对规则的敬畏感。政商勾结使财富固化，市场调节、分配资源的功能减弱，导致游走于国家宏观调控和市场之外的“第三种力量”影响发展，这对于市场经济具有致命的破坏性。同时，在当前高压反腐的新常态下，有的官员怕出问题，采取躲商、冷商的方式，政商关系又出现了“背对背”的问题，影响企业项目的正常审批和快速落地，这也会阻碍地方经济社会发展。“亲”“清”新型政商关系有助于营造公正透明的市场环境。“亲”字强调的是领导干部要主动服务企业，对企业家要多关注、多谈心、多引导，在企业遇到困难和问题时更要有所作为、积极作为，努力做到靠前服务，帮助企业解决实际困难，推动地方的发展。“清”字强调构建清清爽爽的政商关系。政商关系清爽了，不仅企业减少了许多用于宴请官员、打通关系的非经营性支出，而且企业家也有更多的精力和时间把心思花在产品研发、市场营销、制度创新上。“亲”是勤政而为的标尺，“清”是坚守纪律的规则。二者相辅相成，共同推动构建阳光健康的市场环境。

3. 构建新型政商关系，是引领社会风气的基础条件

政商关系也在很大程度上决定着一个国家、一个地区的社会风气和社会道德状况。如果本来就应向企业提供服务的政府公务员乘办事之机，借用手中的权力，吃拿卡要、以权谋私、大搞权钱交易而长期得不到有效惩处；如果不法商人通过收买贪官牟取暴利，还依仗贪官的权力保护为所欲为，那么这将不仅危害政治生态和市场环境，而且也会毒害整个社会风气。贪腐致富、权力寻租、非法图利、灰色致富等损害社会公正和百姓利益，并产生一定的负面效应，在无形之中放大不良风气，扭曲人们的心灵和行为。构建“亲”“清”新型政商关系则可为营造良好的社会风

气创造重要条件。新型政商关系以民主法治价值为依归，重构人人平等、政商平等、政府主动服务企业和民众的平等服务精神，有助于形成平等的社会价值观。新型政商关系需要政府官员做到公私分明，守住底线，不贪不腐，需要企业家和民众认清是非，坚守法律底线，不骄不躁，有助于营造清廉正派的社会风气。构建新型政商关系，有助于倡导形成公平竞争的社会风气。

（三）构建新型政商关系的对策①

1. 有效推动党群组织向企业延伸

当前不少民营企业党群组织建设相对缺乏，应对有条件的企业指导建立健全组织，对暂不具备条件的可以探索建立联建机制，从而进一步巩固和扩大党在新形势下的基层工作覆盖面，不断夯实共同思想政治基础，有效增强民营企业家及广大民营企业职工群众的归属感，充分发挥党群组织对构建“亲”“清”新型政商关系的重要促进作用。

2. 加快推进行政审批制度改革

加大力度推行“不见面审批”制度，探索政务服务从“一站式”受理向“一窗式”办理转变，切实将“放管服”改革推向纵深。优化审批权配置，解决多头审批、重复审批问题，创新审批方式，为企业提供更加便捷高效的审批服务。积极探索企业投资项目信用承诺制，变“先批后建”为“先建后验”，变事前审批为事中事后服务监管，变部门审批把关为企业信用约束，有效推动项目早落地、早投产、早达效。

3. 适时出台政商交往正、负面清单

分别从公正平等对待非公有制企业、落实促进非公有制经济发展政策和畅通非公有制企业诉求渠道等方面，列出政商交往正、负面清单。既鼓励涉企部门主动服务企业、民营企业积极融入改革发展大潮，同时也限定政府的活动边界、明晰企业的活动范围，防止“勾肩搭背”和“谈商色变”两种错误倾向，坚决不为权力寻租提供空间，不为腐败滋生提供土壤。

4. 及时公开各类政策文件信息

各涉企部门要及时把握民营经济发展动态，积极开展形式多样、主题鲜明的涉企政策宣传活动，探索建立统一、便捷、系统性的民营企业政策文件信息发布和解读平台，及时向社会发布国家产业政策、发展建设规划、市场准入标准、行业动态等信息，不断扩大政策宣传的范围和影响，切实做到广而告之、应知尽知。

---

① 邓林．构建既“亲”且“清”的新型政商关系［J］．群众，2018 年 1 月下半月版．

5. 进一步完善领导联系企业制度

健全完善党政、人大、政协领导与企业经常性沟通联络机制和各有关部门与企业交流机制，定期开展座谈交流，解读政策、掌握情况、共商对策。对民营企业家多关注、多引导、多扶持，加强对企业的精准服务，同时也要引导广大企业家与党委政府及涉企部门多沟通、多交流，共同服务地方经济社会发展。

第四节　政府与社会关系：福利国家

一、志愿失灵

（一）志愿失灵的内涵

志愿失灵是个人或集体自愿的非政府组织也有其内在的局限性，在以筹款志愿为基础而建立的非政府组织中，实际上也是问题重重，由此便诞生了志愿失灵的说法。

志愿失灵是指个人或者集体自愿的非政府组织在其志愿活动运作过程中出现种种问题使得志愿活动无法正常进行的现象。主要表现为一方面志愿团体不断展开行动试图帮助弱势群体，社会各界亦给予一定的关注与支持，但另一方面受助群体仍不能有效的得到帮助或者某一些群体得到过剩的帮助而另一些得不到帮助。总的来说，受助群体得到的收益远小于社会付出的资源。

莱斯特·萨拉蒙（Lester Salamon）提出了著名的志愿失灵理论，指出了非政府组织的几大缺陷：

（1）慈善不足。非政府组织活动所需要的开支与所能筹集到的资源之间存在巨大的缺口。就获取资源的方式而言，政府的特征是“强制”，营利组织的特征是“自愿”和“互利”，而非政府组织的特征是“自愿”和“公益”。非政府组织用来“生产”公共产品的资源有三个来源：社会捐赠、政府资助和收费。通常志愿捐款只占非政府组织开支的很少一部，服务性收费是一个很敏感的问题，过高则很容易使公民反感，会受到公民的抵制，而且这不符合非政府组织的初衷，一般来说，非政府组织不会将其作为主要资源来源。因此，不论是历史还是现在，政府补贴一直是非政府组织的主要来源，在其预算开支中占主要地位，并还处于上升趋势。但由于新公共管理运动和政府重塑运动，政府越来越没有能力，也没有意愿来过多地支持非政府组织了。

（2）非政府组织往往存在家长作风，实际掌握经济资源的人对如何使用资源有较大的发言权，他们所做的决定往往既不征求多数人的意见，也不必对公众负责和接受监控。

（3）非政府组织的业余性。非政府组织强调的是志愿性，义工服务，工作常常由有爱心的志愿人士担任，这不可避免影响组织绩效和服务产品质量。同时，由于非政府组织不能提供有吸引力的工资待遇，因此很难吸引专业人员加盟，这也影响非政府组织功效的发挥。

（4）非政府组织对象的局限性。正如前面所提到的，作为政府失灵的一种补充，非政府组织活动的对象往往只是某些特定的社会群体，如特定的种族、特定的宗教、特定区域的居民、特定的性别和年龄。由于不同非政府组织筹集资金、组织动员能力不同，不同群体受到的服务肯定会不同。以慈善活动为例，如果每个群体都要建立自己的慈善机构，很多机构提供的服务很难产生规模效应，或者成本很高，效率很低。

（5）除了以上问题外，作为制度环境的产物，非政府组织存在被环境同化的可能，这是因为任何一种组织的存在都是以反应迅速和高效管理为目标的，非政府组织也不例外。政府组织与市场组织是两种成功的组织形式，它们的结构和运转方式也是非政府组织模仿和选择的，所以非政府组织的官僚化倾向和组织目标的转移也就在所难免，这些也是志愿失灵的一种表现。

（二）志愿失灵的对策

承认非政府组织的志愿失灵，并没有削弱非政府组织存在的必要性，萨拉蒙认为非政府组织的短处正好是政府的长处，而政府的短处正好是非政府组织长处。他们之间是相互依赖的。非政府组织应该作为最初提供公共服务的制度安排，只有在非政府组织提供服务不足的情况下，政府才需进一步发挥作用。

据此，萨拉蒙提出了一个“委托政府”理论，政府为实现自己的目标而将提供公共服务的任务委托给非营利性组织来承担，二者之间达成一种相互依赖各自比较优势的分工，政府负责资金支持，非政府组织负责提供服务，二者的合作可以使双方各自发挥出自己的优势。政府通过一部分职能下放，达到节约成本的目的，尽管政府需要订立合约进行监督，但是这些都低于直接提供公共服务的成本，同时这种合作可以适应地方各种需求，避开庞大的官僚系统。如果某些公共产品不是由政府独家提供，而是由政府和非政府组织共同提供，并且在它们之间建立起一种平等的竞争关系，那么肯定会促使它们提高生产效率，扩大消费者的选择机会和效用。

二、政府的社会职能

改革开放以来，我国政府社会管理取得了举世瞩目的显著成就。但是，目前我国政府社会管理职能远远不能适应市场经济发展和社会全面进步的要求，当前社会和经济发展现实迫切要求强化与转变政府社会管理职能。只有提高政府的社会管理水平，促进政府社会管理的逐步创新和改革，才能真正做到以人为本，促进政治、经济和社会的全面协调发展；只有不断深化政府社会管理体制改革，才能有效地转变政府管理理念，有效地转换政府职能。

在社会主义市场经济条件下，政府的主要职能包括经济调节、市场监控、社会管理和公共服务四个方面。而我国各级政府一直很重视政府的政治职能和经济职能，但对社会管理职能却较少关注。特别是改革开放以来，政府工作以经济建设为中心，国民经济持续快速发展，但由于对社会管理重视不够，因此，在经济发展的同时，各种社会问题层出不穷，经济与社会发展极不协调。针对这种情况及新形势，党的十八大报告提出了创新社会管理方式，这为政府行政管理、体制管理改革指明了方向。可见，加强和完善我国政府的社会管理职能已经迫在眉睫。需要政府更加注重履行社会管理职能，均衡经济与社会、人与自然之间的关系，实现环境、资源与人口的相互协调与社会的可持续发展。

（一）完善我国政府社会管理职能的必要性

1. 加强和完善政府的社会管理是建立社会主义市场经济体制的需要

我国经济体制改革的目标就是要从高度集中的计划经济体制向社会主义市场经济体制转变，充分发挥市场的作用，让市场在资源配置中起基础性作用。但市场也不是万能的，市场的盲目性、唯利性和滞后性等缺陷会导致市场的失灵。为此，必须充分重视政府的作用，加强和完善政府的社会管理职能，使政府在弥补市场缺陷和纠正市场失灵中发挥应有的作用，消除市场经济的负面效应。政府要在经济、教育、医疗、失业、社会保障、环境、社会治安等社会发展的所有方面，积极发挥政府的社会管理功能，弥补市场失灵，保证经济社会有序、稳定、和谐地发展。

2. 加强和完善政府的社会管理是解决社会矛盾、保持社会稳定的需要

我国实行改革开放以来，政治、经济、文化得到了长足的发展，在社会的各个方面取得了举世瞩目的成就。但是，面对政治的民主化、经济的市场化、社会的多元化，传统的社会管理体制已经不能适应新形势、新问题，这必然会阻碍改革的进一步深化和开放的进一步扩大。当前，社会关系变得复杂，利益冲突可能激化，社会问题日益增多，如收入差距、城乡贫困、城镇失业、劳资纠纷、人口流动、突发事件、社会治安、恐怖活动、老龄化、艾滋病、自然灾害等，这些都需要强而有效的政府社会管理来协调处理。当前，稳定压倒一切，没有稳定的社会环境，改革和

发展就无从谈起。因此，保持社会稳定是我国政府社会管理的头等大事。

3. 加强和完善政府的社会管理是实现“四个全面”的需要

全面建设小康社会，实现从传统农业社会向工业社会和知识社会的转变，从温饱型向小康和现代化社会逐步转变。在实现小康社会的过程中，工业化的加速，社会结构的剧烈变动，利益的再分配等都会加剧各种矛盾和冲突，旧体制被打破了，新的体制尚未建立或不完善，这就会在一些领域内呈现无序状态，使社会矛盾和冲突更为突出。因此，在转型时期产生的社会矛盾和冲突，政府要加强和完善社会管理职能，及早预测和充分重视可能出现的社会问题，采取各种有力措施和防范对策，适时调整社会政策，把影响小康和现代化进程中的社会障碍和问题控制在最低限度，使经济社会获得稳定协调的发展，为实现小康社会创造一个良好的社会环境。

4. 加强和完善政府的社会管理职能是现代政府职能发展的必然趋势

无论是在古代国家还是在现代国家，社会管理都是政府的基本职能，只是在古代国家中，社会管理在整个政府职能体系中所占的地位较低。随着生产力的发展，科技的进步，社会生活领域的公共事务不断增加，政府的社会管理职能也不断增强。在现代社会，各国政府的社会管理都呈现不断增长的趋势，并成为现代国家维护政治统治、促进经济增长、推动社会发展的重要手段。只有加强和完善我国政府的社会管理职能，大力发展社会各项公共事业，不断提高公共服务水平，才能创造一个稳定、和谐、健康的社会环境，促进社会的全面进步和真正提高人民群众的生活水平。

（二）我国政府社会管理职能存在的问题

目前我国政府社会管理职能远远不能适应市场经济发展和社会全面进步的要求，社会领域的变革正成为推进中国整体改革事业的关键因素。当代中国的社会变迁对政府社会管理职能提出了严峻挑战，迫切要求强化与转变政府社会管理职能，建立中国特色社会管理模式。

1. 我国社会建设与社会发展滞后于经济增长

当前，我国政府仍然带有浓厚的生产投资型政府的特征，政府长期充当了经济建设主体和投资主体的角色，在实践中造成了政企不分、忽视社会公共事业发展、发展失衡、金融风险与社会风险累积等问题。尤其是我国社会结构的调整如人口结构、就业结构、城乡结构、地区结构、阶级阶层结构的调整落后于经济结构的调整，我国教育、科技、文化、医疗卫生、环境保护等社会公共事业的发展滞后于经济的发展，造成了社会发展与经济发展的失衡。

2. 社会发展与政府社会服务滞后于经济市场化和国际化的进程

近年来，我国社会保障机制发展迅速，截至 2017 年底，全国参加基本养老保险人数达 9. 1454 亿人，参加基本医疗保险人数 11. 7664 亿人，参加失业保险人数 1. 8784 亿人，参加工伤保险人数 2. 2726 亿人。然而，由于我国人口基数大，社会保障仍旧存在很多问题，突出表现为：一方面虽然参保率增长迅速，但仍旧有相当一部分人群没有覆盖到，另一方面保障水平还有待提升。此外，教育、居住、养老等社会问题也日益突出，供需矛盾较为尖锐。

3. 中国经济发展与社会发展中，出现了某些“拉美化”的现象

改革开放 40 多年来，我国经济发展取得了巨大的成就，GDP 总量跃居世界第二，人民的生活水平得到了极大的改善。但贫富差距加大①、社会保障覆盖面过低、就业形势恶化、社会事业发展缓慢、政府债务风险与财政风险加大等问题仍旧较为严峻。正如十九大报告所指出的“中国特色社会主义进入新时代，我国社会主要矛盾已经转化为人民日益增长的美好生活需要和不平衡不充分的发展之间的矛盾”。这些现象被暂时的经济高增长所掩盖，一旦债务危机、社会危机、财政危机爆发，其后果不堪设想。

4. 政府社会管理方式尚不能适应社会组织形态变迁的要求

在计划经济体制下，我国社会管理的基本方式是单位所有制、街居制和严密的户籍管理制度。改革开放以来，我国的社会组织形态发生了全面转型，农村人民公社体制在改革后迅速解体，家庭再度成为最基本的经济和社会活动单元；国有企业承担的大量属于社会管理职能的事务被移出企业之外而交付社会；同时，非公有制部门为代表的新生社会组织迅速成长。我国的社会管理面临着“一变五增”的新情况，即老体制下的职工逐步弱化了对单位的过分依赖，由“单位人”向“社会人”转变；新兴的多种所有制成份的“无主管”企业增多；外来人员、流动人员的比例增加；下岗、失业人员增多；老龄人口增多；贫困人群增多。

5. 要求政府加大对社会利益结构的协调力度

我国的社会结构已经发生了极大的变迁，一是国有单位就业人员数大幅下降。二是私营企业和个体户数与就业人数大幅度上升。三是中国传统的社会阶层结构发生了重大分化，形成了现代化的社会阶层结构的基本形态。当代中国社会阶层结构由十个社会阶层构成：国家与社会管理者阶层、经理人员阶层、私营企业主阶层、

---

① 李国正，艾小青．“共享”视角下城乡收入与消费的差距度量、演化趋势与影响因素［J］．中国软科学，2017（11）．

专业技术人员阶层、办事人员阶层、个体工商户阶层、商业服务业员工阶层、产业工人阶层、农业劳动者阶层和城乡无业失业半失业阶层。

6. 要求尽快改变以政府为唯一中心的“单中心”治理结构

但是，我国在社会管理方面的改革远未到位，主要表现在：社会中介组织或第三部门还未真正成为政府职能转移的载体，社会团体等民间组织的作用尚未得到充分发挥，社会资本的开发利用不足，社会的自主性及自我组织能力不够强，各级官员的新的治理观念还未树立，等等。

7. 我国进入了社会风险加剧的时期

近年来，各地群众进京上访、越级上访、集体上访和敏感时期上访的数量有所增长。应开展“矛盾凸显期”信访问题源头治理，力争“逆转”信访“高发”态势。进一步归类处理“热点”问题，总结“焦点”问题的处理经验，争取通过半年左右的努力从源头上减少库区移民、商住房开发、城建拆迁方面的信访问题。

（三）完善我国政府社会管理职能的对策

针对我国政府社会管理职能中存在的问题，从实际出发，具体问题具体分析，在总结和借鉴经验教训的基础上，得出对策：只有建立起与社会主义经济、政治、文化体制相适应的社会体制，才能形成与社会主义经济、政治、文化秩序相协调的社会秩序。因此，完善政府社会管理职能，要与推进政治体制和经济体制改革配套进行，作为深化行政管理体制改革的重要内容，总体考虑，统筹安排。要善于把加强社会建设和管理同推进经济社会协调发展紧密结合起来，同满足群众多样化的生活需要紧密结合起来，同推进基层民主建设紧密结合起来，同加强党的执政能力建设紧密结合起来，把社会建设和管理提高到一个新的水平。

1. 坚持以人为本的科学发展观

科学的发展观是构建和谐社会的根本指针，也是加强社会管理的指导思想。科学发展观要求以人为本、统筹协调发展。这就要求把发展作为执政兴国的第一要务，坚持正确的利益观，将生产力发展与人民利益的实现统一起来，把最广大人民群众的根本利益作为制定政策、开展工作的出发点和落脚点，实现好、维护好、发展好最广大人民的根本利益，坚持科学决策、民主决策、依法决策。以人为本，还要平等地保护各社会利益群体的利益，妥善协调各方面的利益关系，逐步构建民众参与与自我治理的基本结构。以人为本，就要加快政府职能转变，强化政府公共服务职能，完善社会保障、社会福利、公共医疗、义务教育等公共服务制度。特别要强调的是，各级政府强化社会管理职能，必须正确处理改革发展稳定的关系，把发展的速度、改革的力度、群众可承受的程度有机统一起来，认真解决涉及群众利益的重大经济社会问题和突出矛盾。

2. 整合社会关系，构造和谐的收入分配格局，推进社会公平

整合社会关系，重点是整合社会阶层之间的相互关系。政府应利用财政、税收、福利等杠杆，对收入再分配进行科学调控，理顺工资和收入分配的秩序，减少贫困和低收入群体，实现强势群体与弱势群体的关系和谐。要合理调整国民收入分配格局，推进社会公平，努力扩大中等收入者的比重，逐步提高低收入者收入水平，有效调节过高收入，逐步构筑稳定合理的社会结构。从国际经验看，最稳定的社会是中间社会阶层占多数的社会。这种中间大两头小的橄榄型社会结构，是现代社会阶层结构的基本形态，有利于社会的稳定和可持续发展。我们要继续完善个人所得税制度，加强对过高收入的税收调节；通过改革税收制度、增加公共支出、加大财政转移支付力度、严格执行最低工资制度等措施，缩小贫困和低收入者的数量。积极推进城市化进程、缩小城乡差距；要在城镇内部形成和扩大中等收入阶层，提高中等收入群体的可持续收入能力；赋予劳动者与雇主分享利润的权利，提高分配率；采取积极的就业政策，积极发展服务业。建立公共部门的合理分配关系，改革和完善国家公务员的工资制度，促进公务员成为稳定的中等收入阶层；改革事业单位分配制度；规范国有垄断部门与垄断行业的收入分配。

3. 积极扩大就业，努力完善社会保障体系

首先，就业是民生之本、安国之策。实施积极的就业政策是我们必须长期坚持的重要方针，因此要把促进扩大就业放在经济社会发展更加突出的位置。当前我国面临的就业形势比较严峻，再就业压力也相当突出。要坚持在发展中解决就业问题，逐步确立有利于扩大就业的经济结构和增长模式，千方百计增加就业岗位，加快发展就业容量大的第三产业、中小企业和劳动密集型产业，形成更多的就业增长点。要继续落实就业再就业的各项优惠政策，加强政府就业指导，抓好就业培训，健全就业服务体系，鼓励各类下岗失业人员通过各种方式实现再就业。

其次，努力完善社会保障体系，构建和谐社会的社会安全网。要合理确定保障标准和方式，进一步扩大基本养老、基本医疗和失业保险的覆盖面，将符合条件的城镇从业人员逐步纳入社会保险范围。要进一步完善城市居民最低生活保障制度，切实保障困难群众的基本生活。要高度重视解决农村贫困人口的生活困难问题，继续推进新型农村合作医疗改革试点，有条件的地方可继续探索建立农村最低生活保障制度。要提高财政的社会保障支出比重，多渠道筹措社会保障基金；还要积极发展社会福利，完善社会救助体系。

再次，大力发展社会事业。科技、教育、文化、卫生、体育等社会事业，关系广大群众的切身利益，是促进经济发展和社会进步的必要条件。针对当前社会事业发展滞后的状况，必须加大对社会事业的支持力度。发达国家的经验表明，一个以人为本的和谐社会的基本条件应是大力发展社会事业，提高人民素质，最大限度地满足社会和广大人民群众的需要。要加大对社会事业的支持力度，完善社会事业投入机制，增加对社会事业的投入，加大对重点领域的科技投入；要加快普及农村九年义务教育，加强基层群众文化阵地建设，建立和完善疾病预防控制体系和医疗救治体系，努力改善农村医疗卫生条件。

最后，要切实解决好弱势群体的发展问题。保持和谐稳定的农村社会环境在相当长时期内是实现我国社会长治久安和社会和谐的一项基本工作，要加强农村基层组织建设，切实解决农村和农民尤其是失地农民的问题。农民工的管理与福利制度安排是当前构建和谐社会的一个主要矛盾，要切实解决农民工的社会保障问题、子女教育问题、住房与社会服务问题、融入城市社区生活的问题，等等。

4. 加强社会管理体制的建设和创新，培育和完善公民社会

要深入研究社会管理规律，加强社会管理体制的建设和创新，完善社会管理体系和政策法规，整合社会管理资源，建立健全党委领导、政府负责、社会协同、公众参与的社会管理格局。各级政府要主动和善于运用公民社会从事社会管理。

第一，要重点培育和完善公民社会。国家和公民社会都要保护和增进的个人合法权利和正当利益；尊重社团组织多样性，思想文化多样性；实施政务公开和公共领域开放；强调公民参与社会政治生活和制约国家权力，保证公民社会成为一个真正自主的领域。

第二，促进社区建设，完善社区自治功能。促进政府与社区分立，地方政府对社区实行非强制性的工作指导，社区依法实行高度自治；给社区提供足够的财政投入，将社区承担的基层社会管理和提供居民公共福利服务支出列入地方政府财政支出项目，充分发挥城乡基层自治组织协调利益、化解矛盾、排忧解难的作用。

第三，要转变政府职能，积极培育发展非政府组织或非盈利组织，充分发挥社团、行业组织和社会中介组织提供服务、反映诉求、规范行为的作用；政府要将一部分公共职能交给社会承担并由此建立起政府与社会的合作伙伴关系，以有效处理社会公共事务。

5. 完善社会矛盾纠纷解决机制

解决社会矛盾，重点是正确处理人民内部的利益矛盾。随着改革开放和社会主义市场经济的发展，经济成分、经济利益、社会生活方式、社会组织形式越来越多

样化。当前，我国社会矛盾纠纷主要表现为三种类型，即民事矛盾纠纷、行政矛盾纠纷和刑事矛盾纠纷。这些矛盾纠纷呈现出多发性、群体性、复杂性、长期性的特点。产生这些矛盾纠纷的原因很多，既有体制性因素、法制性因素、领导者因素，也有社会性因素和外部性因素。各级政府应从构建和谐社会的大局出发，深入研究社会主义市场经济条件下矛盾演变的规律，借鉴国外政府解决矛盾纠纷的做法与经验教训，以解决涉及群众切身利益的社会矛盾为重点，建立全过程、多渠道、全方位、法治化与柔性化的社会矛盾调节机制。要健全正确处理人民内部矛盾的工作机制，完善信访工作责任制，综合运用政策、法律、经济、行政等手段和教育、协商、调解等方法，依法及时合理地处理群众反映的问题；建立社会舆情汇集和分析机制，畅通社情民意反映渠道；建立健全社会利益协调机制，引导群众以理性合法的形式表达利益要求、解决利益矛盾，自觉维护安定团结。要建立健全社会预警体系，形成统一指挥、功能齐全、反应灵敏、运转高效的危机管理机制，提高保障公共安全和处置突发事件的能力。要坚持科学执政、民主执政、依法执政，这是构建社会主义和谐社会的治本之策。要努力学会并善于运用科学、民主、法制的办法处理各类人民内部矛盾。特别是在出台有关政策、措施时，一定要坚持公开、公平、公正的原则，广泛听取各方意见，防止因决策不当损害人民群众的根本利益。

纵观中国现在的实际发展情况，当前提高政府的社会管理水平，对政府社会管理体制进行变革乃一个关系国家经济健康发展，保持社会稳定的关键问题，只有提高政府的社会管理水平，促进政府社会管理的逐步创新和改革，才能真正做到以人为本，促进政治、经济和社会的全面协调发展；只有不断深化政府社会管理体制改革，才能有效地转变政府管理理念，有效地转换政府职能。在这一个关键阶段，社会发展的内容日益丰富，人们对全面发展提出了越来越高的需求。因此，在整个现代化建设的过程中，我们应该更加关注社会的发展，更加重视政府社会管理，积极推动经济与社会的协调发展，促进经济社会与人的全面发展。

三、福利国家

福利国家是资本主义国家通过创办并资助社会公共事业，实行和完善一套社会福利政策和制度，对社会经济生活进行干预，以调节和缓和阶级矛盾，保证社会秩序和经济生活正常运行的一种方法。在施瓦茨的《美国法律史》一书中，福利国家是指从罗斯福新政到第二次世界大战爆发之间的历史阶段。

福利国家是一种国家形态，福利是这种国家形态的特性，是用来界定国家的，福利国家这种国家形态突出地强化了现代国家的社会功能，所以它是一个政治学的概念，而社会福利则是社会学概念。福利本身更是经济学的概念。经济环境是国家决策的条件和基础，而社会福利则是国家决策的结果。

现代福利制度起源于英国的《贝弗里奇报告》。《贝弗里奇报告》对战后英国福利社会的建设产生了巨大的影响。这个报告主张的社会福利可以被概括为“3U”思想：普享性原则（Universality），即所有公民不论其职业为何，都应被覆盖以预防社会风险；统一性原则（Unity），即建立大一统的福利行政管理机构；均一性原则（Uniformity），即每一个受益人根据其需要，而不是收入状况，获得资助。

福利国家不是社会保险，不是公费医疗，也不是家庭福利或社会救济计划。福利国家甚至不等同于社会保障或社会政策，而是它们的加总。社会保险在第一次世界大战以前就出现了，但是却没有人会把最先推行了社会保险制度的“铁血首相”俾斯麦称为“福利首相”。希特勒曾经为了发动侵略战争而大搞民族社会主义，当然也不会有人认为，那种号称“人民国家”，实则实行种族灭绝政策的“第三帝国”就是“福利帝国”。绝大多数国家的政府都实行社会政策，这些政策彼此之间相差万里，所以不能说实行某种社会政策的政府都是“福利政府”，它们所代表的国家都是“福利国家”。

四、精准扶贫

（一）精准扶贫的背景

我国扶贫开发始于20世纪80年代中期，通过近40年的不懈努力，取得了举世瞩目的辉煌成就。但是，在扶贫过程中，贫困居民底数不清、情况不明、针对性不强、扶贫资金和项目指向不准的问题曾较为突出。其中一个重要原因是全国农村贫困居民人数曾是国家统计局根据全国农村住户调查样本数据推算出来的，然而实际人数远不止所估算出来的数据。这个数据对于研究贫困居民规模、分析贫困发展趋势不是很科学，但在具体工作中却存在“谁是贫困居民”“贫困原因是什么”“怎么针对性帮扶”“帮扶效果又怎样”等不确定问题。当时，由于全省乃至全国都没有建立统一的扶贫信息系统，因此对于具体贫困居民、贫困农户的帮扶工作就存在许多盲点，真正的一些贫困农户和贫困居民没有得到帮扶。

精准扶贫的背面是粗放扶贫。曾经长期，由于贫困居民数据来自抽样调查后的逐级往下分解，扶贫中的低质、低效问题普遍存在，如：贫困居民底数不清，扶贫对象常由基层干部“推估”（推测估算），扶贫资金“天女散花”，以致“年年扶贫年年贫”；重点县舍不得“脱贫摘帽”，数字弄虚作假，挤占浪费国家扶贫资源；人情扶贫、关系扶贫，造成应扶未扶、扶富不扶穷等社会不公，甚至滋生腐败。表面上看，粗放扶贫是工作方法存在问题，实质反映的是干部的群众观念和执政理念的大问题，不可小觑。

曾实行的扶贫制度设计存在缺陷，不少扶贫项目粗放“漫灌”，针对性不强，更多的是在“扶农”而不是“扶贫”。以扶贫搬迁工程为例，居住在边远山区、地质灾害隐患区等地的贫困户，一方水土难养一方人，是扶贫开发最难啃的“硬骨头”，移民搬迁是较好的出路，但是，因为补助资金少，所以，享受扶贫资金补助搬出来的多是经济条件相对较好的农户，贫困的特别是最穷的农户根本搬不起。新村扶贫、产业扶贫、劳务扶贫等项目，受益多的主要还是贫困社区中的中高收入农户，只有较少比例贫困农户从中受益，且受益也相对较少。

综上所述，原有的扶贫体制机制必须修补和完善。换句话说，就是要解决钱和政策用在谁身上、怎么用、用得怎么样等问题。扶贫必须要有“精准度”，专项扶贫更要瞄准贫困居民，特别是财政专项扶贫资金务必重点用在贫困居民身上，用在正确的方向上。扶贫要做雪中送炭的事，千万不能拿扶贫的钱去搞高标准的新农村建设，做形象工程不能实现扶真贫。贫困区域的发展，主要应使用财政综合扶贫资金和其他资金。

（二）精准扶贫的内涵

“安得万里裘，盖裹周四垠；稳暖皆如我，天下无穷人”①。习近平总书记指出：“共享发展是人人享有、各得其所，不是少数人共享、一部分人共享。”具体而言，精准扶贫是粗放扶贫的对称，是指针对不同贫困区域环境、不同贫困农户状况，运用科学有效程序对扶贫对象实施精确识别、精确帮扶、精确管理的治贫方式。一般来说，精准扶贫主要是就贫困居民而言的，谁贫困就扶持谁。

“精准扶贫”的重要思想最早是在2013年11月，习近平总书记到湖南湘西考察时首次做出了“实事求是、因地制宜、分类指导、精准扶贫”的重要指示。2014年1月，中办详细规制了精准扶贫工作模式的顶层设计，推动了“精准扶贫”思想落地。2014年3月，习近平总书记参加两会代表团审议时强调，要实施精准扶贫，瞄准扶贫对象，进行重点施策。进一步阐释了精准扶贫理念。2015年1月，习近平总书记新年首个调研地点选择了云南，总书记强调坚决打好扶贫开发攻坚战，加快民族地区经济社会发展。5个月后，总书记来到与云南毗邻的贵州省，强调要科学谋划好“十三五”时期扶贫开发工作，确保贫困人口到2020年如期脱贫，并提出扶贫开发“贵在精准，重在精准，成败之举在于精准”，“精准扶贫”成为各界热议的关键词。

---

① 出自唐·白居易《新制布裘》。

2015 年 10 月 16 日，习近平主席在 2015 减贫与发展高层论坛上强调，中国扶贫攻坚工作实施精准扶贫方略，增加扶贫投入，出台优惠政策措施，坚持中国制度优势，注重六个精准，坚持分类施策，因人因地施策，因贫困原因施策，因贫困类型施策，通过扶持生产和就业发展一批，通过易地搬迁安置一批，通过生态保护脱贫一批，通过教育扶贫脱贫一批，通过低保政策兜底一批，广泛动员全社会力量参与扶贫。

（三）精准扶贫的实施

推进精准扶贫，加大帮扶力度，是缓解贫困、实现共同富裕的内在要求，也是全面实现全面小康和现代化建设的一场攻坚战。那么，如何做到精准扶贫呢？

1. 精确识别，这是精准扶贫的前提

通过有效、合规的程序，把谁是贫困居民识别出来。总的原则是“县为单位、规模控制、分级负责、精准识别、动态管理”；开展到村到户的贫困状况调查和建档立卡工作，包括群众评议、入户调查、公示公告、抽查检验、信息录入等内容。过去，全国曾开展农村最低生活保障制度和扶贫开发政策“两项制度”有效衔接试点，实践表明，这样识别扶贫对象虽然有一定效果，但是程序繁琐、操作性不是很强。四川宜宾等一些地方探索的“比选”确定扶贫对象的扶贫“首扶制度”，也是一个精确识别的好办法。其具体操作是：根据国家公布的扶贫标准，村民先填申请表，首先由村民小组召开户主会进行比选，再由村“两委”召开村、组干部和村民代表会议进行比选，并张榜公示；根据公示意见，再次召开村、社两级干部和村民代表会议进行比选，并再次公示；如无异议，根据村内贫困农户指标数量，把收入低但有劳动能力的确定为贫困农户。总之，不论采取何种方式识别，都要充分发扬基层民主，发动群众参与；透明程序，把识别权交给基层群众，让同村老百姓按他们自己的“标准”识别谁是穷人，以保证贫困户认定的透明公开、相对公平。

2. 精确帮扶，这是精准扶贫的关键

贫困居民识别出来以后，针对扶贫对象的贫困情况定责任人和帮扶措施，确保帮扶效果。就精确到户到人来说，重点为：①坚持方针。精确帮扶要坚持习近平总书记强调的“实事求是，因地制宜，分类指导，精准扶贫”的工作方针，重在从“人”“钱”两个方面细化方式，确保帮扶措施和效果落实到户、到人。②到村到户。要做到“六个到村到户”：基础设施到村到户、产业扶持到村到户、教育培训到村到户、农村危房改造到村到户、扶贫生态移民到村到户、结对帮扶到村到户。真正把资源优势挖掘出来，把扶贫政策含量释放出来。③因户施策。通过进村入户，分析掌握致贫原因，逐户落实帮扶责任人、帮扶项目和帮扶资金。按照缺啥补啥的原则宜农则农、宜工则工、宜商则商、宜游则游，实施水、电、路、气、房和环境改善“六到农家”工程，切实改善群众生产生活条件；帮助发展生产，增加收入。④资金到户。在产业发展上，可以推行遂宁市船山区唐春村的专项财政资金变农户股金的模式，也可以通过现金、实物、股份合作等方式直补到户；在住房建设上，可以推行南江县农村廉租房的作法；技能培训、创业培训等补助资金可以直补到人；对读中、高职学生的生活补贴、特困家庭子女上大学的资助费用，可通过“一卡通”等方式直补到受助家庭；异地扶贫搬迁、乡村旅游发展等项目补助资金可以直接向扶贫对象发放。⑤干部帮扶。干部帮扶应采取群众“点菜”、政府“下厨”方式，从国家扶贫政策和村情、户情出发，帮助贫困户理清发展思路，制定符合发展实际的扶贫规划，明确工作重点和具体措施，并落实严格的责任制，做到不脱贫不脱钩。

3. 精确管理，这是精准扶贫的保证

（1）农户信息管理。要建立起贫困户的信息网络系统，将扶贫对象的基本资料、动态情况录入到系统，实施动态管理。对贫困农户实行一户一本台账、一个脱贫计划、一套帮扶措施，确保扶到最需要扶持的群众、扶到群众最需要扶持的地方。年终根据扶贫对象发展实际，对扶贫对象进行调整，使稳定脱贫的村与户及时退出，使应该扶持的扶贫对象及时纳入，从而实现扶贫对象有进有出，扶贫信息真实、可靠、管用。

（2）阳光操作管理。按照国家《财政专项扶贫资金管理办法》，对扶贫资金建立完善严格的管理制度，建立扶贫资金信息披露制度以及扶贫对象、扶贫项目公告公示公开制度，将筛选确立扶贫对象的全过程公开，避免暗箱操作导致的应扶未扶，保证财政专项扶贫资金在阳光下进行；筑牢扶贫资金管理使用的带电“高压线”，治理资金“跑冒滴漏”问题。同时，还应引入第三方监督，严格扶贫资金管理，确保扶贫资金用准用足，不致“张冠李戴”。

（3）扶贫事权管理。对扶贫工作，目前省、市、县三级分别该承担什么任务并不十分明确，好像大家都在管钱、分钱，监督的责任也不清晰；专项扶贫资金很分散，涉及多个部门，各个部门的责任也不清晰。现在，省委已经明确，省、市两级政府主要负责扶贫资金和项目监管，扶贫项目审批管理权限原则上下放到县，实行目标、任务、资金和权责“四到县”制度，各级都要按照自身事权推进工作；各部门也应以扶贫攻坚规划和重大扶贫项目为平台，加大资金整合力度，确保精准扶贫，集中解决突出问题。

通过扶贫信息系统的动态管理、数据分析，制定切实可行的帮扶措施，建立扶贫项目库、扶贫专家库，通过实时监控和对讲技术，让贫困户与专家视频通话，随时接受专家指导，使帮扶措施和帮扶项目真正有效的执行下去，达到预期的目标和结果。2021 年，我国脱贫攻坚取得全面胜利，全面建成小康社会。

第五节　效率与公平的关系：福利经济学

一、福利经济学

经济学区别了实证经济学和规范经济学。实证经济学是排除了社会评价的理论经济学，它研究经济体系的运行，说明经济体系是怎样运行的以及为什么这样运行，回答“是”和“不是”的问题。规范经济学的任务是对经济体系的运行做出社会评价，回答是“好”和“不好”的问题。福利经济学属于规范经济学。福利经济学是从福利观点或最大化原则出发对经济体系的运行予以社会评价的经济学。

福利经济学是由英国经济学家霍布斯和庇古于 20 世纪 20 年代创立的研究社会经济福利的一种经济学理论体系。福利经济学在 20 世纪初形成于英国。它经过了旧福利经济学和新福利经济学两个发展阶段。前者建立在基数效用论的基础上，代表人物是英国的庇古，他在 1920 年出版的《福利经济学》中第一次系统地论证了整个经济体系实现经济福利最大值的可能性；后者建立在序数效用论的基础上，代表人物是意大利的帕累托，他首先考察了“集合体的效用极大化”问题，提出了“帕累托最适度条件”。

福利经济学的主要内容是“分配越均等，社会福利就越大”，主张收入均等化，由此出现了“福利国家”。国家在国民收入调节过程中作用的加强，出现了使国民收入呈现均等化趋势。

福利经济学研究的主要内容有：社会经济运行的目标，或称检验社会经济行为好坏的标准；实现社会经济运行目标所需的生产、交换、分配的一般最适度的条件及其政策建议等。

二、福利经济学第一定理和第二定理

（一）福利经济学第一定理

1. 福利经济学第一定理的含义

福利经济学第一定理是指竞争的市场机制可以实现帕累托最优状态。也就是说，

任何竞争均衡都是帕累托最优①状态。换言之，如果企业都追求利润，每个个人都追求自己的效益最大化，市场自然可以达到一个最优的资源配置。

2. 福利经济学第一定理的内容

（1）完全竞争的市场经济的一般均衡都是帕累托最优的。

（2）自由市场在均衡时，是帕累托有效的。

（3）第一定理是讲如果企业都追求利润，每个个人都追求自己的效益最大化，市场自然就可以达到一个社会最优的资源配置。

3. 福利经济学第一定理的条件

（1）完全竞争；

（2）没有外部性；

（3）没有交易成本；

（4）完全信息；

（5）不存在规模经济。

4. 福利经济学第一定理的政策启示

（1）政府为了实现公平干预市场定价有可能导致市场低效率；

（2）政府为了实现公平对交易者的禀赋进行征税并不能改变帕累托有效率配置。始于任何初始商品禀赋的交易都会导致一种帕累托有效率配置。不管一个人如何重新分配禀赋，有市场力量决定的均衡配置依然是帕累托有效率配置。

（二）福利经济学第二定理

1. 福利经济学第二定理的含义

福利经济学第二定理是指如果给定了一个帕累托最优配置，它可以通过完全竞争的市场机制来达到这一配置。也就是说，帕累托最优可以通过瓦尔拉斯式的竞争性均衡来实现。

福利经济学第二定理认为在一定条件下，每一帕累托有效率配置均能达到竞争均衡。它表明分配与效率是可以分开来考虑的，任何帕累托有效率配置都能得到市场机制的支持。

① 帕累托最优（Pareto Optimality），也称为帕累托效率（Pareto Efficiency），是指资源分配的一种理想状态，假定固有的一群人和可分配的资源，从一种分配状态到另一种状态的变化中，在没有使任何人境况变坏的前提下，使得至少一个人变得更好。帕累托最优状态就是不可能再有更多的帕累托改进的余地；换句话说，帕累托改进是达到帕累托最优的路径和方法。帕累托最优是公平与效率的“理想王国”。

价格在这种市场机制中起到两种作用：一是配置作用，表明商品的相对稀缺性；二是分配作用，确定不同的交易者能够购买的各种商品的数量。

2. 福利经济学第二定理的内容

（1）任何帕累托有效的配置可以通过一些初始禀赋以及瓦尔拉斯式的竞争性均衡获得。

（2）若偏好是凸的，任何帕累托有效的资源配置都是市场均衡。

（3）第二个定理讲任何我们所希望的社会资源配置都可以通过给定一定的收入分配结构，所有权结构，而且通过市场达到。

3. 福利经济学第二定理的政策启示

该定理表明市场经济可以实现反映社会意愿的任何一个帕累托最优配置。在政策方面的启示是要求政府不必用干预市场的方法来达到政策目的，而通过再分配的方法能达到同样的目的。因为市场受到政府的干预就会导致价格的扭曲而改变了实际决策行为，造成效率损失。

三、效率与公平的关系

（一）公平与效率的争论

这种关系主要涉及政府的社会职能。关于效率和公平的解释是多种多样的。一般而论，公平通常是指社会成员机会或收入均等化，以及社会权力的平等化。效率则是指资源的合理、有效的配置，在同一时间内投入的最小化与产出的最大化是效率的恒定标准。按照经济学家曼昆（N. Gregory Mankiw）的解释，效率是社会能从其稀缺的资源中得到最多东西的特性，平等则是经济成果在社会成员中分配的特性。“效率是指社会能从其稀缺资源中得到最多的东西。平等是指这些资源的成果公平地分配给社会成员。换句话说，效率是指经济蛋糕的大小，而平等是指如何分割这块蛋糕。在设计政府政策的时候，这两个目标往往是不一致的。”公平与效率的问题与国家发展战略的选择相联系，更是人类社会政治和道德问题的轴心。因此，直接与广泛和深层次的人类价值判断问题相联系，进而与政府的职能及宏观公共政策选择相联系。

公平与效率作为两种价值取向，存在一种此长彼消的替代关系，在同一时间和空间可以有主次之分，却很难做到并行不悖。这样，作为一种宏观公共政策选择，政府事实上必须取舍维护社会公平抑或提高效率，作为政府基本的价值取向和政策标准。公平与效率的争论是广泛和持久的。“效率优先论”“公平优先论”和“效率与公平平衡论”是关于公平与效率的三种典型的观点。

（二）公平与效率的实践

效率与公平问题关系到经济发展活力和社会稳定，是世界各国都十分关注的热点问题。实践证明，效率和公平不是对立的，是互为基础、互相促进的。实行改革开放以来，如何处理效率与公平的问题在理论界和实践层面都在认真探索。

党的十四大确立了建立社会主义市场经济体制的改革方向，并第一次明确提出要“兼顾效率与公平”。党的十四届三中全会提出，收入分配要“体现效率优先、兼顾公平的原则”。党的十五大和党的十六大都明确提出，要坚持效率优先、兼顾公平。党的十六大还提出，初次分配注重效率，再分配注重公平。这就确立了正确处理效率和公平关系的基本原则，目的就是既要适当拉开收入差距，以发挥收入分配的激励功能，又要防止收入差距过大引起社会不稳定。党的十六届五中全会提出，要“注重社会公平，特别要关注就业机会和分配过程的公平”。党的十六届六中全会进一步指出，要“在经济发展的基础上，更加注重社会公平”。党的十七大进一步提出，“初次分配和再分配都要处理好效率和公平的关系，再分配更加注重公平”。党的十八大报告明确指出“初次分配和再次分配都要兼顾效率和公平，再次分配更加注重公平”。这些论述，都既坚持了效率优先、兼顾公平的原则，又增强了解决收入分配领域矛盾和问题的针对性，是从实际出发对效率和公平关系认识的不断深化和完善。

【思考题】

1. 谈谈如何弥补政府失灵与市场失灵。
2. 结合实践，谈谈未来中国政府社会职能定位。
3. 结合实践，谈谈如何理解“市场在资源配置中起决定性作用”。
4. 结合政府职能，谈谈如何解决中国老龄化背景下的养老问题。

【案例】阿里被罚182.28亿，互联网平台反垄断破局①

调查4个月后，阿里巴巴集团“二选一”案有了结果。4月10日，国家市场监督管理总局公布处罚决定书，责令阿里巴巴集团停止滥用市场支配地位行为，并处以其2019年中国境内销售额4557.12亿元4%的罚款，计182.28亿元。同时向该集团发出行政指导书，要求其全面整改，并连续3年向国家市场监督管理总局提交自

① 节选自：周蔚．阿里被罚182亿 互联网平台反垄断破局［N］．检察日报，2021-04-19.

查合规报告。

大动作不断

182.28亿元，是中国反垄断法实施以来开出的最大罚单。

两天后，上海市市场监管局通报，依法对互联网餐饮外送平台上海食派士商贸发展有限公司实施“二选一”垄断行为做出行政处罚。该公司被处以其2018年销售额3%的罚款，合计人民币116.86万元。

4月13日，国家市场监督管理总局会同中央网信办、国家税务总局召开互联网平台企业行政指导会，百度、腾讯、滴滴、京东、拼多多、美团、字节跳动、携程等34家互联网平台企业代表参加。会议要求，各平台企业要在1个月内全面自检自查，逐项彻底整改，并向社会公开《依法合规经营承诺》，接受社会监督。市场监管部门将组织对平台整改情况进行跟踪检查，整改期后再发现有平台企业强迫实施“二选一”等违法行为，一律依法从重从严处罚。

此前，2020年12月，国家市场监督管理总局依法对阿里巴巴投资收购银泰商业股权、阅文集团收购新丽传媒股权、丰巢网络收购中邮智递股权3起未依法申报违法实施经营者集中案做出行政处罚决定，分别处以50万元罚款。

社区团购也没有逃过。3月3日上午，国家市场监督管理总局公布，因实施不正当价格行为，橙心优选、多多买菜、美团优选、十荟团、食享会5家社区团购企业被处罚。其中食享会被处以50万元罚款，其余4家分别被罚150万元。

近日，浙江省市场监督管理局上线“浙江公平在线”系统，聚焦平台经济领域垄断及不正当行为。首期监测范围覆盖重点平台20余家，平台内经营者1万余家，重点品牌500余个，商品10万余个。

平台反垄断难在哪

反垄断法被喻为“经济宪法”，但此前一直被质疑在互联网领域“长不出牙齿”，执法能力跟不上平台经济发展速度。

判定一个企业是否构成垄断，首先要界定“相关市场”，才能确定经营者是否具有市场支配地位、是否有滥用行为。“但在互联网平台经济中，相关市场界定并不简单。由于规模经济是平台经济的重要特征，不同行业的最优市场结构不同，同行业在不同发展阶段的最优市场结构也不同。”全国人大代表、重庆璞雨为科技创新中心执行董事高钰指出，互联网垄断和数据垄断共生，针对数据治理是互联网反垄断的重要方向。互联网巨头掌握的海量数据导致其容易“滥用市场支配地位”，但是数据的权益、数据的管理、数据的保护等议题尚未得到根本解决。

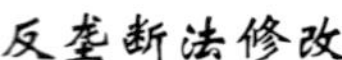

反垄断法修改

针对代表委员提出的反垄断法滞后问题，全国人大常委会工作报告显示，反垄断法修改已列入今年的立法计划。

张慧从数字经济规制、调查程序、宽大制度、安全港规则、纵向垄断协议认定等方面提出修改建议。第一，回应数字经济等新业态新模式的监管问题，进一步规范平台竞争，改进反垄断执法、加大执法力度、提高违法成本。第二，完善调查程序，规范行政机关的调查行为，确保最终调查结果的准确性和行政处罚决定的有效性。第三，明确宽大制度适用行为对象，排除纵向垄断协议的适用。减少执法机构自由裁量空间，减少执法机构自由裁量权，提高反垄断执法效率，降低反垄断执法成本。第四，通过设置安全港规则，减少政府对企业并购的行政干预，推进国民经济的战略性调整和扩大对外开放。第五，修改纵向垄断协议认定原则，从法律层面根本解决行政执法和司法审判差异的问题。第六，反垄断法的修改，还应当充分考虑与其他基本法律以及相关法规的衔接，构建全面协调的反垄断法律体系。

【问题】

互联网巨头遭遇反垄断规制，企业获天价罚单。请结合材料与所学知识，从政府与市场的关系角度，谈谈近年来的互联网平台反垄断行动反映了国家层面政府行为价值取向的何种变迁？

第七章 政府权力

把权力关进制度的笼子里。——习近平

其身正，不令而行；其身不正，虽令不行。——《史记》

权力是政府的灵魂，是政府和公共管理者追求的重要目标。权力也是政府履行“政府职能”的保障。权力本身无所谓好坏，可以看作一种客观的存在。将权力赋予某一些人，这些人就是公共管理者或者称为行政领导，将权力赋予“人”的过程就是权力的人格化。

第一节 政府权力概述

一、权力与权威

（一）权力与权威的含义

权威与权力是不同的。从浅层次来看，权力带有强迫性，权威带有甘愿服从的意味。

权威可最简单地定义为“正当的权力”。权力是影响他人行为的能力，而权威则是发挥此影响的权利。因此权威的基础是公认的必须服从的义务，而不是任何形式的强迫或控制。从这个意义上讲，权威是披着合法和正当外衣的权力。

权力与权威有相关性，在多数情况下是一致的，但在特殊情况下可能发生分离，导致有权力而无权威现象的出现。在行使权力的过程中，行政主体应该力求权力与权威的统一，并保证合法与合理的统一。

（二）权力与权威的区别

权力不等同于权威，二者之间具有明显的区别：第一，权力主要指一种力量，依靠这种力量可以造成某种特定的局面，使客体的行为符合主体的目的；权威则主要是一种社会心理过程，它依靠某种威势或威望来取得信任与赞同。第二，权力通常是以强制力作为后盾，具有某种强制性；而权威则主要是以合法性、正当性、合理性作为依靠，具有一定的影响性。权力的作用不一定带来服从的结果，客体的对抗和不服从是时常发生的；权威所起的作用则往往是心悦诚服，客体一般是基于认同而进行的服从。

具体而言，权力与权威的区别主要表现为以下几个方面：

（1）权力与权威的来源不同；领导权力往往与领导职位相联系，特定的职位具有相应的权力，而领导权威则主要来源于个人影响力。

（2）权力与权威的表现形式不同；领导权力主要与职权形式出现，以强制性为后盾的。而领导权威则主要表现为领导者自身的良好素质，是一种非强制性的影响力。

（3）权力与权威的影响时限不同；领导权力的影响是通过命令、批示等强制手段产生的，随着职位的产生而产生。而领导权威来自领导者的自身，通过领导者的崇高威望和优良品行感染并影响人们的言行，使人们在心理上认同，从感情上接受。

（4）权力与权威的作用效果不同；领导权力带着强制性和不可违抗性，领导权威的前提是人们心理上的认可与感情上的接受“内动力”的作用。

综上所述，领导者只有同时具备法定的权力与个性化的权威，才能实行最佳领导，取得最好的绩效。二者缺一不可。

（三）马克思·韦伯关于权力（权威）的分类

德国社会学家马克斯·韦伯（Max Webber）认为，任何组织的形成、管治、支配均建构于某种特定的权威之上，适当的权威能够消除混乱、带来秩序；而没有权威的组织将无法实现其组织目标，他提出了三种正式的政治支配和权威的形式，分别为传统权威、魅力权威以及理性法定权威。

根据服从形成的基础，韦伯区分了三种权威类型：传统型权威源于历史，克里斯玛（即超凡魅力）型权威来自个人的非凡品质，法理—理性型权威则建立在一套非人格化的规则基础上。

二、政府权力的含义

（一）政府权力的含义

一般说来，权力是根据行使者的目的去影响他人行为的能力，其内容包括主体、客体、目的、作用和结果等方面。按照性质，权力可以划分为政治权力、经济权力、社会权力等等。

政治权力就是某一政治主体依靠一定的政治强制力，为达到某种目标而在实际政治过程中体现出来的对于政治客体的制约能力，凭借这种制约能力，政治主体拥有对于社会价值的支配手段。在这里，政治主体主要指政府、政党和其他社会政治集团、社会政治人物等。

政府权力是政治权力的一种，它是国家行政机关依靠特定的强制手段，为有效执行国家意志而依据宪法原则对全社会进行管理的一种能力。政府权力的这一定义包括五个方面的内容：（1）政府权力的主体必须是国家行政机关及其工作人员；（2）政府权力的根本目标是通过贯彻执行国家法律、法令和各类政策来有效地实现国家意志；（3）政府权力的作用方式主要是强制性地推行政令；（4）政府权力的客体具有普遍性，是以整个社会为对象的国家权力；（5）政府权力的性质是执行和管理性权力。

（二）关于政府权力的各种学说

1. 早期分权学说

人们对于政府权力的认识，最早发端于分权学说。一般认为，亚里士多德首开分权学说的先河。他在《政治学》一书中将国家权力分为三种机能：议事、执行和审判。古罗马的波利比阿又提出了元老院、执政官和平民会议之间相互制约的思想。

2. 三权分立学说

近代意义上的分权学说是从洛克（John Locke）开始的，他认为国家有三种权力，即立法权、行政权和对外权。这里洛克实际上是把国家权力分为两部分，对外权在很大程度上属于行政权的一种。明确划分国家权力的是孟德斯鸠，他把国家权力划分三种：立法权代表国家的一般意志；行政权主要执行国家意志；司法权主要在于保护民众的利益。三权分立学说是适应资产阶级反对封建君主绝对专制权力的需要而产生的。现代政治学进一步发展了以三权分立为代表的分权学说，通过研究分权之后出现的权力不平衡现象，强调了分权基础上权力制衡的重要意义。

3. 政治与行政二分法

德国学者 J. K. 布隆赤里（Bluntschli）较早提出了将政治与行政分开的思想，行政学创始人威尔逊以及社会组织之父韦伯都对此做了进一步的继承和发展。美国学者古德诺（Goodnow）全面阐述了政治与行政二分法的原理。二分法与三权分立相对应，它把政府权力作为一个独立的领域来看待，促成了行政学的诞生，为对政府权力的专门研究奠定了基础。但二分法对权力的分割过于简单化，在解释复杂现象时显得力不从心。20 世纪末期出现的新管理主义在二分法的基础上，对于政治权力与政府权力之间的交互作用进行专门研究，提出了国家治理权力问题，在一定程度上克服了二分法的局限性。

4. 五权宪法学说

五权宪法学说是孙中山在三权分立学说的基础上，结合中国情况创立的一种学说。他把国家权力分为立法权、司法权、行政权、监察权和考试权五种。五权中的考试权就是指国家录用公务员时要通过考试选贤任能，监察权也就是对行政官员进行监督。

5. 议行合一学说

巴黎公社开创了一个先例，马克思对此给予肯定。在议行合一的权力结构中，民主集中制是权力运行的基本原则。但议行合一在当代并非议行不分，而是在现代社会权力的所有者与执行者分离条件下解决二者关系，保证权力执行者切实执行权力所有者意志的重要理论。从理论上讲，议行合一不仅可以克服政府权力失控的现象，而且更能够体现民主原则，它把政治上的民主与行政上的权力集中统一特性有机地结合在一起。

6. 组织权力学说

它从组织的角度来研究行政管理权力的各个层面。从一般组织的共同意义出发，这种学说把政府权力视为组织中的权力，着重研究政府权力作为一般组织权力的功能与特点，其明显特征表现在对决策问题的重视，认为政府权力不简单表现为纯粹的执行，决策同样是其重要的基本功能。这种学说并不专门对行政组织和一般组织做专门区分，也就看不到行政组织的特征。

（三）政府权力的结构

政府权力结构是指权力分工基础上的政府权力整体性的关系状态和有序性的活动过程，既包括行政管理中权力安排的静态结构，也包括行政管理中权力运行的动态结构。

1. 政府权力的静态结构

政府权力的静态结构是指政府权力与其行使主体结合之后所形成的一种网络构架。它表现为政府权力关系及其制度安排的总格局，是行政管理活动赖以展开的基本框架，包括：（1）纵向的层级结构（层级制），这种结构具有强制性的法规，明确的分工与责任，稳固而有序的上下级制度和层级制原则。（2）横向的部门结构，这种结构主要来自于行政管理活动所需要的专业化分工。

2. 政府权力的动态结构

政府权力的动态结构是指由权力作用的方向、方式、轨道、层次、时间和结果等要素结合在一起所构成的权力运行模式①。动态结构离不开静态结构的框架，但更能体现政府权力的实际内容：（1）政府权力是一种矢量，其作用方向和轨道具有明显的指向，呈现出自上而下的方向，其轨道呈伞状放射，与政府权力金字塔式的组织结构相一致。（2）政府权力的运行呈现明显的层次性，其中间过程存在许多中介。这种层次性使得行政管理的主体和客体之间不能简单发生作用，而是要经过若干中介的传递过程。因此，政府权力在实际运行过程中“衰减”或“折射”就不可避免。（3）时间在政府权力动态结构中是一个必不可少的因素，它是政府权力的动态结构和静态结构之间的最大区别。政府权力的运行必须在有效时间内起到应有的作用，否则将失去活动的意义。所以，行政效率问题就成为政府权力运行的基本原则和直接目的。（4）政府权力动态结构中还应包括权力作用的结果，这是反映政府权力结构效应的因素。

三、政府权力的特征

政府权力是政治权力的一种，既具有一般国家权力所表现出的合法性、强制性和普遍性等特点，又因为自身独特的结构表现出不同的特性。这些特性主要表现在：

1. 公共性

公共性是指政府权力的运作集中体现为公共管理和公共服务等活动，其目的在于提供公共物品、维护公共利益。

2. 手段性

政府权力本身不是目的，而是实现目的的手段。从法理上讲，政府权力属于派生性的权力，是经公民政治授权或经立法权力委任之后产生的，必须执行赋予其权力的公民或国家立法机关的意志。

3. 自主性

自主性是指政府权力与其他国家权力和社会组织、公民个人的权利不同。这些不同主要表现在两个方面：即相对于社会权力的独立性和相对于统治权力的独立性。一方面，政府权力相对于社会权力的自主性源自于其公共性。这是指政府权力所代表的利益，是独立于社会上各种单个的或集体形式存在的特殊利益之外的，公共政

① 李景鹏．权力政治学［M］．哈尔滨：黑龙江教育出版社，1995，38—41.

策应该免受个别势力的直接干预。另一方面，政府权力相对于统治权力的自主性，主要指在执行管理国家事务和社会公共事务的功能时，必须保持社会公平，而不能偏向于某个强势集团。

4. 一元性

政府权力的一元性表现在三个方面：第一，在一个国家内，拥有和行使政府权力的组织系统只能是一个。第二，在一个国家的行政系统内部，只能存在一个权力中心，首长负责制是一般行政管理机关的领导原则。第三，政府权力的一元性还表现在政府权力主体与客体之间的不可逆性，即政府权力运行的单向性。政府权力的运行是从较高势能点出发的自上而下的线性运动过程。

5. 时效性

注重时效并非意味着单纯追求时间距离的长短，而是包括效率和效能两个方面。效能更加偏重于政府权力运行的结果和长期效应，时效的概念应该包括效能在内。时效性还涉及效率和民主的关系问题，一个国家的制度结构在保证政府权力时效性的同时，对于民主和公正的制度安排也不可偏废。

6. 膨胀性

政府权力的自我膨胀特性表现为两种情况：一方面，政府权力的自然增长。这是由政府权力的结构功能正向发展所决定，属正常状态。另一方面，政府权力的恶性膨胀，属异常现象。政府权力的膨胀性是众多行政失范行为的重要原因。

第二节　政府权力的来源

一、关于权力来源的学说

领导者要进行政治活动，就必须具有权力。也就是说，权力是政治活动的基础。但是，权力从何而来？领导者又怎样获得权力？在这个问题上，却是“仁者见仁，智者见智”。

（一）费伦契(French)和雷文(Raven)认为权力的来源有这样几个方面：

1. 法定型权力

具有法律或有关规章所给予的权力，或者需要相应的组织或个人根据一定的程序授权。如处长对科员行使权力，这是局长的授权；公安人员可以检查行人的包裹，有关治安条款有这项规定等。

2. 奖惩型权力

领导者能够控制被领导者的奖惩，并且具备采取惩罚措施迫使被领导者就范的能力。领导者能够控制被领导者的升迁、工资的增降及其他福利待遇，这是领导者法定权力的重要内容。但领导者是否拥有权力，关键要看领导者是否具有实施奖惩的能力。这种奖惩必须让被领导者接受，并按领导者的意图进行行动。

3. 知识型权力

领导者在某一些方面具有特别的专长，这是权力的基础，实际上就是权力的一种来源。因此，专家型领导在行政领导活动中发布的指令更容易获得下属的遵从。

（二）约翰·P·科特（John P. Kotter）权力来源理论

科特在《权力与影响力》（*Power and Influence*）中提出了他的权力来源理论。他认为权力主要有三个来源：

1. 知识

“知识就是权力”。如前所述，权力从本质上讲，是一种影响力。掌握专业知识的人，对其他人自然有影响力。如果领导人具有了某一领域的专业知识，更会获得周围人的敬服。

2. 工作关系

建立在相互尊敬、羡慕、了解、义务和友谊基础上的良好工作关系。没有良好的工作关系，即使是可能性很大的设想，也有可能被下属抵制或拒绝。另外，良好的工作关系可以作为重要的信息渠道。没有良好的工作关系，就不可能为有效的工作建立起信息来源。

3. 威望

良好的业绩和较高的威望。它有助于人们在缺乏上述权力来源的时候用较少的时间建立和维持良好的工作关系。

权力来源之四是运用上述三种权力来源的技能。这些技能包括认识能力、人际交往能力，同时还有各种各样的施加影响的技能，以及特定的部门和特定的业务相关的技术能力。

（三）加尔布雷思的权力来源理论

在《权力的剖析》一书中对权力的来源进行了分析。他把权力分为三种：应得权、报偿权、制约权。权力的来源也有三种。

1. 人格

他认为人格同应得权之间有着原始且持久的联系，在古代，有些人就是凭其体

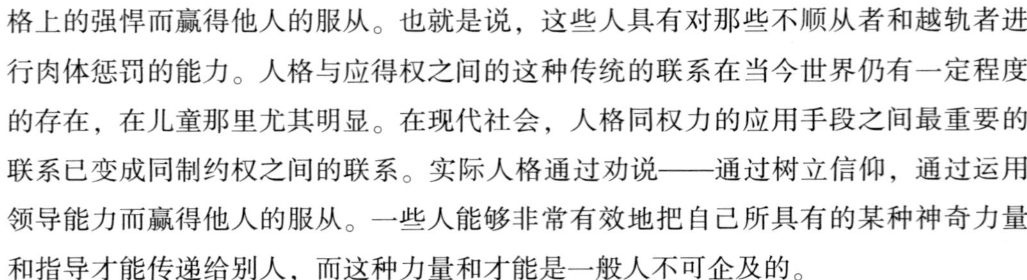

格上的强悍而赢得他人的服从。也就是说，这些人具有对那些不顺从者和越轨者进行肉体惩罚的能力。人格与应得权之间的这种传统的联系在当今世界仍有一定程度的存在，在儿童那里尤其明显。在现代社会，人格同权力的应用手段之间最重要的联系已变成同制约权之间的联系。实际人格通过劝说——通过树立信仰，通过运用领导能力而赢得他人的服从。一些人能够非常有效地把自己所具有的某种神奇力量和指导才能传递给别人，而这种力量和才能是一般人不可企及的。

2. 财产

占有财富使得对权力的最平常的运用成为可能，在以往的世纪里，特别是在上个世纪末，财产的显赫是如此重要，以致没有必要进行实际的奖赏，财富的拥有者就能获得他人有条件的信仰。

3. 组织

富翁们的名望是他们既拥有报偿权又拥有制约权的自动通道。但是，权力愈来愈少地产生于拥有财产，正如权力愈来愈少地产生于人格一样。其首要原因是组织的兴起。在现代社会，任何群体、阶级、阶层离开了组织这个因素，都不可能有效地掌握和运用权力。

（四）马克斯·韦伯权力来源理论

韦伯认为权力来源的三种合法的纯粹的形式，即传统的权力、超人的权力、法律赋予的权力等。

1. 传统的权力

传统权力，是世袭的，它来自对传统文化的信仰和对个人明确而特殊的尊严。例如，封建社会的世袭制。

2. 超人的权力

超人权力，是个人奋斗得来的，它来自领导者的意愿和强制性权威。例如，对伟大领袖毛泽东的崇拜。

3. 法定的权力

法定权力，是选举产生的，它来自法律和社会契约。这个在目前组织中最为常见。

（五）伯恩斯的权力来源理论

伯恩斯认为权力来源有二：资源与动机。

1. 资源的占有

权力有一个最重要的来源是对资源的占有，伯恩斯把它作为权力必备的前提之一。我们从早期历史和现代的发展就可以看到这一点：正是鱼米之乡的原因，才使法老获得了巩固埃及王国的权力；当今政府的权力大部分依赖于税收制度；独裁政府来源于对国家暴力机关的控制。当然，对资源的占有可以分为几种，有的是传统的，有的是现实的，有的资源属于物质范畴，有的则纯粹属于精神上的。英国皇室的权力大部分仰仗社会的尊敬，无论是授予爵位还是银婚纪念，都由皇宫来主持，因为只有君主立宪制才能完成使命。管理者控制资源的道理也是一样，他们不见得有封侯的权力，但确实具备提升他人的资格。这就是为什么政府部门的聘用制度具有规定和程序，最起码它可以在外表上给人以“民主”的印象，可以制止任何人滥用权力。同样。管理者的作用还关系到个人的收入，所以职员必须在集体的组织里努力工作。工资制度是管理者权力升级的进一步手段，工会和经理都在争夺这一领域。无论你有什么样的资源，你仍然需要技能去安排它们。最为人们喜爱的民间传说是那些为国家抗击邪恶、赢得战争胜利的爱国主义英雄。不列颠战争在二次大战的历史上维护了骄傲的地位，部分的原因是英国开创了历史的转折点。但是更主要的原因应该是英国人以技能和勇气战胜了拥有更多飞机和驾驶员的敌人。资源的控制并不是导致强大的唯一条件，因为只有权力竞争才能形成政治制度。诺伊施塔特1960年对美国3位总统罗斯福、杜鲁门、艾森豪威尔进行了权力应用的比较发现，三位都曾是总统，都控制过相同的资源，但是，由于拥有不同的控制技能，三位总统的政绩却有较大差别。

2. 动机

动机可以用来解释为什么一个管理者比另一个管理者更拥有权力，虽然两个人的技能和资源是相同的。这可以归纳为人对权力的需要程度不同，有些人追求权力的欲望更加迫切，千方百计利用资源和努力来得到它，在他们看来，只有取得了权力，管理者的行为才能有效。

二、政府权力与其他权力的关系

1. 政府权力和立法权力的关系

从性质和作用看，立法权力是各种社会权力集中的直接体现，其方向和轨道是多数人向少数人集中，是输入的过程和阶段；政府权力则是由少数人向多数人的扩散，是输出的阶段。从功能看，立法权力的功能是制定国家的法律和政策，其作用是根据社会发展的情势和规律，概括出社会活动和各种集体行动的准则与规则；政府权力则是要执行国家法律，推行政府政策，其作用在于将立法权力确定的制度规则和一般准则具体应用于政府权力客体，即政府权力对象。

2. 政府权力和司法权力的关系

二者也同属于国家权力，所不同的是：权力运行方向不同，政府权力运行的方向是自上而下的，司法权力的运行则带有某种平行性；主体在权力体系中独立性不同，政府权力的下级主体受上级的指挥和控制，司法权力的各级主体独立行使审判权；权力的作用和功能不同，政府权力是要积极地去实现国家意志，而司法权力主要在于消极地保障国家意志的实现不受干扰。

3. 政府权力和政党权力

政府权力与政党权力的区别，属于国家权力与其他政治权力的关系问题，其区别在不同社会制度下是不同的。在资本主义政党政治条件下，区别相当明显：权力的目的不同，政府权力的目的是执行国家意志，实现社会公共利益或保障社会利益的实现，即所谓普遍主义的目的取向，政党权力的目的则是执行本党集体的意志，其所要实现的目的只能代表社会当中部分人的利益，即所谓特殊主义的目的取向；权力结构不同，政府权力是国家权力运行回路的一部分，但政党权力却自成回路，本身就有一个权力输入与输出的回路；权力的合理合法度不同，政府权力作为国家权力的一部分，具有自然的合法性基础，政党权力属于一种集团性权力，它没有必然的合法性，需要由法律专门规定；权力客体不同，政府权力的客体是整个社会，而政党权力的客体只限于党内；权力手段不同，政府权力拥有暴力威慑的后盾，且主要通过法律手段行使，而政党则依靠意识形态等符号力量，主要通过纪律手段行使权力。在社会主义条件下，由于政党具有特殊的地位和作用，其区别不象在资本主义条件下那样明显。

三、政府权力的基础

政府权力的行使过程即政府权力主体对客体施加影响、并使客体按照主体意愿采取行动的过程，这一过程需要一定的基础和手段，采用相应的运作方式。政府权力行使的目的在于让行政客体服从行政主体。行政主体需拥有相应的资源，具备支配客体的资本，即行政主体需获得相应的权力基础，拥有使行政客体服从的手段。权力基础是多样的，因此按照相应的基础划分，政府权力大致可以分为以下几种情况：

1. 结构性权力

结构性权力即组织权力，其基础是行政组织的层级结构和组织分工，以及由此所带来的地位差异。层级越高，地位越重要，权力也就越大。权力责任、资源控制和利益的实现是紧密相连的，行政客体对于结构性权力的服从源于行政组织自上而下的层级约束力。

2. 制度性权力（法律和伦理）

制度性权力的基础是行政组织结构所赖以运行的制度规则、制度安排。行政主体通过规章制度，可以迫使客体按照主体的意愿去行动。法律和伦理是制度性权力的两种基本形态，构成合法合理的权力，这在社会看来才是具有正当性的权力，行政客体对于制度权力的服从是和这种正当性分不开的。

3. 报酬性权力（对资源的控制）

报酬性权力的基础是行政主体对于资源的控制，而这些资源正是行政客体所希望得到的东西，于是便产生相互依赖的关系，产生权力与服从的关系。行政主体控制了资源本身或取得资源的途径，他就拥有相应的报酬性权力。

4. 强制性权力

强制性权力的基础是行政组织所拥有的威胁和惩罚的手段。行政主体可以依赖权力集中的势能，进行制裁或威胁，强迫行政客体服从就范。这种权力离不开对人身自由或公民权力的限制，必须依法进行。行政客体对于强制性权力的服从是因为他们惧怕惩罚、惧怕失去自由和权利。

5. 象征性权力

象征性的符号成为政府权力的基础，构成这种资源的基础包括风俗、伦理、舆论、宗教及意识形态等文化精神方面的因素，也包括语言、仪式和氛围等行动方面的象征性因素，还包括徽标、建筑物、设施设备等物质方面的象征性因素。象征性权力是政府权力最原始而又常新的基础性资源，行政客体对于这种权力的服从主要是对象征性符号的精神敬畏。

6. 知识性权力

知识性权力来源于专业、技术和信息等知识性资源，集中体现为专家所拥有的知识技能和信息处理能力，专家所掌握的有助于预测未来行为方向的信息资源是政府权力的基础。行政客体的服从来源于对专家知识水平的认可和信息资源的依赖。

7. 关系性权力

关系性权力的基础是与行政主体相关的人际关系、社会网络、非正式组织等，这种资源是政府权力运行的重要社会资本。人际关系处理技巧和行政客体的感情支持是关系性权力的基础。行政客体对于关系性权力的服从是基于一种非正式约束。

8. 人格性权力

人格性的政府权力取决于具有充任行政主体资格的个人。他们的才能品格的智慧和处事风格等都可以成为一种影响而使客体服从。人们对这种人格性权力的服从来自于特定情势下对作为行政主体的人的尊敬和爱戴。

第三节　政府权力的结构与分配

一、政府权力的结构

政府权力结构是指权力分工基础上的政府权力整体性的关系状态和有序性的活动过程，既包括行政管理中权力安排的静态结构，也包括行政管理中权力运行的动态结构。

（一）政府权力的静态结构

政府权力的静态结构是指政府权力与其行使主体结合之后所形成的一种网络构架。它表现为政府权力关系及其制度安排的总格局，是行政管理活动赖以展开的基本框架，包括以下两个方面：

（1）纵向的层级结构（层级制），这种结构具有强制性的法规，明确的分工与责任，稳固而有序的上下级制度和层级制原则。

（2）横向的部门结构，这种结构主要来自于行政管理活动所需要的专业化分工。比如国务院包括财政部、公安部、发改委、教育部、交通部等部门，这些部门就是横向的，按照职能进行划分。

（二）政府权力的动态结构

政府权力的动态结构是指由权力作用的方向、方式、轨道、层次、时间和结果等要素结合在一起所构成的权力运行模式。① 动态结构离不开静态结构的框架，但更能体现政府权力的实际内容。

（1）政府权力是一种矢量，具有方向性，其作用方向和轨道具有明显的指向，呈现出自上而下的方向，其轨道呈伞状放射，与政府权力金字塔式的组织结构相一致。政府权力在运行中是由上到下一层层传递的，比如从中央到省市，再到区县、乡镇，最后落实到公民身上。政府权力的这种传递过程好比是溪水从山顶沿着山谷流淌，是动态的，否则就“冰封”了，那么权力也就无法发挥应有的效果。

（2）政府权力的运行呈现明显的层次性，其中间过程存在许多中介。这种层次性使得行政管理的主体和客体之间不能简单发生作用，而是要经过若干中介的传递过程。因此，政府权力在实际运行过程中“衰减”或“折射”就不可避免。政府权

① 李景鹏．权力政治学［M］．哈尔滨：黑龙江教育出版社，1995，38—41.

力的层次性不同于“方向性”，政府权力的层次性好比长江之水自唐古拉山而下，开始的时候水势很猛烈，但是经历层层阻隔之后，到了中下游，水势减弱，这种由强到弱的过程，体现的就是权力的动态变化。

（3）时间在政府权力动态结构中是一个必不可少的因素，它是政府权力的动态结构和静态结构之间的最大区别。政府权力的运行必须在有效时间内起到应有的作用，否则将失去活动的意义。所以，行政效率问题就成为政府权力运行的基本原则和直接目的。其实，政府权力的发挥好比一场考试，应该在规定的时间内答完所有的题目，随着时间的推移，题目在一道道地完成，权力在一点点地得以发挥，如果在规定的时间内题目没有答完，那么这可能直接会影响到成绩的高低。换言之，如果权力在规定的时间内没有发挥出应有的效果，那么附着在权力之上的决策就无法落实。

（4）政府权力动态结构中还应包括权力作用的结果，这是反映政府权力结构效应的因素。同一个决策，同样的一个指令，由于实施主体、环境、工具等的不同，其结果肯定也千差万别。换言之，来自上级的同样一个指令，不同的部门执行的结果是不同的，这种不同的结果体现出的是动态的差异性。因此，权力自决策主体做出以后，像石子投入湖面，产生的波浪是高低不同的，看起来是有起伏的，这种起伏的状态是动态的。

二、政府权力的分配及人格化

（一）政府权力分配的方式与途径

1. 政府权力的分配方式

政府权力分配的方式和政府权力的静态结构是相关的，结构性分配对应政府权力的纵向层次结构，功能性分配对应政府权力的横向职能结构。

（1）结构性分配：根据政府权力的层次性所做的纵向垂直性分配。此种分配形成的结果是行政组织的结构权力。结构权力使行政主体呈现出层级性的差别。结构性权力的大小与其所在权力层次的高低成正比，层次越高，权力就越大。在结构性分配过程中，影响政府权力层级性的最主要因素就是权力幅度的大小。处理好管理层次和管理幅度之间的关系，就成为行政机构设置的基本问题。

（2）功能性分配：根据政府权力所承担的任务及客体情况进行的横向水平分配。此种分配的结果是行政组织的功能性权力。功能性权力使行使主体呈现出职能上的差别。功能性越重要，权力就越大。在具体行政组织当中，表现为行政机构设置中部门与部门之间的关系安排。结构性划分与功能性分割是政府权力分配的两种基本方式。这两种分配方式使政府权力主体在每一个层次、每一个部分都拥有相应的权

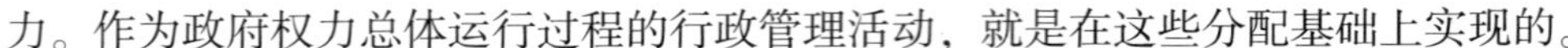

力。作为政府权力总体运行过程的行政管理活动，就是在这些分配基础上实现的。

2. 政府权力分配的途径

政府权力分配途径主要包括行政授权、权力下放、权力外放、地方自治等方式。

（1）行政授权。较高层次的行政主体授予下级行政主体以一定的责任与管理权限，使下级行政主体在上级的监控下获得某种自助行使的权力。

（2）权力下放。基于因地制宜或因事制宜的需要对权力进行分配。政府权力一旦下放，上级行政主体只做一般原则上的指导与检查，不过多干涉政府权力的具体行使。但是不能像行政授权那样经常使用，只存在于一定条件下的政府权力的结构性分配当中。

（3）权力外放。外放是针对下放而言。行政组织与社会组织的权力划分，触及政府与社会的关系，国家治理方式的根本问题，只有在国家政府权力体制进行根本调整时才大量出现。关于行政改革的社会化方式，如果从政府权力的知识来论述，可以从权力外放这个方面看。

（4）地方自治。是中央和地方之间政府权力分配的特殊形式。这种权力分配方式在不同国家有不同的规定。在相互约定的情况下，地方自治主体所拥有的权力使中央政府不能随意侵犯的。

3. 政府权力的再分配

一般有两种情况：

（1）外源型政府权力再分配，即随着整个社会利益的调整和政治权力的再分配而进行的政府权力的再分配；

（2）内源型分配，即在既定的政治经济体制之内，由于行政体系内部的权力主体或对象发生了局部变化，政府权力需要做小幅度调整，在计划、组织、人事和服务的产出等方面发生相应变化，这种情况称为行政改组。

4. 政府权力的人格化问题

政府权力的主体和客体都包括人的因素，其运行只有依靠人才能实现，因此在政府权力分配中，权力与人的结合就成为关键的一环。这种结合过程便是政府权力人格化的过程，此过程通常是通过人事行政实现的。

政府权力人格化使得滥用职权的现象不可避免。所以马克斯·韦伯特别强调政府权力非人格化的意义。他认为，行政管理必须采取合理的形式主义，用义务的压力取代感情的支配，用人人平等的观念取代因人而异的做法，用非个人制度的规则取代个人号令，以对法和制度规范的服从取代对个人命令的服从。

政府权力人格化问题的启示是权力本身无所谓好坏，但是一旦权力赋予某一个人或者某一些人之后，这些人在“理性经济人”的人性驱动下，可能会罔顾法律，追求自身利益，由此就导致了公共管理者失范行为的发生。因此，解决政府权力人格化问题的关键在于三点，一方面是权责的制度化、明晰化，不能存在模棱两可的规定；另一方面是权力行使的透明化和公开化，给予政府权力行使者威慑，让权力在阳光下运行；此外，还需要加强对政府及公共管理者的监督。

（二）政府权力分配的原则

权力作为政府部门和公共管理者职能行使的核心和保障，为了让权力得以更好运行，必须在分配的时候遵循一定的原则，不能肆意授予。

（1）程序必须合法，合理合法是政府权力的重要特征，也是其运行的根本保证。

（2）职权必须明确，每一个层次、每一个部门的权力都必须做出明确无误的规定。

（3）权责必须一致，而不能分离，其大小也应相一致。比职权更本质的东西是职责，也就是与职权相应的责任和义务，权力与责任、义务是不能分离的，有权无责和有责无权的权责分离现象，都是在政府权力分配的过程中所应防止的。

（4）内容必须全面，各级行政主体都得等于其权力层次及功能相一致的职权。权力主体在人权、财权和物权各方面只有齐全、完备，才能成为完整统一的体系而发挥作用。

（三）政府权力分配过程中的相关问题

1. 政府权力分配与政治授权的关系

政府权力是执行性权力，来自人民及其代议机关的政治授权。政府权力的分配是政府权力体系内部不同层次主体之间的权力分配，而政治授权则是政府权力的外部来源。不同层次的政治授权可以看成是对政府权力在多级分配过程当中能量消耗的补充。

2. 集权与分权的关系

集权和分权包括两种情况，一是政府机关内部层级结构中权力的集中与分散的问题，二是在功能性结构中的集中与分散问题（包括主体与客体之间的关系），前者是集与分的关系，后者是集与放的关系。

3. 权利与义务的关系问题

权力分配中有一种特殊现象，即公共管理主体因为某种特殊需要具有一些不受一般行政法规约束的权力，即行政特权。行政特权也是一种法定的特殊权力，它也应与特殊的义务相一致。

三、政府授权

（一）政府授权的性质和特点

1. 政府授权的含义

授权的一般意义是把权力委托给相应的人或机构代为执行，任何一个组织当其达到一定的规模或实行职能分工后，就必然要进行授权。

政府授权乃是授权的一种形式，系指政府组织内部上级机关把某些权力授予下级政府机关或职能机构，以便下级能够在上级的监督下自主地行动和处理行政事务。

政府授权缘于两个主导因素：一是处理复杂公共事务的需要，二是由完成公共管理任务所引起的建立政府组织的需要。

政府授权由三个基本要素构成：（1）指派工作任务；（2）授予行政责任；（3）承担工作责任。

从内容上看，政府授权包括两个层面：一是决策权力的授予，二是执行权力的授予。

2. 政府授权的特点

（1）政府授权在本质上是政府组织内部权力分配的特定方式。

（2）政府授权实际上是行政领导活动过程的一部分。

（3）政府授权也是一种权责高度统一的管理行为。

这三个特征，将政府授权与政府法律关系上的代理、助理和一般组织分工区别开来。

第一，政府授权与行政代理不同。行政代理指的是代理人依法代替某一行政人员执行其任务，并要自负全部责任；而政府授权则是被授权者负责行使其法定的职权，并非代替他人。

第二，政府授权与行政助理不同。行政助理是有人来帮助负责者去处理行政事务，接受别人帮助的行政人员仍负有其全部责任，而助理别人的人自己没有多少责任；在政府授权中，被授权者则负有相当的责任。

第三，政府授权与行政分工不同。行政分工是指不同的行政机关或行政工作人员各负其责，彼此之间未必有上下级隶属关系；而政府授权则包含上下级之间必须具有的监控与报告关系。

（二）政府授权方式

1. 根据授权的性质和内容，可将政府授权划分为：

（1）充分授权，也叫一般授权，是指上级行政主体在下达任务时，允许下属自己决定行动方案，并能进行创造性工作。具体包括柔性授权、模糊授权、惰性授权等。

（2）不充分授权，也叫特定授权，或称刚性授权，是指上级领导对于下属的工作范围、内容、应达成的绩效目标和完成工作的具体途径都有详细规定，下级行政主体必须严格执行这些规定。

（3）制约授权，又叫复合授权，这是把某项任务的职权分解授给两个或多个子系统，使子系统之间产生互相制约的作用，以免出现疏漏。

（4）弹性授权，亦称动态授权，是指在完成同一项任务的不同阶段采用不同的授权方式。

2. 根据授权的媒介和方式，可将政府授权分为：

（1）书面授权，是上级行政主体以文字形式对下属工作的职责范围、目标任务、组织情况、等级规范、分层负责办法、处理规程等都有明确规定的形式。

（2）口头授权，是上级行政领导对下属用口头语言所做的工作交代，或者是上下级之间根据会议所产生的工作分配。

3. 根据授权的合法程度，可将政府授权分为：

（1）正式授权，是指行政主体依据法律规定并按照法定程序。

（2）非正式授权，是指无法律特别规定、或组织体系之外的非程序性授权。

（三）政府授权过程

1. 政府授权的条件

（1）良好的组织和人事基础。包括管理目标已经确立，方向正确，任务明确；行政组织机构已经建立，组织结构系统完善，要素完整，功能健全；组织内部的人事安排已经大致确定，不再担心部属的过分变动；组织文化和工作环境良好，工作人员心情舒畅，忠于职守。

（2）适当的时机。首长工作负担过重时；指挥系统中有人暂时离开或者高层职位缺位时；机关力求开创新局面、解决新问题，首长必须集中精力专注于重点组织工作目标时；当有关工作人员不在一处工作时。

（3）工作需要和一定界限。重复性、琐碎性和经常性工作，过于专业化的工作等都应授权；但授权要坚持例外原则，即上级主管把一般日常惯例性工作授给下级，但自己应保留重大政策决定和重要人事任免权等。

2. 政府授权的程序

（1）明确政府授权的工作内容；

（2）选择政府授权的对象；

(3) 规定政府授权工作应该达到的目标、成果以及完成工作的权限和应负的责任;

(4) 正式授予权力;

(5) 检查评估政府授权成效。

3. 政府授权过程中授受关系的处理

政府授权并不是单向的行为过程，而是一种权力授予和权力接受之间的双向行为。作为双向管理行为的政府授权，如果没有被授权者的充分理解和明确表示，是很难取得成功的。因而要处理好授受关系。

要注意排除政府授权方面的障碍：一是政府授权主体要克服心理方面的障碍；二是政府授权主体要克服能力方面的障碍；三是政府授权还要克服来自授权客体方面的障碍；政府授权也要克服来自组织方面的障碍；政府授权还必须克服来自环境方面的障碍。

第四节　政府权力的行使

政府权力行使的过程其实也是公共政策执行的过程，政府权力行使的程度、影响因素和公共政策执行的有效性和影响因素是一致的。政府权力行使其实贯穿公共管理者每天的工作当中，一个决定、一次盖章、一次执法等都是政府权力行使的具体表现。

一、政府权力行使的影响因素

政府权力行使的程度和政府能力息息相关，一个没有资源汲取能力的政府，很难想象它制定的政策会有好的执行效果。

(一) 政府权力行使的程度与政府治理能力

行政主体对于行政客体施加影响的过程，会表现出不同程度的差别，行政客体服从于行政主体的状况，一般也就是社会成员对于政府的服从状况。

政府权力程度是一个综合指标，它不仅反映政府工作的效率，而且也反映政府工作的能力。效率与能力的统一便是政府的效能。所以有效政府必须是既有效率又有能力的政府。

所谓政府能力，指的是政府推行管理活动的可能性与效力，包括政府能否有效采取集体行动和能否广泛促进社会的集体性行动两个方面，其判断标准在于政府政策目标的实现程度中对于社会发展的推进。所以政府能力实际上是政府权力主体在其与客体的互动关系中所表现出的能动性。政府能力在一方面体现了政府权力实现自主性目标的潜能，在另一方面则体现了行政主体向客体提供服务的供给状况。

（二）影响政府权力行使程度的因素

政府权力行使过程中的所有参与者、利益相关者以及所处的行政环境都会对权力的形式程度产生影响。

1. 政府权力的目的与手段的合法性、合理性与正当性是根本的因素

政府权力行使过程中所凭借的资源、选择的方式及其与行政目的之间的关系，行政客体对于政府权力目的的认同等，属于这方面的因素。合法性的政策目标是行政客体服从的前提；目的的合理性和合法性直接影响到政府权力自身的权威性。这些是实现有效政府的前提基础。

2. 政府权力的强度

强度的大小取决于政府权力的结构和基础。政府权力的结构一般是稳定的，在改革时期才发生明显变化，影响政府权力的强度；政府权力的基础经常以变量形式出现。如不同层次的职位权力其权威大小也不一样。个人权力对政府权力的行使作用也不尽相同。

3. 行政客体的潜在能力（想到能力永远想到及其资源）问题

作为行政客体的个人的受教育水平、文化知识技能的强弱、财富的多少都在很大程度上影响到行政客体对政府政策法令的认同和反应程度。

4. 政府权力作用的范围

政府权力作用范围的大小需要视权力强度、权力基础、权力手段、社会发展水平等情况而定。超越政府权力的能力发展，无视行政客体的认同而一味追求过大过宽的管理范围，政府权力在施行过程就有可能发生衰减，影响政府权力的最终实现。

5. 行政环境问题

一个国家的政治遗产和经济发展阶段是影响政府权力行使程度的重要因素。此外，社会环境、政治、经济、文化和国际环境等，以及行政文化、行政氛围等内部环境都对政府权力的行使起着一定的制约作用。

二、政府权力行使的负效应及权力的制约机制

（一）政府权力行使的负效应

政府权力具有双重作用，一方面在维护社会秩序推动经济发展和增进公共利益、保障公民权力方面会起到积极作用；另一方面政府权力也可能带来社会矛盾，阻碍经济发展，损耗公共利益，甚至侵犯公民权力，起到消极的副作用。由于政府权力

自身具有膨胀性、一元性等特点，在不受约束的情况下结果是非常危险的，必定会产生失范行为（腐败）。

负效应主要表现为：

1. 利益倒错，仆人变主人

由于政府权力在特定条件下的自利性，在行使的过程中，公职人员就可能为了追求自己的特殊利益而置国家利益于不顾，用公共政府权力去满足私人的需要，发生行政腐败的行为，公共管理者有可能变为贪官污吏，甚至由社会公仆变成社会主人。

2. 权力角逐，手段变目的

政府权力应该是为社会公众服务的权力，是实现国家目的的一种手段，但是由于政府权力的自身的层次性，能够带来利益的差别，人们就容易产生权力崇拜意识，为了追求权力而相互角逐，不择手段向上爬，最后到达自己不能胜任的位置，也就是彼得原理的现象，这会导致政府权力手段与目的的本末倒置。

3. 权力僭越，职权变特权

政府权力能够对社会价值进行权威性分配和再分配，公职人员有可能利用手中的权力攫取私利，当遇到不利于自己的情况时，政府权力主体又总是尽量利用权力进行规避，产生特权现象。

4. 传统惯性，权力滥用

政府权力归少数人所有，又归少数人支配，因此利益倒错、权力角逐和特权化等腐败现象是司空见惯的事情，现代社会中政府权力的拥有者要正视这种现象，既不能惊慌失措，也不能掉以轻心，关键是要建立完善的权力制约机制，以防止并纠正政府权力行使的负效应。

（二）政府权力的制约机制

孟德斯鸠指出：一切有权力的人都容易滥用权力，这是万古不易的一条经验。有权力的人们使用权力一直到遇有界限的地方才休止。约翰·阿克顿勋爵又进一步将其概括为权力腐败定律，即权力导致腐败，绝对权力绝对腐败。这就要求人们在完善政府权力的同时，必须建立完善合理的制约机制，以求最大限度的防止和克服随时可能出现的负效应。

1. 他律机制

孟德斯鸠认为，要防止滥用权力，就必须以权力制约权力。分权与制衡是现代政治权力安排的必然规律。他律机制是其他政治权力以及行政客体对于政府权力主体的制约，主要包括立法权力和司法权力等政府权力之外的国家权力的监控、政党政治权力的监督、舆论权力的监督、公民和公民集团的监督等多种形式。

2. 自律机制

自律机制即政府权力自身所应具备的防范措施与制度等，主要包括利益协调机制、行政责任机制和行政伦理机制。行政自律机制意味着行政主体内部的利益分配与利益协调制度必须健全完善、行政主体的责任和义务必须明确并被忠实履行、公务人员必须忠诚努力，遵守纪律，服从上级指挥、尊重公民权力，关注社会未来。自律机制是建立在相应的权利义务关系之上的机制。

自律机制必须和他律机制有机结合起来，政府权力才能真正得到制约，行使才能真正符合公共利益，从而达成推动社会进步、实现社会和谐的目的。

三、“把权力关进制度的笼子里”

2013 年 1 月 22 日，中共中央总书记、中共中央军委主席习近平在北京指出，要加强对权力运行的制约和监督，把权力关进制度的笼子里，形成不敢腐的惩戒机制、不能腐的防范机制、不易腐的保障机制。

那么，如何把权力关进制度的笼子里呢?

权力是一种能力，一种资格，表现为影响力和支配力；制度是一种准则，一种规程，表现为指导性和制约性。“一切有权力的人都容易滥用权力”“权力不受约束必然产生腐败”，唯有用制度监督、规范、约束、制衡权力，才能保证权力不被滥用，保障权力发挥其应有的力量，保护权力的公平正义。

把权力关进制度的笼子里，这是对权力与制度关系的形象概括，也是回归权力本质的必然要求。对共产党的领导干部而言，权力是人民赋予的，行使权力必须为人民服务、对人民负责并自觉接受人民监督，为政清廉才能取信于民，秉公用权才能赢得人心。

如何把权力关进制度的笼子里?首先要有“制度笼子”；其次要把权力“关住”。

事实上，用来关权力的笼子一直都有，但或许是笼子本身不够完善，或许是看管笼子之人不够尽职，致使权力从笼内轻易窜出，为所欲为。当务之急是要编织更为坚实、致密、合体的“制度笼子”。一方面要尽快对现有的笼子查漏补缺、修缮巩固，确保已经暴露出来的漏洞被彻底封死，断了某些掌权者继续钻空子的企图。另一方面，要根据世情、国情、社情、民情的变化，广泛听取各方声音，吸纳各种力量，集合各方才智，共同打造腐败的“终结笼”——不敢腐的惩戒机制、不能腐的防范机制、不易腐的保障机制。

权力天然具有腐败的潜质，能令掌握它的人滋生欲望、迷失本性。即便有笼子的震慑，也按捺不住蠢蠢欲动的心，总想挑战一下制度的权威，抱有“或许没事”的侥幸。要想让权力在制度的笼子里安分守己，需请出“常”“长”二剑“护法”——反腐倡廉常抓不懈，拒腐防变警钟长鸣。唯有经常性地反腐倡廉，才能做到有腐必反，有贪必肃，让权力时刻保持警醒；唯有长期性地拒腐防变，才能保持党的纯洁性，清除权力妄为的土壤。“常”“长”二剑出鞘，反腐“运动式”“一阵风”“上有政策、下有对策”之类的权宜之计就难存活。倘若还有人敢“以身试剑”，对不起，斩你没商量。切肤之痛，没有人会无动于衷。

四、“让权力在阳光下运行”

（一）“让权力在阳光下运行”的必要性

习近平主席在庆祝全国人民代表大会成立60周年大会上讲话指出：“让人民监督权力，让权力在阳光下运行，把权力关进制度的笼子里。”阳光是最好的防腐剂，为了让权力在阳光下运行，政府信息公开制度已成为许多现代国家的选择。因为，它将有助于提高政府工作的透明度和公信力，对政府权力的运行进行有效的监控。施行这一制度，是我国完善政府权力制约和监督机制的重要举措，也是发展社会主义民主政治的重要内容。

完善制约和监督机制，保证人民赋予的权力始终用来为人民谋利益。确保权力正确行使，必须让权力在阳光下运行，完善各类公开办事制度，提高政府工作透明度和公信力是我国当前完善权力监督与制约机制的重要环节。

（二）政府信息公开是透明化的前提

政府信息公开是信息时代民主政府的重要标志。不少国家有关信息公开的法律和政策的出台，为政府开放信息提供了基础。到目前为止，世界上已经有近五十个国家建立了信息公开法律制度。《联合国反腐败公约》第13条对各缔约国（中国也是缔约国）提出了信息公开与社会参与的要求：提高决策过程的透明度，并促进公众在决策过程中发挥作用；确保公众有获得信息的有效渠道；开展有助于不容忍腐败的公众宣传活动，以及包括中小学和大学课程在内的公共教育方案；尊重、促进和保护有关腐败的信息的查找、接收、公布和传播的自由。①

改革开放以来，我国政府对经济与社会一直保持相当力度的调控，政府在行政

---

① 陈正云等．联合国反腐败公约——全球反腐败的法律基石［M］．北京：中国民主法制出版社，2006，219—220，222.

权向不同领域扩张、渗透的过程中扮演着规则的制定者、执行者、仲裁者的角色。在追求经济快速增长的同时，我国由于偏重对权力的授予，忽视了对行政权的控制而导致腐败案件频发。王传利认为，20 世纪 90 年代的腐败频度与社会经济的发展有着正相关关系。① 而与此同时，在治理层面透明度与公平性的缺陷成为对政府权力进行制约的重要障碍之一。“在世界银行对中国治理水平的评价中，中国在透明度方面的得分相对最低。如果没有有效的信息公开和披露机制，公民很难有效地对政府进行监督。”②

列宁曾经指出“人民需要共和国，为的是教育群众实行民主。不仅仅需要民主形式的代表机关，而且需要建立由群众自己从下面来全面管理整个国家的制度，让群众有效地参加各方面的生活，让群众在管理国家中起积极的作用。”③ 从 20 世纪 90 年代开始，为提高政府及其相关部门工作的透明度，更有效地接受外部监督，我国积极在政府机关、国有企业和基层农村中开展了“政务公开、厂务公开和村务公开”工作。2004 年 3 月，国务院颁布《全面推进依法行政实施纲要》，把行政决策、行政管理和政府信息的公开作为依法行政的重要内容。2005 年 1 月，中共中央颁布了《建立健全教育、制度、监督并重的惩治和预防腐败体系实施纲要》，明确提出了“健全政务公开、厂务公开、村务公开制度”。2005 年 3 月，中共中央办公厅、国务院办公厅发布了《关于进一步推行政务公开的意见》。为了保障公民、法人和其他组织依法获取政府信息，提高政府工作的透明度，促进依法行政，2007 年 4 月 5 日温家宝总理以国务院令形式发布了《中华人民共和国政府信息公开条例》。因此，我国政府已经选择了政府信息公开作为监督政府权力、遏制行政腐败的基础性手段，将其作为廉政建设的重要内容。因此，行政信息公开制度被赋予了控制行政权的使命。

针对行政主体在行使行政权过程中的特征与状态，设置相应的信息公开制度，是对行政权实施有效监控的一条重要思路。当前有必要从行政权的运行入手，利用政府信息公开制度应对行政权运行过程中争议最大的自由裁量权问题、最容易出现的行政越权现象以及对日益膨胀的公共组织的行政权进行约束。

建立政府信息公开制度可以起到抑制行政腐败的作用：

1. 明确信息公开的范围

在没有统一的政府信息公开制度的约束之下，行政机关对于信息公开的态度可

---

① 王传利 . 1990 年至 1999 年中国社会腐败频度分析［J］. 政治学研究，2001（1）.

② 过勇 . 中国国家廉政体系研究［M］. 北京：中国方正出版社，2007，123.

③ 列宁全集（第 29 卷）［M］. 北京：人民出版社，1985，287.

能是消极的，不合作的，缺乏积极有效的主动公开，尽量利用信息公开的自由裁量权来扩大自己不公开的范围。在信息内部掌握的情形下，泄漏和利用内部信息是行政腐败的途径之一。任何与市政建设规划相关的政府信息，如商业布点、高架道路与轨道交通的建设、桥梁与高速公路的建设、街心绿地建设、河岸建设等，都可以被政府内部人肆无忌惮地加以利用：预先廉价购入这些建设项目周边的土地，当政府规划正式对外公布，地价上涨后卖地套现。从国外的情况来看，在经济高速增长期，政府的市政重大建设项目众多、土地批租频繁，此类腐败现象的暴发较为集中。高度透明、具有强烈责任感的政府可以借助网络等媒体，在重大市政规划决策确定之时及时发布，并采取相应的应对方案，是可以最大限度地遏制这类腐败的。

2. 公开自由裁量的有关资讯

我国现行法律、法规、规章、条例中有关自由裁量的范围、幅度弹性过大，如何保证行政主体行使“自由”的权力而又能制止自由裁量权的专横，维护社会的公平与正义，公开自由裁量的过程是一个关键性的环节，这应当成为政府信息公开的重要内容。一方面通过公布行使行政裁量的具体标准、条件、依据和程序，公众可以据此进行监督。如2004年上海市工商局在梳理涉及工商处罚权的法规条款时，将1270条拥有自由裁量权的条款化解成3900条细则，使工商执法人员在一根根明晰的准线上执法。此举使工商执法人员的处罚标准从浮动性变成了刚性。无论是执法部门还是执法者个人，“自由裁量权”越来越小。另一方面以行政程序法要求行政机关的会议对公众公开，行政裁决的最终意见对公众公开，让人们感受到一种“看得见的正义”，尤其对涉及相对人利益较大的及与公共利益关系密切的或过于集中的权力领域必须予以公开。

（三）政府信息公开制度的完善

为了使政府信息公开制度在政府权力监督方面更好地发挥作用，有必要从政府信息公开制度自身完善的角度，研讨政府信息公开的助推力、制度化、操作理念等问题。

1. 鼓励社会参与

政府信息公开制度的实施效果与公民对行政信息的渴望以及为此而行动的强度与水平成正比。现代社会之所以需要公众参与，就是因为“政府”不完美。单纯依靠政府自身约束权力，也是难以长期奏效的。单个个体无法与国家的力量相抗衡，而个体的联合体的力量却是任何政府机构不可忽视的。随着公民社会的日益壮大，由公民组成的社会团体、非盈利组织以及信息灵通、具有批判性且对行政合法性感兴趣的公共舆论，出于维护自身利益或公共利益的需要，对政府信息公开可以起到推动和监督的作用。

有的国家迫于公众普遍的信息公开诉求的压力，推进了本国反腐败的进程。1996年日本东京都在公众要求信息公开的压力之下，宣布全面废除官官接待，如果必须要接待的话，应公布包括接待对象姓名在内的全部资料。“透明国际”是得到许多国际组织承认的全球性的反腐败非政府组织，其经济来源不受某个国家或组织操控，而是来自各界捐款。在促进政府信息公开方面，该组织通过互联网每天发布反腐败信息，公布各国清廉指数和行贿指数；督促有关政府落实其反腐败承诺，监督评估各项反腐败公约在本国的实施，这些都大大提高了公众的反腐败意识，进而推动政府提高行政工作的透明度。

媒体具有深入调查获得第一手材料和深度报道的能力，在提高公共部门的透明度方面可以扮演重要角色；媒体提供的信息具有即时性、动态性和讨论性，有时还有修正性。如果公民同时获得政府公开的信息与市场化媒体的信息，两种信息之间的互校功能，将保证信息的透明、公正、真实。瑞典法律赋予新闻媒体以充分的“知情权”和报道权，法律规定政府不准干预新闻报道。奥地利人民监察院每周召开一次新闻发布会，向全国新闻界通报情况，散发材料，利用新闻传媒揭露官员的腐败行为，推动政府改进工作。舆论是人们对社会生活本身诸多方面的综合性看法，它体现了公众的意志，反映了人心的向背。因而，它可以对公民的言行产生诱导和规范的作用。英国著名学者边沁（Jeremy Bentham）曾经对公众舆论在政治生活中的作用做过精辟的论述。他认为：公共权力的行使容易受到诱惑，公共舆论的监控作用是必不可少的。由全体公众构成的法庭是不会受到腐蚀的，它与其他的法庭相比，更加开明、更加权威、更加重要、更能够凝聚民族的智慧和体现社会正义。它决定着公民的命运，它所做出的处罚任何人无法逃避。我国政府以法律的方式明确规定了公民参与在政府信息公开制度中的地位与作用。《中华人民共和国政府信息公开条例》规定公民、法人或者其他组织认为行政机关不依法履行政府信息公开义务的，可以向上级行政机关、监察机关或者政府信息公开工作主管部门举报。收到举报的机关应当予以调查处理。公民、法人或者其他组织认为行政机关在政府信息公开工作中的具体行政行为侵犯其合法权益的，可以依法申请行政复议或者提起行政诉讼。各级人民政府应当建立健全政府信息公开工作考核制度、社会评议制度和责任追究制度，定期对政府信息公开工作进行考核、评议。

2. 提高制度化水平

政府信息公开的实质是对政府权力的约束，缺乏有力的制度性制约的信息公开通常缺乏足够的动力。只有在信息公开化有效存在的前提下，“众目睽睽”才能够成为制约权力不被滥用的有力手段。一些行政部门对于不予公开的内容享有较大的裁量权，公众真正关心的信息由于得不到法律的制度性保障，仍然处于不公开的状态。只有按照制度进行公开，才不会受人为因素的干扰，信息公开才能真正落到实处。在如何设计有效的制度安排来防止政府或公职人员腐败的问题上，一些西方政治学者认为应当首先把每个人都设想成一个无赖，一些法学学者往往把掌握权力的人假定为容易滥用权力去谋取不正当利益的人。美国官僚机构的官员曾经用“绝密”或“秘密”图章来掩饰其错误、甚至比错误更加严重的行为，以避免公众了解政府正在干些什么。为了保证公众这一民主权利，提高政府工作的水平，1966 年美国国会通过了“获取财政部自由法”它要求政府提供不涉及国家安全、私人档案、调查记录和政府机构用于决策的“内部”文件的情况以及某些其他材料。同时，规定凡联邦政府掌握的档案可以供任何人检察和抄录复印，如果拒绝公开某一份文件，就可以在联邦法院起诉。法国有关法律明确规定，如果政府的行政法规、决定、决议和命令等不公开，就没有法律效力。行政法院在审理有关的行政诉讼案件时就会不予承认。《中华人民共和国政府信息公开条例》规定对不依法履行政府信息公开义务的；不及时更新公开的政府信息内容、政府信息公开指南和政府信息公开目录的；违反规定收取费用的；通过其他组织、个人以有偿服务方式提供政府信息的，要责令改正并视情况追究其责任。

3. 树立服务政府的理念

在以往，公民对政府的监督常常由于缺乏必要的条件，而使监督无效。监督需要信息，但信息被政府垄断，导致监督者对被监督者所知甚少。同时，由于政府的唯一性和信息的缺乏，人们对各种政府行为也无法比较。实际上，获取政治信息需要专门的技术和渠道，获取信息的活动要付出必要的成本和代价。在一些国家，有支付能力的组织和集团才是参与政治过程的主要力量，这样制定的政策只会有利于少数人，而不利于大多数人。真正民主社会的政治程序应当建立在完全信息的基础上。政府上网之后，信息技术提供了可供公民查询的政府信息和与政府沟通的渠道。政府在网络上的信息公开以及信息时代的各种支持，使公民对政府的监督成为可能。

互联网在全球的普及，也导致了政府职能在理念上的更新，“使用者本位”的观点推动了政府从管理型向服务型的转变。当前“信息公开”的定义不再仅仅是“将行政信息向国民公开”，而是拓展为“以尽可能方便的方式向用户提供信息”“信息社会的公民将更加期望政府能提供多样化的和个性化的服务，他们关注的并不是由哪一层次、单位或组织所提供的服务，而是提供的服务是否合理、是否符合成本效益的分析原则、是否方便并具有较高的品质。”

随着计算机和互联网技术的发展，政府信息公开最便捷的途径是通过建设电子政府以互联网方式及时发送准确信息，为公众提供完整、廉价的信息服务。2006 年 1 月 1 日，中央政府门户网站正式开通。中国政府网开通之后，公众可以坐在电脑前阅读中央及各部委的最新文件，包括工资、人事等过去属于内部掌握的信息。作为一个政务公开的信息库，中国政府网提供了分年、分月、分内容查找信息的功能。并且，还设置有便利的意见反馈系统，可以就有关问题向政府部门咨询、提议等。这在一定程度上改变了政府部门与公众之间信息不对称的状况。

五、中国政府权力发展的展望

（一）21 世纪政府权力发展趋势

1. 权力结构的扁平化

与官僚制的等级金字塔相对，权力距离缩短，权力中心下移，减少层级，网络化，民主化，便民原则和人本价值，突出非职位权力的影响力。

主要表现：（1）上下级之间、人与人之间的权力距离日渐缩短，权力中心逐渐下移，尽可能地缩短决策链以减少决策在时间和空间方面的延迟问题。（2）尽可能地减少管理层次和中间环节以提高施政效率，最大程度地面对权力客体，以体现便民原则和人本价值。

2. 权力分配的均等化

权力均等化意味着更广泛的权力分配，坚持人为本，贯彻机会均等的原则，形成决策民主化、沟通网络化、管理分权化的权力模式。在国家行政体制方面，权力均等化的关键是努力保障市场主体的公平竞争，维护公民权利和地区间发展权利的均等等诸多方面。在行政体系内部，权力均等化的关键问题是政府权力在地区之间和政府不同部门之间的分配关系问题，是处理府际关系的新策略。

3. 权力行使的共享化

是一种包容意识，即对社会多样性的兼容，是一种伙伴关系：即政府、民营部门和民间社会的有机结合；还体现为参与施政，即公民对于公共管理活动的直接参与。政府权力共享化的核心内容是国家治理过程中的伙伴关系。

4. 权力运行的透明化

权力运行的透明化是对政府监督的前提，也是“把权力关进制度的笼子里”的保障。这是（一种约束机制）共享的必然要求。本质上是一种制度设计，集中表现为在法律制度框架内的政府信息公开化。

有三个基本方面：

（1）作为权力主体的政府信息公开化，即政府有责任和义务公开信息并以低成本传播信息；

（2）作为权力客体的公众依法享有信息自由权利和表达自由权利；

（3）权力载体电子化，电子政府、电子政务和网络传递本身是权力运行透明化的基本条件。

透明化的权力、公开化的运作、阳光下的行使、监督中施政，将是21世纪政府权力运行机制的发展方向。

5. 权力约束的法治化

现代法治意味着政府要首先守法，并尊重公民权利和自由，意味着法律面前人人平等。要求用宪政制度和法治原则对政府权力进行约束。联合国把良治作为新千年国际发展战略的理想目标。构建良治政府。（良治包括法治、国家制度的有效性、公共管理的透明度和问责制、尊重人权以及公民的决策参与权。法治是良治目标的第一要件。）

6. 权利价值的合意化

合意化是以人为本的问题。包括三个方面：（1）政府权力的合法性增强，摈弃工具理性，突出公共理性；（2）公民参与判定公共利益；（3）政府权力回应性增强。

（二）中国政府权力发展的思考

政府权力的发展是一个长期的循序渐进的过程。政府权力是随着社会经济、政治制度和经济、政治发展水平的不断变化而向前发展的。在政府权力发展过程中，虽然从本质上讲可能因社会制度的改变而发生一些突变，但其与经济发展水平相适应的一些特征，却要受到生产力水平的制约。

关于当代中国政府权力发展的思考包括以下几个方面的内容：

1. 中国政府权力的现状

（1）政府权力兼具现代性和传统性。我国正处于社会转型时期，政府权力特征表现为现代性与传统性的交织，既不同于传统政府权力和现代政府权力，又同二者密切相关。传统政府权力与现代政府权力是一种典型意义上的划分，而现实社会的发展往往是非常复杂的。政府权力的自主性也决定了其具有不同于政治经济制度的自身演变规律。我国政府权力本身的现代性还不够完善，往往受到各种传统特征的影响，以致在很多情况下不能很好发挥作用。

（2）行政国家现象出现。受到现代化浪潮的冲击，类似于行政国家的现象在中国也开始出现，政府权力在实际运行过程中时常僭越自己的位置，行政越权现象也时有发生。

（3）后现代思想的冲击。当前，世界百年未有之大变局加速演进，世界之变、时代之变、历史之变正以前所未有的方式展开，后现代的思想与实践业已开始进入各个行政管理领域，虽然这并不意味着从现代向后现代发展的真正开始，但也预示着政府权力新的转型的开始。

2. 中国政府权力发展的任务

针对当代中国政府权力领域所发生的扑朔迷离的现象，中国行政发展的任务显得异常艰巨。面对着传统、现代和后现代的混杂局面，中国政府权力要实现扁平化、均等化、共享化、透明化、法治化与合意化，需要完成以下几个方面的任务：（1）适应市场经济的发展，建立完善的制度化机制。（2）适应社会分化趋势，建立相应的自主性机制。（3）适应经济现代化趋势，建立有效的能力机制。（4）适应民主政治要求，增强正当性合法性机制。（5）适应法治化治理需要，建立完备的制约机制。（6）适应可持续发展目标，建立适应性的价值体系。

3. 实现中国政府权力发展的途径

为了完成政府权力转型，实现政府权力发展的任务，我国政府要重点推进以下工作：（1）改革弊端，消除传统社会所遗留的其他权力对政府权力的不必要干扰。（2）防患于未然，制约由工业时代所造成的政府权力自身无限膨胀。（3）与时俱进，赶上信息时代政府权力发展的步伐。（4）未雨绸缪，引入“以人为本”的可持续发展价值，应对后现代政府权力发展中可能出现的问题。

只有这样，才能使中国行政管理真正做到公正、廉洁、高效，我国政府权力才能走出转型期的困境，不断发展和完善。

【思考题】

1. 简述政府权力的来源。
2. 结合政府权力的基础，谈谈新媒体对政府权力的影响。
3. 谈谈如何预防政府权力行使的负效应。
4. 如何实现政府权力运行的透明化？

【案例】上海市政府的权力清单：法无授权不可为[①]

近年来，上海在转变政府职能，建设法治政府和服务型政府进程中，积极探索推行政府权力清单制度。责任清单共计 1423 项，主要职责 513 项，行政协同责任 125

① 节选自：郭庆松，陈奇星．推行政府权力清单制度：上海的实践与思考［J］．行政管理改革，2015，（7）．

项，事中事后监管制度158项，重点行业重点领域监管措施89项，公共服务导航538项。下一步，上海拟探索权力清单和责任清单2.0版本，将权力清单拓展到街道、镇，同步推进行政权力分类清理工作，责任清单增加“行政过错责任”模块。

总体而言，上海推行权力清单制度已经取得了一定进展和成效，具体体现在以下方面：

一是上海推行权力清单制度改革的探索，既在市政府部门（条）层面进行，也在区县政府（块）层面进行，反映了条块结合的特征，体现了试点的全面性，有利于改革的配套性和综合性。

二是通过部分市政府部门和区县政府对权力清单的探索，初步形成了推行权力清单制度的工作流程，对推行权力清单制度过程中可能遇到的难点以及可能存在的风险点有了初步的认识，为全市范围全面建立和推行权力清单提供了经验和借鉴。

三是明晰了进一步推行权力清单制度的工作重点和方向，充分体现了面向社会、服务民众的精神。

通过建立和推行权力清单制度的实践探索，一些市政府部门和区县政府认识到公开权力清单只是“万里长征第一步”，更为重要的是如何通过制度建设、打造电子化平台使行政权力按照权力清单要求运行，优化权力运行流程，提高行政效率，提高行政相对人的满意度，并且形成责任清单，实现权力清单的动态管理，全面发挥权力清单制度的作用。

同时，权力清单的探索响应社会和民众的高度关注，方便社会和民众查询使用。如浦东新区政府将权力清单分为“我想申办有关证照和批文”、“我想反映违法行为和情况”、“我想提供政策意见和建议”等6个模块，用浅显易懂的语言和形式表现出来，确保民众能够“看得懂”；责任清单聚焦民众普遍关注的食品安全、“三违”整治、安全生产等重点行业、重点领域。

【问题】

上海推行权力清单，政府“法无授权不可为”。请结合材料与地方政府实践，论述权力清单的推行会给“政府—市场”关系和“政府—社会”关系带来怎样的影响。

第八章 公共政策

知己知彼，百战不殆；不知彼而知己，一胜一负；不知彼，不知己，每战必殆。

——《孙子·谋攻》

政令乖失，则人心不服，虽得之亦将失之。 ——《金史》

天下之事，不难于立法，而难于法之必行。 ——明·张居正

公共政策是政府履行职能、实现公共利益的重要方式和途径。政府通过公共政策对市场和社会进行宏观的调控和管理，通过公共政策的制定贯彻党的意志和回应公民诉求。公共政策的问题界定、方案制定、政策执行、政策评估和终结、政策扩散等过程都贯穿着权力。换言之，公共政策过程也就是政府权力行使的过程。

第一节 公共政策概述

公共政策（Public Policy），是当前公共管理研究的主要范畴。传统的公共政策研究派生于政治学和行政学，意在从规范意义上探讨国家、社会和公民之间的利益制衡，通过政治学和行政学的原理及模型分析对国家、地方和团体层面的攻策制定、执行与评估进行研究，为高质量的公共政策提供咨询。

公共政策是政府为了解决和处理公共问题，达成公共利益或公共目标，经过政治过程所发展出来的原则、方针、策略、措施和办法。在现代社会中，公共政策问题层出不穷，愈加复杂，性质越来越严重，解决和处理更加困难。政府如何发现公共问题，提出行动方案，从而化解问题，以保证国泰民安，是当今政府公共管理所面临的一大难题，也是公共管理的重要职责所在。一个有为有效的政府应当具有回应性（Responsiveness）、代表性（Representativeness）、责任性（Responsibility）及可靠性（Reliability）。而此四性的实现，与政府的公共政策关系甚密。从政府绩效的角度来看，政府政

策的品质和水准确实与政府的绩效有关。从某种意义上讲，政府的绩效事实上是政策绩效的综合反映。在现今政府治理领域，公共政策的研究已经成为一门显学。

一、公共政策的含义

公共政策的界定有广义狭义之分，狭义指的是政府等决策部门对公众利益和公众行为的规制和分配的措施。广义指的是政府及立法机构制定的对公众利益和公众行为的规制和分配，包括法律在内。

公共政策是公共权力机关经由政治过程所选择和制定的为解决公共问题、达成公共目标、实现公共利益的方案，作用是规范和指导有关机构、团体或个人的行动，表达形式包括法律法规、行政规定或命令、国家领导人口头或书面的指示、政府规划等。

公共政策作为对社会利益的权威性分配，集中反映了社会利益，从而决定了公共政策必须反映大多数人的利益才能使其具有合法性。因而许多学者都将公共政策的目标导向定位于公共利益的实现，认为公共利益是公共政策的价值取向和逻辑起点，是公共政策的本质与归属、出发点和最终目的。“对于公共政策应该与公共利益还是私人利益保持一致这个问题，绝大多数人选择公共利益。”①

公共政策的涵盖范围日益宽泛，社会管理、社会保障、环境保护、住房问题、教育问题、犯罪问题、维权问题、流动人口发展、妇女发展等已经纳入政府管理权限之中，成为政府决策的重要组成部分。

公共政策由三部分因素构成：决策者、目标群体、受益者。公共政策的制定不仅与价值取向、发展目标相关，还与性别的比例及有无性别视角相关。当某一利益团体的代表在决策机构中缺席，通常这个群体的利益会受到影响。

二、公共政策的特征

规定和把握公共政策的特征须遵循两个原则：一是从公共政策的本质出发来理解公共政策的特点，因为事物本质属性的外在表现便是事物的特征。二是必须紧扣不同类型、不同社会的公共政策的现实状况。基于这两条原则，我们认为公共政策有以下特征：

（一）权威性

公共政策的权威性主要指公共政策在其适用范围内具有普遍的约束力，得到广大社会成员的遵守和认同。

---

① James E. Anderson：Public Policy - making：An Introduction，Fifth Edition ［M］．Boston：Houghton Mifflin Company，2003，135.

公共政策之所以具有权威性，是由以下三方面因素决定的：

1. 公共组织具有特定性

换言之，只有特定的组织或机构才具备公共政策制定主体的资格。这种特定性或来自于法律的明确授权，如政府及其部门、第三部门；或是在长期的历史发展过程中形成的，如一些国家的执政党。

2. 公共政策的运作程序和规则具有严格性

在现代社会，无论是公共政策的制定还是执行，都必须是法定主体按照法定程序进行，任何组织和个人都不得违反。程序和规则的严格性，是公共政策合法性的源泉。因为没有程序的严格性不仅无法保证公共政策形式的合法性，而且公共政策内容的合法性也将失去根基。在一个法治社会，具有合法性的公共政策，在其管辖范围内的所有组织和人员都必须遵守和服从，即“公共政策面前一律平等”。

3. 公共政策实施具有强制性

公共政策的实施主要不是依靠执行机构和目标群体的内在强制，而是依赖于外在强制。政府和第三部门制定的政策是由国家强制力保证实施的，政党政策是由党的组织纪律保证其实施的；对拒不执行政策或歪曲政策的行为，都将做出相应的处罚，使其权利或者利益受到损失。

（二）公共性

由于公共利益的社会共享性和它所具有的相对普遍的影响力，因此确保公共利益的增进和分配是当代公共管理的根本目的。[①] 公共政策作为公共组织实施公共管理的重要措施和手段，自然内在地具有公共性的特征。

公共政策的公共性是由现代社会的政治特征和现实状况所决定的。现代社会的基本政治特征便是民主政治，政府只有获得多数民众的支持，才能行使公共权力，这就要求公共政策必须代表民意、体现公众意愿，否则就可能导致政府的合法性危机。如果公共组织不能秉承服务和增进公共利益的宗旨，仅从纯粹私人的角度考虑，那么公共权力的合法（性）行使将是难以理解的。与此同时，由于人们利益需求的个性化、多元化，极左或极右的公共政策都会在满足一部分人的利益需求的同时，挫伤另一部分人的积极性或损害另一部分人的利益。在此情况下，公共政策的明智选择只能是更多地倾向于“中位选民的利益”[②]，即符合大多数人的利益。也正是由

① 张庆东．公共利益：现代公共管理的本质问题［J］．云南行政学院学报，2001（4）．

② 所谓中位选民，是指他的偏好落在所有选民偏好序列的中间。中位选民理论是说在多数裁定原则下，假定选民的偏好是单峰的，则选择的结果是由中位选民的偏好决定的。

于人们利益需求的个性化、多元化，决定了公共组织在众多的利益需求中确定现在或未来的公共利益时存在相当大的难度。这既是一些公共组织虽然在制定公共政策时主观上竭尽全力谋求公共利益，客观结果却事与愿违的原因，也是对公共组织政策水平的严峻考验。

公共政策的公共性特征表现在两个方面：

首先，公共政策问题取向的公共性。在一个政治系统中，有各种各样的矛盾和问题，但是并不是所有的矛盾和问题都会成为公共政策解决的对象。实质上，有相当的矛盾和问题都未能纳入公共组织的视野。只有那些有助于保障和增进公共利益的矛盾和问题，才能进入公共政策的议程。一些矛盾和问题之所以未被列入公共政策议程，或许是因为公共组织暂时还无力（如条件不具备等）解决，或许是因为它们本来就属于私人领域的范畴，应由私人政策予以解决。

其次，公共政策目标取向的公共性。一旦公共政策问题确立之后，就进入解决公共政策问题阶段。在这一阶段中，无论是公共政策的制定还是执行，从理论上讲都必须按照实现公共利益帕累托最优的原则，确定公共政策的目标和选择行动方案。也就是说，公共组织在借助公共政策手段行使公共权力、承担公共责任、解决政策问题的过程中，必须谋取公共利益，而不能在私人领域侵犯私权，或为少数人甚至公共组织自己谋取私利。

（三）选择性

无论是公共政策目标的确定、方案的设计和决断，还是公共政策的执行、调整、评估和终结，均是相关公共组织进行选择的结果。一言以蔽之，公共政策的选择性特征贯穿于公共政策运行过程的始终。

公共政策的选择性特征是由人们认知的差异性、目标群体利益需求的多样性和公共政策资源的有限性所决定的。公共政策是客观见之于主观的产物，由于人们（这里我们特指公共组织中的人员）的经历、学识、价值偏好、思维方式、地位等诸多因素的不同，加之人类认识能力的有限性和公共政策环境的复杂性，必然导致人们在认知同一问题或矛盾产生的原因、影响以及解决方案方面存在一定的差异。公共政策只能从这些方案中选择或综合出一种方案作为行动的依据。目标群体是指受公共政策影响的，必须对公共政策采取适当反应的群体或个体。目标群体的利益需求有眼前的、有长远的，有合理的、有不合理的，有个体的、有群体的，有物质的、有精神的，有固定的、有变动的，有独享的、有共享的等。很显然，公共组织面对如此复杂多样的利益需求，不可能一一予以满足，必须从中做出取舍。政策资源涉及人、财、物、权威和信息等诸要素。公共组织进行公共政策制定、执行、评估，需要有一定的政策资源做支撑。在一定的时间内，由于受到公共政策环境系统总体状况的影响、公共组织能力的影响，公共组织所能提取和加以利用的政策资源，尤其是经费与物质设施方面的资源是有限的。与此同时，社会需要公共组织通过公共政策来解决的问题却非常广泛。资源的有限性和问题的广泛性，决定了公共组织在对待社会问题时，不可能也不应该“眉毛胡子一把抓”，只能将钱用在刀刃上。

（四）多样性

公共政策无论是作为公共管理的手段，还是作为一门学科，都具有多样性的特征。

作为公共管理手段的公共政策，其多样性表现在：首先，公共政策问题具有多样性。如有政治的、经济的、文化的、社会的，有国内的、国际的，有全局的、局部的等。其次，公共政策类型具有多样性。由于公共政策问题具有多样性，所以为解决公共政策问题而制定和实施的公共政策也有多种类型。如按其内容和地位可分为总政策、基本政策和具体政策；按其制定主体层次可分为中央政策和地方政策；按其适用范围可分为对外政策和对内政策；按其适用时间可分为短期政策、中期政策和长期政策；按其自身性质与要求可分为稳定性政策和探索性政策，等等。最后，公共政策的功能也具有多样性。如公共政策实施后，其效果有可能是积极的、消极的、无效的或喜忧参半的。

作为学科的公共政策，其多样性主要表现在公共政策分析模型和分析方法两个方面。就公共政策模型而言，在公共政策制定中经常使用的模型主要有：政治系统理论模型、精英理论模型、团体理论模型、理性决策理论模型、渐进决策理论模型等；在公共政策执行中经常使用的模型有：过程理论模型、相互调适理论模式、循环理论模式、浴盆模型等。公共政策的分析方法有定性分析方法和定量分析方法两种。定性分析方法有价值分析法、规范分析法、可行性分析法、德尔菲法、主观概率预测法、超觉理性分析法。定量分析法有预测分析法、效果分析法、投入产出分析法、模糊分析法等。

三、公共政策的类型

（一）元政策

在公共政策的层级系统中，元政策是最深层的政策。

元政策是“关于政策的政策”，是“用以指导和规范政府政策行为的一套理念和方法的总称”，其基本用途在于“如何正确地制定公共政策和有效地执行公共政策”。

1. 元政策的第一种类型是价值性的元政策："民主""自由""公正"。

2. 元政策的第二种类型是方向性的元政策："以经济建设为中心""改革开放"。

3. 元政策的第三种类型是程序性的元政策：民主集中制。

（二）基本政策

基本政策通常是高层次的、大型的、长远的、带有战略性的政策方案。

元政策侧重于价值陈述，它为所有的政策提供价值评判的标准；基本政策则侧重于目标陈述，为相关范畴内的所有的具体政策规定总目标。

（三）具体政策

凡是在元政策和基本政策的范畴以外的政策，都可归入具体政策。它的具体性表现在以下四个方面：

1. 具体政策是针对特定而具体的公共政策问题做出的政策规定。

2. 具体政策表现为一系列的行动步骤和行动方案。

3. 具体政策必然要求有对应的部门或机构来具体实施。

4. 具体政策的实施效果在经验基础上可以直接观察并可以评价。

（四）罗威与萨利斯伯瑞的分类

为了帮助政府政策制定者了解不同政策的性质与特色，提高政策制定的品质，通过类型建构（Type Construction）对公共政策进行分类乃是必要的。罗威（Theodore lowi，1992）和萨利斯伯瑞（Robert Salisbury，1968）根据受"问题"影响人数的多少及其关系将公共政策分为以下四种类型：

1. 管制性政策（Regulatory Policy）

从博弈论[①]的角度分析，此类政策属于"零和博弈"（Zero Sum Game）的政策，

---

① 博弈论主要研究公式化了的激励结构间的相互作用，是研究具有斗争或竞争性质现象的数学理论和方法。博弈论考虑游戏中个体的预测行为和实际行为，并研究它们的优化策略。囚徒困境是博弈论中非零和博弈的代表性的例子：两个共谋犯罪的人被关入监狱，不能互相沟通情况。如果两个人都不揭发对方，则由于证据不确定，每个人都坐牢一年；若一人揭发，而另一人沉默，则揭发者因为立功而立即获释，沉默者因不合作而入狱十年；若互相揭发，则因证据确实，二者都判刑八年。由于囚徒无法信任对方，因此倾向于互相揭发，而不是同守沉默，最终导致纳什均衡仅落在非合作点上的博弈模型。纳什均衡是指博弈中对于每个参与者来说，只要其他人不改变策略，他就无法改善自己的状况。纳什证明了在每个参与者都只有有限种策略选择并允许混合策略的前提下，纳什均衡定存在。以两家公司的价格大战为例，价格大战存在两败俱伤的可能，在对方不改变价格的条件下既不能提价，否则会进一步丧失市场；也不能降价，因为会出现赔本甩卖。于是两家公司可以改变原先的利益格局，通过谈判寻求新的利益评估分摊方案。相互作用的经济主体假定其他主体所选择的战略为既定时，选择自己的最优战略的状态也就是纳什均衡。

因为此类政策的执行常会使一方获利，而使另一方失去利益。这类政策会对个人或者团体加以限制和约束，或者说，这类政策会减少受管制对象的自由和权利，不论他们是什么样的主体。例如，交通管制、环境污染管制、小汽车限购、商品房限购、枪支管制等。

2. 自我管制性政策（Self-Regulatory Policy）

这种政策是一种非零和博弈（Non-Zero Sum Game）的政策类型，因为政策的执行通常不至于以牺牲其他标的团体的利益为代价，也就是说没有利益上的排他性。这类政策涉及对某些事物或者团体的限制和控制，往往用作保护成员利益，而不损害其他个人或者团体的利益。例如，专业执照、行业标准等。

3. 分配性政策（Distributive Policy）

这种政策基本上是一种非零和赛局的政策，因为政策的执行，并不构成它方之所得建立在另一方所失的基础上，不具备义务和利益的排他性。这类政策涉及将服务和利益分配给社会中特定的人群——个人、团体、公司和社区等。例如，担保贷款、政府补贴、房屋抵押贷款、税款减免、免费的公立学校等。

4. 重分配性政策（Re-Distributive Policy）

这种政策出现利益上的排他性，是一种零和博弈的政策。这类政策涉及政府对转移性分配的考量，目的是在社会各阶层和各团体中进行财富、收入、财产或者权利的分配。例如，累进收入税率制、医疗保险和医疗补贴、扶贫计划等。

四、公共政策的议程

（一）公共政策议程的含义及类型

政策议程实际上也就是政治组织，尤其是国家（政府）确定政策问题的轻重缓急。社会向政府提出了大量的需要采取行动的要求，而在成千上万的要求中，只有少量受到政策制定者的注意，那些被决策者所关注并感到必须加以处理的问题被提上议事日程。科布和爱尔德将政策议程定义为“那些被决策者选中或决策者感到必须对之采取行动的要求构成了政策议程”。我国学者张金马给政策议程下了这样的定义：“政策议程就是将政策问题纳入政治或政策机构的行动计划的过程，它提供了一条政策问题进入政策过程的渠道和一些需要给予考虑的事项。”[①] 由此可见，公共政策议程是指有关公共问题受到政府及公共组织的高度重视，并被正式纳入其政

① ［美］S. S. 那格尔．《政策研究百科全书》［M］．林明，等译．北京：科学技术文献出版社，1990，94.

策讨论和被确定为应予以解决的政策问题的过程。

将一个政策问题提到政府机构的议程之上是解决该问题的关键一步。一个公共问题或社会问题只有以一定的形式，经过一定的渠道进入政策过程，成为决策者研究和分析人员的对象，才能成为政策问题，才能通过政策过程得到解决或处理。政策议程的形成过程，也就是问题有望获得解决的过程，就是统治阶级或人民群众反映和表达自己的愿望和要求，促使政策制定者制定政策予以满足的过程，也是政府或执政党集中与综合它代表的阶级、阶层和集团的利益，并通过政策制定予以体现的过程。

在政治系统中存在多种政策议程，可以从不同的角度对它们加以分类。琼斯在《公共政策研究导论》一书中，从政策活动的功能方面将政策议程分为如下四类：(1) 为使问题得到积极的、严肃的研究和认可而提出的问题确认议程；(2) 能从确定问题进展到发现解决办法的提案议程；(3) 协议或讨价还价的议程，使提案得到支持并能积极和严肃地发展；(4) 持续议程，使问题得到持续的检验。科布和爱尔德区分了两种基本的议程，即系统议程和政府议程；张金马主编的《政策科学导论》一书将政策议程分为公众议程和正式议程两种类型。我们认为科布和爱尔德的分类方法比较合理，下面简要介绍这两种议程。

1. 系统议程

科布和爱尔德认为，系统议程是由那些被政治社区的成员普遍认为值得公众注意，并由与现存政府权威中的立法范围内的事务相关的一切问题组成。系统议程本质上属于讨论议程，表现为众说纷纭的情形。可以从大众传播媒介甚至从平时的谈话中了解人们对国家大事和各种社会问题的意见。但这并不是说问题就进入了系统议程，因为还未受到党和政府的关注，问题基本上还处于一种社会的广泛的讨论当中。但恰恰由于这种社会的广泛讨论，才形成了一股强大的社会力量，使政策制定者注意和认识到这些问题，经过政策分析把它列入自己的议事日程。这是政策议程的第一个阶段。

一个问题要想成为或达到系统议程的程度，必须具备以下三个条件：(1) 该问题必须在社会上广泛流传并受到广泛注意，或者至少必须为公众所感觉。(2) 大多数人都认为有采取行动的必要。(3) 公众普遍认为，这个问题是某个政府机关权限范围内的事务，而且应当给予适当的关注。

2. 政府议程

科布和爱尔德认为，政府议程是由那些引起公共官员密切而又积极关注的问题组成的。政府议程是行动的程序，是决策机关和人员对有关问题，依照特定程序予以解决的实际活动过程。它比系统的程序更具体、更明确。例如，大街上的犯罪活动尽管属于系统议程的范围，但政府将面临更为具体的意见去处理这方面的问题。

科布和爱尔德又将政府议程的项目区分为旧的事项和新的事项两类。旧的事项是那些以某种常规的形式出现在政策议程上的事项。例如，公务人员工资的增加，社会保障的增加，以及预算拨款。官员们对这些问题较为熟识，而且处理这些问题的方案在一定程度上也已成型。新的事项是由于特定的情景和事件而产生的，也可能是因为社会上越来越多的人要求政府对某些问题采取行动引起的。旧的事项被认为常常能从决策者那里获取处理的优先权；决策者总是发现自己的时间有限和满满的政策议程；考虑到旧议程的资历和官员们对之更为熟悉，决策者认为应对它们予以更多的注意。当然，作为新的事项提上政策议程的问题，随着时间的推移，也就会变成旧的事项，环境污染问题和越南战争问题便是最好的说明。

国内有学者认为，按照其建立过程中各项功能活动的先后次序，政府议程可分为四种类型：(1) 界定议程，由一些经过积极而且认真研究的项目所组成；(2) 规划议程，由一些已达到规划阶段的项目所组成；(3) 磋商议程，根据每一规划方案的利害得失，与政策相关的人彼此之间进行磋商；(4) 循环议程，已进入正式议程的每一方案，都要不断接受检验，加以修正。① 按照这种分类，政府议程是政策议程的第二个阶段。

3. 两种议程的区别

系统议程和政府议程是政策议程的两个不同阶段，二者有本质区别。系统议程一般由一些较抽象的项目所组成，其概念和范围都很模糊，仅是发现问题，提出问题，它可以不提出政策方案或解决办法。政府议程则较系统议程更特定而且具体，它是对政策问题进行界定或陈述的阶段。问题经过一定的描述，被决策系统正式接受，并采取具体方案试图解决的时候，系统议程就转入政府议程。例如，交通堵塞现象严重影响了人们的生活，成为群众议论和关注的话题，但这一阶段还只属于系统议程；等到政府觉察到这一问题的严重性，针对这一问题采取一些具体措施，如控制私人轿车拥有量，减少车流量；加强道路基础设施建设，拓宽路面等，这时系统议程就成了政府议程。

在一般情况下，一个政策问题提出的过程是：某一社会问题进入系统议程，然后再进入政府议程，最后形成政策问题。但实际上很多问题可能不经过系统议程而直接进入政府议事日程。因为政策决策者可能根据自己对社会发展变化的研究分析，

---

① 张金马．政策科学导论［M］．北京：中国人民大学出版社，1992，147.

主动寻找问题，把它列入自己的议事日程。当然，一个问题即使能够顺利进入政府议程，最后也会出现不同的结果。例如，可能经过决策者的研究很快制定出相应的政策，也可能由于渠道不畅、机构重叠、行政不力、效率低下，而做不出任何决定。

已成为系统议程的问题并不一定能成为政府议程的问题。同样，提上政府议程的问题也并不一定是系统议程。有时一个政策问题在群众中已普遍引起关注和讨论，甚至专家学者和研究机构已对它加以探讨，但执政党和政府并没有把它列入政府议程，有时甚至会采取措施阻止其进入政府议程。例如：在全国和地方的人民代表大会和政治协商会议上，各级人大代表或政协委员就人民群众普遍关心的问题提出许多议案、意见和建议并非都能列入政府议程。出现这种情况有多种原因：或是问题本身的性质、规模和影响尚未达到应该或能够解决的程度，或是问题的表达方式和途径不符合既定的组织体制和工作程序，或是政府决策者判断失误（如人口问题），或问题涉及决策者本身的利益等。有时也会出现一个政策问题已经列入政府议程，但群众还没有注意到的情况。

（二）进入政策议程的条件与障碍

1. 条件

（1）事件或问题必须明朗而严重。问题的严重化往往会使得该问题的性质趋于明朗化，明朗化的问题并不一定都意味着问题很严重，但也在一定意义上可以说明问题的严重性。

（2）政治权威领导人及专家学者的预测性发动。这些人群一般都影响力广泛，对问题了解比较深入，所以能够推动政策议程的建立。比如为农民工讨薪问题、反腐败问题等。

（3）要有正常、民主和开放的察觉机制与过程。所谓正常的问题察觉机制，就是能对各种政策问题经常保持警觉，并能对有关问题及时进行相关讨论、分析和研究，以便形成政策议程构建的机制；所谓民主的问题察觉机制，是指问题的察觉机制应该体现民主性；所谓开放的问题察觉过程，是指有关组织的问题察觉系统不应是自我封闭的，而是开放的。

2. 障碍

（1）与上述几方面正向条件相对应的反向条件均可构成政策议程的障碍因素。

（2）有学者认为在政策议程建立的过程中有双重关卡：一是社群的价值规范，二是制度或程序上的限制。

（3）与对该问题的表达方式和技巧等有一定的关系。

（三）影响政府议程建立的主要因素

（1）政治领导人。是最基本的政策议程的发起者。

（2）社会公众需求。一般是通过一定的社情民意形式表现出来的。

（3）专业研究人员。通过各种舆论媒介和组织管理渠道向政府提出自己客观合理的见解。

（4）突发（或危机）性事件。

（5）大众传播媒介。

（四）政策议程建立过程的模型

1. 罗杰·W. 科布模型

科布根据政府在议程建立中所起的不同作用（即直接提出或间接提出政策问题）提出三种模型：外在创始模型、动员模型、内在创始模型。

（1）外在创始模型。外在创始模型属非政府团体创始政策问题的过程，通常先散布到公众议程，再介入政府议程。它适用的情境包括：创始者身处政府结构之外；表达或提出一项需求；试图将问题散布到其他社会团体，最终向决策者施加足够的压力以进入政府议程。

案例：美国“信访办”

美国白宫也有个“信访办”。全美每天有两万封信件和电子邮件发给奥巴马，通过筛选由助手选出10件，每晚奥巴马都会阅读。奥巴马说，这是他每天最重要的阅读材料，这些信批评多于奉承，来信有一半都管他叫“白痴”。但这些信件“比任何东西都更能够提醒我，这个国家发生了什么。

（2）动员模型。动员模型属政府直接创始政策问题并将该问题扩散到公众议程的过程。

（3）内在创始模型。内在创始模型属于政府因解决纯政府内部的事务而提出政策问题，且不愿将该问题扩散到公众议程当中的过程。

首先，在该模型下，仅限于政府内部的单位或接近于决策者的团体才能提出此类政策问题。其次，该模型在财富和权力高度集中的社会较为流行。

2. 芭芭拉·尼尔森的四阶段模型

芭芭拉将议程的确立过程分为四个具体阶段：

（1）议题确认。某一问题受到注意，并被察觉到需要政府的行动。

（2）议题采纳。政府决定对公共政策问题是否做出反应。

（3）议题重要程度排序。主要是对议程中各问题的相对重要程度进行排序。

（4）议题持续。议题提升到决定阶段。

3. 约翰·金登的信息流模型

金登将政策过程运作方式阐述成“有组织的无序”，主要通过识别政府中的三条过程溪流来刻画政策议程的设立，即：问题溪流（问题识别）、政策溪流（政策建议的阐明和精炼）和政治溪流（政治活动）。

以上三条溪流沿着不同路径流动，或偏离或接近政策过程，直到在某一特定时点上，即政策窗口上，它们路径相交，解决办法与问题以及适当的政治压力会聚在一起。在那个点上议案进入了正式议程，公共政策程序则启动。

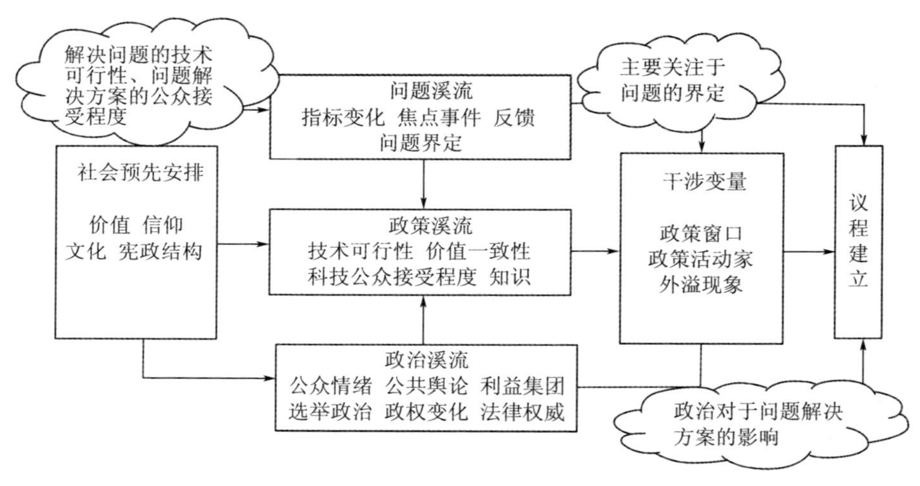

图 8-1 信息流模型图

五、公共政策的范式

我国公共政策范式的演变可以分为四阶段：

（一）第一阶段：“阶级斗争”范式（1949—1978 年）

该范式强调“以阶级斗争为纲”，采取以“依赖精英”为主要特征的政策运转模式。

（二）第二阶段：“改革开放”范式（1979—1992 年）

该阶段的理念是“高举改革开放的旗帜”。强调“以经济建设为中心”和“发展是硬道理”，采取以“渐进型”为主要特征的政策运转模式。

（三）第三阶段："市场经济"范式（1992—2002年）

该阶段的理念是"建立社会主义市场经济"，采取以"经济理性"为主要特征的政策运转模式。

（四）第四阶段："和谐发展"范式（2003年至今）

该范式正在逐步形成中，其基本理念是"构建社会主义和谐社会""树立科学发展观"，采取以"全面统筹"为主要特征的政策运转模式。

第二节　公共政策过程

一、公共政策问题

（一）公共政策问题的界定

1. 公共政策问题的含义

所谓公共政策问题，是指在公共管理领域中存在的，而且被政府等公共部门所认知、接纳并采取行动试图加以解决的社会公共问题。公共政策问题的定义包含如下内涵：

（1）公共政策问题是公共管理领域存在的"社会公共问题"。社会公共问题是指当某一问题超出了当事人、其影响波及不直接相关群体时的社会问题，即关系社会发展或社会大多数人利害关系的问题。私人领域的个人事务或企业事务不属于公共政策问题的范畴。

（2）公共政策问题的存在是一种客观状态，被社会大多数人所普遍关注，并引起公共管理部门的注意。公共政策问题是客观存在而不是人的主观臆断，这种客观存在是指社会的实际状态与社会期望之间的差距，而且这种差距能够通过一定的具体事实反映出来，具有一定的严重性，已经引起社会公众的普遍关注。此时，基于价值观念和切身利益的考虑，社会公众开始向公共管理部门提出解决该问题的公意性诉求，并引起相关公共管理部门的注意。

（3）公共政策问题是公共管理主体关心并付诸行动解决的社会公共问题。言下之意，并不是所有的社会公共问题都一定纳入公共管理部门解决的视野，况且公共管理部门也不一定有足够的资源和能力给予有效解决。公共政策问题，是在既定的条件下公共管理部门认为有必要而且能够运用公共权威，并纳入工作议程进行解决的社会公共问题。

公共政策问题的发现、认知和判断是公共政策制定活动的起点。所有公共政策活动的展开以及所有的政策程序，都是围绕公共政策问题的解决而进行的。而且公共政策问题的性质、程度、涉及范围的差异，决定了公共政策的性质、所涉及的范围、目标的选择、采取相应行动的差异。因此，对公共政策问题的判断与分析，就成为公共政策制定活动的一项首要内容。

2. 公共政策问题的界定

界定公共政策问题的主要目的，是排除那些不可能或不应该解决的问题，以便公共管理部门把主要精力集中在应当解决并且必须解决的公共管理问题，从而避免“眉毛胡子一把抓”，影响公共管理活动的有效性。著名管理学家德鲁克指出，有效的管理者必须清楚“我们是不是真正需要一项决策？为什么要问这个问题，是因为有时候不做出任何新决策，可能正是最好的决策。做一项决策，像做一次外科手术。任何新的决策都不免影响既有的制度，因此多少得冒风险。外科医师不到非动手术不可的时候，绝不轻言开刀；同样的，不到非另做决策的时候，也不宜轻易另做决策”。

在公共管理实践中，一般来说，对于公共管理部门所要解决的问题必须是能够解决的、适宜解决的、后果能够预测的，并且它的解决是对社会大部分人是有利的问题。

正确地界定公共政策问题，需要从以下几个方面来加以分析：

（1）起因：公共需要的产生带来社会公共问题。公共需要，指满足社会公共利益的需要，诸如社会公共秩序的维护、防治水旱灾害、环境保护、国防建设等。这种需要不是个别需要的总和，而是共同利益，具有不可分割性。

整个社会处于一个不断变化发展的动态过程之中，由于内外环境的变化，公众的社会需要也必然随之发生变化。由此对政府的要求也日益多样化、丰富化。

经济发展衍生很多社会问题，一直强调发展，发展的结果势必会导致一些不均衡的切断，一个不均衡就是地区差别越来越大，很多实际问题也表现出来，西部地区、中部地区、沿海地区发展的差别越来越大。农村是改革开放的前沿阵地，当时发展非常快，但是20世纪90年代尤其进入21世纪之后，农村发展越来越落后。有些障碍可能是政策性的障碍，也就是说过去在发展经济各个方面采取一些对策的时候，我们发现刚开始过分注重效率，兼顾公平不够，包括城乡的均衡发展方面政府也没有更多地落实。

（2）问题表达机制的完善。社会中会产生各种各样的社会问题，但并不是所有的社会问题都将演变为政策问题。在这两者之间需要一个传导机制：问题的表达。

也就是说只有受到社会问题影响的公众在面临现实存在的问题时会产生公共需要，而且这种公共需要的对象是面向政府的。在这之后公众只有通过适当的途径将他们的这种诉求传达到政府部门，政府才有可能将这一问题转化为政策问题。那么创建一个合理、方便的途径供公众采取行动表达其诉求就成为题中之义。

随着社会、经济的发展，公民政治参与意识不断增强，利益表达在政治生活，尤其是在公共政策制定、执行等过程中扮演着越来越重要的角色。公共政策最本质的特点就是公共性，以公共利益为目标。这对公民而言，越来越多的公民逐渐认识到，他们有能力影响那些关乎他们生活质量的公共政策的制定与执行。对政府而言，尤其是政府中公共政策的制定者们，也更加强烈地意识到越来越多的决策需要通过越来越广泛的咨询来做出。这就要求政府引入“强势民主模式”，完善利益表达机制，“赋予公民更多更好的参与自我管理的机会，从而促使政府组织从以自身为中心的决策项目安排转向寻求公民支持或授权公民管理的决策安排”。

建立一个真正的民主社会，必须使人民群众拥有充分的知政权、参政权与监督权。而要实现这一目标，健全的利益表达机制是首要条件。

（3）主观方面对问题界定的影响。政策始于问题，之所以需要某项特定的公共政策，就是因为需要解决某种特定的实际问题。与政策问题构建相关的社会问题有着巨大的复杂性，人们对它们的认识和判断受诸多非统一的个体性因素制约（如社会地位、伦理道德、经验知识等）。如何认识社会问题，如何筛选问题，谁参与筛选问题，不同的方式将导致政策方案大相径庭。一个事实是否构成问题，一个问题是否构成政策问题，会面临很大的异议。谁能在问题构建上把握主导权，就能自然地在这之后的系列环节中占据主动权，就有可能形成有利于自己的价值分配格局。反之，一项利益要求如果不能顺利地通过政策输入途径到达政策制定系统，那么它们永远也不可能得到满足。

政策问题是思想作用于环境的产物。政策问题既与客观的社会现象有关，也与人们对这种现象的认识和选择有关。同时，在对政策问题认识的正确程度和深刻程度上，同样是存在主观性，在很大程度上取决于政策制定者的认知能力和价值取向。有学者针对政策问题的主观性指出“我们可能会分享相同的数据，但这一事实并不意味着我们看到同一件事。价值观、信仰、意识形态、利益以及偏见等都塑造我们对事实的感知”。

（4）形成政策问题的机遇——外部综合因素影响。如何让公共问题成为政策问题，其中有许多中间因素的影响制约。“机遇”就是一个直接而关键的因素。

目前我国的现实国情决定了在转型期的我国面临着各种各样的社会公共问题，

包括政治、经济、文化等方面，而现实的人力、物力、财力等客观因素的限制又使得在处理各种公共问题时有先后选择。一项公共问题在特定的机遇下就会变为政策问题，也就成为公共问题上升为政策问题的一个直接的途径。

3. 公共政策问题的分析

在确定要解决的问题后，必须对问题本身进行详尽的判断和分析，这是有效解决问题的基本前提。对公共政策问题的分析，主要集中在公共政策问题的基本性质、公共政策问题的状态、公共政策问题产生的原因三个方面。

（1）分析公共政策问题的基本性质。对公共政策问题基本性质的分析，包括问题发生的领域、问题的内容、问题的形式、问题的影响与重要性、问题发生与发展的规律。只有对问题基本性质做出准确的分析判断，才能确定解决的先后顺序与轻重缓急。

（2）分析公共政策问题的基本状态。对于公共政策问题基本状态的分析，主要是了解和把握政策问题的现实状况与发展趋势，一般主要集中在六个方面：①“现实”与“应有”之间究竟发生了何种差距；②这种差距的范围与程度如何，社会影响如何，重要性程度如何，需要解决的迫切性如何；③问题发生在什么事物身上、什么地点或什么位置；④问题是何时产生并如何变化发展的；⑤问题未来的发展趋向如何，是继续恶化、弱化，还是维持现状；⑥问题所处的环境、条件以及解决问题需要的条件等。对于这六个方面的定性与定量分析，有助于全面了解公共政策问题的状态，更准确地把握公共政策问题的性质，以便采取针对性的解决对策。

（3）分析公共政策问题产生的原因。对于公共政策问题的原因分析，在于搞清问题产生的主要原因与次要原因、直接原因与间接原因、表面原因与深层原因，从中发现根本原因。主要包括如下步骤：①决策部门和决策人员依据对问题的初步调查，根据经验和知识，运用逻辑分析、假设分析等分析问题的方法，判断问题产生的可能原因；②运用辩证的逻辑思维和科学计算的方法手段，对多项可能的原因进行检验，以便对可能导致问题产生的各种原因辨别真伪、分清主次；③对推断的主要原因进行进一步的验证，以便准确地把握问题产生的根本原因。只有对问题产生的原因、背景、问题的状态和性质有深入的思考和准确的分析判断，才能确定解决公共政策问题的具体目标。

（二）确立解决公共政策问题的目标

1. 公共政策目标的含义与性质

当公共决策系统一旦确定了政策问题并进行分析和判断后，下一步就需要经过对各方面信息的分析与预测，确定出公共政策的目标。所谓公共政策目标，是指公共决策系统解决社会公共问题所要最终实现的目的或期望达到的预期结果。

公共政策目标与一般公共管理目标一样，具有如下特点：

（1）公共政策目标的进取性。公共政策目标是为了解决公共政策问题而采取各种措施来达成的预期目的。解决有关社会问题的目的，是改进公共管理部门的管理效果或服务质量，满足社会公众的需求，促进社会的良性发展。

（2）公共政策目标的整体性。公共政策的制定必须全面考虑社会各个方面的制约，综合反映社会各个方面以及各个层次的具体要求。因此，在确立公共政策目标时，必须处理与解决好其他公共管理问题所要达成目标之间的关系，避免相互冲突，并正确协调好短期目标与长远目标、主要目标与次要目标、全局目标与局部目标之间的关系。

（3）公共政策目标是抽象与具体的统一。公共政策目标只是对解决社会公共问题的一种设想和预期，它反映了解决问题的一般性原则和纲领，或仅对解决问题提供一个基本方向，或只规定一个允许的幅度，往往较为抽象。尤其是对解决社会发展中的一些重大问题的中长期目标，更应当允许目标有一定的伸缩性或弹性。但是，任何目标都要力求量化，否则就难以在实际中具体实施，尤其是一些短期目标，必须加以具体化和数量化，以便于解决问题的各项方案和具体措施的落实。例如：基本养老保险制度。

2. 确立公共政策目标的准则

在公共政策制定过程中，确定政策目标是一个非常关键的环节。政策目标是全部政策活动努力的方向和解决有关社会公共问题所期望达到的未来结果，也是衡量一项公共政策活动最终是否有效以及优劣程度的标准，同时也是政策方案设计、政策择优、政策执行的基础和依据。因此，确立公共政策目标必须遵循如下准则：

（1）目标必须是针对问题的。必须对问题进行详尽的分析和准确的判断，切中问题的要害，找到解决的突破口，抓住主要矛盾，并在资源分配上确保核心目标的实现。

（2）目标应当尽可能明确、具体。政策目标要在词义表述上概念准确，避免歧义；在目标中，应明确规定达成目标的时间期限以及明确责任限制；建立明确的目标指标体系，并尽可能使之量化。

（3）明确政策目标实现的约束条件。分析解决问题、实现目标的肯定因素和不利因素，不仅能够提高政策目标的科学性与可行性，而且还能够为拟定和评价各种政策方案提供明确的标准。例如：自律与自主。

（4）目标的可行性与科学性。公共决策主体必须分析政策目标的现实环境和现实条件，在明确政策目标各种约束条件和有利条件的基础上，努力使政策目标达到主观设想与客观条件相一致，确保政策目标在既定的条件下能够实现。同时，确立政策目标时还要考虑目标的合法性、避免与既有的政策规定冲突、维持目标的可调节性。

（5）要处理好多目标政策之间的目标协调关系。面对比较复杂的公共政策问题，政策目标往往是多元的。越是复杂的大系统，需要考虑的目标就越多。公共管理部门必须加以妥善处理，协调好多重目标之间的关系，避免导致顾此失彼或政策混乱。政策目标的组合与协调，就是要努力实现多目标间的同向性，减少它们之间的异向性。对于多目标政策，应当注意三个突出的问题：①要全面权衡决策目标之间可能发生的冲突，尤其是显性目标与潜在目标的冲突、直接目标与长远目标的冲突；②通过对目标的综合分析和逐步淘汰以尽量控制和减少决策的目标数量；③根据各种目标重要性的差异，确立合理的目标结构，确保核心目标的实现。

（6）政策目标和政策手段之间的统一。政策系统是一个层次分明的目标系统，由总目标与具体子目标构成的分层目标结构中，次一级目标往往是上级目标的手段，因此，不仅要注意同一层级之间的协调与组合，还要考虑目标体系纵向的协调与组合。同时，实现每一目标的过程中，都有若干可供选择的手段，由此导致的目标与手段的协调非常复杂。

二、公共政策制定

（一）公共政策制定的含义

公共政策制定又称公共政策决策，是公共政策过程的首要环节。它是针对某个政策问题而提出一系列解决方案或计划，进而使其转化为政策规范的过程。

具体而言，公共政策的制定主要包括六个环节：问题（Problem）、目标（Objective）、备选方案（Alternatives）、方案结果（Consequence）、权衡（Tradeoff）、合法化（Legitimatize），可以简单概括为POACTL。

目标和方案是公共政策制定所必须具备的两个基本要素。为保证政策目标的正确，政策目标必须明确具体、有效协调，政策目标与手段必须统一。

公共政策制定具有动态性、指向性、系统性、前瞻性等特征。

公共政策制定必须遵循一定的原则：一切从实际出发的原则；与时俱进的原则；系统性和整体性原则；社会公正和利益调控原则。

（二）政策方案设计的主要内容

确定公共政策问题并确立解决问题的目标后，设计各种备选方案便成为公共政策制定过程的一项基础性工作和中心环节。所谓政策方案设计，就是针对公共政策问题，提出实现公共政策目标的各种具体途径、方式和方法。

对于一般性的、常规性的或较为简单的公共管理问题，可以设计一个政策方案；而对于非常规或较为复杂的公共政策问题，至少需要拟定两个以上的政策方案供决策者选择。现代公共管理基于社会公共问题的复杂性、决策环境和条件的复杂性以及执行过程的随机性，一般要求拟定多个可供选择的方案，以提高公共政策的水平和质量。

从方案设计的侧重点看，拟定的备选方案的内容存在很大差异。有些政策方案设计的思维来自对过去解决类似问题的重复，政策方案内容中经验成分的比例相对较高；有些政策方案设计的思维来自对同等环境或同等条件下他人政策行动的模仿；有些政策方案设计的思维来自决策者创造性的思维。这三种政策方案设计的模式，在很大程度上主导着政策方案的内容设计与质量。就一般内容而言，任何一项备选政策方案必须包括如下内容：对政策问题的分析判断；明确的政策目标及实现政策目标的具体途径；该政策方案施行的可行性及其客观后果；该政策方案施行的具体程序、步骤、时间安排及所需要的条件等。对于一些重大的公共政策，在拟定政策方案时，还应提出相应的具体行动措施。

（三）政策方案设计的途径与工作步骤

政策方案设计的具体做法，往往根据政策问题的复杂性、重要性和涉及的范围大小而定。有时由某个专人负责拟定；有时成立一个跨部门的专门小组或机构来拟定；有时由不同的人员或机构分头拟定；有时公共管理部门采取委托的方式把解决有关公共问题的方案交由智囊团体来完成。在初步拟定政策方案后，有时还需要反复论证或在较大范围征求意见以不断对政策方案进行修正。

设计政策方案的工作是一个动态的过程，可以分为若干步骤，基本上由设想、分析、初步、评定、淘汰等环节组成。人们一般把设计政策方案分为方案的轮廓设计和方案的详细设计两个步骤。

政策方案的轮廓设计，是指尽可能从多种角度和多种途径大胆设想、寻找各种方案，而不过多考虑方案的细节，以免局限解决问题的思路。轮廓设计的最大要求是创新，尽可能多地求得解决问题方案的全面性和多样性。在此阶段，一般是从经验和已有的知识入手，成功的经验是政策方案轮廓设想的重要参考内容。但这种经验的正确性，一方面来自政策方案拟定者的素质，另一方面来自经验与科学理论、技术的补充。

方案的详细设计，是指对已有的设想做进一步的加工，使之具体化，形成具有实用价值的方案。此阶段的工作主要有两项：一是对每个备选方案全面细化，确定各种关键因素和程序；二是对方案后果进行评估，通过反复的计算、严格的论证和细致的推敲，经得起怀疑者和反对者的挑剔。

（四）政策方案设计的基本要求

为了确保政策方案的科学性，设计政策方案时一般要遵循如下基本要求：

1. 政策备选方案的整体详尽性

所谓整体详尽性是指在拟订的备选方案中，不应漏掉某些可能的方案，尤其是最好或满意的方案，以免影响决策者的抉择和政策的最终效果。需要说明的是，整体详尽性并不意味着要穷尽所有的备选方案，而是强调在既定的环境条件下，在既定的认识能力和既定的信息量情况下，要尽可能多地拟订多种政策备选方案，当然，这还要看问题的性质和实际的需要。

2. 注意备选方案之间的相互排斥性

所谓相互排斥性是指提供的各种备选方案之间在内容上是有差异的，是相互排斥的，执行一种方案就不能执行另一种方案，彼此具有独立性。只有如此，才有可能进行选择和必须进行选择。因此，在拟订政策备选方案时，要大胆鼓励创新。

3. 注意掌握充分的信息和充分发挥智囊的作用

政策方案设计是一项复杂的工作。与政策问题有关的信息的完整性、准确性、及时性、有效性，直接关系着政策方案的质量和可行性。为了确保政策方案符合实际、切实可行，在此阶段需要进行大量的信息收集、筛选和处理工作。政策信息的收集、加工和整理的过程，实际上也是一个“深入分析判断问题、明确具体目标、推敲行动步骤、预测决策结果的过程。因此，只有全面深入地进行调查研究，掌握大量关于政策问题和政策活动所需要的客观、真实、准确的信息，必要时还需要借助一定的方法进行科学预测，才能拟订高水平和高质量的政策方案。同时，现代公共管理中的公共政策制定过程，越来越体现集体决策的原则，而集体决策原则主要体现在政策方案设计过程中要按照民主集中制和群众路线的要求，充分发挥公共部门内外智囊人物、智囊团体、专家学者的参谋、咨询和智囊作用，通过群策群力，拟订解决社会公共问题的好方案和好设想。

（五）公共政策制定过程中的主要政治力量

1. 西方国家公共政策制定过程中的主要政治力量

一般来说，西方国家公共政策制定是由议会、行政部门和司法部门完成的，但是它们只是政策制定周期中最后阶段的“直接决策者”，而参与和影响公共政策制定的还有其他各种力量和角色，例如企业界、金融界、法律界、基金会、大学、新闻界、文化机构以及民间组织（妇女、种族、民族团体、工会等），等等。而且“直接决策者”主要处于政策制定的合法化阶段，各种社会力量和社会机构则积极参与前两个阶段，并且发挥重要的乃至决定性的作用。因此，要了解西方国家公共政策制定的过程，必须全面了解西方社会中的各种政治力量。

（1）政府机构和社会机构的权力精英。按照戴伊在《谁掌管美国》中的研究，在里根时期的1980—1981年，对美国社会最有影响的7314个职位被政府机构和社会机构的掌权优秀人物占据，他们往往成为美国公共政策的直接或间接的制定者，其中政府的最上层领导人则是“直接决策者”。他们占据立法、行政、司法部门的关键职位以及军队中的要职；他们控制着美国工业资产的一半，交通运输和公用事业的全部资产的一半，银行总资产的一半和保险业总资产的2/3；他们领导着华尔街最大的投资公司，控制着电视网、有影响的通讯社和各大报系；他们控制基金会的资产近40%；领导纽约和华盛顿最有名望的律师事务所和全国最主要的民间组织及文化组织。而且由于这两类人物具有相同的社会和经济背景，职位经常互换的背景加上垄断资本与政府的密切联系，使他们能够结成相对稳定和统一的权力结构，在总体上构成美国统治阶级的核心，也是美国公共政策制定中最核心的主导力量。实际上，由于公共管理的复杂性、技术性和专业性，政府机构的精英人物往往成为公共政策制定的直接主宰者。

（2）利益集团。按照杜鲁门的解释，利益集团是指“一个持有共同态度、向社会其他集团提出要求的集团。如果它通过向政府的任何机构提出其要求，它就变成一个政治性利益集团”。西方社会是多元化的社会，各种利益集团尤其是政治性利益集团的广泛存在是公民参政的一个重要通道。正鉴于此，有人说西方国家的公共政策是由政府、政党和利益集团共同做出的。

随着当今西方社会政党影响力的削弱，利益集团对公共政策的影响增加了。利益集团影响公共政策制定的手段是多种多样的，包括合法的手段和非法的手段。就合法的手段而言，主要有：直接与国会议员、政府官员接触，或出席有关委员会或小组委员会的听证会，陈述其立场、观点，进行游说，以影响公共政策；由于许多西方国家的法院拥有司法审查权，如果利益集团没有阻止国会或政府管制部门通过的不符合自身利益的法案或政策，它可以种种理由向法院提出诉讼，以改变或削弱不利于自己的政策行为；基层的利益集团通过影响选民形成舆论压力。间接影响公共政策的制定；利益集团还通过向公职候选人捐助竞选费影响选举结果，为今后的直接游说打开通道，或者通过评议国会议员来间接影响选举。当利益集团利用上述温和手段未能达到目的时，还常常采用抗议、示威等手段影响公共政策的制定。当然，由于各种利益集团力量的差别悬殊，它们影响公共政策的能力也有显著差异。而且有一个利益集团存在，往往同时就有一个或几个“抵消的力量”，即抵消其影响的利益集团存在。在通常的政治生活中，利益集团只对与其利益相关的公共政策问题感兴趣。因此，在实际的公共政策制定过程中，“参与的利益集团数目的多寡，视每个议案而不同。如果是有争议的议案，参与的集团就会多一些。如果这个议案在公众的日程表不占优先地位，参与的集团数就会少一些”。

（3）政党与选举及其对公共政策制定的影响。政党是通过选举，组织人民来决定政府构成的公认的重要工具。同时，政党通过制定党纲、党内政策辩论、议会党团一致性表决、参加竞选、组织公众舆论、协调各利益集团、综合党内外各种改革要求，来主导或影响公共管理部门的公共政策制定。西方国家一般实行两党制或多党制，那些在竞选中获胜的政党往往成为组织政府的执政党，它们利用国家政权的力量制订社会发展的计划，或通过公共政策调整来推行反映本阶级或阶层的利益。那些沦为在野的反对党，也可以利用国会和自己控制的新闻媒体影响或直接参与公共政策的制定。因此，政党对公共政策制定的影响，往往是伴随着选举（包括总统选举和议会选举）体现出来的。由于不同政党往往有不同的政策倾向，因此，执政党的更替往往伴随着相关公共政策的变动。当然，政党更替并不一定必然导致公共政策的调整，政党对公共政策制定的影响更主要体现在议会中的党派较量。政党的组织性、凝聚力及其在社会中的权威性，往往影响政党对公共政策制定过程施加影响的能力。

（4）舆论与大众传媒。舆论是指公众对国家的政治、公共政策、公共问题及处理这些政策和问题的人们公开表示的意见。舆论往往通过民意调查来反映。政治活动家和政府的精英人物无不重视舆论，并把舆论作为他们制定政策的依据之一。反过来，他们又总是力图引导和影响舆论，使其政策得到公众的支持或改变不利于其政策的舆论。因此，舆论往往是公共政策的来源，同时也是公共政策的反映，并对公共政策制定过程产生影响。在西方国家，政党、利益集团、民意测验机构、大众传媒往往是舆论的动员者和组织者，尤其是大众传媒对舆论的导向至关重要。大众传媒对公共政策制定过程的影响主要体现在：决定什么是“新闻”，即报道什么和不报道什么，引起社会公众对某些事项的关注，从而导致公共政策的改变或调整；按照它们的立场和倾向解释新闻，影响或制造舆论，从而给公共政策的决策部门施加影响。

（5）公民的政治参与。在代议制民主制度下，公民政治参与是指公民个人通过一定的渠道和形式表达意见、愿望和要求，以影响政治进程和政府政策，监督政府的政治活动。公民政治参与对公共政策制定过程的影响，主要体现在如下方面：参加选举投票，决定议员和政府最重要官员的去留，来表达其要求并促使公共政策发生变化；通过写信、打电话、发电子邮件、专访、递交请愿书等形式，直接同议员或政府官员接触，提出对某些政策问题的看法、愿望和要求；参加一定的利益集团间接影响公共政策的制定；通过全民公决决定特别重大的公共政策制定；通过抗议、示威、罢工等激烈方式，对公共政策直接施加影响。

2. 中国公共政策制定过程中的政治力量

相对于西方国家的党派斗争、议会争夺、三权分立、庞大的利益集团、新闻自由、多渠道的公民政治参与等复杂的政治体系而言，我国公共政策制定的政治过程有自己的特点。就中国的政治现实而言，公共政策制定过程中的政治力量主要体现在处于政策决策核心层的党政系统、处于第二层次的参政的民主党派，以及对公共政策制定有重要影响的工青妇等机构、社团和公民。

（1）中国共产党。中国共产党作为中国的执政党，对社会发展和政治生活实行政治领导、思想领导和组织领导。中国共产党依靠其先进性、严密的组织性和自上而下的组织体系（各级党委）以及在公共部门任职的广大党员干部，对中国的公共政策制定进行动议、规划和组织实施。因此，中国共产党及其各级党委是中国公共政策制定过程中最主要的政治力量。中国共产党在公共政策制定过程中的主导作用具有如下三个主要特点：①贯彻集中制的组织原则和群众路线，对社会公众的利益进行综合，以便使制定的各项政策符合人民群众的利益要求；②中国共产党在各个阶层、各种职业、各种利益群体、各个地方、各个民族、各种社团乃至各民主党派中都有自己的成员，能够广泛地实现利益表达和利益综合，平衡不同利益之间的冲突，聚合更多的社会利益；③各级党组织的领导人物对政策制定具有直接的影响，有时甚至起决定作用。

（2）各级人民政府及其部门。各级人民政府及其部门是公共管理主体中最主要的部分，因而也是公共政策制定过程直接的、重要的参与者。各级人民政府及其部门在各级党委的领导下，依据全心全意为人民服务的基本要求，在各自的法定职权范围内对有关的社会公共管理问题进行政策制定并负责政策的执行。中国政府部门制定的公共政策是在充分发扬民主、征求群众意见并在有关部门充分协商的基础上，各级行政首长做出最终的决定。因而行政首长的政策素质和政策能力对于政策的质量和成败具有重要影响。

（3）各民主党派。中国实行中国共产党领导下的多党合作和政治协商的政治制度，八个民主党派都代表一定的阶层利益，它们接受中国共产党的领导，也是重要的参政党。民主党派参与公共政策制定过程主要有三种方式：一是民主党派的成员直接进入各级政府机关及人大机关；二是通过各级人民政治协商会议；三是通过中共中央的各级党委召开的民主党派和无党派人士座谈会。

（4）半官方的社会政治团体。在当代中国，半官方的社会政治团体主要是指工会、共青团、工商联、妇联、文联、科协、侨联等组织，它们有全国性的机构，规模也比较大，类似于共产党和国家机构，政治地位比较高，其全国性的领导机构的负责人一般还由党和国家级领导人兼任，因而对公共政策的制定有重要影响，甚至直接参与有关公共政策的制定。

（5）其他非政府公共组织及公民个人。这里的其他非政府公共组织，主要是指城市中的居民委员会、农村中的村民委员会等自治组织，以及一些宗教团体、福利团体、各种协会、商会、个协、私协、民间学术团体等民间社团，也对公共政策的制定有一定影响。其影响或参与公共政策制定的方式主要是：其领导人直接进入人大或政协，通过行使投票与表决权或通过与政府部门的政治协商、对话、沟通，参政议政；接受政府部门的委托或授权，充当政府部门政策制定的助手；或对自己所属的社会经济活动事项依法直接做出决策。公民个人参与或影响公共政策制定的方式主要体现为：参加选举投票；通过书面建议、打电话、发电子邮件等形式，向公共权威部门提出自己的看法、愿望和要求。

（六）政策方案的合法化

1. 政策方案合法化的含义

一项公共政策方案只有经过合法化的过程，才能得到社会确认并被普遍遵守和执行。因此，公共政策方案的合法化便成为公共政策制定过程的最后一个环节。狭义的政策方案合法化，是指拟订的政策方案获得合法地位，具有社会权威性和约束性的过程，即政策方案转化为相应的法律、法规，或由法定公共管理部门做出，或得到有关权威部门的审定与批准，从而具有法律效力；广义的政策方案合法化，还包括通过政治动员、舆论宣传而提高社会公众对政策方案的认识、理解、接受程度，从而获得广泛社会认同与社会支持的过程。

2. 政策方案合法化的方式

对于解决全国或一定地区普适的重大社会公共问题的公共政策方案，如果要转化为国家法律，必须由国家立法机关通过相关法案。在法案形成的过程中，一般要经过提出议案、审议议案、表决和通过议案、公布法律四个阶段。由于各国的立法程序不尽相同，政策方案转化为法律的具体过程也存在差异。

对于解决全国或一定部门、地区的重大社会公共问题的公共政策方案，如果要转化为行政法规，必须由享有法定职权或法律特别授权的政府机构通过相关法案。在政府机构通过相关法案的过程中，一般要经过编制立法规划、起草、征求意见、审查、通过、签署或公布等几个阶段。

对于解决全国或一定部门、地区一般性社会公共问题的公共政策方案，如果要转化为具有普遍约束力的政策，在公共管理部门权限范围之内的，可直接公布执行；不属于自己法定职权范围内的，还需要在上级公共管理部门审批后方能够执行。如果不转化为“政策”，仅是解决个案性问题的行政措施或行动方案，则需要在自己的职责和职权范围内做出，有的还需要经相关权威部门通过一定程序加以确认或批准。

如果是非政府的公共组织制定的公共政策，在一般情况下只要是不违背国家法律、法规和社会公德，原则上就可以直接获得“合法”地位。无论任何性质和形式的政策方案，获得形式上的“合法性”后还需要动员、宣传等形式，提高公共政策在社会大众中的认可度和接受度，减少政策执行的阻力。

三、政策方案选择

（一）对备选政策方案的评估

1. 备选政策方案评估的主要内容

对备选政策方案的评估，简单讲就是对已经列举的各种政策方案的科学性、可行性及其实施可能收到的效果进行综合评价，以便为确定最终实施的政策方案提供科学依据。

对政策方案的评估主要涉及这样几个问题：以何种标准判断所拟订方案的优劣？方案的优劣是否存在一定的“度”？比较不同的方案时以何种标准作为决定作用？如何判断结果的优劣？我们这里重点介绍政策方案优劣的价值评判标准。

所谓政策方案判断的价值标准，就是政策方案“好”与“坏”的评判依据，这是对政策方案进行评估和抉择时所要解决的首要问题。只有规定一套评审的基本标准或指标，才能对方案本身做出有效的评价和判断。但是，由于公共政策的价值比较复杂，政治、经济、道德、文化、国际关系、意识形态等诸多因素都可能对价值观念发生影响，不像企业经营政策那样，价值标准比较明确，主要是以经济效益来衡量。而且不同层次、不同性质的政策问题，在不同的环境条件下，其价值指标体系也不尽相同。但无论任何政策，都必须围绕政策目标的有效实现来确立评判的标准，对公共政策方案的评估也不例外。就一般意义而言，对公共政策方案的评估应集中在如下方面：

（1）政策方案是否促进生产力的进步和社会公共利益的改善。

（2）政策费用是否合理，包括新旧政策交替的成本、执行新政策的成本是否最少。

（3）政策方案效益如何，即政策方案的实施将带来何种短期收益和长期收益，方案执行可能产生的间接收益或副作用的程度如何。

（4）实施政策方案所需条件能否具备，筹集和利用这些条件需要付出何种代价或成本。

（5）政策方案在实施中对环境变化和意外事件干扰的适应性如何，可能遇到的风险、失败的可能性有多大。

（6）政策方案的可行性程度如何，即政策方案在执行中遇到的政治阻力、法律与政策条件限制有哪些，技术保证如何，社会心理环境如何。

政策方案优劣的价值评判标准，历来有“最优化”与“满意”之争，即理性决策与有限理性决策之争。现代管理科学大都提倡在管理实践中力求实现最优化的决策，并设计一套数量化的模型进行检验，以达到用最优化的手段实现既定目标。而以西蒙为代表的有限理性决策理论认为，寻求解决问题的最优解是不可能的，实际意义也不是很大，决策者在既定条件和认识能力下只能获得解决问题的满意解。应当说，西蒙的有限理性假设更加符合管理实践，但是它本身也存在缺陷，它没有说明什么标准是令人满意的解，也没有说明令谁满意的问题。所以，我们在评估政策方案时，应当既考虑既定环境条件的约束，同时也不要放弃最优化的追求，思考是否还有更好的政策方案，或政策方案的个别地方是否需要修改。

2. 对政策方案评估时要允许充分论证的自由

在对各种备选政策方案进行评估时，政策决定者必须创造宽松的环境，确保政策方案的论证者、分析者对各种备选方案做出客观的评估，尤其是善于听取反面的不同意见。对此，德鲁克指出：“管理者的决策不是从‘众口一词’中得来的。好的决策应以相互冲突的意见为基础；应从不同的观点中选择，应从不同的判断中选择。所以，除非有不同的见解，否则就不可能有决策。这是决策的第一条原则”。

不同意见对确保政策方案的优化有四大作用：不同意见的发表，实质是等于提出了更多可供选择的方案；不同意见之间互攻他短，各扬己长，就使各个方案的利弊得以充分显现，从而可以取长补短。同时，争论可以激化人的思维想象力和创造力，彼此相互启示，开阔视野，从而得到最优化方案；不同意见的讨论也是统一决策认识的过程。一旦决策，就可以同心同德，上下一致地实施。既大大减少阻力，又不易走样，有利于发挥大家的主动性和创造能力；不同意见还能提高决策的可靠性。

为此，政策决定者在对政策方案的论证与评估过程中，不能预设立场，既要听取原拟订方案人员的各种建议与设想，又要听取专家的各种意见；既要听取赞同的意见，也要听取反对的意见；既要重视对方案的正面论证，又要重视对方案的反面论证。

（二）对政策方案的抉择

1. 对政策方案抉择的形式

对政策方案的抉择，即政策方案的选优是公共管理部门的决策核心，（政策决定者）在对各种备选决策方案比较和总体平衡的基础上，选出一个最佳方案，或综合各个方案的优点而形成一个新的最佳方案。这一环节是公共管理部门决策核心在政策制定过程中最主要的任务，也是公共政策制定过程中最为关键的环节，直接关系公共政策的成败。

为了避免制定错误的政策，公共管理部门的决策核心必须充分了解、咨询参谋人员等政策分析者对各种备选决策方案的评估情况，全面把握每种政策方案的精确性、可行性、经济效益与社会效益以及它们的利弊得失，以做出采纳、舍弃或修改的抉择。因此，决策者（个人或集体）的主观价值偏好、人生态度、性格与心理、综合素质、情势判断能力、谋略思想、抉择能力等因素对政策方案的王确选择至关重要。政策方案选择并不仅仅意味着从多种备选方案选择最优者。其实，方案的选择情况是比较复杂的，至少包括如下形式：

（1）多中选一。即决策核心从多个备选方案中选择一个最符合公共政策目标要求，而且按照全部政策评估与抉择的价值标准是最优者，作为政策制定的最终方案。

（2）重点选一。即决策核心在全面权衡各种备选政策方案后，以政策抉择的几项重要价值指标为依据，从中选择最优者作为公共政策的最终方案。这种方式主要适用于情况紧急或不需要政策方案符合所有评估指标的情况。

（3）综合为一。即决策核心对各种备选政策方案经过比较后，发现它们没有一个在整体上或主要指标上优于其他方案，而将各个或主要的备选方案的优点加以综合，形成一个新方案，作为最终的政策方案。

（4）重新拟订。即决策核心对所有的备选方案都不满意，也无法综合，而将其全部舍弃，让有关部门和人员重新拟订新方案，然后再对新的备选方案进行评估和抉择。

（5）暂缓选择。即决策核心对所有的备选方案都不满意，也无法综合，而且对要解决的政策问题，决策者自己也胸中无数，重新拟订也不会出现更好的方案，就暂时不做选择，等待事态的发展或各种因素明确后再做决定，以避免仓促决断导致决策失误。

2. 抉择政策方案时要确保政策决定者的独立抉择

在抉择政策方案过程中，决策者重视专家、智囊、咨询、参谋人员的意见和建议是正确的，而且这种集思广益也是必要的，但决策者必须保持独立的判断状态，不能一味依赖专家和参谋人员，甚至被他们激烈的争论或某种意见所左右，更不能让他们代替决策者进行决断。因为一方面政策决定者与专家、参谋人员所处的政治地位、行政地位、法律地位是有差异的，观察问题的视角、考虑的因素因而也是不同的；另一方面，政策决定者对做出的方案抉择要独立承担相应的责任，而专家和参谋人员不必承担责任。所以，作为政策决定者应当在充分听取各种意见和建议的基础上，综合考虑各方面的因素，从自身的判断出发，瞄准时机，果断决策，选择最佳效果的政策方案，最终确立公共政策的形式和内容。

（三）公共政策方案的修正与完善

1. 通过追踪决策修正政策方案

从理论上讲，当政策方案开始实施后，便进入公共政策的执行阶段，但在实际的公共管理过程中，公共政策制定往往不是一次完成的，公共政策的制定阶段与公共政策的执行阶段在时间上也不是截然分开的。在政策执行的过程中，还必须持续地对政策的执行情况进行考察、监督、测定、评估和核实，尤其是当政策行动方案在具体执行期间出现某些不利情况时，还需要对原有的政策方案进行修改和完善，甚至可能推翻既定方案，重新进行政策制定。

所谓追踪决策，是指公共政策方案在全面执行的过程中，由于偶然因素的出现导致主客观条件的变化，或发现公共政策方案中存在重大问题，使公共政策目标无法实现时，对公共政策的目标或优选的方案进行的一种修正活动。

追踪决策，在客观上反映了公共政策制定动态过程的阶段性和连续性。这就要求政策制定者要有实事求是的态度，要敢于承认现实，正视现实，善于克服各种阻力，并防止因追踪决策而打乱整个管理工作的步骤和安排。

2. 通过局部试点完善政策方案

对于一些重大、复杂、有较大社会影响的公共政策制定活动，在选择行动方案后，还必须进行局部试点，以接受实践的检验。进行试点的目的在于为全面执行公共政策方案积累经验，并通过试点及时发现问题，降低全面推广或执行时对社会产生的各种震荡和消极影响，同时，还可以为政策方案的全面执行提供一种社会心理准备。

试点工作必须以科学的方式进行。首先，从“点”的确定上来讲，应该是全局中带有某些典型性、普遍代表性，它的成功与失败都应具有普遍的意义；其次，在试验过程中，要严格按照既定的方案进行，必要时可以设若干个“对照点”，以鉴别优劣（在特殊情况下，为避免各种人为主观因素的干扰，有时试点还可以不公开）；最后，在总结试点的经验和教训时，必须全面地、实事求是地进行，不能掺杂个人偏见、部门偏见或为迎合上级意图而扩大或隐瞒客观事实，降低试点的真实效果，从而不利于政策方案的完善。

以上四个阶段，从最一般抽象意义上描述了一项公共政策制定所包括的技术与逻辑程序，但需要说明的是，并不是所有的公共政策制定活动都严格按照上述四个程序进行，实际的公共政策制定往往依据政策问题的不同而呈现很大的灵活性，尤其是解决特殊紧急事件或非常规而又非重大问题的非程序化决策，政策制定的过程更带有很大的非理性和直觉色彩。此外，不同政策制定主体、不同层次的政策，其政策制定过程是有区别的，如政府与居民自治组织间、其他国家机构与各种非政府公共组织间，政策制定过程就各有自己的特点；省级政府部门的政策制定与乡镇基层政府的政策制定，其过程也存在显著差异。

四、公共政策执行

（一）公共政策执行的含义、特点及意义

1. 公共政策执行的含义

公共政策执行是一定的机构或人员，为了实现既定的政策目标而采取的各种行动，如发布命令、拨付款项、订立契约、收集资料、传递信息、委派人员、创设机构等。在诸多活动中，最重要的是组织政策执行人员向社会解释政策方案，采取具体的行动措施实现政策目标的三项内容；公共政策执行又是一定的组织行为，即政策执行人员的行为都是按照明确的组织结构和组织原则，依据一定的权力和职责分配关系，遵循系统的运行程序和方式进行的，而政策执行中，政策执行主体与社会之间的联系也都体现为整体互动；公共政策执行的组织结构与行动功能是相互联系

的、不可分割的整体。

2. 公共政策执行的特点

(1) 公共政策执行以国家行政机关作为主要的主体。(2) 公共政策执行是目的性和手段多样性的统一。(3) 公共政策执行具有直接现实性。(4) 公共政策执行具有灵活性和经常性。(5) 公共政策执行具有相对独立性。

3. 公共政策执行的地位和作用

公共政策执行的地位和作用主要体现在以下几个方面:

(1) 行政执行是公共行政过程中的重要环节。行政执行在公共行政的程序性机制当中占有重要的地位,是连接行政决策(公共政策)和行政评估的中介环节。

(2) 行政执行是行政决策过程中诸多矛盾的展开和继续。行政行为是一个不断确立价值前提,选择工具的有限理性的过程。行政决策阶段是行政价值前提确立的阶段,而行政价值的确立过程中充满了诸多矛盾和利益冲突,是利益相关人员通过博弈而形成的一个相对稳定的状态。

(3) 行政执行是检验公共政策质量的重要标准。公共政策质量由合法性、合理性和可行性三项指标构成。政策的合法性实质上是人们对公共政策和权威的自觉认可;形式上是公共政策符合宪法和法律的程度。公共政策的合理性指公共政策是否符合经济原则和科学规律。公共政策的可行性指公共政策是否符合特定的约束条件和执行情景。

(4) 行政执行是行政管理诸方面的集中反映。行政执行具有极强的综合性,涉及资源的保有、调动和配置,组织的运作和流程,领导的素质和能力,行政执行决策的恰当和及时等方面,因此行政执行的水准和结果是行政管理诸方面的集中反映。行政执行不力和行政执行无能导致的政策失败反映了行政管理综合体存在较大的问题,反之则证明行政管理综合体有较强的能力和有效性。

(二) 公共政策执行的手段

1. 行政手段

行政手段是依靠行政组织的权威,采用行政命令、指示、规定及规章制度等方式,按照行政系统、行政层次和行政区划来实施政策的方法。

特点:权威性、强制性、直接性、无偿性、时效性。

2. 经济手段

经济手段是指根据客观经济规律和物质利益原则,利用各种经济杠杆,调节政策执行过程中的各种不同经济利益之间的关系,以促进政策顺利实施的方法。

特点：间接性、有偿性、关联性。

3. 法律手段

法律手段是指通过各种法律、法令、法规、司法、仲裁工作，特别是通过行政立法和司法方式来调整政策执行活动中的各种关系的方法。

特点：权威性、强制性、稳定性、规范性。

4. 思想教育手段

通过制造舆论、说服教育、协商对话、批评表扬等引导人们贯彻政策的方法。

特点：引导性、人本性。

（三）公共政策执行的影响因素

如前所述，公共政策执行的影响因素和政府权力执行有效性的因素是一致的，主要是涉及主体、客体、环境、工具等方面。

（1）公共政策本身的影响因素。包括：政策缺乏连贯性；政策缺乏合理性；政策缺乏具体性等。

（2）公共政策执行机构的影响因素。包括：执行机构的组织结构是否合理；执行机构的功能是否充分发挥等。

（3）公共政策执行相关人员的因素。包括：政策执行者的能力、素质和觉悟；政策目标群体的行为状况等。

（4）公共政策环境的影响因素。包括：经济因素；政治因素；文化因素；社会因素等。

五、公共政策评估

（一）公共政策评估的含义及作用

1. 公共政策评估的含义

很多人提出了公共政策评估的不同定义，使我们可以认识到这个概念的复杂性和多面性。例如，韦唐（Vedung）指出："评估是指对一项正在进行或业已结束的政府干预的组织、内容、管理、产出和效果等的价值进行仔细评价，借此在未来的实践情形下发挥作用。"①

同政策评估相关但不同的概念包括项目评估、绩效测量、绩效评估等。项目评

① Vedung E. Six models of evaluation. In：Araral E，Fritzen S，Howlett M，Ramesh M. Wu X，editors. Routledge Handbook of Public Policy. Routledge：London，2013：387—400.

估（Program Evaluation）是对具体的项目进行评估，它同政策评估密切相关①。工程项目、建设项目、会展项目等，都是独特和一次性的，因此相互之间可比较的程度会受到限制。公共政策在任务分解、功能划分和具体执行时往往会表现为一个个的具体公共项目，此时公共政策评估同项目评估可以互换使用。项目评估关注的是一个个具体、独特和一次性的项目，而公共政策评估则不要求政策是具体的、独特的、一次性的。对一项政策的评估可能包含许多项目的评估，但这些项目评估的总和未必等同于政策评估的结果，因为二者并非简单的加法和减法关系。与此同时，适用于具体项目的评估方法可能未必适用于政策评估，反之亦然。

绩效测量（Performance Measurement）指对某个对象的绩效予以客观衡量，而不掺杂主观感知的成分。例如，对时间、资金量、人数等的度量，都有客观的指标和标准，而不会因人而异②。绩效评估或绩效评价（Performance Evaluation）是一个笼统的概念，可以指代对任何对象的绩效予以评估，如员工个人、职能部门、政府整体、具体项目和公共政策。绩效评估不同于绩效测量，绩效测量是绩效评估的前提条件。评估包括了"估计"的成分，而评价离不开主观的"价值评判"，因此都同客观的绩效测量存在差异。例如，人们对时间的长短、资金的多寡、人数的多少等，都会有参照系和主观偏见，即便是面对同样的测量结果，也可能得出完全不同的评价结论。政策评估吸收和借用了许多绩效测量和评估的理念与工具，但又不同于绩效测量和评估。

本书认为，公共政策评估是指政府、专业机构和其他利益相关者对某些即将、正在或已经执行的公共政策的成本、收益、效率、结果和影响等进行测量、研判和评价，从而达到明晰政策价值和启发政策行动的目的。

进一步来看，准确地理解公共政策评估的内涵，关键在于如何把握政策效果这一概念。只有了解政策效果包括哪些内容，才能界定公共政策评估的范围和基本准则。对于政策效果的理解，要防止以下两种片面的理解：

（1）将政策效果等同于政策预定目标的实现程度。如有人认为"公共政策评估是对某项政策完成其目标的总效果的评估"，或者"公共政策评估是对现行政策和公共方案在完成其预定目标方面所产生效果的一种客观的、系统的检测"等。这种

---

① McDavid J C, Hawthorn LRL. Key Concepts and Issues in Program Evaluation and Performance Measurement. Program Evaluation and Performance Measurement: An Introduction to Practice. Sage Publications, Inc, 2006: 1—38.

② Poister T H, Aristigueta M P, Hall J L. Managing and Measuring Performance in Public and Nonprofit Organizations: An Integrated Approach. San Francisco, CA: Jossey-Bass, 2014.

认识的片面性在于它将公共政策评估的范围局限于政策预定目标的实现上，而无法对政策的所有效果进行全面的考察。我们知道，政策活动由于涉及面广、参与者多，因而带有很大的不确定性，一项政策执行后产生的许多效果是政策制定者所始料未及的，我们当然不能因为它们没有列入政策的预期目标就不予考虑。有时这种政策的非预期效果甚至会占据突出的地位，并决定政策的最终取舍。

（2）将政策效果与政策输出混为一谈。即将公共政策评估仅仅视为对政策行为的一种检测，而忽略与政府行为相关的各种环境的变化。我们知道，单纯考察在政策过程中的政府行为是没有意义的，只有将政策输出放在政策周围的大环境中来分析，才能确认政策的实际效果。此外，由于政策资源的有限性，我们所讲的效果是指在一定的成本基础上的效果，并不是说一项政策只要能取得好的效果，就可以不计成本，不惜代价。因此，研究政策的效果还需同时考虑成本因素。这里所说的成本，既包括投入某项政策的直接成本，还包括由于投入该政策而失去其他机会的间接成本。可以说，在公共政策评估中，评估者所考察的效果实际上是政策的纯效果，即总收益与总成本之差。

2. 公共政策评估的作用

公共政策评估是政策运行过程中具有的特定功能和重要作用的政策行为。公共政策评估的功能主要体现为以下五个方面：

（1）诊断功能。公共政策评估的基础和首要工作是对政策及其运行状况进行分析，做出事实评判，为决策和执行人员把握诊断政策方案或政策运行的实际状况起参谋助手作用。因此，公共政策评估具有诊断功能。

（2）预测功能。公共政策评估者在事实评判的基础上，依据评估手段、技术，还可以对政策方案及其运行状况做价值评判，确定其科学性、可行性，并据此预测政策运行对决策者、执行人员以及利益关系人的影响和需要的满足状况。所以，公共政策评估具有预测功能。

（3）反馈功能。健全的公共政策评估系统，能够及时有效地将政策方案及其运行状况、评估者的判断、预测、建议等信息反馈给决策者或执行人员。因此，公共政策评估具有反馈功能。

（4）矫正功能。公共政策评估是政策监控机制的重要组成部分，通过事实、价值评判，能够对政策运行进行监督控制，并参与或服务于决策者调整政策运行、矫正政策方案的活动。所以，公共政策评估也具有矫正功能。

（5）总结功能。公共政策评估系统能够对政策运行做阶段性或最终的评审，对政策运行的目标性、效率、影响力等做综合的分析、比较、总结，并为新的政策制定和运行奠定基础。

3. 公共政策评估的意义

在现代社会中，政府部门的角色越来越重要，政府公共管理活动的产品——公共政策对社会生活的影响也日益深刻。公共政策评估作为衡量公共政策成效的工具，其重要意义在于：

（1）公共政策评估是合理配置社会资源的有效手段。作为社会资源配置的重要工具之一，公共政策是对社会价值的权威性分配。一个国家的财政税收有一定的数目，政府预算也有其限额；换言之，国家的资源是有限的。在国家资源有限的情形下，公共政策成为政府分配资源（预算）的权威性决定，而通常并非每一个人都满意政府的政策制定。因此，如何通过公共政策评估来评价社会资源分配是否合理或者最有效率，乃是公共政策评估存在于当代社会的首要意义。只有通过公共政策评估，才能确认每项政策的价值，并决定投入各项政策的资源的优先顺序和比例，以寻求最佳的整体效果，有效推动政府各个方面的活动。同时，通过公共政策评估，也可以对照以往的政策资源分配情况，看其是否合理，总结经验，吸取教训，使政策活动优质高效地进行。

（2）公共政策评估是检验政策的效果、效益和效率的基本途径。任何政策如果投入运行后，就再没有人去做相关的评估反馈工作，那它的效果如何就不得而知。尤其是一项构思精良，经多方论证认定是无懈可击的政策投入运行以后，究竟有没有达到预期目标，产生预期效果，或产生了哪些非预期的连带的效果，都需要我们进行科学的评估工作。也就是说，评估人员要密切关注政策执行的动向，收集相关的资料和信息，再加以科学的分析、论证，得出可靠的结论，以确定该项政策是否有好的效果，执行过程是否效率很高以及它的效益所在。

（3）公共政策评估是决定政策去向的重要依据。一项政策在执行过程中总会呈现出一定的走向。伴随着政策目标实现程度的不断推进，该项政策应该继续、调整还是终结，都必须依据一定的客观资料。能够提供这种客观资料的有效活动只有公共政策评估。政策的走向一般分为三种情况：

①政策继续。即通过科学的评估，发现该政策所指向的问题还未得到解决，其政策环境也没有发生大的变化。基于这种情况，还适宜用原来的政策继续指导这个问题的解决。例如，通过第五次人口普查，确定我国计划生育政策的执行已经取得了显著效果，但我国人口多，基数大，所以要继续执行该项政策。

②政策调整。如果一项政策在执行过程中遇到了新情况、新变化，原来的政策已明显不适应新的政策情况，就必须对原有政策进行调整，以适应新变化，更好地

实现政策目标。

③政策终结。也就是完全终止原来的政策。政策终结分两种情况：一是政策目标已经实现，原有的政策存在已经没有意义，完成了一个政策周期，自然终结；二是政策环境或问题本身发生了非常大的变化，原有政策已明显不能解决问题，甚至会使问题变得更为严重，而且通过调整已无济于事，这时就需要终结旧政策，代之以新的、更为有效的政策。为了避免终结旧政策带来的混乱，旧政策的终结与新政策的出台最好能够同步。继续、调整还是终结，都必须建立在科学、系统、全面的公共政策评估基础上。

（4）公共政策评估是开始新的政策运行的必要前提。公共政策评估的总结功能决定了公共政策评估在重新确定政策目标、制定新政策时，能够总结经验教训，奠定基础。实际上，有的政策就是对原有政策分析评价的产物，是原有政策的继续和发展。

（5）公共政策评估是公共政策科学化、民主化的必由之路。在现代社会，国家管理活动中重要的一环就是利用公共政策来调整、组织社会生产和社会生活。随着社会的发展，各种新情况和新变化层出不穷，单靠传统的经验来决策已经不能应付日益复杂的决策问题。实践证明，经验决策必须向科学决策转变，而公共政策评估正是使决策迈向科学化的必由之路。通过公共政策评估，不仅可以检验政策的效果、效益和效率，更合理地配置政策资源，形成一种优先顺序和比例，而且可以与时俱进，随时抓住情况的变化，对政策做出继续、调整或终结的决定。从另一个角度来看，通过评估得出的结论体现了科学性，为下一步的民主决策奠定坚实的基础。因此，公共政策评估对于公共决策的科学化、民主化是不可或缺的。

（二）公共政策评估的类型

1. 正式评估和非正式评估

这是从公共政策评估组织活动的形式所做的划分。

正式评估是指事先制定完整的评估方案，严格按规定的程序和内容执行，并由确定的评估者进行的评估。它在公共政策评估中占据主导地位，其结论是政府部门评价政策的主要依据。正式评估具有评估过程标准化，评估方案科学化，评估结论比较客观全面的优点。缺点是要求的条件苛刻，不仅要有足够的评估经费和系统地掌握相关信息，而且要求评估者自身具备较高的素质。

非正式评估是指对评估者、评估形式、评估内容没有严格规定，对评估的最后结论也不做严格的要求，人们根据自己掌握的情况对政策做出评估。平时大量进行的评估都属于非正式评估。非正式评估具有方式灵活、简便易行的优点。通过非正式评估，不但可以全面了解政策的实际效果，还能够吸引社会各阶层的人士参与评估活动，增强公众的参与意识。但由于非正式评估者掌握的信息有限，再加上缺乏科学的程序和方式，因而得出的结论难免粗糙，容易犯以偏概全的错误，同时因其具有随意性，结论也难以收集和整理。

正式评估和非正式评估是公共政策评估的两种主要方式，它们各有优缺点。正式评估是占据主导地位的评估：直接关系到评估活动的质量，是应该大力提倡，不断改进的一种方式；非正式评估一方面可视为正式评估的必要准备，另一方面也是正式评估的一种重要补充。因此，在公共政策评估中，非正式评估和正式评估缺一不可，都应给予足够的重视。

2. 内部评估和外部评估

从公共政策评估机构的地位看，公共政策评估可分为内部评估和外部评估。

内部评估是由行政机构内部的评估者所完成的评估。它可分为由操作人员自己实施的评估和由专职评估人员实施的评估。

由政策制定者或执行者所进行的评估是内部评估的一部分，这类评估由于评估的主体本身就是政策的制定者和执行者，因而对整个过程具有全面了解，掌握了第一手资料，有利于评估活动的展开，评估者根据评估结论，对自己的政策目标和政策措施迅速地做出调整，使评估活动真正发挥作用。但是要求政府部门对自己的行为做出客观公正的评估，实非易事，这主要是由于：首先，评估就意味着批评，政策制定者和执行人员会尽力避免这样做，在他们看来，这样做无异是对他们本身能力的质疑，影响自己的声誉，因而评估中往往夸大成绩，掩盖失误；其次，评估往往代表着某一机构的局部利益，这使得公共政策评估容易走向片面性并带有浓厚的主观色彩；最后，公共政策评估是一项复杂而细致的工作，需要评估者系统地掌握有关的理论知识，并熟悉某些专门的方法和技术，对于操作人员来说，往往缺乏这方面的系统训练。

由行政机构中专职评估人员进行的评估也属于内部评估的范围，与操作人员进行的评估相比，由专职人员从事评估工作，可克服缺乏必要的技术方法，无法进行宏观分析等问题。但是，他们也置身于机构内部，这些专职评估仍然受到机构利益的牵制，他们必须处理好与操作人员间的关系，并听命于机构负责人的指示。因此，他们的评估也解决不了内部评估最大的痼疾，很难具备客观性。

外部评估是由行政机构外的评估者所完成的评估。可以由行政机构委托营利性或非营利性的研究机构、学术团体、专业性的咨询公司、大专院校进行，也可以由投资或立法机构所组织或由报纸、电视、民间团体等其他各种外部评估者自己组织。外部评估同内部评估相比，常常不带偏见，比较客观，但是获取资料困难，评估缺乏权威性，结论也不易受到重视。

由行政机构委托的评估是外部评估的一种最主要的评估方式。受行政机构委托的评估者，往往是研究机构、学术团体、咨询公司或高等院校的专家学者，由于他们较为超脱，一般能够客观地评估政策的是非功过；由于受行政机构委托的关系，评估资料的获取也较为容易，其评估结论也容易被行政机构所接受；而且评估者是掌握评估技术方法的专家，因而能够保证公共政策评估的质量。这是受行政机构委托的评估所具有的优点。但同时这种评估也有其致命的弱点，即由于评估者在评估经费和评估资料方面受到委托人的制约，为了获得评估经费，评估者可能牺牲原则，做出不科学、不公正的评估结论，从而使公共政策评估的科学性大打折扣。

由投资机构或立法机构组织的评估也是外部评估的一种重要形式。投资部门（如基金会）评估的目的是了解资源的使用情况，防止资源的滥用，侧重点在于经济利益；立法部门（如美国国会的会计总署）评估的目的是了解高额公共投资之后政策执行的效果如何，是否使政策对象和环境受益，侧重点在于政治利益。一般来说，由投资部门或立法机构组织的评估最为客观和公正，但评估的准确性取决于评估资料的真实性与充分性。由于这种评估的结论对行政机构的利益得失至关重要，因而行政机构往往采取隐瞒真实情况、提供虚假信息的方法影响评估。所以，评估者也可能被虚假信息所迷惑，做出失真的评估结论。

除上述两种类型的外部评估之外，还有一种评估是由社会某些组织、团体和个人自发进行的评估。例如，专门的评估机构、某些研究机构、专家学者、新闻媒体和个人自发地对某些公共政策进行评估。这种评估没有机构或部门利益，反映的是社会公众的观点，因而评估的态度最为客观，但多因经费短缺，评估活动难以深入进行；同时囿于不了解重要的评估资料，评估结论也不被重视。

从以上分析可以看出：内部评估和外部评估各有利弊，因而在实践中，我们应把内、外评估结合起来，取长补短，以提高评估质量。

3. 事前评估、执行评估和事后评估

从公共政策评估在政策过程中所处的阶段来看，公共政策评估又可分为事前评估、执行评估和事后评估。

事前评估是在政策执行之前进行的一种带有预测性质的评估。这种从单纯的事后检测变成事前控制的工具是公共政策评估领域的一次重大突破。事前评估的内容包含三方面：

（1）是对政策实施对象发展趋势的预测。政策是面向未来的，对未来的趋势、发展规律把握得如何，决定着政策的成败。

（2）是对政策可行性的评估，通过分析主客观条件和不利因素，对政策的可行性做出评估。一项政策的实施具有多种可能性，有的政策虽一时可行，但从长远看则弊端重重；有的则是局部可行，而在全局则不可行。通过事前评估就可以使得决策者在选择或实施政策时进行严格的时空限制和规定。

（3）是对政策效果进行评估。即通过对政策内容和外在环境的综合分析，对政策实施可能产生的效果做出评估。

事前评估要求对评估对象进行全面的、多向的、开放的、动态的测试和研究，要求从根本上尊重科学、尊重事实，一切从实际出发，排除盲目无知的主观性，以收到良好的效果。现代科学技术尤其是电子计算机的发展，使得人们在政策执行以前就能对政策执行效果做出准确的估计，勾勒出政策的未来轮廓，使决策者看到政策实施的有利因素和成功之处；同时也对不利因素和失败的可能有一定的思想准备，一旦出现意外情况，也可随机处置，将政策执行所致的损失降至最低程度。这也就是说，事前评估带有一定的超前性和预测性，可以做到防患于未然。当然，在政策实施过程中，有时系统结构产生一定的变化，旧有的稳定性受到破坏，有时会发生意外情况和事件对政策的干扰，因此，事前评估与未来的事实和实际的成效还有一定的距离。

执行评估就是对在执行过程中的政策实施情况的评估。由于政策问题的复杂性，政策执行过程中会遇到许多问题，这是政策制定者始料未及的，只有通过政策执行才能暴露出来。执行评估，也即具体分析政策在实际执行过程中的情况，以确认政策是否得到严格地贯彻执行，是否作用于特定的对象，是否按照原有政策设计执行，人、财、物是否到位，政策与政策对象和政策环境是否有冲突，政策实施机构是否高效合理，实施人员的原则性、灵活性、创造性和效果如何。从这个意义上说，政策执行评估伴随着政策执行同步进行。不仅要积累有关资源投入、具体措施、相关事件、实际运行的资料，还要分析、寻找和预测政策设计和执行中的缺陷和失误，并反馈给政策执行人员和决策者作为修订政策、完善执行活动的参考。政策执行评估有利于对政策执行过程进行控制和管理。一般来说，政策实施过程中出现的问题不外乎两种：①政策本身的问题，自身有失误或不适应变化的环境；②执行的问题，即未能按计划付诸实施，其原因或为投入的人、财、物等资源缺乏，或是外在因素的干扰，或是执行人员素质低下，或是政策对象的抵制和不与合作，或是执行方法欠妥等。如此不一而足的问题在执行过程中都会显示出来。通过执行评估可以弄清原因，从而有的放矢，及时因人、因事、因地制宜，或修正政策，或加强某个环节，或弥补资源的不足。对群众不了解、不理解的政策要重新做宣传教育解释工作；对于未落实的工作，要督促落实；对政策实施机构不合理的、效率不高的要调整，人员素质差的要加强训练或补充，使执行过程得到较好的控制和管理。此外，政策执行评估也有助于效果评估，一项政策实施后效果如何，可以从执行过程中得到某种解释，执行评估因其独特的作用被视为政策执行的重要方法，为执行机关的领导所重视。

事后评估是政策执行完成后对政策效果的评估，旨在鉴定人们执行的政策对所确认问题达到的解决程度和影响程度，辨识政策效果成因，以求通过优化政策运行机制的方式，强化和扩大政策的效果。事后评估在政策执行完成以后发生，是最主要的一种评估方式。公共政策评估的主要任务也就是依据一定的标准和方法，具体考察一项政策的执行在客观上对社会、政治系统、自然环境、某些团体和个人产生了什么样的影响，综合分析一项政策的效果，作为政策过程的总结，效果评估对政策所做的价值判断最具有权威性和影响力。根据效果评估可以基本上决定一项政策的延续、改进或中止，以及长期性的政策资源的获取和分配问题。在进行效果评估时，评估者必须注意分清预期效果和意外效果、实际效果和象征性效果、短期效果和长期效果，在此基础上加以综合分析，以便对政策的价值做尽可能全面而客观的判断。为了弥补人们认识能力的局限，也为了尽可能节约政策执行的资源，减少或避免资源的浪费，政策的决策者、规划者和执行者都必须重视效果评估，从中发现政策的成败，及时扬长避短。在效果评估时应特别注意政策影响，即政策产出对个人、团体、社会、自然环境、政治系统发生的作用，以判明政策的影响，以此反观政策的价值。

（三）公共政策评估的标准

公共政策评估标准包括适用于各种公共政策评估的一般标准、可选择适用于特定公共政策评估的具体标准和运用于实际公共政策评估的操作指标三个方面的内容。

1. 公共政策评估的一般标准

（1）实践标准。实践是检验真理的唯一标准，也是检验政策是否科学有效的基本标准，任何政策评估都必须注重实践，以事实为根据，实事求是。毛泽东曾经指出："政策必须在人民实践中……才能证明其正确与否，才能确定其正确和错误的程度。"

（2）生产力标准。①发展社会生产力是我国社会主义的根本任务。那么，是否有利于生产力的发展和社会进步是公共政策评估的最根本标准。毛泽东指出："中国的一切政党的政策及其实践在中国人民中所表现的作用的好坏、大小，归根到底，看它对于中国人民的生产力的发展是否有帮助和帮助的大小，看它是否束缚生产力，还是解放生产力的。”

②在我国改革开放和现代化建设的时期，生产力标准又得到了丰富和发展，形成了“三个有利于”标准，就是指对政策是非得失的评价，归根到底，要以是否有利于发展社会主义的生产力，是否有利于增强社会主义国家的综合国力，是否有利于提高人民的生活水平为标准。

（3）民意标准。在我国，民意标准是社会主义民主、人民当家作主的必然要求，也是党的群众路线，从群众中来，到群众中去的具体体现。正确、科学的政策必须是顺乎民心、符合民意，为广大人民群众所认同、拥护的政策；必然是深入了解民情、充分反映民意、广泛集中民智的政策；也必须是保障和发展无产阶级和广大人民群众利益的政策。因此，公共政策评估不只是决策咨询人员、技术专家的事，必须有人民群众的参与、支持与认同。

2. 公共政策评估的具体标准

公共政策评估的具体标准是一般标准的具体化和实用化。在公共政策评估中，可以根据实际状况和主观需要，选择运用各种具体标准。

（1）政治标准。具体测定政策及其运行在政治方向原则、政治民主、依法治国、政治稳定、民族团结、国家统一、反腐倡廉、意识形态、对外关系等政治方面的功效和是非得失。

（2）经济标准。主要是测定政策及其运行对经济体制改革、对外开放、建立社会主义市场经济体制、经济效益、社会资源配置状况以及政策系统的运行效率等方面的经济性效果。

（3）道德标准。主要是测定政策及其运行对于社会主义精神文明建设，提高全民族的思想道德素质，培养有理想、有道德、有文化、有纪律的公民以及社会公德和职业道德等方面的利弊和效果。

（4）技术标准。主要是分析政策制定和运行的科学性、技术性、可行性以及对科学技术发展的功效。

（5）社会标准。主要测定政策及其运行对于社会的发展与现代化、社会公平与稳定、生态平衡与环境保护、人口的数量与质量、文化与体育等社会各方面的影响力状况等。

3. 公共政策评估的操作指标

对每一项政策进行个案的或比较性的评估都要选择可操作的测评指标，这种测评指标也是政策评估内容的具体化。学者们总结提出了以下指标，可供评估者选择。

（1）政策投入。政策投入是指在政策运行过程中资源投入的质量以及分配状况，实际上是评价政策运行的成本投入，即资金的来源与支出、执行人员的数量与工作时间、政策资源与政策对象的关系等。归纳起来，又包括：

①交替费用，指新旧政策交替时所必须花费的费用。

②执行费用，指为了执行新政策所必须花费的人力、物力、财力的总和。

③时间费用，即资源的时间价值。

④培训费用，指为了执行新政策而对执行人员进行培训所花的费用。

（2）政策绩效。政策绩效是指政策运行对于实现政策目标的实际结果和对于社会环境的影响力。政策结果有直接的或间接的、经济性或非经济性的；政策影响力既有人们预料到的或期望的，也有未预料的到或不期望的。通过政策绩效评估，可以具体考察政策目标的实现状况和政策及其运行对社会的影响与功能作用。

（3）政策效率。政策效率是指政策运行绩效与政策投入之间的比率，表现为政策运行的成本效益和政策系统的运行效率。因此，评估政策效率，一方面可以考察政策本身在经济上、技术上的优劣，另一方面又能测定政策系统的组织状况、管理能力和工作水平。

（4）政策回应程度。政策回应程度又称充分性，是指政策的运行对于政策问题的解决，人们需求、价值或机会的有效满足程度。政策的制定和实施的最终目的在于解决社会所提出的问题。即使政策计划和目标实现了，但未能有效地解决社会问题，也不能让人民群众和社会满意与认同。因此，公共政策评估必须将政策对人民和社会的回应程度作为重要标准。

（5）政策公平性。政策公平性是指政策及其运行对于社会资源、经济利益、价值、机会等在社会利益群体之间的分配状况、公平程度。利益的公平分配是现代民主、文明和现代化的必然要求和重要指标，政策的公平性也是考察政策及其运行民主化、科学化的重要指标。

（6）政策适合性。政策适合性是指政策及其运行与一国国情和利益偏好的适应程度。再理想的政策如果不能适合各国国情，不能为社会所认同和接受，不能适应社会的普遍利益偏好或价值取向，也难以实施或者终究要失败。因此，评价政策的适合性，有助于建立健全具有中国特色的政策运行系统和机制，有助于建设有中国特色的社会主义。

（7）政策执行力。政策执行力是指政策在社会上的实际贯彻执行的能力和状况，包括政策系统克服困难推行政策的方法、措施和能力，以及某一项政策在实际运行过程中的权威性、完整性，公众和社会对政策措施的了解、服从状况等。政策执行力的高低直接决定政策运行的效果，因此，政策评价不能忽视对政策执行力的分析、评价。

（8）政策比较效果。政策比较效果是指运用纵向比较或横向比较法、同质比较法或异质比较法对政策及其运行进行比较分析而获取的政策效果。考察政策的比较效果是政策评价的重要方法和重要指标。

（9）社会发展总指标。社会发展总指标是指政策及其运行对社会发展的总体影响状况。在考察上述各指标的基础上，总体地分析、评价政策及其运行对社会发展的影响和作用，是政策评价工作的逻辑归属。

（四）公共政策评估的程序

所谓程序，是指对某种活动进行的步骤、次序等的规定或计划。许多事务的处理要讲程序，公共政策评估活动也不例外，也要遵循一定的程序或步骤。一般来说，公共政策评估活动存在三个相互关联的程序，即评估准备、评估实施和评估总结。

1. 评估准备

正如一项工程在施工之前要进行严密、精心的设计一样，每项公共政策评估在实施以前也都要进行周密的准备工作。评估准备阶段对于公共政策评估具有重要的意义。如果准备工作比较充分，就能抓住关键的政策问题，明确评估的中心和重点，避免盲目性，使公共政策评估工作顺利进行。评估准备阶段的主要任务包括：

（1）确定评估对象。这是评估工作的第一步。只有解决好评估什么，才能把评估的目的、标准与方法等要素随之确定下来。公共政策的相关性和多样性，决定了在确定公共政策的评估对象时要有所选择，不能随意或胡乱评估某一公共政策。这就要求做到：一方面选择的评估对象必须确有价值，能够通过评估达到预定的或可能的目的；另一方面所选择的评估对象又必须是可以进行评估的，即从时机、人力、物力、财力上看均能满足评估所需要的基本条件。

（2）明确评估目的。所谓明确评估目的，就是确定为什么要进行评估的问题。评估目的可能不止一个，但往往要确定其主要的目的。评估目的决定了公共政策效果评估的基本方向。只有解决了为什么要进行评估，才能使各类参与评估者及其直接评估者步调一致，朝着既定的方向迈进。

（3）选择评估标准。评估标准有一般标准，也有具体标准；有国外的标准，也有国内的标准。这就要根据情况做出适当的选择。实践中，评估标准一般都要进一步量化，即采用“指标体系及其指标体系的集合”来实施评估活动。

（4）培训评估人员。评估人员是公共政策效果评估系统构成要素中的最主要的要素。其素质的高低、专业化程度、评估态度、敬业精神、评估立场等都直接影响评估的质量。因此，培训和选择评估人员，提高他们的业务水平及其综合素质至关重要。

（5）撰写评估方案。一个完整的评估方案应包括：①阐述评估对象；②针对所要评估的公共政策，明确评估的目的、意义与要求；③提出评估的基本设想，根据评估目标，确定评估的内容与范围；④确定评估标准，决定评估类型，并选择评估的具体方法；⑤写明评估的场所、时间，规定工作进度的有关计划；⑥写明评估经费的来源及筹措与使用等；⑦其他内容。

2. 评估实施

评估实施是整个评估过程中的关键环节，主要任务是采集评估信息、统计分析评估信息。这一阶段工作的效果直接决定着公共政策效果评估的成功。评估实施大致包括以下几个方面的内容：

（1）采集评估信息。公共政策效果评估的过程，实际上是一个信息过程，即收集—整理—反馈—再收集—再整理—再反馈的过程。所以，采集评估信息十分重要，可以说是评估中的一项基础性的工作。其主要任务是利用各种社会调查手段，全面收集有关公共政策制定、法律化、执行等的第一手资料。收集资料的技术与方法有很多种，常用的有：观察法；查阅资料法，如查阅政策运行记录等；调查法，如开会调查、个别访问、问卷调查等；个案法，如典型分析；实验法等。这些方法各有特点和应用范围，最好是交叉使用、相互配合，力求所获信息具有广泛性、系统性和准确性。

（2）分析评估信息。这个阶段是对采集到的评估信息进行统计分析处理的阶段。由于采集所获得的信息都是原始数据，比较分散、杂乱，所以需要对其进行系统的整理、分类、统计、综合和分析。统计分析的方法很多，根据统计学原理，公共政策效果评估通常采用多变量统计分析等方法，对各类数据进行系统研究。单项指标评估是多变量统计分析方法在评估指标法中的具体化，它是查明各项评估指标的实现程度的基础。如果问题复杂，还可分单项指标和单类指标，如经济类指标中包含成本、利润、税金等多个指标。单项指标都具有较强的业务性，需要较多的具体数据。每个单项指标，在整个评估系统中所处的位置与作用是不同的，需要确定它们的权重。在各类与各个单项指标的基础上，还要进行整体综合评估。

（3）形成初步结论。在综合统计分析评估信息之后，紧接着就是要运用直接比较法、综合比较法、成本效益分析法、前后对比分析法或统计抽样分析法等具体的方法，给出一个初步的评估结论。在进行评估时，要坚持评估资料的真实性、全面性、多样性，以及具体分析的客观性、可比性、科学性等几个原则，客观、公正、真实、准确地反映公共政策的实际效果，给出评估结论。

3. 评估总结

这是公共政策评估的结束阶段。这个阶段是处理评估结果、撰写评估报告的阶段。公共政策评估离不开价值判断，个人的价值判断受客观条件和一些非理性因素的影响，难免有疏漏。因此，当我们收集评估信息，得出评估后，还必须妥善处理。首先，要自我检验、统计分析评估信息所得出的结果的可信度和有效度。其次，让评估结论与政策设计者、决策者、执行者、参与者见面，以便发挥评估的诊断、监督、反馈、完善和开发作用，提高政策的科学性。

评估总结包括以下两个方面的内容：

（1）撰写评估报告。撰写评估报告是出成果的阶段，所以特别重要，为此要注意三点：①对初步结论要再做一次简明扼要、提纲挈领地分析总结，然后给出一个正式的评估结论；②在评估报告中，除了要写好价值判断部分外，还必须写好政策建议部分及整个评估工作的说明。实践中，有不少评估人员只重视价值判断部分，对后几部分则不以为然，这是不可取的；③要正确看待决策者对评估报告的价值的不同观点。无论评估报告的价值高低抑或好坏，决策者与评估者的认识常常存在这样或那样的分歧：那些一开始就勉强同意或不赞成对某项公共政策进行评估的决策者，自然对评估报告毫无兴趣；而那些支持评估的决策者，对评估报告所提出的公共政策建议可能有三种态度：全部采纳、部分采纳和不采纳。盲目地全部采纳是不可取的，无须再讨论。问题在于部分采纳和不采纳上。对评估者来说，他们总希望自己提出的建议能被决策者所接受。因此，决策者和评估者之间的分歧必然存在，妥善地处理这些问题对二者都显得很重要。

（2）总结评估工作。在撰写好评估报告之后，接下来就是对评估工作进行系统的总结。总结是对本次评估活动进行一番全面的回顾，评估工作中的优缺点，总结经验，吸取教训，为以后的公共政策评估活动打下基础。这一阶段通常的做法是写一个“关于××公共政策效果评估的工作报告”。至此，公共政策效果评估工作全部结束。

（五）公共政策终结

1. 公共政策终结的含义

所谓政策终结就是公共政策的决策者通过对政策进行评估后，采取必要的措施，以终止那些错误的、过时的、多余的、无效的或引发了重大不良后果采取必要措施予以终止的行为。

2. 公共政策终结的对象

一般说来，政策终结的对象有四种类型：

（1）权力与责任的终结。政策执行首先表现为权力的履行和责任的承担，而政策的终结则预示着相应权力的丧失和相关责任的放弃。就政策的执行机构而言，那些与政策有着切身利益关系的人，对自有权力的丧失会产生强烈的心理抵触。这个问题处理不好，政策终结就会遇到很大的障碍。

（2）功能的终结。所谓政策功能的终结，就是终止由政策执行带来的某种或某些服务。政策功能主要表现为政策执行机构所提供的服务或管制，政策终结则预示着相应服务的停止或相关管制的撤销。从撤销管制角度而言，说明政府在给社会松绑，当然会有良性的社会心理反应。政府丢弃一些“紧箍咒”，老百姓当然举双手赞成。但从停止服务的角度而言，势必会使目标群体的一些既得利益受到损失，因此可能遭遇一定程度的社会心理抵抗。

（3）组织的终结。毫无疑问，政策执行活动是组织活动，必须通过一定的组织机构完成，而政策终结通常会伴随相关组织的缩减或撤销。有些组织机构是为执行某项政策专门设立的，伴随政策的终结，这类组织机构当然没有继续存在的必要。而另一些组织，由于同时承担多种政策的执行职能，某项政策的终结并不足以导致组织的撤销，往往只是对其规模、经费等方面构成影响。然而，不论是哪种形式的组织终结，都会遇到一定的障碍，受到不同程度的抵制，因为它直接影响组织内部人员的切身利益。任何一项政策活动都是通过组织来推动的，因此，政策的终结通常也伴随着组织的缩减或撤销，这就是组织的终结。此外，某项政策的功能很多时候并不是由一个机构单独承担的，而是由许多不同的机构共同承担的，所以，政策终结还必须重视组织协调工作。

（4）计划的终结。计划的终结也称项目的终结，指的是执行政策的具体手段的终结。在所有终结的对象中，计划的终结是最常见也是最容易达成的。

3. 公共政策终结的方式

政策的终结应当由公共权力机关通过合法的程序做出决定，并以文件、公告等形式向社会宣布终结的指令。一般说来，政策终结的方式有五种：（1）政策废止；（2）政策替代；（3）政策分解；（4）政策合并；（5）政策缩减。

总而言之，政策终结是一项重大的政策行动，不是件容易的事情。无论是权力和责任的终结，还是功能和机构的终结，往往会导致一些现状的改变，自然会涉及利益的重新分配。因此，政策终结不可避免地会遇到来自方方面面的阻碍。

4. 公共政策终结的原因

导致政策终结的原因有两个：一是经过评估认为政策的目标已经实现，政策问题也已得到解决，政策没有继续存在的必要，应该予以终止；二是经过评估发现政策存在的失误或局限使其无法解决所面临的问题。如果继续执行不仅浪费资源，而且会带来不良后果，因此必须予以终止。

5. 公共政策终结的意义

公共政策终止对政策的变迁和发展具有重要作用。

（1）政策终结有利于节省政策资源。政策的运行必须支付一定的成本，即要耗费政策资源。如果一项政策已经过时失效或一开始就无效，却仍旧让它存在并处于运行状态，这时支付出去的资源非但不能取得效益，而且还会给社会带来危害，这实际上就是资源的浪费。及时地终止失效的或无效的政策，就可以将人力、物力和财力组织配备到新的政策实施中，让有限的政策资源发挥出更大的作用。

（2）政策终结有利于促进政策优化。一个国家的公共管理部门，在一定时期必须选择和配置最优化的一系列政策，构成政策系统来解决相互关联的社会公共问题。当一些无效的政策或过去曾经有效而现在效用已经逐步丧失的政策，仍旧在政策系统中占据位置，整个政策系统就得不到更新，政策系统的结构与组合就不是最佳的。只有将无效的、过时的政策废止、合并、分解、缩短，才能使政策系统不断地优化，从而更能与环境相适应，更加符合社会发展需要。

（3）政策终结有利于提高政策绩效。公共管理部门要对社会公共领域实施最有效的管理，使公众的利益得到最公正的调节，不可能指望通过一两个政策的实施就能实现这一目的。它必须运用政策运行的周期性特征，不断地将绩效变得低下的旧政策适时地淘汰、更换、废止，让新的政策发挥出效能。通过政策的这种周期性的循环，一直保持较高的政策绩效。

6. 公共政策终结的障碍

政策终结通常会受到许多方面的影响和制约，因此，妨碍政策终结的因素也是多方面的。一般来说，一项政策的终结可能会遇到的障碍因素至少包括以下五个方面：

（1）心理上的抵制。政策制定者不愿意承认政策的缺陷或失败，一方面，他们认为现有的政策是通过周密考虑精心制定出来的；另一方面，他们感到若承认政策失败则等于承认他们工作中的错误，因而造成心理上的包袱。政策执行者也同样不愿承认政策的失败，因为在政策活动中凝聚着他们的智慧和劳动。尤其是当政策能使他们获得某些既得利益时，这种心理上的抵制就更为强烈。

（2）组织的持久性。组织机构的持久生命力表现在以下几个方面：组织机构的功能性；组织机构的保守性；组织机构的适应性。

（3）反对势力的联合。当政策终结前，反对终结的势力往往会自觉或不自觉地联合起来以抵制终结。那些反对政策终结的力量一旦结成一个共同体，就能极为有效地威胁政策终结行为，妨碍政策终结的顺利实施。

（4）法律上的障碍。任何政策的确定和组织的组建，都是通过一定的法律程序进行的。同样，政策的终止和组织的撤销也必须经过一套法定的程序。这一过程不仅耗时费力，而且操作起来也比较复杂，有时常会延误终结的时机。

（5）终结的高昂代价。代价包括两方面的内容，一是沉淀成本，二是终结行为本身要付出代价。沉淀成本指已经投入并且无法收回的成本。另外，进行终结本身也需要付出高昂的代价，不仅要筹措终结所需的各项费用，以制定和执行新的政策，组建新的机构，而且还要冒得罪某些有势力的反对力量的风险。政策决策者很有可能在这些高昂代价的重压之下，改变初衷，放弃终结。

六、公共政策扩散

（一）公共政策扩散的含义及特征

政策创新扩散研究先驱——美国学者沃克（Walker）将政策创新定义为一个政府首次采纳的政策或项目，无论这个政策或项目已出现多久，也无论其他政府是否已经采纳它。[①] 不同层级和区域政府相继采纳某项政策或项目的过程就是政策扩散。[②] 理解政策过程理论中的政策创新概念需要特别注意以下几点：第一，政策创新不同于经济学理论和科技发展中的“创新”，它指的是一个政府采纳一项对于自身来说新的政策，而不论这项政策是否曾经在其他政府采纳过，即不追求原创性。本质上，政策创新是政府采纳或不采纳某项新政策的决策行为。第二，政策创新的主体是政府，既可以是地方政府，也可以是中央政府。政策创新过程中可能出现各类加速或延缓政策采纳的行动者，他们是政策创新活动的参与者，影响政府是否采纳政策。第三，政策创新的客体，即被采纳的政策或项目既可以是一个具体的政策事项或政策工具，也可以是一种行政理念和宏观战略规划。第四，政策扩散与政策

① Walker, J. L. The Diffusion of Innovations among the American States［J］. The American Political Science Review, 1969, 63（3）: 880—899.

② Rogers, E. M. Diffusion of Innovations［M］. New York: Free Press, 2003.

创新往往是一个连续而不可分割的过程，相比而言创新研究侧重于解释政策采纳与否的瞬时状态及其原因，扩散研究则更重视阐明不同政府采纳政策的历时性动态机制。①

随着西方政策创新扩散研究不断丰富和发展，学者定义了许多与政策创新扩散相关但略有区别的概念，容易产生混淆，有待厘清。政策发明（Policy Invention）是指政府采纳具有原创性的政策理念、项目和具体政策方案。② 它与政策创新最大的区别就在于被采纳的政策是否具有原创性。政策创新的概念集合包括并大于政策发明。政策扩展（Policy Expansion）则将政策采纳视作一个连续决策过程，指的是政府在采纳某项政策之后对政策所做的进一步改变。③ 政策转移（Policy Transfer）指的是将一个政治系统中有关政策、行政安排、机构与思想的知识运用到另一个政治系统的过程。政策转移比政策扩散的定义要严格许多，这一概念多用于研究国与国之间的政策传播过程，常见于欧洲学者论文中。政策学习（Policy Learning）指的是决策者评估其他政府已经采纳过的政策或项目实施成效，以此为依据做出是否采纳该项政策决定的过程。总体而言，这些概念是西方政策创新扩散研究传统下的衍生物，与政策创新扩散既有区别又有联系，在概念指向上共性大于差异，反映的是政府采纳政策及扩散的不同维度。

综上所述，本书认为，公共政策扩散（Policy Diffusion）是指一种政策活动从一个地区或部门扩散到另一地区或部门，被新的公共政策主体采纳并推行的过程。

（二）公共政策扩散的模式④

1. 自上而下的层级扩散模式

自上而下的层级性公共政策扩散模式，是在政府科层组织体系内部，上级政策推动者选择和采纳某项政策，并用行政指令要求下级采纳和实施该项政策的公共政策扩散模式。

---

① 朱旭峰．地方政府创新经验推广的难点何在——公共政策创新扩散理论的研究评述［J］．人民论坛（学术前沿），2014（9）．

② Berry，F. S 和 Berry，W. D. State Lottery Adoptions as Policy Innovations：An Event History Analysis［J］．The American Political Science Review，1990，84（2）：395—415.

③ Boehmke，F. J.，和 Witmer，R. Disentangling diffusion：The effects of social learning and economic competition on state policy innovation and expansion［J］．Political Research Quarterly，2004，57（1），39—51.

④ 王浦劬等．中国公共政策扩散的模式与机制分析［J］．北京大学学报（哲学社会科学版），2013（6）．

这是目前中国较为常见的公共政策扩散模式，具有行政指令性特征。中国作为单一制国家，政府机构组织具有明显的层级化、集权化特点，作为公共政策扩散行动主体的上下级政府之间，具有政府权力的命令和服从关系。因此，在中央、省市自治区、地（州、旗）级市、县级市和乡镇构成的五级政府体制中，由上级政府及相关部门制定的政策，往往直接通过政策落实和政策执行等方式，迅速扩散到下级政府及相关部门。这种自上而下的公共政策层级扩散路径或者是“政策全面铺开”，或者是“政策局部地区试点—全面推行”。

2. 自下而上的吸纳辐射扩散模式

“吸纳—辐射”的公共政策扩散模式集中体现为“地方政策创新—上级采纳—推广实行”。

地方政府作为中国公共政策扩散的行动主体，在中国政府公共政策创新和探索中具有较大的政策空间。对于省级政府而言，这一空间尤其明显。随着中国行政管理体制改革的深化和政府职能转变的推进，省级政府在多方面公共政策制定和实施中具有自主权。因此，省级政府常常是自下而上地吸纳辐射公共政策扩散模式的首创主体。中国政府层级之间的这种公共政策创新和扩散的路径，不同于公共政策试点—全面推行路径，两者的区别在于：下级政府在公共政策创新和扩散过程中具有主动性、首创性作用，公共政策的创新扩散并非仅仅出于上级政府部门关于特定公共政策的行政试点指令。

3. 同一层级的区域或部门间扩散模式

“同一层级的区域或部门间”扩散模式，是指在同一政府层级，由于作为公共政策扩散主体的区域政府或政府部门的作用，公共政策也会出现区域、部门之间的扩散模式。

这种模式主要体现在以下三方面：

第一，邻近区域、城市间的公共政策扩散。中国的公共政策实践表明，政策创新性扩散活动具有近邻效应。由于邻近区域、城市间政府信息交流频繁，邻近区域、城市间政府容易获得政策创新的信息，加上邻近区域和城市政府在提供公共物品和服务中具有竞争关系，进而驱使相邻区域和城市政府倾向于积极采取政策跟踪和政策学习方式，由此客观上推动了公共政策扩散。经验表明，这种公共政策扩散模式会形成空间上的公共政策创新集聚现象。

第二，部门间的公共政策扩散。从中国的公共政策实践来看，其政策扩散呈现政策部门之间扩散的鲜明特点。

第三，区域间的公共政策位移扩散，即公共政策呈现跨区域的位移扩散。这方面的主要表现是：在学习机制和模仿机制的驱动下，作为主导社会经济发展和公共政策扩散重要主体的中国地方政府，积极促使公共政策由政策领先地区向政策跟进地区扩散。

4. 不同发展水平区域间政策跟进扩散模式

在公共政策系统中，公共政策扩散具有梯度性。由于公共政策在时间和空间上存在势能差或位势差，公共政策通常会沿着扩散动力源向周围政策势能较低的地区扩散。

当前，这种模式在中国的集中表现是，相同的公共政策及其活动从东部发达地区向中西部地区扩散。改革开放以来，我国经济发展首先采取非均衡发展战略，允许一部分地区、一部分人先富起来，以先富带动后富。这些经济活动反映到公共政策领域，使得东部发达地区处于政策领先地位，成为中西部地区经济发展和公共政策学习的跟进对象。中西部地区对于东部地区的公共政策学习和跟进造成的公共政策扩散模式，主要集中体现在经济政策领域。

第三节　政策工具

一、政策工具的含义

对于什么是政策工具，由于研究者们的理解角度不同，给出的定义也是各不相同。有学者把政策工具定义为“影响政策过程以达到既定目的的任何事物”，或“一个行动者能够使用或潜在地加以使用，以便达成一个或更多的目的的任何事物”；也有学者通过分类或列出几组具体工具来对政策工具进行描述。这些观点都把工具看成拥有某些共同特征的活动，例如一项计划、一条法令；还有学者认为工具只具有正式（官方）和合法性特征，如尼达姆的定义就是“相对于公共主体的可用的具有合法性的治理”，许多坚持工具的正式特征的学者都赞成这个定义。然而，显而易见的是政策工具不仅仅具有正式特征，现实中还存在着大量非正式工具。

得到广泛认同的观点是把政策工具看成一种“客体”，如胡德就认为“工具”概念可以通过将之区分为“客体”和“活动”从而得到更明晰的理解。首先，工具可以被当作“客体”，尤其是在法律文献中，人们把法律和行政法规说成是工具，它指的是形成法律和法规的一整套命令和规则。其次，工具也可以被当作一种“活动”，如林格林就把工具概念描述为“致力于影响和支配社会进步的具有共同特性的政策活动的集合”。然而，这种区分定义法却在一定程度上模糊了“政策”和“工具”这两个概念之间的界限。如果说政策是“与某一社会问题相联系的行动或行为”，那么，政策工具又是什么呢？因此，人们更倾向于把政策工具看作“客体”。不幸的是，这种定义在将之具体化时却存在着困难。

另外，欧文·休斯在《公共管理导论》一书中将政策工具定义为“政府的行为方式，以及通过某种途径用以调节政府行为的机制”。我国学者张成福的定义则是：“政府将其实质目标转化为具体行动的路径和机制”。

要界定什么是政策工具，必须弄清楚以下内容。首先，政策工具存在的理由是为了实现政策目标，它是作为目标和结果之间的桥梁而存在的；其次，政策工具仅仅是手段，而不是目的本身。“条条大路通罗马”，政策工具的范围相当广泛，对政策工具的选择也具有相当大的灵活性，最后，政策工具的主体不仅仅是政府，其他主体也可以拥有自己的工具。

综上所述，我们将政策工具定义为：人们为解决某一社会问题这一政策目标而采用的具体手段和方式。

二、政策工具的类型

欧文·休斯在《公共管理导论》一书中认为：绝大多数的政府干预往往可以通过四方面的经济手段得以实现。①供应，即政府通过财政预算提供商品和服务；②补贴，事实上是供应的一种补充手段，政府正是通过这种方式来资助私人经济领域的某些个人，生产政府需要的商品和服务；③生产，指政府生产在市场上出售的商品和服务；④管制，指政府运用国家强制力批准或禁止私人经济领域的某种活动。

林德和彼得斯认为政策工具是多元的，他们列出了以下政策工具：命令条款、财政补助、管制规定、征税、劝诫、权威、契约。

我国学者张成福在《公共管理学》中，按政府介入的程度对政策工具进行了分类：政府部门直接提供财货与服务、政府部门委托其他部门提供、签约外包、补助或补贴、抵用券、经营特许权、政府贩售特定服务、自我协助、志愿服务和市场运作。

陈振明教授将政策工具分为三大类，即市场化工具、工商管理技术和社会化手段。市场化工具指的是政府利用市场这一资源有效配置手段，达到提供公共物品和服务的目的，民营化、用者付费、管制与放松管制、合同外包、内部市场等具体方式都可以用来帮助政府达成政策目标。作为政策工具，工商管理技术是把企业的管理理念和方式借鉴到公共部门中来，吸取有效经验达成政府的政策目标，包括战略管理技术、绩效管理技术、顾客导向技术、目标管理技术、全面质量管理技术、标杆管理技术和企业流程再造技术等。社会化手段是指政府更多地利用社会资源，在一种互动的基础上实现政策目标，如社区治理、个人与家庭、志愿者组织、公私伙伴关系等。

荷兰经济学家科臣（E. S. Kirschen）最早试图对政策工具加以分类，他着重研究这样的问题，即是否存在一系列的执行经济政策以获得最优化结果的工具。他整理出 64 种一般化的工具，但并未加以系统化的分类，也没有对这些工具的起源和影响加以理论化探讨。美国政治学家西奥多·罗威、罗伯特·达尔（Robert Alan Dahl）① 和查尔斯·林德布洛姆（C. E. Lindblom）② 等人也做过类似的研究，但他们倾向于将这些工具归入一个宽泛的分类框架中，如将工具分为规制性工具和非规制性工具两类。萨尔蒙推进了他们的讨论，增加了开支性工具和非开支性工具两种类型。

著名政策分析家狄龙将政策工具划分为法律工具、经济工具和交流工具三类，每组工具都有变种，可以限制和扩展影响行动者行为的可能性。另一种更新近的三分法是将政策工具分为管制性工具、财政激励工具和信息转移工具。胡德提出了一种系统化的分类框架。他认为，所有政策工具都使用下列四种广泛的“政府资源”之一，即政府通过使用其所拥有的信息、权威、财力和可利用的正式组织来处理公共问题。麦克唐纳尔和艾莫尔根据工具所要获得的目标将政策工具分为四类，即命令性工具、激励性工具、能力建设工具和系统变化工具。英格拉姆等人也做出了一

---

① 达尔以其对多元主义民主理论的贡献著称，该理论认为自由民主体制下的权力广泛分布于公民、利益集团和政党之间，没有单一的占绝对地位的团体或联盟。这种观点的提出，一方面是为了回应对自由民主的批评，另一方面也是为了发展一个更为成熟的民主政治模式。他认为一个以政治商讨、竞争性选举和多元精英为特征的政体才是现代民主的唯一模式。

② 林德布洛姆是美国著名政治经济学家、当代西方著名学者，美国耶鲁大学经济学和政治学教授。林德布洛姆在对理性决策理论分析批判的基础上提出了渐进决策理论，其理论特点是：首先，主张渐进决策。林德布洛姆认为，政策的制定是在过去经验的基础上，经过逐渐修补的渐进过程来实现的，渐进主义者具有勇敢、应变和足智多谋的特征。其次，强调质量转换。林德布洛姆认为，渐进决策看上去似乎行动缓慢，但实质是决策效果累积的过程，是量变到质变的过程，其实际变化的速度往往要大于一次重大的变革；换言之，渐进决策并不是不要变革，而是要求这种变革必须从现状出发，通过变化的逐层累积，最终达到根本变革的目的。最后，追求稳中求变。林德布洛姆认为，渐进决策步子虽小，却可以保证决策过程的稳定性，达到稳中求变的效果；决策上的巨大变革是不足取的，因为往往欲速则不达，会带来诸多不适甚至抵制，从而危及社会稳定；渐进的方式则比较容易获得支持，可以达到稳中求变的目的。

个类似的分类，将政策工具分为激励、能力建设、符号和规劝、学习四类。加拿大公共政策学者霍莱特和拉梅什在《公共政策研究》（1995）一书中根据政策工具的强制性程度来分类，将政策工具分为自愿性工具（非强制性工具）、强制性工具和混合性工具三类。与其他分类方法相比，他们的分类框架更具解释力、更合理。我们根据他们在《公共政策研究》中的论述来介绍基本的政策工具。

（一）强制性政策工具

强制性工具（Compulsory Instruments），也称指导性工具，它借助国家或政府的权威及强制力，迫使目标团体及个人采取或不采取某种行为。政府为实现政策目标，可以通过选择管制、公共企业或官僚机构直接供给等手段或方式履行其功能。政府可以命令某个公民从事特定的活动，可以组建政府控制的企业履行政府必须承担的职能，或者直接通过政府机构提供物品和服务，满足社会公众的需要。强制性政策工具体现了政府在处理社会公共问题、提供公共服务时具有较高的强制性，几乎不给政策标的个人、标的团体或标的组织留下自由裁量的余地。

1. 管制

根据里根（M. Reagan）的说法：管制指的是一种活动过程，在这种过程中，政府对个人和机构提出要求或规定某些活动，并经历一种连续的行政管理过程（一般是通过特别指定的管制机构来完成这项工作）。管制是由政府做出的，它们必须为目标团体及个人所遵守、服从，不遵守或不服从将受到惩罚。大部分管制通过行政法规来进行（有些管制实际上就是一般的法律），并由政府部门或特别的机构（如美国的独立管制委员会）来管理。管制采取了不同的形式，如规章、标准、许可、禁止、法律秩序和执行程序等。政府管制遍及社会生活的许多领域，尤其是物品和服务的价格和标准等方面。政府的管制有经济的和社会的两种基本类型。经济管制是管制的传统形式。它控制诸如产品的价格和数量、投资回报，某一产业中公司的进入或退出等一类的事项，目的是控制由市场运行所产生的不平衡；社会管制是一种较新的管制类型，它控制诸如健康、安全、职业歧视一类的社会事项。社会管制与经济管制不同，它并不集中在任何特殊的行业（如银行和电信）上，而是集中在诸如污染、安全或道德方面的广泛问题上。

作为一种政策工具，管制有其优缺点。主要优点是：所需的信息较少，较容易实施和管理，成本较低，效果具有直接性且更易见效，适用于作为处理危机的工具。其主要缺点是：扭曲自愿性或私人活动，可能导致经济上的无效率，不利于革新和技术进步，过于刻板而缺乏灵活性等。

2. 公共企业

公共企业也称国有企业。它可以看作一种强制性工具，是政府管制的一种极端形式。因为在公共企业那里，政府做出特别的规定以控制它的所有活动，这些规定被当作内部管理的指令。

实际上并没有一套可以用来判定一个企业是否为公共企业的明确标准。但一般认为，公共企业具有如下三个特征：

一是公共企业具有某种程度上的公共所有权，分析家往往用一个武断的数字，即只要政府拥有一个企业51%以上的所有权，那么，该企业就是公共企业；二是公共企业受到政府某种程度的控制或直接管理，一个完全摆脱政府控制的企业不能看作公共企业；三是公共企业生产的物品和服务要在市场上出售，这不同于诸如国防、路灯一类的公共物品（这种物品不能直接收费），因而公共企业的销售收入与成本之间必须保持某种平衡。

作为一种政策工具，公共企业的优点是：在社会需要而私人企业因无利可图等原因不愿提供的某些物品和服务领域中，它是一种有效的工具；在许多情况下，建立公共企业所必需的信息比管制或自愿性工具少；公共企业可以简化行政管理，并使公共基金（这些基金可以用于公共开支）自然增长。

作为一种政策工具，公共企业主要的缺点是：政府难以对公共企业加以有效的控制，因为公共企业的管理者可以采取很多规避手段；公共企业的运作是低效率、甚至是无效率的，即使公共企业长期经营不善也不会破产倒闭；公共企业的垄断经营常常将低效率的成本转嫁给消费者。

3. 直接提供

由政府机构及其雇员直接提供公共物品或服务，这是一种容易被人们所忽略的基本的和被广泛运用的政策工具。所谓直接提供是指政府为解决公共问题，满足社会公众的需要，直接运用政府的公共权力，由政府及其雇员直接为社会提供公共物品和服务。政府直接提供公共物品和服务的范围是十分广泛的，政府做的大量事情，如国防、外交、公安、消防、教育、社会保障、公共用地管理、公园和道路的维修、人口普查、地理测量等都采取这一途径或办法。

直接提供作为政策工具有优点：所需信息较少而容易确立；对大规模机构要求使之易于得到相关的资源、信息与技巧；能够避免间接提供所出现的一些问题，如谈判、讨论和较高的信息要求；它使交易内在化，从而减少由间接提供所带来的交易成本。

直接提供的政策工具也有缺点：官僚机构的直接提供往往以僵化刻板为特征，

反应迟缓；对于官僚机构及官员的政治控制容易降低为公众服务的质量；由于缺乏竞争机制，官僚机构没有成本意识而造成经费浪费；政府机构内部或跨机构的冲突影响物品和服务的提供等。

（二）自愿性政策工具

自愿性政策工具是指通过个人、家庭、社会组织或市场发挥作用，在自愿的基础上解决公共问题的手段、途径与方法。自愿性工具的特征是没有或很少有政府参与，任务是在自愿的基础上完成的。家庭、志愿者组织和市场之所以处理某些本来属于公共服务方面的工作，更多地是出于自身的愿望，通过公共服务求得道德或情感上的满足。政府在许多公共问题上往往不做什么事情或不主动介入，而留给社会去处理，因为政府相信，市场、家庭或志愿者组织自身能够处理好这些问题。自愿性工具是执行经济政策和社会政策的重要工具。

1. 家庭与社区

家庭和社区是一种常见的非强制性工具。在任何社会中，亲戚、朋友和邻居都为个人提供无数的物品和服务，政府也往往有意识地扩展它们在达成政策目标上的作用。

政府间接地通过削减服务职能而鼓励家庭和社区提供服务，或者政府直接将服务职能转交给社会及家庭。在转轨时期我国政府职能的转变以及加强社区建设的实践中可以明显地看到这一点。家庭和社区可以做许多政府不能做或做不好的事。照顾家庭成员和其他亲属是个人及家庭的实质性责任。小孩、老人和病人往往是家庭及个人来照管的。例如，在美国，据说80%对老人的医疗卫生服务是由家庭提供的。在许多国家中，社区服务的范围十分广泛，从幼儿入托、老人照管到环境卫生、娱乐保健等无所不包。

将家庭和社区当作一种政策工具的优点在于，它们不花或很少花政府的钱（除非政府提供基金或补助）；在许多服务领域（如残疾人的照顾），家庭和社区比其他工具更合适，而且这种工具在大部分社会受到广泛的支持和欢迎。但是，家庭和社区作为一种政策工具是虚弱无力的，它们往往只能作为一种辅助工具来使用，面对复杂的经济问题，家庭与社区就显得很乏力。这种工具也产生了公平方面的问题，尤其是对照顾者来说更是如此，毕竟社会上有许多人没有可依靠的人，或可依靠的人没有经济来源，或可依靠的人不愿照顾他们。与政府集中提供公共服务相比，家庭和社区分散提供的服务缺乏规模效应。可见，家庭和社区工具在解决社会问题时，往往只能作为其他政策工具的一种补充和调节。

2. 志愿者组织

志愿者组织也逐渐成为重要的政策工具。志愿者组织是指既不是在政府的强迫下成立，也不以营利为目的的社会组织形式。作为一种政策工具，志愿者组织的活动免受国家强制力和经济利益分配的约束。志愿者组织提供某些社会服务。例如，慈善机构为穷人提供医疗保健、教育和食品；志愿者团体提供诸如清洁海滩和公园的公益服务等。

在传统社会里，志愿者或非营利组织就提供了大量的社会服务尤其是从事公益事业，现代福利国家的出现曾一度降低了它们发挥作用的重要性程度。

在当代社会中，志愿者或非营利组织被广泛地当作一种处理社会问题的重要手段。在美国这样一个崇尚个人主义和物质利益的典型国度里，非营利组织提供的服务比政府提供的服务要多得多。在我国，随着政府职能的转变，志愿者或非营利组织作为一种政策工具的地位和作用也将日趋重要。

从理论上说，志愿者组织是一种提供社会服务的有效手段，因为建立在自觉自愿基础上提供的服务是可靠的和低成本的；这种手段也是灵活的和具有回应性的，能迅速满足服务者的需要（例如，在救灾方面，志愿者组织的行动往往比政府快）；由志愿者提供社会服务还可以减少对政府的行动的需要或减轻政府的负担。志愿者组织的公共服务还是一种平等的、社会必需的政策工具，因为志愿者组织在人们真正需要的时候出现，而且提供的公共服务都是处于基层的公众所需要的。志愿者组织的公共服务能在推动社区服务、促进社会团结以及平等有序地扩大政治参与方面发挥积极作用。

但是，志愿者组织这种政策工具的应用范围有限，大量的经济与社会问题不能通过这种手段来处理；志愿者组织也容易蜕化而变成准官僚机构，从而降低了它的效能和效益；现代社会激烈的竞争和外部较大的压力也使许多社会成员既没时间也没有所需的资源去从事公益劳动。

3. 市场

市场是一种最重要且最有争论的非强制性工具。买卖双方（消费者和厂商）之间的自愿的相互作用——消费者依靠其手中有限数量的货币想尽可能多地购买商品，而厂商则寻求利润的最大化——往往会带来双方都满意的结果。尽管双方都是自利的经济人，但作为一个总体的社会可以从它们的相互作用中获益，即实现社会福利的最大化，而且社会上所需要的一切东西都可能通过市场以最低的价格提供。因此，那些对稀缺资源有需要者可以从为盈利而运作的稀缺资源运营单位中购买相应的服务。作为一种应用广泛的工具，市场是提供私人物品的最有效益和效率的手段，是资源配置的有效工具。在某些公共物品和服务领域，市场工具也可能是改进效率和效益的一种有效途径。

然而，市场工具有明显的局限性，在大部分公共物品和服务领域中，它并不是一种有效的工具，不能有效地提供诸如国防、警察、路灯一类的纯公共物品；由于存在着不同类型的市场失灵，市场在提供收费物品和公有池塘物品上也存在困难；此外，市场工具也产生严重的公平方面的问题，它会拉大贫富差距，容易导致政治对立与社会动荡。因此，没有一个国家的政府会将市场作为唯一的政策工具，市场工具的应用往往需要其他工具（如管制）来配合。

（三）混合性政策工具

混合工具结合了自愿工具和强制性工具两者的某些特征及优点。它们允许政府在一定程度上卷入非国家行动者的活动，而将最终的决策权留给私人部门。政府的介入，在最低程度上可以发布导向信息；在最高程度上可以对部分行为进行惩罚性课税；在中间程度上，既可以对需要鼓励的行为采取补贴措施，也可以在一些领域建立价格机制。这类工具主要包括信息传播、规劝、补贴、产权拍买、征税和使用者付费等。

1. 信息与规劝

信息传播是一种消极性的工具。它由政府向个人、公司及社会发布或提供信息，以期待所期望的行为发生。因为一旦人们获得相关问题的知识或信息，就能做出更明智的行动选择。例如，政府发布经济社会统计方面的信息，公司及个人可以从中做出关于经济社会状况的结论并做出相关的行动上的反应；又如政府要求烟草公司在烟盒上印上“吸烟危害健康”的标识，以引导公民不吸烟或少抽烟。在一些情况下，信息发布确实能引导人们采取行动，但在有些情况下，效果也不太明显，原因是公众没有义务必须按照信息指示行事。

规劝（或说服）是政府试图说服人们去做或不做某事，即力求改变被说服者的偏好和行动，而不只是发布信息期待所要求的行为发生，但不通过强制性的奖惩来使行为发生。政府运用这种工具是力求改变被说服者的偏好和行动。政府规劝人们爱护环境，形成良好的生活习惯，参加体育锻炼，不要浪费水资源，使用公共交通工具等。

信息传播和规劝工具的优点是：①容易使用且较稳定；②是政府对处理那些尚未有明确解决方案的问题的一个便利的出发点，而且通过这种工具使问题得到解决，就不必再做其他任何事情了；③这种工具也是一种民主的手段，与重视自由、个人价值的民主规范相一致；④运用这种工具节约人力和财力，因为它几乎不需要财政支持或官方强制执行。

但是，信息传播和规劝这种工具是一种虚弱无力的工具，它只希望或要求人们做某事，而没有实际上要人们做某事。如果没有其他工具配合，这种工具的效果往往是有限的。

2. 补贴

补贴是指各种由政府或由政府指导的机构给个人、公司及其社会团体的财政转移形式，目标是让得到资助者采取政府所希望发生的行为。尽管最后的选择权留给受资助者，但采取所期望发生的行为的可能性因补贴而增加。补贴有各种形式，包括拨款、税收减免和凭单等。拨款通常提供给生产者，目的是使生产者提供更多的所要求的物品或服务。这种开支来自于政府的岁入，并必须经过立法机关批准，例如拨款，有政府给大中小学和公共交通的专款等。税收减免作为一种隐蔽的补贴形式，是一种对政府有相当吸引力的工具，实施起来更容易，不必经过立法批准，因为它实际上不花一分钱。凭单是一些具有面值、由政府给予某些消费者某种特殊的物品和服务的文书，消费者将这种证明交给其所喜欢的供应商，后者又将这种证明交给政府以获得补偿。此外，低利息贷款也是一种补助形式。

补贴作为一种政策工具的优点有：一是当政府愿望与民众的偏好一致时，易于确立并加以实施；二是对政府官员来说，它是一种灵活的工具，补贴能够引导人们做出决定；三是允许个人和企业自行选择回应方式，能够鼓励创新；四是补贴政策易于接受，因为得益者集中于较小范围而政策成本却由全部人口分摊，因此政策能得到较少的受益者的坚决支持，具有更高的政治可行性。

补贴这类政策工具同样存在缺点：补贴需要财政资金（税收减免除外），而要钱总是困难的；获得关于补贴是否达成目的（即所希望的行为是否发生）方面信息的成本是昂贵的；它不是处理危机的合适工具；补助往往过多过滥而导致失效；此外，一旦补贴建立起来就难以取消。

3. 产权拍卖

作为一种混合工具，产权拍卖基于这样的假定：市场通常是最有效的配置工具，政府通过产权拍卖，在没有市场的公共物品和服务领域建立起市场。市场通过确定一定数量的对消费者指定的资源和可转移的产权而建立起市场，创造人为的稀缺，并让价格机制起作用。

这种工具使用的一个典型例子是污染防治。许多国家采用了这种工具来控制有害污染物的排放。基本思路是：政府确定可以进入市场的污染物的量，并定期拍卖可利用的释放数量的产权。计划在生产过程中使用污染物的企业必须首先在拍卖市场上购买使用权，然后才能购买污染物本身。这样，决定谁使用污染物以及使用多少的权力就交给了市场而非政府。在拍卖的情况下，企业要么寻求更便宜的替代资源，要么不得不进入市场购买污染物使用权。在我国已开始了这方面的试验（太原市控制二氧化硫排放量就采用了这种办法）。另一个典型例子是控制城市道路机动车数量尤其是出租车牌照的拍卖。此外，在水资源利用方面，我国也开始采用产权交易方式（典型例子是浙江省义乌市与东阳市就水资源的使用进行了产权交易）。

产权拍卖的最大优点是它创造了市场，将竞争机制引入公共物品及服务提供领域，政府只要确定允许存在的一定物品和服务的最大数量（即确定上限）即可，其他事情则交给市场去处理。且产权拍卖具有灵活性，政府可以对上限进行调整，而市场主体也能调整自己的行为，而且比较容易构建。产权拍卖政策工具也有缺点，最大的缺点是鼓励投机行为甚至产生欺诈行为，同时，由于拍卖按照购买力而非按需分配资源，因此它也是一种不公平的工具。

4. 征税和使用者付费

税收是一种法律上规定的由个人和公司对政府的强制性支付，其主要目的通常是增加政府开支的财政资源，以满足政府支出的需要。对征税的调节也可以用作一种政策工具以引发政府所希望的行为或限制所不希望的行为。税收工具在运用时可以采取多种形式，通过不同渠道发挥作用。

在许多国家，各种工资税被用来资助各种社会保险项目；征税还可以用来约束不受欢迎的行为，如政府通过对某些特殊的物品、服务或活动（如香烟、酒、博彩）征收附加税来间接地限制其消费或绩效。比如，20 世纪 90 年代，加拿大通过征税使香烟价格明显提高，从而减少了香烟的消费。

使用者付费可以看作税收这样一种政策工具的创新性应用形式。政府对某种物品、服务或行为确定“价格”，由使用者或行为者支付这种费用。这种价格可以看作对不受欢迎行为的惩罚。用户付费使企业必须付出额外成本，这使得企业不得不重新考虑成本收益关系。企业的选择有三种：一是决定完全终止那些因生产而需要缴费的产业；二是决定将某种产业维持在收益能够弥补成本的较低水平上；三是企业在降低成本的努力中会不断寻找替代品。所有这些都会使得被收费的行为不断减少。

使用者付费类似于产权拍卖，是管制和市场两种工具的混合。使用者付费经常被用于控制负的外部性特别是控制污染的领域，如污染控制中排污费的收取就是一个很好的例子，如果对污染物排放行为收费，污染者就会将废水、废气、废料的排放控制在适当的水平上。如果这类收费过低将会导致过多的环境污染，而收费过高则会提高产品成本，最终会抬高消费者需要支付的价格水平，因此政府排污费的定价很重要，应力求将排污费水平维持在社会收益等于社会成本的均衡点上。否则，任何其他水平的定价都是低效率的。除此之外，使用者付费也常常被用于城市交通控制。

税收和使用者付费的主要优点：一是这两种政策工具容易建构；二是可以提供财政激励，因为企业减少费用的支付就可以降低价格或增加收益，将这类行为最小化是符合他们自身利益的；三是使用者收费政策有助于革新，因为寻求更廉价的替代品与企业的利益息息相关；四是这类政策工具具有灵活性，为了使目标行为维持在合理的水平，政府可以不断地调整用户收费的水平和税率。五是减轻了政府的负担，政府机构不必为此过多地发挥强制作用。

税收和使用者付费这类政策工具的主要缺点：税收和收费水平难以准确确定，为了将这类政策工具合理地应用到人们的行为之中，需要收集大量的信息来帮助政府制定正确的征税与收费水平；在得到一种最优化的收费标准的实验过程中，资源有可能被误置；这种政策工具在快速处理危机方面效果不好，而且不适合进行事先的安排计划。此外，这类政策工具管理成本高且繁杂。

三、政策工具的评价标准

古典经济学中，通过判断是否符合帕累托最优原则来判断资源配置是否有效率。在新制度经济学时代，建议除了资源配置效率外，还应引入适应效率评价标准。

从有效性、效率、公平性、适应性、可管理性、合法性和政治可行性六个方面进行评价：

（1）有效性是判断政府公共行动是否成功最为重要的标准，也就是我们经常所说的社会效益。

（2）效率有效性关注的是结果，效率关注的是成本。最有效率的政策工具是成本最少的工具。

（3）公平性包括三方面：①个人的贡献与收益相等；②将基本权利平均分配给社会上每个人；③将一些利益分配给那些最需要的人。

（4）适应性关注政策工具对环境变化的适应。

（5）可管理性关注政策工具的执行，认为最好的政策工具是那些最简单和最直接的操作工具。

（6）合法性和政治可行性关注政策工具的合法性和是否得到政治支持以及得到政治支持的程度。

第四节　公共政策科学化与民主化

一、公共政策面临的问题

政策过程，包括政策制定过程和政策执行过程两个逻辑阶段。所谓“政策过程中存在的问题”是指公共政策在制定或执行过程中，偏离“公共”原则的问题。

（一）政策制定过程中存在的问题

政策制定过程中存在的问题，主要有以下三种情况：

1. 信息失真，导致决策失误

在现实决策活动中，信息失真的问题是一个司空见惯或者说是见怪不怪的问题。真实准确的信息是形成政策问题的基本要素，也是制定正确的公共政策的基本前提条件。如果信息失真，那么根据这个失真的信息而制定出来的公共政策，肯定会偏离公共原则。以政坛上始终刹不住的“数字出官”的歪风来说，某些干部靠弄虚作假的数字编造出来的所谓“政绩”蒙骗上级，虽然可以得逞于一时，本人得到了提拔，官也做大了，但是纸总是包不住火的，迟早会败露。这种用人政策严重违背了公共原则，受损害的是公共利益。信息失真导致决策失误的现象很多，应该引起足够的重视。

2. 违反程序，用“拍脑瓜”方式决策

在通常情况下，一项合理的公共政策制定程序，大体上要经过政策问题的形成、政策诉求、政策分析、政策选择、政策决定、政策宣示六个环节。然而，在现实政治生活中，有些公共政策的制定却没有经过这样的程序，而是领导人一时心血来潮，“拍脑瓜”决定的。这在投资决策中表现得尤为突出。例如，有些地方的领导好大喜功，不顾自身条件和客观规律，头脑发热，随意决定上“大项目”，盲目建“开发区”、建“大市场”。各地大量的“首长工程”导致大片土地闲置、资源浪费、债台高筑；更因政出多门，缺乏稳定性和工程监理不力，腐败现象屡禁不止，造成一批劣质的“豆腐渣工程”，使公共利益受到极大的损害。非但如此，银行信贷政策也深受政治关系和人际关系的影响。由于缺乏刚性的制约机制，致使银行产生了大量的坏账；与此相反，那些没有深层政治关系，但经营管理业绩好的中小型企业却借贷无门，难以迅速扩大生产规模。这些都是由于违反决策程序，靠“拍脑瓜”或“黑箱作业”制定公共政策造成的严重后果。

3. 价值取向失之公正与公平，导致公共政策违背“公正”原则

价值取向，或者称作价值目标，是判定公共政策性质、方向、合法性、有效性和社会公正程度的根据，它直接影响社会资源的流向与分配形式。因此，当公共政策的价值取向失之公正与公平的时候，这项公共政策必然偏离“公共”原则。其主要表现可以分为三类：第一类，垄断性行业的公共政策。如民用航空和电信业的公共政策，其价值取向明显地偏离了“公共”原则。中国的民用航空业是一个高度行政垄断的行业，尽管近年来各地分别组成了一批表面上独立的航空公司进行自由竞争，但实际上各公司连票价的定价权和开辟航线的权力都没有，仍然由中国民航总局以高度垄断性的行政行为进行管制，所以出台了违背市场规律的垄断性政策，如票价严禁打折，否则便以停止飞行相处罚之类。其所以如此，就是因为它的价值取向偏离了公共原则。第二类，政府角色错位，造成了部门权力化、权力利益化、利益法律化的局面。中国政府各部门拥有一定的行政立法权与政策制定权，负责制定相关法规、规章和公共政策的部门从自身利益出发，往往把起草相关政策方案当作谋取扩大本位利益的好机会，乘立法或制定公共政策之机，争管理权，争处罚权，争许可权，争收费权，导致政出多门，相互掣肘。一个部门制定维护本部门利益的政策，另一个部门也不甘落后，马上制定另一个内容相似的政策予以回敬。如在现实生活中，过滥的行政许可、行政收费、行政处罚、检查、认证、奖励、垄断性经营、利益保护、不当干预等，往往都能找到“合法”的法规或政策依据。一些地方或部门，立一个法规，就增设一个机构，加一道审批手续，多一道收费罚款。凡此种种，都是价值取向违背公共原则的结果。第三类，一些地方政府以保护主义为价值取向，制定出一些损害公共利益的公共政策。对本地区资源、市场进行行政性保护以及为了维护本行业、本部门、本地区的利益，人为设置市场障碍，以防止本地区以外的同行业的竞争。如一些城市的建设管理部门强制推行建材“准用证”制度，不论产品质量状况如何，不论产品取得何等质量证书，要想进入当地建筑市场，就必须到当地建设管理部门指定的检验机构进行检验，并向当地建委申请办理“准用证”。此外，还明确规定，未取得“准用证”的产品不能进入建设工地，否则工程将不予验收。诸如此类，都是以地方保护主义为价值基础而衍生出来的背弃公共原则的公共政策。

（二）政策执行过程中存在的问题

政策执行过程中存在的问题，就其表现形式而言，可以粗分为三种类型。

1. “上有政策，下有对策”

这是最常见的一种类型，亦可简称为“对策型”。通常的做法是强调本地的特殊性，用地方政策来抵消中央政策；或者编造借口，久拖不办，等拖过中央政策的时效期，便束之高阁；还有的“雷声大，雨点小”，口头上说要不折不扣地执行中央政策，但在行动上却是“只听楼梯响，不见人下来”，甚至用非程序化、非规范化的办法执行中央政策，使政策“走样”。这种“上有政策，下有对策”的做法，从本质上说是利益驱动。换言之，就是上级颁行的公共政策，可能损害下级的既得利益，下级或出于部门利益偏好，或出于地方利益偏好，采取阳奉阴违的对策。不过，这种执行理论与西方学者所提出的许多政策执行理论，诸如行动理论、组织理论、因果理论、管理理论、交易理论、演化理论等，都“不搭界”。因此，要说明中国公共政策在执行过程中所遇到的“上有政策，下有对策”的难题，还需要理论创新。这种新的执行理论要以敢于承认“政策失败”为前提，并在决策时有所预见，设定杜绝的办法，保证公共政策执行过程不入误区。

2. 对公共政策的内容有选择地执行

这种类型，是执行者对相关公共政策或者“各取所需”，或者“截留其中某些部分”，或者“曲解适用范围”，或者“打擦边球”，使公共政策在执行过程中偏离公共原则，这一类可以统称为“选择型”。该类型的执行者不惜调动一切社会资源，千方百计地设法对正在实施的公共政策进行变通，或者干脆绕过现有的制度安排，进行巧妙地规避。

“选择型”政策执行理论有不同的表现方式：有的只是在形式上象征性地执行公共政策，而不是实实在在地真执行；有的只是选择公共政策的部分内容加以贯彻，而不是无条件地执行全部内容；有的是缩减公共政策的目标与范围去执行，也有个别的超出公共政策规定的界限去执行。诸如此类，不一而足。

3. 借口本地区或本部门情况特殊，拒不执行相关公共政策

这种类型的表现形式有所不同：有的是借口本地不具备相关公共政策实施的条件而拒不执行；有的则像“传达室”收发信件那样，把“政策宣示”演绎成“公文旅行”，上级下达什么政策，本地区照转（发）不误，但既无实施方案，又无具体措施，更不准备监督检查，文件发下去了，就万事大吉了；还有的用地方政策甚至是早已过时的计划经济时代的政策来代替新颁布的公共政策，等等。

二、公共政策科学化与民主化的途径

针对我国政府决策存在的问题，坚决克服和遏止决策失误，必须改革和完善我

国的政府决策机制，卓有成效地推动公众参与、专家论证和政府依法决策相结合的“三位一体”决策模式的形成，加快推进政府决策朝着科学化、民主化和法治化轨道发展。

（一）确立我国政府决策机制的指导思想是科学化、民主化和法治化

改革和完善我国的政府决策机制，首先必须确立我国政府决策的指导思想。我国政府决策的根本指导思想是实现决策的科学化、民主化和法治化。

什么是决策科学化？决策科学化是相对于传统的经验决策而言的，是指以科学先进的理论为指导、科学的技术方法为手段、科学的决策程序为依托、科学的决策评估为保障而进行的决策活动。决策科学化是新形势对决策的客观要求。从国际看，社会经济和科学技术高速发展，竞争激烈复杂，决策环境瞬息万变，决策的难度越来越大，决策失误的后果越来越严重。从国内看，我国改革开放和建立社会主义市场经济体制的新形势给政府提出了前所未有的决策难题。试图运用经验解决极具复杂性的政策问题必然会带来政策灾难。非但不能解决政策问题，反而会制造新的政策问题。因此，国内外的形势迫切要求提高决策的科学化水平。决策科学化强调建立科学的决策机制，强调决策过程中要借助“外脑”，强调将决策建立在科学分析的基础上。决策科学化要达到以下基本要求：任何政府决策都要从实际出发，实事求是，遵循客观规律，立足于现实基础；科学的决策必须建立在大量的、系统的、准确的信息资源基础之上，必须全面地收集、掌握和处理重要的政策信息，对问题的发生、现状和发展趋势要有充分的了解，尽可能降低决策的不确定性；决策要坚持公共利益取向，能够从维护和实现社会绝大多数人的根本利益出发，并搞好利益的综合平衡，促进社会公正。

什么是决策民主化？决策民主化就是做决策时，既充分重视决策集体中所有成员的意见和判断，反对独断专行和个人说了算，又重视智囊机构的意见和判断，并且尽量使所有利益关系人都有机会参与决策过程。在此前提下，根据最能反映民意的规则做出决断，使决策充分反映民意，广泛集中民智。民主是一个政治体系在政治上的首选价值标准，因此，决策民主化是民主政治的本质要求。民主政治需要的不仅是民主形式的代表机关，而且要建立由群众自己管理整个国家的制度，让群众实际地参加各方面的生活。也就是说，民主政治要求公民不能仅仅通过他们的代表行使决策权，而是要更多地参与实际决策和公共事务的管理；实行政务公开，以便公民能够对政府决策实行有效的监督，直接行使作为国家主人的民主权利。

（二）建立决策权、执行权、监督权相互分离的权力运行机制

行政权客观上划分为行政决策权、行政执行权、政府监督权，这是政府权力的

“三分法”，三权应该分别授权使用。但是，我国长期以来实行的是行政的决策权、执行权和监督权“三合一”的体制，正是这样的体制造成了我国政府机构权力的过分集中。为了克服权力过分集中的体制性弊端，我们认为，必须改变传统的“三权合一”体制为“三权分开”的新的权力结构和运行机制。这是改革和完善我国的政府决策机制的根本性环节和关键性的突破。

我国现有政府的部委不但拥有决策权、执行权，而且拥有监管权。首先，决策权和执行权合一。它表现为决策过程和执行过程都是在一个政府部门内进行，而且对其进行监督的还是这个政府部门内的人。这种“三合一”的政府行政体制，是在计划经济体制条件下形成的。当然，应该肯定“三合一”的政府行政体制在历史上曾经起过积极的作用。但是，随着我国转向市场经济体制，这种管理过细，一身三任，既当“组织员”，又当“运动员”和“裁判员”的政府行政体制，显然已经不适合我国的经济与社会管理了。

（三）实行决策过程中的“谋”“断”分离

改革和完善我国的政府决策机制，不仅要建立决策权与执行权、监督权相互分离的权力运行机制，还要借鉴决策的科学理论和西方国家的决策经验，在决策过程中实行“谋”与“断”的分离，按照“谋者不断，断者不谋”的原则，建立“谋”“断”分离的决策运行机制。“谋”，主要由对决策起参谋咨询的辅助机构（或称决策的智力支持系统）承担，提出决策议案；“断”，主要由决策的中枢机构和行政首脑承担，负责对决策议案拍板决断。把“谋”从“断”中分出来，要做好以下三件事：

首先，要完善体制内的政策研究组织机构，确保其研究工作的科学性、客观性、自主性，尤其需要保持政策研究组织机构的相对独立性，使其不受党派、集团、群体的价值取向与利益偏好的影响。这些政策研究组织机构，在人事管理上，在人员的工资待遇和奖惩等方面独立于行政机关，其活动由法律予以保证，使它们能够独立自主地进行决策研究与咨询。要充分发挥现有党委部门的政策研究室，与政府部门有关的研究室、发展研究中心、社会科学院等机构的参谋咨询作用，而不能让它们变为起草文件和报告的“秘书班子”，或单纯论证政策正确性的官方写手。

其次，要大力发展体制外的政策研究咨询组织，让它们充分参与政策决策的谋划。目前，体制外的政策研究咨询组织主要有大学和民间非营利性研究机构、还有商业性研究机构。比如投资银行和跨国公司的研究部，这些机构主要为其公司和机构的利益服务。总体上说，我国体制外民间的政策研究咨询组织发育缓慢，不仅数量少，而且力量弱小。要打破由官方机构完全承担决策任务的格局，鼓励体制外民间政策研究咨询组织的发展，使其在资质得到确认的情况下同等条件地承担政府决策方案的招投标任务。体制外民间的政策研究咨询组织的发展，有利于积极发挥人才集中、研究领域广泛、能直接体察民情民意、与人民群众联系密切的特点，为更好地实现政府的决策目标服务。政府要有向体制外组织和机构购买服务的意识，凡事不一定都要自己亲自办，可以采取委托的方式。

最后，要建立和完善专家咨询制度。专家咨询制度是决策科学化的必然要求，专家通过对决策方案的可行性或不可行性研究，发现决策存在的问题，可以尽量避免决策不失误或者少失误。因为决策者有许多重大问题需要决策，有的问题专业性、技术性很强，涉及各行各业，方方面面，决策者不可能成为各个领域的行家里手。因此，建立专家咨询制度可以把各学科、各行业的专家组织起来，对重大决策发挥有效的顾问、参谋作用。建立专家咨询制度需解决好以下两个问题：一是专家咨询的独立性问题。如果专家咨询缺乏独立性，那么专家咨询就失去了价值。不管什么样的决策课题，决策者应该让专家根据客观事实得出自己的科学结论。只有这样，才能对领导的决策具有科学价值。决不可领导自己先下结论，然后让专家千方百计地来论证自己结论的正确性。在咨询过程中，决策者应与专家回避，不采取领导与专家直接面对面的座谈会形式，以避免专家在压力下说违心的话。二是建立专家咨询的道德规范和责任制度。我们现在很多失误的决策不全是领导“拍脑袋”做出的，而是都有专家的论证。因此，必须建立咨询专家的道德规范，对于重大失误的决策，参与论证的专家应独立地负担相应的法律责任。

（四）合理界定各级政府及其职能部门重大决策的范围和程序

改革和完善我国的政府决策机制，必须区分政府决策的类型、层级，界定各级政府及其职能部门的决策范围。政府决策在分类上，一般可分为常规决策、重大决策。在层级上一般可分为中央决策、地方决策、基层决策。常规决策是指，所解决的是那些经常重复出现、性质非常相近的例行性问题，可按程序化步骤和常规性的方法处理。重大决策，是那些具有宏观性、全局性、方向性和原则性等特征的战略决策，是偶发的、无先例可循的、非常规性的问题。在这种情况下，决策者难以照章行事，需要有创造性思维。鉴于常规决策比较单纯、浅显，因此，那些属于中央、地方、基层层级的常规决策，就不在我们的研究之列。这里我们着重研究的是属于中央、地方、基层层级的重大决策。

首先，必须确定哪些项目属于重大决策的范围。什么是重大决策呢？党的十三大报告做了这样的分析："中央、地方、基层的情况不同，对全国性的、地方性的、基层单位内部的重大问题决策，应分别在国家、地方和基层三个不同的层次上展开。党中央应就内政、外交、经济、国防等各个方面的重大问题提出决策；省、市、县地方党委应在执行中央路线和保证全国政令统一的前提下，对地方性的重大问题提出决策；凡是适宜于下面办的事情，都应由下面决定和执行，这是一个总的原则。"这一段论述，从大的方面把中央、地方、基层三个层面的重大决策说清楚了，但也还需要细化。这说明，从中央到地方和基层，其中地方又分为各个省、市、县，情况千差万别，但不管怎样，都必须根据实际情况，把各级政府及其职能部门重大决策的范围搞清楚，确定下来，列出一个"决策项目清单"。

其次，在明确了纳入各级政府重大决策的范围后，凡是涉及重大决策范围的决策事项，还要严格决策程序。必须遵循决策的一般程序，包括：①调查研究；②提出决策议题；③决策草案设计；④决策协调；⑤合法性审查；⑥决策草案讨论；⑦决策形成；⑧决策评价或追踪稽查；⑨政策调整。除一般程序外，重大决策还要履行一些特殊的程序。例如，凡是涉及国民经济和社会发展的重大问题、涉及民生重大问题的决策，必须实行群众参与、专家咨询和政府决策相结合，要严格以下程序：①组织跨学科、跨部门、跨行业的专家论证（可行性论证和不可行性论证）；②公民听证；③社会公示制度；④立法机关审议批准。

最后，建立决策审议会制度，重大决策要经过决策审议会评议。各级政府应成立决策审议委员会，其成员应有一半以上是社会上的专家和民意代表。决策审议委员会的任务是：进行民意调查，起反映民心、集中民智作用；完成决策议题的初审、决策方案设计承担组织（人）要履行一些特殊的程序。

（五）建立深入了解民意的决策信息支持系统

一个灵敏、高效的决策信息支持系统应达到以下基本要求：一是信息传送渠道必须是多元的。按照信息论的理论，单一的信息传送渠道必然造成信息的"不当约简"、信息超载、"本底噪音"现象、"主观滤波"现象、"小道消息"泛滥等问题，并最终导致"信息偏离的倾向性积累"和信息失真。二是信息传递的中间环节要尽量少。传播渠道的长短影响传播的效率，也影响信息内容的真实性。信息的渠道长度与信息在传送过程中的磨损成正比。所以信息传递途径越长，到达决策者那里的信息就可能已"变味"，甚至与客观实际完全相反。三是信息机构具有较强的信息处理能力，能有效避免信息被遗漏或截留，提高信息交流的效率和质量。

目前，建立深入了解民意的决策信息支持系统必须做到：第一，强化现有体制内机构的信息能力。由于国家行政组织的重要地位，体制内信息是最为重要的信息来源。2007 年颁发的《政府信息公开条例》，要求行政机关对涉及公民、法人或者其他组织切身利益的、需要社会公众广泛知晓或者参与的、反映本行政机关机构设置、职能、办事程序等情况的政府信息，以及其他依照法律法规和国家有关规定应当主动公开的政府信息，应当主动公开，涉及 11 个大项，2019 年修订时增加到 15 个大项，充分体现了“公开是常规，保密是特例”的开放原则。国家行政组织能够收集到比较准确、真实、全面的信息。因此，必须强化体制内机构的信息能力，以保证相关决策者能实时掌握社会经济运行情况。第二，重视体制外信息源。体制外信息源主要是指利益团体所反映的决策信息。利益团体一般都由利益相近、背景相似的人员组成，利益团体所表达的利益需求一般都具有条理化的特点，稍加处理就能为决策所用。并且重视体制外信息源，还可保证决策能较好地兼顾各方面的利益需求，防止社会冲突。因为政策就是各团体之间为争取自身利益而相互竞争并达成妥协的产物。第三，建立信息收集和传达制度。对于如何收集信息、谁负责收集哪些信息，哪些信息应传达、应通过什么渠道传达、传达到什么机关、信息传达的时限等做出明确的规定。同时，建立决策信息传递失真责任追究制度，防止信息失真的现象发生。

（六）完善真正发扬民主的决策参与和监督机制

涉及经济社会和民生的重大问题决策，从决策酝酿到决策确定和执行，整个过程都要有公民的参与，并受到有效的广泛监督。这是民主政治的基本要求。公民参与和监督包括公众建议、公民评议、舆论监督、检举控告、申诉弹劾等。

完善真正发扬民主的决策参与和监督机制必须做到：第一，依法建立和完善决策的公开听证制度和社会公示制度。公开听证制度要广泛吸纳各界群众代表参与政府决策，特别是接纳主要利益相关者的代表，使政府决策更加及时准确地代表人民群众的利益，反映各界群众的价值偏好。要通过舆论监督，保证听证和公示过程的公开和透明。在完善公开听证制度和社会公示制度中，应把民意调查纳入其中，作为一个重要权重。第二，发挥各级人大、政协在政府决策方面的重要作用。对于财政出资的重大决策项目和政府所有重要事项，均应提交同级人大审核通过后才能实施。各级政协要参与重大项目的决策。中央和地方的重大项目应在可行性研究阶段，就要听取政协的意见。第三，建立和完善决策的审计和评价制度。对决策前、决策中和决策执行等环节，加强对政策的成本、效果和产生的各种影响等进行系统的审计。对决策实行经济效益审计，审计结果应向人大提交报告，并予以公示。要用科学的指标体系对决策进行评估，保证政策不仅注重政治效益和社会效益，而且同时注重经济效益。第四，建立和完善决策问责制度。根据对决策所进行审计和评估的结果，只要是决策失误造成损失的，都要追究责任，轻则应受到相应的经济处罚和降职，重则不仅要辞职，而且应追究刑事责任，直接领导与主管领导要负主要责任。属于集体决策失误的应追究决策时"一把手"的责任。同时，决策者应承担历史责任，即使决策过了若干年才发现存在重大失误并造成重大损失，无论决策者升到什么级别，调到何处任职，都应追究其责任。

【思考题】

1. 公共政策的本质是什么？
2. 简述公众议程与政府议程的区别与联系。
3. 简述公共政策评估的标准。
4. 如何解决"上有政策，下有对策"的问题？
5. 结合养老问题、住房问题、教育问题、环保问题等，谈谈政策工具的应用。

【案例】产业政策能促进中国芯片产业发展吗？[①]

在"十四五"和全球整个环境变化下，芯片行业越来越成为中国国内产业布局的焦点。

芯片集成电路是信息社会的基石，也是信息技术的重要基础。芯片产业的高质量发展，关系到现代信息产业和产业链发展。"十三五"中国集成电路产业发展总体上是非常骄人的，产业规模不断增长。据中国半导体行业测算，2020 年我国集成电路销售收入达到 8848 亿元，平均增长率达到 20%，为同期全球产业增速的 3 倍。技术创新上也不断取得突破，目前制造工艺、封装技术、关键设备材料都有明显大幅提升。企业实力稳定提高，在设计、制造、封测等产业链上也涌现出一批新的龙头企业。

总的来看，芯片产业、集成电路产业，中国政府高度重视，发布了促进集成电路产业和软件产业高质量发展的政策，全面优化完善高质量发展芯片和集成电路产业的有关环境政策。主要有几项措施：

① 参考：林玮琪．工信部：中国政府在国家层面上将给予芯片产业大力扶持［N］．新京报，2021-03-01.

一是加大企业减税力度。对于集成电路企业自获利年度开始减免企业所得税，这些政策对企业发展给予了很大的推动力。

二是在基础方面进一步加强提升。芯片涉及到基础问题比较多，有材料、工艺、设备，涉及比较长的产业链。只有把基础打扎实了，芯片产业才能不断创新和发展。

另外，集成电路产业本身也需要很好的生态环境，搭建平台，能够在产业链上形成互补、互相支撑的过程，所以搭建平台、优化生态是非常关键的。芯片产业发展全靠应用引导，所以在汽车、工业、医疗、教育，特别是疫情以来线上经济、数字经济的快速发展，为芯片产业发展提供了非常广阔的市场。

芯片产业发展还依赖于人才，所以在人才储备、人才培养上，政府、国家采取了一系列措施。芯片产业是一个全球性产业链，要加大合作。

总体来看，芯片产业发展面临机遇，也面临挑战，需要在全球范围内加强合作，共同打造芯片产业链，使它更加健康可持续发展，不仅为中国的信息化社会发展提供支撑，也为全球信息化发展提供有力支持。中国政府在国家层面上将给予大力扶持，共同营造一个市场化、法治化和国际化的营商环境和产业发展的生态环境。

【问题】

1. 结合材料谈谈，你认为政府应当如何有效利用产业政策促进芯片产业的发展？

2. 2016 年秋季，同为北京大学国家发展研究院教授的林毅夫和张维迎就“中国政府该不该使用产业政策”展开了激烈辩论。你认为中国政府应当使用产业政策促进经济发展吗？

公共财政与国家预算

天下之治乱，不在一姓之兴亡，而在万民之忧乐。　——清·黄宗羲

寒之于衣，不待轻暖；饥之于食，不待甘旨；饥寒至身，不顾廉耻。

——《汉书·食货志》

公共财政是研究政府理财活动及其对资源配置和收入分配影响的一门学科。公共财政是政府政策的保障，是政府履行职能的后盾，也是政府资源汲取能力的体现。因此，职能、权力、财政是公共管理的三大支柱，也是公共管理学研究的重点。公共财政主要涉及政府收入和支出问题。

第一节　公共财政概述

一、公共财政的含义

（一）公共产品

1. 社会产品的分类标准：竞争性与排他性

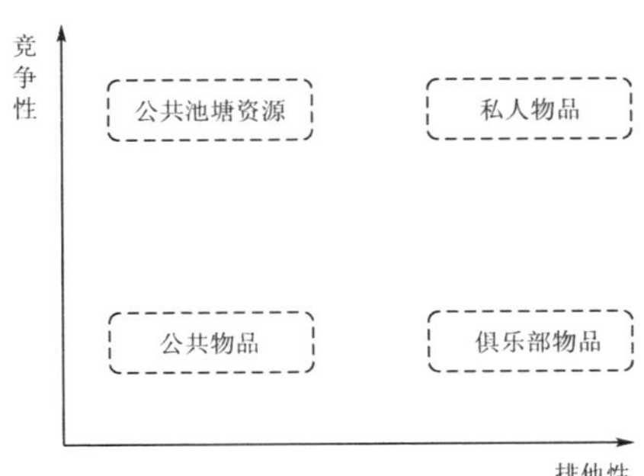

图 9-1　社会产品的竞争性与排他性

根据竞争性和排他性可以把社会产品大概分为四类：公共物品、私人物品、公共池塘资源、俱乐部物品。

竞争性是指消费者或消费数量的增加引起的商品生产成本的增加。私人产品大都具有竞争性，如：甲多吃一块巧克力，生产者就必须多生产一块，而生产一块巧克力需要花费厂商一定数量的成本，从而减少用于生产其他商品的资源，也就是说对其他产量的生产形成竞争。

排他性是指某个消费者在购买并得到一种商品的消费权之后，就可以把其他消费者排斥在获得该商品的利益之外。私人产品在使用上具有排他性，如：甲购买了一块巧克力，他就获得了消费这块巧克力的权力，其他人就不能消费同一块巧克力了。

2. 社会物品的分类

（1）私人产品。私人产品（Private Goods）是指消费者支付了一定的费用就取得其所有权，并具有排斥他人消费的物品与服务。该类物品在特定的时空条件下只能为某一特定的主体所使用，即具有排他性，正如学者所比喻的那样，“一条裤子在某个时间只能为一个人穿着”“一辆汽车不能同时朝两个不同的方向行驶”。这说明，“在私人产品的消费上，具有对抗性”[①]。私人产品的竞争性也是由人们追求个人利益的动机所决定的。“人对于自身个体存在的意识，先于对群体存在的意识，对自身需要的了解更比对于其他人的需要的了解更直接。”[②] 个人对于生活质量的追求，对于便利、快乐、幸福的追求，使得他通过出价的方式来争夺物品或服务的消费权。“个人追求着自己的‘私人’利益，为自己的私利最大化而竞争。”[③] 由于资源的稀缺性，使得产品或服务在生产、供给时数量有限，人们都明白一些物品一旦被别人占有与支配，就会减少自身的消费利益。因此人们从“自我”的立场出发，对物品与服务的角逐赋予竞争性。

（2）俱乐部物品。俱乐部物品是指具有排他性但不具备竞争性的产品。在准公共物品中，有一类是介于纯公共物品与私人物品之间的物品，称为俱乐部物品。其特征是一方面在一定限度内，消费上具有非竞争性，如纯公共物品；另一方面排斥又是可行的，如同私人物品。城市间的高速公路、桥梁、公园，对特定人群开放的学校、游泳池、海滩、电影院等，都是俱乐部物品的典型例子。当个人滥用这类财

① 罗伯特·考特，托罗斯·尤伦．法和经济学［M］．上海：上海三联书店，1994.
② 陈惠雄．人本经济学原理［M］．上海：上海财经大学出版社，1999.
③ 张馨．公共财政论纲［M］．北京：经济科学出版社，1999.

产并将外部成本加诸社会时，就会在这类财产上产生市场失灵。但由于排斥可行，俱乐部物品可能发生的市场失灵可以通过俱乐部规则加以克服。

（3）公共池塘资源。公共池塘资源是指既不同于纯粹的公益物品（不可排他，共同享用），也不同于可以排他、个人享用的私益物品，同时也有别于收费物品（Toll Goods）或者俱乐部物品（Club Goods），它是难以排他但是个人享用的。正如奥斯特罗姆教授所言："公共池塘资源是一种人们共同使用整个资源系统但分别享用资源单位的公共资源。在这种资源环境中，理性的个人可能导致资源使用拥挤或者资源退化的问题。"公共池塘资源，这类物品由于不具备排他性，所以会由于缺乏保护和管理产生"公地悲剧"①。公地作为一项资源或财产有许多拥有者，他们中的每一个都有使用权，但没有权利阻止其他人使用，而每一个人都倾向于过度使用，从而造成资源的枯竭。过度砍伐的森林、过度捕捞的渔业资源及污染严重的河流和空气，都是"公地悲剧"的典型例子。之所以叫悲剧，是因为每个当事人都知道资源将由于过度使用而枯竭，但每个人对阻止事态的继续恶化都感到无能为力。而且都抱着"及时捞一把"的心态加剧事态的恶化。公共物品因产权难以界定而被竞争性地过度使用或侵占是必然的结果。

（4）公共产品。公共产品（Public Goods）是私人产品的对称，是指具有消费或使用上的非竞争性和受益上的非排他性的产品。保罗·萨缪尔森以路灯（公共产品）为例对公共产品做出了解释。所谓公共产品是指使用和消费上不具有个人排他性的物品，该类物品"一旦生产出来，生产者就无法决定谁得到它"。路灯为不同的人提供便利，即说明公共产品不存在对抗性。公共产品具有非排他性与非竞争性，是一种共享性的产品。国防是一种公共产品，军队、警察保卫国家，企业与个人、母亲与婴儿共享安宁。类似于国防之类的公共产品，一旦生产出来，任何消费者对它的消费都不影响其他消费者的利益。正如萨缪尔森所言："每个人对这种物品的消费并不会导致任何其他人消费的减少。"②

---

① 1968年英国学者哈丁（Hardin）在《科学》杂志上发表了一篇题为《公地的悲剧》的文章，首次提出了"公地悲剧"的概念。他说，作为理性人，每个牧羊者都希望自己的收益最大化。在公共草地上，每增加一只羊会有两种结果：一是获得增加一只羊的收入；二是加重草地的负担，并有可能使草地过度放牧。经过思考，牧羊者决定不顾草地的承受能力而增加羊群数量。于是他便会因羊只的增加而收益增多。看到有利可图，许多牧羊者也纷纷加入这一行列。由于羊群的进入不受限制，所以牧场被过度使用，草地状况迅速恶化，悲剧就这样发生了。

② Samuelson, P. A. The pure theory of public expenditure [J]. Review of Economics and Statistics, 1954, 387.

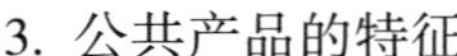

3. 公共产品的特征

(1) 非竞争性。一部分人对某一产品的消费不会影响另一些人对该产品的消费，一些人从这一产品中受益不会影响其他人从这一产品中受益，受益对象之间不存在利益冲突。例如国防保护了所有公民，其费用以及每一公民从中获得的好处不会因为多生一个小孩或多出国一个人而发生变化。

(2) 非排他性。非排他性是指产品在消费过程中所产生的利益不能为某个人或某些人所专有，要将一些人排斥在消费过程之外，不让他们享受这一产品的利益是不可能的。例如，消除空气中的污染是一项能为人们带来好处的服务，它使所有人能够生活在新鲜的空气中，要让某些人不能享受到新鲜空气的好处是不可能的。

4. 公共产品的分类

公共产品可分为纯公共产品和准公共产品（即混合品）两类。

(1) 纯公共产品。一般说来，公共产品（此处指纯公共产品）是指那些为整个社会共同消费的产品。严格地讲，它是在消费过程中具有非竞争性和非排他性的产品，任何一个人对该产品的消费都不减少别人对它进行同样消费的物品与劳务。

非竞争性有两方面含义：一方面，边际成本为零。这里所述的边际成本是指增加一个消费者对供给者带来的边际成本，例如增加一个电视观众并不会导致发射成本的增加。另一方面，边际拥挤成本为零。每个消费者的消费都不影响其他消费者的消费数量和质量。如国防、外交、立法、司法、公安、环保、工商行政管理，以及从事行政管理的各部门所提供的公共产品，都是属于这一类，不会因该时期增加或减少了一些人口享受而变化。此类产品增加消费者不会减少任何一个消费者的消费量，增加消费者不增加该产品的成本耗费。它在消费上没有竞争性，属于利益共享的产品。

非排他性是指某些产品投入消费领域，任何人都不能独占专用，而且要想将其他人排斥在该产品的消费之外，不允许他享受该产品的利益是不可能的，所有者如果一定要这样做，则要付出高昂的费用，因而是不合算的，所以不能阻止任何人享受这类产品。例如：环境保护中清除了空气、噪声等污染，使人们享受新鲜空气和安静的环境，如果要排斥这一区域的某人享受新鲜空气和安静的环境是不可能的，在技术上讲具有非排他性。

另外，纯公共产品还具有非分割性，它的消费是在保持其完整性的前提下，由众多的消费者共同享用的。如交通警察给人们带来的安全利益是不可分割的。可见，具有非竞争性、非排他性而且不能分割的纯公共产品具有公共消费的性质，即在消费这类产品时，消费者只能共享，并且不受影响地共享，而不能排斥任何人享用。管理以及从事行政管理的各部门所提供的公共产品都是属于这一类。纯公共产品不仅包括物质产品，同时还包括各种公共服务。所以有时把公共产品与劳务联系在一起来看，除可供公共消费的物质产品外，政府为市场提供的服务包括政府的行政和事业方面的服务也是公共产品，这就是说，广义的公共产品既包括物质方面的公共产品，也包括精神方面的公共产品。

（2）准公共产品（混合品）。准公共产品亦称“混合产品”。这类产品通常只具备上述两个特性的一个，而另一个则表现不充分。

①具有非排他性和不充分的非竞争性的公共产品。例如，教育产品就属于这一类。教育产品是具有非排他性的。因为对于处于同一教室的学生来说，甲在接受教育的同时，并不会排斥乙听课。就是说，甲在消费教育产品时并不排斥乙的消费，也不排斥乙获得利益。但是，教育产品在非竞争性上表现不充分。因为在一个班级内，随着学生人数的增加，校方需要的课桌椅也相应增加；随学生人数增加，教师批改作业和课外辅导的负担加重，成本增加，故增加边际人数的教育成本并不为零，若学校的在校生超过某一限度，学校还必须进一步增加班级数和教师编制，成本会进一步增加。因而具有一定程度的消费竞争性。由于这类产品具有一定程度的消费竞争性，因而称为准公共产品。

②具有非竞争性特征，但非排他性不充分的准公共产品。例如，公共道路和公共桥梁就属于这种类型。受特定的路面宽度限制，甲车在使用道路的特定路段时，就排斥其他车辆同时占有这一路段，否则会产生拥挤现象。因此，公路的非排他性是不充分的。但是，公共道路又具有非竞争性。表现为一是公共道路的车辆通过速度并不决定某人的出价，一但发生堵塞，无出价高低，都会被堵塞在那旦；二是当道路未达到设计的车流量时，增加一定量的车，行驶的道路边际成本为零，但若达到或超过设计能力，变得非常拥挤时，需要成倍投入资金拓宽，无法以单辆汽车来计算边际成本。正因为这类公共产品具有非竞争性的和不充分的非排他性，因此也称为准公共产品。

纯公共产品的范围是比较狭小的，但准公共产品的范围较宽。如教育、文化、广播、电视、医院、应用科学研究、体育、公路、农林技术推广等事业单位，其向社会提供的产品属于准公共产品。此外，实行企业核算的自来水、供电、邮政、市政建设、铁路、港口、码头、城市公共交通等，也属于准公共产品的范围。与上述公共产品相对应的是私人产品，也可以分成两类，即纯私人产品和俱乐部产品。纯私人产品是指那些同时具备排他性、竞争性特征的产品，包括大多数私人产品。此

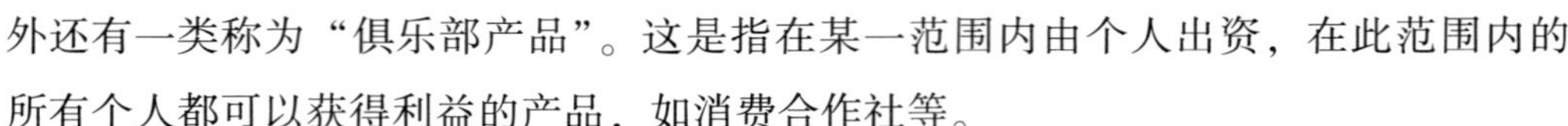

外还有一类称为“俱乐部产品”。这是指在某一范围内由个人出资，在此范围内的所有个人都可以获得利益的产品，如消费合作社等。

5. 公共产品的供给与生产

公共产品生产和供给的方式有三种。

（1）公共生产。公共提供这种情况是指由公共部门生产出公共产品，然后，由公共部门向社会提供（包括物品和劳务）。所谓公共提供，首先是指这些公共产品是由公共部门供给的；其次它是一种以不收费的方式来提供公共产品的方式。政府的纯公共产品，特别是行政部门，主要采用公共生产和公共提供方式供给公共劳务或服务。

（2）私人生产。公共提供公共产品并不一定都要由公共部门生产，有时由政府购入私人产品，然后向市场提供。例如，国家可以将制片商已经拍好的电视剧购买过来，在电视台播放。甚至武器和军事装备也由私人部门生产，然后由政府采购。

（3）混合提供生产。混合提供一般来说，公共产品应当由公共部门提供。然而，有些准公共产品，尤其是在性质上接近于私人产品的准公共产品，在向社会提供过程中，为了平衡获益者与非获益者的负担，提高资源的使用效益，政府往往也采取类似于市场产品的供应方式，即按某种价格标准向消费者收费供应。这样，消费者必须通过付款才能获得消费权。例如，对于医疗产品既可以采取政府供给方式，也可以采取政府供给、个人付费方式；此外，自来水、电、煤气等，也都可以采取收费方式供给。但是，由于混合供给方式包含了政府的政策因素，它与市场供给的私人产品在性质和管理上是有很大区别的。

上述三种公共产品的生产方式中，前两种采用的是公共提供方式，第三种采用的是混合提供方式，这两者的区别就在于由谁来付款。公共产品无论是采用公共生产、公共提供方式，还是采用私人生产、公共提供方式，其结果是生产公共产品的费用完全由政府负担，亦即财政拨款。公共产品若是采用混合提供的方式，则生产成本将由政府和受益的企业或个人共同分担。

（二）公共财政的含义

公共财政（Public Finance），是指国家（政府）集中一部分社会资源，用于为市场提供公共物品和服务，满足社会公共需要的分配活动或经济行为。它是适应市场经济发展客观要求的一种比较普遍的财政模式。这种以满足社会公共需要为口径界定财政职能范围，并以此构建政府的财政收支体系的财政模式，在理论上被称为

"公共财政"。公共财政就是市场经济下政府的财政，公共财政实质是市场经济财政。

二、公共财政的功能

（一）市场失灵

理论上可以证明，完全竞争的市场条件下，帕累托最优可以实现。所谓帕累托最优，是指经济运行达到高效率时，如果一种变化可以改善某些人的处境，同时对另外的任何人没有损害，则这种变化是好事，而所有满足这一标准的改革都已经得到实施的社会状态就被称为"帕累托最优"。

简单地说，帕累托最优状态就是一些人的环境改善不必以另外一些人的处境恶化为代价。但由于完全竞争状态只是一种理想，不能完全实现，而导致市场失灵。市场失灵的存在，使政府介入或干预经济有了必要性和合理性的依据。其中的财政手段，即通过国家预算的财政收支活动来纠正市场失灵，是极其重要的手段之一。

（二）公共财政职能

为了解决市场失灵带来的问题，公共财政具有三大职能。

1. 资源配置职能

资源配置就是由有限的资源形成一定的资产组合、产业结构、技术结构以及地区结构等，以达到优化资源结构的目的。公共财政资源配置职能就是为了弥补市场失灵，由政府直接介入市场，通过自身的财政收支活动，主动干预资源流向，提供满足公共需要的公共产品，最终实现全社会的最优效率状态。一般来说，政府可以通过财政支出和税收等财政手段进行资源配置。

2. 收入分配职能

公共财政的分配职能，就是在一定程度上纠正由市场机制建立的分配格局，使之达到社会认为的"公平"和"公正"的分配格局。公平分配包括经济公平和社会公平两个层次。经济公平是市场经济的内在要求，强调的是要求投入和产出相对称，可以由平等竞争条件下的等价交换来实现。但由于市场经济不能避免收入和财富的分配不公，这就涉及社会公平问题，因此需要政府来执行收入分配的职能。一般来说，为了改善收入分配不平等的状况，政府可采取的财政措施主要包括按照支付能力原则设计的税收制度和按照受益能力（条件）原则设计的转移支付制度，即政府可以通过征税强制性地把财富从那些应该减少收入的人手中收集起来，再通过各种补贴或失业救济金等制度，以货币或实物形式把这些财富转移给那些应该增加收入的人们。政府的转移支付是指不以取得商品或劳务为补偿而支付给个人的款项。

3. 经济稳定发展职能

公共财政的经济稳定发展职能，是指政府运用财政政策，以实现经济稳定、持续发展的目的。经验证明，自由竞争的市场经济必然会出现经济的不稳定，因此需要政府的干预和调节，以消除经济中的过大波动，使之能够相对稳定地发展。经济发展并不仅仅指经济增长，经济发展的含义比经济增长要广，它不仅意味着产出的增长，还包括随着产出增长而带来的产出与收入结构的良性变化。

三、国家预算的含义、原则与构成

（一）国家预算的概念

政府的财政政策是通过财政收支来体现的，而政府的基本财政收支计划，就是我们通常所说的“国家预算”。国家预算是指具有法律规定和制度保证，经法定程序审核批准的国家财政收支计划，是国家财政实现计划管理的重要工具。作为政府的基本财政计划，国家预算反映国家的财政收支状况。具体说来，财政收入反映可供政府集中支配的财力的来源和规模，财政支出则反映国家财力使用的方向和目标。同时，预算收支的对比还反映国家财力的平衡状况。

（二）国家预算的原则与构成

1. 预算原则

（1）公开性；（2）可靠性；（3）完整性；（4）统一性；（5）年度性。

2. 预算构成

国家预算的构成是指国家预算的管理体系。中国国家预算的构成同国家政权结构和行政区划的形态密切相关。国家预算由中央预算与地方预算构成，地方预算由省、市、县和乡镇预算构成。原则上，一级政权相应建立一级预算。与中国的政权结构相适应，目前国家设立中央、省（自治权、直辖市）、设区的市（自治州、直辖市辖区）、县（自治县、不设区的市、市辖区、旗）、乡（民族乡、镇）五级预算。

3. 国家预算的程序

预算编制是整个预算工作程序的开始；预算执行是整个预算工作程序的重要环节；预算调整是预算执行中一项重要的程序；决算是整个预算程序的总结和终结。

4. 国家预算的编制原则

贯彻党和国家的路线、方针、政策的原则；正确、完整地反映经济活动的范围和方向的原则；以国民经济和社会发展计划为依据进行编制的原则；贯彻国家预算收支平衡的原则。

5. 国家预算编制方法的选择

（1）单式预算。单式预算亦称“单一预算”，它把全部集中性预算收支加以汇集，集中反映在一个“预算平衡表”内。20 世纪 30 年代以前，世界各国均采取单式预算制。单式预算制是将政府的全部财政收支汇编在一个统一的预算表之中，因而能从整体上反映年度内政府财政收支情况，便于了解政府财政的全貌，完整性强，体现了国库统一和会计统一的原则要求，也便于立法机关的审议批准和社会公众了解。但缺点是不能明确地反映各项收支的差别和财政赤字的成因。

（2）复式预算。复式预算即把国家预算的全部收入、支出按预算收入的来源和支出的性质不同，分别编入两个或两个以上系列所形成的预算计划；以特定的预算来源保证特定的预算支出，使收支之间具有相对稳定对应关系的预算编制方式。

复式预算的优点：

①不发达国家的民间资本积累有限，政府的作用具有重要性。复式预算的编制足以明确资本形成的资金来源，并了解公共资本的积蓄动向。

②经常性预算与资本预算的划分，政府可以按轻重缓急，衡量经常支出与资本支出，便于考核经常支出，且以其结余资金用于投资。

③复式预算使财政的运用不再受狭义的预算平衡观念的约束，对资本支出可以按经济情况予以必要的调节。

④不发达国家制订长期经济发展计划时，复式预算能使每年的预算与该项长期计划保持密切而长期的联系。

复式预算的缺点：

①资本预算固为动员资源、促进经济发展的工具。但可能出现尽量加强资本支出，而过分节省经常性支出，重视物资投资，而忽视教育、卫生方面的投资。

②资本预算固为资产或企业管理的工具，对公营企业较多的国家有利。然而如果尽以公债从事投资，而且税收收入供应经常性开支，势必形成资本支出过度膨胀。

③资本预算的采用，对公共工程的举债投资，在前后期延续的使用者之间可实现公平负担。但政府所举办的公共工程若有规则性，事实上必须依赖资本预算的采用，而且举债投资增加了以后的负担。

（3）绩效预算。就是政府首先制订有关的事业计划和工程计划，再依据政府职能和施政计划制订计划实施方案，并在成本效益分析的基础上确定实施方案所需费用来编制预算的一种方法。20 世纪 90 年代以来，世界范围内将预算改革的焦点集中在能够有效提高政府行政绩效的绩效预算上。从发达国家推行绩效预算改革的实践来看，绩效预算在提高公共资金使用效率、改进政府部门绩效等方面取得了明显的效果。

（4）计划设计预算。这是20世纪60年代的创新，是将目标的设计、计划的拟订与预算的筹编三者相结合而形成的一种预算制度，它以设计为中心，以分析为手段，以提高效率为目的。

（5）零基预算。零基预算是指在编制成本费用预算时，不考虑以往会计期间所发生的费用项目或费用数额，而是以所有的预算支出为零作为出发点，一切从实际需要与可能出发，逐项审议预算期内各项费用的内容及其开支标准是否合理，在综合平衡的基础上编制费用预算的一种方法。

零基预算制度的优点：

①以零为预算编制基础，不受往年预算金额的约束，对新旧计划均须考虑，可避免传统预算累积加成与持续膨胀的弊端。

②一律以决策包的效益评估为基础，删除效益较低的计划，可使国家资源予以合理配置。

③承袭设计计划预算之精神，仍有长期规划与整体资源合理配置的优点，但决策包由基层人员拟定，符合下情上达，注重基层沟通的民主精神。

④新旧计划以同一基础评估，具有兴利除害、提高行政效率的效用。

⑤决策方案优先顺序的排列与分级，有助于预算分配的弹性，不至于形成累积庞大会计剩余与不足的问题。

零基预算制度的缺点：

①建制初期将会增加会计人员和各主管人员的工作负担。

②一些政务活动难以用数量化来衡量其效益。

③删除旧计划或裁减机关人员数额，容易增加人事上的困扰。

第二节　公共财政收入

一、公共财政收入概述

所谓公共财政收入，是指公共机构为满足财政支出的需要，自家庭、企业所取得的一切货币收入。通常，公共财政收入按其形式可以分为税收和其他收入两大类。

按其他标准还可以分为：经常性收入与临时性收入；直接收入与派生收入；强制性收入与非强制性收入。

表 9-1 公共收入的构成①

<table>
<tr><td rowspan="3">公共收入</td><td>强制收入</td><td colspan="2">①赋税收入；②. 强迫公债收入；③规费收入；④特别课征；⑤罚款收入；⑥战争赔偿收入</td></tr>
<tr><td rowspan="2">非强制收入</td><td>有对等关系者</td><td>①公有财产收入；②公有企业非垄断收入；③自由公债收入</td></tr>
<tr><td>无对等关系者</td><td>①公有企业垄断收入；②发行纸币收入；③捐献收入</td></tr>
</table>

二、公共财政收入的来源

公共财政收入的结构主要是指公共财政收入的来源结构，包括公共财政收入的价值结构、所有制结构和国民经济结构。

从商品价值的结构来看，社会产品价值是由 C、V、M 三部分组成的。公共财政收入的主要来源是 M 部分，只有新创造价值中归社会支配的 M 部分多了，公共财政收入的增长才有坚实的基础。此外，C 中补偿固定资产耗费的折旧也可以构成公共财政收入来源。而对 V 部分征税，既是调节个人经济行为和控制消费基金增长的重要手段，也是筹集公共财政收入的重要渠道。

从所有制的结构来看，公共财政收入作为一个整体，由不同所有制的经营单位所上交的利润、税金和费用等部分构成。在我国，国有企业上缴的税、利是公共财政收入的主要来源。随着社会主义市场经济体制的建立，非国有经济上缴的公共财政收入比重也在逐年上升。

从国民经济的结构来看，国民经济结构包括部门结构、产品结构、地区结构、规模结构、技术结构等。这里主要分析部门结构。公共财政收入的部门结构是指来自工业、农业、商业、建筑业等部门的公共财政收入所占的比重。这一比重是国民经济各部门在经济中所占比重及其效益高低在公共财政收入上的反映。工业是国民经济的主导，也是公共财政收入的主要部门。工业部门的积累水平较高，为公共财政提供的税利具有比重大、收入及时的特点。农业是国民经济的基础，也是公共财政收入的基础。农业部门一方面以农业税等形式直接向国家提供公共财政收入，另

① 胡庆廉，杜莉．现代公共财政学［M］．上海：复旦大学出版社，1997，148.

一方面通过工农产品价格剪刀差，将农业部门创造的一部分价值转移到工业部门，并以税利形式上交财政。建筑业与房地产业，在经济发达国家如美国、日本，是国民经济中的重要部门，是国家的支柱产业之一。随着我国建筑产品的商品化，建筑业与房地产业将提供越来越多的公共财政收入。目前有的开放地区这类收入已占公共财政收入的10%以上。此外，商业部门、金融保险业、服务旅游业等第三产业部门所提供的公共财政收入，也随着市场经济的发展而大幅度提高。

三、国家税收

（一）税收的定义

税收是国家为了实现其职能，按照法律预先规定的标准，强制地、无偿地取得财政收入的一种手段。与其他财政收入相比，税收具有强制性、无偿性、规定性的特点。

（二）税收的分类

按税收的对象不同，所有税种可分为所得税、商品税、资源税、财产税和行为税五大类。这是最基本的一种分类方法。按照税负能否转嫁，可分为直接税和间接税。按税收依据不同，可分为从价税和从量税。按税收与价格的关系，可分为价外税和价内税。按税收的征收权或隶属关系，可分为中央税、地方税和中央地方共享税。

（三）税收的要素

税收制度中列举的三个基本要素：纳税人、征税对象和税率。此外，税收要素还包括：起征点与免征额、纳税环节、减税与免税等。

（四）税收的原则

1. 公平原则

公平原则即税负的公平，简单地说是指不同纳税人之间税收负担的比较。纳税人条件相同的纳同样的税；条件不同的纳不同的税。迄今税负公平的标准主要有两种解释，即受益原则和纳税能力原则。前者指公平的税负应与纳税人从税收的使用中所获得的利益相对应；后者指公平的税负应与纳税人实际负担能力的大小相适应。

2. 效率原则

效率不仅指纳税过程本身的效率，即税收的征管成本和纳税成本应极小化，而且包括征税活动对社会经济本身的影响，即有效率的税收应使其额外损失减少到最低限度，额外收益尽可能增加，或使额外收益大于额外损失。

（五）税制结构

税制结构即税收制度的经济含义，是指按一定税收原则所设计的税收体系，其核心是税种的配置、税源的选择及税率的设计。税制结构由具体税种组成，我国目前的税种按课税对象分为所得税、商品税、财产税、资源税、行为税。

四、分税制与土地财政

（一）分税制

1. 分税制的含义

分税制是按税种划分中央和地方收入来源的一种财政管理体制。实行分税制，要求按照税种实现“三分”：分权、分税、分管。所以，分税制实质上就是为了有效地处理中央政府和地方政府之间的事权和财权关系，通过划分税权，将税收按照税种划分为中央税、地方税（有时还有共享税）两大税类进行管理而形成的一种财政管理体制。

2. 分税制的意义

分税制是市场经济国家普遍实行的一种财政体制，是符合市场经济原则和公共财政理论要求的，这是市场经济国家运用财政手段对经济实行宏观调控较为成功的做法。市场竞争要求财力相对分散，而宏观调控又要求财力相对集中。这种集中与分散的关系，反映到财政管理体制上就是中央政府与地方政府之间的集权与分权关系问题。分税制较好地解决了中央集权与地方分权问题。1994 我国开始实施分税制财政管理体制。对于理顺中央与地方的分配关系，调动中央、地方两个积极性，加强税收征管，保证财政收入和增强宏观调控能力，都发挥了积极作用。

具体而言，分税制的意义主要体现在以下两个方面：

（1）分税制是中央实施宏观管理政策的财力保证。建立两个税收管理体系，理顺中央与地方的分配关系，从而奠定了财力分配的基本格局。中央税收占主导地位，国家容易集中财力，解决重大社会经济问题，稳定全局。中央对地方实行不同形式的补助金制度，既可以掌握地方政府的支出范围和财力配置方向的主动权，保证中央经济调控政策的贯彻，又可以调动地方政府的积极性，因地制宜地办一些实事。

（2）分税制可以充分发挥税收杠杆调节经济配置资源的独特作用。中央可以运用属于自身的税种、税收进行全面性调节，地方也可以运用属于自身的税种、税收进行局部调节。这样的多层次的税收调节，更便于掌握调节的力度和幅度，实现预期调控目标。

3. 中国分税制改革以来面临的问题

20 世纪 80 年代末 90 年代初，我国中央财政陷入了严重危机，财政收入占 GDP 比重和中央财政收入占整个财政收入的比重迅速下降，中央政府面临前所未有的“弱中央”的状态。正是这场财政危机让党中央、国务院痛下决心——1994 年一场具有深远影响的分税制改革在中国拉开了序幕。分税制的实行，搭建了市场经济条件下中央与地方财政分配关系的基本制度框架，使中国的财政秩序为之大改，中央财政重获活力。自分税制改革以来，这个体制框架发挥出了一系列的正面效应，同时也逐渐显露和积累了一些问题。

（1）上下级政府之间的事权模糊不清，财政与事权不相匹配。分税制财政体制虽然对中央与地方政府的财权、事权都做了原则性规定，但在执行过程中，财权与事权不统一的矛盾依然突出。一方面，“中央出政策，地方出资金”。有些应由中央承担的事务，让地方承担了支出责任。另一方面，中央和地方政府在安排专项资金上存有不合理的交叉扯皮现象。分税制财政体制横向调节力度不够，拉大了地区间的贫富差距。分税制财政管理体制改革的出发点之一是承认既得利益，在调节地区间的差距上没有采取直接有效的措施，只是希望中央通过在财政收入增量分配中多得财力，同时实行转移支付制度来缩小地区间的收入差距。然而，新出台的一些政策措施还不自觉地拉大了地区间的收入差距。如分税制财政体制在新增收入的分配上实行“一刀切”的上缴和留成办法，忽视了经济发达地区和欠发达地区的差别。客观上使得一些高比例留成的经济欠发达地区财政收入虽大幅度增长，但可用财力占财政收入的比重却在逐年下降。而原来一些低比例分成的经济发达地区得到了更多的财政利益。这种逆向分配的格局进一步加剧了地区间的贫富差距。

（2）财政收入预算级次的划分不够规范。国地税收征管不协调，地方税收体系越来越弱化，地方财政收入的空间受到严重挤压。表现：一是没有完全遵循分税的原则。比如铁道、民航等部门的所有税种均作为中央财政收入，不符合分税的原则。二是税收返还的办法既不合理，也不规范。现行分税制财政体制规定，中央对地方的税收返还是以 1993 年为基数逐年递增的。没有按“两税”实际增量的绝对额返还，存在重复打折的现象。三是征收不协调。实行分税制以后，税收征管机构分设为国家税务局和地方税务局，由于财政收入级次划分不规范，同一税种（如企业所得税）有的同时需要国地税两套机构双重征管，直接导致中央与地方税收征管的“越位”和“缺位”，既不利于提高税收效率，也加大了税收成本。四是有不适应市场经济发展的问题。目前，在我国财政收入的构成中，中央税收和共享税占全部财政收入的70%左右，而地方税收的比重很小，尤其是近几年呈相对下降的趋势。

（3）税收立法滞后，地方政府没有相应的税权，税收管理制度不健全。现行税制中，只有少数的税收法规是由立法机构正式立法的，多数是以暂行条例等形式出现的。税收调节社会经济的功能明显滞后；税收管理制度不健全，尤其是地方税的征管缺乏规范性；行政性收费、各种基金名目繁多，"费改税"进展缓慢。与此同时，地方政府税权仅限于在地方税征收管理上制定一些具体的征收办法和补充措施的权力。这与分税制的要求相比差距较大，与中央赋予地方政府的权责不相称。这不利于发挥地方政府管理税收的积极性，也不利于规范完善地方财政的分配关系。

（4）转移支付制度不完善。主要表现：一是一般性转移支付制度还不规范。分税制改革后实行的税收返还，按照国际货币基金组织实行的政府财政统计口径，也是一种转移支付形式。但是这种办法是在原体制基数法上演变过来的，对由于历史原因造成的地区间财力分配不均的格局基本没有触动。同样，目前实行的体制补助和上缴更是从原来体制延用过来的。这些返还和补助，由中央财政列支拨出返给地方，中央不规定用途，由地方自主安排使用，从性质上讲属于一般性转移支付。但由于其决定因素不是地方标准收入和支出的差额，而是新旧体制衔接过程的既得利益补偿，因此，对均衡地方财力、解决地区间公共服务水平差异的作用并不明显。1995年后虽然采用过渡期转移支付办法，对困难地区增加一些补助，但由于中央财政困难，这部分相对规范的转移支付数量有限，均衡作用不大。二是中央对地方专项补助（拨款）分配和使用与财政分级管理的原则不相适应。相当部分专款用于地方事权范围和支出，体现中央事权和宏观调控的作用不够。分配的办法也有待进一步规范。三是中央政府有关部门管理的某些补助地方的资金，如预算内基本建设投资、技术改造、农业开发投资等，还没有统一纳入中央政府对地方的转移支付范畴，与财政转移支付资金的统筹运用存在脱节现象。

（二）土地财政

1. 土地财政的含义

土地财政是指地方政府的可支配财力高度倚重土地及相关产业租税费收入的一种财政模式，属于地方财政收入的一种。中国的土地财政主要是依靠增量土地创造财政收入，也就是说通过卖地的土地出让金来满足财政需求。

2. 土地财政产生的根源①

（1）分税制改革与土地财政。分税制改革是导致地方政府出让土地以追求地方财政收入和地区经济增长的压力和激励。1994 年分税制改革以来，中央上收了大量财权，特别是将增值税的 75%归为中央政府，并将所得税改为中央、地方政府共享税。同时地方政府的财政支出责任并没有相应减少。地方政府不仅需要承担建设性、非公益性和行政性支出等，还要承担各种社会保障支出、企业亏损补贴和价格补贴等。由于地方政府基本没有税收自主权且又不允许乱收费，其财政收支平衡很难维持，导致“逼官征地”，土地出让金成为地方政府预算外收入的支柱。结果是 20 世纪 90 年代中后期以来，地方政府通过出让土地以增加预算外财源的行为有增无减。

（2）城市扩张与土地财政。土地财政也与城市扩张有关。要启动城市化，扩张城市的外延和投资规模，就必须出让大量土地，以土地出让金为大量基础设施建设等融资。近年来，城市扩张和投资增加带来的房地产税和建筑税对地方经济的贡献明显增加。尤其在我国一些发达地区，房地产税和建筑税在地方的税收中约占三分之一。这就是城市化过程中城市外延和规模扩张给地方政府带来的财政效应，而这种财政效应正是源于出让土地带来的各种费用和税收等收入。

（3）以 GDP 和财政收入为主的政绩考核体制与土地财政。土地财政也与以 GDP 和财政收入为核心的政绩考核体制有关。在现行的政绩考核体系下，地方官员需要通过做大 GDP 和上缴财政收入来显示政绩，获得晋升的机会，因此他们必然会千方百计寻求新的收入来源，而扩大地方政府收入的最好办法就是土地财政。为了彰化政绩，地方政府具有扩大投资规模、招商引资的强烈动机，也往往通过土地开发来“经营城市”和发展经济。除此以外，各地区还互相竞争，竞相以优惠的地价出让土地来吸引投资。

3. 土地财政的弊端

土地财政，作为地方政府发展经济的一种工具，可谓利弊互见。

在中国，土地财政和土地金融的形成大体是近十几年的事情。近十几年中国城市建设突飞猛进，奥秘就是城市政府通过经营土地积聚了大量建设资金。城市经济飞速发展，市民生活质量不断提高，带动了周边农村经济的转型与发展，吸引了大量外地农民进城务工，其正面效应不容否定。

---

① 杜雪君等．中国土地财政与经济增长［J］．财贸经济，2009（1）．

但是，问题也由此而生，主要表现在以下几个方面：

（1）财政收入结构脆弱与不可持续[①]。据国务院发展研究中心的调研报告显示，在一些地方，土地直接税收及城市扩张带来的间接税收占地方预算内收入的40%，而土地出让金净收入占政府预算外收入的60%以上。这种财政收入结构是一把“双刃剑”，在房地产市场和土地市场繁荣时期，推动GDP和财政收入高速增长，且后者是前者增速的倍数，易出政绩；而一旦步入萧条年景，又导致GDP和财政收入快速下降，且后者的减速更快，从而导致财政收入大幅震荡。2008年以来国际金融危机对我国经济和财政收入的冲击就是证明。同时，由于土地资源的有限性，以卖地收入为支柱财源的财政模式难以持续，过度依赖房地产业的税源建设和产业发展模式潜伏着财政收入结构失衡的危机。

（2）土地财政恶化了国民收入分配，抑制了民间投资。21世纪初，就有财政专家研究提出，当时中国政府的各种收入加起来已占GDP的30%以上，达到甚至超过发达国家的水平。政府收入占GDP比重过高，一方面导致居民特别是农民收入增长缓慢，另一方面抑制了社会投资。虽然中央采取了许多措施，大力调整国民收入分配格局，但迄今并未根本改变。尤其值得关注的是，土地收入大多集中用于城市，城乡差距和和地区差距不仅没有缩小，反而更加扩大了。

（3）政府投资影响了产业结构调整，加剧了产能过剩。政府掌握的大量资金投向哪里，对产业结构的变化有重要的引导作用。多年来，地方政府的土地出让收入主要投向城市建设，刺激了建筑业、房地产业的大繁荣，带动了建材、民用电器、民用五金、民用化工等产业的发展，生产能力严重过剩。这条产业链基本处于低端，过度的发展占用了大量社会资源，与中央加快转变发展方式的方针背道而驰。

（4）更不能忽视的是资源、资金的严重浪费。土地出让收入由本级政府自收自支，长期缺乏收支规范与监督机制。近些年来各地搞了不少“楼、堂、馆、所”和“政绩工程”，攀比之风愈演愈烈，老百姓深恶痛绝。在此过程中，少数党政干部财大气粗，挥金如土，为所欲为；同时“土地寻租”活动愈演愈烈，公款化为个人“灰色收入”的现象屡见不鲜，公众反映强烈。

（5）土地财政机制不改变。土地财政机制不改变，保护耕地、保护农民的合法土地权益，只能流于空谈。同时，土地财政使地方政府的收入过分依赖房地产开发。而在现实中，由于集体土地不能开发房地产，现有的开发商其实处于天然垄断地位，

① 陈志勇，陈莉莉．“土地财政”：缘由与出路［J］．财政研究，2010（1）．

这使其有可能大肆抬高房价，广大中低收入市民的住房问题很难得到解决。

总的来看，在中国工业化、城市化的进程中，土地财政曾经发挥过重要的、积极的作用。但是，随着改革的深入，其制度弊端也越来越明显、突出，已经成为今后中国可持续发展的障碍。今后应该切实落实科学发展观，让土地财政逐步退隐历史舞台。

第三节　公共财政支出

一、公共财政支出概述

（一）公共财政支出的含义

公共财政支出是指政府把筹集到的财政收入有计划地进行分配和使用，转化为政府实现职能所需要的商品和劳务或其他支出的过程。它不仅是政府实现职能的主要手段，还是国民经济发展重要的资金来源，以及实现社会公平的重要途径。

（二）公共财政支出的分类

公共财政支出按是否有直接补偿，可以分为购买性支出和转移性支出；按支出的项目，可以分为基本建设支出、流动资金支出、支农支出、文教科学卫生事业支出、国防支出、行政管理支出及价格补贴支出等；按国家职能，可以分为经济建设费、社会文教费、国防费、行政管理费和其他支出；按支出与再生产的关系，可以分为补偿性支出、积累性支出和消费性支出；按支出的目的，可以分为预防性支出和创造性支出。

（三）公共财政支出的原则

公共财政支出的原则是指政府在安排和组织财政支出过程中应当遵循的基本原则。公共财政支出应满足以下三个原则：

（1）经济效益原则：是指通过公共财政支出使资源得到最优化配置，使整个社会的效益最大化，即由于某项财政支出而获得的社会效益应当超过其社会总成本。

（2）公平原则：是指通过财政支出提供劳务和补助所产生的利益在各个阶层的居民中分配应达到公平状态。

（3）稳定原则：是指公共财政支出应有助于防止经济波动过于剧烈。

二、公共财政支出规模的影响因素

从全球视野来看，很多国家财政赤字高企，甚至有一些国家到了破产的程度；

从国内来看，地方政府财政赤字居高不下，并呈现增长趋势。因此，研究公共财政支出的影响因素具有重要意义。

（一）影响财政支出规模的宏观因素分析

探讨财政支出的合理规模，必须从分析影响财政支出规模的宏观因素入手，参照前人的规范性分析并结合我国财政支出发展变化的现实情况，寻求我国财政支出的最佳规模。归纳起来，经常影响财政规模的宏观因素有经济性因素、政治性因素和社会性因素三个方面。

1. 经济性因素

经济性因素主要是指经济发展水平、经济体制以及中长期发展战略和前经济政策。马斯格雷夫和罗斯托的分析说明了经济不同发展阶段对财政支出规模以及支出结构变化的影响。经济发展水平决定财政支出规模的明显例证，是经济发达国家高于发展中国家。我国总的情况是长期内仍是一个发展中国家，经济体制仍处于转轨过程中。从经济性因素来看，经济改革之初曾导致财政收入占 GDP 比重下滑，这是财政为经济改革必须付出的成本和代价。随着经济体制改革的进展和经济的稳定增长，财政收入增长加快了，但为了构建和谐社会，实现建设新农村、大力发展教育卫生事业、扩大就业和完善社会保障制度、推进产业结构优化升级、保护生态环境等任务，这就要求在一段时间内仍然需要适度提高财政支出占 GDP 的比重，因而财政收入的增长可能性和财政支出规模增长的必要性将是今后一段时间内财政运行的主要矛盾。

2. 政治性因素

政治性因素对财政支出规模的影响主要体现在三个方面：

（1）政局是否稳定。皮科克与威斯曼认为，当一国发生战争或重大自然灾害等突发事件时，财政支出规模必然会超常规地扩大，而且事后一般难以降到原来的水平。

（2）政体结构和行政效率。首先是与一国的政治体制和市场经济模式有关，一般而言，倾向于集中的单一制国家，财政支出占 GDP 的比重高一些，倾向于分权的联邦制国家则相对低一些，北欧各国由于政府包办高福利而导致财政支出规模最高。至于行政效率则涉及政府机构的设置问题，若一国的行政机构臃肿，人浮于事，效率低下，经费开支必然增多，这是毫无疑问的。当前我国的关键还是在于正确处理政府与市场的关系，进一步转变政府职能。这里要抓好四个环节：

第一，坚决实行政企分开。把政府不该管的事务交给企业、市场、社会组织和中介机构，充分发挥市场在资源配置中的决定性作用，把政府经济管理职能转换到主要为市场主体服务和创造良好的发展环境上来，主要运用法律手段和经济手段管理经济。

第二，加快行政审批制度改革。各级政府和部门要全面贯彻实施《行政许可法》，加快投资体制改革，确立企业投资主体地位，使行政审批走向制度化、规范化和法制化。

第三，在加强经济调节和市场监督职能的同时，更加重视社会管理和公共服务职能。当前特别要建立和健全各种应急机制，提高应对突发事件的能力，大力推进教育、卫生、科技、文化等公共事业的发展，扩大就业，提供社会保障，建设公共设施，提高公共服务水平。

第四，树立以人为本的管理思想，坚持全面、协调和可持续的发展观。统筹兼顾经济和社会、城市和农村、东部地区和中西部地区、人与自然的协调发展，全面提高人民的物质文化水平和健康水平。

（3）政府干预政策。政府的经济干预政策也是影响财政支出规模的重要因素。显然，政府通过法律和行政手段对经济活动的干预和通过财政等经济手段对经济活动的干预，具有不同的资源再配置效应和收入再分配效应，如通过政府管制和政府法令进行经济干预，并未发生政府的资源再配置效应或收入再分配活动，即财政支出规模不变。

3. 社会性因素

社会性因素包括人口、就业、医疗卫生、社会救济、社会保障以及城镇化等因素，这些因素都会在很大程度上影响财政支出规模。发展中国家人口基数大、增长快，相应的义务教育、卫生保健、社会保障、失业和贫困救济、生态环境保护以及城镇化等支出的增长压力就大。比如我国在尚未实现工业化之前人口的老龄化已经来临，农村富余劳动力的增加迫切要求加快城镇化速度，加快经济建设与生态环境保护的矛盾日益突出，国有企业改革带来大量职工下岗失业等。

（二）影响财政支出规模的微观因素

为了寻求合理的财政支出规模，不仅要分析影响财政支出的宏观因素，而且要分析和控制影响财政支出的微观因素。福利经济学对财政支出增长的分析主要是从微观角度进行的，采用效用最大化的分析方法，将市场有效供给原理运用到政府公共物品的供应中，通过影响财政支出增长的变量，如公共物品的需求、公共物品的成本和价格、公共物品的质量、生产组织形式等，来分析和研究财政支出规模。

（三）政治决策程序

财政是一种国家或政府的经济行为，财政是一种与政治联系最紧密的经济问题，因而政治决策必然是确定财政支出规模的重要因素。

从以上的分析中可知，财政支出规模随着经济的发展而逐步上升，达到一定阶段而相对稳定，但各经济发达国家相对稳定的财政支出规模却高低不一，同样是所谓自由市场经济的国家，美国财政支出占 GDP 的比重只有 35%左右，而英、法两国则高达 50%左右。经济发达国家目前相对稳定的水平，主要是在几百年市场运行中与政府的磨合形成的，而各国水平的差异则是由各国的具体国情所决定的，这个水平也就是适合该国的市场与政府之间资源配置的最佳模式。可以说，没有一种精确的模型能够测算出一个国家的财政支出规模的最佳水平，除由市场运行自发形成这个主要因素外，无疑还含有政治决策的因素。至于达到相对稳定水平以后，不可能是绝对停止的，不同时期甚至每年都会存在一定幅度的波动，而这种波动必然是由各国政府通过政治决策程序来决定的。正是因为政治决策与财政支出规模之间的密切关系，才出现了公共选择理论，而公共选择理论则是将经济分析的工具和方法应用到政治决策过程，深入研究政府决策程序和选举制度，寻求财政决策的最佳途径。

我国的特殊性在于：社会主义市场经济体制是在政府推动下由计划经济体制转换过来的，市场经济体制是在政府推动下建立和形成的，因而政治决策对我国财政支出规模的发展变化以及最终形成最佳的相对稳定水平具有决定性作用。为此，必须完善科学、民主的决策机制，健全重大问题集体决策机制和专家咨询制度，实行社会公示和社会听证制度，大力推进依法行政，严格按法律规定的权限和程序行使权力和履行职责，形成对政府权力的制约和监督。

根据上述对影响财政支出规模的经济因素分析，可以建立财政支出的回归分析模型，回归分析的结果对确定财政支出合理规模的政治决策有重要的参考价值。

三、公共财政支出的结构

财政支出结构是指财政支出总额中各类支出的组合以及各类支出在支出总额中所占的比重，也称“财政支出构成”。财政支出结构是各类财政支出占总支出的比重。

财政支出结构优化是指在一定时期内，在财政支出总规模占国民生产总值比重合理的前提下，财政支出内部各构成要素符合社会共同需要，而且各构成要素占财政支出总量的比例相对协调、合理的状态。

从社会资源的配置角度来说，财政支出结构直接关系政府动员社会资源的程度，从而对市场经济运行的影响可能比财政支出规模的影响更大。不仅如此，一国财政支出结构的现状及其变化，表明了该国政府正在履行的重点职能以及变化趋势。

第四节 公共财政政策

一、公共财政政策的类型

宏观政策的目标各有侧重，但基本上都集中在充分就业、经济增长、物价稳定和国际收支平衡上。

1. 按财政政策对经济周期的反方向调节作用，可分为自动稳定的财政政策和相机抉择的财政政策。

自动稳定的财政政策是指那些能够根据经济波动情况自动发生稳定作用的政策，如税收的自动变化，政府的转移支付等。

相机抉择的财政政策是指那些需要借助外力才能对经济产生作用的政策。

2. 根据财政政策对社会总需求的影响，可分为扩张性财政政策、紧缩性财政政策和均衡性财政政策。

扩张性财政政策也称为通货膨胀性财政政策，是指通过减少税收收入和扩大财政支出，特别是扩大投资性支出来刺激社会总需求和总供给的差额缩小以至平衡。

紧缩性财政政策也称盈余性财政政策，是指通过增加财政收入和减少财政支出来抑制社会总需求。

均衡性财政政策也称为平衡性财政政策，即一种保持财政平衡的政策，使财政收入和财政支出的总量对比关系与社会总需求保持中性关系，既不会产生扩张效应，也不会产生紧缩性效应。

二、财政赤字

（一）财政平衡

财政平衡是指国家财政收入与财政支出相等，彼此正好相抵。实践中，略有盈余或略有赤字，都属于财政收支平衡。尽管财政平衡是一种理想状态，但就目前来看，财政赤字已成为一种世界性的普遍经济现象。

（二）财政赤字

根据财政赤字产生的原因和经济背景，西方经济学家将其分为两类，即结构性赤字和周期性赤字。结构性赤字是指发生在已给定的充分就业之上的赤字，也称为充分就业赤字。它一般用于分析财政赤字对经济的影响，是将财政赤字作为外在变量看待的。周期性财政赤字是指发生在结构性赤字之上的赤字，也就是全部财政赤字减去结构性赤字之后的余额。它主要体现的是经济对财政的决定作用，一般作为内生变量看待，随经济的波动而变动。

（三）弥补财政赤字的方式

弥补财政赤字的方式主要有三种：一是动用历年财政节余；二是向银行透支和借款；三是发行政府公债。向银行透支或借款弥补财政赤字，会增加基础货币；巨额的透支只能通过过多的货币发行来弥补，就会导致通货膨胀；通过公债弥补赤字，则是世界各国通行的方法。

三、公共财政政策与货币政策的配合

（一）货币政策的含义

所谓货币政策是指一国政府为实现一定的宏观经济目标所制定的关于调整货币供应量的基本方针及其相应的措施。它是由信贷政策、利率政策、汇率政策等构成的一个有机的政策体系。

（二）财政政策与货币政策的区别

在经济发展的过程中，财政政策和货币政策所产生的效应是有区别的。

一般来说，货币政策对投资的影响较大，而财政政策对消费的影响更大。所以将不同的财政政策和不同的货币政策配合运用，就会出现不同的组合效应。比如，扩张性财政政策与扩张性货币政策的配合，可以刺激经济增长、扩大就业、解决社会总需求严重不足的问题，但易引起通货膨胀；紧缩性财政政策与紧缩性货币政策的配合，可以有效地防止总需求和货币的过度膨胀，但可能会引起经济停滞；紧缩性财政政策与扩张性货币政策配合，在控制通货膨胀的同时可以保持适度的经济增长；而扩张性财政政策与紧缩性货币政策的配合，在保持经济适度增长的同时可以有效地避免通货膨胀。

【思考题】

1. 结合公共管理知识，谈谈“公地悲剧”的解决对策。
2. 论述公共财政支出的影响因素。
3. 谈谈改革开放以来，中国税收体制改革的历程及影响。
4. 结合中国实际，谈谈财政政策及货币政策的运用。

【案例】政府购买居家养老服务[①]

帮老人做家务、开展日常维修……这是乌鲁木齐市持续推进政府购买居家养老服务模式，为老人提供的部分免费服务。

“刘阿姨在家吗?”3 月 28 日，新疆乐龄居家养老服务中心养老专干雷小路敲开了景明小区独居老人刘香的家门。

“小路，今天擦个玻璃就好了。客厅不用收拾，我自己来。”刘香笑着说，真是享福了，服务特别好，到处都擦得干干净净。这不，纱窗螺丝掉了，也给修好了。

刘香是政府购买居家养老服务的受益者之一。由于老人独居，服务人员每个月都会上门帮她打扫卫生。

为了让我市低收入、高龄、独居等特殊困难老人享受到更好的居家养老服务，乌鲁木齐市以政府购买服务的方式，与新疆乐龄居家养老服务中心在内的 6 家养老服务企业签约，为这些老人提供生活照料、医疗保健、精神慰藉、文化体育、助餐、助浴等八大类 15 项服务。服务费用则由政府根据服务对象类别，分级给予每月 150 元、300 元、500 元不等的服务补贴，有效提高了居家养老服务的信息化和便捷化水平。

当日，工作人员按照预约时间来到东林街社区 92 岁老人张书兰家中，提供家庭保洁服务。

“不仅每月按时来，还会定期回访。擦玻璃、打扫厨房，我们不掏一分钱，都由政府买单。”张书兰的女儿卢雅梅说，母亲每个月除了工资还有高龄津贴。享受上门服务两年了，很满意。

市民政局社会事务和社会福利科科长王艳荣介绍，政府购买居家养老服务项目的服务对象为本市户籍 60 岁以上的城乡分散特困老人，城乡低保对象、重点优抚对

---

① 梁淑芳．乌鲁木齐持续推进政府购买居家养老服务 政府买单为老人送关爱［N］．乌鲁木齐晚报，2022-03-30.

象、低收入对象中独居或仅与重度残疾子女共同居住的老年人；70 岁以上的计划生育特别扶助对象；80 周岁以上的重度失能老年人和 90 岁以上老年人；荣获市级以上劳动模范的老年人等。

去年，全市累计投入约 186 万元，为 2500 余名特殊困难老年人提供了政府购买居家养老上门服务，保障了老年人的基本生活和养老需求。

【问题】

1. 乌鲁木齐市以政府购买服务的方式，与本地养老服务企业签约，为老人提供居家养老服务。结合材料，试对比“传统居家养老模式”“养老院养老模式”“政府购买居家养老服务模式”三种养老模式。

2. 试运用公共财政与国家预算相关知识，你认为政府应该发挥什么样的作用来适应渐趋老龄化的社会？

第十章 公共组织信息管理与网络治理

知屋漏者在宇下，知政失者在草野。——汉·王充《论衡》

先谋后事者逸，先事后谋者失。——《旧唐书》

我们已经进入了信息时代和信息社会。信息时代和信息社会一词表明了信息技术对现代社会的政治、军事、经济、文化乃至普通人生活方式的影响，正如传播学家麦克卢恩所言：任何技术都倾向于创造一个新的人类环境。信息技术正在改变着我们这个世界的一切。

在政府管理领域，信息及信息资源的管理已经成为一个越来越重要的领域，成为公共管理者的一项重要职责。出现这种情况的原因在于两个方面：一是信息成为日益重要的战略资源以及政府治理对信息的广泛依赖性增大；二是信息技术在政府管理领域的广泛使用对政府的治理结构、组织结构、运行方式及公共管理者必须对此做出反应和适应。

对于公共管理者而言，信息技术的广泛应用以及人们联系的全球性，公共管理对信息的依赖，使得接近和使用信息的能力显得至关重要。信息技能，即确定、处理和使用信息的能力可以为公共管理者工作的有效性提供更大的机会。

从 20 世纪 90 年代以后，信息技术成为各国政府再造的利器。利用信息技术改革政府的组织以及管理，构建电子化政府已经成为政府再造和改革的一个重要方向。

特别是 21 世纪以来，伴随着新媒体和自媒体的发展，政府面临着新的挑战。

第一节 公共组织信息管理概述

一、信息

(一) 信息的含义

信息是指已经整理并有用的数据，它不同于数据，数据就是事实、未经评价的情报或信息的原始资料。

在说明信息与公共管理的关联性之前，理解信息的本质是重要的。信息的概念可以说是既宽泛又不明确，从一般意义上讲，信息是指已经整理并有用的数据，它不同于数据，数据就是事实、未经评价的情报或信息的原始资料。数据和信息的主要区别就是：一切信息虽然都是由数据组成，但并非一切数据就能产生消除不确定性而导致较深理解的、专用的、有意义的信息。正是在这个意义上，1949 年控制论专家克劳德·申农（Claude Shannon）将信息定义为不确定性的减少。

(二) 信息的特征

信息作为一种资源，它与传统上的资源是截然不同的，因为它的一系列特性非常明显：

(1) 信息永远不因使用而消耗。

(2) 信息可以被许多人同时拥有。

(3) 想防止某些人免费拥有部分信息或获得信息都是非常困难的。

(4) 信息对一个具体使用者的价值只有在其公开后才会确定。

(5) 信息不会因经常性使用而枯竭。

(6) 对信息的技术测量单位，如节、包，对消费者来说没有意义。

(三) 信息的属性

同样，我们也需认识到，信息的价值取决于信息减少不确定性的能力。具体来说，信息的价值是由下列属性所决定的：

(1) 准确性（Accuracy）。准确性可以定义为正确的信息和一段时期内可以产生的信息总量之比。如果有 1000 项信息，而其中对实际情况给出正确报告的 950 项，则其准确性为 95%。在信息和准确性的信息之间是有差别的。一个功能失灵的温度计可能是精确的，但却是精确的错误。

（2）时效性（Timeliness）。信息的本质之一，或者一种信息与其他信息的区别的特性在于时效性。对于一个股民而言，发生在10年前的某一交易日的股票价格，是根本没有价值的，也不会引起兴趣的。

（3）相关性（Relevance）。信息可能是又准确又及时，但可能缺乏相关性。所谓相关性，就是需要知道的信息能指导行动或提供新的知识和理解力。正如一个人不知道自己身在何处，一张新出的地图对他没有任何帮助。“信息过载”有时实际上是指我们现在发现信息没有用途，例如我们每个人每天都会看到既不需要、也不想用的产品广告。

（4）完整性（Completeness）。一个人或一个公共管理者，虽然获得了准确、及时、相关的信息，但由于信息的不完整而导致决策的失败。中国古人讲的“兼听则明，偏信则暗”反映的也就是领导者获取完整信息的重要性。

（5）可获得性（Availability）。信息的使用者所需要的信息必须是可获得的，信息的使用者必须检视其所需要的信息。

（6）效率（Efficiency）。信息也是资源，它与别的资源一样，不能免费使用，取得这一资源所付出的费用，必须与他可能创造的价值相比较。我们要求的信息必须费用低于收益并能大幅度降低其他费用，增加使用者对有关事物的理解。

（7）信息的等级（Level of Information）。信息的价值同样也会与信息的抽象等级结构有关（S. H. 赫克尔和C. 诺兰，1993）。信息的数量和完整性是随着信息价值和主观性的增长而下降，信息的等级越高，其价值越大，而信息的等级是随着信息使用者的主观性，也就是对信息的融合程度而变化的。

二、公共组织信息管理

（一）信息管理

信息管理是指通过一种及时、准确、有效的方式来收集、存贮、综合、比较、分析和传播组织内外部信息，以便实现有效的组织管理。

（二）公共组织信息管理

公共组织信息管理是与政府信息有关规划、预算、组织、指导、培训和控制等活动的总称。其具体内容包括行政信息、信息技术、信息人员和信息设施等在内的信息资源管理。

政府信息管理工作就其范围来讲，是极其广泛的。根据学者卡尔森和欧佛门（Garson and Overman）的看法，公共管理者在信息管理方面的工作，包括信息系统管理、电脑应用、平面文件信息系统、表格管理与记录安全。

三、学习型组织

（一）学习型组织及其理论

1. 学习型组织的含义

学习型组织不存在单一的模型，它是关于组织的概念和雇员作用的一种态度或理念，是用一种新的思维方式对组织的思考。在学习型组织中，每个人都要参与识别和解决问题，使组织能够进行不断的尝试，改善和提高它的能力。

学习型组织的基本价值在于解决问题，与之相对的传统组织设计的着眼点是效率。在学习型组织内，雇员参加问题的识别，这意味着要懂得顾客的需要。雇员还要解决问题，这意味着要以一种独特的方式将一切综合起来考虑以满足顾客的需要。组织因此通过确定新的需要并满足这些需要来提高其价值。它常常是通过新的观念和信息而不是物质的产品来实现价值的提高。

2. 学习型组织理论

（1）培养组织成员的自我超越意识。“自我超越”包括三个内容：一是建立愿景（指一种愿望、理想、远景或目标）；二是看清现状；三是实现愿景。即组织中的每一成员都要看清现状与自己的愿景间的距离，从而产生出“创造性张力”，进而能动地改变现状而达到愿景。原先的愿景实现后，又培养起新的愿景。随着愿景的不断提升，又产生出新的“创造性张力”。显然，组织成员的自我超越能力是组织生命力的源泉。正所谓“学者非必为仕，而仕者必为学”。①

（2）改善心智模式。“心智模式”是人们的思想方法、思维习惯、思维风格和心理素质的反映。一个人的心智模式与其个人成长经历、所受教育、生活环境等因素密码有关，因此并非每个人的心智模式都很完美。人们通过不断地学习就能弥补自己心智模式的缺陷。

（3）建立共同愿景。“共同愿景”源自个人愿景，它是经过各成员相互沟通而形成的组织成员都真心追求的愿景，它为组织的学习提供了焦点和能量。

企业只有有了共同愿景，才能形成强大的凝聚力，推进企业不断地发展。

（4）搞好团体学习。组织由很多目标一致的团队构成。“团体学习”指每一团体中各成员通过“深度会谈”与“讨论”，产生相互影响，以实现团体智商远大于成员智商之和的效果。它建立在发展“自我超越”及“共同愿景”的工作上。

---

① 出自《荀子·大略》。

团体是企业的基础，每个团体的“团体学习”都搞好了，企业才更有竞争力。因此，“团体学习”比个人学习更重要。

（5）运用系统思考。“系统思考”指以系统思考观点来研究问题、解决问题。其核心就是：从整体出发来分析问题；分析关键问题；透过现象分析问题背后的原因；从根本上解决问题。系统思考是见识，也是综合能力。这种见识和能力只有通过不断学习才能逐渐形成。

（二）学习型组织的特征

1. 组织成员拥有一个共同的愿景

组织的共同愿景（Shared Vision），来源于员工个人的愿景而又高于个人的愿景。它是组织中所有员工共同愿望的景象，是他们的共同理想。它能使不同个性的人凝聚在一起，朝着组织共同的目标前进。

2. 组织由多个创造性个体组成

在学习型组织中，团体是最基本的学习单位，团体本身应理解为彼此需要他人配合的一群人。组织的所有目标都是直接或间接地通过团体的努力来达到的。

3. 善于不断学习

这是学习型组织的本质特征。所谓“善于不断学习”，主要有四点含义：

（1）强调“终身学习”。即组织中的成员均应养成终身学习的习惯，这样才能形成组织良好的学习气氛，促使其成员在工作中不断学习。

（2）强调“全员学习”。即企业组织的决策层、管理层、操作层都要全心投入学习，尤其是经营管理决策层，他们是决定企业发展方向和命运的重要阶层，因而更需要学习。

（3）强调“全过程学习”。即学习必须贯彻于组织系统运行的整个过程之中。约翰·瑞定（J. Redding）提出了一种被称为“第四种模型”的学习型组织理论。他认为，任何企业的运行都包括准备、计划、推行三个阶段，而学习型企业不应该是先学习然后进行准备、计划、推行，不要把学习与工作分割开，应强调边学习边准备、边学习边计划、边学习边推行。

（4）强调“团体学习”。即不但重视个人学习和个人智力的开发，更强调组织成员的合作学习和群体智力（组织智力）的开发。

4.“地方为主”的扁平式结构

传统的企业组织通常是金字塔式的，学习型组织的组织结构则是扁平的，即从最上面的决策层到最下面的操作层，中间相隔层次极少。它尽最大可能将决策权向组织结构的下层移动，让最下层单位拥有充分的自决权，并对产生的结果负责，从而形成以“地方为主”的扁平化组织结构。例如，美国通用电器公司目前的管理层次已由9层减少为4层。只有这样的体制，才能保证上下级的不断沟通，下层才能直接体会到上层的决策思想和智慧光辉，上层也能亲自了解到下层的动态，吸取第一线的营养。只有这样，企业内部才能形成互相理解、互相学习、整体互动思考、协调合作的群体才能产生巨大的、持久的创造力。

5. 自主管理

学习型组织理论认为，“自主管理”是使组织成员能边工作边学习并使工作和学习紧密结合的方法。通过自主管理，可由组织成员自己发现工作中的问题，自己选择伙伴组成团队，自己选定改革，进取的目标，自己进行现状调查，自己分析原因，自己制定对策，自己组织实施，自己检查效果，自己评定总结。团队成员在“自主管理”的过程中，能形成共同愿景，能以开放求实的心态互相切磋，不断学习新知识，不断进行创新，从而增加组织快速应变、创造未来的能量。

6. 组织的边界将被重新界定

学习型组织的边界的界定，建立在组织要素与外部环境要素互动关系的基础上，超越了传统的根据职能或部门划分的“法定”边界。例如，把销售商的反馈信息作为市场营销决策的固定组成部分，而不是像以前那样只是作为参考。

7. 员工家庭与事业的平衡

学习型组织努力使员工丰富的家庭生活与充实的工作生活相得益彰。学习型组织对员工承诺支持每位员工充分的自我发展，而员工也以承诺对组织的发展尽心尽力作为回报。这样，个人与组织的界限将变得模糊，工作与家庭之间的界限也将逐渐消失，两者之间的冲突也必将大为减少，从而提高员工家庭生活的质量（满意的家庭关系、良好的子女教育和健全的天伦之乐），达到家庭与事业之间的平衡。

8. 领导者的新角色

在学习型组织中，领导者是设计师、仆人和教师。领导者的设计工作是一个对组织要素进行整合的过程，他不只是设计组织的结构和组织政策、策略，更重要的是设计组织发展的基本理念；领导者的仆人角色表现在他对实现愿景的使命感，他自觉地接受愿景的召唤；领导者作为教师的首要任务是界定真实情况，协助人们对真实情况进行正确、深刻的把握，提高他们对组织系统的了解能力，促进每个人的学习。学习型组织有着它不同凡响的作用和意义。它的真谛在于：学习一方面是为了保证企业的生存，使企业组织具备不断改进的能力，提高企业组织的竞争力；另一方面学习更是为了实现个人与工作的真正融合，使人们在工作中活出生命的意义。

学习型组织的基本理念，不仅有助于企业的改革和发展，而且它对其他组织的创新与发展也有启示。人们可以运用学习型组织的基本理念，去开发各自所置身的组织创造未来的潜能，反省当前存在于整个社会的种种学习障碍，思考如何使整个社会早日向学习型社会迈进。或许，这才是学习型组织所产生的更深远的影响。

第二节　电子政务与数字政府

近四十年来中国政府运用现代计算技术的发展过程可以根据重要政策节点划分为三个政策阶段："政府信息化"阶段、"电子政务"阶段和"数字政府"阶段。

一、电子政务

自20世纪90年代电子政务产生以来，关于电子政务（Electronic Government）的定义有很多，并且随着实践的发展而不断更新。

联合国经济社会理事会将电子政务定义为"政府通过信息通信技术手段的密集性和战略性应用组织公共管理的方式，旨在提高效率、增强政府的透明度、改善财政约束、改进公共政策的质量和决策的科学性，建立良好的政府之间、政府与社会、社区以及政府与公民之间的关系，提高公共服务的质量，赢得广泛的社会参与度"。

本书认为，所谓电子政务是指政府有效利用现代信息和通讯技术，通过不同的信息服务设施（电话、网络等），对政府机关、企业、社会组织和公民，在其更方便的时间、地点及方式下，提供自动化的信息及其他服务，从而建构一个有回应力、有效率、负责任以及具有更高服务品质的政府。

二、数字政府

与电子政务相比，中国数字政府建设在核心目标上立足于推进治理现代化，在顶层设计上依循数据范式，在政策上将"对数据的治理"也纳入议题范围，在业务架构上日益趋向于平台化模式，在技术基础上正在向智能化升级。基于此，数字政府的概念可以被重新界定为：在技术层面即政府基于数字技术以更有效率的方式分配信息，在组织层面即政府基于数字基础设施的赋能、协同与重构。正在发展中的数字政府表现出与过去所不同的重要特征，并由此带来政府作为一种组织的持续创新与转型，从而推进国家治理的现代化革命。

三、数字政府构建的意义

完善和发展中国特色社会主义制度，推进国家治理体系与治理能力现代化，是全面深化改革的总目标。当下，信息技术特别是网络和数据技术发展，为政府提高履职能力和人民群众依法管理公共事务和自身事务，提供了新的更多的有利条件。

1. 政府履职具备更多数据支撑

政府是公共治理体系的重要组成部分，经济调节、市场监管、社会管理和公共服务是我国政府的四项基本职能。大数字技术为政府更好履职提供了更加有利的条件。

（1）多维多层数据支撑经济调节

首先，更多指标印证宏观经济形势。大数据技术提供了更多能够利用的指标，这些指数直接从网络产生的海量实时数据中挖掘产生，真实性、实效性都较好，为政府相关决策提供了有效的信息。其次，结构性数据呈现行业特点。互联网、物联网的广泛应用，能够反映出许多产业、企业、产品的生产、销售和运转情况。再次，新经济形态提供新的经济指标。近几年，电子商务交易量、用云量、上网时长等全新的指标呈现出来，反映出这些新经济形态的规模和趋势。

（2）市场监管更加及时有效

我国市场经济体制尚不完善，违背诚实守信原则的行为不断发生。传统的监管手段可能产生不作为、寻租和腐败行为，有些时候，不当监管带来的问题比解决的问题可能还要多，管与不管成为两难。新的信息技术为政府监管市场提供了新的手段。通过对市场活动中大量信息的收集和处理，能够快速发现许多原来不易被察觉的失信行为，并将之记录或曝光，从而增加了失信行为的成本。政府可以有针对性地加强监管，提高市场监管能力并降低监管成本。

（3）提升社会管理水平

现代社会管理任务复杂繁重。现在，数据采集设备的大量使用，使得人们的社会活动形成海量、多维、真实的数据，为政府加强社会管理提供了新的积极因素。对社会事件的及时预测是提高管理效能的重要基础，大数据技术可以发挥重要作用。在环境保护方面，物联网可以实现不间断的环境观测和数据分析，并对治理方案进行模拟测试。

（4）提高公共服务水平和效率

以往多年，由于信息不完备不对称，有些公共服务供给未能与服务需求准确匹配，效率不高。网络的广泛渗透，使得差别化、个性化的公共服务需求更容易识别，为政府提高公共服务的效率创造了有利条件。

2. 推动解决积弊和难题

（1）增强数据的真实性

长期以来，政府主要依靠纵向行政层级获取信息，往往出现失真、延时等问题。网络中的数据是扁平结构，决策者可以快速有效地获取数据。大数据技术能够对数据进行整合，“通过交叉复现，展示事态真相”。

（2）发现新的规律和相关性

信息不对称是导致市场机制失灵的一个重要原因，特别是超经验商品和服务的质量信息是一个长期的难题。大数据可以通过对海量数据的分析，探究出新的规律和相关性。

（3）开放公共数据创造新的生产力

开放政府部门的公共数据，让那些拥有先进技术和服务经验的组织有机会对公共数据的价值进行挖掘，释放其价值，创造新的生产力。更多机构和个人能够利用这些数据，共同参与社会治理过程。政府数据开放中还存在不少问题，尤其是“信息孤岛”现象即部门化、单位化、碎片化的问题，以及数据形态异构问题，都降低了海量数据的作用。在一定程度上，部分政府系统数据整合程度和利用程度滞后于同样庞大规模的巨型企业和社会组织。今后，继续打破部门之间的数据分隔，部门之间使用统一格式的数据平台，不同部门的数据形成结构相同、完整一体的数据集等要求，都是长期和艰巨的任务。

四、数字政府建设面临的问题及挑战

1. “民主”决策与“科学”决策的冲突可能增加

民主决策强调的是合乎民意，而科学决策强调的是以最小成本达到决策目标，两者的利益导向并不一致。有时专家们提出了“科学”的决策建议，但在民主决策过程中却不被认同。在传统决策理论中，解决民主决策中的利益牵制问题要靠所谓的“无知之幕”，即当事人并不了解决策会对其自身利益产生哪些不利影响，从而使决策过程能够推进。在当前网络广泛渗透、信息无所不在的情形下，“无知之幕”在很大程度上已不存在，个体在做出决策时已经难从“无个人利益”的立场出发给出公允判断。这就造成了决策中的两难：如果民主决策不到位，有可能无法准确了解公众的诉求，决策也无法有效执行；而如果让民众广泛参与决策过程，则有可能会很大程度上背离“科学性”。需要针对不同情况，在两者之间寻求积极平衡。

2. 垄断问题性质变异及其监管难题

大数据时代，平台型大企业具有明显的直接网络效应和间接网络效应，具有显著的市场优势和影响力。然而，用传统的反垄断理论对其进行监管碰到难题，因为无论是定价还是获利，一些巨型企业并不符合垄断企业的行为特征。由于资本市场的深度参与，有些平台企业对当下是否盈利并不敏感，可以极具“耐心”地等待，其行为甚至近似于“软约束”。即使有些企业收入可观，也更多的是技术和创新收益而非垄断收益。因此，虽然有些企业的确具有较高的市场份额和市场控制力，但其产生的负面影响却难于识别和量化。总之，对垄断的传统定义无法判断免费市场中大企业控制力对消费者福利的影响。这些都为政府管控垄断行为带来困难。

3. 数据产业发展和个人隐私保护的矛盾日益突出

网络时代，每个人的大量信息都会自觉不自觉地上传至互联网，即使不被商家拿去谋利，绝大多数人也不愿意自己的私事被公诸于众。特别是大数据技术，其特点是“挖掘”，原本的零散信息通过大数据的整合很可能变成了对个人隐私“挖掘”很深的数据。因此，大数据时代如何保障国家安全、商业机密和公民隐私，是政府的职责，也是全社会共同的挑战。要立足我国实际情况，积极稳妥推进数字产业规范发展和个人数据保护工作，统筹考虑个人信息保护、技术和商业模式创新、竞争效率和产业安全等多个目标，同时要积极寻求与国外相关机构的沟通，促进形成公平公正公认的国际竞争规则。

4. 网络空间公私边界的重构和“共治”需求

在网络空间，公共治理的需求远远超出了传统边界。比如，首先，网络空间中的市场主体通达范围极广，可以不受限制地干扰他人。其次，不实网络信息对社会秩序产生冲击。最后，网络空间没有物理的国界、海关和边防，容易被国外机构和组织攻击和利用。网络空间上的私人领域与公共领域的边界出现模糊和交错，需要打破政府和企业原有的责任边界，共同进行治理。一方面，互联网企业创造了这个无处不在无所不包的网络空间并从中获利，就需要承担经济目标之外的部分社会责任；另一方面，政府介入网络空间的治理，深入到企业层面甚至产品和服务层面进行管制，也不能一概视为政府对市场和私人领域的不当干预，而是承担社会治理职责的需要。科技界、企业、消费者和政府等共同构建了网络新世界，都应共同担负起治理责任。

五、中国数字政府构建的现状

党的十八大以来，党中央、国务院从推进国家治理体系和治理能力现代化全局出发，准确把握全球数字化、网络化、智能化发展趋势和特点，围绕实施网络强国战略、大数据战略等做出了一系列重大部署。经过各方面共同努力，各级政府业务信息系统建设和应用成效显著，数据共享和开发利用取得积极进展，一体化政务服务和监管效能大幅提升，“最多跑一次”“一网通办”“一网统管”“一网协同”“接诉即办”等创新实践不断涌现，数字技术在新冠肺炎疫情防控中发挥重要支撑作用，数字治理成效不断显现，为迈入数字政府建设新阶段打下了坚实基础。但同时，数字政府建设仍存在一些突出问题，主要是顶层设计不足，体制机制不够健全，创新应用能力不强，数据壁垒依然存在，网络安全保障体系还有不少突出短板，干部队伍数字意识和数字素养有待提升，政府治理数字化水平与国家治理现代化要求还存在较大差距。

当前，我国已经开启全面建设社会主义现代化国家的新征程，推进国家治理体系和治理能力现代化、适应人民日益增长的美好生活需要，对数字政府建设提出了新的更高要求。要主动顺应经济社会数字化转型趋势，充分释放数字化发展红利，进一步加大力度，改革突破，创新发展，全面开创数字政府建设新局面。

六、中国数字政府构建的任务

2022 年，《国务院关于加强数字政府建设的指导意见》明确了数字政府建设的七方面重点任务：构建协同高效的政府数字化履职能力体系；构建数字政府全方位安全保障体系；构建科学规范的数字政府建设制度规则体系；构建开放共享的数据资源体系；构建智能集约的平台支撑体系；在以数字政府建设全面引领驱动数字化发展；加强党对数字政府建设工作的领导。

1. 强化经济运行大数据监测分析，提升经济调节能力

将数字技术广泛应用于宏观调控决策、经济社会发展分析、投资监督管理、财政预算管理、数字经济治理等方面，全面提升政府经济调节数字化水平。加强经济数据整合、汇聚、治理。全面构建经济治理基础数据库，加强对涉及国计民生关键数据的全链条全流程治理和应用，赋能传统产业转型升级和新兴产业高质量发展。运用大数据强化经济监测预警。加强覆盖经济运行全周期的统计监测和综合分析能力，强化经济趋势研判，助力跨周期政策设计，提高逆周期调节能力。提升经济政策精准性和协调性。充分发挥国家规划综合管理信息平台作用，强化经济运行动态感知，促进各领域经济政策有效衔接，持续提升经济调节政策的科学性、预见性和有效性。

2. 大力推行智慧监管，提升市场监管能力

充分运用数字技术支撑构建新型监管机制，加快建立全方位、多层次、立体化

监管体系，实现事前事中事后全链条全领域监管，以有效监管维护公平竞争的市场秩序。以数字化手段提升监管精准化水平。加强监管事项清单数字化管理，运用多源数据为市场主体精准“画像”，强化风险研判与预测预警。加强“双随机、一公开”监管工作平台建设，根据企业信用实施差异化监管。加强重点领域的全主体、全品种、全链条数字化追溯监管。以一体化在线监管提升监管协同化水平。大力推行“互联网+监管”，构建全国一体化在线监管平台，推动监管数据和行政执法信息归集共享和有效利用，强化监管数据治理，推动跨地区、跨部门、跨层级协同监管，提升数字贸易跨境监管能力。以新型监管技术提升监管智能化水平。充分运用非现场、物联感知、掌上移动、穿透式等新型监管手段，弥补监管短板，提升监管效能。强化以网管网，加强平台经济等重点领域监管执法，全面提升对新技术、新产业、新业态、新模式的监管能力。

3. 积极推动数字化治理模式创新，提升社会管理能力

推动社会治理模式从单向管理转向双向互动、从线下转向线上线下融合，着力提升矛盾纠纷化解、社会治安防控、公共安全保障、基层社会治理等领域数字化治理能力。提升社会矛盾化解能力。坚持和发展新时代“枫桥经验”，提升网上行政复议、网上信访、网上调解、智慧法律援助等水平，促进矛盾纠纷源头预防和排查化解。推进社会治安防控体系智能化。加强“雪亮工程”和公安大数据平台建设，深化数字化手段在国家安全、社会稳定、打击犯罪、治安联动等方面的应用，提高预测预警预防各类风险的能力。推进智慧应急建设。优化完善应急指挥通信网络，全面提升应急监督管理、指挥救援、物资保障、社会动员的数字化、智能化水平。提高基层社会治理精准化水平。实施“互联网+基层治理”行动，构建新型基层管理服务平台，推进智慧社区建设，提升基层智慧治理能力。

4. 持续优化利企便民数字化服务，提升公共服务能力

持续优化全国一体化政务服务平台功能，全面提升公共服务数字化、智能化水平，不断满足企业和群众多层次多样化服务需求。打造泛在可及的服务体系。充分发挥全国一体化政务服务平台“一网通办”枢纽作用，推动政务服务线上线下标准统一、全面融合、服务同质，构建全时在线、渠道多元、全国通办的一体化政务服务体系。提升智慧便捷的服务能力。推行政务服务事项集成化办理，推广“免申即享”、“民生直达”等服务方式，打造掌上办事服务新模式，提高主动服务、精准服务、协同服务、智慧服务能力。提供优质便利的涉企服务。以数字技术助推深化“证照分离”改革，探索“一业一证”等照后减证和简化审批新途径，推进涉企审批减环节、减材料、减时限、减费用。强化企业全生命周期服务，推动涉企审批一

网通办、惠企政策精准推送、政策兑现直达直享。拓展公平普惠的民生服务。探索推进“多卡合一”、“多码合一”，推进基本公共服务数字化应用，积极打造多元参与、功能完备的数字化生活网络，提升普惠性、基础性、兜底性服务能力。围绕老年人、残疾人等特殊群体需求，完善线上线下服务渠道，推进信息无障碍建设，切实解决特殊群体在运用智能技术方面遇到的突出困难。

5. 强化动态感知和立体防控，提升生态环境保护能力

全面推动生态环境保护数字化转型，提升生态环境承载力、国土空间开发适宜性和资源利用科学性，更好支撑美丽中国建设。提升生态环保协同治理能力。建立一体化生态环境智能感知体系，打造生态环境综合管理信息化平台，强化大气、水、土壤、自然生态、核与辐射、气候变化等数据资源综合开发利用，推进重点流域区域协同治理。提高自然资源利用效率。构建精准感知、智慧管控的协同治理体系，完善自然资源三维立体“一张图”和国土空间基础信息平台，持续提升自然资源开发利用、国土空间规划实施、海洋资源保护利用、水资源管理调配水平。推动绿色低碳转型。加快构建碳排放智能监测和动态核算体系，推动形成集约节约、循环高效、普惠共享的绿色低碳发展新格局，服务保障碳达峰、碳中和目标顺利实现。

6. 加快推进数字机关建设，提升政务运行效能

提升辅助决策能力。建立健全大数据辅助科学决策机制，统筹推进决策信息资源系统建设，充分汇聚整合多源数据资源，拓展动态监测、统计分析、趋势研判、效果评估、风险防控等应用场景，全面提升政府决策科学化水平。提升行政执行能力。深化数字技术应用，创新行政执行方式，切实提高政府执行力。加快一体化协同办公体系建设，全面提升内部办公、机关事务管理等方面共性办公应用水平，推动机关内部服务事项线上集成化办理，不断提高机关运行效能。提升行政监督水平。以信息化平台固化行政权力事项运行流程，推动行政审批、行政执法、公共资源交易等全流程数字化运行、管理和监督，促进行政权力规范透明运行。优化完善“互联网+督查”机制，形成目标精准、讲求实效、穿透性强的新型督查模式，提升督查效能，保障政令畅通。

7. 推进公开平台智能集约发展，提升政务公开水平

优化政策信息数字化发布。完善政务公开信息化平台，建设分类分级、集中统一、共享共用、动态更新的政策文件库。加快构建以网上发布为主、其他发布渠道为辅的政策发布新格局。优化政策智能推送服务，变“人找政策”为“政策找人”。顺应数字化发展趋势，完善政府信息公开保密审查制度，严格审查标准，消除安全

隐患。发挥政务新媒体优势做好政策传播。积极构建政务新媒体矩阵体系，形成整体联动、同频共振的政策信息传播格局。适应不同类型新媒体平台传播特点，开发多样化政策解读产品。依托政务新媒体做好突发公共事件信息发布和政务舆情回应工作。紧贴群众需求畅通互动渠道。以政府网站集约化平台统一知识问答库为支撑，灵活开展政民互动，以数字化手段感知社会态势，辅助科学决策，及时回应群众关切。

第三节　网络治理

一、治理与网络治理的发展

网络治理①作为公共部门的新形态，是政府治理模式演化的一种新趋势，必然要求政府治理工具进行创新。网络化治理对政府治理工具选择的影响，主要表现为在网络治理中政府将越来越多地使用程序性工具。在我国的政府管理过程中，政策工具增加也将成为一种必然趋势，而对于管制这种传统的治理工具应该进行重新定位，增加社会性管制的运用，并通过建立沟通机制，共享知识与信息，充分发挥行政指导的作用。

自 1989 年世界银行在描述非洲当时的情形时首次使用“治理危机”以后，治理被广泛地应用于社会发展研究的各个领域。Rhodes 认为，治理意味着“统治的含义有了变化，意味着一种新的统治过程，意味着有序统治的条件已经不同于以前，或是以新的方法来统治社会。”Kooiman 和 Vliet 则指出：治理“所要创造的结构或秩序不能由外部强加；它之所以发挥作用，是要依靠多种进行统治的以及互相发生影响的行为者的互动。”加拿大治理研究所给出的定义是：治理包括传统、制度和过程，决定着权力如何使用、公民如何表达心声、公众关心问题的决策如何制定。Kettle 认为：“治理就是政府与社会力量通过面对面的合作方式组成的网状管理系统。”瓦尔特则强调：“作为治理的公共管理，遇到的主要挑战是处理网络状，即相互依存的环境。公共管理因而是一种网络管理。”

可以看出，在当今社会，单纯地依靠政府已经很难解决公共问题，政府需要更多地和私人部门、非营利组织或公民个人合作，共享公共权力，共同管理公共事务。

① 彭正银．网络治理［M］．北京：经济科学出版社，2003.

在网络治理模式下，人们对政府的关注焦点不再局限于政府有多重要的问题，而更多地关注政府通过何种途径治理的问题。网络化治理承认负责、高效、法治的政府对有效治理的重要意义，认同政府的作用是导航而不是划桨等新公共管理理论的精髓。它强调多中心的公共行动者通过制度化的合作机制，相互调试目标，共同解决冲突，增进彼此的利益。在网络治理中，每个行动者所做的事几乎都会对其他行动者产生影响，行动者在考虑个人的行动策略时都会考虑其他行动者的选择。

二、网络治理的含义

从理论起源上来看，网络治理理论的出现来源于美国的多元主义与欧洲的统合主义。按照多元主义的理解，个人的力量总是有限的，个人只能借助组织的力量进行政治参与和实现利益诉求。这个组织就是利益团体。在多元主义者的视野中，利益团体应该是非特定数目的多元、自愿、竞争、非科层体系的以及自我认同的利益类别，并不需要有特殊执照，不需要接受认可、补助或被创造，不需要由国家特别选拔的领导者监督控制，不需要由国家提出利益代言，而且在相关的利益类别中，利益团体并没有独占性的代表活动。只有这样，利益团体才能反映不同类型的不同的利益需求，才能真正实现民主的精神。多元主义者认为，利益团体实现利益需求的途径是通过彼此竞争来影响公共政策。政府所扮演的只是消极的权威性分配社会资源的角色。经过多元的利益集团竞争后达成的公共政策，其实质是参与竞争的利益团体的意志的平衡。而统合主义则认为，利益团体是数量单一的、强迫性的、非竞争的科层体系以及功能分化的组织，由国家所创造或合法化。国家在决策制定上扮演积极的角色，与社会上重要的大型利益团体领袖达成协议，但该利益团体有约束其成员接受该项政策的责任。因此，统合主义对于利益团体与政府皆有利，团体能够影响政策，政府不需要控制社会行动者。从理论的角度来看，多元主义与统合主义均暴露了其致命的缺陷，那就是作为宏观的政治理论，二者都试图提供一个关于现代社会中公民、政府和利益团体的一般理论模式。而实际上，公民结成利益团体的情况以及政府与利益团体的关系受很多因素的影响，比如，时代环境、国家的情况以及治理领域的不同均会导致以上关系有差别。因此，用这种大一统的理论来解释千差万别的实际，未免有些牵强。人们试图寻找新的理论模式来解释多元主义和统合主义所不能解释的现象。

从实践的角度分析，网络治理模式的出现有其必然性。20 世纪 90 年代以来，全球化和分权的社会趋势大大改变了公共管理的生态环境，权力分散，组织界限变得越来越不固定，非营利组织和公民社会的日益强大，传统的层级制政府模式根本不能满足这一复杂而快速变革的时代需求。靠命令与控制程序、刻板的工作限制以及一成不变的组织文化和运作模式维系起来的严格的官僚制度，尤其不适宜处理那些常常要超越组织界限的复杂问题。而20世纪后期基于新公共管理运动基础上的企业型政府又因其强调对第三方的依赖而轻视了间接政府行为引起的严峻挑战。它表面上奉行的是市场化，实质上是一种分散集权的状态，它与整体集权之间有着远比民主分权更多的共同之处。与此同时，越来越多的公共行为领域日益紧密地交织成网，公共部门与私人部门的角色以更新颖、更复杂的方式相互融合。网络化政府并不是凭空出现的，它实际上是改变公共部门形态的四种有影响的发展趋势的整合。这四种趋势为：（1）第三方政府：利用私人部门和非营利组织而不是政府雇员来提供公共服务，实现政策目标；（2）协同政府：倾向于联合若干政府机构，有时甚至是多级政府一起提供整体化服务；（3）数字化革命：先进技术能够使组织用以往不可能的方式与外部伙伴进行实时合作；（4）公共需求：公民要求更多地掌控自身的生活，要求在政府服务中拥有更多的选择权，要求政府服务更加多元化，这些不断上升的需求正好与私人部门已经繁殖的个性化服务供应技术相吻合。

在网络化治理模式中，合作代替竞争，成为组织之间关系的基本特征。各种行动者通力合作，共同应对全球化和分权化提出的挑战，一起处理公众关注的社会问题，实现公共利益，使公共管理成为真正的社会联合行动。各方参与者都有自己的目标和战略，但为了实现期望的公共政策成果必须相互依赖，因为没有一方有足够的力量保证自己能实现公共政策成果。政府作为公共服务直接提供者的作用已经越来越不重要，更为重要的是其作为一种公共价值的推动者，在具有现代政府特质的由多元组织、多级政府和多种部门组成的关系网络中发挥作用。同一网络中的各方（包括政府）相互依赖，但这种依赖关系并不完全平衡，即使各方追求同一目标，他们仍然可能难以全面合作，因为它们对此目标的需求程度不同、排序或时间安排不同。

三、网络治理中政府角色转变

政府治理工具的选择受到多方面因素的影响，涉及各国的历史背景、文化、制度等因素，任何一种工具的选择都是多种价值和标准权衡的结果，没有哪一种价值能够起决定作用。在网络治理模式下，网络作为现代治理的模式，其本身属于治理的制度性工具，本身即为治理工具选择的对象；另一方面，网络作为包括政府在内的治理行动者之间的制度化关系，其特性决定着治理工具的特性。

萨拉蒙认为，治理的网络使得公共目标的实现机制发生了以下改变：

1. 从机构与项目转移到工具。即在政策研究和公共管理中，分析单元应从公共部门或单独的公共项目转移到解决公共问题、实现公共目标的工具上。这里的工具指的是某种清晰可辨的方法，通过该方法，可以为解决某个公共问题形成集体的行动。该途径的理论前提是不同领域的实现政策目标的基本操作工具是有限的且具有共同的特征。由于参与项目实施的各个行为主体都有自己的角度、价值观、标准化的实施过程、技能及激励机制，因而治理工具的选择在决定行为主体的同时也会对结果产生重要影响。因此，在网络治理中，需要培养具备网络建构和管理能力的官员，而不是只会下命令的管理者。

2. 从层级转移到网络。在治理网络中，各个参与方都有自身的利益和参照，都是从自身的角度与需要出发参与到网络之中的。政府部门在实现政策的过程中获得了重要的同盟力量，却失去了完全控制自身项目运作的能力。因此，与管理层级制的结构不同，为了从网络中获得相应的结果需要一个综合性框架，这个框架包括：促使参与各方对政策目标达成共识；调整价值观，建立信任关系；设立绩效目标，整合激励机制；分享信息，共担风险；测量与监控绩效，实现关系组合管理。

3. 从公私对立转移到公私合作。在治理网络中，公共部门和私营部门是相互融合的，谁也离不开谁。因此，网络间组织关系是以合作代替了竞争。

4. 从命令控制转移到谈判和劝服。在网络中，由于项目中各方的边界难以清晰界定，各方的目标存在着不一致的地方。因此，磋商和劝服比起命令和控制来说更有利于公共目标的实现。

5. 从管理转移到赋能。与传统的公共行政不同，网络化治理将关注点从管理技能和对官僚机构的控制转移到了赋能技巧。它需要横向合理安排网络中的各方参与者，整合利益相关者，使其在相互依赖中实现共同目标。这种能力的转移需要关注三种技能：激发能力，即激发网络行为中行为主体主动参与解决公共问题的能力；指挥能力，这种能力在网络的创建、运作和维持过程中无不存在，只是指挥的主体不一定仅仅由政府来担当，政府也可以把指挥协调者的角色外包给非政府部门；调控能力，即要求管理者合理使用奖惩手段，以促进复杂的政策工具网络中互相依赖的行为主体之间的合作，而又不为其提供任何大举敛财的机会的能力。

由此可以看出，在网络治理模式下，尽管政府在绝大多数环境中还是重要角色，但已不再有必要成为核心角色，而仅仅是政策过程中的一个角色。因此传统的实质性治理工具，包括组织和建立管制机构以及其他政治行政机构和企业、传统的利益诱导，以及由行政机构所使用的“命令—控制方法”等，已经行不通了。

为了完成上述网络管理任务，西方各国普遍在社会治理中除了传统的市场化工具外，还比较注重工商管理技术在政府治理中的应用，如在网络中建立激励机制、对网络绩效的测量与监控等；在政府中充分发挥非营利组织在提供公共服务中的作用，强调放松管制；强化信息沟通机制和行政指导等手段的运用。

四、网络治理对政府的挑战

深化行政管理体制改革、转变政府职能和改进政府管理方式是我国政府改革的重点内容。目前进行的公共服务型政府建设是一项系统工程，它本身就意味着政府提供公共服务的手段或方式的改进，而公共行为方式的改进必须依靠引入新的政府治理工具或现代的公共管理技术来实现。

1. 在政府治理中增加政策工具是必然趋势

随着公共问题的复杂性的增加，解决公共问题需要多样化的人才和技能，政府不可避免地要越来越多地和非政府部门或公民合作，间接性政策工具也越来越多地被运用于政府治理中。

间接性的政策工具至少在以下三个方面为解决公共问题提供了优势：第一，间接性工具的使用能在公共服务的提供中引入有用的竞争，打破政府机构的垄断，并潜在地提高服务质量，实现“顾客驱动”；第二，间接性政策工具能提供一些机会，以整合那些分散的智慧和资源来处理复杂的公共问题，因此可以扩展政府机构的能力，使它们有可能避免费钱的启动问题，集中精力来处理公共问题；第三，间接性工具有很大的弹性，使政府在公共行政中有较大的灵活性，从而增强了对公众的回应性。在运用间接性工具时，责任是网络管理者所面临的最艰巨的挑战。当权力和责任在网络内分配的时候，谁会对结果负责？政府又如何在放弃某些控制的同时还能保证服务的结果？网络管理者又如何平衡责任需求和灵活性利益之间的关系？而对于我国来说，这些挑战尤其尖锐：一是缺少相应的法律规则来规范某些间接性政策工具的使用；二是我国政府缺乏合同管理以及网络管理的技能；三是我国政府公职人员的职业伦理道德不完善；四是每一个政策工具都不是孤立发挥作用的，相应的配套工具跟不上，政策工具很难发挥作用。

2. 重新定位政府管制，增加社会性管制的运用

管制是政府治理的一项基础工具，为现代政府广泛应用。管制又分为经济管制与社会管制。经济管制旨在鼓励企业和其他经济活动参与者采取某种行为，或促使其避免某种行为。社会管制常表现为力图保障公民和消费者的权益，尤其是质量标准、安全水平以及污染控制等。由于管制工具的缺陷，如过分的经济管制导致的政府成本过高、阻碍企业创新、寻租行为、低效等，各个国家均进行了放松管制的运

动。但是这并不是说管制一无是处，在网络化治理模式下，政府依然会选择这种工具，只不过采取的管制通常出于网络中其他成员的利益需要。比如，对企业排污标准的管制就是为了公民的身体健康而设置的。也就是说，各国在放松经济管制的同时，加大了社会管制的力度。

目前，我国政府在很大程度上还是唯一的权力中心，集中掌握和控制着管理国家社会事务的各种资源，在政府工具的选择和运用上，表现为明显的“亲政府”倾向，停留在选用以国家强制力推行的传统类工具上，如管制或放松管制。这显然很难激发多元化公共行动参与者的积极性，且不可避免地导致寻租现象的泛滥，造成公共资源的浪费。

3. 培育合作的价值观念，建立信任机制

无论是市场化的治理工具还是社会化手段的运用，都是建立在信任与合作的基础之上的。因此，为了使新的政府治理工具发挥有效性，必须培育政府和私人部门、非政府组织以及公民之间的合作意识与信任机制，合作是网络治理的最佳途径。信任是合作的基础，没有信任，网络成员就不愿意共享知识与信息，进而影响他们之间的协调。“在低信任度的社会里，采取网络形态的组织可能极容易在莫衷一是的情况下瘫痪或毫无动作，这种网络的每个成员在面对集体行动的需求时，心理盘算的是如何利用网络来谋求自己的利益，同时也会怀疑其他成员公司和自己有一样的打算。”在这种情况下，间接性的治理工具就会失灵。另外，高水平的信任关系可以减少监督成本以及问题解决时对法律的依赖性。

4. 建立沟通机制，共享知识与信息，充分发挥行政指导的作用

沟通不利是导致网络化治理失败的首要原因，当服务的传输由政府内部转为网络供应时，缺少面对面的非正式沟通可能会严重地干扰信息和思想的流动，进而导致服务运行不顺畅，也能导致目标和期望的混淆。沟通共享知识与信息是集成网络的重要工具，共享知识与信息可以在组织间建立信任并帮助组织成员从彼此的成功和失败中相互学习与借鉴。这还有助于政府更好地从事集成工作，使自身的战略目标与其伙伴的战略目标相一致。通过信息沟通实现行政目的的行政指导目前在我国的政府实践中大量存在。行政指导是通过制定诱导性的法规和政策或者通过运用具体的建议、劝告、鼓励等方式，引导受众合作以实现一定行政目的的非强制性活动，由于其独特的灵活性、柔软性和民主性等特征而被现代政府广泛运用。它也适应了网络化治理模式下政府政策焦点从命令控制转移到谈判和劝服的趋势。但是，行政指导有效性的发挥是建立在政府掌握比较充分的信息以及专门的知识等基础上的，而我国目前在行政指导方面存在的问题是政府部门在制定行政指导文件过程中对社

会信息缺乏广泛而充分的收集和调研，缺少足够的信息来源，政府占有的信息难免不充分、不真实；同时，在制定行政指导文件的过程中，基本上没有给予受众（包括私人部门、非政府组织以及公民个人）参与的空间，受众难免对行政指导持怀疑态度，从而导致行政指导的目标难以实现。纵观几十年来各国政府的改革，除政府的职能与角色发生了改变外，其改革的核心是政府解决公共问题的手段发生了根本性的变化。事实上，政府应该管什么、不应该管什么的问题固然重要，但从某种意义上来看，如何管的问题更为重要，因为政府职能所代表的仅仅是政府欲达到的某种理想状态，而职能的达成则需要通过某些具体的方式方法、一套政府和利益相关人相互作用的机制才能完成。随着公共问题的解决越来越多地依靠政府与其他部门或公民的合作来完成，除了合作本身这个路径以外，政府治理工具的创新具有重要的实践意义。

【思考题】

1. 什么是学习型组织？
2. 什么是电子化政府？电子化政府的意义。
3. 结合实际，谈谈政府信息公共的重要性、障碍及对策。
4. 谈谈网络治理中政府面临的挑战与机遇。

【案例】浙江推进数字化改革 改革动能“浙里”澎湃[1]

数字时代，变革之中蕴藏无限可能。2022 年 2 月 18 日，引领改革风气之先的浙江，在全国率先部署了关系全局、影响深远、制胜未来的重大集成改革——数字化改革。

党的全面领导得到加强，群众获得感明显改善，经济发展活力迸发，治理现代化水平提升，干部塑造变革能力提高，数字化改革，改出了浙江的价值创造新空间，释放了社会跃迁新动能。

聚焦重大需求 打造重大应用

日前，省委改革办公布了浙江数字化改革第一批“最佳应用”。七张问题清单、浙江公平在线、药品安全智慧监管“黑匣子”、浙里民生“关键小事智能速办”、社

① 节选自：施力维．浙江推进数字化改革综述丨改革动能“浙里”澎湃［N］．浙江日报，2021-11-29.

会矛盾风险防范化解、浙江省一体化数字资源系统等25个应用入选。

从一个个最佳应用里，可以读出数字化改革的方向和使命。国家所需、群众所盼，未来所向的重大需求在哪里，数字化改革就到哪里。以重大需求为突破口，打造重大应用，是浙江数字化改革在相对较短的时间内，取得重大成果的关键。

在浙江省公共政策研究院副院长蔡宁看来，数字化改革是一个复杂的系统工程，“找准重大需求，不仅能快速切入改革跑道，还能迅速树立最佳样板，复制推广，取得更多有示范意义、有影响力的成效。”

推动多跨协同 加快全面贯通

以需求为突破口，打造重大应用，除了数字技术的运用外，最为关键的是要实现“跨部门、跨区域、跨层级”的大协同。这样的“多跨协同”，是数字化改革不同于政府数字化转型的显著特征。

今年以来，省市场监管局打造了11个数字化平台应用，其中多个入选“最佳应用”。其中的“秘诀”，在于这些应用直面群众企业办事的痛点、堵点的同时，做到了各部门间横向协同，纵向联动。

为了给“多跨协同”提供支撑，我省还创新打造了省市县贯通的一体化智能化公共数据平台。它就像一个“数据底座”，助力各部门、各层级间的数据、组件等各类数字资源的高效共建共享。

截至10月底，归集到一体化智能化公共数据平台上的编制目录数据项已达178.8万项，上架组件166个，向省级和市级提出数据需求满足率已经超过9成。

全方位变革 系统性重塑

作为全面深化改革的总抓手，数字化改革是一场全方位的变革，带来的是系统性的重塑。

数字化改革，牵一发而动全身，一子落而全盘活。浙江省域治理方式、手段、工具、机制正迎来系统性重塑，改革推动了从事后应对处置向事前有效防范、从碎片化管理向全周期管理、从模糊治理向精准治理的深刻转变。

人人都是改革家，处处都有改革劲。当前，数字化改革的理念、思路、方法、机制逐渐深入人心。各级干部的主动性、积极性被激发，氛围日益浓厚，“要强化数字化思维，通过生成性学习，破除思维定势和路径依赖，推动改革取得更大成效。”

【问题】

浙江省率先推进数字化改革，一批具有浙江辨识度、全国影响力的理论成果、制度成果纷纷涌现。结合材料与所学知识，请分析数字化改革如何促使“大政府”向“小政府”“强政府”转变？

第十一章 公共管理技术

善守者，藏于九地之下；善攻者，动于九天之上，故能自保而全胜也。

——《孙子兵法》

聚如丘山，散如风雨，迅如雷电，捷如鹰鹘。 ——《元史·郝经传》

治大国若烹小鲜。 ——老子《道德经》

古人云“工欲善其事，必先利其器”，公共管理中方法和技术至关重要。现实中，人们要处理公共管理事务，解决公共管理问题，开展管理工作，离不开必要的公共管理技术。全面、准确、系统、深刻地掌握公共管理技术，也就掌握了打开公共管理这个“黑箱”的钥匙，进而登堂入室，把握实际行政，达成事半功倍的效果。

第一节 公共管理技术概述

一、公共管理技术的内涵

从哲学的意义上讲，公共管理技术本质上是主观与客观的统一，是公共管理主体作用于客体的桥梁，是公共管理思想转变为公共管理实践的中介，体现了人们通过发挥能动性，对公共管理生态环境、公共管理事务和公共管理行为本质的、必然的联系的把握、总结和概括。从实证的意义上讲，公共管理技术是目标与结果的统一，是架于公共管理目标与绩效之间的桥梁。只有通过一定的公共管理技术，才能将既定的公共管理目标经由一定的系统转换输出为公共管理绩效。离开了公共管理技术与方法，要实现公共管理目标和取得行政绩效，无疑就成为海市蜃楼一般的虚无缥缈。从技术和操作的意义上讲，公共管理技术就是将公共政策、公共管理中各种行政行为进行通约后的必然结果。

所谓公共管理技术，也叫行政管理技术，是指国家行政机关和国家公务人员在公共管理过程中为履行公共管理职能、开展公共管理工作、完成公共管理任务、实现公共管理绩效，而采用的各种管理的手段、措施、办法、工具、技术、路径等的总和。

公共管理技术包括四个方面的内容：（1）公共管理基本方法，即行政手段、法律手段、经济手段、纪律手段、思想政治工作手段等。（2）行政程序，即整个公共管理过程中的各个阶段各个环节所采取的一系列步骤。（3）行政计划，即公共管理组织对未来行政行为的方案。（4）行政技术，即公共管理技术中运用自然科学与工程科学方面的技术并逐步量化的那部分内容，其特点主要有实践性、条件性、策略性、创造性等。

二、公共管理技术的价值

公共管理技术作为沟通公共管理理念、价值与公共管理目标和政策措施的通道与桥梁，在公共管理学和公共管理实践中都具有极其重要的地位和功用。没有公共管理技术，也就没有现代公共管理学，也就没有公共管理实践。当公共管理效率长期低下、绩效难以满足公众需求的时候，改变一下公共管理技术，往往能收到比较好的效果。可以说，公共管理技术的动态发展和及时适配、及时革新，是确保现代政府公共管理正常运转和良好发展的必要条件。从具体操作层面上讲，现代各个国家政府之所以普遍发生政绩较差、目标错位甚至行政绩效严重背离行政目标等弊病，轻视公共管理技术的价值，不能不说是一个重要根源，由此，不难看出公共管理技术对于公共管理的重要性。

公共管理技术的价值和功用在于：

1. 公共管理技术是履行公共管理职能、完成公共管理任务、实现公共管理目标、取得公共管理绩效所必经的桥梁和途径。

2. 公共管理技术是贯彻执行国家法权主体确定的国家主导意识形态和各项路线、方针、政策的重要手段。

3. 公共管理技术是公共管理组织提高公共管理工作的效率和质量的关键。

4. 公共管理技术是发展社会主义市场经济、加强国家宏观调控和监督管理的必要条件。

5. 公共管理技术是各个行政单位调动各方面积极性，实现微观管理目标的重要途径。

6. 公共管理技术是我国当前克服公共管理中现存各种官僚主义、效率低下弊端，实施全面改革的迫切需要。

第二节　公共管理基本方法

公共管理基本方法指的是一定的公共管理组织和管理人员，为了履行公共管理职能，完成公共管理任务、实现公共管理绩效、而在开展公共管理的过程中所普遍采取的措施、办法或者手段。它随着现代政府职能的发展而发展，复杂而复杂，系统而系统，科学而科学。在现代公共管理中，常用的公共管理基本方法包括强制性方法、诱导性方法、参与管理方法、责任制方法四大类，在各类基本方法下又包括若干具体的行政手段，从而构成了比较完善的公共管理基本方法系统。

一、强制性方法

强制性方法是指以事为中心的事务至上的公共管理方法，按照这种方法，人处于从属地位，其作用的结果是人们不得不服从于行政目标并为之努力工作，强制性方法包括行政指令方法、法律方法和经济方法等一些具体的公共管理手段。

（一）行政指令方法

指令方法是行政主体依靠行政组织的权威，运用命令、指令、规定、条例及规章制度等措施，按照公共管理组织系统和层次进行公共管理活动的方法。

行政指令方法的实质是通过公共管理组织中的职务和职位来进行管理，其主要特征有：（1）权威性。行政指令实质上所依靠的是强制性权威，行政职位越高，职务越大，其权威就越强，所带来的服从度也就越高。因此，提高一定职位和职务的权威性，是有效运用行政指令方法的基础和前提。（2）强制性。强制性体现于公共管理组织体系在思想上、纪律上要求服从集中统一的意志，换言之，公共管理主体所发出的命令、规定、条例都是必须要执行的，具有相当程度的绝对性。当然，这同法律所具有的普遍约束力那种强制不同，它允许例外情况下的灵活变通。（3）层次性。行政指令方法是根据公共管理组织的纵向结构自上而下、由大到小逐层进行管理的，行政指令都是直线传递，层层下达。（4）具体性。行政指令的内容和发布的对象都是具体的，特别是，一定行政指令只对特定时间和特定对象有效，即因事、因时、因地、因人而异。行政指令方法是公共管理中不可或缺的一种基本方法，尤其适合于需要高度集中和保密的条件或领域，如在战争、自然灾害和严重经济困难等特殊情况下，用该方法便于解决一些特殊的、紧迫的问题。但行政强制方法对上级机关的要求甚高，上级如有失误将会导致连锁反应甚至失误的放大效应。另外，执行过程中的无偿性和下级的被动地位，都不利于充分发挥下级的积极性和创造性。有鉴于此，要把它限制在一定范围之内，不可不用，但也不可滥用。

（二）法律方法

法律方法是通过各种法律、法规、司法解释、法令等来进行公共管理的方法。法律方法的依据不仅在于国家正式颁布的法律法规，也在于国家各类法权主体制定和实施的准法律性的规范性文件。

法律方法除了具有与行政指令方法相类似的权威性和强制性之外，还具有以下特征：（1）稳定性。法律法规的制定比较严谨、严格、慎重，一旦予以立法，便具有相对的稳定性、严肃性和普遍的约束力，不得朝令夕改，使公众限于手足无措的境地。（2）规范性。法律方法对行政客体的适用是普遍的，对其效力范围内的所有组织和个人均具有同等的约束力。法律和法规要用极为严格、规范、准确、科学的语言进行表述，而不能含糊不清产生歧义，更不能产生疑义致人误解。不同层次的法律法规之间应内在统一，下位法应服从于上位法，法规要服从法律，一般法律又要服从宪法。总之，下位法不得同上位法产生背离和冲突。法律方法的使用范围比较广泛，涉及宏观的、中观的、微观的等诸多过程，适用于政治的、经济的、科学的、教育的、文化的、社会的等不同领域，尤其适合于解决那些针对大多数行政客体、需要普遍性地调整社会关系的共性的问题。但是，在处理特殊的、个别的问题时，还需要情境性地与指令方法等方法相互补充和整合。

（三）经济方法

经济方法是根据客观经济规律和物质利益原则，利用各种经济杠杆调节各种不同利益主体之间的关系，以取得较高的经济效益与社会效益的行政方法，其主要内容包括价格、工资、信贷、税收、利息、利润、资金、罚款以及经济合同、经济责任制等。

经济方法与指令方法等其他方法相比，具有非常鲜明的特点：（1）间接性。它不像行政手段那样是直接干预，而是通过杠杆作用对各利益主体的经济利益进行调节来实行间接干预。（2）关联性。一种经济手段的变化，不仅会影响到社会多方面经济关系的连锁反应，也会导致其他经济手段的相应调整；不仅影响到社会多方面经济关系的连锁反应，也会导致其他经济手段的相应调整；不仅影响到当前，还会影响到将来。（3）有偿性。与指令方法下的无偿服从不同，经济方法注重等价交换的原则。有偿交换，互相计价是其主要规则，有关各方面在获取自己经济利益的权益上是平等的。

正确运用经济手段是调动社会积极性的根本方法。现实中，需要注意不同的经济手段在各自作用的领域发挥着不同的功能，运用时切忌千篇一律，更不能张冠李戴。在运用经济方法时，如果把它与行政指令、法律方法等进行有机的集成整合，管理效果会更好。

二、诱导性方法

诱导性方法是一种以人为中心的人本主义管理方法，它通过有效利用非强制手段，使行政人员和公众自动、自觉、自愿地去从事政府所鼓励的工作、行为和活动。“徒善不足以为政，徒法不能以自行”。对于现实中的公共管理来说，仅有强制性手段是远远不够的，还必须把非强制性的诱导手段和强制性手段结合起来。

诱导性方法的特点在于，通过政府和管理者的循循善诱、谆谆教导、使人们自觉地、主动地、和谐地去行动。诱导性行政方法结合了社会学方法和心理学方法，其内容复杂、手段繁多，但主要可归结为思想政治教育和行为激励两种方法。

（一）思想政治教育方法

思想政治教育方法是通过对人们进行确定的，有目的的，系统的感化与劝导，使受教育者在身心上养成教育者所希望的思想和品质的行政方法，其在对象上具有多元性，在方式上具有协调性，在作用上有着宏观的控制性。

思想政治教育的途径主要包括：（1）情理交融法，即做到动之以情，晓之以理，关键是晓之以理，要摆事实，讲道理，以情感人，以理服人，循循善诱进行说服教育，而不能以强理服人，以大话压人。（2）普遍自我教育法，即鼓励人们自觉学习，自我完善，在工作、学习和生活中自觉树立正确的世界观、人生观、价值观，努力提高自我的思想水平、法制观念、政策水平、道德水平、文化水平以及工作能力。（3）个别现象教育法，即树立实际工作中涌现出来的公众喜爱、值得效仿的典型和榜样，通过综合运用先进事迹报告、文学艺术等公众喜闻乐见、感染性强的形式进行示范教育，发挥先锋模范带头作用和放大效应。（4）以身作则教育法，即领导带头，亲自动手，身先士卒。否则，再好的典型也会失去示范作用。正如孔子所言：“其身正，不令而行；其身不正，虽令不从”。（5）刚柔相济法，即必须要靠规章纪律作保证，并同其他方法有机结合，恩威并用、宽猛相济，才能取得更好的行政效果。

（二）行为激励方法

行为激励方法作为行为科学方法之一，是通过有计划地设置一定的条件和情境，激发人们的行为动机，使之产生某种特定的行为反应。可见，思想政治教育方法偏重于人的思想，行为激励方法则偏重于人的行为。行为激励是一个有序的过程，最初发端于一定的需要，由需要而动机，由动机而行为。当人们通过一定的行为满足了原来的需要之后，随着新的需要的出现，必然又产生新的动机，进而导致新的行为，如此循环往复以至无穷。

行为激励的实质在于激发人的动机，其目的在于使人产生某种行为以实现公共管理工作预定的目标。行为科学对行为激励问题进行了大量研究，提出多种激励理论，主要包括四类：（1）着重研究激发动机因素的内容型激励理论，主要包括“需要层次论”“双因素理论”“生存、关系、成长”理论，以及“权力、社交、成就”需要论等。（2）着重研究从动机产生到采取行动之心理过程的过程型激励理论，主要包括“期望理论”“目标设置论”“公平论”，以及“归因理论”等。（3）着眼于行为结果的“强化”激励理论，这一理论主要以操作性条件反射为基础。（4）全面反映人在激励中心过程的综合激励理论。

以上述理论为基础，可以归纳出行为激励的不同方式。

（1）目标激励。目标激励是根据人们物质和精神理论的正当需求，设置一定的目标作为一种诱因，作为人们对未来的期望，鼓励人们去追求、进取。这种方法中报酬是一个关键的问题，一方面报酬应与人们所取得的成绩保持合理的正比关系，另一方面报酬还要考虑到人们的多重需要，既包括物质需要，也包括精神需要，还包括职位方面的需要，其中每种需要又都是有层次之分的。

（2）奖励激励。奖励激励是通过奖励或惩罚手段来诱发人们的动机，激励人们积极性的方法。由于这种激励是超乎正常期望之外的，它对于正常目标的实现有很大强迫和催化作用，故有人称其为强化激励。奖励激励的特点在于它所建立的一种鼓励与抑制性的规定，其原则是奖功惩过、褒勤贬懒、扬善弃恶。其中，奖励大致包括表扬、记功、记大功、授予奖品奖励、升级、升职及通令嘉奖等；惩罚则有批评、警告、记过、记大过、降级、降职、撤职、留用察看和开除等。

（3）竞争激励。竞争激励是将优胜劣汰原则引进行政工作，使公共管理活动具有某种集体强化的自觉机制。竞争激励的强化与奖惩激励的强化不同，竞争激励不是自上而下压过来的，而是竞争对手间相互的强化激励；它不是外部诱因的刺激，而是内心激奋的结果。采取竞争激励要注意控制竞争沿着正确方向发展，保证竞争在公平基础上进行，最后对竞争结果也要做出一定的判断。

（4）反激励。反激励就是从反面进行激励的方法，它设置一种强烈的危机情境，使行为者产生一种反作用力，进而形成强大的内压，以取得“置之死地而后生”的效果。所谓破釜沉舟，背水一战即使如此，这是一种比较特殊而又具有高潮艺术性的方法，比之竞争激励更进一步，需要有特定的客观规律，运用一定要因人、因事、因情而定，不可盲目行事，以免适得其反。

三、参与管理方法

参与管理方法是通过由下级公共管理主体或客体参加管理和决策来提高人民的积极性和管理效率的一种公共管理方法，可以激励人们更好地为完成公共管理目标而努力。这种方法与我们长期提倡的“从群众中来，到群众中去”的群众路线的工作方法有相似之处。

参与管理分为宏观的、中观的和微观的等不同层次。

宏观意义上的参与管理是政治民主的一个重要内容。宏观的参与管理既包括直接的行使公民权利，也包括间接地运用权力，如通过人民代表大会来选举国家机关和国家工作人员，并对其进行监督。

中观意义上的参与管理是公共管理组织工作的一种方法，即公共管理人员都有对公共管理组织和个人目标的确立、行政工作计划和程序的设计，以及对工作成果的评价发表意见的权利和义务。它作为一种原则，就是行政工作人员和群众要了解机关的真是情况，做到政策公开、财政公开、意见公开、人事公开。当然，机要性、保密性、涉密性的行政工作则不适合采取这种方法。

行政机关参与管理的主要实施途径包括：

（1）团体决策。即公共管理方针的决定，重要问题的解决，都有组织成员本着民主参与的原则，以团体决策的途径来制定或抉择。这一可以博采众长，以保证决策方向性。

（2）咨询制度。即公共管理的领导在对一项政策或者事务做出决定之前，主动征询下属工作人员或有关方面人士的意见和反应，从而使各项工作更加完善。

（3）建议制度。即公共管理组织的领导允许并鼓励工作人员对机关公务推行和问题解决中应该发展或改革的事情，自由提供意见，以便做决定时来参考。通过建议制度可以广开言路，不断改进各方面的工作。

（4）来信来访制度。即通过专人负责或设立专门机构，来听取人民群众对于政府行政工作的批评建议，及时发现工作漏洞，以保证公共管理目标的顺利实现。

（5）其他途径。如行政授权也是让下级参与管理的某种形式等。

微观意义上的参与管理是在公共管理中，为提高职工的积极性和管理效率，由员工参加管理和决策的一种方法，内容包括民主选举基层管理人员。建议制度和监督管理等。微观参与管理的具体做法相对灵活，它可以不过分重视职权的等级，使下级人员有更多的机会参与，还可以采用相对分散等的形式。

无论从宏观意义上、中观意义上还是从微观意义上看，参与管理方法基本上都体现了民主管理思想中主要的、根本的内容。实行参与管理方法，具有很多的积极意义。首先，它可以满足人们的认同感、责任感和成就感，激发起人们的主动性和创造性，使人们能自觉地去完成任务。其次，它由于集中了各参与主体的正确意见，使政策和决定避免了片面性，更加符合实际情况，更加完善合理。再次，它使行政领导者和被领导者之间建立起一种合作关系，在“同志式”的民主氛围中，各主体相互支持，团结友爱，齐心协力去完成公共管理工作。最后，它可以维持人事安定，严肃劳动纪律，在相当程度上克服随意离职、退职、辞职、旷工、误工和怠工等现象，使各主体心情舒畅，安心工作，从而产生一种蓬勃向上的和谐氛围。总之，参与管理是现代公共管理中值得大力提倡的一种方法。

四、责任制方法

行政责任方法作为现代公共管理中的一种综合性管理方法，其用公共管理体制中职权划分的机制将组织中的目标与人事中的职位有机地结合起来，从而使公共管理工作中的职、权、责、利诸要素一致起来。行政责任方法的本质内容是权力与责任的关系，在这一点上，它实现了以事为中心的事务主义方法和以人为中心的人本主义方法的有机统一，综合了强制性与诱导性两种行政方法所共有的积极效应。

从逻辑上讲，行政责任制包括机关责任制与岗位责任制两个方面。其中，机关责任制的实质是要有效合理地解决各级政府机关上下左右之间的工作关系。岗位责任制则着重揭示行政机关中各个工作岗位自身的特殊要求，以有效解决各岗位之间的工作关系。行政责任方法是一种行之有效的综合公共管理方法，对于公共管理的制度化、程序化、规范化，对于发挥行政人员的积极性、主动性和创造性，对于制约和克服权责不对等、集体不负责等公共管理弊病，起着积极而深远的作用。但是，行政责任方法不能单兵推进，需要由相应的组织体系、人事制度和公共管理体制来配套。随着公共管理改革的不断深入，行政责任方法将进一步发展、规范和完善。

第三节 公共管理程序

现代公共管理是以科学化、法治化、高效化为主要特征的，因而必须克服公共管理工作中的混乱、失序、无序状态，代之以有目的、有计划、有步骤的有序状态，亦即通过制定、完善和优化公共管理程序来实现公共管理工作的程序化、规范化。

一、公共管理程序的含义

（一）公共管理程序的定义

公共管理程序，即依照时间将每项行政管理活动的整个进程划分为若干例行性的次序、步骤与环节，以协调和促进某项行政工作的完成的一种公共管理方法。其中有两个要点：一是规范人们行政管理行为的规程；二是在时间上的先后次序。简言之，公共管理程序对于公共管理主体来说就是工作的步骤与次序，对于公共管理客体来说就是办事手续。

理解公共管理程序，还必须把它与行政法律关系上所说的“行政正当程序”区别开来。在美国等西方国家，为了保障公民权利和经济利益不受损害，便撷取司法程序的精华使之适用于行政情况的特性，这种经过发展的程序条件，被称为法律上的行政正当程序，其基本条件是通告、审问、公证和复审。许多国家的行政程序法就规定了这方面的内容。行政管理中的行政程序则是政府为完成其职能所采取的工作方法，其要件包括办公制度、会议制度、审批制度、办事制度、办事时效、公文运行规则以及监督制度等。

公共管理程序从不同角度，可以划分为若干类型。按照其重要性的程度，可分为手续性程序和决定性程序；按照其出现的概率，可分为常规性程序和特殊性程序；按照其对象，可分为内部程序和外部程序；按照其特定的内容，可分为人事程序、财物程序、机关事务程序，等等。

（二）公共管理程序的特点

公共管理程序存在许多共同特点：

1. 合理性

公共管理程序是公共管理活动进程客观合理的反映，它是为公共管理目标服务的，是实现公共管理目标的有效保证。否则，公共管理程序就会是不可行的，甚至是毫无意义的。

2. 有序性

公共管理程序为了确保公共管理工作有条不紊地进行，必须对每一项工作的步骤，按照时间顺序进行安排，并且要保持一定的连续性，前后应该衔接。

3. 例行性

公共管理程序一般是为重复性工作的处理提供帮助，以节省公共管理人员的时间与精力。它一经确定，就具有某种常规性。这一特性使得公共管理程序与其他公共管理方法区别开来。

4. 稳定性

其主要表现在两个方面：一方面是公共管理程序一般都由一定的法律、法规或规章制度所决定，个别公共管理程序虽然没有明文规定，但历来如此，已成为习惯性程序；另一方面是公共管理程序一旦确定下来，不遇特殊情况不得随便更改。

5. 适应性

在通常情况下，公共管理程序是稳定不变的，但并不是僵死的、机械的。为了应付紧急情况，对待特殊问题或者适应新的情形，公共管理又需要有若干变通，有了某种适应能力和灵活性。

6. 系统性

已经确定的公共管理程序必须是完整的、统一的，其中每个步骤都应该是必要的，不能因为其中缺少环节而导致公共管理工作的阻滞。这就要求考虑周全、规划全面和统筹兼顾。

二、公共管理程序化及目标替代

（一）公共管理程序化的意义

行政工作程序化就是使任何行政工作都要有一定的程序，并按照既定的规程和时序去进行工作。其内容主要包括：掌握和运用资料、编制行政程序、行政程序分析、行政程序操作、行政程序检查等。

公共管理程序化具有重要的意义：

1. 行政工作程序化有助于行政管理的科学化；

2. 行政工作程序化是行政管理制度化的重要组成部分；

3. 行政工作程序化是行政管理高效化的保证；

4. 行政工作程序化程度的高低，也是考查一个行政机构工作好坏的标志。

（二）全程办事代理制

全程办事代理制指各政府职能部门作为承办单位，统一受理、依法无偿全程代理申办人所申办事项的一种全新的工作制度和办事方式。

全程办事代理制主要包括窗口受理、全程代办、及时回复等内部协调运作的三个环节，为申办人提供便捷、高效、优质的服务。全程办事代理制的实施，一方面为转政府变职能，加快政府职能创新，创造良好的首都发展环境提供一条有效途径。另一方面，全程办事代理制实行“一站式审批，一条龙服务，窗口式办文、阳光下操作”，从制度上防止了以权谋私行为的发生，为从源头上预防和治理腐败提供了新办法。

（三）目标替代

1. 目标替代现象

目标替代是组织社会学的概念，指组织运行过程中既定目标被另外的目标所置换。在公共管理学中，“目标替代”是德国著名的社会学家罗伯特·米歇尔斯在其所著的《政党论》中提出一个很著名的概念，指的是组织在建立初也有很民主的程序，成员间的关系也是平行的关系，但当组织规模越来越大时就一定要分化，产生等级制度。无论是政党、专业组织还是其他类似的团体，这种倾向都比较明显，最终导致少数领导人和被领导的大众之间的两极分化现象的出现。

2. 目标替代现象的危害

目标替代现象从长期来看是不利于组织发展的，公共行政是以实现公共利益为目标的，目标替代对于公共行政的危害主要表现在以下三个方面：

（1）机械地坚持原则，导致僵化的行政作风。由于公共利益在具体的行政活动中无法体现政府只能依赖规章制度进行管理，目标代替最终会使政府组织形成规则为本的意识，忘却公益的目的。

（2）过分地注重形式和常规，不利于发挥工作人员的积极性和创造性。目标代替导致政府对工作人员的评估以严格遵守规则为标准，而效率、质量和对组织目标的贡献则退居次要地位。这样会培养工作人员按命令行事的心态，消除他们对工作的积极性和创造性。

（3）程序胜于结果，妨碍公共行政的有效性。目标替代导致对工作过程的关注，行政人员既不对组织目标的完成承担义务，也没有“追求卓越”的足够动机，最终导致行政效率低下，贻误行政计划的实现，阻碍行政任务的完成。

三、无缝隙政府的构建

（一）无缝隙政府的发展与含义

1. 无缝隙政府理论的发展

20 世纪 70 年代，在石油危机、越南战争的冲击下，美国发展的“黄金时代”走向尽头，发展出现迟滞，社会失业激增，各种道德失范事件层出不穷，无政府主义、性解放、嬉皮士运动、民权运动、女权运动潮流蔓延。与高失业率和高社会动荡并存的是，高通货膨胀、社会贫富差距扩大，出现了发展中的“滞胀”，政府合法性危机凸显。1975 年，福特总统在他的第一篇国情咨文中，直截了当地告诉美国人民“国家处境不佳”。时至 20 世纪 80 年代，这种困境没有消减，反而很快蔓延到其他西方发达国家。如何在政府管理中突破此种困境就成为公共行政实践者与研究者必须面对的问题。为解决这些棘手的问题，发达国家逐渐开展了“治道变革”“再造政府”活动，力图通过政府管理方式变迁来促进管理效率提升，从而带动整个社会的发展。诚如约翰·基恩所说，再造政府“已经超出了它现在通过官僚主义手段所能解决的范围”①，需要新的治理逻辑，这种逻辑就是“管理主义”。在管理主义导向下，“新公共管理”运动在美国等西方国家迅速扩散。新公共管理强调公共行政应重视“绩效”“产出”“结果”“私有化”等，倡导在提供公共服务上，宁要小规模组织而不要大规模机构；宁要提供公共服务的多元结构，也不要单一的无所不包的供给；宁可向使用者收费，也不把普通税金作为资助不具有公共利益的公共事业；宁要私人企业或独立企业也不要官僚体制②。然而，管理主义倡导的企业化、部门化管理也造成了碎片化、“鸽笼”式的割裂行政问题③。为了解决这个问题，在新公共管理潮流兴起的中后期，美国弗吉尼亚大学政府管理学院拉塞尔·林登（Russel M. Linden）教授在通用公司总裁杰克·韦尔奇提出的“无界限组织”理论基础上提出了“无缝隙政府”理论。这是新公共管理理论丛林中的一种新的学术论点，它希图解决之前管理主义所导致的各种孤立、割裂、碎片化管理问题。该理论自萌生起就被广为传播，也被众多公共管理实践者用来改进政府管理，取得了较大的成就。

---

① 约翰．基恩．公共生活与晚期资本主义［M］．刘利圭，马音，丁耀琳译．北京：社会科学文献出版社，1999.

② 陈振明．从公共行政学、新公共行政学到新公共管理［J］．政治学研究，1999（1）．

③ 孙志建．“模糊性治理”的理论系谱及其诠释：一种崭新的公共管理叙事［J］．甘肃行政学院学报，2012（3）．

自无缝隙政府理论产生起，我国各地政府纷纷探索如何利用该理论改进我国政府管理，塑造“中国式无缝隙政府”，尤其是在《无缝隙政府：公共部门再造指南》一书翻译成中文后更是全面开花。党的十八大报告明确指出“建设职能科学、结构优化、廉洁高效、人民满意的服务型政府”，“稳步推进大部门制改革，健全部门职责体系”，“完善党务公开、政务公开、司法公开和各领域办事公开制度”；党的十八届三中全会《中共中央关于全面深化改革若干重大问题的决定》强调“让人民监督权力，让权力在阳光下运行”等均渗透着无缝隙政府的理念。

2. 无缝隙政府的含义

无缝隙政府（Seamless Government），指的是政府整合所有的部门、人员和其他资源，以单一的界面，为公众提供优质高效的信息和服务。无缝隙政府目的是要突破传统的部门界线和功能分割的局面，所以也称“无界线政府”（Boundaries less Government）。

（二）我国“无缝隙政府”建设的进展

自 1994 年林登教授提出无缝隙政府以来，该理论就逐渐被引介到了我国各类公共组织改革中。

1. 无缝隙政府改革在我国的兴起

当前，有种误解认为无缝隙政府改革在中国的兴起源于 2002 年《无缝隙政府：公共部门再造指南》译介到中国之时，但从所搜集的大量地方改革实践经验来看，我国早在 20 世纪 90 年代末就开始了相关改革。

从公开的资料来看，浙江省玉环县政府最早开始了无缝隙政府改革。该县在 1999 年下半年就开始筹划“无缝隙政府”，2000 年正式实施此项改革。2000 年 9 月，玉环县“为民服务中心”正式投入运行，意味着“无缝隙政府”正式形成。该“中心”为县政府派出机构，常务副县长兼任“中心”主任。它由 20 个政府职能部门的全程办事代理室组成，设业务窗口 43 个，配备窗口工作人员 119 名，他们的人事关系不变，业务上接受原单位指导，工作上接受“中心”和派出单位的双重领导。“中心”业务窗口主要办理生产性、经营性项目审批，办理基础设施使用权审批和各类经济组织、城乡居民申请的有关证照等由 20 个职能部门授权的 268 个项目。为了进一步完善“无缝隙政府”，玉环县对“为民服务中心”做了进一步完善，2001 年 6 月推出了“全程办事代理制”，并在全县各乡镇和部门推行。“全程办事代理制”下，全县成立了“全程办事代理制协调中心”，它与“为民服务中心”合署办公，负责全县全程办事代理制的指导、协调、组织和督促等工作。在此新的“无缝隙政府”模式下，各部门、乡镇和工业园区通过确定全程代理员负责申办事项的代理服务；在此“无缝隙政府”模式下，全县散布在各级各部门的审批、审核、核准、备案等987项行政管理事务全部能够在一个地方“无缝隙”的完成，较好地解决了“门难进、脸难看、话难听、事难办”的问题，也较好地解决了“公文旅行”问题。

在玉环县的改革之后，浙江金华的行政服务中心改革、深圳龙岗区“政府效能倍增”计划、国家公安部的警务流程再造改革、成都市的服务中心流程再造改革、山东省编制办公室的编制实名制改革、昆明市铁路新村社区戒毒工作站改革、沈阳市大东区政府网上办公服务改革、东莞市社会管理改革等一系实践进一步将我国的无缝隙政府建设推向了高潮。

2. 当前我国建设无缝隙政府现状

目前，我国建构“中国式无缝隙政府”的实践进展呈现这样的特点：

第一，“无缝隙政府”实践逐渐普遍化。在中国知网中，仅以“主题”检索就能获得数百个实践案例，此外可能还存在大量地方政府、公共组织等改革实践，限于财力、人力、技术等原因而无法将各种改革实践形成研究报告或工作总结发表。这说明，目前我国以无缝隙政府理论为指南来改进政府管理、提升政府绩效，减少政府内部隔阂和与人民群众外部隔阂的尝试逐渐普及化。这也较好地契合了“加强建设法治政府、创新政府、廉洁政府”，“努力为人民提供优质高效服务”的要求。

第二，“无缝隙政府”改革领域逐渐扩展，不仅限于“政府”。正如林登教授反复强调的，“无缝隙政府”理论是一个“公共部门再造指南”，它适用于公共管理的各类组织。我国目前除了市级政府、区县级政府、海关、税务局等严格意义上的政府外，公立医院、公共项目部、社区戒毒康复站等公共部门也开始使用无缝隙政府理论，甚至有的地方连民主党派事务这种政治性工作都采用了无缝隙政府理论。目前来看，电子政务实践、政府整体行政模式再造、行政审批是3个使用无缝隙政府理论最多的改革领域，它们累积占到了样本总数的58.95%。

第三，无缝隙政府的“组织形式再造”与“组织流程再造”管理工具被广为使用，当前我国理解的“无缝隙政府”就是“组织与流程再造”的政府，其他的管理工具并未受到足够重视。可以看出，无论何种公共组织在推进无缝隙政府改革中，都采用了“组织流程再造”的管理工具；84.21%的改革实践同时也采用了“组织形式再造”的管理工具。而其他5种管理工具普遍被忽视，在95例改革中，即使被使用频率相对较高的“个性化产品与服务品质评估”和“时间敏感性管理”也仅仅被使用了13次和10次，仅占总体比例的13.68%与10.52%，其他类的管理工具几乎完全可以被忽略。我国无缝隙政府理论工具使用的积累趋势也展示了相同的逻辑。

第四，我国无缝隙政府建设基本上都是具有无缝隙政府性质的实践，还不是完全意义上的无缝隙政府改革。这是前述两个问题的另一方面。与再版的《无缝隙政府》倡导的完全意义上的无缝隙政府不同，中国当前的改革实践还主要是采用七种无缝隙政府管理工具中的某几种来推进改革，而且工具的使用充满随机性，并未按操作指南所倡导的七步法来完整操作，最多只是采用操作指南中“部分无缝隙政府”操作手册推进管理改革。这样形成的公共组织，只具备了一些“无缝隙”特性，并非完全意义上的无缝隙组织。

第五，重视建设内部的“无缝隙”政府，忽视建设内外兼顾的“无缝隙政府”。尽管林登教授倡导的“无缝隙公共部门再造指南”强调既要消除公共组织内部的“柏林墙”，也要塑造公共组织与所服务顾客之间的“无缝隙”，但从统计来看，我国当前的改革却往往将“无缝隙政府改革”理解成了内部的“流程再造”与“组织形式再造”，基本上忽略了塑造政府与公民、医院与患者、戒毒所与吸毒者等公共组织与顾客之间的服务与被服务中的“零距离”“无缝隙”关系的重构，使得当前的无缝隙政府改革还停留在“修内不修外”的阶段。

第六，重视对管理工具的使用，忽视对无缝隙政府文化的塑造。从我们收集的典型改革实践来看，当前的改革还是“工具主义”“工具理性”的摸索，主要还停留在对几种管理工具的使用上，这是一种将外来公共管理技术刚性嫁接于我国公共组织的探索，本质上是一种外来管理技术在中国情景下的“硬着陆”式改革，这种探索还缺少对柔性无缝隙组织文化的培育、塑造，实际上是一种“重硬轻软”的改革。

3. 当前我国无缝隙政府建设不足的原因

尽管我国无缝隙政府改革范围逐渐扩大，取得了不小的进展，但这些实践还不是完全意义上的无缝隙政府，更多只是采用了流程再造、组织形式再造的方式来推进改革，更注重组织内部而忽视外部顾客。之所以出现这种状况，除了对七种工具、完整操作流程掌握不够全面之外，更多是因为我们忽视了无缝隙政府实施的前提条件。说到底，无缝隙政府理论的萌生是以解决西方，特别是美国的政府管理问题为目标的，无缝隙政府理论的形成是以西方若干年政府改革所形成的特定的组织条件为基础和前提的，这是林登未曾言明但却“功夫在书外”的无缝隙政府条件，它是林登在建构无缝隙政府再造指南时将其作为一种“先验”的存在对待的，而这种条件是我国在推进无缝隙政府建设中未必具备的。

概略而言，这些前提性条件主要表现在四个方面：首先，政府机构设置的行政哲学在于分清政府的“政治性决策”职能与服务提供职能。在保持政府的“核心”——政治性决策的前提下，政府在服务提供中可以大量采用商业企业的做法，在政府中大量推行M型机构、模块化机构、中间组织，这些新的组织模式主要有执行局、服务署、特别事务署、联合治理公司、皇家实体、代理机构等，它们的最大优点是对公众与市场的需求反应极具灵活性、针对性和弹性，可以有效提升服务绩效。其次，政府机构的完整形式由传统部门+公法行政管理部门+私法实体+其他灵活机构构成。无缝隙政府理论形成时，西方国家尤其美国政府内含传统部门、部门的补充机关、公法行政部门、私法实体以及其他灵活机构。第三，政府机构完整形式的落实在于实现从命令链控制的“政治”部门向“绩效链”监督的“公共组织”转变。在无缝隙政府产生之日，林登笔下的政府已经不是传统上的政治性部门，不同政府之间的纽带已经不是传统上政治性部门所依赖的“权力线”和“命令链”，而变成了各种“绩效指标”，控制的手法则变为了依据指标进行绩效评估与绩效审计。第四，政府机构职能的顺利履行有赖于各种绩效合约在政府部门、代理机构、公法实体、私法实体、政府非盈利企业、国有企业等之间的明晰与实施。在这些机构中，政府部门承担法律规定的政治责任，约束条件是人民的委托契约；代理机构需要承担法律上的行政责任，约束条件来自于法律、法规中的绩效目标；公法实体需要实现公法上规定的服务提供绩效，其契约约束在于所签订的各种绩效合同；私法实体提供公共产品只遵从从私法，但在提供公共产品时需要取得公共预算支持，因此也受绩效合同约束。另外，由前述四种条件本身又塑造了一种适合无缝隙政府“软着陆”“无缝对接”的行政文化、组织文化，这是无缝隙政府建设、无缝隙政府理论产生的隐性、柔性前提。

这四个条件在我国尚未完全具备，甚至有些地方政府中连一条都很难说完整具备，这就造成了我国无缝隙政府建设中虽然摊子铺的很大，但以工具标准和操作后侧标准来看都还属于不彻底、非完整意义上的无缝隙政府的现状。

4. 未来我国推进无缝隙政府建设的合理道路

目前我国无缝隙政府建设还处于对一两种管理工具的使用上，这是一种重“器”轻“道”的做法。即便如此，因为对无缝隙政府镶嵌其上的前提性条件这种深层的“道”把握不深，我们也没能充分使用无缝隙政府建设的所有管理工具。今后要建设完全意义上的无缝隙政府，应该从解决前提性条件和完善操作指南、系统使用所有管理工具、塑造柔性文化、内外兼顾着手。

(1) 从国家层面、从地方宏观层面为无缝隙政府建设创造前提条件。首先，应该贯彻将政府的“政治性决策”职能与服务提供职能明确分开的行政哲学。尽管深圳的“行政三分”对行政系统的政治性决策职能与公共服务职能分离做了探索，但由于过于强调“决策”与“执行”“监督”的三分，使得其忽视了服务功能，最终也不够成功。未来我们应该界定好政府内的、含有政治决策性、政治贯彻性质的职能；除此之外，都是含有服务性质的职能。这样界定清楚了，无缝隙政府改革才有了基本的条件。

其次，在组织形式设计上，要破除政府组织只能是“衙门”的观念，除了将贯彻政治职能、决策职能的部门整合为规范的政府部门（传统意义上的政府）之外，要构建规范的行政服务机构。在保证公共服务提供的过程中，根据公共服务“一次性服务”的要求，将“大政府”导向下的一部分部门改制为私法实体和适合于公共服务与产品提供的各类灵活组织，比如任务小组、临时项目部，甚至小型企业。从笔者之前对 OECD 国家政府组织演化规律的把握来看，一个由“政府部门+行政执行局+公共事业单位+公益组织+经营性公益组织+营利性公益组织+企业”构成的政府组织体系，是最有效的保证政治职能与公共服务职能的组织模式，也是最有利于推进无缝隙政府改革的组织模式。

最后，要保证“政府部门+行政执行局+公共事业单位+公益组织+经营性公益组织+营利性公益组织+企业”的政府组织体系完整体系发挥效能，就必须实现从命令链控制的“政治部”向“绩效链”监督的“公共组织”转变，改变当前“一言堂”做法，在各类政府机构、公共服务提供机构（可能属于私法实体）、公民之间建立科学的绩效指标、绩效目标，并以部门法的形式保证这些绩效指标、目标的权威性，进而通过权威性的绩效评价与绩效结果应用的方式实现公共服务、公共产品的有效提供，而非采用“霸王硬上弓”“打一拳头给一块糖吃”等强制性政治手段来为民众提供公共服务。

（2）走出流程再造、组织再造误区，使用完整的无缝隙政府工具体系，推行完全无缝隙型政府再造手册。在保证了无缝隙政府改革的前提性条件之后，就可以综合、系统地使用无缝隙政府理论提供的管理工具体系和操作手册了。从我们的探索来看，我国无缝隙政府改革基本上等同于流程再造和组织再造，而这些只是无缝隙政府 7 种工具中的两种，属于无缝隙政府改革操作指南中的非完整性无缝隙政府，未来改革中，我们需要从一开始就将 7 种工具纳入进来，统筹考虑，编制操作手册，从而实现完全意义上的无缝隙政府建设，最终解决政府内部不同部门之间的“鸽笼”“柏林墙”等内部缝隙问题，解决“门难进”“脸难看”“话难听”“事难办”等政府与民众之间的外部缝隙问题。

（3）重视塑造以政府为代表的公共组织与所服务顾客之间关系的塑造，构建

“内外兼修”的无缝隙政府。我国现有的改革还停留在消除政府等公共组织的内部“鸽笼”与“柏林墙”上，忽视了横亘在政府与群众、医院与患者、学校与学生等之间的“万里长城”，未来我们需要突破这种“修内不修外”的做法，重新塑造人民与政府等公共组织的关系，重构群众与政府之间的“零距离”关系，从而构建内外兼修的完整型无缝隙政府。

（4）塑造、培育无缝隙政府文化，建设“软硬兼顾”的无缝隙政府。一项改革真正落地、生根发芽既需要在管理工具上做出努力，更需要塑造适合此项改革生存的柔性文化因素。当前我国重管理技术轻视柔性无缝隙政府文化塑造的做法明显存在着不足，未来为了使得我们的改革能够变成一种政府“惯例”，成为公务员、公共组织从业者的“下意识行为”“自为行为”，就需要大力塑造为民、服务、责任、效率、协作、时限等无缝隙政府文化。只有文化建设好了，刚性的管理工具才能够实现“无缝对接”，实现“软着陆”。

第四节　公共管理中的沟通

一、沟通的含义

公共管理中的沟通就是公共管理的主体之间或主体与客体之间传递和交流信息的过程。它是沟通双方不断传递交流又不断形成、补充和发展信息的过程。公共管理中沟通源于公众与政府之间的委托—代理关系，其核心部分就是公众对政府的信任和政府对公众的回应。

公共管理中沟通是一个公共管理过程，其基本内涵可以从以下三个方面来加以分析：

一是沟通的主体和客体。政府、公民与公民社会都可以成为公共管理中沟通的主体或客体。

二是沟通的媒介。随着科学技术的发展，公共管理中沟通的有效载体可以是互联网、大众传媒、“第三部门”等。

三是沟通的目的。一方面是政府的沟通应符合公众的利益，另一方面是公众对政府提供公共服务的意见、建议和批评，以及公众的最新需求，政府应能够及时获取，对这些意见和需求做出积极灵敏的反应，并给予公众满意的答复，按公众的意愿得以解决。对政府来说，注重沟通与互动就是注重公众的疾苦和需求，尽可能满足公众的需求和解决公众提出的问题。对公众来说，更加愿意表达自己的意愿，更加关注政府公共服务政策的制定过程，是公众参与政府民主管理的有效形式。

二、沟通的影响因素

20 世纪 80 年代以来，随着我国市场经济发展以及我国民主化进程的推动，在实践中，沟通与互动取得了很大进展。但目前我国公共管理中的沟通机制的条件还很不成熟，还存在着一些制约因素：

（一）以政府为中心的公共管理理念、体制和运作方式

目前，我国的公共管理是以国家为核心来运作的，即政府是公共管理的实施者，公民是公共管理的接受者，这种由政府主导而公民被动服从的公共管理局面并没有太大的变化。

1. 从公共管理的理念来看，我国在由计划经济向市场经济转轨的过程中，掌握公共权力的人往往把公共权力的真正主人——公民，当作公共权力指向的对象，强调公民对政府管理的服从义务；公民也习惯于服从政府的管理，甚至依赖政府和官员替自己做主。这样，在公共管理的观念上，作为公共管理主体的政府与公民之间形成一种实际的距离。

2. 从公共管理体制上来看，总体而言，我国公共管理体制呈现出一种统治型的体制，即政府居于我国公共管理体制的核心，其结构设置表现为自上而下的单向层级制。公共管理的统治型结构的泛化虽然有利于政令的传达和执行，但实际上使公共管理中沟通与互动的效率不可能充分实现，甚至造成低效率和无效率。

3. 从公共管理的运作方式来看，政府在制定和执行公共政策基础上依赖的信息通常来自制度性和非制度性两个渠道。制度性渠道包括人民来信来访机构和政府的调研部门，在一定程度上起着决策咨询机构的作用。非制度性的信息渠道也是决策信息的一个来源。例如党政领导成员同一些人非正式的闲聊，有时通过这种方式获得的信息也会成为决策的信息来源。所有这些活动都是以政府为核心进行的，在信息的收集、取舍上，公共权力的掌握者主要从方便自己管理的角度出发，公民的具体需求和愿望往往得不到足够的重视。

（二）我国社会资本存量多元并存、分布不均的总体状况

社会转型时期，我国社会资本分布表现出明显的不均衡特征，制约了公民社会现代公民参与意识的普遍发展，对我国公共管理中的沟通产生了极大的影响：

一方面，在某些地区和社会层次，存在着对公共管理中沟通的强烈诉求；另一方面，从整个社会层面看，却尚缺乏普遍实现公共管理中沟通的可能性。目前，我

国社会资本分布不均衡主要表现在两个方面：地域之间的不均衡和社会层级之间的不均衡。社会资本的这一分布使我国部分地区和部分社会层次的现代公民意识还相当缺失。在社会资本存量丰富的地区和经济、文化越是发展，物质生活越是改善的社会阶层，公民的参与意识获得了较大的发展，公民具有参与沟通的可能性，而社会资本贫乏的地区和较少拥有经济、文化资源的社会阶层中，公民还存在着较浓的依附思想，难以形成政府与公民合作治理的局面。

（三）参与型公共行政文化的缺失

在政治学领域，美国学者阿尔蒙德首先提出“政治文化”的概念。他认为，每一政治系统都深入到关于政治行动的特殊取向模式之中，这种特殊的取向模式就是该系统的政治取向或者说政治文化；而从个人的角度考虑，政治文化则是个人对政治行为及政治评估的主观取向。参照阿尔蒙德对政治文化的界定及对这一概念的运用意图，我们也可以把处于特定社会关于对公共行政系统的一般认知与价值取向模式称为公共行政文化。所谓公共行政文化就是在特定历史阶段，社会民众在社会化过程中所形成的关于公共行政系统的普遍性认知、情感态度和价值取向等心理活动的总和，是公共行政系统及其运行过程在社会成员心理上的稳定反映与沉淀。阿尔蒙德与维巴将政治文化的类型划分为狭隘观念者、顺从者、参与者以及由它们的相互交叉所产生的异质混合类型①。相应地，可将公共行政文化划分为传统型、服从型和参与型三种类型。在不同类型公共行政文化的影响与制约下，公民对公共行政系统的态度及参与方式有着较大差别。在传统型公共行政文化中，公民没有意识到公共行政系统及其运行过程的存在，也不可能意识到具有行政过程参与者权利的公民角色的存在。在服从型公共行政文化中，人们开始关心起与自身利益密切相关的政策、法令。然而，公民基本上是被动的，他们被要求而且自身也倾向于服从公共行政系统的一切输出。而在参与型公共行政文化中，大多数公民都把公共行政系统当成促使公民利益得以实现的合法途径，并向系统提出不断增多的期待与要求。这种类型公共行政系统的最明显特征在于公民意识到他们能够并且有必要对公共行政过程进行控制与影响。从总体上来说，我国是属于服从型的公共行政文化，而参与型公共行政文化十分贫乏。参与型公共行政文化缺失的一个显著结果就是公民主体意识薄弱，反过来它又造就公民行政文化贫瘠的土壤。

---

① G. A. 阿尔蒙德，S. 维巴．公民文化——五国的政治态度和民主［M］．北京：华夏出版社，1989.

三、沟通的方法

善治强调的是政府与公民的合作治理，而促进政府与公民合作则是实现公共管理沟通的最佳路径。具体而言，可采取以下举措：

（一）在公共管理的实践中引入顾客战略

回应性是善治的基本要素，实现善治的回应性首先应倡导“顾客导向”。同时，在顾客导向中，把作为纳税人的公民视为“顾客”，通过调查，倾听顾客的意见，建立明确的服务标准，向顾客做出承诺以及赋予顾客买主的权利，这使政府与公民之间的交流由以往的“单向性”转变为“双向性”，同时，也使我国政府公共管理体制由“统治”向“善治”转变，增加了信任这种社会资本的存量。

（二）建立参与和互动型的行政决策体制

在参与和互动型的行政决策体制中，不仅强调参与，更强调公民与基层公务员的互动，这样公民可以直接与政策观点不同的公民讨论，也可以直接与政府机关协商，这种广泛的、充分的民主和协商，会使公共决策更体现公共利益。在行政决策体制的建构中，更重要的是实现公民与基层行政组织的互动，使公共行政的服务和效率达到最佳。因此，应尽量加强公民个人与基层行政人员之间的直接接触，增加互动的机会，使基层官员了解公民的意愿倾向，并引导和鼓励公民参与基层公共决策的制定和对决策执行的监督。

（三）充分发挥大众传媒的作用

政府要塑造自身形象，影响公众舆论，就应充分发挥大众传媒的作用。首先，应充分尊重公众的知晓权。政府最佳形象的确定与否最终是由公众评判和公众舆论作为依据的，因此应注重与公众的双向信息沟通。其次，应强调较好的信息组织形式和表达形式，使得信息对公众来说易于获取、易于阅读、易于理解、易于把握。最后，政府工作人员必须协调与新闻界的关系，正确处理好与记者、编辑的沟通工作。只有不断地改善与协调这种关系，才能树立政府的良好形象，完善政府的沟通工作。

（四）发展以互联网为代表的现代信息沟通科技

信息社会，政府应通过网络为公民提供更加丰富、及时、便利的服务。如为保护消费者而设立的网站应包含着丰富的服务内容：提供投诉渠道、消费知识，介绍消费相关法律等等。这些服务内容有利于保障消费者的合法权益。除此之外，可提供网上环保、网上交通、网上教育等服务，为公民的物质和精神生活提供方便。在网络时代，公民可以在互联网上参与政府部门的各种讨论，表达自己的意见和要求，并可通过信息网络对行政过程和相关的行政人员实行有效的监督，因而促进了公共管理中的沟通。

【思考题】

1. 什么是“无缝隙政府”？谈谈如何构建“无缝隙政府”。
2. 简述政府管理中沟通的方法。
3. 什么是目标替代？
4. 公共管理技术的价值。

【案例】河长、警长和检察长“三长”联动攻坚清违治乱[①]

全面推行河长制以来，亭湖区把握新时代治水新要求，落实“水利工程补短板、水利行业强监管”的水利改革发展总基调，聚焦河道“两违三乱”、水质达标困难等水环境突出问题，率先建立“河长+警长+检察长”“三长”联动工作机制，以“三长”力量并举攻坚清违治乱，推进水事秩序明显向好，河湖水生态环境得到明显改善。

“河长+检察长”机制为河湖管治提供司法保障。为顺应河长制改革发展，亭湖区检察院和区河长办联合签订《关于建立“河长+检察长”工作协作机制的意见》，建立“河长+检察长”依法治河新模式，将检察机关的法律监督职能和河长办的统筹协调作用相结合。其中，检察院的公益诉讼职能促使各责任单位依法全面履职，并与行政执法职能结合，实现刑事司法和行政执法的无缝衔接，积极履行法律赋予的生态公益诉讼新职能，多渠道关注掌握河湖“脏乱差、黑堵臭”问题线索，向有关行政责任主体提出检察建议，限期整改。案源渠道主要有三：一是巡河自查发现；二是派驻联络室与区河长办信息互通；三是来自区领导交办的河长令。检察力量促进解决了一大批堵塞、侵占和污染河道的问题。检察机关依法履职，加强与河长办对接协作，推动行政主体知责尽责，收到了共赢的效果。

“河长+警长”机制为河湖管治提供执法保障。警长制开启了清违治乱的新起点新常态。亭湖区公安分局对全区所有河道明确了总警长，由区公安分局主要负责同志担任，具体河道警长制共设三级，由区公安分局分管负责同志担任区级河道警长，

① 王烨峰，王静．亭湖：“三长”并举共筑河湖管理新秩序［N］. 盐阜大众报，2021-12-23.

由各派出所所长担任镇（街道）级河道警长，以及由所在片区干警担任村（社区）级河道警长。其中，镇（街道）级河道警长负责对辖区内河道警长制管理工作负总责，村（社区）级河道警长主要负责具体工作，主动发现并查处涉水违法行为，宣传河道保护的法律政策，鼓励群众反映问题、提供线索、提出意见建议等。这个机制下，河长、警长定期召开联席会议，加强信息互通，河道警长紧密配合同级河长和有关部门，在打击整治涉河乱象、维护水事安全方面发挥了“利剑”作用，展现了“卫士”本色，形成河流治理合力、强化区域防控。公安执法力量为打击涉水违法犯罪、涉水矛盾纠纷排查处理提供了有力保障。

“三长”并举构建河湖管理新秩序。推动河湖清违治乱，河长是核心，是引擎，警长和检察长是左膀右臂，是助力器和加速器。“三长”合力，高效奠定河湖水环境问题整治攻坚成效。经亭湖区总河长安排，区河长、区警长和区检察长先后多次督查交办整改，组织属地镇（街道）和公安、检察院、水利、住建、生态环境、自然资源等职能部门开展联合执法行动。自河长制工作以来，开展了河湖“两违三乱”整治、“清网行动”、渔罾渔簖网箱整治、杂船整治等专项整治行动，整治清理“两违三乱”349处，清理网箱6076个、杂船300余只、渔罾渔簖258处，清退无证商混企业26家。“三长”并举统领全局，奠定了组织保障力，形成了震慑力，提高了执行力，显现了高效力。同时，“三长”机制建立，推动河湖常态化管治形成，实现全区河湖长治久治。

亭湖区探索建立“河长+警长+检察长”机制，构建了河湖管理新秩序，打造了新动力新形象，引领了新常态新格局。抓好河湖管理保护只有进行时，需要守正创新、立破并举，需要持而不懈、久久为功。在不断推进治水标准化、规范化、精细化的实践中，亭湖区将在“三长”并举机制的基础上，再探索再创新，努力蹚出更具品质、更具特色的高质量发展新路径。

【问题】

1. “河长+警长+检察长”的联动机制既是对于治理实践问题的积极回应，还是公共管理技术层面上的一次理论探索。结合材料，谈谈“三长”联动机制在具体实施过程中可能遇到的问题或阻碍。

2. 假如你是亭湖区的“一把手”，你打算如何解决这种问题或阻碍？

第十二章 公共关系

政之所兴，在顺民心；政之所废，在逆民心。——《管子·牧民》

为政，通下情为急。——明·薛瑄

知可以与战、不可以与战者胜；识众寡之用者胜；上下同欲者胜；以虞待不虞者胜；将能而君不御者胜。此五者，知胜之道也。——《孙子兵法》

当前，公共事务管理呈现多主体化趋势，政府作为主体之一，其一切管理活动都受到外部环境的影响（制约或协助）。此外，当前社会经济问题的处理，需要政府、企业、公民共同承担责任。故而，处理好政府与其他公共事务管理主体的关系，至关重要。

第一节 公共关系概述

一、公共关系的含义

公共关系是指政府为了争取公众对政府工作的理解和支持，在公众中塑造政府良好形象，运用传播沟通手段处理和协调与公众的关系，以便更好地管理社会公共事务的一系列活动。政府公共关系：即政府与社会公众之间的传播管理。

从动态上看，政府公共关系即政府机构与社会公众之间的双向传播沟通活动；

从静态上看，政府公共关系是发生在政府与公众之间的一种信息交流、沟通与传播的行为和状态；

从管理学角度看，政府公共关系是一种组织职能，政府公共关系管理即对政府组织与社会公众之间的传播行为与状态进行管理。

政府公共关系的主要含义包括：

1. 政府的公众信息管理，即政府组织与公众之间信息流通的管理。

2. 政府的公众舆论管理，为政府组织营造一个适宜和良好的公众舆论环境，是政府公众关系管理的重要职责。

3. 政府的公众关系管理，是政府组织赖以生存和发展的社会生态环境，制约着政府组织目标、政策和行政行为的成败。

4. 政府的公众形象管理，即政府的社会认知度和社会信誉度。

二、公共关系的理念与实务

（一）公关理念

1. 强调政府的一般组织属性

政府是特殊的社会管理组织，具有权威性和唯一性。但政府终究是一个组织，也应把公共关系作为一项基本职能，作为引导、规范、影响、制约政府行为的一种管理哲学。政府也是一个物质利益实体，在具体的经济关系和具体的经济过程中，不能吞并或侵犯其他公众的利益。政府不能利用特有的权力把自己置于超社会的地位。从这个意义上讲，它与其他社会组织的地位应是完全平等的。如果有违这一原则，就不是一个遵守游戏规则的合格公众。目前各地均出现了老百姓与政府打官司的事情，政府一把手作为法人代表坐被告席的例子屡见不鲜，当然我们并不希望老百姓经常与政府打官司，但这类事情能够出现确实表明了一个伟大的进步。

2. 突出政府的公共服务职能

作为特殊的社会管理组织，政府存在的目的就是保护和增进人民的利益，为社会谋幸福，这也是其存在的合法性的基础和源泉。政府组织的非生产性和管理的公共性决定它的一切活动都须奉行公众利益、社会利益至上的原则，以服务公众和社会为其行为的根本出发点和落脚点。政府工作人员要具备较强的公关素质，自觉把公关理念和精神融入本职工作之中，以优质的管理服务来获得报酬。目前各级机关事业单位改革正在进行，机构改革的目的不仅在于精简人员，更在于提高服务水平和工作绩效。事实上仍有许多公共服务领域尚未由政府进入或由政府引导市场进入，人力资源配置上不够合理，服务体系不够健全，许多人没事做的同时，也有许多事没人做。

3. 认知政府的公众形象

政府的公众形象有两种含义，一是指政府作为一种公众的形象。二是指政府在公众心目中的形象。良好的公众形象是现代政府的最大无形资产。政府必须有针对性地开展公关活动，重视和加强与各类公众之间的双向传播和沟通，了解各类公众对政府的期望，倾听各类公众的呼声，及时向公众报告政府在怎样满足这种期望，解释政府出台的政策和做出的行政行为，根据公众的需求不断改善政府的各项工作，树立“创新、务实、廉洁、高效”的良好形象。靠“美容”来树立政府形象最终是靠不住的，必须靠完善政府形象的内涵，靠实际行动，靠理性说服，思想沟通和情感交流去提升、塑造。

（二）公关实务

1. 政府形象分析

在我国，由于政府控制着大量传播媒体，加之信息搜集渠道不畅，某种意义上来说影响了社情民意的充分表达，政府部门容易主观地“自我感觉良好”。我们应该对以下四个方面进行综合分析。（1）政府实态分析。明确政府正在做什么？能够做什么？做得怎么样？具备哪些有利条件和不利条件？（2）社会公认分析。了解公众对政府工作是支持还是不支持，是感到很满意、较满意还是不满意。（3）管理阶层分析。了解干部队伍内部对政府的观点、意见和态度。（4）决策阶层分析。了解政府高层领导的价值观和行为方式如何，是否影响政府形象的个性和风格。

2. 政务公开

政府机关规模庞大、结构复杂，必须提高行政运作的透明度，增强公众对政府的了解，方便人民群众办事。要通过各种形式，把政府的工作实况告知公众，并争取得到人们的支持，进而使公众的言行朝着有利于政府管理目标实现的方向转变。我国推行政务公开已经有一段时间，但很多地方远远未达到应有的水准。政务公开方式和载体落后、内容不齐全、长期不做修订维护、内容不符实等现象还普遍存在。

3. 协商对话

人大、政协、民主党派、群团组织等协商对话渠道可以越过不必要的中介，使领导在重大问题上直接了解公众的意见，使公众可以直接向领导反映自己的看法，如约见、提案等。在社会发展中不断出现一些新的利益群体，如投资客商、外来人才、下岗失业人员、征地拆迁户等，传统的社会团体不可能完全代表这些方面的意愿，因此还要进一步拓宽、缩短其他社会沟通渠道，及时解决、疏导各种问题和矛盾，避免长时间积累而激化。

4. 危机处理

政府公关危机是指突然发生的，造成严重经济损失或严重损害政府形象的事件。危机处理的对策包括事前建立预警系统、完善管理、模拟准备，事中成立专门机构、制止事态扩散、调查情况、安抚受害方、统一新闻口径，事后公布处理全过程、及时改进、利用媒介消除影响等。危机处理是公共关系一个重要实务，从处理危机的效果上可以看出政府公共关系的水平，也是执政能力的直观评价标准之一。

5. 民意调查与论题管理

要在干部多深入基层“下马观花”的同时，尽快建立和完善政府网站等快捷、方便的互动交流平台，适时组织主题鲜明的大规模的民意调查活动。特别是在每项事关民生的重大政策和措施出台之前，要及时了解公众的基本态度和意见，实行公示、听证等制度，扩大人民群众的参与度，通过多种渠道和形式广泛集中民智，使决策真正建立在科学、民主的基础之上。例如，广州市曾举办的“假如我是广州市长”征文、“房改方案千家谈”、“菜篮子工程千家谈”系列活动等都属于论题管理。政府要围绕改革与发展面临的众多遗留问题和不断涌现的新问题，要围绕政府官员头痛的难点问题、公众关心的热点问题，运用大众传媒，动员成千上万的人各抒己见、献计献策，这样既能够集思广益，找到解决问题的有效途径，又能让公众参政议政，提高凝聚力和向心力。

第二节　府际关系

在全球范围内，随着全球化与区域一体化的推进，地方政府间关联度和依赖性逐渐增强。打破壁垒、合作互惠，优势互补、资源共享，已不断在公共服务提供者、接受者中获得共识。加强府际合作已经成为地方政府间发展的必由之路。地方政府间合作既是经济全球化的必然结果，也是当前公共管理运动的重要内容。21 世纪以来，中国地方政府间合作有了新进展，呈现出组织类型众多、合作形式多样化、合作领域制度化与务实性等诸多特征。[①] 如何通过区域合作达到共赢，成为我国各级地方政府必须面对和解决的一个现实问题。

一、府际关系的含义

府际关系（Intergovermental Relations）也叫“政府间关系”，是指各级政府之间相互影响，相互作用的状态。

从国际范围来看，以地方政府为主体的合作组织纷纷建立，巴黎、东京、纽约等大都市圈形成并日渐成熟；从国内形势来看，珠三角、长三角、京津冀、成渝等

---

① 林尚立．国内政府间关系［M］．杭州：浙江人民出版社，2004.

经济区一体化纵深推进，上海、杭州等都市群快速发展，广佛、沈抚等同城现象陆续出现。合作已然成为中外地方政府间关系发展的一个明显趋势。

在区域经济发展的过程中，地方政府在区域发展中的合作必不可少。对地方政府合作的探讨，不仅有助于落实区域经济发展政策，更有助于消除地区差距，协调理顺各级政府关系，缓和资源浪费的矛盾。从长远发展来看，地方政府合作也是实现可持续发展的重要途径。

二、府际关系的类型

府际关系包括存在行政隶属关系的各级政府之间的关系（如国务院与各级地方政府，同一地方内各级政府之间的关系），也包括不存在行政隶属关系的各级政府之间的关系（甲省与乙省，甲省与乙省的丙市）。

府际关系有纵向府际关系、横向府际关系、斜向府际关系之分。纵向属于上下级关系；横向属于平级的水平交流的政府间关系；斜向府际关系指多元的行政级别不同的无统辖关系的地方政府与政府部门之间的关系，譬如山东省与苏州市，交通运输部与烟台市等。

三、社会治理模式转变：政府协同治理

2016 年 10 月 9 日下午，中共中央政治局就实施网络强国战略进行第三十六次集体学习，习近平总书记在组织学习时指出，随着互联网特别是移动互联网发展，社会治理模式正在从单向管理转向双向互动，从线下转向线上线下融合，从单纯的政府监管向更加注重社会协同治理转变。我们要深刻认识互联网在国家管理和社会治理中的作用，建设全国一体化的国家大数据中心，推进技术融合、业务融合、数据融合，实现跨层级、跨地域、跨系统、跨部门、跨业务的协同管理和服务。

（一）政府协同治理的含义

所谓协同，通常是指某一系统的子系统或相关要素间的相互合作。这种合作有助于使整个系统趋于稳定和有序，并能在质和量两方面产生更大的功效，进而演绎出新的功能，实现系统整体的增值。

作为一个较具现代性的范畴，治理与统治既相联系又有区别。治理源于统治，但又是统治的发展，在与统治的比较中治理的内涵才得以深化和确证。学者从不同视角也对治理内涵进行了阐述，代表性的观点主要有：治理是指在一个既定的范围内官方的或民间的公共管理组织通过公共权威的运用来维持秩序，满足公众的需要。

其目的则在于各种不同的制度关系中运用权力去引导、控制和规范公民的各种活动，以最大限度地增进公共利益。所以治理是一种公共管理活动和公共管理过程，它包括必要的公共权威、管理规则、治理机制和治理方式。治理是对合作网络的管理，指的是为了实现与增进公共利益，政府部门和非政府部门私营部门、第三部门或公民个人等众多公共行动主体彼此合作，在相互依存的环境中分享公共权力共同管理公共事务的过程。治理是由政党、政府、社会团体、机构等社会多元要素参与合作，共同管理公共事务，以追求最大化的管理效能。

无论不同学者对治理进行如何不同的界定，但至少可以说明，他们已经认识到，在政府或国家因不能单极推进而需要联合行动的诸多领域和问题上，治理理念提供了一种全新的思路；而作为“没有政府的治理”的典型的国际社会，在全球化趋势中建立必要的制度、规则、秩序和公正等方面，治理亦具有日益重要的意义；在对治理的众多认识中，作为共识，“参与”“协商”“谈判”“合作”“共同行动”等关键词，为民主政治的推进和趋于复杂并难解的公共事务的处理与公共问题的解决提供了新的路线图。

据此，可以对协同治理的内涵做如下规定：在一个既定的范围内，政府、经济组织、社会组织和社会公众等以维护和增进公共利益为目标，以既存的法律法规为共同规范，在政府主导下通过广泛参与、平等协商、通力合作和共同行动，共同管理社会公共事务的过程以及这一过程中所采用的各种方式的总和。

此概念至少包含如下几层含义：

（1）在社会公共事务的处理过程中，政府并非是唯一主体，经济组织、社会组织和社会公众都可以成为合法的治理主体。

（2）协同治理以维护和增进公共利益为最终目标和根本宗旨。

（3）为共同规范，政府在其中处于主导地位。

（4）协同治理过程中呈现出权威的多样性。政府权威不可或缺，但其他主体在参与处理公共事务过程中所体现出的权威性同样不可或缺。

（5）协同治理是一个动态的过程，同时也是超越传统政府治理方式的诸多新的治理方式的汇集。

（二）政府协同治理的特征

相较于传统的公共管理模式，协同治理希望构建起府际间、政府与市场和社会组织间、政府与社会公众间等多重合作关系，经由合作的过程有效处理复杂的社会公共事务并产生更高的管理绩效。从总体上看，协同治理呈现出如下特征：

1. 根本目标的整合性

协同治理强调政府、社会组织、经济组织、社会公众在管理社会公共事务过程中的共同参与，但参与各方存在着动机和目标的分野，这就使得协同治理存在目标的多样性，多样的目标间既存在一致性也存在差异性。而协同治理是以系统演进的总体目标为总目标，没有明确的总目标，各子系统和各部门之间就不可能形成相互合作与支持，系统就会失去方向，协同也将无法实现。因此，协同治理的过程中必须对多样的目标进行有效汇聚和整合，形成系统各方共同认同的根本目标——维护和实现公共利益。

2. 治理系统的开放性

协同治理的有效性有赖于治理过程中参与主体的多元性，参与主体多元性的达成则有赖于治理系统及其过程的开放性。只有在开放的状态下才能为社会组织、经济组织和社会公众共同参与管理公共事务提供可能，也只有在开放的状态下，政府、社会组织、经济组织和社会公众间物质、能量、信息、技术及人才的交换才能不断进行，平等的协商、谈判、妥协、通力协作和共同行动才能得以实现，整体与局部同步走向最佳、结构的有序和功能的强化才能充分显现。

3. 治理过程的动态性

协同治理的过程是动态的，而不是静止不变的。这种动态性集中表现在协同治理过程中的参与主体及其关系的动态性、治理对象的动态性、阶段性目标的动态性、行动重点的动态性、资源及其交换的动态性、规则与流程的动态性等。

4. 治理主体的多元性

在民主政治制度日趋完善、社会公众民主意识和能力不断增强、社会公共事务愈加复杂难解的背景下，传统公共管理中政府独舞的方式在现实实践中疲态尽显。协同治理则要求政府、社会组织、经济组织和社会公众在内的所有组织和个体行为者都参与到公共事务的管理中来，并在多元主体间形成一种良好的互补合作关系。

5. 边界的模糊性

传统公共管理所依赖的科层制结构及其运作机制强调边界的清晰，表现为工种相似的人员归编为同一单位，性质相似的问题划归同一部门或机构处理，地域范围内的事务由各地方政府自行解决。在稳定简单的环境中这种具有清晰边界的设计能够提高机械效率，但在现代复杂问题的处理上却难以奏效。协同治理将许多子系统非常紧密地集成在一起，相互间能做出协调同步的反应，而对原有的边界进行模糊的处理，集中表现在问题边界的模糊性、地域边界的模糊性、部门边界的模糊性、层级边界的模糊性、主体边界的模糊性。边界的模糊性在既定规则的框架内有利于资源的整合、复杂公共事务处理的统筹、利益纷争的协调，从而产生更大的效用。

（三）政府协同治理的意义

协同治理在本质上是一种通过在共同处理复杂社会公共事务过程中多元主体间的相互关系的探究，建立共同行动、联合结构和资源共享。协同治理在根本上可以弥补市场、政府和社会组织单一主体治理的局限性，对有效解决“一个手指拣不起一颗石子”的困境有其独有的功能。

1. 协同治理有助于社会公众民主意识的增强和民主参与能力的提升

民主在本质上是一种有意识的实践活动，这种活动以拥有相应的能力作为基础，社会公众民主意识的养成和参与能力的提升则有赖于参与政治与社会活动的制度安排和场景演练。早期的公共行政主张政治与行政的二分，认为社会公众的核心作用在于参与国家意志的界定，属于政治参与的范畴。而行政是一项技术性的工作，应当由职业化的行政官员来担纲，他们应当建立起清晰的职业认同，向民选官员负责，并由民选官员对其进行监督。社会公众不应与行政领域产生过多的瓜葛，以免影响行政事务的开展。甚至认为社会公众对政府日常事务的细节和措施选择进行监督或直接的批评，无疑是对行政的一种愚蠢的妨碍。在这样的理论指导下的行政活动使得社会事务的管理者与社会公众间形成了相互的隔绝，社会公众的参与也只能借助民选官员作为中介来实现，导致行政体系对于社会公众的回应缺乏应有的动力和责任基础，而社会公众民主参与的途径和方式也遭遇到诸多栅栏式的拘囿。在协同治理的过程中，参与各方基于各自的利益目标在既有的共同认同的程序性规则引导下进行有序协商和交易，并逐渐趋从于协同治理的根本目标——公共利益。在这一过程中，参与各方具有充分表达自己的利益诉求的权力，同时也承担充分倾听其他利益表达的义务，秉持平等的原则，在相互理解和尊重的基础上进行自我利益与公共利益的不断调适，化解分歧与冲突，最终形成一致行动，“从而在国家和社会之间稳妥地矫正政府的行动与公民的意愿和选择之间的矛盾。”也正是在这样的过程中，社会公众才能深刻理解民主的意义，体认积极的民主参与对于社会、组织和个体的重要与必要；才能准确认知参与过程中所拥有的权力和应履行的义务，并使参与的能力得到渐进的积累和提升。

2. 协同治理有助于政府职能转换的推进和服务型政府的达成

政府职能通常也被称为政府行政职能，是国家行政机构依据相应的法律法规对国家和社会公共事务进行管理时应承担的职责和所具有的功能。政府职能反映公共行政的基本内容和活动方向，是公共行政的本质表现。人类社会自有政府以来，政府职能经历了漫长的时代变迁，在前资本主义时期，政府职能主要在于抵御外来入侵和维护内部秩序两个方面。人类进入资本主义时代，尤其是近几个世纪以来，人们围绕着政府与市场的关系、政府与社会的关系不断进行着争论，与这种争论相伴随的是实践中的西方各国的政府职能像钟摆一样时左时右、时大时小，反复运动。但是每一次的反复又不是简单地回到从前，其职能范围整体上呈现出一种波浪式上升的趋势。综观现代市场经济国家在处理政府与市场、企业和社会的关系的实践，政府除继续担当传统的职能外，集中反映在提供公共物品、调控宏观经济、消除外在效应、维护市场秩序、调节收入分配和整合社会资源等方面。20 世纪 80 年代以来，肇始于西方政府的改革浪潮席卷全球，善治成为主流术语。基于构成善治的基本要素，在本质上要求政府为社会和公众提供更好的服务，构建服务型政府。服务型政府是在公民本位、社会本位理念的指导下，在整个社会民主秩序的框架下，经过法律许可，依据法定程序，按照公民意志组建起来的以为公民服务为宗旨并承担着服务责任、讲究行政绩效的政府。服务型政府是人本政府、民本政府、法治政府、透明政府、责任政府和有限政府的有机统一。服务型政府的服务是完全从人民需要出发，以为人民谋幸福为宗旨的服务；是出于被服务者的要求和愿望的服务；是人民与服务者之间双方交流信息，相互协商，达成一致的一种互动的过程；公众可以在他有所要求时，得到他选择的服务者提供的、他所期望的服务，也可以在他没有要求时，拒绝任何服务者提供的他不希望的服务。随着公民社会的兴起，如何将分散的社会资源进行有效合理的整合以推动公共利益的实现，是当下政府不可推却的责任，也是政府职能的新的亮点。而服务型政府的实质性达成，则无疑需要借助于政府与经济、社会组织和社会公众的多元力量的共同努力。在此过程中，协同治理成为一种优先的选择。

3. 协同治理有助于政府主导的公共物品和公共服务的优质提供

为社会及公众提供公共物品和公共服务是现代政府的基本职能之一。随着政府职能的拓展，政府所要提供的公共物品和公共服务无论是在数量上还是在种类上都十分巨大且繁杂，不仅包括国防、治安、法律法规等纯公共物品，还包括道路、桥梁、教育、社会保障、水电煤气等诸多准公共物品和服务。但由于诸如政府在供给公共物品的过程中缺乏竞争机制、政府机构及官员逐利动机和寻租腐败、监督机制的残缺、公共物品和公共服务评价的困难以及政府自身能力的不足等原因，导致提供过剩公共物品和成本增加的现象，即公共物品和公共服务提供的低效率。协同治理理论在处理社会公共事务过程中政府、经济组织、社会组织和社会公众进行有效合作的主张，则有助于这一问题的解决。在考虑供给公共物品和服务时，政府可以根据公共物品和服务的特征、服务对象的需求和自身的供给能力进行多样化的选择。有的由政府直接提供，如政府可以通过发布命令、直接投资和实行管制等方式做出供给决策，来满足社会的公共需求；有的可以通过成立公共企业来提供，如某些事关公众生活水平和国民经济发展的基础性领域，投资大或利润少，私营经济组织不愿介入，由公共企业经营，实行公共定价，使用者付费和政府补贴；在更多的情形下政府由于自身资源和能力的约束，需要动员社会、经济组织，通过契约外包等倾向于市场化的方式来组织公共物品和服务的生产与供给。在这一过程中，政府与其他参与公共物品和服务供给的社会组织、经济组织形成相互依存的合作关系，政府的任务在于借助协同网络来保证公共产品和服务的供给得以优质实现。

4. 协同治理有助于公共政策的优化和政策效能的实现

公共政策是现代政府处理社会公共事务最主要，也是最重要的工具和途径，贯穿于整个公共管理过程的始终。政府通过公共政策过程进行利益的选择、综合、分配和落实，达到持续不断地维护和增进公共利益的目的。与市场决策相比，公共政策是一个更复杂的过程，存在种种困难、障碍和制约因素，使得政府难于制定并执行好的或合理的公共政策，导致公共政策失效。在公共选择理论看来，公共政策失效是政府失败的最为基本，也是最为显著的表现之一。公共政策失效的原因众多，除了公共决策过程本身的复杂与困难，现有公共决策及其执行的体制和方式的缺陷是其主要原因。尽管在民主国家的公共政策制定过程中政府会预设形式不一的社会公众参与管道，以便尽可能听取并吸纳社会各方的利益诉求，使所制定的公共政策能最大限度地兼顾多方利益并体现公共利益的政策宗旨。但在政策制定的实践中，从政策问题的认定、政策议程的建立到政策方案的选择，政治与社会精英和强势利益团体在其中常常扮演主要角色，左右政策的内容和方向。而精英们和强势利益团体所确定的政策议程未必是社会公众所迫切关心的社会问题，加之自利的固有属性也会使精英和强势利益团体主导下的公共政策极有可能成为少数人得利的工具，沦为坏的公共政策。即使是一项好的公共政策，在执行过程中由于政策认同的严重不足、执行组织的内在缺陷或利益相关者的博弈与冲突等原因使政策效能无法得以实现。协同治理强调政府和社会各方在平等的基础上进行公开充分的对话、交流和协商，形成并维持一种深层次的相互信任和理解，包容异己的观点、主张、思想或诉求，在不同利益相关者之间形成一种动态的平衡。尤其是社会组织的壮大与社会公众参与热情的高涨可以增强弱势群体的政策话语权，保证公共政策能真正体现多数人，特别是弱势群体的偏好和利益。同样，在政策执行过程中的多方协同，则有助于提高政策认同度和政策服从的自觉性，弥补官僚制组织的内在缺陷，缓和并有效化解利益博弈所产生的冲突，提升政策效能。

（四）政府协同治理的困境

协同治理所强化的共同利益为解决依赖单个组织无法解决的社会公共事务提供了可能，对众多国家和地区的治道变革产生了深刻影响，成为推动公共管理民主化、社会化、分权化和竞争化的重要力量。然而协同治理在展现其明显优势的同时，也面临许多困难，为政府带来了一系列新的管理挑战。

1. 目标一致的困难

协同治理达成的重要前提之一在于参与协同各方能形成相对一致的目标选择，这种目标的一致性不仅仅是过程中的一致性，更是最终结果上的一致性。但在政府主导下建立协同治理网络，处理复杂公共事务的成效有时是不明确的，也难以进行测量和评估，其目标的实现可能要花费数年时间，在漫长的目标实现过程中，参与者对初始目标的忽视、懈怠或偏离就难以避免。更为复杂的是，协同治理过程中会将具有不同目标的成员聚合在一起，每个成员通常首先依据自我的目标在协同框架中展开活动，试图将自身的利益最大化，从而在不同参与者之间形成紧张关系。尽管政府可以努力鼓励和引导参与各方将其个人（团体）利益升华为公共利益，但协同框架中的参与各方之间固有的竞争性以及价值观和使命的差异性使得目标一致性的实现变得格外困难。

2. 监督管理的畸形

协同治理是多元参与主体的共同行动，政府作为其中的主导力量，为保证协同治理根本目标的实现和协同过程的有序与有效，需要对其他参与主体进行必要且适当的监督管理。但从既有的协同治理实践看，政府的监督管理常常会呈现畸形。这种畸形的一种情形是在协同治理的过程中为了充分调动参与各方的积极性，营造相对宽松的合作环境，并在参与各方间结成良好的公私伙伴关系，政府常常会放松对参与者的监督和管理，其结果是成本超支、服务失败甚至是丑闻。另一种情形则是政府官员可能会滥用权力，不管是否有效都会干涉参与者执行合作契约的任何一个（哪怕是业已过时或明显滞后）的细节。这种干涉常常表现为政府官员利用权力为参与者设置种种障碍。这两种极端经常会产生混乱的钟摆效应：政府首先疏于有效监管，当问题出现时又反映过度，转而试图对参与各方进行微观管理；或者政府在起始阶段对参与各方进行过度干预和监管，引起参与各方的不满，转而无原则地放

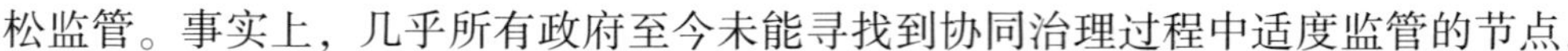

松监管。事实上，几乎所有政府至今未能寻找到协同治理过程中适度监管的节点。

3. 沟通和协调的不畅

一方面，协同治理的有效性需要良好的沟通与协调作为重要保证，当一项任务是由组织内部机构去完成时，组织内的非正式组织沟通渠道会对正式组织的工作量和信息流产生一定的弥补作用。而这些内在的“水冷式”沟通渠道在协同网络中常常受挫，因为协同网络的传播途径和分权形式会产生种种沟通困难。此外，有时政府会对协同参与各方提出不必要的保密约束，这样就会进一步干扰信息的流动。另一方面，如果参与协同的各方各自使用独立又不相兼容的信息沟通系统，就会导致沟通不畅，协同的效果就更加不理想。协同治理一般要在多级政府、社会组织、经济组织和社会公众之间进行协调。每一个参与协同治理的主体都代表一定的群体利益，都有一定的支持者，当所要解决的公共事务的复杂性高而职责又不甚清晰时，协调就变得尤为困难，在协同治理网络中呈现音阶不一、杂乱无章的状态。

4. 劣质标杆与社会惰化

多元主体参与的协同治理过程中标杆的作用十分明显，它会对其他参与者的活动提供参照。优质的标杆会提高参与者的自觉性和积极性，提升协同治理的整体绩效。但在协同治理过程中不可避免地会有劣质标杆的存在，他们的负向功能经由协同网络蔓延、发酵，侵蚀整个协同机体，降解协同的正向效应，破坏协同体的正常运转，成为协同治理目标实现的障碍。同时，由于社会公平感的缺失、责任分散等原因导致协同治理过程中出现社会惰化。所谓社会惰化，是指个人与群体其他成员一起完成某种事情时，或个人活动时有他人在场，往往个人所付出的努力比单独时偏少，不如单干时出力多，个人的活动积极性与效率也会下降。事实上，社会惰化也是自利性的一种表现，在协同治理过程中希望借助其他参与主体的付出，以自我最小的投入获得与其他参与主体相同的回报。

5. 对公共物品的多元提供的质疑和政府合法性的流失

一方面，提供公共物品和服务是现代政府的当然责任，业已成为公理，社会公众普遍认为提供公共物品和服务是且只能是政府的职责，并且强烈要求由他们选举产生的民选官员来组织和控制公共物品和服务。因而有相当多的公众质疑由政府和其他非政府组织共同提供公共物品和服务是否合法和可行。这在一定程度上降低了社会公众对协同治理的信心，削弱了协同治理的合理性和号召力。另一方面，协同治理的实践，使越来越多的政府之外的组织和公众参与到了社会公共事务的处理过程中，它们的作用也日益彰显并不断提升，这就使得社会公众对政府之外的社会、经济组织的认同度日趋高涨，进而将更多的期许和认同投向这些组织。这种“忠诚转移”在一定程度上导致了政府合法性的流失，甚至引发政府的合法性的危机，因为政府权力的前提是“人民的同意”，政府合法性的根本来源是人民的认同，而政府合法性的危机则“是一种直接的认同危机”。

第三节　政府与非政府组织的关系

改革开放以来，随着政府职能转变的推进，我国非政府组织的发展已经初具规模。当前，政府正在加快职能转变的步伐，把不属于政府的职能分离出来，交由非政府组织来承担，这就为非政府组织提供了更大的发展空间，与以前相比，我国非政府组织与政府之间的关系也有了较大改善。

政府与非政府组织间的关系可以被认为是国家与社会关系在公共事务治理层面上的一个缩影。政府作为公共权力的载体，长久以来在公共事务治理领域中扮演着主要角色，而非政府组织则在它诞生后的大部分时间里，一直处于暗淡的“潮起潮落”之中，颠沛于社会的边缘。但“如果说代议制政府是18世纪的伟大社会发明，而官僚政治是19世纪的伟大发明，那么，可以说，那个有组织的私人自愿性活动也即大量的公民社会组织代表了20世纪最伟大的社会创新”。[①]

一、非政府组织的含义与特征

（一）非政府组织的含义

非政府组织最先是联合国成立时提出的一个概念，它主要是指联合国经济和社会理事会根据管理的事务和相关国家、国际非政府组织进行磋商与协调。联合国对于非政府组织的定义是：在地方、国家或国际级别上组织起来的非营利性的、自愿的公民组织。它们提供多种多样的服务并发挥着人道主义作用，将公民关心的问题向政府反映、鼓励和监督政策在社区上的政治参与。[②] 在一定的程度上它们也提供与分析专门知识，充当早期预警机制。然而目前学术界对非政府组织的概念界定并没有达成共识，美国学者莱斯特·萨拉蒙教授认为任何一个组织，如果同时具备了这五种特征，那么它就是非政府组织，即组织性、非政府性、非营利性、志愿性、

① 莱斯特·萨拉蒙，赫尔穆特·安海尔．公民社会部门［M］//何增科．公民社会与第三部门．北京：社会科学文献出版社，2000.

② 杜英歌，刘延平．中国非政府组织面临的立法困境及改革［J］．东北大学学报（社会科学版），2011（1）.

自治性。[1] 清华大学非政府组织研究所的王名教授对非政府组织的定义为：不以营利为目的、主要开展各种志愿性的公益或互益活动的非政府的社会组织。[2] 南开大学李维安教授对非政府组织的定义是：具备法人资格，以公共服务为使命，享有免税优待，不以营利为目的，组织盈余不分配给内部成员，并且具有民间独立性质的相关组织。[3]

综上所述，当前学界关于非政府组织的含义并没有形成一致观点。故而，如果一定要给非政府组织做一个界定的话，那么本书认为它是指那些非政府的、非营利的、自愿组成的致力于公益事业的社会组织。

非政府组织是国家权力与社会权力互动的产物。当代社会，一方面非政府组织越来越增强其自治性、独立性及活动的专业化趋向，另一方面其与国家（政府）及企业（市场）之间的协同配合关系越来越密切，而且其非营利和营利（对非政府组织而言，确切地讲是指有偿服务）之间的界限也渐趋模糊。这些都增强了它的复杂性以及认识和研究它的繁难度。因此，总结非政府组织的特点，对于更加全面、深入的理解非营利组织具有重要意义。

（二）非政府组织的特征

1. 志愿性

非政府组织的组成和成员往往是基于有着共同的志趣、信念和目标的人们之间的联系和结合之上的，并为这些共同的志趣、信念和目标而自觉自愿地开展活动和行为。

2. 自组织性

非政府组织的组织程度一般来说虽然不及政府组织和企业组织那样严密，其活动和行为也相对比较自由，但仍然有其自组织性，而且其组成和成立往往也都要经过一定程序，有自己的活动规则（准则）、行为规范或章程。

3. 独立性

非政府组织是市场失灵和政府失灵的产物，有学者认为它是在市场体制和国家体制之外出现的一项重大的组织创新和制度创新，因此具有不同于企业和政府的组织与制度方面的特征，具有相对于政府和企业的独立性，不易受利益驱动的影响和

---

① 莱斯特·萨拉蒙．非营利部门的兴起［M］//何增科．公民社会与第三部门．北京：社会科学文献出版社，2000.

② 王名．非营利组织管理概论［M］．北京：中国人民大学出版社，2010.

③ 李维安．非营利组织管理学［M］．北京：高等教育出版社，2005.

长官意志的支配，便于解决一些特定的社会问题。而且非政府组织采取的是非等级的、分权的网络式组织体制，其活动范围没有行政区域划分，活动对象和自身一般不具有严格的行政管辖性。非政府组织的这种独立性，有利于使国家与社会之间关系形成良性互动，制约政府权力的滥用及市场机制的无序。

4. 自治性

非政府组织具有平等、自治和自主地开展活动的特点，是在法律法规以及自身的规则和品行约束范围内自立、自助和自主地存在和发展，这就尤其要求其行为的自律性，从而在本组织、本行业内充分地发挥自我监督、自我管理的作用和功能。

5. 公益性

非政府组织活动的宗旨是为社会提供公益性服务，不以营利为目的，主要体现为所从事事业和服务的社会价值或社会效益，所致力于解决的往往是被主流社会组织体制（企业—市场体制和政府—国家体制）所罔顾或所顾不及的一些重大或重要的社会问题。但是我们认为，这并不排除某些非政府组织可以兼具有偿服务性，即一些非政府组织在向社会提供公益服务的前提下，可以收取一定费用，依照政策、法律、法规和价值规律得到合理的报酬，以体现服务的社会需求性并便于自我发展。

6. 专业性或专门性

非政府组织以自己特有的人力、物力、财力和智力（包括专业知识和技能）等条件来为社会或特定领域的人们提供服务，其与服务对象之间的关系，是服务与被服务的关系，而不是管理与被管理的关系，主要凭借这种专业或专门优势来获得社会和民众的支持和信任。

7. 灵活性和适应性

非政府组织的政治性不强，官僚化程度低，在组织结构、体制以及活动方式上有很大的灵活性；便于根据不同地区、领域和人群的条件变化和需要及时做出调整，具有很强的适应性；而且其活动的反应较快，随后所采取的行动也较为迅捷。所以非政府组织承受风险的能力强，可以持续不懈地致力于特定问题的解决，便于去做政府不方便或不好做的事情。所以有人认为非政府组织是实现可持续发展的最富于潜能的新社会工具。

8. 活动和行为方式的人性化和民主性

非政府组织主要通过为社会或特定领域的人们提供公益性服务来获取资源和实现其价值功能，其组织和活动一般是通过民主的和非强制的方式来开展的，这就易于被民众特别是基层民众所接受。而且一些非政府组织（如志愿者组织）的服务对象主要是社会中的弱势群体，诸如穷人、农民、失业者、妇女儿童、老年人、残疾人、难民、少数民族等，以改善他们的生存状况，鼓励和增强他们的政治参与，减少他们所受到的社会歧视。所以非政府组织机制适合于自下而上地开展活动，有利于动员和组织民众的力量，促使民众自觉主动地参与社会发展进程。

9. 客观公正性

正由于上述，非政府组织为社会服务就有利于提供客观真实的信息，并遵循公正、公平、公开的原则，以维护社会各方面的权益。这样，非政府组织便于在政府与企业以及社会公众之间发挥沟通和桥梁作用，如实地反映和传达民情民意及社情，并客观公正地对政府行为和企业效能进行分析评估，既监督政策及其执行，且自身也接受服务对象和有关部门的监督。而且一些非政府组织在谋求社会正义和经济公平，维护社会整体利益乃至全人类共同利益的目标下开展活动，成为一种道义性社会组织力量，就更容易受到人们的信赖。

10. 多重的法律地位和属性

一方面，非政府组织提供社会服务时与服务对象之间是平等主体之间的关系，属于民事法律关系；另一方面，某些非政府组织实施特定监督、管理的职能时与其监督、管理的对象之间以及非政府组织与其内部成员之间，又具有一定的行政管理的性质，因而具有行政法律关系的属性。正因此，适用的法律规则跨部门，既有私法也有公法。在适用私法领域，此时的非政府组织和其他主体完全是平等的，没有强制性的公权力的存在（如会计师事务所为公民、法人、社会组织在提供会计方面的服务时）；在适用公法领域，此时它使监督或管理的对象与之有一定的权力从属性和支配性（如行业协会对其成员或学校对其学生的管理和奖惩）。因此，非政府组织的法律关系所具有的这种复杂性，就必将导致其监督和救济的途径和方式也会各有不同。

二、非政府组织的优势与劣势

作为很活跃的非政府组织（NGO）与政府机构和商业组织相比较而言，既有明显的优越性，也有致命的缺陷。

（一）非政府组织的优势

1. 自由与灵活性

自由与创造性密切联系。非政府组织比政府机关更少受规则、传统、利益及程序的束缚，因此，它们更容易致力于风险投资、难以预测前景的事业和充满风险的项目。如果需要，非政府组织相对于那些由选举产生的政府官员，可以更持久地面对公共舆论的压力，因为政府官员需要更多地得到选区和选民的支持。在寻求各部门之间的合作、调解相关事务等问题上，非政府组织比政府机构更富创造性。许多自由度和灵活性来源于非政府组织的自身性质，即它们是单一事务的组织。它们能够摒弃许多的妥协和折中，集中其所有的资源来达成目标。而一个想连任的政治家在相互竞争的利益中寻求平衡，始终准备妥协和让步。

2. 信任度与合法性

由于许多非政府组织经常倡导或推动公众认为有价值的事务，因此在公众中建立了不错的信任度和良好的口碑。多数情况下，非政府组织具有从商业利益与政府影响的束缚摆脱出来的独立性，并且根据其不错的信任度和良好的口碑，使非政府组织在公众心目中占有很高的地位。公众更期待从独立的非政府组织而不是政府机构或商业企业获得关于一些有争议题（从违反人权到环境污染）的公正信息。在指导和监督方面，拥有专业的权威性和良好的道德感的非政府组织也较有优势。不可否认，公众对于非政府组织的这种信任度是很脆弱和敏感的，赢得一个好名声需要非政府组织若干年的不懈努力，而一个失误就能使其功亏一篑。

3. 独特的“草根”经历

在发达的工业国家中，拥有“草根经历”的非政府组织是政府机构和商业部门不可多得的合作伙伴。由于这类非政府组织拥有双方的信任，所以它可以在当地社区和投资方之间起到桥梁的作用。非政府组织建立一个发展和辅助的机制，它在事情进展的过程中起着良好的反馈作用。拥有当地基础的非政府组织可以动用那些对发展有用的当地资源。

4. 机动性与便捷性

凭借便利的信息渠道，以及高速储存、管理和传播信息的能力，非政府组织已经获得了明显的和巨大的公众舆论力量。信息技术与非政府组织网络沟通的方式之间已经实现了完美的对接。随着新科技的发展，虚拟社区的出现跨越了地理、政治和文化的边界，并且围绕着利益和需要应运而生。全球的人们都可以迅速地就他们所关注的话题展开讨论。机动性和便捷性使非政府组织在公共政治领域中取得一隅。

然而，那些有利于加强非政府组织力量的优势也可以成为非政府组织的弱势。一方面，自由、流动与快捷可以使它们的日常运作日益简洁、高效；但另一方面，它们也引发了非政府组织关于责任、赞助、义务和支持的合法性问题。

（二）非政府组织的缺陷方面

1. 肤浅的“为民”理念

确定使命与义务是非政府组织所有善治的奠基石。非政府组织要致力于公共政策的商议，就必须明确以下两点：真正的使命和需要负责的对象。通常，与政治家和政党不同，非政府组织总是高举“代表人民”的大旗。这种笼统的口号，不仅是虚假的、令人误解的，而且也破坏了非政府组织的信任度和严肃性。另外，这些提法暗示着政治家和政府官员不能代表人民，从而使非政府组织从整体形象上就会大打折扣。尽管一些政府官员的腐败与不道德行为有所耳闻，但这种笼统的口号仍是缺乏真实性和有失公正。与政府官员不同，非政府组织不对人民负责，这限制了它们的使命，它们不能为所有的人们要求权利。所以，我们需要非政府组织，不是因为它们“代表人民”，而是因为通过它们，我们可以把事情做得更好、更快。

2. 拥有的局限性

多数非政府组织的内动力和关注点都很单一，通常情况下只是一种强烈的情感动机驱使着人们行动。个人承诺和情感动机是非政府组织行动的最重要的来源。来自于理想或目标的激情和力量，能对每一个公民的行为产生程度不同的影响。多数情况下，单一的激情导致狭隘的视野，从而阻碍非政府组织的长期发展。单一标准模式的非政府组织衡量事物的标准是看其是否影响它们的个别利益。

3. 缺乏负责的对象

政府官员应该对他们的人民负责，商业领袖应该对他们的股东负责，但是，由于非政府组织及与其一起工作的职员、合伙人、成员、投资者和团体之间的关系松散，界定困难，所以很难区分非政府组织要负责的对象。因此，与非政府组织成员对其组织行为的影响相比，选民与股东对政府和商业组织的行为有更多的支配与制约能力。责任的不同性质反映了政府、商业组织和非政府组织的不同角色和功能。非政府组织填补这种天然的“责任鸿沟”的最好方法，就是通过完全透明和较高水平的责任履行来赢得公众的信任。

4. 脆弱的激励机制

非政府组织需要有组织的凝聚力和对工作人员的吸引力，在组织内部应设立对工作人员的激励机制。在一些国家，非政府组织工作人员的社会地位较低，他们大多是以志愿者的身份参与非政府组织的活动，对那些领取工薪的工作人员来说，同在政府或企业中工作的人们相比他们的个人收益也较少。能够对组织工作人员形成激励，吸引人们参与非政府组织工作的因素通常不是个人的收入，而是能够获得良好的工作经历，能得到做事的机会，以及为弱势社会群体服务的奉献精神等。然而，从组织的角度看，对非政府组织工作人员的工薪、地位、提升和工作条件以及培训的机会等都是要重视的，这些都是增强组织吸引力的重要因素。在一些非政府组织中，其人员的组成上存在不少问题。许多领取薪金的雇员的工作目的主要是就业的考虑而不是组织的使命。在工作人员征募上，存在着人情关系、裙带关系。许多工作人员都是同非政府组织的领导者有某种类型的个人关系，如家庭的、种族的或宗教的关系。这种状况易造成非政府组织内部的人事纠纷，也不利于非政府组织充分发挥组织的能力以实现其使命。

三、非政府组织在公共管理中的意义

20 世纪 70 年代以来，非政府组织日益广泛地参与国际事务，它们在联合国体系内外的作用和影响不断增大，在各个领域里也得到了不同程度的承认。

1997 年 9 月初，联合国秘书长安南在向第 52 届联合国大会提交的工作报告中，列举和阐述了影响当前全球发展的八大因素，其中的第五大因素即是：跨国性的民间社会组织的迅速发展，非政府组织的作用越来越大。在其之前的四大因素依次是：冷战结束后全球政治经济格局的重组；世界经济的全球化；信息技术革命；生态环境的保护。非政府组织在国际事务中所发挥的作用和影响是多方面的，主要体现在：

（一）从事咨询和信息活动

联合国吸收非政府组织参与其活动并建立起制度性的联系机制时，首先考虑的是发挥非政府组织在咨询和信息处理方面的作用。像经社理事会和公共信息部对非政府组织参与所做的安排，也是着眼于既能发挥非政府组织的咨询与信息处理的作用，又能限制它们在其他方面的影响。在联合国的会议场所，特别是会议的准备过程中，各国政府可以从非政府组织那里，得到有关特定专业领域的、技术的、法律的以及政治等方面的专门知识。

（二）对政府和政府间国际组织的行为进行监督

非政府组织可以对政府间国际组织的条约、承诺、计划和项目的落实进行监督，还可以通过促进各政府间国际机构所通过的决议和条约的实施，促使各国政府遵守其在国际上所做承诺，积极地行使监督职能。

（三）参与执行国际组织的项目，协助政府间国际组织提供特定的产品与服务

近十多年来，联合国各机构一直在鼓励非政府组织参与各发展项目的实施。联合国体系通过分包合同等方式，将操作性的责任转移到非政府组织身上，非政府组织通过缔结协议和签订合同的方式承担提供特定产品和服务的工作。

（四）影响政府间国际组织的决策过程

二战以后至今，在全球发展决策过程中起决定性作用的，一直是政府间国际组织，特别是联合国体系内的各组织。以往，非政府组织在联合国体系中的主要作用是促进决议和条约的实施。而近十多年来，非政府组织不再仅满足于在联合国体系

中提供信息和服务，而是试图对决策过程施加影响。它们积极争取参与决策的制定，对国际决策过程产生着越来越大的影响。进入 20 世纪 90 年代后，联合国体系在确立议程、制定政策以及执行政策等方面越来越多地吸收非政府组织参与。

（五）在不同的利益冲突角色之间促成协调和妥协

在许多国际事务中，当事各国政府往往由于经济的、政治的、文化的以及意识形态等方面的原因而争执不下，互不相让，有时甚至兵戎相见。在这样的场合，非政府组织可以利用其民间的身份，在当事国政府之间进行斡旋，缓和紧张气氛，促进相互沟通与理解，打破僵局，推动问题的解决。

总起来说，联合国体系与非政府组织两方面相互吸引、相互支持，已形成了较密切的合作关系。从联合国方面看，它试图通过与非政府组织的合作去实现其在各个领域里的目标。非政府组织则通过联合国体系争取有较多的发言权，力求对国际上的重大决策有较大的影响力，同时谋求从联合国体系中获得尽可能多的资助。但是，总体来看，非政府组织仍处于现存国际体制的边缘，对重大决策的影响是有限的。

在可以预见的将来，政府仍将是全球治理体制的主要角色。尽管如此，非政府组织的兴起打破了长期以来一直由政府独占国际治理领域的局面。为了使全球发展和全球治理体制的变革能够朝着健康的方向演变，有必要重视对非政府组织及其在全球治理体制中所引发的各种关系的研究。

进入 20 世纪 90 年代以来，发展中国家从事多项管理与发展的非政府组织相当活跃，据估计，20 世纪 80 年代初，发展中国家在非政府组织服务的人数约有 1 亿人，其中 6000 万在亚洲，2500 万在拉丁美洲，1200 万在非洲。而 1993 年据联合国开发计划署在《人文发展报告》中估计，20 世纪 90 年代初发展中国家非政府机构服务的对象已达到 2. 5 亿人。

四、中国社会组织发展现状、问题及对策

“社会组织”有三个层次的含义：第一层含义指最广泛意义上的社会组织，按管理学的解释，凡是由人构成的组织都属于社会组织，这是从人类组织区别于生物学意义上的组织和动物的自组织而言的；第二层含义是基于国家、社会和市场三个领域相区别的角度而言的，可分为政府组织、营利组织、社会组织三类，它们分别是政治领域、经济领域和社会领域的主要组织形式；第三层含义指狭义的社会组织，也即党的十七大报告中所讲的社会组织，主要指社会团体、非企业单位和基金会等存在于社会领域的组织形式，它是第二层次社会组织的一部分，是一个有中国特色

的概念。本课题所讲的社会组织指的是第三层次的，也即狭义的社会组织。

第三层次（狭义的）社会组织与西方话语系统中的非政府组织、非营利组织、第三部门、慈善组织相类似，但也有不同。在国外，非政府组织、非营利组织、第三部门、慈善组织等概念在使用上与第二层次社会组织的含义和性质相似，其特点可概括为非政府性、非营利性、独立性、志愿性等。不同之处在于狭义的社会组织是我国在社会转型期所呈现的独特的组织现象，仅指在体制设计方面独立于政府之外的新兴社会组织，而很多发挥类似于西方非政府组织或第二层次社会组织作用的组织并不属于狭义社会组织的研究范畴。比如在我国大量存在并独具特色的事业单位（部分），虽然从本质上讲应该属于第二层次社会组织的范畴，但并不是我国狭义社会组织的研究对象；狭义的社会组织中“官办”的社会组织与事业单位在本质上有着很多共性特征，这也明显不同于西方所讲的非政府组织或慈善组织。[①]

（一）中国社会组织发展现状

在中国，随着改革开放以来政策环境逐渐宽松，国际化水平不断提高，原来的“全能国家”体制被打破，社会多元力量不断生成并开始推动经济社会的发展。在这样的大背景下，中国社会组织不断涌现。尤其是 90 年代以来，在建立社会主义市场经济体制的影响下，社会组织大量涌现。1998 年新修订的《社团登记管理条例》实施以后，民政部门对社会组织进行了一次大规模的清理整顿工作，到 1998 年底，全国社会团体数量由 1996 年前的 20 万个减至 16. 5 万个。这次整顿虽然使社会组织的数量减少，但是也提高了社会组织的质量，一些宗旨类似的组织在合并后实力也得到提高。有数据显示，截至 2006 年底，在民政部门登记的社会组织共有 28. 94 万个。其中，社会团体 15. 3 万个（中央级社团 1673 个，省级社团 20563 个）；民办非企业单位 13. 5 万个（中央级单位 24 个，省级单位 4868 个）；基金会 892 个（中央级基金会 84 个）。这些社会组织的活动范围也越来越广，包括教育、卫生、扶贫、帮助弱势群体（农民工、妇女儿童等）等各个领域。伴随着“政社分开”以及社会组织登记备案制度改革，社会组织得到飞速发展，根据民政部统计数据显示，截止到 2016 年底，全国共有社会组织 70. 2 万个，其中最多的是民办非企业单位，有 36. 1 万个，但增速最快的是基金会，共 5559 个，比上年增长 16. 2%。

（二）中国社会组织发展存在的问题

可以说，社会组织取得如此发展，与自身的努力有极大的关系，但是相关部门

---

① 白景坤. 我国社会组织管理体制改革的目标与路径探析［J］. 理论探讨，2010（2）.

的支持也是一个重要原因。此外，社会力量的重视也是社会组织发展的重要原因，甚至可以说这是社会组织发展的根本原因。一方面，社会公众的认识程度提高，这就为社会组织开展活动提供了良好的社会环境，只有民众的支持才能使社会组织真正开展切实有效的活动；另一方面，社会公众的支持，为社会组织募集资金和招收志愿者提供了方便。但是，当前中国社会组织发展仍旧面临以下几个方面的问题：

1. 目标错位、政社不分

社会组织出现的最初动因是服务社会，促进经济健康发展。它是政府和企业之间的桥梁，是公民社会的主要组织网络形式，它的基本目标是让广大公民有效参与社会事务。然而我国社会组织在这方面的定位是错位的。这种错位主要表现为：

第一，在政府职能转变过程中，重塑政府与社会关系的进程相对滞后，在许多社会公共领域中，依然是政府一元独大，压缩了社会组织的发展空间，社会组织只能在有限乃至次要领域中开展活动，所发挥的作用有限，社会关注较少，进而限制了社会组织能力的发挥。

第二，随着政府管理改革的推进，确实有部分职能从政府向社会转移。但是，承接这些职能的大多数社会组织是由政府的职能部门转变过来的，或者是由政府机构直接建立的。因此，尽管部门性质有所变化，但诸如管理体制、运作方式等基本方面都维持原样，使其表现为与政府部门的明显趋同性。

可见，目标错位、政社不分的存在，一方面使社会组织的发展空间受到限制，另一方面使社会组织应有的性质出现了变化，导致转型期的我国社会组织具有政府性的显著特征，而作为社会组织基本特征的民间性则表现得不够充分。

2. 法规不健全、可操作性差

这个问题涉及对我国当前社会组织法律制度框架的总体评价问题。一方面，尽管我国政府在积极建立有关社会组织登记管理方面有较为完整的法律制度框架，但是还未达到预期的效果。目前我国还没有专门的、全面的、严谨的有关于社会组织管理方面的法律。只有国务院出台的《社会团体登记管理条例》《民办非企业单位登记管理暂行条例》，民政部出台的一些暂行办法、规定等，以及民政部与其他部门联合下发的规范性文件等，总体上层次不高，数量少，不配套，可操作性不强。另一方面，社会组织与政府界限的不明确，又导致了它们之间及其内部发生了纠纷不知如何去维护合法的权益，形成了法律的空白地带，进一步地凸显了法规不健全、可操作性差，极大地影响了中国社会组织的健康运行，也使其在处理纠纷时缺乏相关法律的有效保护，引发了矛盾的升级，让社会对其处理问题能力产生信任危机。

3. 人力资源管理与开发不足

任何社会组织的正常运行都需要一定数量和质量的人力资源作为保障，从这个意义上说，人力资源是社会组织最为宝贵的资源。社会组织的特性决定了其员工的工作是为了共同的社会理想和信念，而不是个人的经济利益。社会组织的这一最大优势，同时也成了最大的弱点。经济待遇有限，社会组织对优秀人才的吸引力不足，这使得社会组织缺少固定的人才渠道，现有的工作人员文化程度相对偏低，年龄结构不合理，缺少相关工作经验，组织管理水平跟不上时代的发展。人才的匮乏，管理水平的低下，既严重地制约了社会组织的活动能力，削弱了其社会影响力；又直接影响到社会组织对人才的吸引力。由此形成的恶性循环严重影响了社会组织的可持续发展能力。

4. 社会组织人员大多来源于原政府机构，缺乏相关的经验和知识

我国有相当多一部分社会组织是通过获取自上而下的资源建立和发展起来的，它们或者由各级党政机构直接创办，或者本身就是从党政机构转变过来的，或者由原党政官员和与党政关系密切的人士所创办。这些组织，不仅其主要资源来源于党政机关，且在观念上、组织上、职能上、活动方式上、管理体制上等各个方面，都严重依赖于政府，甚至依然作为政府的附属机构在发挥作用，被人们称为“第二政府”或“准政府”。其工作人员还保留有原有的官僚习气，既不了解社会组织的管理技能，也缺乏社会组织的创新性、灵活性，缺乏解决社会问题、满足社会要求的经验与手段。

5. 结构不合理，发展不平衡

一方面结构布局不合理，如行业协会结构不够合理。布局不科学，存在以下几个方面的问题：行业覆盖面过大、分类不科学、行业特点不明确、不符合产业升级的要求、重复设置、对新兴行业组织忽视；从地区发展的角度来看，其发展不平衡。社会组织存在和发挥作用的地区主要是大中城市和沿海经济发达区，而在内陆和经济欠发达的地区则明显不足。如社会组织在那些政策相对宽松，易于得到资源而进入门槛较低的领域已经得到快速发展，但对那些存在大量社会问题、迫切需要公民参与的领域，包括一些重要的公共领域，如失业与就业、社会保障、劳工权益保护等部门，都因种种原因极少有社会组织进入。

（三）促进中国社会组织发展的对策建议

1. 推进改革，实现政社分开，拓展社会组织的发展空间

对社会组织的发展来讲，处理好与政府之间的关系非常重要。然而，如前所述，

政社不分使大量社会组织具有“官民二重性”的特点，政府选择相对于社会选择明显占优势，同时双重管理体制的存在，以及对政府资金的严重依赖，使我国社会组织更多地扮演着政府部门延伸机构的角色。因此，发展社会组织，就必须进一步深化政府改革，真正实现政社分开，还社会组织以应有的性质，创造政府与社会的良性互动关系，拓宽社会组织的发展空间，提高其独立性与自主性。推进政府改革，真正实现政社分开，是我国社会组织能够发展的先决条件。随着市场化改革的深入，我国政府职能进行了重大转变，在政府与社会的关系上，越来越注重社会的自主管理，如城市中的社区建设等。但是，政府的越位现象依然大量存在，这就影响了社会的自我管理，限制了社会组织的发展，也加大了政府管理的成本。同时由于政府对某些问题不恰当的介入，也削弱了政府的形象。政府应进一步转变职能，把一部分职能转移给社会，实现职能互补，这是政府管理改革的一个方向，也是关系到社会组织能否获得发展空间的关键。所以，以实现政社分开为目的的政府管理改革必须进一步推进。

2. 制定和完善有关社会组织的法律和法规，对社会组织依法进行管理

市场经济是法治经济，我们必须大力推进依法治国、建设社会主义法治国家的进程。这就要求对社会组织的管理体现依法管理的理念，从而实现对社会组织依法进行规范和引导。社会组织的成立必须符合法律规定的条件，履行必要的程序，这是其得到国家认可、取得合法性的前提条件。政府在加大执法力度的同时，要随着依法治国、建设社会主义法治国家的发展进程，根据现阶段社会组织的实际情况，逐步制定和形成配套的、不同层次的法律法规体系，明确社会组织成立的必备条件、登记管理的机关及必经程序；用法律形式明确社会组织的性质、宗旨、地位、组织形式、经费来源、权利、义务等，使社会组织及其运作合法化、规范化。政府通过对社会组织依法规范、引导和监督，可以彻底扭转把社会组织当作行政机关或事业单位来管理的传统做法，使社会组织的运行和管理尽快走上法治化轨道，使社会组织的日常活动有法可依、有章可循。需要注意的是，在立法中不仅要规范对社会组织的管理和监督，还应更多地体现对社会组织社会自治能力的培育，反映其代表的利益关系。总之，政府需要通过加强和完善立法，建立健全有中国特色的社会组织的管理模式。

3. 完善社会组织的治理结构和自律机制，加强制度建设

我国社会组织能力较弱，其中，固然受到外在因素的影响，但是，与自身问题的关系更为密切。因此，加强社会组织能力建设，重要的一个方面就是完善各种机制。一是要完善治理结构。我国的官方社会组织虽然有理事会等治理结构，但相当

多一部分组织的理事会并不起作用，组织的重大决策基本上是由少数领导人决定；而极少数“草根组织”由于各种原因，更是由个别领导人独断专行，缺乏责任机制，这是目前一些社会组织决策失误、贪污腐败、缺乏社会信度、难以筹集资金的主要原因之一。因此，我国的社会组织要发展，必须完善治理结构，同时应该建立责任机制。按照现代组织的结构模式完善治理结构，形成科学规范的决策和执行机制，为积极有效参与社会问题的解决提供制度保障。二是要完善自律机制。社会组织的健康发展不仅需要一个良好的法律政策环境，也需要具备良好的自律机制，只有这样，才能规范其发展，真正促进其能力的提高。这是社会组织发展所必不可少的组织内部及行业内部的先决条件。加强社会组织的自律机制，要求政府通过制定一系列法规政策来有意识地培育和提高社会组织的自主能力，推动社会组织逐步走上以自主和自立为基础的良性循环的自律轨道。

4. 对社会组织要进行科学规划，保证其平衡发展

一定的事物产生发展须依托于一定的社会环境，社会组织的形成和发展与经济和社会发展紧密相关。因此，无论是对于全国，还是对于一个地区，政府有关部门对社会组织都应进行科学合理的总体规划，避免跟风、一哄而上。政府主管部门应在充分调查研究的基础上总体规划，依法对社会组织进行登记和管理；要完善社会组织工作人员的职业培训机制，制定组织细则，保证其内部组织的健康与活力；要加强社会组织人员的职业道德教育，强化行业道德意识，并通过制定规范细化职业道德标准，进而对从业人员实行有效的道德约束和管理，防止腐败及各种不正之风。另外，政府要对现有的社会组织进行优化与改造，淘汰一些与社会脱节的组织，取缔与社会发展、国情民意背道而驰的社会组织，并且要重点扶持一批有利于社会发展、紧跟时代发展潮流、与政府职能转变关系密切的社会组织，尽快填补我国社会组织体系的空白，形成结构合理、功能健全、体系完整的社会组织体系。

第四节　新时代政府与公民的关系

一、新时代公民的权利

党的十九大报告明确提出：“中国特色社会主义进入新时代，我国社会主要矛盾已经转化为人民日益增长的美好生活需要和不平衡不充分的发展之间的矛盾。”这个判断至关重要，也事关全局，是中国特色社会主义进入新时代的标志，并对党

和国家工作提出了很多新要求。

与以往较长时期内“人民日益增长的物质文化需要同落后的社会生产之间的矛盾”的表述相比，十九大报告用“美好生活”取代“物质文化”。这既表现为人民需求数量和质量不断增长、层次不断升级，也表现为需求范围不断拓展、结构不断多样。更为关键的是，需求属性已经并将持续发生深刻变化，即从私人需求向公共需求的转变，即“在民主、法治、公平、正义、安全、环境等方面的要求日益增长”。根据公共物品非排他性、非竞争性两大特征，这些需求无疑属于公共需求，民主包含其中，并处于首要位置。究其原因在于，现代国家治理必然包含有民主的价值、结构与过程，而公平、正义、安全、环境等其他需求离开民主法治难以充分实现并得到保障。这也是我们推进公共服务型政府建设和深化以职能为导向的党和国家机构改革的深层原因。

二、公民参与公共管理的意义

近年来，随着国家治理体系的不断完善与治理能力的不断提高，公民参与也更多地走进了大众的视野当中，公民参与既是公民权利的体现，也能够拉近管理部门和民众之间的距离，提升政策沟通效率，提高政府的公信力。同时，也能够推动我国民主政治的发展。

（一）公民参与可以使公共政策更加民主和高效

在政府进行公共治理的过程中，积极的公民参与可以使决策者制定的公共政策更符合公民的现实政策偏好，可以使公民成为政府的体贴评估者，可以使政府获得更高的民众支持率，从而最终有利于建设一个存在更少分歧和更少斗争的易于管理和规制的和谐社会。而符合公民偏好的政策在执行过程中，公众则会表现出积极的合作态度，这样就降低了贯彻执行的成本，减少了民众对政府的愤懑情绪，从某种程度上来讲，积极良好的公民参与分散了政府改革的压力。

（二）公民参与能有效防止权力的异化，遏制腐败

由于我国实行的是“自上而下”的改革方式，正处于社会转型的特殊时期，因为利益驱动而使一部分人运用不平等竞争或权力寻租等方式获取私人利益，从而造成社会不同群体之间利益上的矛盾和冲突日益加剧。在这种情况下，要根治腐败需动员整个社会的力量，用宪法和法律赋予公民的各项权利对国家权力进行监督和制约，用社会的内生机制对腐败形成有效制约，进而有效防止权力的异化，达到遏制腐败的功效。高效的公民参与意识，是一个国家民主政治发展的重要因素，也能在最大层面上制约权力，遏制腐败。

（三）积极的公民参与有助于形成良好的政治文化氛围，规范着政治制度的价值导向

社会组织有别于以政治力为核心的政府机关以及追求私人利益为主轴的市场，它重点强调追求公共性与道德性的社会生活领域与价值规范，以非营利组织为主体的社会组织充分展现其公共性与公众参与的特征，试图通过扭转市场过度重视个人私利的价值观建立社会责任感与公民义务感。公民参与是一种公平、公正、正义的价值观，这种公民的权利意识的觉醒、公民有效的政治参与能有效引导市场经济本身在最大限度追求利润的同时，更注重公平、公正竞争，这种经济上的价值追求决定了政治制度中的价值导向，具体表现为民主政治制度的建立和完善是在充分尊重人的价值和意义的理解基础之上，是一种为保护人的自由、平等、人权和尊严的政治设计，直接推动民主政治的进程。相应地，政治制度的价值导向反过来也进一步强化着经济领域内的价值追求方向，这样就形成市场、政府、社会三者之间的良性互动。

三、新时代公民参与公共管理的对策

要充分发挥公众参与在公共管理中的作用，必须健全民主制度体系、大力培育公众参与意识，鼓励公众参与立法，架设公众参与公共事务的桥梁和提高公众参与公共事务的成本收益率。

（一）健全民主制度体系

首先，“系统完备”主要指民主制度要素的全面性，这要求依循党的领导、人民当家作主、依法治国的有机统一这样的基本框架，建立完善一些新的制度，激活既有的民主制度机制，避免制度闲置、“空转”。其次是“科学规范”，主要指民主制度的结构科学性，体系化的民主制度应当包括作为根本和基本政治制度的人民代表大会制度、共产党领导的多党合作和政治协商制度、基层民主制度等，选举制度、决策制度、信息公开制度等具体制度，也包括支撑这些民主制度运行的体制机制、程序政策，还包括一些技术策略，如选举和决策中的秘密投票。只有这些层面的制度要素能够很好贯通与衔接，才算得上科学规范，也才能形成有效的可持续政治参与实践，保障人民的各项民主权利。最后是“运行有效”，主要指民主制度要能够有效运行起来，并发挥保障人民当家作主的功效，必须遵循制度运行的“闭环原理”，也就是习近平总书记曾强调的：“制度建设要可执行、可监督、可检查、可追究、可问责。”这其中，每个环节都不可缺少，不能有漏洞，都要有刚性约束力，要杜绝“破窗效应”，否则制度就会成为“稻草人”，权

力就可能任性。

（二）培育公众的参与意识

首先要让公众知道自己有权参与公共事务，这是在合法地履行自己的参与性权利。在传统计划经济体制下，公众基本不参与公共事务，即使在响应党和政府的号召参与特定公益性活动时，往往也认为自己是在尽义务而不是在履行权利，因此，我国公众普遍缺乏公众参与意识，大都不能主动参与公共事务。为了适应构建和谐社会的需要，可以倡导公众参与文化，增强公众参与意识，让每一个人都认识到参与公共事务既是自己的义务，更是自己的权利，使公众把参与公共事务当成为一种习惯。总体而言，公众参与公共事务侧重于履行权利，例如公众有权要求政府维护公共安全、支持基础教育、保障充分就业、完善基础设施和提供社会保障，有权检举破坏环境的单位和个人。但与此同时，公众参与公共事务也往往表现为履行义务，例如公众有义务保护环境卫生。培育公众参与意识，不仅要提高公众的权利意识，也要增强公众的义务观念。

（三）鼓励公众参与立法

依法治国、依法行政的大背景下，公众可以通过参与立法来促进那些有利于维护公众利益和保障公众对社会公共事务的参与权的法律条文出台。立法过程实际上是对权力资源和权利资源进行制度化配置的过程。在这个过程中，只有各个利益主体都有机会充分参与博弈，才能制定出平衡各方利益的法律。只有立法民主化，允许公众参与立法过程，才有可能避免制定出来的法律过度保护起草人的利益而忽视公众的利益。2000 年开始施行的《中华人民共和国立法法》赋予了公众参与立法的部分权利，确立了立法工作由封闭立法向开门立法转型的方向。立法不再是立法机关内部的事情，包括国家机关、社会团体、企事业组织、专家、公民在内的广义上的公众都可以在一定程度上参与立法活动。

从全国层面来看，公民作为一般意义上的公众，可以参与的立法范围仍然比较有限，主要是参与行政法规而非法律案的起草过程。从地方层面来看，自《中华人民共和国立法法》颁布实施以来，公众参与地方立法取得了比较明显的进展，立法论证会、听证会等公众参与地方立法的形式已经开始被广泛采用。在立法实践中，公众参与立法的渠道比较多，可以参加征求意见的讨论，可以向立法机关提交立法建议，可以在媒体公开发表意见，也可以向人大代表提出建议。

可从以下诸方面着手健全参与体制：1. 加强相关立法。尽快制定《行政程序法》《行政公开法》《新闻法》《人权法》与相关法律。保障人民的知情权、参与权、表述权和监督权。2. 健全的公民参与制度，要进一步完善、细化和落实选举制度、听证制度、信息公开制度、公民参与立法制度以及公职人员的评议制度、陪审制度、参与化解纠纷的制度、社区校正制度、公民批评建议制度等已有具体制度。同时，还要积极探索公民参与的切实有效的制度，不断进行制度创新。3. 规范公民参与程序，并完善法律责任和救济措施。法律程序是指人们进行法律行为所必须遵循的法定方式、步骤、形式以及各步骤的时限及其相互间的顺序。在当今世界，法律程序的参与程序，依照既定程序的参与可以形成比较明确的预期成果，这样，社会公众事先就能判断出参与的大致结果。政府应通过制定必须的规定和办法，使公民参与有章可循。例如，在公共政策制定过程中，每次会议均应提前公布内容和要求，使参与代表有时间进行信息收集和调查研究。

（四）架设公众参与公共事务的桥梁

民间组织（NGO）是公众参与公共事务的重要桥梁和纽带。20 世纪 90 年代末以来，我国民办非企业单位从无到有，逐年增加。截至 2007 年底，全国登记注册的民间组织共有 38. 7 万个，考虑到 2007 年末全国总人口为 13219 万人，我国每十万人口约拥有 29. 29 个民间组织。相比之下，西方发达国家的社团密度远远高于我国。例如，德国每十万人口的社团数量已从 1960 年的 160 个增加到 1990 年的 475 个，瑞典则创建了一个每十万人口就有 2300 个社团的稠密的社会网络。总体来看，包括那些获准登记成立的民间组织在内，我国民间组织大都处于边缘化的生存状态。要充分发挥民间组织桥梁和纽带作用，民间组织就要从边缘进入主流，这一方面需要政府的支持。另一方面，民间组织也要加强自身的能力建设和诚信建设，通过提升自身的社会公信力来获得公众的认可和支持。

（五）提高公众参与公共事务的成本收益率

虽然有一部分理想化的公众在参与公共事务时只重参与、不重结果，也不太考虑个人的利害得失，但大多数公众在参与公共事务时都符合理性人的假设，在决定是否参与、如何参与和参与到什么程度之前，他们往往要对参与行为进行成本收益分析，良好的成本收益率能有效地激励他们保持持续的参与热情。一般来说，公众参与公共事务所期待获得的收益往往不仅是直接的物质利益，还包括了精神和心理方面的满足感。要提高公众参与公共事务的成本收益率，公共权力部门不但不能出于维护自身利益的考虑而对公众的参与行为横加干涉，还必须设身处地为公众着想，切实解决公众在参与过程中碰到的难题和不便之处，并对公众表达的意愿和要求予以积极回应。

第五节　政府与媒体的关系

现代社会的发展，人类活动方式、范围的变化，决定了媒体在公共政策传播中的地位和作用。特别是在信息化时代，新闻媒体不仅是人们了解社会的窗口，同时也是人们发表意见、参与公共事务的途径。新闻媒体通过报道、评论、讨论等传播手段，在公众中形成某种特定的传播效果，对人们的价值观、兴趣爱好以至生活习惯等都会产生潜移默化的影响，对公共事件、公共政策的走向产生影响。新闻媒体在公共事务中的特殊作用和地位决定了它应该成为公共管理中的一个重要组成部分。在我国各地陆续建立的公共突发事件应急办法中，新闻媒体已经列于其中，其重要性也日益为人们所认识。

一、媒体在公共管理中的作用

大众传媒与公共事务的管理部门在维护公众利益、推动社会发展这一价值取向上的契合之处以及大众传媒的传播活动与公共事务管理部门的管理活动在信息传播机制、社会整合机制方面存在的互补现象，是两者发生内在联系的关键点，而二者之间的内在关联正是传媒因素能够对公共事务的管理活动产生影响的根本动因。大众传媒自身的功能特点以及它与公共事务管理的内在联系，不仅是传媒因素能够对公共事务的管理活动产生影响的根本动因，也决定和影响着传媒在公共事务管理中作用的发挥。

（一）预警作用

对公共事务的管理而言，大众传媒的预警作用通常体现在对社会生活中出现的异常情况，特别是对涉及公众的生命、财产、安危的紧急突发情况，做出快速反应和及时报道，以引起公众的警惕或帮助人们了解突发事件和真实情况，以便采取相应的对策。2003 年 SARS 危机之后，我国传媒对此次危机中主流媒体长时间的集体失语失真，造成传媒预警作用的彻底失灵，对疫情的扩散蔓延产生了直接影响的后果进行了深刻反思，在突发事件包括危机事件的报道方面进行了重大改革，做到了信息发布的及时、真实和公开。典型的是 2008 年春夏之交我国主流媒体对震惊世界的“5·12”汶川地震所做的连续 32 天的现场直播报道。

事实表明，信息的及时、真实和公开，是任何负有社会责任的大众传媒所应该保有的信仰与原则，及时、真实和公开地报道新闻，可以成为社会抵御突发性社会恐慌的预前反应，并且，从效率的角度看，这样的预前反应是成本最小的控制措施。正如一位学者所言：如果一个社会的真实情况，尤其是关涉公众利益，特别是公众的切身利益的负面真实情况被隐瞒住，那么这个社会就会很危险，整个国家就仿佛被放在火山口上。任何社会都不可能避免天灾人祸，但是却有可能依靠媒体迅捷的信息传播所产生的预警作用减少灾难带来的损失。向社会提供真实可靠的公共信息是政府和媒体共同的社会责任。为此，政府在公共事务的管理过程中，一方面应充分尊重公民的知情权，增加公共信息传播的透明度，畅通信息传播渠道；另一方面，应充分认识大众传媒在危机管理中的预警作用，及时发现危机存在的前兆，及早采取预前措施，尽量把突发事件造成的不利影响减少到最低限度。

（二）议程设置作用

议程设置理论是在李普曼的“拟态环境”以及拉斯韦尔关于大众传播的“环境监视功能”概念的基础上，通过实证研究提出的一个理论假说。该理论认为大众传播具有一种设定社会公共事务“议事日程”的功能，新闻传媒的新闻报道和信息传播活动以赋予各种“议题”不同程度的显著性的方式，影响着人们对周围世界“大事”及其重要性的判断。新闻传媒选择或突出报道的某些内容会受到受众特别的关注。这一理论暗示了这样一种媒介观，即传播媒介是可以“重构环境”的机构，传播媒介根据自己的价值观和报道方式，从现实环境中选择出它认为重要的部分或方面进行加工整理，赋予一定的结构秩序，然后以“报道事实”的方式提供给受众。在现实生活中，我们可能会注意到这样一个现象：社会问题层出不穷，但为什么某些潜在问题突然显性化，在社会上掀起轩然大波，并进而直逼决策层；相反，另一些问题却始终寂寞无声，最后不了了之。对比两种迥然相异的情形，我们可以发现大众传媒的议程设置起了不可替代的作用。一般来说，对于社会公众而言，不理想的、不规范的、不能令人满意的社会现实状态虽然是客观存在的，但它要成为政府公共政策制定与执行的对象，还必须经过一个认识上的逻辑发展过程。这就是社会问题—公共社会问题—公共政策问题。社会问题转化为公共社会问题的标志是出现公意性诉求。而当公共权力主体意识到社会公共问题已经妨碍整体社会发展，充分了解公众的公意性诉求并认同这种公众的政策诉求时，公共问题就会变成公共政策问题。而大众传媒的议程设置对推动这个认识上的逻辑发展起了关键的作用。

一方面，由于在现代社会大众传媒最大限度地接触信息本身，最大范围地接触社会公众，所以对于社会中出现的社会问题，尤其是有一定影响的突发事件，首先做出强烈反应的是大众传媒。另一方面，由于大众传媒信息传递的公开性、直接性、迅速性，它能快速把少数人发现和提出的社会问题及对政策的期望在社会上广为传播，它对社会问题或某一突发事件大规模地连续性地加以报道，往往会引起社会公众的广泛关注。大众传媒不仅对事件本身进行客观报道，而且会加以评论，以引导公众对事件性质的认知程度，引发公众对社会深层次问题的思考，不断提高公众对政策问题的认知度，这就使媒介议程转化成了公众议程。而公众议程大多涉及公众普遍关心的热点问题，因而会呈现社会舆论的“焦点效应”。而“焦点效应”又往往形成强大的舆论压力，就会促使政府接受来自公众的愿望和要求，进而对公共政策做出相应的调整。

这正是大众传媒的议程设置作用对公共事务管理活动产生影响的主要原因。

（三）舆论监督作用

中国共产党一直有自己的舆论监督传统，即开展组织生活会进行批评与自我批评。改革开放后，社会的政治民主化程度有了很大提高，受众的参与意识普遍增强，为适应这一新情况，我国新闻传媒开始就改革开放中的许多重大政策问题进行广泛的讨论，发表各种不同意见，为政府决策提供了参照，也提高了政府决策的透明度。同时，受众对社会领域中不良现象的批评也常常见诸媒介。由于媒介对社会信息具有放大的功能，加之媒介在我国具有其他社会机构所不具备的社会公信力，受众意见一旦被媒介刊播，在某种程度上就有了类似舆论的影响力。中央电视台《新闻调查》《中国质量报告》等栏目受到观众的普遍欢迎，重要原因之一是这些栏目较好地发挥了媒介舆论监督的功能。而且随着民众表达利益和要求的权利开始合法化，大众传媒作为公众的代言人，在形成政府与民意之间的良性互动中发挥着重要作用，进行舆论监督的社会氛围有了很大改变，在一定层次上突破了其固有的一些局限性，出现了跨层次、跨地区、跨类型媒体舆论监督互动的现象。互联网的出现大大降低了新闻传播的成本，改变了原有的媒介生态环境和传播格局，促进信息更快、更广、更全面地传播。虽然它自身的发展和它与传统媒介的整合仍处在发展变化中，但传统媒介已由开始的如临大敌到目前的和平共处、相互渗透。网络使新闻传播更具活力和张力，也使新闻传播具有了交互性，使受众拥有了发言权和参与感，双向互动促进了广开言路，益于政府决策和对舆情的掌握，及时通过灵活的政策与技巧调控舆论。它推动我国新闻政策走向宽松，让更多的普通人拥有了表达思想与意见的渠道。近年来，网络传播大大促进了媒介间的协作，媒介之间的融合、交叉拥有正在成为中国新闻业新一轮改革的亮点，政策性的扶持已经有所表现。因为在网络传播环境中，党和政府以及传统媒介都不能无视民意的存在，尽管有时网络受众的意见会千差万别，但正是这种意见市场的存在，一些观点在相互碰撞中进行着“自我修正”，促使人们对问题进行更深入全面的思考。

（四）有效沟通作用

随着政治体制改革的深入，我国政府已经从权威行政转向服务行政，需要大众传媒发挥其在政府与公众之间的有效沟通功能，通过双向对称传播，使民意得以充分而有效地表达，提高政府服务的针对性。一个时期以来，我们的传媒功能曾经较为单一，更多的是“唯上”，它多依附于政府组织，以政府权威的意志为导向来整合社会，而大众话语往往是虚拟的、被悬置的。具体地说，由于我们单纯强调大众传媒是党和政府的“喉舌”，导致了传媒的泛政治化，舆论失去它应有的作用，其社会沟通功能被抽除。我们知道，沟通本应是一种真诚的对话，一种情感的交流，一种信息的互换，它需要双方彼此平等、相互宽容，这样才能消除误解，达成共识。而大众传媒在公共空间层面上可改变过去那种状况，对各方意见都给予相应的关注，并使在交往主体之间所展开的平等交流、对话、求同、合作是出于本能、发自内心的活动。让公众的意见能够有比较充分的机会和以有效的方式公开地表达出来，不仅能够使政府及时、广泛地了解各种不同意见，为政府决策提供依据，而且能够使各种潜在的社会摩擦与冲突的能量在“微调”的状态中得到释放和缓解，避免长期压抑和积累而引起爆发式的冲突和震荡。随着我国改革开放向纵深推进，各种深层次矛盾和问题不断显现，群众集体上访冲击政府等群体性事件时有发生，其中一个重要原因就是群众没能得到充分的机会和以有效的方式公开表达意见。大众传媒作为公共空间则有利于群众意见的公开表达，此外也可为政府工作的不断改进提供相应的服务。

（五）参与和影响政府决策

我国政府管理体制改革后的决策过程离不开大众传媒作为公共空间的参与作用。政府管理体制改革后，将一改“拍脑袋决策”为注重通过听政、议政、民意调查、专家咨询、民众参与等行政参与新方式广泛吸纳民意，在充分论证的基础上形成多个决策方案，供决策者抉择，以减少决策失误，提高决策质量和决策水平。在整个决策过程中，大众传媒作为公共空间的参与作用非常重要：一是在决策形成之前，大众传媒作为公共空间可以将不同文化背景、人生抱负、思想性格和能力素质的人聚集在一起，通过公开、公正的讨论，使人们的个性和创造力得到充分发挥，为政府决策提供资讯和参考，推动政府形成新的决策。二是在决策制定过程中，作为公共空间的大众传媒可为社会讨论决策提供一个广阔的社会网络平台，在这里，个人、社会组织和团体就政府的决策问题进行分析论证，交换意见，并提出各自的政见，供决策者决策时参考。大众传媒通过展开讨论，充分反映社会各阶层的意见，集思广益，可以启发和促使决策者从不同角度考虑问题，使决策更加合乎人民的意愿和利益。此外，大众传媒还可对决策产生的过程予以监督。三是在决策的执行过程中，大众传媒可通过对决策的解读，深化公众的理解，提高其参与政策讨论的意愿和能力，同时通过公众群体的反映使错误的决策得以取消，使不完善的决策得以完善。总之，大众传媒是影响政府决策的重要因素和推动政府改革的强大动力源。

以人为本，维护社会公共利益，是任一国家、任一时代社会和谐发展的要旨。在现代社会，大众传媒作为社会信息的枢纽和促进社会整合的重要工具，是推动社会进步、促进社会现代化和国家发展的一支重要力量。大众传媒自身的功能特点以及它作为社会公器所具有的公共性特征和公共品格，决定了传媒因素在公共事务管理中的独特地位和作用，党和政府作为公共权力部门，应懂得善用传媒的力量，充分发挥它在公共事务管理中的作用。大众传媒作为社会领域的“公共空间”，将更完整地发挥其协调、整合社会的功能，对社会政治、经济、文化生态产生潜移默化的影响，进而推进国家民主进程和政治文明的建设。

二、新媒体时代政府舆论环境

以互网联和手机为标志的新媒体的快速发展将人类带入了新媒体时代。截至2017年6月底，中国网民规模达到了7.51亿，互联网的普及率达到54.3%；手机网民规模达到了7.24亿，网民使用手机上网的比例高达96.3%。

现在，中国公民中有50%以上网民，网民中又有80%以上主要依靠互联网获取信息。同报刊、广播、电视等传统媒体不同，新媒体因其虚拟性、交互性、即时性、开放性及“去中心化”等特征，深刻改变了传统的舆论形成模式和运行规律，打破了原有的舆论平衡，舆论发生的频度增加、力度不断增强，某个敏感性事件在网上刚一曝光，即可迅速引爆全国舆论，极易引发铺天盖地的舆论声浪。从山西“黑砖窑”事件到陕西“华南虎”事件，从云南“躲猫猫”事件到湖北的“5·10案”……新媒体的舆论平台作用和议程设置功能日益凸显，政府被置于“全天候”“全方位”的舆论监视之下，经受着越来越大的舆论冲击和挑战。

三、新媒体发展背景下公共管理面临的挑战与对策

（一）新媒体发展背景下公共管理面临的挑战[①]

新媒体舆论的空前活跃，不仅影响着虚拟社会，也对现实社会产生了重要影响，给政府管理带来了双重影响：一方面，新媒体为党和政府联系群众搭建了便捷通畅的平台和渠道，成为党和政府联系沟通群众的重要桥梁和纽带，有利于政府推行政务公开，建设“阳光下的政府”，更好地保障人民群众的知情权、参与权、表达权、监督权，使权力运行置于“无处不在的眼睛”的监督之下，“以权利制约权力”，防止权力滥用和权力寻租，推动社会主义民主政治建设；有利于政府了解民情、掌握民意、集中民智，“问政于民”“问计于民”，实现政府决策的科学化、民主化；有利于群众畅所欲言，宣泄情绪，抒解怨气，及时反映现实社会中存在的突出矛盾和问题，缓解社会压力，发挥“排气阀”和“预警器”作用，从而维护社会稳定；有利于政府吸纳自下而上的推力，弥补现行公共管理体制的不足，推动公共事件的解决，形成推动改革的“倒逼机制”；有利于政府发挥政治动员作用，宣传大政方针，推行政令，塑造良好政府形象，提高行政效能。另一方面，新媒体引发的舆论的空前活跃，网络群体性事件的层出不穷，非理性和情绪性舆论的弥漫，各种虚假信息、网络暴力、攻击漫骂、谣言充塞网络，政府正处于舆论的风口浪尖，面临着前所未有的舆论压力和挑战。

1. 影响政治上的安定团结，危害意识形态安全

新媒体作为公共信息传播技术平台，很容易成为西方意识形态渗透和腐朽文化传播的新渠道、思想交锋和舆论斗争的新阵地。美国前国务卿奥尔布赖特曾放言：“有了互联网，对付中国就有办法了。”近年来，境内外敌对势力往往借助国内重大政治活动、公共突发事件、热点问题等机会，肆意夸大和歪曲我国政治、经济和社会生活矛盾，煽动对党和政府的不满情绪，攻击社会主义制度，破坏民族团结，挑动民族分裂，宣扬西方的民主自由人权，企图达到“西化”“分化”中国的目的。2009 年境内外“三股势力”利用广东韶关发生的“6・26”社会治安事件，借助网络和手机进行炒作，制造了乌鲁木齐“7・5 事件”。在事件发生后，又竭力污蔑我国打击暴力犯罪是压制“民主”“自由”和“人权”，煽动人们对共产党的领导、对社会主义制度的不满和仇视，动摇人们的理想信念，为他们的分裂活动大造舆论。近一阶段，以美国为首的西方国家还以侵犯言论自由为名攻击我国对互联网等新媒

① 刘伯高．新媒体时代政府面临的舆论挑战及应对策略［J］．苏州大学学报，2011（6）．

体的正常管理，却无视自身对网络不断强化的管理和控制。借助新媒体的意识形态斗争具有很强的隐蔽性，很容易误导不明真相的群众，这一点尤其值得警惕。

2. 损害政府的权威性和公信力，容易造成信任危机

政府的权威性和公信力是政府合法性的基础。失去了公信力的政府无法得到公众支持，也无法实现对经济社会的有效治理，甚至难以为继。我国正处于急剧的社会转型时期，由于“非物质文化总是滞后于物质文化的发展，技术的进步快于观念和制度的变革，因而人们总是生活在不适应状态中”，极易滋生诸如浮躁、失衡、焦虑、空虚、郁闷、偏激等不良心态。如果这种新媒体时代政府面临的舆论挑战及应对策略会心态得不到有效引导，往往会形成“仇官”“仇富”等情绪化舆论，从政府及其官员身上找到“宣泄口”，而新媒体正好提供了这样的条件。据统计，网上有关监督类舆论85%是针对政府、公务员的略带“攻击性”的负面舆论。一旦政府及官员卷入网络事件，网友几乎不分青红皂白，一边倒地同情另一方，形成绝对压倒性的舆论声势。一些网络事件如“天价烟局长受贿事件”“5·10事件”“李某某校园撞人致死案”“微博开房案”等原本是个别官员的问题，但经过“人肉搜索”、炒作等途径事件被夸大和泛化，从而在一定程度上影响了党和政府的形象，以及人民群众对党和政府的信任。

3. 舆论引导的难度加大，舆论领域的秩序较为混乱

互联网的发展已步入Web2.0时代。相对传统媒体将信息以垂直方式传输给予目标受众，Web2.0应用程序则旨在“水平”地传输信息，即从原来的“点对面”变为“多点对多点”。Web2.0时代是“用户创造内容”的时代，每个人都可以通过电子邮件、新闻组、即时通讯、电子公告牌、博客微博、网络社区等平台发布信息，为舆论设置议题。新媒体消解了国家对媒体的绝对控制以及传统媒体对话语权的垄断，使传统的“把关人”作用弱化以致丧失，导致舆论的源头不可控，传播速度不可控，内容分散不可控，舆论容易放大不可控。由于传统的舆论引导模式在新媒体环境下的失灵，而新的引导模式又未建立，形成了舆论引导空白环节，舆论失范现象时有发生：比如社会舆论分散、网络色情泛滥、隐私披露、谣言增多导致妖言惑众、偏激和非理性、谩骂与攻击、群体盲从与冲动、国外文化入侵等问题相继出现。舆论引导在一定程度上出现的失控、失范现象，造成了思想意识领域的混乱，也给社会稳定带来了巨大风险和隐患。

4. 网络群体性事件频发，危害公共管理秩序

凭借手机短信、即时通信工具、电子邮件、微博等载体，新媒体舆论已具备社会动员效应，“组织化”“落地化”成为现实，网上虚拟社会和现实社会相互影响，

特别是病毒式传播的情绪舆论极具感染力和煽动性，能在短时间内形成较大声势，引发群体性、政治性突发事件。政府为了处理这些事件不得不耗费大量的行政资源，影响正常的公共管理秩序。此外，涉官、涉法、涉富的“人肉搜索”的滥用，导致诸如“网上审判”“网上罢官”等极端个案的出现，干扰了社会秩序，影响了政府权力的正常行使。在这些网络事件的背后常常隐藏着一批“网络水军”，他们主要是出于商业目的，经常别出心裁地策划、“制造”轰动话题，或者对现实生活中发生的事件进行“深入挖掘”“推波助澜”，推动事件不断发酵、放大，直到演变成群体性事件，其危害性尤为严重。

5. 干部素质同新媒体时代的要求不相适应，普遍存在“网络恐惧”心理

随着新媒体时代的到来，民主参与度、信息公开度越来越高，仿佛一切都被置于放大镜下，许多干部不能适应新的形势，不同程度地存在“网络恐惧”心理。人民论坛开展的问卷调查显示：70%的受调查者认为，当代中国官员患有“网络恐惧症”。官员患有“网络恐惧症”，原因是多方面的，但其中重要的一条是，官员缺乏同新媒体打交道的能力。不少网络群体性事件正是由于一些干部的不当处置造成的。如何提高同媒体，特别是同新媒体打交道的能力是新媒体时代对各级领导干部的一个考验。

（二）新媒体时代下政府舆论应对的建议

正如诺依曼所言：“舆论是社会的皮肤，舆论如果经常处于无序的混沌状态，社会就会失去中心和方向，信息就会出现混乱局面。如果舆论过于分散，将不利于社会的整合，舆论的极度混乱甚至可能带来社会的崩溃。”出现上述情况，就需要政府反思自身的执政理念和行为，同时需要及时调整舆论应对的体制机制和策略，以保持舆论的平稳、适度和有序。基于上述分析，本书认为对现阶段政府舆论应对提出如下几点建议：

1. 加强政府议程设置，用政府议程引领媒体议程和公众议程，掌握舆论导向的主动权

“议程设置”理论本是指大众传媒的一种功能，即传媒的新闻报道，赋予各种“议题”不同程度的显著性，影响人们对周围世界“大事”及其重要性的判断[①]。但是，现代传播体系是由政府、媒体和公众组成的“三元结构”，政府在最终议程的形成过程中居于主导地位。政府在执政过程中所产生和掌握的信息是形成、引导舆论的重要资源，这些信息的披露和有效传播直接影响和引导着媒体议程和公众议

① 郭庆光. 传播学教程［M］. 北京：中国人民大学出版社，1999.

程。在新媒体条件下，政府议程设置直接关系政府舆论应对的成效，也最终影响着政府执政的成败。借用美国前白宫传播顾问大卫·杰根的话来说：“要成功执政，政府必须确定议程；而不能让媒体来为它确定议程。”因此，政府应该进一步确立新闻执政的理念，善于围绕本地区本部门重点工作，顺应新闻规律，精心策划和设计政府议程，运用传播技巧，通过新闻发布机制的建立和完善，调动媒介的兴奋点，使媒介自觉自愿地围绕公共政策部门所发布的新闻事件和议题来进行报道和跟踪，巧妙引导媒体议程，最终达到引导和影响公众议程，实现“政府要说明的（政策议程）、媒体感兴趣的（媒体议程）、公众关心的（公共议程）”三者的完美结合。比如，在汶川地震中，政府有关部门在第一时间发布信息，有效地设置了媒体议程和公众议程，抓住了最宝贵的时机，成功地把握了舆论引导的主动权，形成了全社会众志成城、抗震救灾的良好舆论氛围，是近年来政府成功进行议程设置的经典案例。政府在议程设置中，要通过新闻议程，用议程设计主动引导记者；通过新闻发布，把信息主动“喂”给记者；通过新闻预案，把政策解释事前准备给记者；应对突发事件，把通稿第一时间分享给记者；通过横向沟通，把换位思维传递给记者；通过激励机制，鼓励媒体弘扬时代主旋律。总之，要“通过提供信息来进行信息控制”。

2. 密切关注新媒体舆论的发展动态，掌握舆论热点形成演变规律，实施积极有效的舆论引导

舆论热点是社会突出矛盾、群体利益诉求和民众情绪宣泄的集中反映，也是当前新媒体舆论引导中的难点。根据近年来舆论热点引导工作的经验与教训，应着重把握好如下几个方面：一是把握舆论发展动态，实施有重点的引导。切实加强新媒体舆论的收集、分析和研判，掌握舆论发展的总体态势和变化趋势，做到“心中有数”。在此基础上，根据舆论热点的性质和影响，区分轻重缓急，确定哪些舆论需要引导，哪些舆论需要重点引导。当前，尤其要对思想意识形态斗争、反腐败、征地拆迁、贫富差距、弱势群体维权、房价物价、司法公正、就业就学就医、海峡两岸事务等涉及政治和民生的问题加以持续关注，并作为舆论引导的重中之重。二是掌握舆论热点的形成演变规律，实施及时有效的引导。新媒体舆论形成演变过程是网民、网络媒体、传统媒体、社会公众及社会机构等多种力量时空交错的博弈互动过程。这一过程，可以简要概括为“舆论事件的发生—焦点事件（事件引起人们注意）—舆论开始出现（多种意见表达）—舆论逐步整合（意见分布趋于稳定，出现舆论群体）—舆论事件结束或退出舆论中心”。因此，舆论热点引导要根据舆论所处的不同阶段，实施有的放矢的引导。三是采取灵活有效的引导方法。对于舆论热

点和突发事件，政府有关部门要在第一时间公布事件真相，主动进行新闻发布，以权威信息引导舆论，发挥舆论传播的“首因效应”；充分发挥专家学者、业内人士、有影响力的公众人物等“意见领袖”的作用，增强舆论引导的权威性和影响力；加强政府与公众的议题互动，积极回应公众的意见，缩短回应周期，通过对话化解隔阂、凝聚共识；开展舆论监督，释放其正向能量，赢得民意支持；拓展舆论引导渠道，利用好网络和手机等传播载体，使舆论做到“网上来网上去”；多用“网言网语”，少用“官言官语”，避免“上纲上线”，增强舆论引导的亲和力；坚持舆论引导与问题处置相结合，“网上问题、网下解决”，使两者相互促进，消弥舆论产生的问题根源。四是建立和完善舆论引导机制。包括舆情信息收集研判机制、舆论回应机制、问题处置机制、舆论引导协调机制、重大突发事件舆论引导应急机制、效果检查督促机制等，以机制保证舆论引导的有效运转，提高舆论引导工作的成效。需要特别强调的是，要切实改变现实生活中存在的“政府部门管理行政、宣传部门管舆论”的“两张皮”现象，实现两者的有机融合和一体化。

3. 把握好保障公民表达权与舆论适度管控两者关系，健全和完善中国特色新媒体舆论管理体系

十六届四中全会第一次明确提出了互联网舆论管理体制问题，指出：“高度重视互联网等新型传媒对社会舆论的影响，加快建立法律规范、行政监管、行业自律、技术保障相结合的管理体制，加强互联网宣传队伍建设，形成网上正面舆论强势”，这也是目前我国新媒体舆论管理的基本取向。一是法律规范。针对新媒体飞速发展的状况，加快法律的制定、修改和完善，为新媒体的健康发展提供法律保障。用好现有的法律法规，通过适当的修改，将其适用范围延伸到虚拟社会，做到现实社会适用的，网上也同样适用。认真研究新媒体管理中存在的突出问题，制定相应的法律法规，明确政府、媒体、网民各自责任，并使其具有较强的操作性。同时，提高法律法规制定的层级，打破部门法规的局限，增强权威性。二是行政监管。涉及新媒体管理的有关部门要各司其职、密切配合，依法加强对新媒体“违法和有害信息”的管理，创造良好的新媒体舆论环境。三是行业自律。鼓励和引导新媒体行业自律组织的发展，发挥其制定和倡导行业规范、吸引公众参与、开展各种自律活动，充当政府与民众桥梁和纽带的作用，实现全社会的共享共治。四是技术保障。借鉴国外的通常做法，加强监控技术的研发，以技术对抗技术，对新媒体信息内容实行分级管理和关键词过滤。值得指出的是，加强对新媒体的管理应以保障公民的知情权和表达权为前提，应该明确“除非禁止的，都是正当的”的原则，努力实现两者在现阶段的平衡。

4. 加强领导干部媒介素养的培训力度，提高领导干部同媒体打交道的能力

在新媒体环境下，特别是在突发事件和重大事件发生时，领导者只有积极主动地面对媒体发布权威信息，在坦然应对中赢得媒体的尊重和支持，才能用透明度赢得可信度，用高明的“意见”征服受众，从而自然、稳固地赢得“制舆论权”。要做到这一点，最根本的是要提高领导干部同媒体，特别是新媒体打交道的素养和能力。把提高领导干部同媒体打交道的能力纳入干部学习和培训体系，采取举办培训班和举行报告会、讲座、媒体应对情景现场模拟等多种方法，帮助各级领导干部了解媒体基础知识、运作模式、重要的传播理论、新媒体传播特点和规律、国内外有影响的媒体的基本情况和倾向等。同时，要在实践中增强领导干部同媒体打交道的方法和技能，学会“善待媒体、善用媒体、善管媒体”。“善待媒体”，就是要加强与媒体的沟通、交往与联系，尊重媒体的独立性和自主性，虚心接受媒体监督，主动为媒体提供信息服务，建立起良好的政媒关系。“善用媒体”，就是善于借助媒体及时发布有关政府信息，通过精心策划和设计政府议程，引导媒体议程，进而引导和影响公众议程，形成有利于政府中心工作、重点任务完成的良好舆论氛围，促进政府施政目标的实现。特别是要学会运用新媒体，经常“上网看看”“在线聊聊”“网上蹲点”，使新媒体成为了解世界、掌握资讯，科学决策、推动工作，化解矛盾、构建和谐的重要平台。“善管媒体”，就是要适应新媒体的特点，变封、堵、压为疏导、沟通和顺势而为，变刚性控制为柔性引导，在遵循新媒体舆论形成演变规律的基础上，对媒体进行依法管理、科学管理和民主管理。切实加强对领导干部应对媒体能力的考核和评价，要将考核结果作为领导干部升、降、奖、惩、调的重要依据，真正做到工作部署和舆论应对“两手抓”，提高驾驭舆论的执政能力。

【思考题】

1. 什么是政府协同管理？
2. 结合实际，谈谈如何处理公共危机中政府与媒体的关系。
3. 结合实际，谈谈公民参与公共管理的意义、障碍及对策。
4. 谈谈新媒体在公共管理中的作用。

【案例】深港前海合作 推动大湾区高质量发展[①]

2021年9月6日，中共中央、国务院公布《全面深化前海深港现代服务业合作区改革开放方案》（以下简称“前海方案”）。

前海方案以依托香港、服务内地、面向世界为战略使命，以打造粤港澳大湾区全面深化改革创新试验平台和建设高水平对外开放门户枢纽为两大战略定位，确立了打造世界一流营商环境，建立高水平对外开放体制机制，建成全球资源配置能力强、创新策源能力强、协同发展能力强的高质量发展引擎的战略目标。

前海方案的实施，必将深化深港合作、支持香港长期繁荣稳定，对于推进粤港澳大湾区高质量建设具有重大意义。

依托香港，创造更大发展空间

设立前海深港现代服务业合作区，一个重要目的是依托香港、支持香港，为香港提供更大发展空间、更多发展机会。香港国安法实施后，香港实现由乱转治，但受新冠肺炎疫情影响，香港经济仍处在恢复阶段，亟需发展经济，改善民生。前海方案的出台恰逢其时，体现了中央对香港的关心，对香港繁荣稳定的支持。

为香港提供更大的产业发展空间。前海合作区总面积从原来的近15平方公里增至120多平方公里，扩大了7倍，可用土地资源更多了，产业发展空间更大了。物流业原来有海港，现在再将深圳宝安国际机场纳入，实施陆海空多式联运、枢纽联动，发展空间更大。为香港企业提供更大的投资空间。前海通过与港澳的联通对接，特别是跨境要素流动、规则衔接先行先试，将带动粤港澳深度融合发展，为香港企业投资提供更广的空间和更大的市场。为香港居民提供更大的生活空间。前海将推进与港澳跨境政务服务便利化，加强在交通、通信、支付等领域与港澳标准和规则衔接，为港澳青年在前海合作区学习、工作、居住、生活、创业、就业等提供便利。

服务内地，发挥枢纽节点作用

通过全面深化改革开放，创新服务业、高科技、战略新兴产业的发展，前海将推动粤港澳大湾区高质量发展，在国内国际双循环相互促进的新发展格局中发挥重要枢纽节点作用，为全国提供可复制可推广可操作的经验。

深化现代服务业发展的体制机制，推动现代服务业创新发展。对接国际服务业标准，建立与国际接轨的供应链标准，建设国际贸易组合港，实施陆海空多式联运、

---

① 郭万达．前海高质量发展的战略引擎——《全面深化前海深港现代服务业合作区改革开放方案》解读［N］．经济日报，2021-09-25.

枢纽联动。深化科技创新和高端制造业发展的体制机制，引进新型研发机构，发展人工智能、健康医疗、金融科技、物联网、新材料等。创新科技合作管理体制，推动科技成果向技术标准转化。深化金融业的体制机制改革，扩大金融业的对外开放。推进金融机构、金融市场、金融产品和金融监管创新，为实体经济发展提供高质量、全方位、多层次的金融支持和服务。

面向世界，打造一流营商环境

前海将面向世界打造国际一流的营商环境，配置全球高端要素资源，建设开放型经济新体制。

首先，打造国际一流的企业运营环境。前海将制定前海投资者保护条例，完善竞争政策框架，建立健全竞争政策实施机制。其次，打造国际一流的政务服务环境，深化政府的“放管服”改革，建设“数字政府”。再次，打造国际一流的法治环境。法治是最好的营商环境，前海将建设国际法律服务中心和国际商事争议解决中心，探索不同法系、跨境法律规则衔接。最后，打造国际一流的金融服务环境。引进创投机构、科技基金支持科技创新和实体经济，支持金融机构开展跨境证券投资等业务，探索跨境贸易金融和国际支付清算新机制。

【问题】

前海合作区依托香港，服务内地，面向世界，有效推动了粤港澳大湾区的高质量发展。请结合材料和府际关系的相关知识，谈谈粤港澳大湾区应当如何破除体制机制障碍，促进“一国两制”嬗变为“两制一体”？

第十三章

公共组织绩效管理

寒暑渐于春秋，隆替起于得失。 ——《晋书》

罚慎其滥，惠戒其偏；罚滥则无以为罚，惠偏则不如无惠。 ——《宋书》

公共组织绩效管理是对政府能力的评价过程，也是对公共管理者绩效的测评过程，同时也是政府及公共管理者自我管理和督促的过程。

第一节 公共组织绩效管理概述

一、公共组织绩效管理的含义

（一）公共组织绩效

公共组织绩效是指公共组织在一定时期内完成任务的质量、效率等状况。

在理解公共组织绩效时，不能单纯地将公共组织绩效等同于 GDP 增长速度。相反，在“新常态”下，宏观层面的公共组织绩效应该更加关注经济社会发展质量，包括文化、教育、社会道德水平等方面的发展速度；微观层面的公共组织绩效应该更加关注对公共诉求的回应性、服务质量、公平与正义等。

（二）公共组织绩效管理

绩效管理，简言之就是对绩效的管理。

一般认为，绩效管理是一种注重结果的管理，将个人绩效和组织绩效整合在一起，使得整个组织处于高激励、高服务质量的状态。

公共组织绩效管理就是在全球化发展和政府财政压力增加的情况下，公共组织主动吸纳企业绩效管理的经验和做法，引入市场竞争机制，强调顾客导向，提高公共服务质量的过程。

（三）绩效管理与绩效考核的区别

绩效考核（performance appraisal）与绩效管理（performance management）是不同的，绩效考核是绩效管理这个大家庭中的一员；绩效管理的外延相对而言较宽，没绩效考核的内涵丰富；绩效考核的结果来自于被考核主体的直接工作上司，而非它处。绩效管理的结果是来自于与被管理的主体相关的四面八方，这时管理的不仅仅是被管理的主体而且也评价了其工作上司教导下属的能力；绩效管理的目的在于提高企业/部门/小组和个人的绩效，完成企业最终设定目标，绩效考核的目的在于区分(Discrimination)/奖励(Reward)/发展(Development)/反馈(Feedback)。

二、公共组织绩效管理的兴起与发展

绩效理念最初源于私营部门的管理，20世纪初最早由美国引入公共部门。1928年成立于美国的全国市政标准委员会在公共部门绩效测量的操作与方法层面进行了积极的实践性探索；而1938年克拉伦斯·里德利和赫伯特·西蒙的经典著作《市政活动的测量》，则为公共部门绩效评估提供巨大的理论动力与指导。

绩效管理进入公共部门后，最初仅仅应用于财务管理领域，如强调政府的成本控制与绩效预算的引入。广泛的、规模化的公共部门绩效评估始于20世纪六七十年代，因为人们逐渐认识到，公共部门的责任不能单纯地停留在财政帐目和预算管理上，而应该进一步向政府的公共产品以及其所应承担的公共责任方面转变。这一时期，英国和美国分别推行了旨在实现整个公共部门各个领域绩效评估的系统化、规范化和经常化的改革措施，如英国的王室土地监督局、国内税务局、就业部等开始发布各自部门的整体生产率指数，并拟定各种绩效指标用以衡量下属部门的工作；美国尼克松政府颁布了“联邦政府生产率测定方案”，以及科罗拉多州通过了当时美国第一个“日落法”等，这意味着公共部门的绩效评估进入了对政府行为效率和有效性的考评阶段。这个转变具有非常深远的意义，意味着绩效理念开始广泛应用于公共部门的所有领域。然而，真正促使公共部门绩效管理在各国广泛兴起的，是20世纪80年代初欧美国家掀起的、以提高公共绩效为核心取向的新公共管理运动。

在新公共管理运动中，绩效评估作为一种克服官僚主义、改进公共部门绩效的有效管理工具，在英、美等国得到了持久、广泛、成熟的理念推行与技术应用，并日益实现了自身的普及化、规范化和技术化。英国财政部于1989出台的《中央政府产出与绩效评价技术指南》和美国政府于1993年颁布的《政府绩效与结果法案》，标志着公共部门绩效评估走上了法制化的轨道，这一时期公共部门绩效管理的另一个发展特征是，绩效评价的重点从经济和效率转向了效益和顾客满意程度等方面，政府的服务质量被提到了十分重要的地位。

公共部门绩效观念的产生根源于传统行政学中的效率诉求，但绩效是一个与效率既联系又有区别的概念，是一个包括效率但又比效率更为广泛的概念。效率关注可以计算的产出，或常常表现为成本与收益的计算；绩效的内涵则主要关注的是一种有效性，并且与资源的有效利用、顾客导向以及责任、回应性等价值有关。公共绩效即讲求行政组织和人员在行政活动中所获得的各种直接的和间接的、有形的和无形的、定性的和定量的行政效果，同所消耗的人力、物力、财力、时间等因素之间的比率关系，力求以最少的行政消耗获得最大的行政效果，同时又注重外部的行政与社会、行政与公民的关系。公共绩效的有效运作不仅要依靠办事制度、岗位责任制度等刚性机制，而且还十分重视工作作风、工作态度等柔性机制。可以说，公共绩效是一个超越行政效率的综合性范畴，其影响因素、测量机制等方面都要比行政效率更为复杂和广泛。

绩效是一个内涵了多维要素的系统结构，通常包括：（1）经济（Economic），即要求组织以尽可能低的投入或成本，提供与维持既定数量和质量的公共产品或服务；（2）效率（Efficiency），即投入与产出之间的比例关系；（3）效果（Effectiveness），即公共服务符合和实现政策目标（targeting）的程度，以及对于目标团体状态或行为的影响程度；（4）质量（Quality）；（5）还有一些学者认为，公平、反应性、责任也应成为评估的主流要素。在上述绩效要素中，前三个即学界通常所称的“3E”，这被西方学者认为是绩效的“新正统学说”。而质量、公平和责任等要素则是随着新公共管理运动的发展和公共部门改革的深入，日渐进入公共部门绩效评估与管理的主流范畴，因而也是新公共管理时期绩效观念的重要标志。

在范畴的拓展方面，绩效理念最初在公共部门的确立体现在财政预算或公共项目等方面的评估。从 20 世纪 80 年代后期开始，绩效评估不再单独使用，而是出现了系统性的绩效管理。绩效评估被纳入绩效管理的框架中，并被视为绩效管理的中心环节与关键要素。绩效管理通常是指公共部门积极履行公共责任的过程中，在讲求内部管理与外部效应、数量与质量、经济因素与伦理政治因素、刚性规范与柔性机制相统一的基础上，为获得公共产出最大化的过程。绩效管理不仅是要通过绩效评估，让人们知道哪些做得好，哪些做得不好，更要对这些优劣进行管理和引导，即告诉人们如何改进和做得更好。因此就其本质而言，绩效评估更多的是一种控制和引导工具，而绩效管理则是一种在内容和结构上都更为复杂和系统的管理模式。

随着政治体制改革进程的深入，公共部门的绩效管理在我国已经初见端倪，并渐成发展之势。越来越多的学者和改革家们认识到公共部门绩效管理的发展意义与现实价值，一些地方政府也已经开始了颇具实践性和操作性的积极探索，甚至出台一些相关的法律规章，尝试着为公共部门绩效管理建立法制化保障。本质上，新公共管理运动的发起是对于公共部门改革所面临的多重危机的现实回应。因此必将顺沿理论与实践、价值与工具相结合的发展进路，而公共绩效正是黏合二者的基本界点。

三、公共组织绩效管理的经验与挑战

（一）我国目前在实施绩效管理中面临的问题

1. 公共组织绩效管理制度的不完善

首先，缺乏系统的规划和指导，评估的内容设计和评估构建等。没有客观的衡量标准更没有形成制度化。其次，从管理水平上看公共组织绩效评估通常都是短期行为，即使针对一项行为的考评也往往是“运动式”的很难从绩效管理宗旨的角度得到全面的反馈，缺乏整体性和连续性，公共组织的整合优势没有充分发挥。

2. 公共部门的产出难以量化

施行绩效管理的一个重要的前提就是所有绩效都必须以量化的方式呈现，再据此进行绩效管理。这对公共部门来说非常不容易，因为首先公共部门不直接从事生产活动，而是提供无形的公共服务。由于公共服务具有非竞争性和非排他性特征，这就使得公共服务缺乏来自市场的反馈信息和可比较的成本效益方面的数据。加之公共部门具有垄断性和非营利性的特点，它所生产出来的产品或者服务并不进入市场交易体系，这样反映其生产机会成本的货币价格就不可能形成，因此要对其准确测量就有了技术上的难题。

3. 组织自身的障碍

这主要表现在以下几个方面：第一，缺乏从事绩效管理方面工作的专家。许多公共组织推行绩效管理时缺乏这方面的专家，使得绩效指标的制定无法做到周延、合理、涵盖该组织的主要绩效。第二，官僚制组织文化的障碍。我国公共组织中官僚制组织文化思想根深蒂固，这种官僚制组织文化创造了一种公共雇员胆小怕事、相互推诿、自我保护、接受平庸、拒绝变革的文化，这些都会对绩效管理的实施构成阻碍。

4. 绩效管理的信息系统不够完善

这主要表现在两个方面：第一，信息收集困难。准确地衡量组织的绩效需要全面系统地收集有关组织各方面的绩效信息，这项工作非常庞大，需要耗费相当多的人力、物力、财力、时间，所需成本太大。加之现实的一些主客观条件的限制也会使管理者无法真正获取全面系统的信息，甚至所获取的信息有可能是错误的信息。第二，信息沟通障碍。政府在公众面前往往是信息的垄断者，很多时候不会将其掌握的信息如实地告知公众，由于信息传递渠道受限制，公众的意愿常常也不能及时、准确、顺畅地表达。在上下级组织进行沟通的过程中，多重管理层级的存在也有可能会造成信息传递失真。

（二）改进我国公共组织绩效管理的措施

1. 加强绩效管理的制度化和法制化建设

首先，要从立法的角度确立绩效管理的地位，以保证绩效管理成为政府公共管理活动的基本环节，促进政府开展绩效评估工作提高公共管理水平。其次，要从法律角度树立绩效管理的权威性。最后，要颁布绩效管理工作的制度和规范，对公共管理过程中哪些项目需要进行评估、开展何种形式的评估、评估过程中应注意的事项等问题，做出一个详细规定，以保证评估工作有法可依，有章可循，把绩效管理工作纳入正常发展的轨道。

2. 建构和完善绩效管理的民主参与机制

成功的公共部门绩效管理需要各级公共部门的管理者和官员共同参与与努力。为此就需要让相关人员都参与到制定与执行绩效管理的过程中来，使他们增强对绩效管理的认同感、责任感和自觉性。改进公共部门绩效还必须得到公众的充分关注和参与，取得公众的认同和支持，否则政府绩效管理的改革就会缺乏有效性和合理性。公共部门要保持与公众进行充分、及时、有效的沟通，以使公众能支持，并且为政策目标的实现而努力。

3. 发展和优化绩效管理的组织能力

公共部门绩效管理的有效实施，要对组织进行变革，排除组织自身的一些障碍，以使组织的形式基于绩效的相应能力，这主要包括：（1）大量引进绩效管理方面的专家及人才；（2）加强对组织的管理者和职员的培训；（3）授权、激励以使政府工作人员全身心投入工作；（4）变革组织文化，以形成基于绩效的组织文化；（5）建立电子政务，它可以使政府组织趋向于扁平化，使信息的传递、沟通和反馈更为迅速快捷，有助于提高政府运作的效率和质量，为公民广泛深入的参与提供便利，增强政府与公民之间的互动。

4. 完善政府信息交流与沟通机制

充分有效的信息是绩效管理能顺利进行的保障，因此必须构建一个受法律保护的有效了解政府活动状况及公众意愿的信息反馈的渠道和方式，确保相关信息可以在不同层面或不同系统之间便捷顺畅地流动和获取。公共部门应建立其专门的绩效信息系统，负责收集与政府管理相关的社会政治、经济、文化等方面的信息，并进行甄别、统计、整理、加工和传递。要保证所获取的信息尽可能地完整、全面、准确并能得到证实，确保信息的质量。同时，不断提高信息透明度使公共部门保持与公众的充分的有效沟通。高效运行的绩效管理信息系统对于不断深化和优化公共部门绩效管理事关重要。

第二节　公共组织绩效管理过程

一、绩效管理系统

（一）绩效管理系统的含义

绩效管理系统（Performance Management System）就是管理组织和员工绩效的系统。系统就如同为企业的各种管理系统搭建了一个管理平台，它是各种管理系统的纽带，透过它来验证各管理系统的运作效果。

当前，中国企业既要迎接世界经济的全球化，又要适应我国经济的转型期。面对诸多的机遇和挑战，许多企业都在探索改善企业整体绩效、提高企业竞争力的有效方法。如何建立科学有效的绩效管理系统，成为人们普遍关注的热点问题。在引进和开发绩效管理系统的过程中，有些企业已经取得了一定的成功经验，但不同组织的发展状况、组织文化、组织气氛、组织结构和管理风格是不同的。在建立绩效管理系统时，不能想当然地认为适合其他组织的绩效管理系统也一定适合自己的组织。

（二）绩效管理系统的发展历程

绩效管理系统的发展经历了一个历史演进的过程，在这一过程中绩效管理从最初侧重于结果管理逐步过渡到侧重于行为过程的管理，并最终将两者有机地结合起来与公司的长期发展战略融为一体。

在 20 世纪初，杜邦公司和通用汽车公司开发的投资回报模型（ROI）被应用于多部门公司的整合管理。到了 20 世纪中叶，多部门公司又把预算作为管理体系的核心。而到了20世纪90年代后，随着公司财务体系的不断扩大，绩效管理开始把与股东价值相关的财务测量方法包括进来，从而产生了基于价值和经济附加值（EVA）的管理模式。

但是，在知识竞争的环境中，许多公司开始意识到即使最好的财务体系也无法涵盖绩效的全部动态特点，无法对行为或过程进行控制和管理。这样，在20世纪的80年代和90年代，便产生了全面质量管理理论（TQM），该理论所强调的是应该对企业生产过程中的各个环节加以控制和管理。自全面质量管理理论产生以后，公司便逐渐将它作为宣传口号和组织原则。各公司之间也开始竞相追逐国家质量奖，如美国的马尔科姆·鲍德里奇国家品质奖（Malcolm Baldrige）、日本的戴明奖（Deming Prize）以及欧洲的EFOM奖。

可是仅仅依靠质量和仅仅依靠财务指标一样都不能够全面衡量企业的绩效，一些获得国家质量奖的公司很快发现它们在财务上陷入了困境。为了摆脱困境，公司除了采取财务措施和质量措施以外，开始关注一些影响公司生存和发展的非财务因素，并试图通过改进这些非财务因素来改善公司的业绩和财务状况。在这种背景下，哈佛商学院罗伯特·卡普兰和诺兰顿学院的执行总裁戴维·诺顿两位教授在总结了12家大型企业（Advanced MicroDevices、美标、苹果电脑、南方贝尔、CIGNA、Conner Peripherals、Cray Research、杜邦、电子数据系统、通用电气、惠普以及加拿大壳牌公司）绩效管理系统的成功经验的基础上，于1992年共同提出了平衡记分卡（Balanced Score Card）。平衡记分卡①是一套新型的绩效管理系统，它将静态的结果（财务指标）和动态的行为过程（非财务指标）二者有机地结合起来，目的是要克服以财务指标为核心的绩效管理系统的缺陷，帮助企业改善经营业绩，摆脱困境。随后，平衡记分卡不断发展、充实。《哈佛商业评论》将平衡计分卡评为近年来最具影响力的管理学说。据权威调查显示，在《财富》排名前1000家公司中，55%以上已经实施了平衡计分卡。

（三）绩效管理系统五大要素

脱离绩效管理体系的考核之所以难以发挥其应有的功能，甚至被考核双方私下里说成是“浪费时间”“走形式”“做样子”，主要原因就在于缺少员工的参与，缺

---

① 平衡计分卡是从财务、客户、内部运营、学习与成长四个角度，将组织的战略落实为可操作的衡量指标和目标值的一种新型绩效管理体系。设计平衡计分卡的目的就是要建立“实现战略制导”的绩效管理系统，从而保证企业战略得到有效的执行。因此，人们通常称平衡计分卡是加强企业战略执行力的最有效的战略管理工具。

少考核双方的持续动态的沟通。绩效管理的实质则在于通过持续动态的沟通达到真正提高绩效、实现部门或企业目标，同时促使员工发展。

绩效管理是一个完整的系统，该系统包括如下几部分：

1. 绩效计划

即主管经理与员工合作，就员工下一年应该履行的工作职责、各项任务的重要性等级和授权水平、绩效的衡量、经理提供的帮助、可能遇到的障碍及解决的方法等一系列问题进行探讨并达成共识的过程，是整个绩效管理体系中最重要的环节。许多人有这样的误解：绩效管理体系中最重要的环节在于绩效考核。实则不然——制订绩效计划才是最重要的。绩效计划的作用在于帮助员工找准路线，认清目标，具前瞻性，而孤立的绩效考核则是在绩效完成后进行评价和总结，具回顾性。

2. 动态、持续的绩效沟通

经理与员工双方在计划实施的全年随时保持联系，全程追踪计划进展情况，及时排除遇到的障碍，必要时修订计划。这是绩效管理体系的灵魂与核心。

3. 绩效评价

纳入绩效管理体系的考核可在融洽和谐的气氛中进行。原因有二，一是在充分参与绩效计划和绩效沟通的基础上，员工们能亲身感受和体验到绩效管理不是对他们严苛，而是为了齐心协力提高绩效，他们因此会少些戒备，多些坦率；二是考核不会出乎意料，因为在平时动态、持续的沟通中，员工们已就自己的业绩情况和经理基本达成共识，此次绩效考核只是对平时讨论的一个复核和总结。此时，经理已从“考核者”转变为“帮助者”和“伙伴”。考核面谈的目的是鼓励员工自我评价，运用数据、事实来证明。经理同样也可用数据、事实来证明自己的观点。如果绩效计划和绩效沟通认真执行，则考核时产生严重分歧的可能性很小。需注意的是，若采用等级评定考核法，则应对各等级的含义定出操作性的解释后再开始评价，否则只能制造矛盾、浪费时间。另外，不必在数字上过分斤斤计较，因为真正有助于提高绩效的不是绩效考核，而是绩效管理过程中沟通的质量和水平！

4. 绩效诊断与辅导

一旦发现绩效低下，最重要的就是找出原因。绩效不佳的因素可以分成两类：一类是个体因素，如能力与努力不够等；一类是组织或系统因素，如工作流程不合理、官僚主义严重等。绩效诊断应当先找出组织或系统因素，再考虑个体因素。员工是查找原因的重要渠道，但要努力创造一个以解决问题为中心的接纳环境，必须确保员工不会因为吐露实情而遭惩罚。一旦查出原因，经理和员工就需要齐心协力排除障碍，此时，经理充当了导师、帮助者的角色，称之为辅导。

5. 又回到起点——再计划

完成了上述过程之后，绩效管理的一轮工作就算结束了。

二、绩效管理的基本原则及内容

（一）绩效管理的基本原则

1. 实用性原则

在制定企业的绩效管理制度时，应充分考虑企业人力资源管理的水平及企业的经营特点和行业特点，还需考虑绩效管理方案制定和实施所需的人力、财力和物力。考评工具和方法是否适合员工的素质特点。

2. 客观公平原则

员工的实际工作表现和职务说明书中对工作内容的描述是绩效评价的依据，无论用什么方法进行绩效评价，都要以此为客观依据，对考评者实事求是地做出评价。同时，应在考评中一视同仁，避免人为因素使绩效评价结果与员工的实际工作绩效有较大的差距，影响绩效评价结果的可信度。为此，要建立科学适用的考评指标体系和考评标准，应尽量采用客观公正的尺度，尽量使用绝对考评方法。

3. 全面原则

绩效评价的结果是为了提高员工的工作绩效，所以在绩效评价要素的选择方面，应尽量能够概括所需绩效评价工作岗位的工作内容和任职者的素质要求是否符合岗位的要求。在时间的选取上和在绩效事件的选取上都要把握全面的原则，只有对员工进行全面的评价，才能准确地对员工的绩效进行衡量，才能提高绩效评价的效度。在现代企业中实行的考评方法，基本上都是多层次、多渠道、全方位的考评。

4. 公开原则

绩效评价工作应是公开的，要对评价的标准、考评的程序、考评的方法及时间的选择等公开宣布，使员工心里有数，积极参与到考评中来，而不是被动地等着上级考评。同时，考评的结果也应该是公开的，这样有利于员工的横向和纵向的比较，明确自己在整个企业中的绩效水平，自己可以确定今后的努力方向。公开和公平原则是绩效评价的两个基本原则。

5. 相对稳定原则

绩效评价的要素和绩效评价方法及绩效评价的频度一旦制定出来，就要保持其实施在一定的时段内的持续性，朝令夕改，员工没有归属感，不利于长久地激励员工，更不利于组织的稳定性。所以，在制定绩效评价方案以前，应进行充分的调查和详细的设计，并请专家进行论证，以保证实施的有效性。但这并不意味着绩效评价的内容和方法是一成不变的。随着科学技术的发展，生产方式的变化，工作内容也在变化，相应的绩效评价内容和方法也在变化，必须及时地丰富、完善及改进现有的绩效评价方式以适应实际情况的变化，才能使绩效评价系统持续地良性循环，稳定地提高员工的绩效。

（二）绩效管理制度的内容

绩效管理制度包括如下基本内容：

1. 绩效管理制度的指导思想、基本原则、绩效管理的战略地位。
2. 绩效考核的对象、考核周期、考核机构、考核时间与考核程序。
3. 绩效考核的主体、考核维度及考核权重设计。
4. 考核者的培训和绩效考核的实施，考核表的管理与查阅。
5. 绩效面谈的目的、绩效面谈沟通的步骤、员工申诉及其处理。

三、公共组织绩效管理的困难

（一）计划的制订存在问题

绩效计划是确定组织对其成员的绩效期望并得到内部成员认可的过程。公共组织在年初往往能够制订年度工作目标和计划，以利于本年度工作的开展。但是公共组织在制定任务指标时往往忽视公务员的参与，一些公共组织每年都有任务指标，而且这些指标都是上面以行政命令直接下达的，上级主管单位很少征求下级部门的意见，然后部门负责人将这些指标分解到公务员个人。上级主管单位对工作任务的理解与客观实际存在一定的差异，致使任务在执行时多少出现抵触或消极态度，导致工作热情不高，影响工作绩效，更谈不到如何利用激励手段使其超额完成目标了。

（二）绩效的量化困难

绩效管理的一个重要前提是必须将所有绩效都以量化的方式呈现，再据此进行绩效管理。这一做法在私人部门基本不构成问题，因为私人部门的服务是可以出售的。然而，公共组织的绩效却难以量化，因为行政组织是一种特殊的公共权力组织，所生产出来的产品或服务具有“非商品性”，它们进入市场的交易体系不可能形成一个反映其生产成本的货币价格，因而对其数量进行正确测量在技术上还存在着一定的难度。

（三）目标取向不清晰

绩效管理以实现一定的绩效目标为基本要求，新公共管理运动认为公共组织的目标 3E，分别是 Economy（经济）、Efficiency（效率）和 Effectiveness（效益）。而其后的公共管理学派认为对于公共组织而言，同营利性的企业一样仅追求经济学意义上的目标是远不能满足公众需求的，并增加 Equality（平等）作为公共组织所应当追求的价值，即 4E 目标。公共组织在运用绩效管理的过程中的难点之一就是如何确定目标。对于公共组织来说，同时存在多个需要满足而又可能相互矛盾的价值诉求。

在我国，公共组织绩效管理中最为突出的一对价值取向就是增长与公平，这对变量就是同时需要满足且又相互存在矛盾的价值取向。公共组织既要追求经济意义的目标，更要顾全公众的利益和社会的公平，这已经成为共识。然而，在现实中，许多地方政府在目标价值取向上只重视经济增长，片面地将经济业绩等同于政绩，忽视社会的全面发展，忽视自然和人的长远发展和利益，甚至导致政府职能的扭曲和变形，不利于解决教育、文化、社会公平、社会保障等其他各方面的问题。

（四）偏重考核忽视反馈

在中国公共组织中，绩效管理被片面地理解为绩效考核。实际上，许多地方政府都开展了市民评议等测定公民满意度的绩效评估，但对评估结果的反馈却较少。上级行政部门和行政领导极少会根据结果与被评估对象进行沟通，缺少对卓越完成绩效目标或未能达到绩效目标的原因进行分析的过程，下级单位和职员都不清楚自己的考核结果，自然不知道是否需要改进以及如何改进。绩效反馈环节的缺失也包括其与奖惩制度相脱离，卓越完成绩效目标的没有相应的奖励，未能达到绩效目标的也不会因此受到影响，绩效管理丧失了最基本的管理作用。

第三节　公共组织绩效管理实务

一、公共组织绩效管理的价值标准

（一）经济

经济指标一般指组织投入到管理项目中的资源量。经济指标关心的是投入，以及如何使投入以最经济的途径使用。经济指标要求的是以尽可能低的投入或成本，提供与维持既定数量和质量的公共产品与服务。

（二）效率

效率可简单地理解为投入与产出的比例关系，效率关心的是手段问题，而这种手段经常以货币方式体现。可分为两种类型，生产效率：指生产或提供服务的平均成本；配置效率：指组织所提供的产品或服务是否能满足不同偏好。

（三）效能

效能指公共服务符合政策目标的程度，通常是将实际成果与原定的预期成果进行比较，可分为两种类型：社会效能和群体效能。社会效能包括两方面，一是政府部门制定的目标和采用的手段是否体现国家意志，是否代表广大人民的利益，二是政府部门实现目标的能力，即目标完成的程度和速度。群体效能，着眼于集体功能的发挥是否符合组织的目的，组织内部的运行机制是否合理。

（四）公平

公平作为衡量绩效的标准，关心的主要问题在于“接受服务的团体或个人是否都享受到了公平的待遇，需要特别照顾的弱势群体是否得到更多的社会照顾”。但公平的价值标准在市场机制中难以界定，在现实中也较难测量。

（五）民主

政府绩效管理要考虑民众对政府的效率是否满意，考察政府所做的工作在多大程度上满足了社会和公众的需要，民主作为衡量绩效的标准，关心的主要问题在于“公民参与的程度有多高，政府是否接受了民众的监督，使公民意志和利益能够及时体现在行政过程中”。公民参与意味着公民可以以社会的主人和服务对象的角色对政府绩效提出要求，协助和监督政府部门对其开支、行动和承诺负责，帮助政府机构界定重要问题议程，提出解决方案，判断目标是否达成。

二、公共组织绩效管理的指标体系

（一）业绩指标

主要包括公共服务的数量和质量；公共管理目标实现的情况；政策制定水平与实施效果；公共管理的效益；公民对公共管理和公共服务的满意程度。

（二）效率指标

通常包括提供公共服务与产品的单位成本、服务与产品的数目、公共政策执行的开支、政府部门的办公物品损耗费用等。

（三）效能指标

效能指公共管理活动对目标团体的状态或行为改变的影响程度。政府部门效能可从两方面考核：行为的合理化水平和政府机关效能。政府机关效能主要包括是否有合理而完善的制度；是否依法行政；是否推行政务公开；是否提高办事效率；是否提供使公众满意的优质服务。

(四) 成本指标

成本指标主要包括政府部门占用的人力、物力和财力；政府部门的支出。

三、公共组织绩效管理优化

虽然中国在运用政府绩效管理工具方面进行了很多有益的探索，取得了一些成效，但同时也出现了一些新的问题。因此，根据中国的实际情况，并在借鉴世界各国经验的基础上，急需对中国现有的政府绩效管理进行持续的改进和优化。

(一) 政府绩效管理的环境优化

首先，要解决政府绩效管理的体制问题，使政府绩效管理更加制度化和规范化。政府绩效管理是一项系统性非常强的管理工具，而政府绩效本身比较复杂，涉及政府方方面面的工作。为保证政府绩效管理作用的有效发挥，需要中央政府的高层领导高度重视，组建高层次、综合性、协调性的机构主抓政府绩效管理，整合和协调相关的政府管理机构，并在试点的基础上逐步法治化和规范化，防止因主要领导人的调整而出现政府绩效管理随意化的现象。

其次，将绩效评估工具与政府组织内部的其他管理制度有效整合，使绩效标准更加科学和规范。一个组织的规范化管理实际上为绩效评估提供有效的标准和依据，也是有效开展绩效管理活动的“硬环境”。因此，绩效评估应该结合自身的目的，与组织的职责、工作流程、岗位职责、战略规划和年度工作计划等有效地进行整合和契合，避免出现绩效评估单兵作战，与其他相关管理制度“两张皮”的现象。例如，任务导向的绩效评估模式应与组织的战略管理相结合，能力建设导向的绩效评估模式应与组织的内部规范化管理要素相结合，公民参与导向的绩效评估模式应与组织的社会服务承诺制相结合，而质量导向的绩效评估模式则可以考虑和全面质量管理相结合。

最后，要强化政府组织的绩效文化，引导组织全员的积极参与和认同。绩效文化是有效开展绩效管理活动的“软环境”。试想，在一个上下级之间、组织全体员工之间难以认同的环境下，绩效管理肯定难以取得好的效果。因此，要避免以往更多强调“打分排名”的考核导向，尤其是要加强绩效管理中的沟通环节，真正将绩效管理引导到发现问题、改进问题，促进组织绩效的持续改进和组织成员素质能力的不断提高。

(二) 政府绩效管理的技术改进

一是要对绩效评估的技术本身应有一个科学的态度。由于政府绩效本身的复杂性，因此绩效评估不可能对真实的政府绩效做出完全准确的评价。客观地讲，绩效评估的准确性是相对的，而模糊性是绝对的。如果在具体应用中我们对其技术提出过高的要求，其结果不仅是令人失望的，而且也在一定程度上造成人们对绩效评估工具本身的质疑。正因为如此，目前的发展趋势是，绩效评估更多是一个发现问题的工具，因此，其测量不一定是精确的，可能是模糊的，甚至仅仅是一种判断。如果解决了态度问题，我们其实也可以避免很多使用者对它提出的质疑。

二是要从系统化角度设计政府绩效评估体系。绩效评估不是一套简单的指标体系和评估方法堆砌而成。一个好的绩效评估体系至少要明确以下几个问题：为什么评估、评估什么、谁来评估以及如何评估等，而且这些问题之间要形成有机的联系和对应关系。尽管可能不会有统一的评估模式，但一定要有系统、科学的思考和逻辑。

三是要对绩效管理系统进行持续的改进和优化。实践表明，一个好的绩效管理系统是在使用中持续改进和完善的，因此，不应该过早地对绩效管理系统提出质疑，而应该在结合组织发展的进程和组织成员态度的改变，对原有绩效管理系统存在的问题进行认真分析，寻找原因，并有针对性地加以改进和完善。

四是要加强政府绩效信息系统的建设。绩效评估的内容，说到底评的是信息，如果缺乏有效的工作信息，绩效评估结果也不可能准确。目前各级政府的电子政务的发展，已经为绩效信息系统提供了有利物质条件，也对降低政府绩效评估成本、减少绩效评估中的人为因素、完善绩效管理系统起着重要的技术支撑作用。

【思考题】

1. 绩效管理与绩效评估的区别与联系。
2. 公共部门绩效管理的意义。
3. 公共部门绩效管理的困难与对策。
4. 结合中国实际，谈谈公共部门绩效管理的指标体系构建。
5. 谈谈公共部门中公共管理者绩效考核的指标体系构建。

【案例】菏泽：花钱必问效，无效必问责①

近年来，菏泽市财政局坚决贯彻党中央“过紧日子”的要求，大力推行“花钱必问效，无效必问责”的绩效管理模式。把绩效管理实质性嵌入预算管理全过程，

① 杨飞．菏泽：市财政局大力推行“花钱必问效，无效必问责”管理模式［N］．菏泽日报，2021-11-10.

把每一笔钱都用在“刀刃”上、紧要处，充分发挥了绩效管理“指挥棒”作用。

把好前置绩效两道关 “指挥”财政资金用对位

一是把好项目立项入库关。凡是新设立的政策和项目都要进行事前绩效评估，对政策或项目立项必要性、投入经济性、绩效目标合理性、实施方案可行性等进行客观、公正的评估。

二是把好项目绩效目标审核关。凡是申请预算的项目或政策都要有绩效目标，无绩效目标的不得编制预算，强化绩效刚性约束。在编制绩效目标时要符合国家、省委省政府和市委市政府的经济社会发展规划、政策要求及本部门职能，并与相应的财政支出政策、方向、标准相适应。

全流程绩效监控 “指挥”财政资金用规范

一是对预算执行情况进行监控。借助预算管理一体化系统，制定包括财政内部、预算单位、代理银行、市对县级转移支付等预警规则，精准监控预算单位是否违规划转财政资金、擅自改变资金预算用途、违反政府采购规定、违反现金提取和使用管理办法，以提升大额资金项目监控精准度。

二是对绩效目标实现程度开展监控。定期采集项目绩效信息，动态掌握政策和项目进展，以及资金使用和绩效目标完成情况，对预算执行中和既定绩效目标发生偏离的，及时采取措施予以纠正，确保绩效目标如期实现。

三是将监控结果与预算调整挂钩。通过“事中”监控，菏泽市财政局进一步完善绩效监控框架体系，使绩效信息体现横向可比性与纵向可追溯性特征，进而做到可比较、可检测、可评价、可报告，将绩效跟踪的结果与预算调整、优化管理相结合，作为当年预算调整的参考依据。

做好绩效评价 “指挥”财政资金用出实效

一是建立健全绩效结果与预算安排和政策调整挂钩机制。对评价结果不同等级的项目，采用优先安排、适当安排、压缩直至不安排等方式，分类管理，分类施策。

二是强化绩效评价结果的实质性应用。进一步明确预算主管部门和预算单位绩效管理的主体地位和责任。菏泽市财政局以促进预算管理、推进绩效信息公开、实施结果奖惩为方向，强化绩效评价结果的有效应用。

三是以公开促规范，倒逼部门提升绩效水平。利用信息网络公开平台，将项目绩效目标随部门预算公开，主动接受社会公众监督。每年度选取重点项目绩效目标，随预算一起报送同级人大审查，部分重点项目报告随决算一起报送人大审查。

四是充分发挥绩效结果考核的激励作用。在完善部门单位预算绩效综合评价机制的基础上，把预算绩效综合评价结果纳入市直机关服务高质量发展考核范围，扩大预算绩效结果的影响力，增强预算绩效管理的激励约束作用。

【问题】

假设你是某智库的绩效管理专家，你受菏泽市财政局邀请，要对菏泽市的预算管理情况进行评估。请构建一个二级以上的指标体系，来对菏泽市的预算管理情况做绩效评估。

第十四章 法治与法治政府

天网恢恢，疏而不失。 ——老子《道德经》

理有一准，则民无觊觎；法起二门，则吏多威福。 ——《魏书》

政府依据其公民赋予的权力，几乎可以调动整个社会资源。然而，政府官员并不因为其“公仆”身份，而成为“天使”。换言之，政府官员也是“经济人”，也会追求自身利益，力图实现自身利益最大化。故而，政府行为必须有法可以，有法必依。

第一节 法治的内涵与特征

一、法治

（一）法治的内涵及由来

“法治”是指依法治国，即以法的精神来治理国家。关于“法治”的概念，其含义非常丰富。19 世纪的英国法学家戴雪（A. V. Dicey）通常被视为近代西方法治理论的奠基人。戴雪第一次比较全面地阐述了法治概念，这一阐述乃是以已有的法治体制及其经验为根据的。

在《宪法性法律研究导言》里，戴雪写道：构成宪法基本原则的所谓“法治”有三层含义：

首先，法治意味着与专横权力的影响相对，正规的法律至高无上或居于主导，并且排除政府方面的专擅、特权乃至宽泛的自由裁量权的存在。

其次，法治意味着法律面前的平等，意味着所有的阶层平等地服从由普通的法院执掌的国土上的普通的法律；这种意义上的“法治”排除这样的观念，即官员或另类人可以不承担服从管治着其他公民的法律的义务，或者说可以不受普通审判机构的管辖。

最后，法治可以用作一种表述事实的语式，这种事实是，作为在外国自然地构成一部宪法典的规则，我们已有的宪法性法律不是个人权利的来源，而是其结果，并且由法院来界定和实施；要言之，通过法院和议会的行动，我们已有的私法原则得以延伸至决定王室及其官吏的地位；因此，宪法乃国内普通法律之结果。

概括地讲，这段被奉为经典的话大致有三层意思：第一，人人皆受法律统治而不受任性统治；第二，人人皆须平等地服从普通法律和法院的管辖，无人可凌驾于法律之上；第三，宪法源于裁定特定案件里的私人权利的司法判决，故宪法为法治之体现或反映，亦因此，个人权利乃是法律之来源而非法律之结果。当然，对戴雪的经典定义也有不少不同的理解和评论。例如，昂格尔只同意戴雪的前两层意思，认为第三层意思只是英国政治史和近代自然权利理论的产物，不宜作为法治定义。还有学者认为，戴雪的概念包含两个作为法治基本要素的信念：一是个人应该由法律而不能由其他人的专横意志来统治，二是政府的立法、行政和司法功能必须保持分立。

（二）法治的特征

法治具有如下的特征：

1. 法律的至高无上性

法律的至高无上性，意味着任何个人意志都低于法律，法律是评判社会成员行为的唯一与最高标准，任何社会成员包括统治者都没有超越宪法与法律的特权，都必须在法律规定的范围内进行活动，若有违反都将受到法律的制裁。同时，立法权也受制于法律，法一旦创制出来便具有了不依赖于立法权的权威，不仅行政权、司法权要依法行使，而且立法权也须依法行使，它虽可以修改、废止既成法律，却不能违背既成法律。

2. 国家权力的相对性

法治要求国家权力应当具有相对性，而不是无限的。国家权力的权威必须基于法律的权威之下，法律本身也是为了限制国家权力从而保护公民合法权利而制定。法治的目的是实现人的精神自由，以保障公民权利的实现，必然要求限制国家权力。国家权力相对性的实现，必须建立起有限政府、权力分立与制衡等制度。

3. 法律的明确性、普遍性与公开性

法律首先应当能被它的接收者认知和理解，立法机关制定的法律不能模棱两可，必须使得一般公众能够得以理解其含义，否则法律即无法得以推行。法律还应当具有普遍性，必须在社会政治经济生活中都能起到主导性的调整作用，以供社会普遍适用。立法机关制定的明确、普遍的法律还应当公之于众，让民众得以知晓，进而以此来约束自己的行为，将其作为自己的行为准则。

4. 司法公正、独立

法治社会中，司法必须保证公正与独立。虽然法律制定完备，若司法过程中不能公正地使用法律，法律便失去了意义。只有在司法中秉承公正原则，才能通过法律伸张正义。司法只能依附于法律这一权威，如果法律以外的权威对司法产生了重要影响，便不能依靠司法来实现法律的统治。因此，必须保证司法的独立。

5. 法治的原则性

法治是行政法的基本原则之一，也是在行政法诸多原则中最重要的原则。行政法的基本原则是指反映现代民主法治国家的宪法精神，规范法和行政之间的关系，约束行政立法、行政执法和行政法制监督等各个环节和行政法律关系各个方面的主要法则或者标准。行政法上的法治原则的核心内容是依法行政。

二、行政法治

（一）行政法治的内涵

行政法治是行政组织结构法治、行政职权法治和行政行为法治的总称，具体包括：

1. 行政组织结构法治：根据编制法、政府组织法来管理政府行政机构设置、职能和职权配置；处理各级政府间、各政府部门间的关系。

2. 行政职权法治：政府职权来源于法，政府各项职权都由法律明文规定；政府自身不能为自己设置任何职权。政府权力是国家公共权力的组成部分，坚持政府职权法治要从根本上杜绝国家公共权力部门化、部门权力个人化的做法。

3. 行政行为法治：要坚持依法行政，具体做到：一是行政权的作用不得与法律相抵触；二是行政权没有法律依据，不得是人民负担义务，或分割其权利；三是行政权没有法律依据，不得免除特定人在法律上应负的义务，或为特定人设定权利；四是法律经各级行政机关自由裁量时，其权限仍需受法律限制。一切权力的行使都必须根据、服从、遵守法律。

因此，行政法治的含义主要包括三个要点：政府权力的取得必须由法律设定；政府权力的行使必须依法；违法行政必须承担法律责任。将行政权严格置于法律约束下，乃依法行政本质。

（二）行政法治的必要性

强调行政法治是由行政权本身的功能和特性决定的，主要可以从以下四个方面进行分析：

1. 行政权客体的广泛性要求通过法律对公民权利进行保护

在与公民、与社会的关系上，政府行政机关是最直接的、最经常的、最广泛的、最具体的，从一体两面说，受到行政部门侵权的可能性也最大。由于社会事务的广泛，涵盖社会方方面面，政府的职能也几乎延伸至社会的方方面面。强调依法行政是出于保护公民权利的需要。

2. 由行政权的排他性而导致的行政专横需要通过法律来约束

在组织构成和决策程序上，唯独行政是首长个人负责制。由于权力作为一种社会存在本身具有强烈的扩张性、侵犯性、排他性、诱惑性、腐朽性、渗透性等不良特性，如果没有法律的限定和其他国家权力的制约，行政首脑是有可能大权独揽，实行行政专横的。

3. 行政权自身的膨胀性需要通过法律来约束

在实际生活中，“权”与“事”合称“权事”，即管理多少事情就有多大的权力。

4. 行政权的自由裁量性需要法律的规范

法律的规定总是原则的、有限的，法律的适用也经常是模糊的、有争议的。这就为行政权的行使提供了极大的客观空间，也提供了极大的主观可能性。如果没有法的规范性作为约束，很容易导致自由裁量的滥用。

（三）行政法治的历史基础和现实需要

依法行政起源于资产阶级反对封建专制的需要并成其强大的武器，发展于资产阶级巩固政权的需要并成其有力的工具。依法行政作为一种思想、一种理念、一种制度是有其历史基础和现实需要的，主要表现在以下几个方面：

1. 在经济基础上，依法行政与资本主义经济的诸要素相吻合

对于生产资料私人占有制，政府依法行政的第一要旨是阻止、反对和惩罚对私有财产的阻挠、侵犯、剥夺，以国家武装力量为后盾保护私有财产。对于市场经济，政府依法行政扮演执法者和引导者，鼓励合法行为主体自主经营、自负其责，反对任何主体不正当的介入、干涉、胁迫；对于竞争，政府依法行政保证竞争的公正性，竞争规则的合理性，其中包括因政府自身的特殊地位，政府不得以公开或隐蔽、直接或间接的任何手段获得经济利益。否则，市场经济必是无序的、畸形的、缺乏持续发展能力的，从而危及资本主义制度。这是资产阶级绝对不能允许的，因此，

“违法行政”者必受严惩。

2. 在政治理念上，依法行政与资产阶级的民主、自由、平等等观点和主张相吻合

资产阶级民主的对立物是封建君主专制或独裁，资产阶级自由的对立物是封建强迫服从，资产阶级平等的对立物是封建特权或利益独享。在反封建斗争之中，资产阶级的自然权利等理论，不仅有利于资产阶级夺取政权，而且也迎合了除封建阶级之外的其他社会各阶级的要求。这就在阶级观点和公众意识之间寻获了一个平衡点，从而建立了一个为社会普遍认同的理念，并逐步演化为一种社会意识形态延续下来。总之，由于依法行政始于反对封建王权的斗争，由于社会各界对封建专制的普遍的惧怕和行政权具有的各种特性，因此，为了维护民主、自由、平等而限制、规范行政权就成为一种社会共识。

3. 在国家政治体制上，依法行政与资产阶级的三权分立及制衡制度相吻合

生产资料私有制产生于经济利益的差异进而产生政治主张的不同，“机会均等”“利益均沾”等市场经济原则反映在国家政治体制上，就会强调权力分立和制衡，而为了均势，对较多握有实际权力和经营性权力，因而最有可能侵权的行政权就要重点框限。

三、西方国家行政法治的发展历程

法治行政是资产阶级民主宪政运动的产物。在资产阶级革命胜利以后，法治成为了一种重要的治国方法，法治原则也作为一个重要的宪法原则得以确立。没有法治行政，就不会有法治国家的存在。西方国家法治行政的基本要义、基本精神体现在法律制度和具体的法律规范之中，体现和贯彻实施于公共行政活动之中且历时变迁。

1. 在自由资本主义时期，与反对国家干预的自由主义的统治方法和议会至上的资本主义政治制度相适应

这一时期，法治行政的基本要义表现在：

（1）行政权的作用不得与法律相抵触；

（2）行政权没有法律依据，不得使人民负担义务，或分割其权力；

（3）行政权没有法律依据，不得免除特定人在法律上应负的义务，或为特定人设定权利；

（4）法律经各个行政机关自由裁量时，其裁量权的界限，仍须受法律限制。

一切政府权力的行使都必须根据法律，服从法律，遵守法律。这反映了自由资

本主义时期“无法律即无行政”的法治行政现实，也是“政府法治主义”的充分体现。

2. 垄断资本主义时期：与积极行政、服务行政相适应的法律支配下的法治行政

这一时期，法治行政的基本要义表现在：

（1）凡有关人民自由、财产权的规定，应受法律的支配；

（2）以法律指导行政，行政行为与法律相抵触时，不产生效力；

（3）行政活动虽非必须全部从属于法律，但对基本权力的限制必须以法律制定。

垄断资产阶级面对尖锐的矛盾冲突，既要求授予政府广泛的委任立法权和自由裁量权，同时又要在根本上坚持资产阶级的民主宪政原则，对政府行使委任立法权和自由裁量权加以控制。因此，法治行政原则就包括了既要强调行政权威，授予政府必要的政府权力，以应付日趋复杂的社会关系和各种利益冲突；又强调控制政府，防止政府滥用政府权力的双重要义。

3. 资本主义一步一步走上国家资本主义或资本垄断之路，它的政治将不可避免地极权化、官僚主义化

这种极权化、官僚主义化的“万能政府”，形成了政府垄断，导致了公共行政的低效率，带来了巨额的政府财政支出与赤字，导致了政府干预的高额成本。针对这种社会现实，自 20 世纪 70 年代以来，西方国家掀起了政府改革运动——新公共管理运动。改革所采取的措施之一就是放松规制，民主宪政对公共权力的限制与制约，在形式上已不局限于刻板的法律条文对公共权力的限制，而是寓市场竞争机制于公共管理之中，强化公共部门的责任和“服务意识”；变过去的过程控制和单纯的规则控制为绩效控制、结果控制，推行政府绩效评估。这样，既要适应当代社会信息化、经济全球化、管理民主化的发展要求，充分调动政府公共部门及其公务人员的主动性、积极性，又要保证对政府权力进行有效的制约。

由此可以看出：第一，西方国家法治行政的基本含义，并不是固定不变的，而是随着社会条件的变化而变化；第二，无论如何变化，法治行政所包含的对政府权力加以制约的民主宪政理念没有改变，只是根据社会条件的需要，法治行政所依之法由议会制定的成文法律扩展到政府根据议会或法律授权而制定的规章，在政府权力制约的方式上也进行了变化；第三，这种变化越来越表明，在制度上要强化政府权力制约，以体现制度的公平、公正和民主，但在运行机制上，要强化政府权力的有效性、高效率性，并实现二者的有机统一。

第二节 法治政府的含义与特征

一、法治政府的含义

“法治政府”是近两年来提出的一个新的行政法治理念和目标。在我国，改革开放以后，对行政机关及其社会公共管理活动的规范，最早提出的要求是“依法办事”。应当说，从价值和功能角度来讲“依法办事”这一概念具有明显的“法律工具主义”和实用主义色彩。

1993年八届全国人大一次会议的《政府工作报告》第一次正式提出了“依法行政”的概念。“依法行政”的基本含义是指行政机关管理社会公共事务的政府权力必须经法律授权，行政机关的一切行政活动必须依据法律规定并在宪法和法律范围内活动。从“依法行政”到“法治政府”是我们党对社会主义法治建设的认识达到了新高度，可以说法治政府是依法行政的深化和必然结果。“依法行政”与“法治政府”这两个概念有着密切的联系：一方面，行政机关严格依法行政是建设“法治政府”的必然要求和基本条件；另一方面“法治政府”则是行政机关依法行政所追求的目标。

但是，严格说来，“依法行政”与“法治政府”在内涵上还是有区别的。这首先体现在，从“依法行政”的价值取向上来看，“依法行政”所依之“法”既可以是体现“法治”精神的“良法”，也可以是违背法治精神的“恶法”或“劣法”，而“法治政府”则内在地要求行政机关依法行政所依之法必须是体现“法治”精神的“良法”，行政机关必须依“良法”而行政。其次，从依法行政所追求的价值目标来看，依法行政既可以以“法治政府”作为自己的追求目标，也可以以“法制政府”作为自己的追求目标。这也就是说，依法行政并不能必然地保证“法治政府”目标的确立和实现。由此可见，“依法行政”无法包含“法治政府”所包含的良法之治、公平正义、法律至上以及“民意政府”“有限政府”“透明政府”“责任政府”等含义。

“法制政府”与“法治政府”的含义虽然相互联系、相互渗透，但却有本质的不同。“法治政府”除了“法制政府”所包含的具有法律制度、强调法律的执行和遵守、强调依法行政等价值要素之外，还包含有“法治”所蕴含的民主政治、公平正义、权利保障、权力制约等价值要素。正因为如此，国务院在《全面推进依法行政实施纲要》中强调，建设法治政府，必须建立“行为规范、运转协调、公正透明、廉洁高效的行政管理体制”“权责明确、行为规范、监督有效、保障有力的行政执法体制”和“科学化、民主化、规范化的行政决策体制”，强调行政管理要“做到公开、公平、公正、便民、高效、诚信”。

具体而言，法治政府的内涵包括：

（一）法治政府崇尚秩序并反对无政府状态

社会秩序意味着在社会生活方面存在着某种程度的一致性、连续性和确定性。人类崇尚秩序，并因为能在有秩序的生活中实现自己的价值而崇尚法律。与秩序相反，在无政府状态中，任何人都不受他人或群体的权力与命令的支配。人类社会不可能在无政府状态下运转，我们也不能假定建立在无政府状态基础上的社会会给人类带来更多的自由和幸福，相反，我们看到的更多是建立在无政府状态下人类的自私、贪婪、相互残杀和对基本的人的权力的践踏。因此，对法治政府秩序的追求，就必然反对无政府状态。

（二）法治政府要求法律具有普遍性

一个社会和政府所应遵循的法律应当具有普遍性，这种普遍性意味着法律是由用以安排或裁量大量的人类行为模式或尺度构成的，而不是由用以处理单一的个别的情形的命令构成的。法律的普遍性为公正地执行法律奠定了基础，同时，人们能够预见到行为的后果，从而安排他们未来的行为；法律的普遍性也意味着法律的普遍遵守和人人在法律前的平等。法律的普遍性，是一个法治政府所应具有的最基础的形式要素，一个社会没有这种形式要素，就不配成为一个法治国家。

（三）法治政府要求体现实质正义

尽管一个法律制度的存在与否，可以不以正义为其条件，但是如果一个社会根本无视正义观念具有的主要实质性价值，那么它便不是一个法治的国度。同样，在现代民主社会，当一条或一套规则因其违背道德上的价值而受到抵制，那么必然因为它是“恶法”而无意义，国家将不可避免地崩溃。保障公民的权力和自由，是实质法治区别于形式法治的关键。

（四）法治政府的核心在于政府受法律的约束和控制

法治政府的理念固然承认并重视民众的守法，但其重点不是“治民”，而是“治官”，其基本的要义在于“治国者先受治于法”。它不是强调政府要维护和执行法律的秩序，而是政府本身要服从法律制度，而不能不顾法律或重新制定适应本身利益的法律。如果不对政府的权力加以限制，如果政府权力的行使缺乏标准，那无疑是对专制的认可。因此，一个法治的社会经常试图阻碍压制性权力的出现，其依赖的一个重要手段就是通过立法为政府设定规则，通过广泛的分配权力来制约权力，通过政府间权力的分配实现以权力制约权力。

二、法治政府的特征

法治政府应具有以下若干基本特征：

（一）民意政府

法治政府首先应当是民意政府。这是因为，法律特别是良法是人民意志的体现。依法治国就是按照广大人民的意志和意愿来治理国家，依法行政也应该是政府（行政机关）按照广大人民的意志和意愿来行政，来进行社会公共管理活动。在现代社会，人民的意志是通过法律和法治来体现和实现的。在我国，各级政府（行政机关）都是由代表民意的机构各级人民代表大会，依据体现广大人民意志和意愿的法律，按照法定程序选举产生而设立的，而且各级政府的职权也是由体现广大人民意志和意愿的法律而授予的。因此，各级政府（行政机关）必须按照法律也即广大人民的意志和意愿来行政，来履行自己的权利和义务。同时，人民群众有权对政府的行为进行评价和监督。

（二）有限政府

法治政府应当是有限政府。这主要是因为，一是政府权力有限。政府的权力是人民通过法律授予的，因此，政府只有在法律的权限之内才能获得权力和行为的合法性。从权利和权力的来源来看，公民权利是公民本身固有的，相反，政府权力则是公民权利授予的。从法律的角度来看，公民的权利是广泛的，只有法律禁止的，公民才不得为之；而政府的权力则是有限的，它的权力只能来源于人民以及法律的授权和委托，它必须在法律规定的范围内活动，否则即为无效或非法。由此可见，法治之下的政府权力必然是一种“有限权力”，法治之下的政府也必然是一种“有限政府”。二是政府职能有限。政府职能是政府行政管理的基础，也是政府权力作用的范围。在不同的时期，政府的职能是不同的。在市场经济条件下，尤其是在社会主义市场经济和社会主义法治条件下，政府的职能是有限的，有很多事情不需要政府去管理而应由社会和市场本身去解决。到底政府应该具有哪些职能？经过长时间的实践和认识，人们基本上达成了一些共识，对此，国务院制定的《全面推进依法行政实施纲要》做了明确的界定：“凡是公民、法人和其他组织能够自主解决的，市场竞争机制能够调节的，行业组织或者中介机构通过自律能够解决的事项，除法律另有规定外，行政机关不要通过行政管理去解决。”此外，政府权力的扩张性、腐蚀性本性，客观上也要求政府必须是有限政府。

（三）诚信政府

法治政府应当是诚信政府。所谓诚信政府，就是要求政府做到诚实守信。诚信是政府得以存在和进行有效管理的基本前提，同时也是获得人民信赖的基本条件。诚信原则是政府行使权力、进行行政管理活动所必须遵守的原则。这一原则不仅在行政执法活动中具有指导性和适用性，而且在行政立法和行政司法领域，乃至司法机关裁判行政行为是否合法的行政救济领域中，同样具有适用性和拘束力。政府要做到诚实守信，首先要求政府的行政行为要具有真实性、善良性和稳定性。政府行为的真实性体现为政府行为真实、可靠，政府提供的信息全面、准确、真实；政府行为的善良性体现为政府行为的动机是善意的，是为了社会的利益和公众的利益，政府行为既合法又合理；政府行为的稳定性体现为政府做出的决定和行为具有科学性，能够保持相对的稳定性。诚信政府特别要求政府的行政行为要保持一定的稳定性。而要做到这一点，首先就要求政府依法行政所依之“法”要具有稳定性。其次，政府要遵守信赖保护原则。所谓信赖保护，是指公民出于对政府的信赖而做出的行为和获得的利益应受到保护。信赖保护和诚信政府是相辅相成、相互共生的。信赖保护催生诚信政府，而诚信政府必须遵循信赖保护原则。信赖保护原则对政府的行政行为提出了更高的要求。对此，国务院制定的《全面推进依法行政实施纲要》做了明确的要求，即“非因法定事由并经法定程序，行政机关不得撤销、变更已经生效的行政决定；因国家利益、公共利益或者其他法定事由需要撤回或者变更行政决定的，应当依照法定权限和程序进行，并对行政管理相对人因此而受到的财产损失依法予以补偿。”此外，诚信政府还要求政府是透明的。这要求政府必须实施“阳光政策”推行政府信息公开制度。这也是预防政府腐败的重要手段和制度安排。

（四）责任政府

法治政府应当是责任政府。所谓责任政府，就是说政府要对自己的行为负责，特别是要对自己的违法行为负责，承担相应的责任。责任政府是现代民主政治的基本理念，同时也是对政府公共管理进行民主控制的制度安排。从法治角度来看，权力与责任是相联系和相统一的，有权必有责，行使多少权力必须承担多少责任，而且政府权力（职权）本身就是一种职责、一种义务，政府的权力（职权）必须依法积极行使而不能放弃，否则就是失职，就必须承担法律责任。此外，责任政府意味着政府的行为和权力必须接受监督，不受监督的权力必然产生腐败。这正如国务院制定的《全面推进依法行政实施纲要》所强调的“有权必有责、用权受监督、违法受追究、侵权须赔偿”。

三、法治政府的必要性

党的十八大提出到2020年依法治国方略全面落实，法治政府基本建成的奋斗目标。当前，全面推进依法治国进入关键时期，加快建设法治政府任务艰巨而紧迫、意义重大而深远。

（一）加快建设法治政府是全面推进依法治国、建设中国特色社会主义法治体系的重要内容

《中共中央关于全面推进依法治国若干重大问题的决定》（以下简称《决定》）明确提出："全面推进依法治国，总目标是建设中国特色社会主义法治体系，建设社会主义法治国家。"当前，中国特色社会主义法律体系已经形成，总体上解决了有法可依问题，但有法不依、执法不严、违法不究问题仍相当程度存在，严重损害了宪法法律的权威和尊严。因此，建设高效的法律实施体系是建设中国特色社会主义法治体系的重要任务，全面推进依法治国的重点是保证宪法法律严格实施。行政机关作为国家权力机关的执行机关，负有严格贯彻宪法法律的重要职责，是实施宪法法律的重要主体。行政机关的执法水平直接关系人民群众的切身利益，直接关系党和政府的公信力，依法治国目标的实现很大程度上决定于法治政府建设的进度和质量。各级政府必须按照“坚持依法治国、依法执政、依法行政共同推进，坚持法治国家、法治政府、法治社会一体建设”的要求，深入推进依法行政，切实做到严格执法和带头守法，全面提升政府工作法治化水平，确保依法治国方略全面落实。

（二）加快建设法治政府是全面建成小康社会、全面深化改革的迫切需要

全面建成小康社会和全面深化改革必须加强法治。习近平总书记强调指出，凡属重大改革都要于法有据，在整个改革过程中，都要高度重视运用法治思维和法治方式，发挥法治的引领和推动作用，加强对相关立法工作的协调，确保在法治轨道上推进改革。当前，全面建成小康社会进入决定性阶段，改革进入攻坚期和深水区，改革发展稳定任务之重前所未有，矛盾风险挑战之多前所未有。面对新形势新任务，各级政府要更加自觉地用法治眼光审视发展改革问题，用法治思维凝聚发展改革共识，用法治方式营造发展改革环境，用法治办法破解发展改革难题，用法治规范保障发展改革成果。要以更大的决心和更有力的措施，加快建设法治政府，为全面建成小康社会、全面深化改革提供坚实的制度支撑和有力的法治保障。

（三）加快建设法治政府是维护人民合法权益、实现社会公平正义的制度保障

公平正义是中国特色社会主义的内在要求。《决定》强调，必须坚持法治建设

为了人民、依靠人民、造福人民、保护人民，以保障人民根本权益为出发点和落脚点，保证人民依法享有广泛的权利和自由、承担应尽的义务，维护社会公平正义，促进共同富裕。法律是全社会共同遵守的行为准则，是协调不同利益的最佳调节器，是维护人民合法权益、实现社会公平正义的有力保障。通过建设法治政府，推动形成整体、全面、合理的制度安排，实现严格规范公正文明执法，强化对政府权力的制约和监督，保证依法全面履行政府职能，有利于促进各种利益依法调解、各种矛盾依法解决、各项社会事务依法管理，有利于促进社会成员依法享有权利、行使权利、维护权利、履行义务、承担责任，从而推动在全社会实现公平正义。

第三节　法治政府的构建

一、法治政府构建的背景

1999 年我国宪法修改，正式确立了实行依法治国，建设社会主义法治国家的目标，“依法治国重在依法治权”，可以说行政权是与公民联系最直接、最经常、对公民的权益影响最多的公权力。作为行政权主要行使主体的政府，在法定的事实、权限、程序下规范地运作有着重大意义，因此，依法治国的一个基本核心应当就是构建法治政府，全面实现依法行政。为此，2004 年，国务院发布了《全面推进依法行政实施纲要》，该纲要明确提出：全面推进依法行政，建设法治政府。这表明我国政府机关的执政理念开始发生根本性转变，法治政府的构建正式进入实施阶段。

十九大报告中，习近平总书记提出，“全面依法治国是中国特色社会主义的本质要求和重要保障。”将依法治国和中国特色社会主义建设联系起来，作为社会主义的一个本质要求，这就是依法治国的新定位。同时依法治国的功能是重要保障，重要保障的实现在深入依法治国的实践中，全面依法治国是国家治理的一场深刻革命，就是说全面依法治国是国家治理的一场革命，带来的保障不是一般保障，而是作为国家治理的一场革命性的保障，是与整个中国特色社会主义理论挂钩，与国家治理体系建设与革新配套，与四个全面、五位一体、四个自信高度统一。①

法治政府的特征及如何构建等都是学界和实务界关注的重要问题，很多地方政府为此也做出了积极回应，比如深圳市政府就于 2008 年制定了《深圳市法治政府建

① 黄震．十九大报告：一部贯穿法治精神的报告［N］．中国城市报，2017-10-23（19）．

设指标体系》。应当说，在法治政府的建设上，我国已有了一定的突破，但各种障碍性因素还不同程度地存在着，正如学者们在研究法治政府如何构建时都不约而同地将其视为一个系统工程一样，在探讨法治政府构建中的各种障碍因素时，也应当将其作为一个系统来审视，在法治政府的构建中，不仅需要分析各种障碍性因素及其存在的原因，同时也需要我们在此基础上具体探讨这些因素在导致政府行为失范中的联动关系，只有这样，才能避免“头疼医头，脚疼医脚”，“眉毛胡子一把抓”，确保我们找到真正可行的应对之策。

二、法治政府构建的困难

我国著名的系统论专家林福永教授从数学上证明了系统环境、系统结构和系统行为之间存在的固有关系及规律。在给定的系统环境中，任何一个组成部分（要素）的性质或行为将影响整个系统的性质和行为。因此，我们在讨论法治政府构建的各种路径障碍时，既需要分析政府机关自身的结构性障碍因素，同时也要探讨在宪法所确定的宪政架构下的体制性障碍因素。

（一）意识障碍：公务人员法治意识低

法律是一种规则，它的良好运行需要人们具备较高的法治意识。对公务人员来讲，法治意识主要意味着自觉地依法行使政府权力。在政府权力的运行中，权力主体虽然是有关的政府机关，但具体的行使者则是处于不同职位上的公务员，所以公务员的法治意识状况对法治政府的构建有着直接的影响。只有具备了较高的法治意识，公务员在履行其职责、行使有关政府权力的过程中才可能自觉地规范进行，才能确保其行政行为符合法律的授权目的。但由于以下因素的存在，导致我国相当一部分公务人员的法治意识还比较低。

1.“人性本善”观念的负面影响

对人性的认识方面，西方社会占统治地位的观点是“性恶论”。作为在西方社会居于主流地位的基督教的“原罪”理论就认为，人生来就是有罪的。正是基于对人性的怀疑和不信任，西方社会很早就确立了通过法律规制人性中“恶”的一面的法治理念，从而对西方主要资本主义国家法治状态的形成起到了重要理念指引作用。对人性的认识，我国战国时期的荀子也是坚持“性恶论”，可是，在秦统一六国后的漫长的中国封建社会，“性善论”一直占据着意识形态的统治地位，它所导致的直接结果就是：历代的统治者都希望通过自身的道德修炼来约束自己，大都认为只有“内圣”才能“外王”，被统治阶层同样也是希望能出现一位“德配天地，道冠古今”的统治者带来国家安宁。这也正是我国两千多年的封建“人治”制度如此顽固地存在的文化根基。现在这样一种对人性理想化的认识所决定的“道德万能论”已经被证明是片面的，然而这种文化的惯性在我国依然存在，它大大消减了国家力行法治的努力，使得很多地方政府在规范公务人员的权力行为时，过于倚重道德上的自律，忽视了法治意识的培养。

2. 民主意识薄弱

随着市场经济的发展和我国法制的健全，人们的民主观念有了一定增强，但中国两千多年的封建专制传统及现行体制中的各种因素导致的“官本位”意识仍然顽固地存在着，现在仍有部分公务人员民主意识较为薄弱，对手中的权力来源没有正确的认识，权力私有观念仍然较为浓厚，认为权力是谋取个人私利的手段，法治的对象是社会公众，而非政府权力；法律仅仅是社会管理的工具，而不是规范和控制行政权的工具。因此，在具体的行政事务中，以“指令、批示、条子”取代“法律”，在行政许可、行政执法中，不作为、乱作为等行政违法现象时有发生。少数地方政府及其公务人员在需要“治理”相关行政事务时，特别勤于撑起“依法行政”的旗号，喜欢以“依法行政”作为实现其行政意愿的工具，而当涉及治理行政机关及其公务人员的失范行为时，总是想方设法规避甚至逃避。

（二）机制障碍：公务员晋升机制不成熟

职位的晋升对公务人员有着重要的意义。现在组织部门在提拔领导干部时，考虑的两个重要因素就是政绩和社会稳定。这本应该成为激励领导干部勤政的较好途径，但一些地方领导干部为了“勤政”，为了政绩和社会稳定，却不惜违法行政，滥用权力，甚至侵害行政相对人的合法权益。如有的地方在追求发展的过程中，为了提升地方国民生产总值、增加财政收入，就以各种名义违法征地，对能够给地方带来税收的各种不法的经济行为置若罔闻。

（三）法律障碍：政府权力运行过程不够完善的法律规控

“依法行政”的前提是“有法可依”。“依法行政”必然要求一个健全的行政法律体系的存在，否则，公务人员在行使权力的过程中，很可能会依“指示”“条子”甚至是公务人员本人的“意志”办事。“指示”“条子”等基本上体现的是个别人的意志，虽然，有时候这些个别人能自我规范，但事实已经证明，人性与权力结合的失范很容易导致权力的滥用，现实生活中的亲情、友情包括掌握权力的公务人员自身的需求往往会使公务人员不知不觉地背离权力行使的民主追求。近几年发生的行政侵权案例表明我国现阶段的政府权力规范运行还存在着法律障碍，这里的法律障碍形成的直接原因，主要有以下两点：

1. 行政法典和决策程序缺位

首先，行政法典化是当代法治国家的共同经验，它对于政府权力制约、规范政府行为具有重要作用。然而，我国到目前为止缺乏统一的行政法典，包括行政组织规则、行政行为规则和救济规则。这些方面均无系统的法律进行规范，多数见于众多的行政管理法律规范中，有的甚至相互冲突，导致行政损害时有发生。

其次，中国目前还没有一部公开的、统一的立法规定政府机关应依何种程序做出其决策，规范决策程序的各种文件，往往由行政机关以内部规范加以规定。一方面，这些规范性文件的位阶较低；另一方面，行政机关在制定将要对自己以后行为构成制约的规范之时更多的是以方便自己行使权力、便于管理为主，而较少考虑行政相对方的情况，而且大多是内部文件，社会公众的可获得性有限，也就无从知道行政机关将依何种程序做出决策。

2. 规范、监督行政立法的法律不健全

在我国，行政立法的数量远远超过权力机关的立法数量，行政立法对行政主体的行政行为、行政相对人的权益都有着深远的影响。我国主要通过《立法法》（2015 年、2023 年修订）规范行政立法活动，该法仅对全国人大与全国人大常委会的立法程序做了专门规定，而对政府的行政行为有着重大影响的国务院的行政立法，只是做了“行政法规在起草过程中，应当广泛听取有关机关、组织和公民的意见”等几条规定，对规章的制定程序，并未具体涉及。该法第九十一条规定：“国务院各部、委员会、中国人民银行、审计署和具有行政管理职能的直属机构以及法律规定的机构，可以根据法律和国务院的行政法规、决定、命令，在本部门的权限范围内，制定规章。”

此外，基于各种考虑，我国《行政诉讼法》将行政立法排除在司法审查之外的做法，也不利于监督、规范行政立法活动。

（四）体制障碍：政府权力运行的外部监督无力

《行政监察法》确定了行政监察机关在监督政府依法行政中的主体地位。2009 年上海“钓鱼执法案”已体现出行政监察的重要作用，不过这种监督毕竟只是体制内的监督，其局限性显而易见。为确保政府权力的依法行使，根据宪法和法律的规定，我国确定了国家权力机关、司法机关等共同行使监督权的宪政体制。但实践证明，该体制下的人大和法院并未履行好各自的监督职能，结合二者的性质，探讨其原因，主要有以下两点：

1. 人大监督权有待完善

根据《宪法》的规定，各级政府的权力都是通过人大授予的，因此，人大监督权的行使，可以从源头上规范政府权力的运行。然而人大监督权的行使在现实中还存在很多问题。如全国人大常委会法工委社会法室主任郭林茂认为，地方人大监督工作存在的问题有："一是对人大监督的认识还没有真正到位；二是监督制度不完善；三是与现行一些体制不协调；四是地方人大的自身建设不适应人大监督工作的需要；五是探索的监督形式还存在不足；六是监督效果不理想。"

2. 司法的独立性应加强

"司法独立的深层原因在于法律系统的独立性、法律的权威性和司法的公平性"①，"在所有必须维护法律和秩序的地方，法院是最需要法律秩序的。司法过程必须不受干扰和干涉。冲击司法正常进行就是冲击我们社会的基础。为了维护法律和秩序，法官有权而且必须有权立即处置那些破坏司法正常的人。"② 我国的《宪法》及有关的诉讼法律已确定了司法独立的原则，不过司法独立毕竟是源自西方并在西方各国三权分立的政体框架下所确立的司法活动的基本原则。在我国，虽然学界对于如何实现司法独立已提供了很多对策，但立法上对于如何既坚持党的领导，同时又要构建符合我国实际情况的司法独立制度一直没有实质性进展。因此，本应能很好地发挥监督、规范政府行政行为的行政诉讼制度并未有效地运行起来，这间接成为一些地方政府滥用政府权力的"助推器"。

三、法治政府构建的对策

公务人员的法治意识是政府依法行政的理念基础，虽然通过教育等途径，能在一定程度上影响公务人员的法治意识，但形成这一意识的文化、观念等因素都不是短期内能够改变的。公务员作为职场上的"经济人"，在通过滥用权力创造政绩和维稳的时候，会衡量违法的概率和违法成本，由于以上所述法律障碍和体制障碍的存在，使得违法的概率提升，违法成本却大大降低，从而增强了其违法行使权力的信心。所以，公务员晋升机制不成熟仅仅是公务人员滥用权力的诱发因素，而导致权力滥用的根本因素还是法律障碍和体制障碍。权力意味着资源的支配和控制，任何掌握权力的人都有可能滥用权力，因此，要有效地规范权力的运行必须依靠外在的力量。

（一）转变行政立法的理念，重视对政府权力运行的过程控制

我国各位阶的立法活动都不同程度受"重实体，轻程序"等观念的影响，不重

① 王人博，程燎原．法治论［M］．济南：山东人民出版社，1998.

② 丹宁．法律的正当程序［M］．李克强，杨百揆，刘庸安译．北京：群众出版社，1984.

视对权力运行的过程控制，虽然我国已有了不同位阶的规范政府权力运行的立法，但都存在规定不全面、位阶较低等各种问题，这给政府权力的滥用留下了很大的空间。当前急需解决的问题就是，加快行政立法的进程，适时推出行政程序法、行政强制法等注重从过程角度规范政府权力运行的法律，只有这样，才能做到政府行为的“有法可依”。

（二）进一步推进政治体制改革，真正树立人大的权力监督主体地位

1. 坚持党对人大的领导

2014 年 9 月 5 日，习近平总书记在庆祝全国人民代表大会成立 60 周年大会上发表重要讲话。讲话在论述坚持和完善人民代表大会制度时强调必须坚持党的领导，坚持人民当家作主，坚持依法治国，坚持民主集中制。讲话就不断加强和改善党的领导提出“四个善于”的新要求，即：善于使党的主张通过法定程序成为国家意志，善于使党组织推荐的人选通过法定程序成为国家政权机关的领导人员，善于通过国家政权机关实施党对国家和社会的领导，善于运用民主集中制原则维护党和国家权威、维护全党全国团结统一。这是我们党的领导人就执政党如何加强和改善对人大工作的领导第一次做出全面系统论述，是我们党治国理政思想的重要发展和重大创新，为科学规范党委与人大的关系精准定位、指明方向。

2. 加强对人大监督职能实现的过程控制

“人民代表大会制度的实体正义主要体现在反映人民意愿，实现人民当家做主上，但是，无论实体的设计如何美妙，如果在程序的设计及其运作不符合实体的目的时，再美妙的人民代表大会制度也会变成虚幻。”① 程序是对人大监督职能进行过程控制的主要制度方式。所以，完善人大监督的程序规范是树立人大监督主体地位的重要保障。

3. 增强人大代表的代表性

基于制度身份，人大代表被赋予管理与监督的双重职责，然而由于选举制度设计得不够完善等原因，我国各级人大代表的代表性有待进一步加强。增强人大代表的代表性，首先，要剔除人大代表的双重身份，实现人大代表的专职化。人大代表的性质要求其应当有相应的精力和能力，而我国的人大代表实行兼职制，这直接导致绝大多数人大代表的角色也双重化了，他们既是人大代表，又是我国各行各业的从业人员，一些人大代表是其所在行业的精英，但并不意味着能胜任代表的职责。

① 王明华．人大监督程序的创设与细化初探．市人大工作理论研究会交流论文，2012 年 7 月 2 日．

其次，不断完善选举制度，逐步扩大直接选举的范围。直接选举更有利于实现公民的政治诉求，随着经济的发展、技术的进步，在县区级人大代表直接选举的基础上，探索实现更高层次的直接选举的做法是完全可能的。最后，完善参选人的介绍制度，提高选举的竞争性，建立公平、公开的参选人竞选制度。选举竞争不仅有利于让选民更充分地了解参选人，同时也利于密切选民与代表的联系，让选民选出真正能代表自己利益的代表。

（三）扩大司法审查的范围

1. 规范党的领导与法院独立行使审判权之间的关系

在处理党的领导与法院独立行使审判权之间的关系时，最为重要的是规范党对法院的组织领导。目前，在部分行政诉讼中，一些地方政府或个别领导对案件的干预过多，这不仅不利于对违法行政行为的追责，更是纵容了政府机关的行政违法，大大阻碍了我国构建法治政府的进程。因此，现行体制下，实现司法独立必须使党的领导法治化，从而规范党的领导与法院独立行使审判权之间的关系。

2. 实现法院的财政独立

现行体制下，法院的办案经费和法官的工资基本都是来自于地方财政，这极大消减了法院独立办案的决心，有必要实施由中央财政承担全国各级法院经费的做法。

3. 将抽象行政行为纳入司法审查范围，增设公益诉讼

法院司法审查的范围直接决定着对政府行政行为进行司法监督的力度。根据我国《行政诉讼法》第二条之规定，能被纳入司法审查范围的行政行为须同时具备两个条件：第一，该行为必须是具体行政行为；第二，该行为必须侵犯了行政相对人的合法权益。该规定对人民法院的审判活动起到了重要的规范和指导作用，但随着经济社会的发展，其局限性日益凸显。

【思考题】

1. 简述法治的含义。
2. 简述法治政府的内涵。
3. 结合实际，谈谈法治政府构建的意义、困难及对策。

【案例】苏州：积极推行行政立法全过程质量监控体系[1]

苏州自1993年获得地方立法权以来，立法实践结出丰硕成果，共制定地方性法规86件，政府规章131件。苏州市委、市政府积极推进行政立法的制度建设和制度创新，逐步形成了以《苏州市人民政府制定规章规定》为统领，以立法前评估、立法中协商、立法后评估三大制度为支柱的行政立法全过程质量监控体系，实现了立法质量的全过程、全链条规范管理和监控，显著提升了地方立法的实际成效，走出了一条彰显苏州特色的地方立法之路。

一是立法前评估，2009年，苏州探索开展立法前成本效益分析工作，2019年出台政府规章《苏州市人民政府立法前评估办法》，将立法质量管控关口前移至立项阶段，明确由申报立法计划的单位成立立法前评估小组，形成评估报告，并经市政府立法部门组织专家进行立项论证。

二是立法中协商，2016年，苏州市开始探索立法协商制度，2017年起，苏州市政府出台《苏州市人民政府立法协商办法》，增强了协商对象的广泛性、协商范围的深入性、协商事项的全面性和协商方式的多元性，《苏州市人民政府立法协商办法》实施以来，苏州已对48件法规规章召开立法座谈会148场，有效化解了立法分歧、凝聚了立法共识。

三是立法后评估，2011年，苏州出台政府规章《苏州市规章立法后评估办法》，检验立法质量、查验实施绩效，明确了规章应当进行立法后评估的六种情形，细化了后评估的六大标准和后评估报告的三大主要内容，同时，将后评估报告的建议和结论，作为修改、废止规章的重要依据，截至2021年底，已安排67件政府规章进行立法后评估，根据后评估结果，依法修改规章16件，废止规章15件。

同时，苏州市还设立行政立法审查委员会，加强党对立法工作的领导，对立法计划、法规规章草案开展集体审查；在全市建立50家政府立法基层联系点，保障公众有序参与立法，拓宽立法民意反馈渠道；建立“谁立法谁普法”机制，让立法工作飞入寻常百姓家。

【问题】

1. 结合材料，试分析苏州行政立法全过程质量监控体系的特点及其影响。
2. 结合所学知识或实践案例，谈谈你对违宪审查的理解。

---

① 张楷，沙叶丹．苏州市“行政立法全过程质量监控体系”获奖［N］．国际在线，2022-03-21.

第十五章 政府监督

物必先腐，而后虫生。 ——苏轼《范增论》

乌鸢之卵不毁，而后凤凰集；诽谤之罪不诛，而后良言进。 ——《汉书》

专己者孤，拒谏者塞。 ——《后汉书》

外疾之害，轻于秋毫，人知避之；内疾之害，重于泰山，而莫之避。 ——南北朝·刘昼

居官当廉正自守，毋黩货以丧身败家。 ——《元史·刘斌传》

有法可依，未必有法必依，故而，政府官员需要监督。“阳光是最好的防腐剂。”让政府权力在阳光下运行，通过政府监督，是构建廉洁政府的必由之路。

第一节 政府监督概述

一、政府监督的含义及特点

（一）政府监督的含义

政府监督是指对国家行政机关及其工作人员的行政管理活动依法所进行的监督，既包括国家行政机关内部上级行政机构对下级行政机构的监督、专业政府监督机构对其他行政机构和行政人员的监督、行政领导者对被领导者的监督和被领导者对领导者的监督，也包括行政机关以外的国家机关、政党组织、社会团体、大众媒介和公民对行政机关及其工作人员的行政管理活动依法所进行的监督。

政府监督是对国家行政机关及其公务人员的行政行为是否遵从法律、规章进行检查，对行政管理过程及其结果进行监督，以防止和纠正管理中的偏差和失误，约束行政机关及其公务人员的行为，保证行政管理的顺利进行。

（二）政府监督的特点

1. 政府监督的实质在于对政府权力运用的限制和对行政管理机构与人员的督促

权力是一种影响力和支配力，在行政关系中，政府权力往往占有优先性和强制性。掌握和行使政府权力的机关和人员在没有监督的情况之下就可能滥用自己的权力，做出损害公共利益和公民利益的行为，甚至给社会带来严重的后果与损失。为了对政府权力的运用进行有效的限制，同时督促行政管理机构与人员认真履行职责，按照行政规章和行政规范的要求开展工作，就必须对行政决策和行政执行两个环节进行监督。其一，行政决策是否按照公共利益的要求进行，是否合理，是否合法，是否符合现代社会的要求；其二，行政执行活动的开展是否完全有效地符合行政决策的要求，是否能完成行政决策的既定目标和任务，而没有出现执行偏离目标的情况，这些都是现实行政管理中出现的基本问题。而之所以会出现这些问题，根源在于，行政机关和人员掌握了政府权力。

2. 政府监督的对象是行政管理机构和行政管理人员及其行政管理活动

政府监督的对象是行政管理机构及其工作人员，更确切地说，是对行政管理机构及其工作人员职务行为的合法性、合理性进行监督，非职务行为、纯粹是私人事务，对这些都不能进行政府监督。另外，政府监督的对象是行使政府权力的工作人员，而行政管理机构中的工勤人员则不在被监督的行列之内。

3. 政府监督的主体具有广泛性，既包括行政机关内部的监督主体，也包括行政机关外部的监督主体

各级行政监察机关及其派出机构是行政系统内部的监督主体。在我国，有国家监察部，它是中华人民共和国国家最高行政监察机关，是国务院直接领导的专司行政监察的职能机构。另外，监察部在国务院所属各部委设立监察局，负责监督、监察驻在部委各职能部门及其工作人员。县以上人民政府设立监察局，省、自治区人民政府设立监察厅。地方行政监察机关是地方人民政府负责监察工作的专门机构。

同时，行政管理机构外部的监督主体也可以对行政管理机构进行监察，这包括权力机关的监督、执政党的监督、司法机关的监督、人民政协的监督、新闻舆论的监督和公民的监督等。所以说，政府监督是一个宽泛的概念，其主体具有广泛性。

4. 政府监督是一种依法实行的法定行为

政府监督不是任意开展的活动，而是有法可依、依法实行的法定行为。首先，我国1993年颁布实行的《国家公务员暂行条例》就含有对国家公务人员进行监督和管理的具体内容，以“考核制度”为主要代表。为了加强监察工作，保证政令畅通，维护行政纪律，促进廉政建设，改善行政管理，提高行政效能，根据宪法，我国1997年制定并颁布了《中华人民共和国行政监察法》，该法详细规定了我国行政监察的主体、职责、权限、程序和法律责任，是我国政府监督的重要法律文件。1998年又颁布了《监察机关审理政纪案件的暂行办法》等行政法规。2018年颁布《中华人民共和国监察法》，实现了监察全覆盖。监察机关和人员依法对政府监督对象进行监察活动，这是建设法治政府的一个重要环节和应有之举。

二、政府监督的意义

加强政府监督对于行政管理活动来说，有着非常重要的意义，尤其是对于当代中国行政管理而言更是如此。

一方面，加强政府监督，是防止政府权力被滥用的一项十分有效的措施。政府权力是一种公权力，是公众赋予行政管理人员的，为公共利益服务的权力。但在实际过程中，权力的使用可能出现扭曲。一方面，可能由于失误和大意，造成行政管理过程和行政行为中的失误，对行政管理工作和国家、社会、公民个人带来损失和伤害；另一方面，由于行政管理人员私欲的膨胀，可能滥用政府权力，使权力演化成个人或小集团谋私的工具，滋生腐败行为。而杜绝这种情况的重要办法就是进行政府监督，对政府权力的范围、行使程序、行使结果进行全流程的监督，防止政府权力异化的可能。因此，政府监督的开展有利于建设一个“廉洁、高效、勤政、务实、责任”的政府。

另一方面，加强政府监督有利于提高行政效率。对于行政管理机构本身来说，政府监督可以减少行政行为中可能出现的失误和违法乱纪，从而避免错误决策给行政管理机构和社会带来的负面影响。行政决策效率和质量的提高，必然有助于提高整个行政系统的效率。又如，对行政执行环节的监督，可以及时发现行政执行中的失误和偏差，督促各部门采取相关措施，及时进行改进和纠正，防止错误的蔓延。还可以通过政府监督对行政人员的工作和行为进行一定的考核与测评，帮助行政管理机构总结经验教训，改进工作，促使行政人员发现自身的问题，提高自身的素质，更有效、高效地完成行政任务。当然，政府监督也能够使政府权力的使用更加科学与合理，更能为公共利益服务，这些都能有利于行政效率的提高。例如，可以通过监督检查和督促行政决策中的民主化、科学化。

三、政府监督的理论基础

（一）分权制衡理论：以权力制约权力

分权制衡理论也称权力制约论，它是西方国家的立法、行政和司法三种权力各自独立又相互制约和均衡的理论。它强调：为防止政府权力的腐败或滥用，必须对它进行合理分割，并建立相互制约和监督的关系。分权制衡论是被西方国家普遍运用在政治体系和其他国家管理活动中的重要法理。分权制衡理论对权力的制约最为直接有效。

孟德斯鸠的分权学说表现为一整套权力结构的设计，具体包括：

第一，他主张立法权应由人民选举的代表来行使。

第二，他认为政府权力和军队应交由国王掌握。

第三，他强调司法独立原则。

分权制衡论主导下的以权力制衡权力的权力制约模式虽能有效制约权力，但不可能解决所有的滥用权力问题。就三权分立自身而言，立法权、行政权和司法权虽是并列的，但在事实上，司法权是其中最弱的，而行政权则是其中最具有扩张性的，因此，很难达到理想的制衡效果。

（二）人民主权理论：以权利制约权力

人民主权理论是西方思想家基于社会契约论和主权论提出的民主理论，是近代西方政治发展史上的一个重要理论成果，认为人民拥有主权，国家的主权源于人民权利的让渡，因此，人民对国家有天然监督权。

（三）社会契约论：以道德制衡权力

第一，契约签订的直接动力在契约双方当事人间要达到某种目的。社会契约论中，政府权力的产生是公民与政府间订立契约的结果，其直接动力和目的都是为维护全体公民的公共利益，政府权力行为必须服从这个目的，为公民之公共利益负责。

第二，社会契约意味着双方当事人间权利义务的对称，政府掌管管理社会的公共权力，同时必须负担起维护公共利益的义务、责任，公民有服从政府公共管理权力的义务，同时公民有被保护公共利益的权利，有监督和制约公共权力的权利。

第二节 政府内部监督

一、政府内部监督的含义及特征

（一）政府内部监督的含义

政府内部监督是指监督主体是政府机关，政府对其所属各职能部门、主管机关、隶属机关的行为进行监督，也包括同级政府机关之间以及下级政府机关对上级政府机关的监督。

政府内部监督是行政执法监督的重要组成部分，它有自己的特殊地位，无论在监督的适用范围上，还是监督手段的灵活运用上，都有其他监督形式所无法比拟的优越条件。

（二）政府内部监督的特征

1. 广泛性

凡是与行政执法行为相关的领域，都属政府内部监督的范围。这与审判机关监督遵循的不告不理原则而使监督范围大受限制相区别，也与权力机关在宏观上对重大的行政执法行为实施监督相区别。

2. 及时性

政府内部监督是伴随行政执法活动进行的，能够及时发现行政违法和不当行为，以便迅速做出调整和纠正。这与事后监督，即在行政执法行为实施以后的审查和补救相区别。

3. 隶属性

政府内部监督是在具有层级关系、隶属关系的上级政府与下级政府、政府与所属部门以及专门机关与一般机关之间展开的，除了专门监督外，政府内部监督的监督主体与监督对象之间存在着领导与服从的关系，因此，监督主体一旦发现问题，可以直接采取各项必要的有力的措施予以处理。

4. 局限性

政府内部监督的性质仍然属于行政性的，也需要体现行政效率原则，以致在监督程序上不可能像司法程序那样严密和规范，而且从整个行政系统来看，是一种自我监督形式，这方面的固有弱点也难以避免和克服，因此，它在行政执法监督中，只能起到部分积极的作用。

二、政府内部监督的主体及形式

（一）政府内部监督主体的分类

1. 一般监督

一般监督是指各行政机关按照直接隶属关系，自上而下、自下而上及横向交错产生的监督。如国务院对全国一切行政机关的监督，地方各级人民政府对自己工作部门（厅、局、委）的监督，各级政府之间、政府各职能部门之间的监督。理论上讲还应包括下级政府对上级政府的监督、下级机关对上级机关的监督。

2. 职能监督

职能监督是指政府各职能部门就其所主管的工作，在自己职权范围内对其他部门实行监督。如财政部对各地区、各部门的财政监督，市卫生局对市辖区内区政府卫生状况的监督。

3. 主管监督

主管监督是指国务院各部委对地方各级人民政府相应工作部门的监督，如交通部对交通厅的监督；上级地方人民政府工作部门对地方各级人民政府相应工作部门的监督，如省农业厅对市农业局的监督。

4. 特种监督

相对于一般监督而言，指除主管监督以外的各种普遍使用专业性行政监督。

（二）政府内部监督的主要形式

1. 工作指导：上级机关对下级机关进行定期和不定期的指导。

2. 工作报告：下级机关就工作中重大事项、重大措施或重大问题要向上级机关送工作报告。

3. 工作督促：上级机关督促下级机关工作。

4. 审查：上级机关对下级机关的报告、申请、请示等进行审查。

5. 检察：上级机关定期或不定期地检察下级机关工作。

6. 调查：包括一般调查、专案调查、联合调查、专题调查、现场调查等。

7. 召开会议和参加会议：上级机关召开会议或参加下级机关或部门召开的有关会议。

8. 批评、建议、处分和处罚：这是监督的被动的、消极的形式。

第三节　政府外部监督

一、政府外部监督的含义

政府外部监督是指监督的主体在政府机关外，即社会上的各种主体监督，这是一种比政府自身监督更重要、更全面的监督。

二、政府外部监督的主体及途径

（一）政党监督

在西方国家中，执政党通常对其在政府中任职的官员，主要是政务类官员，具有政纲、政治倾向、重大政策的制定和选择等方面的督导力或约束力。

在社会主义国家中，执政党的监督则是社会主义国家法制监督的特殊组成部分，从某种意义上可以说是国家法制监督的主要部分。中国共产党是我国的执政党，它对政府进行全面的、广泛的、有效的监督。从中国的实际情况看，中国共产党对政府的监督是最主要的监督，也是最有效的最权威的监督。

政党监督的主要形式有以下几个方面：

1. 通过制定正确的路线、方针和政策来规定行政活动的方向。

2. 通过党的纪检机关检查处理组织中党员的违法违纪行为。

3. 通过对党员的教育，促进和保证公共组织中公务人员依法办事，自觉履行党的义务和职责，充分发挥党员先锋模范作用。

（二）权力机关的监督

权力机关监督是指全国人大及地方各级人大对政府的监督。行政机关是权力机关的执行机关，行政机关应自觉地接受权力机关的监督。

权力机关的监督形式主要有以下几个方面：

1. 听取和审议同级人民政府的工作报告，包括年度报告、财政预算报告、各项重大措施和政策报告、政府各部门负责人工作活动报告。

2. 审查并撤销本级行政机关发布的不适当的法规、规章、命令和决议。

3. 向政府及所属部门提出质询和询问，发表意见，同级政府组织的有关人员必须负责答复。

4. 视察和检查政府工作，处理公民对政府的申述、控告和检举。

（三）国家司法机关的监督

司法监督是指通过人民检察院和人民法院对政府的行政行为实施的监督。

司法监督的主要形式有以下几个方面：

1. 由专门的宪法法院或普通法院系统对政府颁布的行政管理法规和行政措施进行审查，以判断其是否违反宪法。

2. 由司法机关对政府管理有关的行政纠纷进行审理和裁判，以维护当事人的合法权益，即行政诉讼和行政裁判。

（四）群众团体监督

群众团体监督是指人民政协、工会、共青团、妇联等群众团体对政府实施的监督，其中影响最大的是政协，它具有法定的视察权、批评建议权、列席会议权等各种权力。而一般的群众团体是通过提出要求、建议、批评、申诉、控告、检举等形式对政府的不合理、不合法行为实施监督。

（五）人民群众监督

人民群众监督是指无组织的、分散的公民有权对政府行为进行监督。他们监督的形式通常是向政府提出询问、要求、批评和建议、申诉、控告和揭发、检举或信访。有时也会采取静坐、示威、游行等较激进的方式表示对政府某种行为的不满。

（六）社会舆论监督

社会舆论监督是一种不可忽视而有影响力的监督方式，西方国家称其为与立法、司法、行政并立的“第四权力”，并作为制约这些权力的权力。由于社会舆论具有影响面广、揭露问题及时迅速、扩散力强、曝光快、透明度大等特点，对政府官员有较大震慑力，不少官员怕“舆论曝光”，对监督政府官员及工作人员的违法、违纪和不合理的行为作用较大。我国的舆论监督的影响力已越来越大，今后社会舆论的监督作用必将进一步发挥，为我国的反腐倡廉，建设一个政治民主、廉洁高效的政府发挥越来越大的作用。

第四节 政府监督存在的问题及监督体制创新

一、政府监督体系存在的问题

中国的政府监督有着历史悠久、初具体系和特点鲜明等特征，但与其他国家相比，现行政府监督仍存在一些明显弊端。主要有：

（一）监督主体缺乏相对独立性，容易造成“难监”现象

政府监督体现着监督权对行政权的制约，其制约效果如何，则取决于监督主体所拥有的地位和权力。然而，在中国现行的政府体系中，政府权力过于集中，监督主体无法显示出应有的权威性和相对的独立性，从而起到应有的监督作用。例如，在职能监督中，职能机关本身就是各级政府的工作部门，存在着领导与被领导的关系；在干部配备上，监督机构的主要负责人，往往由同级党委或行政机关的主要领导成员决定或兼任；监督机构的人员编制、经费开支、生活福利等，由同级政府审定和划拨。再如，行使监督权的专门机构行政监察部门、审计部门设置在政府系统内部，实行双重领导体制，作为一级政府的组成机构，它们要在政府行政首长直接领导下开展工作，同级政府领导可直接或间接地干预监督工作，尤其涉及局部利益与整体利益、地方利益与国家利益发生冲突时，就会出现少数行政领导者干扰监督工作的正常进行，甚至为违法违纪行为说情，开脱责任，致使监察部门难以放开手脚，依法开展监督工作。对此，在纪检监察部门工作的同志深有同感，几部电视剧形象而真实地反映了这一问题。在这方面，新加坡反贪污调查局直属总理领导，具有相对独立权的做法，值得借鉴。

（二）监督机构职责分工不够明确，容易造成“弱监”现象

经过多年的努力，中国政府已经初步形成了多元的政府监督体系。但从实际运行过程来看，各监督机构分工不够合理，相互配合差。有的问题多方面插手，有的事情又无人过问。例如，党的纪律监察部门监督的对象是党的各级组织和全体党员；政府信访部门只管人民群众来信来访；权力机关是立法监督，但缺乏经常性的对政府行政法规法令的违宪审核与监督；人民监督属民主监督，但又缺乏必要的管道和手段，难以落实。现有行政机关的内部监督机构的职能又均被执行机构所代替，这就使得行政机关内部的上下级之间的监督有其名而无其实，特别是一般监督中自下而上的监督几乎形同虚设。作为行使法制监督职能的人民检察院理应对所有的违法行为行使检察权，但实际上主要是受理触犯刑律的案件，很少受理大量的行政纠纷案件，使这类案件往往成为无处受理的案件。这种分工不合理、职责混乱的现象，必然造成监督范围和领域疏而有漏、相互推诿、互相扯皮，造成政府监督软弱无力。

（三）政府监督法制化程度不高，容易造成“漏监”现象

政府监督实质上是一种法制监督。但长期以来，中央和地方行政立法，权限划分不明确，在协调和完善各序列、各层面行政立法方面困难重重，导致不少部门和

地方往往从各自利益出发，自行立“法”建规，形成“立法无序”的现象。同时，地方立法也缺乏必要的违宪监督制度和法制。

改革开放以来，中国在推进社会主义法制建设过程中，在政府监督立法方面迈出了较大的步伐，国家先后制定和颁布了一批有关政府监督和反腐倡廉的法律法规，如《行政监察法》《行政诉讼法》《行政复议法》《行政处罚法》《领导干部廉洁从政若干准则》《监察法》等。但从总体上看，政府监督立法还存在着不系统、不完善之处：一是许多应当制定的法律还没有制定出来，尤其缺乏专门性的监督法规；二是一些规定上的抽象性和执行标准上的不确定性，削弱了法律本身的权威性；三是法规和纪律建立上的非系统性、缺乏预见性；四是监督的法定程序和法律责任不够明确、操作性差。由于法制不健全，事实上造成“一把手”处于无人监督状态，像广东湛江、福建厦门特大走私犯罪案之所以规模大、活动猖獗、延续时间长，正是由于当地党政机关、执法部门的领导成员出了问题。

上述“难监、弱监、漏监”现象，在很大程度上制约和影响了中国政府监督机制本身功能的发挥。造成中国政府监督上述弊端的原因是多方面的：既有传统中央集权体制造成的忽视法制和民主建设的历史根源，也有新中国成立后长期实行计划经济体制基础上政府运行模式僵化的现实根源；既有中国现行政府监督体系形成历史较为短暂，对国外政府监督的文明成果借鉴不够的原因，也有自身对政府监督重要性认识尚不到位的原因。纠正这些弊端必须进一步改革政府监督工作。

二、政府监督体系创新：巡视制度

（一）巡视制度的含义及发展历程

党内巡视制度的建立根植于我国古代巡视制度的成功实践和党成立以来对巡视制度的理论探索。从价值上看，党内巡视制度是加强党内监督、促进党风廉政建设、密切党群关系、纯洁干部队伍的重要保障机制。因此，必须在实践中不断健全和完善这一制度，使这一制度的内在功效得到最大限度的释放。

巡视，按照《现代汉语词典》的解释就是“到各处视察”。党内巡视制度是我们党为加强党内监督，在借鉴我国古代巡视制度的基础上所建立的一种专门适用于党内的、自上而下的、制度化的巡查监督形式。由于党内巡视制度是当前加强党内监督的一种全新的制度形式，因此有必要在理论上深化对这一问题的研究，不断改革和完善这一制度。

党内巡视的总体运作情况从实践上看，党的十一届三中全会以来，我党巡视工作的发展大体上经历了三个阶段。

第一阶段，从 1978 年至 1996 年，为党内巡视工作的恢复和探索阶段。

第二阶段，从 1996 年至 2003 年，为党内巡视工作的初步展开阶段。1996 年开始，党的巡视工作正式拉开了帷幕。最初的巡视工作其任务主要是了解党政领导班子执行党的路线方针政策的情况以及廉洁自律的情况。自 1997 年开始历次中纪委全会都对巡视工作提出了明确要求和进行部署。

第三阶段，从 2003 年至今，这是党内巡视工作的渐趋成熟阶段。根据党的十六大报告和 2003 年 2 月胡锦涛总书记在中央纪律检查委员会第二次全会上关于“改革和完善党的纪律检查体制，建立和完善巡视制度”的要求，2003 年 8 月中共中央正式批准中央纪委、中央组织部关于设立专门巡视机构的请示，随即组建了中央纪委、中央组织部巡视工作办公室和五个巡视组。参加巡视的干部在干部中选派。与此相适应，全国各省、区、市也相继建立巡视机构和队伍，目前 31 个省区市已全部建立了巡视机构，开展了巡视工作。

（二）党内巡视的任务

从实际运作来看，中央纪委、中央组织部巡视组开展巡视工作的主要任务是：了解省、自治区、直辖市和中央、国家机关部委领导班子及其成员执行政治纪律和廉政情况，并将巡视情况直接报告中央纪委，重要情况由中央纪委报告党中央。

具体地说，中央纪委、中央组织部巡视组的工作任务有：

第一，对省级领导班子及其成员遵守党的政治纪律，贯彻执行党的路线方针政策的情况进行巡视检查，目的在于通过巡视检查，保证中央政令的畅通。

第二，对省级领导班子及其成员贯彻落实党风廉政建设责任制的情况进行巡视检查，主要是了解廉洁自律的情况、作风建设情况，注意发现其中可能隐藏的腐败问题。

第三，对省级领导班子及其成员贯彻落实民主集中制的情况进行巡视，看一看主要领导同志能不能坚持“民主基础上的集中和集中指导下的民主”，在“三重一大”问题的决策中是不是严格遵循少数服从多数的原则。

第四，对省级领导班子及其成员的选人用人行为进行巡视，主要了解他们在选人用人上是不是严格按规则和程序办事，是不是做到了“公平、公开、公正”，有没有存在着任人唯亲、买官卖官、拉票贿选等非组织行为。

第五，对省级领导班子及其成员的执政能力进行巡查，重点是巡查他们在处理关系改革、发展、稳定的重大问题时的能力，巡查他们应对危机的能力。以此类推，各个省、市、自治区向下派驻的党内巡视组的工作任务也基本如此。

（三）党内巡视的特点

党内巡视是党内监督的一种。与其他的党内监督形式相比，党内巡视监督有自己鲜明的特点。

其一，归属于自上而下的监督。党内巡视是上级党委设立的巡视机构对下级党委班子及其成员进行的监督，这种监督很显然在走向上是从上级到下级，是典型的上级对下级自上而下的监督。

其二，着重于对“一把手”的监督。党内巡视工作所涉及的内容虽然较广泛，但重点是党政“一把手”，是重点对党政“一把手”的监督。

其三，着重于对权力运行的监督。党内巡视对党政“一把手”的监督不是着眼于他们的日常行为和个人品质，而是对他们行使和运用权力的监督，重点在于他们的行权情况而不是他们的其他行为。

其四，运作的规范性。党内巡视作为一种党内监督形式，不是权宜之计，而是一种制度化的形式，所以它的运作是制度化、规范化、程序化的，是要严格按照规则和程序来操作的。

其五，巡视时间的固定性。巡视组开展巡视工作的时间是相对固定的，也是比较长的。因为巡视组在一个地方巡视的时间如果过短，往往无法了解到真实情况。

其六，巡视工作的连续性。一次巡视工作任务的完成，并不代表巡视工作的彻底结束，巡视组还要采取反馈情况、督促检查、再次巡视等方法，了解所巡视地区或单位改进工作的情况。

其七，巡视方式的灵活性。巡视组开展巡视工作可以采取灵活多样的方式，

（四）完善党内巡视制度的路径选择

1. 建立党内巡视工作责任制

党内巡视工作是加强党的领导班子和干部队伍建设、推进党风廉政建设和反腐败斗争深入开展的一项政治性、政策性都很强的工作，它能不能将“应该发现的问题发现”，它的作用能不能取得成效，必须建立巡视工作责任制，以此督促巡视组成员苦练内功、扎实工作、从各个方面锻炼提高自己，善于以深刻的洞察力和细致的调查研究从蛛丝马迹中发现问题。中纪委、中组部领导对巡视组提出的“了解不到真实情况，发现不了问题就是失职”的要求，实际上也是在明确巡视组的工作责任。一般说来，巡视组在巡视中发现的问题主要是两类：一类是重大问题，包括一些重大案件的线索、一把手的问题等等。对这类问题，巡视组发现后要及时上报，不允许对此类问题搞先斩后奏。一类是一般性问题，包括涉及群众切身利益的问题，

明显违背原则的问题，等等。对此类问题，巡视组发现后要及时提醒被巡视的领导班子和领导干部，避免产生更加严重的后果。如果理论上应该通过巡视发现的问题，巡视组在巡视中却没有发现，但后来这一问题却通过其他途径被反映出来了，巡视组就要承担相应的失职责任。

2. 建立党内巡视工作的保障机制

必须着眼于建立党内巡视工作的保障机制。这一机制应该包括以下方面：

一是巡视组的职权保障。也就是必须明确规定巡视组开展巡视活动时有哪些职责和权利，如何行使这些职责和权利。

二是巡视工作的经费保障。巡视组在一个地方开展巡视活动一般在半年左右，这么长的工作周期其各种费用自然是一笔很大的开支。因此，必须对巡视组开展巡视活动的经费保障做出明确具体的规定。建议由各级财政单独列支一部分资金作为巡视组开展巡视活动的专项资金。

三是巡视组工作人员的人身安全保障。巡视组开展巡视活动既针对班子也针对班子成员，自然在巡视过程中既会发现班子的问题也会发现班子成员的问题。发现谁的问题谁就可能记恨在心。于是，就可能出现打击报复，危及巡视组工作人员人身安全的问题。因此，建立对巡视组工作人员的人身安全保障机制也是必须关注的问题。

3. 建立党内巡视中发现问题的处理机制

对巡视中发现的问题，区分情况，逐一落实到责任单位、责任人，使问题得到有效解决，而不至于巡视完了，什么问题也没有解决，引起群众的反感和失望。

首先，要将巡视中发现的问题向领导汇报。特别是要将巡视中发现的领导班子及其成员在政治纪律、党风廉政、选人用人、重大决策等方面存在的问题，党政两个“一把手”的问题汇报清楚。

其次，上级党委要区别情况对巡视中发现的被巡视单位和被巡视个人的问题做出处理，该撤的撤，该规的规，该抓的抓。

再次，对巡视中发现的被巡视单位和被巡视个人的问题做出处理后，要通过组织化的形式将处理结果反馈给被巡视单位或个人。

最后，上级党委要督促被巡视单位和个人针对自己的问题深挖思想根源，积极认真地加以整改，并在适当的时候对整改结果进行验收。

4. 建立党内巡视公开制度，实行巡视的全程公开

党内巡视自身的性质决定了巡视工作要取得实效必须注意发动群众，让广大人民群众都参与到其中来，为巡视工作提供线索、提供信息、提供第一手材料。因为人民群众的眼睛是雪亮的，腐败分子一旦置身于人民群众监督的汪洋大海中，便无

处藏身。正是在此意义上，巡视制度最大的优势在于“直通群众”。而从逻辑上讲，让人民群众都参与到巡视工作中来的前提就是必须首先让人民群众知情，保证人民群众的知情权，因为人民群众如果不知情也就谈不上参与，也就谈不上监督。而要保证人民群众的知情权，就必须使巡视工作的全过程公开。因为没有公开，也就没有知情；没有知情，也就谈不上参与；没有参与，也就形不成监督。因此，党内巡视制度要充分有效地发挥作用就必须建立全程公开制度，实行巡视前、巡视中和巡视后的全公开。具体来说：

第一，巡视组每到一个地方都要发布“安民告示”，通过各种形式的动员会、通过各种媒体的广泛宣传告诉党内外群众——“我们来了”。其画外音就是告诉当地的老百姓：有什么案件线索赶紧反映、有什么问题抓紧提出。

第二，巡视工作开始后，巡视组要向社会公布巡视组办公地点、办公电话或巡视组热线、巡视组电子信箱、巡视组接待群众来访安排等，便于群众反映问题；巡视组在巡视工作中还要定期向社会发布巡视工作简报，不定期地向社会和媒体公布重点巡视工作的进展情况。

第三，巡视工作结束后，巡视组除了要将巡视结果向有关领导汇报以外，还要通过适当的形式向社会和媒体公布，以接受人民群众对巡视工作的监督。

5. 建立党内巡视工作的长效机制，避免巡视的运动主义倾向

目前，对党内巡视工作定位问题争论的焦点实际上集中在：党内巡视工作是加强党风廉政建设的一场政治运动，还是一种制度化的需要经常性发挥作用的长效工作机制？如果将当前的巡视工作看作为防治党内腐败所开展的一场政治运动，是所谓的“巡视风暴”，那就不能对党内腐败分子起到震慑作用，不能对各地的反腐败工作真正起到推动作用。我们知道，在猫和老鼠的博弈中，如果猫捉老鼠的行为只是一场运动，老鼠知道猫什么时候开始行动、什么时候行动结束，老鼠就会在猫开始行动时采取各种方式保护自己；但只要风声一过，猫一走远，老鼠又会肆无忌惮地出来活动。同样的道理，在巡视者与被巡视者的博弈中，如果被巡视者知道巡视者的巡视只是一场运动，他们就会小心翼翼地去应付这场运动，在被巡视期间夹着尾巴做人；而一旦运动一过，风声一过，巡视结束，他们就会再继续损害党和人民利益的勾当，变本加厉地搞腐败。因此，运动主义式的巡视只是权宜之计，只能暂时治标，不能从源头上治本，况且运动式的巡视甚至还会使腐败分子增强免疫力。因此，党内巡视要发挥其应有的功能就必须首先根除运动主义倾向，着眼于建立党内巡视工作的长效机制，实现巡视工作的制度化、规范化、经常化，不给腐败分子以任何喘息的机会。

6. 自上而下的党内巡视要与自下而上的党内监督相结合

党内巡视这种自上而下的监督要发挥其应有的作用，必须与自下而上的监督相结合，否则党内巡视监督的作用就无法充分发挥出来。这是因为：巡视组每到一个地方开展这种自上而下的巡视监督，面临的最大问题是如何能够“听到真话、听到实话”。对巡视组来讲，到一个地方去巡视听不到真话、听不到实话，就等于没有了解到真实的情况，没有发现应该发现的问题。而巡视组“听到真话”的最有效路径恐怕就是要走群众路线，到人民群众中去走访调查，了解人民群众的真实意见和想法，倾听人民群众的心里话，正确对待和研究人民群众反映上来的问题和线索。例如，中央巡视组听到的真话，发现的包括陈良宇案在内的许多大案要案都是通过走群众路线，由人民群众反映上来的。因此，党内巡视这种自上而下的监督形式要充分发挥其作用，就必须与人民群众的这种自下而上的监督形式相结合，紧紧依靠人民群众的监督。

7. 加快巡视制度的体系化建设，形成完备的巡视制度群

新制度主义认为：制度要充分发挥作用必须实现体系化，防止单一制度运作可能带来的弊端和风险。党内巡视制度要发挥其应有的制度效力，也必须注重制度的体系化建设，形成完备的巡视制度群。基本的思路是：

第一，根据《中国共产党党内监督条例》中有关党内巡视制度的条款，对党内巡视制度的运作从规则和程序上做出详细规定。

第二，着眼于党内巡视工作的全过程，对巡视前、巡视中、巡视后的各项工作安排和流程从具体制度上做出明确规定。

第三，对党内巡视制度与党内其他监督制度的关系，从关联性上予以界定。

第四，在成熟的时候要着手制定《党内巡视工作实施细则》，以党的规范性文件的形式将党内巡视制度的运作纳入“党规党法”的轨道。

三、政府监督体系创新：人民代表大会制度改革

（一）人民代表大会制度的含义

人民代表大会制度是中国人民民主专政的政权组织形式，是中国的根本政治制度。

从国家政治结构角度上看，人民代表大会制度、政治协商制度、基层民主自治制度、信访制度都是公民有序政治参与的重要路径。特别是人民代表大会作为最高权力机构，是公民有序政治参与的根本政治制度，是实现普通公民广泛政治参与的重要载体。人民代表大会制度作为我国根本的政治制度，在实现、规范和引导公民

有序政治参与中发挥了重要作用，对于我国的社会主义民主政治建设做出了根本性的贡献。随着中国社会生活的变迁，当前的人民代表大会制度也在不断改革和进步，但与公民有序政治参与的热情和期待还是存在着较大的差距。

（二）当前人民代表大会制度的政治参与功能及其制约因素

人民代表大会制度是我国的根本政治制度，是我国社会主义民主政治的实现形式，它能够最大限度地体现和实现最广大人民群众的意志和利益，是我国民主政治优越性的重要体现。人民代表大会制度，从法理上说，人民代表在被选民选举时，就受命于民，要负责把选民的各种意见和要求带到人民代表大会中去，并把这些意见和要求上升为国家意志，从而使选民通过人民代表大会制度来实现其政治参与功能。

不过，为进一步发挥人大制度在扩大公民有序政治参与中的作用，对这一制度需进一步发展和完善，克服其中制约公民政治有序参与的某些因素。这些因素主要有：

1. 人大代表资格和兼职问题

我国的宪法和法律对于人大代表资格的限制是非常宽松的，虽然它体现出社会主义的优越性，但也有负面影响。人大代表成为一种政治荣誉：是一个单位、一个行业、一个选区、一个县市、一个省区的荣誉代表，而未必具备基本的政治能力和公共精神。这样，人大代表就难以履行人大代表应有的职能，不利于提高人大制度的效能。人大代表的兼职制也影响人大代表职能的发挥。兼职制使人大代表的参政议政时间、精力有限，参政议政水平难以提高。

2. 选举程序问题

长期以来，我国的人大代表选举制度从选民登记、选区划分，到选举程序、候选人的提名和酝酿、正式候选人的确定、代表的产生等都带有浓厚的计划指派色彩，选举活动成了变相的组织安排活动，作为权利主体的选民难以真正按照自己的意愿实现自己的选举权和被选举权，参与热情被严重压抑，造成选举活动严重异化。

3. 人大代表作用发挥和代表性问题

许多人大代表由于缺乏竞选的历练，当选相对轻松得多、容易得多，“得来全不费功夫”，所以，荣誉意识有余，责任意识不足，议政质量难以保证。很多代表选举前没有和选民直接见面，选民找不到代表，与代表没有任何接触，代表选举时是稀里糊涂地当选；选举后代表和选民也缺乏联系，也不清楚选民到底需要表达的诉求，其提出的意见、建议和提案往往是就自己目前看到、听到、了解到的一些东西，具有很大程度的主观性，客观性相对不足，没有真正为选民说话，有的甚至纯粹是“挂名代表”“哑巴代表”“举手代表”，基本上没有发挥代表人民群众说话作用，代表履职考核制度和能进能出的流动制度也相对不完善。而且，由于各种原因，官员代表、企业代表在我国代表结构中占的比例较大，越是高级别的人民代表大会，这类官员代表、企业代表就越多。

官员代表太多，一方面会影响到会议效率和普通代表行使权利，给普通代表提出意见、建议及表决带来压力，另一方面，大量官员代表、企业代表群体，使得普通代表成了少数派，直接影响会议决议的成型；而且，官员代表太多不利于人民代表大会开展监督工作，人民代表大会监督政府，而政府官员同时又是人大代表，就会形成自己监督自己的局面。企业代表太多也会产生代表面不广泛的影响，这部分企业代表往往只针对自身所在行业，提出有利于本行业、本企业发展的问题，甚至由于其代表身份，其提出的意见和建议在利于其行业发展的同时，变相地打压、限制其他竞争行业，导致一定程度的不公平。

4. 权威性问题

从理论上讲，人民代表大会作为国家权力机关具有至高无上的权力，但在人大职能作用发挥的实效上，却出现时常无所作为的现象，产生这种现象的原因不得不令人深思。人大由从人民群众中选举的代表组成权力机关，人大由人民监督。但实际操作中，人民群众对人大履行职权的情况还是缺乏具体的可操作的监督途径和方式，比如评议人大或者考核人大工作的情况等，现行的法律没有这样的规定，人大工作主要是靠人大工作者自身的自觉性去履行。曾几何时，人大被戏称为“橡皮图章”，人大监督处在无所作为的状态，其职权作用的发挥并不充分。有人对人大工作编的顺口溜是：“制定部门已经制定了的法律，决定人家已经决定了的问题，任免组织已经确定了的人选，监督领导让你监督的问题。”顺口溜编得虽然有点片面，但却反映出了当前人大工作中存在的些问题。《中华人民共和国各级人民代表大会常务委员会监督法》对各级人大常委会在履行监督职能过程中的各种方式给予了规范，但对人大监督不作为或乱作为的行为没有处置规定，这就给人大监督不力留下了法律制约的空白。

（三）坚持和完善人民代表大会制度的措施

为进一步发挥人民代表大会制度在扩大公民有序政治参与中的作用，可以从以下五个方面对这一制度发展和完善。

1. 以政治民主化、民主程序化、程序法制化为导向，完善代表选举制度

选举制度是人民代表大会制度的基础。选举制度的确立能够在很大程度上决定

公民是否享有广泛、平等地参与管理国家和社会事务的权利。我国的选举制度保障了广大人民群众当家作主，动员了全体人民以主人翁的精神投身社会主义建设，在社会主义建设事业中显示了强大的生命力和巨大优越性。虽然如此，人民群众对于民主政治的要求与选举制度的完善还是有一段距离。

（1）实行以竞争为中心的公正、公开的选举程序。政治民主化、民主程序化、程序法制化已是大势所趋，我们应当认识竞争选举的重要性，抛弃“可控民主”的虚幻，尽快实现“确认性”选举向“竞争性”选举的转变，可尝试建立包括：候选人与选民见面制度，差额比例的规定，候选人的产生机制，候选人的自我推介和介绍宣传机制，竞选经费的筹措，竞选时间的规定，竞选组织的规定，竞选的监督机制等制度，尤其是要重点关注候选人产生机制这一决定性的关键环节，来激发选民的选举热情，从制度上保证选民能够充分行使选举权，按照他们的意志自由选举出能够代表选民利益的代表。只有从产生机制上密切了代表和选民的关系，才能真正建立起对选民负责的代表履职机制，使之更有责任感和使命感。

选择公开是竞争性选举公正的前提，阳光是最好的消毒剂，在制度层面上包括：选举组织的公开规定，选区划分的公开规定，选民名单的公开制度，选举经费的公开等等。采取竞职演说、现场询问、微博直播、视频留证、选后履职询问等多种做法，拓展群众监督路径，营造公开公平公正的选举环境。

要逐步扩大人大代表的直选范围，以保证选区选民对人大代表候选人有充分的了解和更多的选择余地，从而选出真正代表选民意愿和利益的代表。选举权是普通公民最重要、最直接，也是最基本的政治权利，因此要扩大公民有序政治参与，完善人大代表选举制度是根本中的根本。目前，我国的人民代表大会制度经过几十年的改革和发展，在直选方面，尽管直接选举人大代表已经从乡镇一级扩大到了县级，但绝大多数地区县级及其以上人大代表在选举时暴露出来的与选民日常几乎毫无接触问题已非常明显，如何在更高层级上直接选举人大代表、让高层级的人大代表能真正体现代表人民是个需要结合中国国情进行深入调研的问题。

（2）改革和完善选民登记制度，确保广大人民群众民主权利的实现。选民登记程序是我国宪法认可或赋予公民选举与被选举权的前置性程序，是公民获得选举或被选举资格的第一道关口。确认选民资格的选民登记程序在选举制度中具有十分重要的法律意义，它不仅影响到公民个人政治权利的获取和行使，也会影响到选举活动的整个进程和选举结果。

海宁丁桥镇在选民登记制度方面进行了有益的探索：首先，确定了一批文化程度高、工作认真细致、熟悉本村情况的村民作为选民登记员，并进行专题培训，使每位工作人员都明确了选民登记的法律规定和政策界限，熟悉了选民登记的范围、原则、方法等具体业务，为选民登记工作顺利进行打下坚实基础。其次，选民登记工作严格依照法律的有关规定，针对不同情况采取有效措施，保障每位选民的选举权和被选举权。对户籍在本村但不在本村居住、户籍不在本村但在本村居住、到村任职一年以上户籍不在本村的大学生村官等特殊情况严格按照实施方案的规定进行登记。再次，在核对选民过程中，严把年龄、政治权利、户籍等政策，同时认真做好精神病患者和憨、傻、痴、呆人员的确认。通过核对和确认，力求达到不漏登、不重登、不错登的“三不”要求。最后，做到准确无误后予以公布公示。

2. 调动广大人民群众政治参与的积极性，优化各级人大代表结构，提升履职能力

（1）进一步优化代表结构组成。现今各级人大代表结构组成，除乡镇一级普通群众比例在50%左右外，高层级人大代表结构组成，越往上层基层群众代表比例越低，因此，直接影响了普通群众对政治决策的影响程度，所以适当减少官员和企业代表数量，使人大代表结构更具广泛性和合理性，是值得探索的一个重要课题。

（2）进一步完善代表候选人产生办法。完善代表候选人介绍制度，让代表真正从群众中出来，由群众来选择自身政治诉求的代言人，才能真正调动广大人民群众参政议政的积极性，提高代表履职能力和履职水平。

（3）建立对代表履职的监督约束机制。建立对代表履职的监督约束机制，解决“哑巴代表”“挂名代表”“举手代表”问题。首先，要建立代表工作明确细化的标准。其次，要建立年度考核评价体系。再次，代表要进行述职，向选民或选举单位报告当年履职情况；每年人代会期间，组织选民或选举单位对人大代表当年履职情况进行测评。再次，建立代表履职档案，从代表当选之日起，对履职情况进行详细记录，并定期进行公示或通报。对于长期不履职，选民或选举单位不满意的代表应制定辞职、罢免的规定，打通代表的出口，改变代表终届制甚至终身制的状况。对人大代表的监督由述职评议发展到对履职情况进行量化考评，增强了人大代表的责任意识，营造了人大代表履职的良好环境，调动了选民参与民主生活的积极性，促进了社会和谐。最后，要改善代表议案建议的办理方式，建立相关的考核制度，提高议案建议办理质量。

3. 以机制建设和制度创设为路径，提升人大代表的政治职业化水平，强化人民代表大会的国家最高权威

第一，提升人大代表的职业化水平，改变人大代表作为一种政治荣誉的现象和人大代表的兼职制。要加快有关人大代表专职化的立法和制度建设，使人大代表和

选民之间建立长效的联系机制，保证人大代表能够经常性地联系选民，及时地反映选民的意见和要求，更好地向选民负责。第二，人民代表大会的国家最高权威需进一步强化，探索立法权、重大事项决定权、监督权、人事任免权等宪法和法律赋予人大及其常委会的基本职权的实现机制和制度安排。

4. 完善公民旁听制度和公民对立法的参与制度，探索各种政治参与的新形式

完善公民旁听制度和公民对立法的参与制度也是健全人民代表大会制度的重要内容。实行公民旁听人大及其常委会会议制度，是公民有序政治参与的新形式，需要以立法的方式来加以保障，从而使得这新形式制度化、法律化。在民主政治生活的实践中，人民群众不断创造出了多种民主参与形式，人大通过网络直播、网上论坛、工作听证、公民代表旁听、征集监督项目、开通选民热线电话等平台，拉近了与公民的距离，人大职权的行使更加体现民意，更富有科学性。只有这样，才能不断促进社会的和谐。

5. 规范监督程序，完善监督机制，回应广大公民有序政治参与的期待

人民代表大会作为“一府两院”的监督机关，在和谐社会建设中有义务和责任对“一府两院”的执法行为进行监督，并提高监督实效，从而促进政府和司法部门科学、民主、依法执政。为了提高监督实效，人大要建立长效的监督机制，建立事前、事中、事后跟踪监督机制，确保监督长期有效；要改变重形式监督、轻实质性监督的现象；要敢于运用刚性监督手段。在实施监督的过程中，为实现一定的监督目的，人大及其常委会需要对社会反映十分强烈、比较重大的问题，依法启动相关的刚性监督程序。

各级人大及其常委会依法行使监督职权，加强和改进监督工作，增强监督实效，促进依法行政和公正司法，推进行政体制改革以及社会主义民主法制建设都具有重大的积极意义，对扩大公民有序政治参与，构建社会主义和谐社会也将起到不可低估的作用。

四、政府监督体系创新：司法制度改革

（一）司法体制的含义

司法体制改革不仅是中国政治体制改革的重要组成部分，而且在某种意义上成了中国政治体制改革的突破口。把司法体制改革作为政治体制改革的突破口，赋予司法体制改革在整个政治体制改革中更加重要的地位，承载起探索依法治国条件下在法治轨道上用法治方式完善中国政治体制的使命，探索依法循序渐进推进政治体制改革的路径。

司法体制是指以司法为职能目的而形成的组织体系与制度体系。或者说是司法机构组织体系和司法制度的统称。司法体制是国家法律制度的重要组织部分，也是国家政治体制的重要组成部分。司法体系、司法组织体系由各级司法机构（机关）构成，包括最高国家审判机关、最高国家检察机关和地方各级国家审判机关、检察机关；也包括具有司法职能的中央和地方各级国家司法行政机关、公安（警察）机关、安全机关以及这些机关的内部机构设置，它们一同构成了中国特色社会主义司法体系。

司法体制改革是指国家司法机关（组织体系）和国家司法制度（法律制度），在宪法规定的司法体制基本框架内，实现自我创新、自我完善和自我发展，建设有中国特色社会主义现代司法体系和司法制度。司法体制改革的概念与内涵，涵盖了国家司法机关（组织体系）、国家司法制度（法律制度）、宪法规定的司法体制基本框架、司法体制的自我创新、自我完善、自我发展，建设有中国特色社会主义现代司法体系和司法制度等各项要素。

（二）司法制度存在的问题

1. 司法独立性难以保证，司法权的地方化倾向明显

司法独立是司法公正的保障，司法人员在诉讼过程中只有正直无私，没有任何私情或私利的考虑，而且具有独立的意志，不受任何外来干涉，也不屈从于任何外部压力，才能做到公正办案。然而长期以来，中国司法实践中一个突出问题就是司法独立性难以保障。在地方党委握有司法人员的实际任免大权和地方政府握有司法机关的财政大权的情况下，司法活动受行政干预和其他不正常干预的现象十分严重。一些地方的党政领导随意批条子、打电话，指令司法机关按其意志办事，以权压法；对于坚持原则，不按其指示办事的司法机关领导和办案人员随意撤换、免职或调离，致使司法机关依法独立行使职权的法律规定常常成为一纸空文。司法权缺乏独立性，还导致实践中的司法地方保护主义盛行。一些地方的司法机关及其司法人员成为地方利益的忠实代表，他们凭借司法裁判权，依地域划线，对一方当事人的利益给予超出法律之外的特别保护。正如有人指出，现在许多地方法院实际上成了“地方的法院”，本来是国家设在地方的法院变成了从属于和听命于地方的法院。司法地方保护主义严重干扰了全国统一大市场的形成，破坏了法治统一和社会正义的实现。

2. 法院管理体制没有理顺，审判活动行政化色彩浓厚

长期以来，中国法院系统的设置、管理和运作未能很好地体现司法工作自身的规律和特点，而是借用了行政工作方式处理案件、管理审判工作，从而使审判职能的作用受到影响。这首先表现在法院相互关系的行政化，实践中存在下级法院向上

级法院请示汇报的制度，这在一定程度上架空了审级制度。其次，在现行司法体制下，法院内部设有审判委员会，另外还有主管院长及庭长对案件的审批制度，由于审委会成员、主管院长和庭长都属行政角色，他们通常不参与庭审却对案件享有决定权，就如同医生没有亲自诊断病情却在开药方。这严重违反了审判的基本规律，使法庭审判和双方的法庭辩论、质证过程流于形式，造成审者不判、判者不审的不正常现象，很容易导致司法判决的不公。最后，法官人事管理行政化，法官被当作行政官员进行管理，压抑了法官的独立性，也影响了审判活动的公正性。

3. 法官职业的准入制度不严，相当一部分法官职业化程度不够

不可否认，在中国法官队伍中，不乏具有较高法律素养和良好品行且具有丰富经验的优秀法官。但从整体上看，中国法官队伍专业化程度不高的问题比较突出，司法队伍整体素质亟待提高。长期以来，由于没有形成严格的职业准入制度，使专业性极强的审判工作成为一种大众化职业，大量未接受过正规法律训练的人纷纷进入法官队伍，其中一些人还被安排在院长、庭长等领导岗位上，从而使中国法官职业的非专业化现象相当普遍。据统计，截至1998年底，在全国法院系统28万多名法官中，研究生层次的仅占0.25%，本科层次仅占5.6%。尽管对法官的继续教育在近些年得到了加强，但至今法官队伍中仍有不少人达不到最低学历要求。

4. 司法活动存在很大程度的随意性，司法权威不足，效率低下

由于现行一些法律存在立法过于粗疏、可操作性差等缺陷，加之司法人员的素质参差不齐和对司法的不正当干预等因素，使得宪法所规定的国家法制统一原则得不到应有的尊重和一体执行。一些案件承办人员在对案件事实的认定以及法律适用上，随心所欲，任意取舍，完全超出了正常的自由裁量权的范围，直接导致诉讼案件裁决结果的不可预见性。例如，刑事审判中量刑畸轻畸重的问题比较突出；在民事审判中，有关精神损害赔偿及其数额的确定上也存在相当程度的混乱现象。另一方面，司法权威不足，效率低下成为一个普遍问题。在刑事司法领域，主要表现为公、检、法机关之间的合作与制衡机制不够顺畅；刑事司法系统抗制犯罪的效能不尽如人意，刑罚的及时性、必定性不能充分体现，以至于出现刑罚量同犯罪量同步增长的局面；同时刑事诉讼中侵犯公民权利的现象还大量存在，刑讯逼供、滥施强制、超期羁押等违法行为屡禁不绝，刑事诉讼中控辩双方的地位不对等，被告人的诉讼权利得不到有效保障。在民事诉讼领域，许多案件久拖不决，审执脱节、法院裁决难以切实执行成为普遍问题，一些法院裁判成为“法律白条”。在行政诉讼领域，由于观念滞后、配套制度不健全及执法环境不佳等原因，使行政诉讼几乎走入困境，行政诉案件少、撤诉多、审判难、执行差的问题十分突出。

5. 司法腐败成为社会公害，司法形象和法律尊严面临严重挑战

受司法体制缺陷及部分司法人员素质低下等因素的影响，近年来中国司法队伍中发生了比较严重的腐败现象，而且呈蔓延态势。司法腐败成为广大人民群众深恶痛绝的一个突出的社会问题。司法腐败的表现形式多种多样。轻者吃请受礼，重者索贿受贿。司法腐败必然会引发有法不依、办案不公甚至践踏法治的后果。例如有的司法人员为袒护一方当事人，故意瞒案不报、压案不办，甚至滥用职权，办关系案、人情案、金钱案，徇私舞弊，贪赃枉法。一些案件因执法不严，裁判不公，人民群众反映强烈。司法腐败和司法不公不仅会直接损害有关当事人的合法利益，而且会动摇社会大众对法律的信仰和信心，其对中国法治建设的破坏往往是致命性的。严惩司法腐败已成为实现司法公正的当务之急。

（三）司法制度改革的措施

1. 完善机构设置，优化司法职权配置

改革司法机关相互关系以及刑事诉讼、民事诉讼和行政诉讼中的职权配置，在侦查、公诉、审判等职权中使决定批准权、执行权和监督权予以合理配置。同时要改革司法机关内部权力运行机制，进一步优化人民法院、人民检察院内部工作机构设置和管理机构的分工，合理划分上下级审判、检察机关的工作职能，理顺上下级审判、检察机关的关系，建立以审判权、检察权为中心的管理体制，形成配置科学、运行顺畅、公开透明的司法工作机制。

2. 坚持不懈地推进司法队伍建设，建设合格的、高素质的司法官队伍

应当坚定不移地坚持和完善国家统一司法考试制度，建立有利于法官、检察官、律师形成法律职业共同体的制度。应当加快司法机关工作人员分类管理制度的改革，完善有利于各类工作人员各尽其能的管理体系。改革司法官培训、管理和保障制度，不断提升司法官员办案和独立行使职权抵御不当干预的能力。改革法官、检察官培训体系，实行任职前定期培训制度，新任司法官员不仅必须通过司法考试，并且必须经过一定时期专门司法实务的培训方可担任法官、检察官。健全司法人员行为规范，规范司法人员行为，确保司法人员形成公正不阿、清正廉洁的司法作风。

3. 改革司法保障制度和司法监督制度

没有司法保障，也就没有司法公正。坚持党的领导、人大监督和司法机关独立行使职权的有机统一，坚持任何行政机关、社会团体和个人不得干涉司法活动的原则，采取有效措施保证司法机关和司法官员依法独立公正办理案件，结合中国实际情况，强化有效抵制各种不当干涉的司法体制和工作机制。依照司法规律和司法实

践的客观需求，强化对审判权、检察权的监督机制建设，完善人大监督、社会监督和舆论监督的制度，确使司法机关得到有效的监督，防止各个方面的不当干预。改革当前司法保障体制，应当伴随中国经济社会发展和综合国力进一步提高，财政制度进一步深化改革才能实现。完善不同地区、不同部门经费保障制度和标准，建设司法经费正常增长机制，逐步使司法保障制度成为维护司法公正的有利条件。

五、政府监督体系创新：监察委员会设立

（一）监察委员会设立背景

人民群众最痛恨腐败现象，腐败是我们党面临的最大威胁。当前，反腐败斗争压倒性态势已经形成并巩固发展，但形势依然严峻复杂。习近平总书记指出，增强党自我净化能力，根本靠强化党的自我监督和群众监督；自我监督是世界性难题，是国家治理的“哥德巴赫猜想”，中国共产党下定决心，练就“绝世武功”，建设廉洁政治。

国家监察体制改革是建立中国特色监察体系的创制之举，党中央从全面从严治党出发，将国家监察体制改革纳入全面深化改革总体部署，积极推进改革及试点工作并取得重要阶段性成效，在此基础上使改革实践成果成为宪法规定，具有坚实的政治基础、理论基础、实践基础和充分的法理支撑。

2017 年 1 月 19 日，时任中共中央政治局常委、中央纪委书记王岐山在十八届中央纪委七次全会上的工作报告中提到，将在十三届全国人大一次会议审议通过国家监察法、设立中华人民共和国国家监察委员会。2018 年 3 月 17 日，第十三届全国人民代表大会第一次会议审议通过了国务院机构改革方案，将中华人民共和国监察部并入新组建的国家监察委员会。中华人民共和国国家预防腐败局并入国家监察委员会。不再保留监察部、国家预防腐败局。2018 年 3 月 23 日，中华人民共和国国家监察委员会正式成立。

（二）监察委员会的性质与定位①

监察委员会由人大产生并对它负责，受它监督并向它汇报工作。一方面，强调与“一府两院”法律地位的平行并立，使国家监察权独立于立法权、行政权、司法权。另一方面，赋予监察委员会更超然的政治地位，以便发挥更好的反腐监察功效，转变“一府两院”体制为“一府一委两院”体制。

监察权与人大的立法权、政府的行政权、法院检察院的司法权不同，三权独立

---

① 焦洪昌等．监察委员会的宪法定位［J］．国家行政学院学报，2017（2）．

且平行。从纵向权力关系来说，人民代表大会同监察委员会是产生与被产生的关系。人民代表大会产生监察委员会，监察委员会对人民代表大会负责并接受其监督。从横向权力关系来说，监察委员会作为监察机关与行政机关、审判机关、法律监督机关，彼此独立，是监察与被监察的关系。

深化国家监察体制改革的目标就在于建立一套集中统一、权威高效的监察体系，从以往的“同体监察”到即将形成的“异体监察”有质的变化。

（三）监察委员会的主要职权

监察委员会实质上是一个反腐败机构。其三项主要职权包括监督权、调查权和处置权。

1. 监督权

监督权是指特定的主体根据宪法和法律的授权规定，依照法律规定的手段和程序，对法律实施中的守护法律、制衡国家权力、保障公民合法权利等具体情况进行的一种督促权。我国《宪法》序言规定全国各族人民、一切国家机关和武装力量、各政党和各社会团体、各企业事业组织，都必须以宪法为根本的活动准则，并且负有维护宪法尊严、保证宪法实施的职责。在我国，根据主体的不同，监督权可以分为公民监督权、人大监督权、纪检监督权、行政监察权、检查监督权、政协监督权、社会监督权等。监察委员会的监督权特指国家监察体制的独立监督权。

2. 调查权

在我国，调查权也因主体的不同分为人大调查权、行政调查权和司法调查权等。监察委员会的调查权并不能完全取代或者等同检察院的侦查权。“调查权”非“侦查权”，足以预见在改革设计中，未来监察委员会调查贪腐案件时的手段和措施，是有别于现在检察机关的“侦查”的。侦查权是指国家侦查机关以及侦查人员为实现侦查目的，依法定程序，运用特定侦查手段开展侦查活动的权力。侦查权有行政权和司法权的双重属性，主体对应分别是公安机关和检察机关。检察机关的侦查权是法律赋予它对犯罪行为依法进行直接侦查的权力，其结构体系包括权力范围和保障权力行使措施两部分，前者具体表现为检察机关侦查案件的管辖，后者具体表现为强制程序的有序性和阶段性。公安机关虽然也能够独立决定开始侦查并承担绝大部分侦查工作，但是检察官出于履行公诉职能的需要，有权对警察的侦查施加一定的影响，甚至给予具体的指示或指挥。赋予监察委员会调查权是因为调查权可以调取资料，进入、扣押、查封场所驻地等，如果没有这些权力，监察委员会可能无法行使反腐职能。

3. 处置权

处置权是指依法对物在事实上或法律上最终处置的权力。监察委员会处置权可以包括对违纪违法人员进行处分，还包括初步查清违法犯罪事实之后将涉嫌犯罪的人员移送司法机关等行为。

【思考题】

1. 结合实际，谈谈政府监督的运行机制。
2. 谈谈社会监督的主体及主要形式。
3. 谈谈媒体在政府监督中的作用。
4. 什么是巡视制度？
5. 结合实际，谈谈如何完善人民代表大会的监督作用。

【案例】禄丰："线上+线下"提高预算监督实效①

近年来，禄丰市人大常委会不断加强预算联网监督系统建设，采取"线上与线下"相结合的方式强化工作监督，提高预算监督实效。

一是建立了禄丰市人大预算联网监督工作通报及办理制度。定期对预算联网监督系统运行情况进行分析研究，每个季度以"预算联网监督工作动态"将问题反馈财政部门进行研究办理，高度关注"三保"，2021 年共编发《预算联网监督工作简报》4 期，提出问题 30 条，发出"关于核实人大预算联网监督系统数据异常情况通知"8 期，处理系统提示预警信息 68 条。通过预算联网监督系统数据查询分析比对，及时发现预算管理和执行中存在的问题，进一步强化预算执行日常工作监督。

二是制定了预算审查前听取人大代表和社会各界意见建议的实施意见。提前介入财政预算编制工作，组织了 23 名市人大代表和社会各界人士听取 2022 年地方财政预算草案初步方案情况汇报，收集到工作意见建议 13 条，进一步优化财政预算草案。

三是同步推进线上线下跟踪监督。先后对市农业农村局、市卫生健康局、市水务局、勤丰镇等部门的收支预算执行情况进行全程监督；对市住房和城乡建设局、市交通运输局，碧城镇在建重大项目开展了跟踪问效；对市自然资源局、市城管局

① 杨福龙．禄丰："线上+线下"提高预算监督实效［Z］．禄丰：禄丰市人大常委会，2022-03-24.

政府性投资项目绩效评价工作开展监督问效；对历年新增专项债券项目实施及资金管理情况进行了实地检查；首次对市人力资源和社会保障局、市交通运输局、市住房和城乡建设局、高峰乡 4 个部门的审计查出问题整改情况开展满意度测评，进一步将监督工作重点向重大项目预算支出和政策拓展，提升监督工作“高度”，增强监督工作“硬度”和实效。

【问题】

禄丰市采用“线上+线下”相结合的方式，有效提升了预算监督实效。结合材料与所学知识，请谈谈互联网时代下数字技术对预算监督的影响。

第十六章 公共责任

恩赏明则贤者进，刑罚当则奸人消。——《辽史》

权力的授予必然伴随着责任的规定，权力无法脱离责任而单独存在。作为公共权力的载体，公共部门亦必须承担与公共权力相应的公共责任，以保证公共权力的公共性。公共责任的构建要求掌握公共权力的公共部门必须建立起维护公共利益的价值取向和信念（主观责任），积极地承担起维护公共利益的义务（客观责任），否则，将承受消极的后果（消极责任）。“公属”和“私掌”之间的矛盾，决定了公共权力既有“行善”又有“作恶”的可能，公共权力在运行过程中极有可能偏离其公共性，转而去追求行使主体自身的特殊利益，因此，必须对公共权力进行限制与约束，这样才能确保公共责任的实现。

第一节 公共责任概述

一、公共责任的含义

公共责任具有多种表现形式和丰富内涵，既不是孤立的单纯道德意义上的，也不是完全法律意义上的，而是具有多种善恶价值判断，涉及国家、政府以及人民利益关系，公共责任既是制度又是伦理。

行政管理意味着一定的公共责任，即职责。职责只与人的职业角色相联系，行政职责就是发挥行政管理者的岗位职能，保持行政目标，完成行政任务的责任；遵守行政规则程序，承担职权范围内社会后果的责任；实现和保持行政系统不同岗位之间的有序合作的责任等。公共责任是行政管理产生和存在的基础。

广义的公共责任，是指国家行政管理部门的行政人员，在工作中必须对国家权力主体负责，必须提高自身职责的履行，来为国民谋利益。公共责任是国民与行政人员之间联系的桥梁。它包括两方面的内涵：第一，国家的全部行政机构，作为一个整体对国民负责；第二，由于行政管理系统是不同功能环节所组成的有机体系，为使行政部门的管理活动适应国民的利益和要求，必须在行政管理内部的各环节、层次之间进行责任分工和权限分解。通过确立垂直的责任关系和下级对上级直接责任的办法，使公务员在工作中能够认真负责，并将公务人员的工作扭成一股合力，成为开展行政工作的动力。

狭义的公共责任，是指国家的公务人员违反行政组织及其管理工作的规定，违反行政法规所规定的义务和职责时，所必须承担的责任。出现上述情况时，行政管理人员要对自己的违法失职行为及其后果负责，行政机关或其他特定机构根据行政法追究其行政责任，予以惩罚。狭义的公共责任以广义的公共责任作为前提条件。

二、公共责任的特征

责任在行政领域里发挥作用时，表现的性格特征十分鲜明独特。公共责任并不像刑事责任那样，只限于追究违法犯罪者的行为责任，而具有着更为广阔的社会内容和意义。公共责任的特征可归纳为以下三点：

（一）公共责任是一种义务

作为政府机制构成的行政系统和行政人员，承受行政责任的过程，就是一个承担为国民尽义务的过程，承担起为其服务对象尽责效力、谋取利益的义务。这种义务因时代和国家阶级基础的不同而不同。进入近代工业社会，随着国家权力主体由封建帝王向国民大众的转移，在一些法制较健全和法规较完备的国家，行政责任呈现出法律性义务特征。各级行政官员对国家权力主体所承担的义务，转为由法律加以固定的规范，他们承担着为国家权力主体服务的法律义务。其内容是由国家、政府和行政机构的性质、任务、政策、法规以及行政道德原则所确定的。

（二）公共责任是一种任务

行政管理在承担义务的基础上，还必须通过认真履行自己的义务和职责的方式，对国家权力主体负责。行政官员执行国家主体的意志、方针、政策的过程，实际上就是具体完成权力主体所交付的任务的过程。

（三）公共责任是一种监督、控制和制裁行为

从某种意义上说，公共责任是一种以外在的约束力为支撑力的个体或群体行为。

在实行民主政体的国家，行政部门是为主权所有者国民服务的。为此，就必须根据国民的意志，通过一定的方式，控制行政机关及其管理活动，防止行政机关肆意追求特殊利益，而置国民的利益于不顾。

对国家行政管理者来说，行政责任一经确立，必须按照各自的责任和要求去从事相应的行政活动。凡是未能完成所承担的任务或犯有违法失职行为的行政官员，都要承受由上级主管部门根据规定的程序、形式做出程度不等的责难、处罚或制裁。这种制裁是行政责任的本质所要求的，如果离开这种制裁行为，行政责任在很大程度上就失去其威力与有效的保障作用。

三、公共责任的意义

在现代社会中，行政责任已经成为国家政治生活的一个重要方面，从而使得确立和确保行政责任产生了不同于以往的重要意义，主要体现在以下两个方面：

（一）行政权能的扩展要求在新的历史条件下必须确立和确保行政责任

1. 行政权能的扩展

19 世纪末、20 世纪初，西方国家开始出现从立法国家转变为行政国家的国家现象，政府的地位得到加强，政府的权力、职能和活动范围大大扩展，并在国家和社会生活中发挥越来越大的作用。具体表现为三个方面：

第一，政府通过各种形式的行政委员会从立法和司法机关接受相当多的委任立法权和委任司法权，并扩大了行政立法和司法行政的范围及种类。

第二，政府利用宪法对政府职权的抽象规定，进一步扩大了政府的行政性自由裁量权。

第三，政府通过加强对国家经济及社会生活的干预，在扩大国家社会职能的名义下，扩大了自身的权能。

2. 行政权能扩展带来的问题

行政权能的扩展也造成了一系列的问题，表现在：

第一，政府职权的扩展不可避免地要与以三权分立、天赋人权、普选制、多党制为核心内容的资产阶级民主制度发生矛盾。

第二，政府职权的扩展、行政裁量权的增加，为政府与特定利益集团的结合提供了更多的条件，直接影响到政府的公正立场与公益目的。

第三，在实质上，垄断资本既需要强化政府的职能以满足共同的垄断需求，又需要对政府的职能有所限制，以维护利益均沾的原则和各自的特殊利益。

所以，解决行政权能扩展带来的问题，就是必须在新的历史条件下确立和确保行政责任的问题。

（二）政府自身的变化要求确立和确保行政责任

现代国家行政组织规模庞大、部门横生、人员众多、分工细致、职能复杂的特征，产生行政组织体系内部各个层级、各个部门以及各个行政公务人员之间的、与行政权力的再分配相一致的行政职责分解问题，即通过行政组织内部具体化的责任制度，以保证行政行为的规范化，克服随意性，减少行政失误，提高积极性和工作效率，使行政机关和行政公务人员既分工又合作，既严肃又灵活，从而建立职位、职务、职权、职责相一致的工作责任制度，从基本的工作层次上，确立和确保行政责任。

第二节　公共责任的确定

一、追求公共责任的主体

在行政责任确定的条件下，损害性行政行为的责任主体就要依法接受一定的行政或法律惩处，并根据情况承担赔偿。这涉及行政责任的追究问题。与宪法、法律、法规规定的权限相一致，追究行政责任的主体包括立法机关、法院（普通法院或行政法院）、国家检察机关、政府自身和公民。具体分析如下：

（一）立法机关

立法机关是由国民选举产生的，是行政主体的权力来源，一切国家公共机关及其公务人员的一切行为，都必须符合和有利于国民的意志、利益和需求，都必须对国民承担责任。对于公共机关的失职、侵权、违法行为，立法机关有权利进行追究。

（二）法院（普通法院或行政法院）

司法机关作为追究的主体，主要是依据法律裁判国民与行政部门之间的纠纷，审定行政行为合理与否，纠正由于行政部门和官员的不负责所造成的不良后果及损失，并借此化消极因素为积极因素，增强行政人员的责任感，推动行政任务的完成，实现行政责任的客观目的。

（三）国家检察机关

在许多国家里，检察机关是代表政府追究责任和提起公诉的机关，是一种行使司法行政权的国家机关，在形式上一般不涉及法院行使审判权的活动。

（四）政府自身

对政府及其官员而言，承担行政责任不但意味着对全体国民、立法机关和宪法及法律负责，而且意味着对政府自身的行政法规、行政制度和行政上级负责。

（五）公民

公民作为行政管理的客体是最容易受到不良行政侵害的对象；公民成为追究行政责任的主体既是对自身权益的维护，也是民主法治原则的体现。

二、公共责任的构成要件

行政责任的构成要件就是使行政责任得以成立的基本条件。行政责任的构成要件包括以下几个方面：

（一）必须是国家行政机关或行政公务人员的行政行为

行政责任由代表国家的具有法人地位的政府机关或政府官员的行政行为所产生。行政行为是政府机关和政府官员执行国家权力主体（机关）和行政上级所委任的行政管理事务的行为。行政行为是典型的国家行为，行政行为的政治和法律责任主体是国家，并因此产生出行政责任的属性：

1. 没有行政行为不产生行政责任，即非国家（政府）活动不产生行政责任，只有当行政官员以国家的名义实施行政管理、执行职务时，才发生行政责任问题。

2. 行政机关和行政公务人员执行公务的行为都是行政行为，一切行政行为都发生行政责任问题。即使行政机关或行政官员以私法意义上的法人名义从事私营经济行为也产生行政责任。

3. 国家行政行为产生行政责任，非行政行为不产生行政责任。在现代民主社会里，国家责任是一个广泛的概念，一切国家行为都产生国家责任。

4. 非行政机关或行政官员因授权从事国家行政行为也产生行政责任，即行政责任不以行为主体是行政机关和行政官员为完全限制性条件。

（二）必须有国家宪法和与宪法相一致的法律、法规的确认

行政责任必须经由国家的法的确认才能产主。没有法的确认，即使发生损害性行政行为及其后果，也不能产生行政责任。具体内容如下：

1. 行政责任由宪法及有关法律法规的精神、原则和条款所同意、确认和规定，包括行政责任的性质、内容、范围、条件、后果、种类、限制、确认、程序和执行。

2. 没有法的规定不产生行政责任，行政机关或行政官员即使在事实上违法、侵权、损害、不当，违背行政责任，但由于没有法的规定而不承担法律行政责任，至多承担道义行政责任。

3. 由法律规定不承担事实后果的行政行为不产生行政责任。在通常情况下，有条件行政责任的范围多局限于特定的政治、军事、情报和外交活动方面。对这些方面的行政责任，特别立法或法院多按照“行政裁量行为国家免责”的原则予以维护性限制。

（三）必须有特定的行为后果（事实）

只有当行政机关或行政官员的行政行为造成特定的损害性后果时，才产生实际承担行政责任的问题。没有损害性行为后果，行政责任就仅仅是法理上的责任，而不构成法律上的责任。具体内容如下：

1. （国家）行政责任中受害的一方恒定是公民，包括公民个人和公民团体，而行政责任的一方除了行政机关和行政官员以外，在特定条件下则还包括获得合法行政授权的其他行为主体。

2. 在通常情况下，强调行为后果损害性的同时，还规定行为人必须有主观上的过错，即将行为人主观上的过错作为追究行政责任的充足条件，在特定条件下，则只强调行为后果的损害性而不论其主观状态如何。

3. 损害性后果与行政行为存在直接因果关系，即行为对象所受到的损害必须是行政行为直接造成或引起的，由于第三者行为或自然力所形成的损害不产生行政责任，（国家）行政机关和行政官员不承担因此而产生的赔偿责任。

（四）国家全部承担或部分承担损害责任

由于行政行为是以国家名义进行的有组织的国家行为，因此，一切行政责任在名义上和性质上都必须由国家承担。然而，国家的行政行为是政府通过具体的行政机关及其官员的具体行政活动来实现的，同时，法律（诉讼）也要求责任的承担者具体明确。所以，西方国家的行政责任主体在名义上恒定是国家（政府），在实际的法律活动和行政管理过程中则具体分为政府机关、政府官员和获得合法授权的其他组织及个人。

三、追求公共责任的程序

追究责任的程序表现为调查、受理、起诉以及相应的议案、判决和决定等活动，包括两个部分，即公民依法对行政责任的追究和法院依法对行政责任的追究。具体内容如下：

（一）公民依法对行政责任的追究

公民在受到行政机关或行政官员行政行为侵害（或自认为受到侵害）的情况下，可以依据法律所赋予的权利，通过一定的程序向有关国家机关提出申诉或上诉。具体内容如下：

1. 申诉。在通常情况下，申诉是公民就国家行政机关或行政官员的不当行政行为对自身的侵害而向政府有关部门提出的追究行为。

2. 上诉。上诉则是公民在受到包括行政机关和行政官员在内的国家机关和国家公务人员的违法行为侵害时，特定向法院提出的追究行为。

（二）法院依法对行政责任的追究

法院依法对行政责任的追究包括两个方面的主要内容：

1. 国家行政责任诉讼程序。国家行政责任诉讼是针对国家行政行为的诉讼，因而在程序上就要有别于民诉法和普通法的规定。一般说来，民诉法和普通法中的许多程序规定大都原封不动地适用国家行政责任诉讼，例如法院的管辖、公开审判、陪审制、辩护权、回避制度、合议庭等。国家行政责任的特别规定主要表现在四个方面，即证据、时效、执行和关于外国人的待遇。

2. 判决的依据。当公民起诉对象为政府机关或政府官员时，法院判决的关键在于行政行为是否违法，例如侵权、越权、违约、滥用权力、程序违法等。在特定条件下，法院除接受上诉外，也接受申诉，即通过受理具体的行政案件，来判定特定的行政行为是否合法、合理，包括行政仲裁、行政赔偿是否合法、合理，并以此来划定具体的行政责任成立与否。

第三节　责任型政府构建

政府自身建设是实现各项改革和建设的前提条件，也是推进我国社会主义现代化建设的根本保证。当前我国正处于经济和社会转型的关键期，因此，当前我国政府自身建设的重要主题就是改革，它要求围绕我国的社会主义现代化建设，依照社会主义市场经济运行机制的需求，逐步推进我国的行政管理体制改革，转变政府职能，努力建设责任型政府。

一、责任政府的含义

作为现代民主政治的一个基本概念，责任型政府是指积极采取行动回应社会和满足民众的基本要求，承担政府在整个社会中的法律责任，并履行义务的政府形式。

在这里，政府所提供的公共服务既是一种法定权力，也是一种神圣的责任。从这一角度出发，责任政府要求政府组织及其公职人员不折不扣地履行其在整个社会中的职能和责任，职权对政府而言，既是一种权力，又是一种义务。在责任型政府中，不仅政府行使的每项权力都负有相应责任，而且政府拒绝行使法定的权力也要承担一定责任，权责一致是建设责任型政府的最基本的要求。从这个角度出发，责任政府要求当政府组织及其公职人员违法执法、违法行政、滥用职权时，应承担否定性的法律后果，接受相应的谴责和制裁。此外，需要明确的是，责任型政府跟服务型政府一样，都属于有限政府，落实到责任上，它所承担的责任不是无限的，而是一种有限的责任，而同时有限责任也意味着权力的有限性。

对责任政府的理解以下几点必须引起我们的关注：

首先，在政府权力的设定上，遵循“法不授权即禁止”的原则，政府权力有明确而清晰的边界，政府权力必须受到严格限制。责任型政府首先要明确自身的权力和责任所在，划清政府的边界和职能。市场与社会能做的，政府不做；市场、社会做不了的，政府来管，保证政府不“失位”，不“越位”。同时，要加强政府工作责任落实和监督力度，强调政府权力与责任的统一，完善责任追究和监督制度，谁管的事情谁负责，谁出了问题追究谁的责任。

其次，责任型政府需要承担的责任是政府及其公职人员“因其公权地位和公职身份而对授权者和法律以及行政法规所承担的责任”。这一责任既包括法律责任，也包括民主责任、政治责任和行政责任等多种责任。对于政府的失职行为，人民有权通过谴责、询问、质询、罢免、提起诉讼等方式追究责任人的法律责任、民主责任、政治责任和行政责任。

最后，责任型政府与服务型政府、法治型政府三者有着内在的勾连。服务型政府是责任型、法治型政府的综合体现，责任型、法治型政府是服务型政府的必然要求。三者共同形成了加强政府自身建设、改革行政管理体制的最终目标。

二、构建责任政府的意义

建设责任型政府，源于经济全球化的需要、源于现行的政府模式不能满足社会主义市场经济发展的需要，它响应了时代的呼声，也顺应了改革发展的潮流：

第一，是实现经济全球化，发展社会主义市场经济的需要。新中国成立以来的无限全能型政府曾经适应了工业化初期我国赶超型经济增长战略对政治、经济管理体制和社会组织方式的需要，对集中力量恢复和发展国民经济，建成独立自主的国民经济体系起到了无可替代的作用。遗憾的是，全能政府也有它的缺陷和不足，那就是决策权高度集中于政府，客观上存在决策失误的可能性，社会的抗风险能力削弱，公共决策纠偏机制不建全。这种政府模式与计划经济有着内在的契合，但却与经济全球化、市场化和信息化的时代潮流格格不入，也与现代管理体制变革中的市场化、社会化、法治化取向是相悖的。随着社会主义市场经济体制的逐步建立和完善，全能政府最终难以维系，由全能政府向有限政府转变成为历史的必然。正是在这种情况下，服务型、责任型、法治型政府应运而生。

第二，是实现政府权力和责任相统一，保障公民利益，取信于民的需要。当前在我国，政府权力与责任不统一的问题尚未从根本上解决，权力大、责任小的状况，导致政府及其工作人员责任意识的缺失和行政效能的低下，于是社会要求改革行政管理体制、适应经济社会发展的呼声越来越高。建设责任型政府，从历史的角度看，这是世界政治文明的重要成果；从现实看，是发展市场经济，建设法治国家，推进民主政治的需要；更是保障人民权利、取信于民的需要，这是建设“责任政府”的内在压力和动力。“三个代表”重要思想要求政府及其工作人员必须以高度负责的精神保障人民的权利，为最广大的人民谋取最大的利益。

第三，是贯彻以人为本、执政为民的执政理念，进一步推进我国民主政治改革步伐的需要。我们党明确提出，要建设社会主义政治文明。作为政治文明建设的重要内容，新一轮机构改革的大幕已经拉开。从长远看，机构改革的一个重要目标，就是要建立一个开放、民主、法治、负责任的政府。而这是比以往精简机构单纯地压缩行政规模更为本质的变革。这些举措，大大推进了责任政府建设的步伐。比如，中共中央批准实施的《党政领导干部辞职暂行规定》，严格规范了“因公辞职”“自愿辞职”“引咎辞职”“责令辞职”制度；2003 年的非典、1998 开始的审计风暴及吉林市中百商厦“2・15”特大火灾事故引发的领导引咎辞职体现了中国政府改革正在向责任型政府的方向转变。一个高效的政府必然是负责任的政府，这是现代社会对政府运转机制提出的最基本要求。

三、构建责任政府的途径

（一）政府及其公职人员要进一步强化行政责任理念，破除无限全能政府的观念

民主政治是责任政治。推进政治体制改革，发展社会主义政治文明，建设社会主义民主政治，要求政府及其公职人员必须确立权力必受监督与追究的理念，从思想

意识和观念上改变政府权力不受约束和制约的全能政府观，明确职权与责任、权力与义务的关系。这就要求在各级政府官员中进行关于正确的权力观念和责任观念的教育，清除各种错误观念和意识，确保官员对自己行使政府权力的责任有理性定位和正确认识，强化权力行使过程中的责任意识和心态。

（二）建立健全行政问责制

“责任政府的重要制度是政府问责制的建立，政府失职渎职如果得不到应有的问责就不能称为责任政府。”行政问责制是指对政府的违法行为及其后果都必须和能够追究责任的制度，即公共部门的人员应满足公众增加发言权和加强问责制的要求。问责制是现代政府强化和明确责任，改善政府管理，建设责任型政府的本质要求，也是推进依法行政的重要保证。

（三）加强责任政府建设过程中的法治环境和制度环境建设，建构科学合理的权力运行机制和责任追究体系

当前从整体上看，我国已经进入了后立法时代，日益完善的法律体系，为政府依法行政提供了明确的法律依据。但值得注意的是，我国目前尚没有关于行政责任追究的专门的法律依据，不同地方、不同系统在法律法规的运用上也不统一。而且更为确切地说，目前很多地方作为政府责任追究的依据仅仅是一种政策上的安排而不是法律规范意义上的制度安排，这就在一定程度上制约了政府责任的有效落实和追究。为克服此种缺陷和不足，必须加大责任政府建设过程中的法治环境建设，一方面要通过法律，建立起结构合理、配置科学、程序严密、制约有效的权力运行体制，确保权力运行的科学化、规范化和程序化；另一方面，要建立起政府责任追究的法律制度，“明确责任追究的主体、范围、客体、责任方式、期限、程序、赔偿等事项”，增强政府责任追究程序性、可操作性和确定性；此外，还应该强化干部人事制度、绩效评估制度等责任追究制度配套体制的完善，在责任追究上形成合力。

总而言之，建设责任型政府任重而道远，非一日一时之功。我们应当审时度势，立足于我国国情，吸收他国政府改革的成功经验。坚持我们所选择的路径，一步一个脚印地走下去，责任政府建设的目标一定会实现。

【思考题】

1. 官员问责的意义。
2. 如何构建责任型政府？

3. 简述公共责任的构成要件。

【案例】党员干部疫情防控不力被问责①

坚持就是胜利，坚持才能胜利。习近平总书记强调，各地区各部门各方面要深刻认识当前国内外疫情防控的复杂性、艰巨性、反复性，进一步动员起来，统一思想，坚定信心，坚持不懈，抓细抓实各项防疫工作。要坚决采取更加有效、更有针对性的措施，力争尽快有效控制局部聚集性疫情，为人民群众生产生活和经济社会发展营造良好的环境。

从国际看，全球新冠肺炎新增确诊病例不断增长、病毒多次变异，我国“外防输入”压力持续增大。世界卫生组织近期发出警告，呼吁各国不要认为疫情已经结束。从 2021 年 12 月开始，全球新冠肺炎疫情进入第四波流行高峰，连续 11 周每周报告的病例数超过千万，至今仍处在高位水平。今年以来，日本、韩国、越南等周边国家和地区疫情形势尤为严峻，我国疫情输入的压力明显增加。更为棘手的是，当前奥密克戎变异株已成为全球和我国境外输入及本土疫情的优势毒株，近两个月奥密克戎 ba. 2 亚分支所占比例也明显增加。我国仍将持续面临同时段多地发生以奥密克戎病毒株为主的疫情防控局面，输入来源更加隐匿、传播方式更加多样、疫情来源错综复杂，防控形势日趋严峻复杂。

从国内看，近期全国本土聚集性疫情呈现点多、面广、频发的特点，“内防反弹”任务仍然艰巨。今年 2 月下旬恰逢我国春节假期结束，学生开学、企业复工等带来人员大规模流动，加上会议培训、婚丧嫁娶等各类人员聚集性活动增加，成为疫情的“传播器”和“放大器”，导致疫情迅速扩散甚至是跨区域传播。发生频次明显增加、感染人数快速增长、波及范围不断扩大……据统计，3 月 1 日至 14 日，本土疫情累计报告感染者已经超过 1.5 万例，波及 28 个省份，目前中高风险区超过 400 个。还应看到，少数地区疫情仍在高位流行，呈现出高度的聚集性，社区传播仍未彻底阻断，疫情防控处于最吃劲、最紧要、最关键的阶段。

“针尖大的窟窿能漏过斗大的风”。部分地区疫情的发生和扩散，暴露出常态化疫情防控工作存在短板漏洞。近期，内蒙古、辽宁、吉林、山东、广东等多地党员干部、公职人员因疫情防控履职不力、失职失责等问题受到严肃问责。从通报情况看，有的对疫情防控形势认识不足、研判不够；有的对防控工作麻痹大意，监督检

① 李鹃．多地党员干部因疫情防控不力被问责，中纪委官网：与病毒打“持久战”容不得半点懈怠、来不得半点虚功［N］. 中央纪委国家监委网站，2022-03-19.

查缺位、应急处置措施不当；有的落实属地责任不力，工作不严不实……抗击疫情两年来的实践警示我们，与病毒打“持久战”容不得半点懈怠、来不得半点虚功，必须不折不扣抓好落实。一旦思想麻痹松懈，滋生“歇歇脚、缓一缓”的心态，准备不足、放松要求，很可能造成局部地区疫情快速扩散蔓延。

深刻认识疫情防控的复杂性、艰巨性、反复性，慎终如始坚决打赢疫情防控这场硬仗。疫情当前，必须克服麻痹思想、厌战情绪、侥幸心理、松劲心态，以时不我待的精神抓实抓细疫情防控各项工作。要始终坚持人民至上、生命至上，坚持科学精准、动态清零，尽快遏制疫情扩散蔓延势头。要提高科学精准防控水平，不断优化疫情防控举措，加强疫苗、快速检测试剂和药物研发等科技攻关，使防控工作更有针对性。要保持战略定力，坚持稳中求进，统筹好疫情防控和经济社会发展，采取更加有效措施，努力用最小的代价实现最大的防控效果，最大限度减少疫情对经济社会发展的影响。

疫情防控就是跟时间赛跑、同病毒赛跑，必须快速反应、精准防控，把各项防控措施落实得更快、更准、更细。各地区各部门各方面要把思想和行动统一到党中央决策部署上来，党政同责，齐抓共管，做到守土有责、守土尽责，提高防疫本领。各级党组织和广大党员、干部要勇于担当、尽锐出战，把责任扛在肩上、把措施落到实处，以统筹疫情防控和经济社会发展的实际成效迎接党的二十大胜利召开。

【问题】

1. 结合材料和所学知识，谈谈疫情防控不力的党员干部被问责的内在逻辑。

2. 近年来，属地管理的全面强化，特别是疫情防控责任的增加，加重了基层的履职困境，由此出现了基层由“邀功”到“避责”的趋势。请谈谈你对此趋势的看法。

第十七章

行政伦理

清者莅职之本，俭者持身之道。 ——《周书》

求治之道，莫先于正风俗。 ——《明史》

伴随着公共改革的浪潮，行政伦理学作为一门以行政道德为研究对象的新兴学科，越来越受到国际社会的广泛重视。加强行政伦理建设不仅可以提升公职人员的道德境界，而且可以对预防和防止腐败发挥重要的作用。行政道德对于公共管理的开展，对于逐步实现制定和执行政策的合法化和规划化具有举足轻重的作用。行政伦理有助于中国政府转型，逐步由“管理型政府”转向“服务型政府”，逐步达到善治的要求，即“合法、法治、透明、回应、负责”，充分实现公民与政府“权、责、利”的有效补充和配合。从而促进公民与国家的和谐，促进政治文明、经济文明，并最终使政府实现良好的“委托代理”。

第一节　行政伦理概述

一、伦理、道德

（一）伦理、道德与法制的关系

在古汉语里，“伦”，显然是顺序、秩序、分类之意；“理”，则是条理、道理等意思，而且几千年未变，现在它们也是这个意思。实际上，伦，是人或事物的外在形式，而理则是事物的内在，即规律、实质、本来等内涵，那么在人类的理性范围内，伦理产生并存在的历史，远远长过或早于哲学及人类文化、艺术、社会、国家等文明的历史，也就是说在哲学产生之前的久远的时间内，人类的伦理即人与人的关系和它内在的规则就已经存在，而哲学上或伦理学上探讨这些关系的内在实质已经是后来的事，充其量不过三千年的历史。

那么，什么是伦理呢？伦理是生命个体区别于动物行为的限定的规则，实际上，它是生物的本我实现——动物性的本能在作为人后应该剔除或应该加上的部分行为内容。比如：性行为，有些是可以进行的，有些是必须禁止的；亲情，动物本身也拥有父代或兄妹关系，但是它们不会考虑这些，但作为人类必须考虑其亲情的内在；扶老携幼，在动物群里，母亲往往养育自己的后代，但子女成熟后，基本没有任何关系，包括照顾、危难时的帮助等，动物界基本不存在。

那么，现在归纳起来，伦理作为生命个体作为人的基础，它的内涵其实包括两个部分：生命个体的本我及本我的控制。只有本我及本我的实现，就只能是普通动物；如果在本我的实现过程中，能够实现控制，知道什么行为是可以实施或什么行为是必须禁止的，那么他才可能是有伦理的动物，即人，哪怕这个人没有自己完整的人格特征。如果作为生命个体既可以实现本我，又可以拥有完整的人格，那么他就是一个道德的人。也就是说，伦理是作为人的前提，道德是生命个体自我实现的前提，就如同社会生活中个体必须遵守法律或成文规则一样。因而，伦理、道德、法律是一种确实的递进关系，是人类文明进步中循序产生的人类自我约束的约定。

反过来讲，其实法律、法制、法则是人类社会的必然产物；道德是在社会生活和群体生活中必须遵守的或尽量去遵守的个体与个体、人与人之间的约定，它没有强制性，也没有固定的文件条例，而凡是有文本或规定成文的必然是社会或群体规则，当然具有强制性；伦理只是作为人的行为中必须遵守的而又不成文的规则，比如吃饭，吃是所有动物都必须的行为，人也不能例外，但是人不能去抢别人正吃的东西，带有明确的行为限制性，如果获得别人拥有的财富则进入另外的范畴，即道德范畴，如果你不遵循道德依然获得了财富，比如盗窃，事实上有些盗窃行为只是违背道德而没有违法，所以仅受到道德的谴责或道德也不足以谴责，而有些行为一旦实施不仅违反道德而且已经违反了法律，并应该受到法律的制裁。其实伦理也是这样，即有些违反伦理的行为只是违背伦理的规则或内在，而并不一定违法。

基于上述伦理、道德、法制的比较，我们可以发现伦理与道德的区别与联系。

（二）伦理与道德的联系与区别

伦理是应然性的社会关系，道德是应当如何的规范。伦理强调的是由人构成的人伦关系，这些关系是外在的、客观存在的；道德则要将伦理客观化的道理、原则内化为内在的规范和德性，具有主观性。伦理构成了道德的基础和前提；道德则成为伦理的载体和形式。伦理更关注的是和谐，这是伦理关系的核心；道德则更强调规范，是伦理联系的外在形式。

两者的联系和区别主要表现在：

联系：在通常情况下，这两个词意思相近，可以互换。在英语中，Ethics（伦理）直接具有“道德”的含义。

区别：1. 作为日常用法，“伦理”更具客观、外在、社会性意味；“道德”更多地或更有可能用于个人，更含主观、内在、个体性意味。道德是伦理的载体和形式，伦理则构成了道德的基础和前提。2. 作为价值本身，伦理的核心是正当（适当、合适、合宜等），道德的核心是善（或美德、德性、好等）。3. 作为规范，伦理具有普遍性，道德具有独特性。4. 作为评价尺度，伦理的尺度是对与错，道德的尺度是好与坏、善与恶。

二、行政伦理的内涵

（一）行政伦理的由来

行政伦理是公共行政领域中的伦理，是政府过程中的伦理，是关于治国的伦理；不仅属于精神文明范畴，而且是政治文明的重要组成部分。行政伦理渗透在公共管理、公共行政与政府过程的方方面面，体现在诸如行政体制、行政领导、行政决策、政府监督、行政效率、行政素质等，直到行政管理体制与政府机构改革之中。行政伦理具有丰富的内涵、鲜明的特色和独特的价值导向功能。

行政伦理学的兴起既是伦理学理论发展的逻辑使然，也是公共领域现实伦理问题突出，寻求理论解决的必然。在中国，讨论公共行政伦理，并在此基础上加强行政伦理建设，不仅是对世界学术潮流的顺应，也是中国社会现实的必然要求。行政伦理建设应包括理论研究、规范建设与教育实践三个方面，中国行政伦理建设在20多年的发展中取得了重要的成就，但依然存在一些问题，应着力探索有针对性的对策加强行政伦理建设，使之成为促进廉洁政府建设的学科支撑。

行政伦理旨在分析行政人员在政策执行过程中，所应有的价值、行为规范、义务及其完成的方法。所以，其指涉的内容，大致上为：公务员负责任、守纪律、忠职务等伦理条件的遵守。亦即公务员在进入行政系统后，其内心对国家、对民众、对机关、对单位和在机关内对长官、同事、部属认为应有的角色扮演与相互关系的分际。

行政伦理的面向从消极的有所不为而无害于人（如不贪污，不怠忽职守）到积极的有所为而有益于人（如为国效命，为民谋利的各种服务，并使行政符合公平正义原则，亦即行政机关及人员在公务上的道德共识及道德自律）。

当公务员做出违反忠贞及价值之行为时，因而损害了大众对政府的信心与信赖；或为了私利而牺牲了公众的福祉或效益，这就构成了公务员伦理的问题了。这也是行政伦理研究的重要课题。

（二）行政伦理的定义

综上所述，我们可以这样定义行政伦理，所谓行政伦理就是伦理在公共行政关系、公共行政活动中的体现；是执政党、国家机构和国家公务员在公共行政领域，在实践执政为民，在坚持科学执政、民主执政、依法执政，在履行经济调节、市场监管、社会管理、公共服务等职能过程中，所形成的一种应然关系以及调节这种应然关系的伦理规范，是执政党、国家机构和国家公务员由于内化伦理规范而形成的伦理品格。

三、行政伦理的价值

行政伦理是协调行政人员、行政机构和社会三者之间关系的伦理准则、规范系统。行政伦理在公共管理过程中具有重要的意义。

（一）加强行政伦理建设是行政改革的应有之义，是政府行政公正性的保障

行政改革不仅是要对行政组织机构的设置、权力结构状况和职能、法律制度的构成等行政管理的“硬件”进行改革，同时内在地包含着行政伦理这一“软件”建设。换言之，在对各种行政体制、制度实行改革的同时，也应当重视对担当改革的政府机关及其行政人员自身伦理的改革和建设，而且行政伦理建设是行政改革的价值导向，具有方向性和主导性的作用。深化行政管理体制和机构改革，最重要的是转变政府职能。

经过二十多年改革的实践探索，我国政府职能转变的目标和内容已经基本明确，这就是切实把政府职能转变到经济调节、市场监管、社会管理、公共服务上来。这一职能定位既符合现代市场经济发展的一般规律性，也体现了我国社会主义市场经济体制的客观需要。转变政府职能，创建服务型政府，其内涵就是以公正和服务作为政府行政的宗旨，这就要求各级政府和公务员正确处理政府和公民的关系问题，正确处理权力和利益的关系问题，一句话，就是要正确处理各种行政伦理关系，树立正确的行政伦理观。

（二）加强行政伦理建设，是预防和防止腐败，建设廉洁政府的重要途径

党的十六大报告明确指出要“反对和防止腐败”。表明中央的反腐败指导思想和工作重点转到了“惩”与“防”并重。中国政治体制和经济体制的缺陷及各类管理制度的漏洞不断制造和滋生各种腐败，加强行政伦理建设可以在一定程度上弥补

法制和管理制度中的漏洞，对于促进、保障和规范预防职务犯罪工作、推进廉政建设具有重大意义。全球范围的行政改革一方面提高了行政效率，另一方面也给行政伦理和行为标准带来了意想不到的影响。政府职能转移；公务员与公民关系的变化；全球一体化以及对其他伦理和文化规范的接触；社会道德观念的多元化和个性化等等都使原有行政伦理规范变得模糊，这是导致许多公务员走上职务犯罪之路的一个重要原因。因而，在新的形势下，加强行政伦理规范建设，可以使模糊的道德规范明确化、稳定化，使公务员明确自己行为的“应当”与“不应当”，从而对于腐败起到预防和警示的作用。

（三）加强行政伦理建设是完善公务员制度，建设高效政府的重要措施

党的十一届三中全会以来，我国政治体制改革的显著成果之一就是逐步建立起具有中国特色的国家公务员制度。1993 年《国家公务员暂行条例》的颁发标志着我国公务员制度的诞生，2006 年《中华人民共和国公务员法》的颁布实施及相关配套法规、政策的出台，使得我国公务员制度更趋完善，有中国特色的国家公务员制度已基本建立。但是，与现代公务员制度相比，我国公务员制度还没有提升到法制国家基本制度的高度，其最主要的问题就在于还没有建立起完善的公务员行为规范。公务员行为规范致力于解决公职人员私人利益和行使权力时公共利益的冲突问题。它分为道德规范和法律规范，并有道德规范法律化的趋势。我国公务员制度的行为规范还很不完善，现有的公务员行为规范只是一些原则性的规定，缺少量化的具体规定和强制性的惩罚措施。这些规定散见于党政文件中，以党纪政纪的形式存在，没有上升到法律高度，特别是道德规范很不完善。因此加强行政伦理建设，是完善公务员制度的必要措施。

第二节　公共伦理的构成与功能

一、公共伦理的构成

行政伦理范畴是指体现社会对公共行政伦理不同层次的要求，并上升为公共行政组织和广大公务人员普遍追求的信念，而对公共行政行为发挥重要影响和制约作用的伦理内容。行政伦理的范畴主要包括以下四个方面：

（一）公务员的个人品德

公务员的个人品德是行政伦理研究的传统关注领域。它是行政伦理在个体层面

的体现，规范和制约着公务员的个体行为。一般而言，公务员的个人品德包括两个层次的内容：

1. 公务员的思想态度

公务员的思想态度是指他们在日常的公务活动中所表现出对公共行政职业价值观的认同，以及相联系的工作态度问题。公共行政是一种职业，更是一种事业，有其崇高的价值追求。对公共行政价值观产生认同，并将它内化为自己的行为目标，是推动公务员个体尽职尽责、努力工作的基础性因素。只有在价值观的层面固化这种认同，才有可能在实际工作中表现出积极进取、勤恳乐观的工作态度。

2. 公务员的思想品德

公务员首先是作为个体存在的公民，他必须遵循社会长久以来形成的道德意识、道德意志和心理习惯等行为规范。公务员思想品德的内容，除了包括日常人们所追求的个人美德，如谦恭、仁慈、智慧、诚恳、忠实等，还应该包括行使公共行政职权所必须具备的乐观、勇气和公正。

（二）行政职业道德

所谓职业道德，就是从事一定职业的人们在其特定的工作中或劳动中的行为规范的总和。行政职业道德是指同公共行政职业相联系的，用以调整行政领域中人与人之间关系的道德原则和道德规范，其核心在于处理公共利益和个人利益之间的关系。我国行政职业道德的内容至少包括以下方面：

1. 维护公共利益

公共行政的本质在于其公共性。行政管理活动的根本目的是维护公共利益、增进公共利益。因此，公务员在行使公共权力时必须坚持公共利益至上的原则，不得因为一己私利或者地方利益、部门利益而影响公共事务管理的公正性。

2. 遵守法律法规

宪法和法律是公共利益原则的具体体现。遵纪守法是公务员履行义务的保证。作为普通公民，公务员必须像其他人一样遵守宪法和法律；作为国家工作人员，公务员更应当成为遵守法律的模范，努力做到在法律面前人人平等。

3. 忠于国家利益

国家是社会公共利益的化身，对国家忠诚就是对公共利益的忠诚。行使公共行政职权的公务员应该忠诚地维护国家利益，服从国家利益的需要，尽心尽力为国家工作。在现实行政工作中，对国家的忠诚主要表现在严守机密和切实贯彻国家方针、政策方面。

4. 勤勉负责

公共行政工作的公共性要求公务员在他们的公务活动中勤恳工作、认真负责，不得懒惰拖沓、玩忽职守。这是一种职业责任心和职业态度在日常工作中的体现。在我们党提出全面建设小康社会战略目标的大背景下，更需要广大公务员勤勉负责地完成国家和人民交给的任务，推动我国早日实现现代化的目标。

（三）行政组织伦理

行政组织伦理主要指与组织制度和组织程序相联系的一系列伦理原则和行为规范。总的来说，行政组织伦理表现在以下四个方面：

1. 程序公正

在行政机关履行行政职能、推行政务的过程中所建立的一系列程序、规章、条例、办法等，其目的都应该是为公共权力的授权者服务，而不应成为行政机关或个人谋取私利的手段。因此，行政机关必须摆正与人民群众的关系，制定合理公正的程序规定，更好、更方便地为公民提供高质量的服务。

2. 组织信任

行政机关是一个在分工基础上进行合作的整体。这种合作不仅需要正式的权力体系，更要构建人与人之间、部门与部门之间和谐的信任关系。另一方面，在行政机关与外部环境的关系上，也要求维持和增进政府与社会之间的信任关系。两方面信任关系的结合，才能最大限度地降低行政活动的运行成本，使行政任务得以顺利完成。

3. 民主责任

政府权力来源于人民的授权，行政机关并没有自己特殊的利益。因而，行政机关对广大的人民群众负有国家制度所赋予的责任，即所谓的公共责任。这种公共责任与民主原则结合起来，要求行政机关的目标、价值偏好必须反映人民的意志，并且在行政工作中自觉接受群众的监督。

4. 制度激励

行政组织内部也存在着伦理问题。这主要体现在激励制度方面，即如何通过建立组织内部合理公正的制度关系来激发组织成员的积极性，进而推进组织活动的顺利开展。一般来说，制度激励所蕴含的伦理问题包括两类：一是组织需要与个人需要之间的关系问题；二是效率与公平的问题。

（四）公共政策伦理

公共政策伦理是制定良好公共政策的前提。就此意义而言，政策伦理比任何单个的政策都更加重要，原因在于所有的政策都依于伦理。公共政策的本质在于对社会利益和价值进行权威性的分配。因而，在资源稀缺的政策情境下，公共政策背后所隐藏的伦理选择就显得十分重要。

如果政府的公共政策选择偏离了公共利益的轨道，后果是不堪设想的。归根结底，公共政策伦理所涉及的是正义价值的选择问题，也就是如何做到社会利益和社会负担的合理分配。这就要求政府部门制定公共政策的时候，必须以公共利益为重，慎重选择政策取向，最大限度地增进公共利益。

二、公共伦理的功能

伴随着“行政国家”观念的兴起，“谁来监督监督者”这一古老的问题成为政府重新思考、必须面对的重大问题。面对越来越多的腐败现象，维持政府权力廉洁的责任成为行政管理最大的挑战。当然，这需要外部的控制与制裁，诸如立法控制、新闻舆论监督、公民监督，然而外部的控制和制裁毕竟是有限的，它只能触及外部的行为，只能守住已获得的成果，况且外部控制的代价是昂贵的，并不能真正实现良好的行政管理秩序。所以伦理必须导入行政管理。缺乏行政伦理的约束，政府权力的行使与运用难保其合理、高效，作为内在约束性的价值观，行政伦理在行政管理领域是不可忽略的态度和标准。

（一）行政伦理的建设利于行政人员明确政府权力的实质与特征，真正实现民主政治

行政伦理的主体也是政府权力的主体，既是政府权力的行使者，也是行政伦理的规范对象和实践者。这个主体既包括行政部门，也包括行政人员。加强行政伦理的建设，首先要使行政部门及其人员明确自己的权力的意义，使他们认识到自己掌握的权力是人民赋予的责任，是代表人民行使的公共权力，而不是用来为个人谋利的私权。行政人员与人民群众不存在人身依附关系，而只是一种平等的契约关系，其权力越大，责任也越大，这种责任就是代表最广大人民群众的根本利益，实现人民当家作主，尊重和鼓励人民群众对国家政治事务的参与，真正实现社会主义的民主政治。民主不仅仅是一种政治制度，也是一种行政管理的价值，更是一种行政管理的方式。政治文明的核心正是在于发展民主，而社会主义民主政治的本质也就在于公民有序地参与，诸如民主选举、民主决策、民主监督与管理。

当然公民这些权利往往要通过国家公职人员行使公共权力体现出来，或通过公共权力的行使而得以保护。从政府权力的公共性来说，政府权力的行使必须遵循公共道德的原则。

（二）行政伦理的核心精神是公共利益至上，倡导行政伦理利于促进反腐倡廉、维护社会安定

由于国家行政人员特别是领导干部的职位与知名度比较高，其行为往往起到“上行下效”的示范作用，所以对整个社会道德风气起着至关重要的作用。如果行政主体缺乏基本的伦理制约，无视公共利益，把公共权力作为谋取私利的手段，任意处置事关人民利益和社会发展的大事，不仅会造成社会物质利益的的损失，而且会造成社会秩序的混乱，危及政权的稳定。腐败就是权力的腐败，主要是公共权力的非公共运用，具体表现为以权谋私、生活腐化，这种现象源自人性中的自私与贪婪。加强行政伦理建设就是通过道德的内省和渗透，使行政人员自觉树立人民利益至上、国家利益至上的道德观，从而达到规范行政的目的。国家行政部门的存在具有崇高的社会目的，其工作人员的行为决不能损害普遍的人类价值，而应促进公共利益，满足人民合法合理的需求。

近年来，反腐败问题已成为我党一项常抓不懈的重大任务，尽管严惩了一批贪官污吏，但一些权力部门和领导干部以权谋私、贪赃枉法仍时有发生，不仅严重破坏国民经济秩序，干扰了正常的社会生活，而且严重伤害了国民心理，大大增加了社会不安定因素。我们越来越清楚地认识到，单纯依靠法律这一外在强制力量并不能根除腐败、改善社会风气，而必须标本兼治，既要强调“依法治国”又要重视“以德治国”，内外兼施，才能有效地治理腐败，维护社会安定团结。

（三）政府权力意味着责任与效能，行政伦理的一项主要内容就是提高政府管理效率

政府权力是依据国家法律管理国家政务的责任与能力。职权作为一种制度化了的权力，必然建立在法律基础之上，行使职权也就是要有效和恰当地运用权力去完成法律规定的任务。因而权力又体现着工作效能，这也是行使职权必须遵循的原则，这个原则既有法律意义上的，也有伦理意义上的。我们谈及的行政伦理不仅仅是指廉洁、诚实、公正的“善政”，还指负责与效率的“理性行政”。我们强调国家行政人员在行使政府权力时必须要为人民群众负责，要敢于承担公共责任，要有义务感和责任意识，同时更要倡导他们在处理国家政务和公共事务时务实高效的原则，要求他们一切从实际出发，不搞形式主义、不做花样文章、不拖延时间、不推诿责任，将企业管理的理念引入行政管理中来，以更经济、更有效的方式提供公共服务。

当然这一切都应建立在这样一个前提条件下，即行政人员必须成为一名优秀的职业工作者，必须掌握公务职业所需的基本知识与技能。比如，他们应了解政府的

政策、法律，并积极向人民群众解释和宣传，同时还要回应人民群众的呼声与要求，致力于建设政府与人民的信任关系。总之，要打破那种“无过即功”的行政观念，那些做天和尚撞天钟，不学无术、尸位素餐之辈应受到行政伦理道德的谴责。

加强行政伦理的建设，目的是普遍提高国家行政人员特别是重要岗位上的领导干部的道德品质，增强其为人民服务的公仆意识和公利至上的责任感，最大限度地节约行政成本提高政府管理绩效，促进社会经济政治的全面发展。

第三节　公共伦理失范与建设

一、公共伦理失范的含义

行政伦理是公共伦理的一个重要的组成部分，它是指行政主体在行使公共权力、从事公务活动中，所应确立和遵守的伦理理念、伦理行为、伦理规范的总和，是政府权力的使用者（政府权力主体）在行使权力过程中所表现出来的一种特殊的职业伦理。当前，我国正处于一个过渡转型期，在市场经济的影响下，某些行政主体由于受到利益的诱导，置行政伦理的规范和原则于不顾，道德缺失，行为失范，导致公共利益受到损害，严重影响了行政机构的效率和威望，阻碍了整个社会改革发展的进程。因此，加强行政伦理建设具有重要的意义。

“失范”一词最早是由法国社会学家迪尔凯姆（Emile Durkheim）提出，他把“失范”解释为一种无规范状况或是社会准则的缺乏和混合不清，英文表述为“normlessness”和“lawlessness”，“norm”和“law”均有“规范”“规则”“法律”和“规律”的含义。罗伯特·默顿（Robert C. Merton）从词的功能把失范解释为规范的缺席。也可解释为现存的社会规范缺乏人们广泛的认同，导致它丧失了控制人们行为的权威和效力。通常情况下，学者们把失范与反常态、逆规则联系在一起，把失范作为“反常的”“病态的”或“偏差的”现象进行研究，研究解释为结构紧张在社会行动上的表现，或是个体心理上的病态征兆。在社会学视域，研究的基本对象是社会事实，对于两种具有不同性质的事实有不同的对待方式。

结合社会失范理论，从本质上讲，行政伦理失范是行政权力的一种异化现象。行政权力本来是一种公共权力，它所涉及的对象是公共事务，其所追求的是一种公共利益，其运行过程也称作公共管理过程。然而，在行政权力运行过程中，行政主体往往会置行政伦理的规范和原则于不顾，损害公共利益，假公权以及私权，导致公共权力的滥用和腐败。这种情况就叫行政伦理失范。

二、公共伦理失范的表现

（一）公共责任漠视及官僚化

公共责任是公共管理者在运用公共权力谋求公共利益的过程中，所必须承担的职责，从广义上可以理解为公共利益责任的履行，狭义上则是指履行失败后所要承担的责任。公共责任漠视主要表现在公共管理者对自身权力委托者权益的漠视，权力运作不以人民的权益为依据，对自身应当履行的公共职责敷衍塞责、玩忽职守，权力的滥用及乱用。公共责任的漠视导致政府内部官僚化倾向严重，思想僵化、办事低效，公共组织在日常管理中首要考虑的是组织内部的等级，以及组织外部的权威，这些直接导致组织力量内耗及公共利益的损失，也使得行政系统中的群体缺乏明确的正义目标，在不同的价值或善恶冲突之间难以做出正确的抉择。

（二）片面追求效率的功利主义倾向

功利主义，即效益主义，是伦理学中的一个理论。提倡追求“最大幸福”，认为实用即至善的理论，相信决定行为适当与否的标准在于其结果的实用程度。不同于一般的伦理学说，功利主义不考虑一个人行为的动机与手段，而是将效用与人的快乐和幸福等同，仅考虑一个行为的结果对最大快乐值的影响。功利主义可以说完全忽视结果与手段之间的关系，认为只要能达到增加快乐值的结果，可以采取任何一切手段，而不被考虑其复杂社会关系中的伦理因素。在功利主义的驱使下，过分注重效率的公共管理者为了片面追求政绩，就会违反有关法律法规、政策与伦理原则，采取违背公共伦理道德的行为，导致公共管理伦理的失范。当前，在中国个别地方采取的暴力拆迁即此类的典型事例。

（三）权力异化而导致腐败行为

在正常的情况下，公共管理伦理以一定的概念、范畴和一系列的伦理规范反映并作用于行政过程和行政行为而存在，通过伦理规范限定行政活动的活动范围、行为模式，使行政过程趋于程序化、规范化。然而，公共管理者突破了公共管理伦理的规范约束，利用公共权力谋求个人私利而出现权力异化。权力异化主要表现为权力滥用、权力腐败等。权力异化具有极大的危害，它导致不同政府部门及官员争权夺权，影响政府声誉和增加廉政成本，妨碍公共政策的制定与执行过程，降低行政运转速度甚至危及政权稳定。权力异化是政治稳定、经济繁荣和文化进步的陷阱。一旦落入这个陷阱，就会使社会处于低效、停滞甚至紊乱的状态。

二、公共伦理失范的原因

（一）外因

1. 伦理难以被量化及把握

由于伦理是一种思辨的价值判断，因此伦理活动本身很难被具体化，伦理活动的产出更是难以被测定和最终量化，这就导致了公共管理对其影响和作用有所忽视。即使人们有所意识，对于其作用也很难做出判断，这都在一定程度上造成实践中伦理的弱化和失范。此外，随着社会阶层的分化，公共管理面对的是复杂的社会关系，调整的利益存在多元性，在各种利益的相互博弈中，把握伦理标准也有一定的难度。“现实中伦理决策的标准差异及非伦理行为的标准差异，往往使公共管理者非伦理行为的产生存在多种原因，并与一定的社会制度、历史条件和社会道德风尚等因素紧密联系在一起。”

2. 商业管理思潮的影响

20 世纪 80 年代以来，西方各国相继采用工商管理的理论、技术及方法，引入市场竞争机制用于改造公共部门，提高其服务质量。随着政府进入商业领域，并与企业建立合作关系或合同外包关系，传统公共服务价值观逐渐被商业价值观所代替。随着企业和政府之间界限的日益模糊，公共管理者受到了这样的鼓励，要像一个私营企业家那样思考和行动，而不是以公共福利的委托人身份进行思考和工作。公共管理组织一般属于非功利化的组织机构，其管理者在理论上不应当受社会功利因素的过度影响，但是在功利化色彩不断向这些组织渗透的社会发展阶段，这些组织及其管理者也会形成功利型人格，进而导致公共管理伦理的缺失。如我国正处在社会转型时期，在各种价值观念冲突融合的过程中，过分强调经济利益导向作用，使评价公平与正义的伦理精神逐渐被商业文化中的价值观念所取代，社会的伦理标准经历着破坏和重构，我国公共管理伦理化面临着严峻的考验。

（二）内因

1. 多重角色冲突

作为公共事务的管理者和公共服务的提供者，公共管理者肩负着整个社会的期望，他们承担着更为复杂、责任性更强的公职角色。公共管理者扮演着多重角色，他可以同时是自由自在的个体，是家庭成员，是不同利益群体（例如协会或学会）的参加者，是某领域的专家，是科层组织中的上下级，是政府的公务员，是公共权力的行使者和代理人，是公民等。每个角色都是某一特定类型的分工所形成的身份地位，并携带着相应的社会期望即伦理负担或责任。因此，公共管理者的多种角色常常意味着角色冲突，并在一定条件下影响其伦理选择，最终威胁到公众对其“公共人”的伦理期望。

2. “经济人”追求

西方古典管理理论认为，人是以追求物质利益为目的而进行经济活动的主体，人都希望以尽可能少的付出，获得最大限度的收获，并为此不择手段。公共选择理论认为，作为公共选择或公共决策执行机构的官僚机构及其官僚也是按“理性经济人”假设行事的，他们的目标是自身利益的最大化，追求的是升官、高薪和轻松的工作以及各种附加的福利。然而伦理的约束主要依靠人的自我良知和社会舆论，是一种“软约束”。在公共管理领域，面对权力异化可以达到巨大利益和人类与生俱来的惰性，伦理的这种自律在人的“经济人”本性面前显得无足轻重，也直接造成了公共管理中诸多的道德失范现象。

三、公共伦理建设途径

（一）目前中国行政伦理建设中存在的一些问题

1. 行政伦理理论与行政改革现实分离

行政管理应以实现伦理价值为目标，行政管理的过程应体现行政伦理理念并受行政伦理规范的约束。理论上说，行政改革，无论是政府机构的调整，还是政府职能的定位，都离不开行政价值观的指导，行政伦理理论应当为行政改革提供价值目标和理论引导。但现实的状况是，我们行政伦理理论研究落后于行政改革的发展，没有很好地反映行政改革现实发展的需求，不能对行政改革起到应有的理论引导作用；现行的行政伦理学的研究基本上沿用规范伦理学的研究框架，对行政与伦理发展的内在联系研究不够，对现实中行政人员的伦理困境和冲突研究不够，没有概括出与时代相适应的、对行政人员有现实引导性的道德规范。

2. 行政伦理规范与政策和制度相分离

行政伦理规范与制度相分离表现为行政规范没有相应的制度安排。公共行政活动是为了实现国家的社会目标，推动社会的全面发展。作为“一种社会目标的合理调整和社会利益的权威性分配”的组织体系，作为社会公共利益的代表者和维护者，应始终把实现和维护社会正义视为其价值目标。改革开放 40 多年来，中国行政改革基本上是适应社会主义市场经济体制的需要，而进行的重塑政府体制的改革。因而行政改革主要是以效率为目标，没有把公平正义的伦理价值作为改革的目标。官民关系这一对基本的行政伦理关系也没有相应的制度保障和体现。以 GDP 为核心的政绩观和以行政权为主导的绩效评估体制，以及以集权和对首长负责为特征的官员考核和任免规则都不足以支持政府公平正义目标的实现，也不足以保证官民的主仆伦理秩序。一方面我们倡导为人民服务的价值观以及与此相应的行政伦理规范，但由于没有相应的政策和制度的支持，公开倡导的行政伦理规范往往与官员现实中奉行的潜规则相互脱节，导致行政道德生活中规则的缺失和混乱。

3. 行政伦理教育与行政道德现实分离

一方面，行政道德的现实不容乐观，另一方面是行政伦理学在各级政府的培训中还没有引起足够的重视。近年来，各级政府都非常重视干部的培训，但是与经济、法律、管理等方面的内容相比，行政伦理的教育并没有引起足够的重视。而且，与现行的干部培训以能力培养为目标相比，现行的行政伦理教育只能起到知识传授的作用，并不能促进官员行政伦理品德的生成。其结果就是伦理教育与道德现实相分离，官员的行政道德知识和行政道德行为相分离。

（二）加强行政伦理建设的几个方面

从行政管理和行政改革的现实出发研究行政伦理问题。关注处于行政改革中的行政人员在行政实践中所面临的伦理困境，发挥行政伦理学在行政改革中的重要作用，并为行政人员解决现实的伦理困境提供必要的指导。

加强行政伦理建设，治理各种行政伦理失范现象，是一项长期而艰巨的历史任务。它需要我们从各角度、各方位齐抓共管形成合力，同时加强管理和建设才能取得成效。

1. 加快行政伦理立法

中共中央颁发的《建立健全教育、制度、监督并重的惩治和预防腐败体系实施纲要》，实际上已经提出了建设行政伦理法规体系的任务。行政伦理法规体系大体包括三个层次的内容。第一个层次是公务员服务规定，第二个层次是行政伦理法，第三个层次是反腐败法或廉政法。其核心层次是行政伦理法。我国的当务之急是探索制定中国行政（公务员）伦理法。行政伦理立法就是把伦理行为上升为法律行为，使伦理具有与上层建筑的政治、法律同等地位的法律效力和作用。尽管人们对于伦理立法尚未完全达成共识，但加强伦理立法、通过法律的强制力来维护道德的纯洁性，业已成为行政伦理建设制度化的基本工具和重要手段，它正在逐渐推广并日益起着积极的作用。例如，美国的职业道德立法居于领先地位。1978 年美国国会通过了《美国政府行为伦理法》。1992 年，美国政府又颁布了由政府伦理办公室制定的内容更为详细、操作性更强的《美国行政部门雇员伦理行为标准》。在亚洲，韩国于 1981 年通过了《韩国公职人员道德法》。日本则于 1999 年 8 月通过了《日本国家公务员伦理法》，并于2000年4月1日开始施行。虽然近年来我国相继颁布了一系列关于公务员，特别是领导干部的行为规范准则，例如《关于党政机关县（处）级以上的领导干部收入申报的规定》《中国共产党党员领导干部廉洁从政若干准则》《中华人民共和国公务员法》等。但与西方相比，中国的道德法制化相对欠缺，至今仍没有一套完整的立法来约束公务员的行为。因此我们要借鉴国外的成功经验，对现有的行政伦理规范加以修改、补充、完善，使之形成体系；同时，将那些相对成熟的基本行政伦理规范上升为法律规范，明确违反者应当承担的法律责任。只有这样，才能保证行政伦理规范不被大量破坏。

2. 完善行政伦理制度建设

不健全的制度规范不仅会给坏人提供行恶的机会，而且会使好人对行好失去信念，进而走向恶的边缘，而良好的制度规范有助于弘扬正气，有助于抑恶扬善。我国政府一直重视加强各级行政人员的道德建设，但道德规范化还处于起步阶段，尚不健全。这就要求我们在制定道德规范时要加入切实可行的具体性规定，不断健全赏罚机制和道德回报机制，可以在公务员的任免、升降等行为中引入道德赏罚机制，强化德性的导向、激励功能，真正实现行政整体的德性提升。被誉为美国宪法之父的詹姆斯·麦迪逊就曾经说过："如果人都是天使，就不需要任何政府了，如果是天使统治人，就不需要对政府有任何外来的或内在的控制了。"因此，我们有必要加快行政道德制度化建设，实现对行政行为的调控，在鼓励公务员的道德自觉的基础上，强化道德他律性，把褒扬和惩治结合起来，切实保证行政伦理对政府权力的有效约束。

3. 加强行政伦理教育

公共行政伦理教育的意义在于提高公务员的道德认知能力，使他们认识到行政伦理是为政之本，树立正确的行政伦理观。为此，我们要加大行政伦理教育的力度，提高公务员对行政伦理的认知水平，使其充分发挥伦理自主性，自觉履行职责。针对目前公务员行政伦理意识薄弱的状况，要继承和弘扬传统行政职业道德中的精华以及借鉴国外做法，通过定期培训、日常强化、个案解剖等多种方式，提高他们对行政伦理的认知水平和道德信念。与此同时，行政人自身在法律和制度等外部控制具备的情况下，还要注重自身的自律约束，即内部控制，只有这样，才能在行政伦理困境中应对组织和上级的不道德行为。行政人自律的实施是以行政良心为基础的。行政良心是公务员意识中的一种强烈的行政责任感，是在行政工作过程中，由于认识到应有的行政使命、职责和行政任务而产生的履行行政义务的强烈和持久的愿望。行政良心是行政人在深刻理解国家、政府及行政机构制定的法律、法规、政策与道德原则的基础上，以高度负责的态度，对自身行政行为的善恶价值进行自我评价和自我修养的心理道德活动过程。行政良心在行政行为中起着指导、监督和评价的作用。行政人要主动发挥行政良心的自律作用，需要不断地“关注自我”和内省。

4. 强化对权力的监督与制约

孟德斯鸠曾经说过：“一切有权力的人都容易滥用权力，这是亘古不变的一条经验。有权力的人们使用权力一直遇到有界限的地方才休止。”政府权力缺乏强有力的监督，在当前严峻的行政伦理失范的形势下，加强行政伦理建设就必须从我国的国情出发，逐步加强对权力的监督和制约，这就要从以下三方面着手：

第一，健全行政道德建设的监督机制。必须建立健全行政道德建设的监督机制，实现“三大转向”：一是由被动防御为主转向主动防治为主；二是由权力防治为主转向制度防治为主；三是由事后监督为主转向事前监督为主。

第二，科学合理设置职权。对要害部门、实权部门和重要岗位等“事故多发地带”的权力要适度分解，合理分配，实行职能交叉，使单个人不能形成对权力的垄断，避免权力过于集中。关键要加强对“一把手”权力的监督和制约，主要是健全民主集中制，增加工作透明度，使权力的运作“暴露在阳光下”。另外，还要实行并健全重要岗位轮换制度、异地交流制度、离任审计制度、党风廉政建设责任制度。

第三，强化公众参政能力培养。在我国目前传统实践中，由于受专制主义、官本位等因素的影响，许多领导干部置广大人民群众的长远利益于不顾，这实际上剥夺了人民当家作主的权力。要实现还权于民，就必须保证人民群众参政议政的权利并为其提供合法、合理的渠道，增加行政的透明度，使行政官员真正置于广大人民群众的监督之下。同时还必须强化公众的参政意识，强化他们的伦理行政意识，加强教育，提高他们的参政议政能力。

总的说来，行政伦理与公共责任在现代公共管理中具有不可忽视的地位。对于当前中国的行政伦理建设来说，如何设计和构建一套合理的或合乎理性的行政伦理规范体系并输入到现实的行政系统之中，是至关重要的。行政伦理的构成是行政伦理建设的基础，行政伦理实践更为重要，加强行政伦理建设的措施和途径是多种多样的，要根据我国的实际情况和现阶段存在的问题，使行政伦理建设具有较强的针对性和可操作性。

【思考题】

1. 简述行政伦理与行政道德的区别与联系。
2. 简述公共伦理的功能。

3. 简述公共伦理失范的原因。

【案例】钟祥：破除“官本位”转作风赢开局①

虎年新春伊始，钟祥市召开市委七届三次全体（扩大）会议暨市委经济工作会，决定组织开展为期一年的“破除‘官本位’、发展大突围”大讨论活动，进一步以思想破冰引领全市经济发展大突围，确保发展主赛道上不偏离、不掉队、持续领先，努力实现一季度“开门红”和全年精彩。

重点是从六个方面开展大讨论，即在理想信念方面，是否存在只想当官不想干事心态；在贯彻落实方面，是否存在表态多，落实疲软，当甩手掌柜倾向；在责任担当方面，是否存在捂着帽子干事，慢作为、少作为和不作为现象；在服务群众方面，是否存在门好进、脸好看、事难办问题；在组织纪律方面，是否存在跑官要官，搞团团伙伙，拉帮结派行为；在廉洁自律方面，是否存在以权谋私，违反中央八项规定等问题。

转作风，破除“官本位”，向八大现象开炮：坚决向端着“架子”、热衷“圈子”、把玩“章子”、捂紧“帽子”、沉迷“乐子”、高唱“调子”、钻营“路子”、追求“面子”等“官本位”现象开炮，以“头脑风暴”摒弃“官本位”，以“整改风暴”治理“官本位”，以“问责风暴”打击“官本位”，以“行动风暴”践行“民本位”，推动全市经济社会发展大突围。

“我们今年的作风建设就是要向‘官本位’开炮，在灵魂深处来一场刀刃向内的思想革命，坚决打开‘总开关’，大力提振精气神，推动作风大转变、环境大提升、发展大突围。为建设四个钟祥、跻身四个百强，打造全省县级高质量发展新标杆、荆门高质量发展强支撑提供坚强的保证。”钟祥市委书记周军表示。

【问题】

1. 结合材料与所学知识，请论述“官本位”思想有哪些危害？
2. 假如你是钟祥市的“一把手”，你打算怎么破除组织内的“官本位”思想？

---

① 沈俊，张君．钟祥破除“官本位”转作风赢开局［N］. 荆门日报，2022-02-16（01）.

第十八章 公共危机管理

兴必虑衰，安必思危。——《史记》

明者远见于未萌，智者避危于无形。——《史记》

人类社会的发展历程就是不断回应各种危机的挑战过程。进入21世纪，危机事件在全球范围内频繁发生，如新型冠状病毒、印度洋海啸、禽流感疫情、日本核泄漏等依然威胁着世界人民的生活。这些危机事件引起了学术界和理论界的关注，同时也引发了各国政府对公共危机管理的重视。回顾历史，我们不难发现，在我国两千多年的政治发展过程中，公共危机管理一直是历朝历代政府不容忽视的问题，如果危机被消除，那么结果可以用经济损失来承担，如果政府无力应对危机，那么结果将是“改朝换代”或者被他国侵略。“安而不忘危，治而不忘乱，存而不忘亡”正是我国历史上“治国安邦”的重要经验。危机事件的发生实际上就是社会系统在新的环境下由有序向无序发展，从量变到质变，最终爆发的过程。

第一节　公共危机概述

一、公共危机的含义

（一）公共危机的含义及要件

在最广泛的意义上，凡危及社会公众人身财产安全和共同利益的状态或事件都属于公共危机的范畴。确切地说，公共危机是一种非常态的具有高度不稳定性、不确定性和威胁性的，造成了比较严重的生命财产损害，引起了比较广泛的公众心理恐慌，破坏了正常的公共秩序和社会关系，危及了基本的社会价值准则的状态和事件。

这种状态或事件包括四个要件：

1. 巨大的人员伤亡或巨大的财产损失。公共危机中绝大部分都出现了数百、数千甚至数万的人员伤亡，同时有巨大的财产损失。

2. 公众普遍的不安、担忧、紧张的心态。这种心态是公共危机中的那些失去亲人的人们的痛苦，以及人们的物伤其类等形成的。

3. 公共秩序失范，正常的社会关系被扭曲。由于骤然失去了原本存在的社会行为约束，加上不可遏制的危机心理，一部分人丧失理智，于是出现了拥挤逃生、争夺、抢劫、纵火、性攻击、暴力攻击等多种犯罪行为。与此同时，另一部分有良知的人们，却表现出了完全不同的种种可贵的品质。

4. 信念和信任危机。在一些公共危机中，人们普遍对生命权、财产权、社会公平等信念，以及维护这些的公共政策的合理性、有效性提出了质疑。这也正是为什么危机之后总是会大幅度修正公共政策。

（二）公共危机的特征

危机在日常的应用中，又常有人称其为突发事件、紧急事件等，他们往往具有以下的共同特征：

1. 不确定性。即危机事件发生的时间、形态和后果往往无规则，难以准确预测，许多灾害和风险，如各种事故、火灾等，人们还难以准确预见其在什么时候，在什么地方，以什么样的形式发生，有些灾害和风险，如地震、台风、旱灾、水灾、疫情等虽能做出一定的预报，但对这些危机发生的具体形式及其所造成的影响或后果，还难以完全准确预见。

2. 紧急性。即危机事件突如其来或者只有短时预兆，必须立即采取紧急措施加以处置和控制，否则将会造成更大的危害和损失，如化学品泄漏、爆炸等事故发生后可能已造成人员财产损失，如不能立即采取紧急救助，人员财产损失将会不断扩大。

3. 威胁性。即事件的发生威胁到公众的生命财产、社会秩序和公共安全，指危机具有公共危害性。在社会生活中，一般性的、针对个体的突发性事件，如工伤事故、交通事故、疾病突然发作，打架斗殴等情况每时每刻都可能发生，但如果没有对公共安全或公共秩序构成威胁，就不属于公共危机的范畴。

4. 社会性。公共危机相比于其他意义上的危机更侧重于强调事件的规模和影响程度，因此，公共危机除了上述特征之外，还具有社会性。社会性在通常意义上是指公共危机对一个社会系统的基本价值和行为准则架构产生严重威胁，其影响和涉及的主体具有社群性，这就与个体、经营性的组织所面对的危机有着目标、原则、运行方式等多方面的本质差别。

（三）公共危机的成因

现实社会中的公共危机具有很大的破坏性，有效地应对危机、减少损害的前提是挖掘出危机的根源，有针对性地进行改善，达到减少危机的目的。公共危机的产生原因同其表现一样复杂多样，我们这里试图选用三个不同的层面来考察社会因素、组织因素和个体因素。

1. 社会因素

政治学理论认为，社会的变革就是社会结构与制度的全面分化、调整与重新整合过程，是利益重新分配过程，也是社会权力不断转移的过程。我国现正处于转型时期，在分析社会因素时，将选取政治、经济和文化三个角度进行考量。(1) 从政治上看，社会变迁带动了社会分化、流动和公民政治意识的加强。这一时期，就相应的要求政府能够具备一定的政治能力、政治制度的权威整合能力、政治吸纳能力和克服过渡期内政治腐败现象的能力。一旦失衡，高度的政治参与就会在社会中不断生成或游离出社会的异己力量，在无法用正常渠道宣泄的情况下，长期积累的结果就是高度的政治不稳定乃至产生危机。(2) 从经济上来看，经济发展带来的地区差异和群体分化以及经济秩序紊乱，引发了社会普遍的不平等现象以及经济动荡，从而助长了社会冲突。对于发展中国家，往往面临的就是经济急速发展后的不平等加剧状态以及经济监管失效产生的种种经济市场的混乱，产生冲突的可能性极高。1997 年的亚洲金融危机等例子证明经济的非均衡发展往往成为公共危机发生的直接原因。(3) 从文化上来看，整体社会制度的变迁必须要有政治体制、经济制度和文化体系的协同发展。在社会的整合过程中，一个防止社会冲突的重要因素就是文化的一体化，文化同化所包含的范围极其广泛，从社会共同的语言到维系社会一体的道德观念与价值体系，再到公众的政治意识、宗教信仰等。如果一个社会的文化同质度很高，人们有着广泛的价值认同，无疑社会的稳定程度相应地也会很高。相反，如果社会文化的异质性很强，那么社会冲突的爆发就会有了可怕的社会心理基础。例如中东地区的战火不熄，恐怖活动的此起彼伏，其中一个重要的原因就是宗教信仰的分歧。不仅仅是在原有不同的文化体系之间，更值得关注的是在制度变迁中，传统的价值观念的沦丧和现代的价值体系的扭曲或不到位，使得文化体系失去了稳定社会的功用，不能成为人类冲突减少的最后屏障，反而由此引发公共危机频频发生，且比其他原因引起的危机更为持久和影响深远。

2. 组织因素

公共危机的发生与可能的演变都与组织管理者的理念、行为等息息相关，所以，从管理技术角度来看待危机与组织，我们不能准确地预测自然灾害的发生，但是有效的管理体系将会提高我们的应对能力，可以通过正确及时的应对措施来减少突发事件向危机转化的可能，这也就是我们进行危机管理科学研究的前提。从另一方面说，一个组织如果没有适当的组织结构、组织文化、管理体系和聪明的决策者与有力的执行系统，就是在组织层面上埋下了公共危机诱发的祸根。在公共管理领域，公共危机管理与组织管理的关键要素同样都是组织的结构与组织文化策略与战术管理策略及危机管理和决策手段。

3. 个体因素

对于个体因素的考量基于以下两个方面：其一，在群体性行为之中，个体的心理模式是重要的作用基础，具有一定的普遍意义；其二，现实中科技的迅猛发展和网络化的集结方式使得个体在行为能力上得到了巨大的提升，比如诸多可怕的伤亡惨重的恐怖行为往往实施主体只有一人或数人。另外，对于危机可能带来的损害及影响也不同程度地取决于危机参与者的心理素质和行为，应该意识到并不是人们期望所得与实际所得有差距就一定会有危机的诱发，而是在自身所需和实际所得产生不可容忍的差距的时刻，人们才会采取强烈的抗争行为。认识这一点不仅仅可以在某种程度上体会危机诱发的根源，而且也是我们进行科学的危机管理的重要基础，从而有效地维持社会的长治久安。

（四）公共危机的类型

1. 按起因分类

公共危机事件从起因上可以以非人为和人为的视角，将公共危机事件分为自然灾害和公共灾害，前者如流行病、地震、风暴等自然灾害，后者如恐怖袭击、集体骚乱、重大事故等。人为的危机事件又可以从动机方面分为过失的和故意的。

2. 按可预知程度分类

从发生之前人们对公共危机事件的预知程度方面，可分为在一定程度上可预测的公共危机事件（如某些地震、灾害天气、洪水等）和很难预测的公共危机事件（如恐怖袭击、重大变故等）。

3. 按可避免性分类

从其发生的必然性方面，可以分为有可能避免的公共危机事件（主要是人为公共危机事件，如一些重大责任事故、集体行为等）和无法避免的公共危机事件（主要是非人为的公共危机事件，如地质灾害、洪水、飓风等）。

4. 按影响范围分类

从公共危机事件的规模和影响范围上，可分为全球性公共危机事件、地区性公共危机事件和局部性公共危机事件。

5. 按复杂程度分类

根据公共危机事件形成的冲击的复杂程度，可以分为单一型的公共危机事件和复合型的公共危机事件。前者指某一公共危机事件的影响局限于事件本身，没有引起激发性的公共危机事件；复合型的公共危机事件指由于其涟漪效应又引发了新的公共危机事件。

二、公共危机的周期理论

危机从潜伏到消亡就是完成一个自身的发展周期。危机事件在整个发展周期里的危害性不一样，因此公共危机与应急信息管理都应该因危机发展阶段的不同而有所不同。不同的专家和学者对危机发展周期有不同的分段方法。其中比较公认的模型有两种：

（一）四段论模式

这一模式由斯蒂文·芬克在1986年提出。第一个阶段是危机潜在期（Prodromal Ccrisis Stage），即危机开始出现征兆的时期。第二阶段是危机突发期（Acute Crisis Stage），即伤害性的事件发生并引发危机的阶段。第三阶段是危机的蔓延期（Chronic Crisis Sstage），危机的影响持续，政府的主要工作在于努力清除危机。第四阶段是危机解决期（Crisis Resolution Stage），组织从危机影响中完全解脱出来，但是仍要保持高度警惕。

（二）三阶段说

国内有学者结合应急信息管理，根据危机信息在不同阶段的特征，将危机周期划分为三个发展阶段，即危机潜伏期、危机突发期、危机恢复期。

第一个阶段是危机潜在期，该阶段是危机处理最容易的时期，但由于危机征兆的表现不明显，政府在危机发现与管理上往往容易忽略，导致危机的爆发。

第二阶段是危机的突发期，该阶段是持续时间最短，但感觉最长的阶段，而且对人们的心理造成最严重的冲击。管理者面临危机雪崩式的发展速度和巨大压力，危机信息大量出现，危机事件不断影响社会正常秩序。

第三阶段是危机的恢复期，该阶段的持续时间一般较长，但若政府管理得当，则时间可以大大缩短。这个阶段是一个社会由无序恢复到有序的过程，是不良影响开始逐渐减少直至消除的过程，是媒体由大量关注逐渐变为有限关注的过程。该阶段的最终结果是消除危机的影响，恢复社会正常秩序。

第二节 公共危机管理过程

一、公共危机管理的含义

在定义公共危机管理之前，我们须首先明确危机管理的概念。“危机管理”一词的流行，是由于美国前国防部长罗伯特·麦克纳马拉在“古巴导弹危机”结束不久的一次美国国会听证会上说过的一句名言，他非常严肃地指出“今后不再有什么战略可言，取而代之的将是危机管理”。从此，“危机管理”便渐渐成为学者们研究危机应对的习惯用语，直到今天，出现危机管理的系统研究。

罗伯特·希斯认为危机管理包含对危机事前、事中、事后所有方面的管理，有效的危机管理需要做到如下方面：转移或缩减危机的来源、范围和影响、提高危机初始管理的地位，改进对危机冲击的反应管理、完善修复管理以便能迅速有效地减轻危机造成的损害，他认为寻找危机根源、本质及表现形式，并分析它们所造成的冲击，就能通过降低风险程度和缓冲管理来更好地进行危机管理。笼统地用危机管理的概念来解释什么是公共危机管理难免显得不够准确，我们在研究公共危机管理时，要与企业危机管理及个人危机管理相区分，公共危机管理的主体是以政府为主的应对网络，其宗旨是保障公共安全，保护公共利益，而企业危机管理及个人危机管理的主体是企业或个人，其宗旨是保证企业或者个人的生存和发展，但对公众利益有所考虑甚至很少涉及。

从性质上看，公共危机管理较之其他危机管理更为复杂，如果管理者的方法不当，有可能引发更大的危机。应对危机也不仅仅是一个部门的事，往往需要更多部门、全方位的应对网络。那么，我们给公共危机管理下一个比较准确的概念，即公共危机管理是持续动态的管理过程，政府针对潜在的或者当前的危机，在危机发展的不同阶段，对信息获取与预警、准备与预防等进行组织和计划，以期有效的预防、处理和消除危机，其重点在于控制与回应、恢复与重建、不断学习与创新。

二、公共危机管理的要素

（一）社会政治经济的发展水平

政治经济的发展水平一方面是指社会的整合水平和公众对政府的认同程度，另一方面是指社会经济的发展水平和社会保障制度的完善程度。正是由于我国具有较为雄厚的经济基础、较为完善的社会保障体系和相当的科研能力，才能够在危机来临之时，调动一切人力、物力和财力，调动一切可以利用的资源，来应对和进行危机管理。因此，在非典到来的时候，才能万众一心，取得抗击非典的胜利。党的十六大明确指出必须用发展的办法解决前进中的问题，发展是执政兴国的第一要务。经济发展是社会主义初级阶段最大的根本任务，坚持以经济建设为中心，全面推进现代化建设，也是当前最大的政治任务，是维护社会政治稳定的硬道理。

（二）政府的指导能力

危机管理是对政府指挥能力的检验和挑战。一方面，在危机中，政府制定政策的能力和危机中的实际要求有一定的差距，对危机的根源和事态的严重性并不一定有清醒的认识，所以政府制定的政策需要根据实际情况进行适时的调整。另一方面，政府又面临着自身体制的挑战。紧急应急系统是否健全，信息渠道是否畅通，组织指挥是否统一协调，地方政府和各有关部门的工作是否协调得力，都在很大程度上影响到政府危机管理的效果。

（三）政府的资源汲取能力

除了政府的协调能力之外，政府的调控能力在危机管理中也处于重要的地位。任何危机事件的有效控制，都离不开民众和舆论的参与和支持，如何处理好政府和民众以及新闻媒体之间的关系，是对政府调控能力的一大考验。民众的参与，一方面可以缓解危机在社会成员中产生的副作用，让公众了解真相，消除恐惧，起到稳定社会、恢复秩序的作用。另一方面可以群策群力，降低政府救治危机的成本。另外，如何处理好政府和新闻媒体的关系，也是一个值得关注的问题。政府、民众和新闻媒体在危机情况下应该形成一种协调的关系。政府一方面要制约媒体，一方面又要接受媒体的监督和报道，媒体既引导着民众，又要反映和代表民众的心声。只有这样，公共危机爆发时，恰当的媒体报道才能从很大程度上帮助政府处理危机。当然，政府也应依法对媒体进行管理和监督。

三、公共危机管理的评估

危机管理的评价是危机管理的一个重要方面。对所发生的危机事件及处理方法进行评价，有助于辨别所发之事；寻找可以防止危机再次发生的措施；考虑可以完善反应和重建行动的管理措施。评价帮助人们从以前的绩效中总结经验。如果评价工作做得认真，客观上它就会产生积极效果，即完善危机管理的治理结构和制度，以使反应和恢复管理更为有效。

对于危机管理的评估，国内外学者均有研究。综观国内外学者对危机管理评估的研究，研究的角度主要有危机管理绩效评估方法及指标体系的建立、危机管理评估制度化建设、危机事件处理过程中的评估、危机管理评价的评估内容、对特定已发生危机事件的分析等。

（一）模型的评价目标

1. 全面检查危机管理系统中出现的问题与隐患，尽量避免或减少危机的发生。

2. 提高处理危机的能力，建立提高危机反应的规则。

3. 获取危机事件中处理不当、操作失误的情况，以确认、明确责任和制定惩罚机制。

4. 从技术、管理、机构、运作程序等各方面提出危机管理工作的改进意见。

（二）模型构建的原则

1. 全面性原则：从危机管理的缩减阶段到恢复阶段，每一阶段中的内容，都要做到评估，即进行全面的评估，使评估者能从一个宏观的角度来看危机管理。

2. 重点性原则：对特定的危机，其评估阶段以及每一阶段的评估内容在评价时的重点是不一样的，给我们所带来的价值也不同，要根据评估的目标和意义，进行重点评估。

3. 系统性原则：全面危机管理评估模型就是从系统的角度来看待整个危机管理这一持续动态的过程，各阶段之间是相互联系的，不能独立割裂地去看待每一部分。

对于危机管理的评估，要遵循科学、客观、公正的原则，实现评估的真正价值和意义。

第三节　中国的公共危机管理

一、新常态下中国公共危机发生的趋势

当前中国经济正处于增长速度换挡期、结构调整阵痛期和前期政策消化期三期叠加的关键时期。内外红利衰退，经济从高速增长向中高速增长换挡已是必然。从

供给端看，人口红利衰退，储蓄率出现拐点，潜在增速下滑，劳动力比较优势丧失。从需求端看，人口结构拐点导致房地产引擎失速，全球化红利衰退，全球经济从失衡到再平衡，导致外需和外资引擎失速。传统的增长模式已走到尽头，中国经济必须顶住阵痛加快结构转型，寻找新的经济增长点。中国主要依靠资源等要素投入推动经济增长和规模扩张的粗放型发展方式已无法延续，以破坏环境生态为代价通过低端制造业产品出口增加就业、累积外汇的老路已经到了尽头，庞大的外汇储备已成为我们的尴尬负担。以新型城镇化、生产力提高、生产效益提高、科技创新驱动为主要特征的中高速经济增长新常态是中国经济的基本形态。

（一）经济增长驱动力的变化导致社会问题频发

经济增长的主要驱动力是新型城镇化和科技创新。那么在城镇化过程中的“拆迁问题”“流动人口行为失范问题”“居住问题”等将会比较突出。

（二）经济增长率由高速调整到中高速导致就业等问题日益严峻

一定的经济增长率不仅是经济本身健康运行的表现，也关乎就业问题。新常态经济环境下，经济增长率在7%甚至更低些，经济增长速度的降低将会大大影响就业，因此，就业问题及其引发的其他社会、经济问题应该成为未来公共危机管理的重点。

（三）国企改革及土地流转等会带来潜在的利益纠纷

国企改革和农村土地流转成为未来中国经济增长的重要的动力，但是改革必然涉及利益的分配问题，如果相关的制度不健全、程序不公正，那么势必引起新的社会矛盾。

（四）经济风险增加导致经济领域纠纷增多

新常态下，中国经济的风险主要表现为房地产、地方融资平台、产能过剩。这些领域的风险处理不当很有可能引发一系列的经济纠纷和维权事件。例如2015年发生的“泛亚有色金属交易所”融资骗局。

二、中国公共危机管理存在的问题

公共危机管理是一项实践性很强的工作，它的形成、发展和不断深化说到底有赖于政府公共管理实践活动的推动，而后者又是和社会自身的发展和进步紧密相连的。改革开放后，我国迈向了建设社会主义现代化强国的历史征程，各项工作逐渐走上了正轨，公共危机管理的重要性也随着生活的日益复杂多变而凸显出来。

近年来，由于我国频繁地处理各种突发事件，而且可以迅速借鉴世界上许多成功的经验，公共危机管理的体系和制度建设正在逐步完善，公共危机管理的水平和能力也正在迅速提高，在这种新的形势面前许多方面应当说还是极不成熟的。

1. 公共危机预警体系基本建立，但公众的危机意识仍相对不足

非典过后，建立全面有效的应急预案迅速被提上政府工作日程，全国的突发公共事件应急预案编制工作有条不紊地展开。到目前，我国突发公共事件预案体系，包括国家总体应急预案、国家专项应急预案、国务院部门应急预案以及地方应急预案，将在日后的实际工作中不断更新和完善。

预案的实施，使我国的公共危机管理水平有了一个本质上的提高。但是，目前大多数的社会成员危机意识仍然薄弱，这无疑成为预案发挥高效用的最大障碍。危机意识体现在对潜在风险的评估和对危机预警的管理两个方面，当危机过后，人们生活步入正轨，多数的民众、行政人员，甚至一些担负重任的领导，都会忽略现代社会本身就是风险社会的事实，没有意识到风险不只是“一次性突发事件”，而是现代社会的常态，风险管理还没有纳入到政府和其他社会组织的日常工作体系中去。要知道，对风险的管理是一项系统工程，包括风险评估、风险预警、应急应对紧急状况的管理以及灾害恢复等多个环节，风险真正发生时的应急手段只是风险管理的一部分，我国目前的风险管理，还主要集中在灾害、事故、卫生、治安等传统的危机领域，对由新科技如基因技术、纳米技术、信息技术发展带来的新型风险，以及社会发展所带来的社会风险，如社会保障、社会公平关注不足。因此，完善公共危机预警体系，必须增强危机意识，提高风险评估和预警机制方面的管理水平。

2. 公共危机管理的法律体系已经初具规模，但与实践要求相比仍相对滞后

我国从首次规定戒严制度至今，已经颁布了一系列与处理突发事件有关的法律、法规，各地方根据这些法律、法规又颁布了适用于本行政区域的地方法规，从而初步构建了一个从中央到地方的突发事件应急处理法律规范体系。

从总体上说我国已经在构建突发事件应急法律体系方面具有一定基础，这主要表现在现行宪法、法律、法规中已有一些关于应急法律规范。这为应对突发事件带来的公共危机，依法实施有效的危机管理，提供了一定的法律保障。但是，相对分散、不够统一的公共危机管理法制还存在如下问题和不足。

第一，缺少公共危机管理的基本法律。目前，专门针对危机管理的统一的《紧急状态法》还没有出台，因此，中央以应急性行政立法为主虽然保证了突发事件由行政机关应急处理的特点，但由于缺少上位基本法的控制，难免出现法律规范之间的冲突。

第二，某些公共危机管理领域的法律规范仍不健全。比如国防动员法、恐怖性

突发事件法，在我国至今仍是空白。

第三，很多公共危机管理立法的可操作性不强。表现为在内容上较为抽象，缺乏具体的实施细则、办法相配合，尤其是紧急行政程序法律规范严重不足。

第四，亟须清理现有的应急法律规范。法律规范之间产生冲突和矛盾，一方面在于缺乏上位法的约束，另一方面在于未能重视法律规范的清理工作，如法律的修改、修订、废止、解释等，从而影响到应急法律规范的应有作用和潜力的发掘。

第五，已有公共危机管理相关的法律规范执行不到位。主要表现为有法不依、执法不严、行政不作为、难获救济等。

3. 公共危机管理法制的实施环境有待改善

从实践效果来看，公共危机管理法的社会基础条件，如公共应急法的公众知晓度、认同度、适应度和配合度以及社会心理状况等，亟待进一步改善。公共危机管理组织体系逐步完善，但权责机制仍相对落后。由于公共危机事件现实的或潜在的突发性和危害性，政府必须将公共危机管理纳入到日常的管理和运作中，使之成为政府日常管理的重要组成部分，而不能仅仅当作临时性的应急任务，因此，政府必须具备一个职能明确、责权分明、组织健全、运行灵活、统一高效的公共危机管理组织体系。按照组织在公共危机管理中发挥的作用，可以将其分为四个部分：（1）指挥决策机构，体现国家最高政治经营层的战略决策效能和危机应变能力；（2）职能组织体系，主管国家安全事务，直接负责危机防范、危机检测和危机控制的主要职能部门或机构；（3）辅助部门，指政府系统内那些“自身拥有特殊技能、业务范围，特定的资源、设备和能力，主管着特殊的事务，担负着紧急事务应对中的某些特殊任务”的职能部门；（4）信息、参谋咨询组织体系，提供公共危机管理必备的信息的工作和服务。同西方发达国家比较而言，我国的公共危机管理组织体系有很多不足之处，但是随着我国政府对公共危机管理的重视和加强，应急组织体系正逐步地走向完善。纵观我国的公共危机管理组织体系，国务院是公共危机管理工作的最高行政领导机构，负责公共危机管理的指挥决策，在总理的领导下，通过国务院常务会议和国家相关公共危机管理指挥机构，负责应急管理工作，必要时，还可派出国务院工作组指导工作。国务院办公厅设国务院应急管理办公室作为国务院办事机构，履行值守应急、信息汇总和综合协调职责，发挥运转枢纽作用。职能工作机构具体负责相关类别的突发公共事件和部门应急预案的起草和实施，贯彻落实国务院有关决定事项，有关部门包括外交部、发展改革委、国家民委、公安部、国家安全部、民政部、司法部、财政部、人力资源和社会保障部、自然资源部、建设部、交通部等。地方各级人民政府是本行政区域公共危机管理工作的行政领导机构，负责本行政区域各类突发公共事件的应对工作。国务院和各公共危机管理机构建立各类专业人才库，并根据实际需要聘请有关专家组成专家组，为公共危机管理提供决策建议，必要时参加应急处置工作。事实上，建立完整的公共危机管理的组织体系是远远不够的，在公共危机状态下，如何把这些层级关系、功能结构不同的部门、机构有序整合，调动一切力量与相关资源进行危机应对，如何对危机管理各个主体的行为形成有效的监督和制约，是有效应对危机的基础和保障，也是我国目前公共危机管理组织体系中严重缺乏的权力和责任问题。权责机制的不健全，影响着组织体系中的各个部门和机构职能的有效实施，是公共危机管理建设的一个核心问题。

4. 应对公共危机时政府动员能力很强，但社会动员能力相对较差

中华人民共和国成立以来，在“国家是人民的国家，政府是人民的政府”的政治理念下，我国政府在人民心中，逐渐地成为了“全能政府”，应对公共危机一直采用政府领导全国人民，采用分部门、分灾种的单一灾情救援体制和应急管理模式，所以，主要依赖政府动员能力的发挥，这就使我国政府的动员能力相比任何西方发达国家都要高出很多。多年来，在计划经济体制下，我国政府比较擅长运用一体化的“限制型管理”和“配给制服务”方式来应对公共危机事件，其优势在于能够最大限度地整合社会有限资源，集中、统一地解决危机突出问题，防止发生动乱，较快地渡过难关，特别是应对单项危机事件的快速反应能力比较强。但是这种以政府动员为主的形式，在相应的复合性危机事件的快速反应机制中显得效率比较低，而且，在具体的应急管理中，往往形成过于依赖上级指示，而自身的积极性和创造性严重不足，这对于要求必须在第一时间内做出正确的公共危机管理来说，显然是十分不利的。政府动员能力过强，也暴露了我国公共危机管理状态下社会动员能力的相对不足，这也是我国长期以来所形成的“大政府”“小社会”的格局造成的必然结果。社会动员能力的不足导致公民自发地组织和行动起来防范危机、应对危机以及灾后的恢复和重建的主动性和积极性的缺乏。目前，除了“红十字会”和“慈善总会”这样的传统组织外，我国的公民社会组织很少和国际上众多的专业组织和国际志愿者组织接轨，而能够吸纳各种捐助的民间基金会更是寥寥无几。在公共危机管理中，不能很好地在各个阶段配合政府开展工作，这些都严重制约了社会公民组织力量的发挥，同时，也大大地加重了政府的负担。

5. 公共危机信息管理体系已开始建立，但仍有待进一步的整合

公共危机管理是一项系统工程，它必须依托统一的信息系统，在获得对公共危机事件总体认识的基础上，制定应急管理的对策。危机信息同时也是国情的重要组成部分，建立统一的公共危机信息系统，可以及时向国家领导及各部门传递自然灾

害的综合信息，利于国家和有关部门迅速做出反应和正确决策，不失时机地采取减灾应急措施。

目前我国公共危机事件种类繁多，而灾情信息分散于各部、局、省、市、自治区。我国主管公共危机应对的专业部门，如气象局、地震局、水利部、国土资源部、农业部都各自建有内部的信息网络系统，有些已经开展了部分的信息交流。在部分城市和地区也已经建立统一的灾害数据库，然后以遥感、遥测数值记录、自动传输为基础，建立空、地、人的立体监测网和综合信息处理系统，在公共危机特别是自然灾害引起的突发性公共事件应对中，起到了非常重要的作用。但是，我国幅员辽阔，各省市区由于条块分割，使得一般政府官员和社会公众无法了解一个地区、一个城市的危机蔓延的总况，这对于国家制定统一的公共危机管理政策、法规以及相关的管理、经济、建设、教育、军工等各方面的建设和发展来说，都是一个根本性的缺陷，因此，我国的公共危机管理的信息系统，仍需要进一步整合。

三、提高中国政府公共危机管理能力的途径

社会转型期，各种危机和矛盾频发，加强政府公共危机管理能力势在必行，结合当前中国政府公共危机管理存在的问题，应该着重从以下方面提升政府公共危机管理能力：

（一）提高学习能力是增强公众公共危机意识的根本途径

政府应从以下两个方面提高公众的学习能力：

1. 增强公众的学习意识

通过积极开展公共危机管理的科学研究和培训工作，建立高素质的公共危机管理人员队伍，为公众树立学习榜样。公共危机状态下，政府及其管理人员需要站在公众前面，带领公众共同克服危机。然而，在危机频发的现代社会，我国公共危机管理人员素质不高，没有直接可依据的理论和经验等诸多缺陷逐渐暴露出来，这无疑使站在政府身后的公众很难快速找到应对危机的正确方法和方向。因此，不能等到危机发生时才“临时抱佛脚”，看着危机已经造成了损害才开始进行培训和学习，而是在平时正常的政府管理中，就将研究和培训工作纳入轨道，建立一支高效的危机管理队伍，树立榜样作用，将公共危机意识和危机管理理念逐步渗透到公众的生活中，使公众主动认知公共危机以及危机同自身的关系，培养起学习心理和学习习惯，增强对公共危机及其管理的学习意识。

2. 构建危机管理教育机制

在新时期，要树立公众的公共危机意识、提高公共危机的处理能力，还必须进

行教育机制的改善，对公众进行专门的危机管理教育。公共危机事件的爆发往往紧急、突然、危害性强，同时各种矛盾交织，任何一个领域的危机都涉及经济、政治、文化和社会诸多方面，还影响我国的国际形象和政府的信誉。这不仅对危机处理的各级领导和管理者提出了极高的心理、体力、能力和智力的素质要求，也对危机管理过程中的所有参与人员提出了更高的要求，而这中间最大的群体就是公众。构建危机管理教育机制，不是对教育的整体性改革，而是强调将危机管理教育纳入先进的教育体制之内。今后在学校教育、社会教育中要增加危机管理教育的内容，通过危机意识教育和案例教学，了解各种危机发生的过程，掌握一定的自我保护的方法，通过学习，增强危机意识和危机应对的能力。

（二）建构公共危机管理中的多元参与主体的权责机制

公共危机管理组织体系的逐步健全需要危机管理的权责机制与其相适应。总体来说，就是公共危机状态下，在保证中央政府的指挥和决策核心地位的前提下，通过内部权力划分，形成若干大大小小的权力主体，分别课以相应的责任，并对各个权力主体形成有效的监督和制约机制。当然，这种危机管理的权责机制还是在危机状态下对政府权责的调适与变通，是危机的紧急性、威胁性、社会性等特点在客观上对政府管理提出的要求。

（三）建立政府与社会合作互助、共担风险、共渡难关的新机制

公共危机管理是政府公共管理与服务的重要内容，应当由政府干预，负起相应的责任。但是，政府不是万能的，在公共危机管理中，许多问题政府也未必能够找到答案，不可能提供绝对的安全。因此，在构建政府公共危机管理机制中，必须定位政府职能的界限，划清政府、社会和公众个人所承担的危机风险边界，建立政府与社会合作互助、共担风险、共渡难关的新机制。

从最广意义上理解，所谓社会是指各种社会关系的总和，包括政府在内。但在考察政府与社会的关系过程中，社会则主要是指政府公共权力领域和市场领域之外的第三个领域或者说第三种力量，它包括国家或政府之外的所有民间组织，即非政府组织、公民的志愿性社团、协会、社会组织、礼仪团体和公民自发组织起来的团体等。当前，面对市场经济日益发展的社会环境，政府独家垄断公共事务的管理模式正在进行着深刻的变革，在公共领域，政府、市场和社会合作共治的制度选择，也已成为公共管理发展的新趋势。因此，政府的公共危机管理也必须适应政府职能转变的要求，加强与社会的合作互助，进行机制上的创新。

（四）继续加强公共危机管理法制建设

尽快完善各层次、各领域的公共危机管理法律规范，关键是制定出作为龙头的我国的紧急状态法。此外还要通过完善相应的法律规范，逐步健全与重大公共危机事件应对机制密切相关的法律制度，包括行政程序法制、行政强制法制、政府信息公开法制、行政征用征收法制、行政指导法制、紧急刑事法制、纠纷解决法制、国家赔偿补偿法制等。公共危机管理法制的核心和主要规范包括宪法中的紧急条款、统一的紧急状态法。应急法律规范体系中还包括单行的部门应急法、部门应急法的实施细则及针对应急法制某一独立环节的专门立法等。具体如下：

1. 完善我国公共危机管理法制的宪法和宪政基础。在宪法中更明确地规定紧急状态制度，是在已通过修宪程序明确全国人大常委会、国家主席、国务院等国家机关拥有相应的紧急状态决定权与宣布权的基础上，进一步明确规定国家建立突发事件应对机制和紧急状态法律制度，实现危机管理的法治化和高效化，从而能够高屋建瓴、稳健持续地为公共危机管理机制建设提供更有力的宪法保障。

2. 补充并完善现有公共危机管理法律。非常规的社会状态下，更加需要法治的作用，把危机应急系统纳入法治化轨道，按照依法行政的要求完善应急法律规范，能够更加有效地调整紧急情况下的各种社会关系。应当补充并完善现有的《突发事件应对法》《国防动员法》《行政补偿法》等，制定《行政程序法》时增设行政紧急程序章节，赋予公共危机事件管理部门必要的紧急权力，保证应急效率。

3. 完善行政紧急程序法律规范。行政紧急程序对于满足公共危机管理的紧急需求、通过控制紧急行政权的行使过程，进而保护行政相对人合法权益具有特殊意义，而我国现有突发事件应急法对此少有规定。改进方案是在将要出台的行政程序法典中设专门章节规定行政紧急程序，就行政应急措施的适用范围、程序及原则、约束机制、补救机制等加以具体规定或者在此之前，先行以行政法规的形式对此予以明确。

4. 对现有应急法律规范进行系统的清理。包括修改法律、进行法律解释、废止法律或某些条文等。从而消除立法矛盾和冲突，克服应急法律规范之间缺乏协调统一的弊端，破除部门利益和地方利益的局限性，实现应急法律规范体系的协调统一。

5. 按照公共危机管理的客观要求完善相应的机制和制度。例如建立健全公共危机管理信息公开制度、行政征用制度、行政隔离制度、行政指导制度，以及将“公平补偿”作为目标的行政补偿制度，包括行政主导型的或积极采用市场机制例如保险方式的各种救济制度等。

（五）建立全面整合的政府公共危机信息管理系统

完善的政府公共危机信息管理系统，一般具备以下内容：

1. 信息指挥系统

信息指挥系统在国际上一般由国务院层级的危机管理委员会牵头，整合中央政府各个负责危机管理的部委办的信息系统，形成公共危机管理的信息指挥系统，突破“数据孤岛”的弊病。该系统在国家层级上统一指挥和协调具有危机管理职能的部门执行任务和开展日常管理。反观我国，根据 2018 年 3 月第十三届全国人民代表大会第一次会议批准的国务院机构改革方案，成立中华人民共和国应急管理部，负责建立灾情报告系统并统一发布灾情，统筹应急力量建设和物资储备并在救灾时统一调度，组织灾害救助体系建设，指导安全生产类、自然灾害类应急救援，承担国家应对特别重大灾害指挥部工作。

信息指挥系统掌控信息化的硬件和支持软件、信息通信系统、应用软件等。运行时，要为地方政府提出国家层面的标准化、自动化的操作流程，自动支持中央和地方政府相连接的关键环节，例如监控易发危机，管理基础设施项目等。这种项目和机构之间的信息交换，将便于协调中央和地方危机管理机构的工作，也将强化跨部门和跨地区的合作关系。

在层级上，公共危机管理信息指挥系统处于国家的最高层级，是掌握核心和重要信息资源的综合性信息中枢。但鉴于公共危机管理的专业性很强，在该系统之外还需要设置专门的专业化信息系统，并保持资源共享，互联互通。

2. 信息评估系统

信息评估系统的主要用途在于将多种数据来源汇集，通过交互分析，能够支持危机的事态评估。例如地理信息系统的地图分析中心在台风着陆之前就执行了危害评估，评定了损害级别，辅助决策所需应对的范围。台风着陆后，中心通过整合遥感数据进行毁坏情况评估，协助回应的部署中心再将具体的灾害协助应用数据与遥感数据重合起来，进行更全面和复杂的灾害影响评估，同时还可提供给用户可视化的动态地图和数据。

目前，信息评估系统由于各子系统应用的软件种类比较多，存在数据格式不统一的问题，需要转换成统一的地理信息系统的数据，争取向高质量数据格式的方向发展。

3. 资财信息管理和后勤信息管理系统

资财信息管理和后勤信息管理系统是整个公共危机管理系统的资产管理和后勤信息管理支持系统。该系统在结构上要与国家危机管理信息系统紧密配合，支持整个公共危机管理机构与财产和后勤相关的所有职能，并做好监管。资产管理可以用于改善公共危机管理方面的财政管理系统，确保财政管理的责任和可控。妥善管理灾难救济金，是财政管理的核心，包括新项目管理、资产转移、借贷、地方资产管理，资产管理的行政方面，包括预存重要物资、库存量调整、资产处理、成套设备管理，按计划运输等后勤信息管理系统包括财产维护、资源追踪、添置资产、目录管理和贮备管理以及安全、欺诈、浪费和滥用的监管等。

4. 人力资源信息系统

人力资源信息系统储备具有专项危机管理能力的人力资源信息、就绪状况、受训水准情况、志愿者的信息等，为危机管理提供人力支持。人力资源信息系统应配备有安全的准入控制和保密设置，其信息将与财政管理数据整合成为更复杂的资源信息数据库和管理汇报系统。人力资源信息系统的下一步发展趋势将是信息自动更新、工作流程管理、自动需求分析、自动跟踪人员的活动等更加智能化的资源管理。

5. 知识系统

公共危机管理对于知识的需求量极大。广义的知识系统涵盖了公共危机的所有信息和知识，包括公共危机的常识，公共危机的就绪状况，公共危机相关的机构、职能、预案、能力等状况，国内外的经验教训，国内外的经典案例，专家信息等。狭义的知识系统，则一般以公共危机管理的决策支持系统的形式出现，并以公共危机管理的案例库和专家库为核心支持。公共危机管理的知识系统，将极大地推进危机管理的能力建设，保持可持续发展。

随着信息在公共危机管理中的重要性与日俱增，信息管理系统已经成为政府公共危机管理的关键。全面整合的政府公共危机信息管理系统已是政府危机管理的核心能力之一，是当前各国政府都急需努力的发展方向。

【思考题】

1. 什么是公共危机管理？
2. 结合实际，谈谈政府如何提高应对公共危机的能力。
3. 结合实际，谈谈如何处理好公共危机中政府与媒体的关系。

【案例】河南郑州特大暴雨灾害暴露应急管理问题[①]

2021年7月17日至23日，河南省遭遇历史罕见特大暴雨，发生严重洪涝灾害，特别是7月20日郑州市遭受重大人员伤亡和财产损失。灾害共造成河南省150个县（市、区）1478.6万人受灾，因灾死亡失踪398人，其中郑州市380人、占全省95.5%；直接经济损失1200.6亿元，其中郑州市409亿元，占全省34.1%。

河南郑州“7·20”特大暴雨灾害是一场因极端暴雨导致严重城市内涝、河流洪水、山洪滑坡等多灾并发，造成重大人员伤亡和财产损失的特别重大自然灾害；郑州市委市政府及有关区县（市）、部门和单位风险意识不强，对这场特大灾害认识准备不足、防范组织不力、应急处置不当，存在失职渎职行为，特别是发生了地铁、隧道等本不应该发生的伤亡事件。郑州市及有关区县（市）党委、政府主要负责人对此负有领导责任，其他有关负责人和相关部门、单位有关负责人负有领导责任或直接责任。

这次灾害虽为极端天气引发，但集中暴露出许多问题和不足。为查明问题、总结经验、吸取教训，经党中央批准，国务院成立河南郑州“7·20”特大暴雨灾害调查组。

调查组通过现场勘查、调阅资料、走访座谈、受理信访举报、问询谈话、调查取证、分析计算、专家论证等方式，复盘灾害发生和应对过程。经过全面深入调查，查明了郑州市和有关区县（市）党委政府、部门单位履职情况及存在的问题，查明了社会广泛关注的重点事件和因灾死亡失踪人数迟报瞒报问题，并总结分析经验教训，提出了改进工作的措施建议。

调查组查明，郑州市委、市政府贯彻落实党中央、国务院关于防汛救灾决策部署和河南省委、省政府部署要求不力，没有履行好党委政府防汛救灾主体责任，对极端气象灾害风险认识严重不足，没有压紧压实各级领导干部责任，灾难面前没有充分发挥统一领导作用，存在形式主义、官僚主义问题；党政主要负责人见事迟、行动慢，未有效组织开展灾前综合研判和社会动员，关键时刻统一指挥缺失，失去有力有序有效应对灾害的主动权；灾情信息报送存在迟报瞒报问题，对下级党委政府和有关部门迟报瞒报问题失察失责。

调查组还对造成重大伤亡和社会关注的事件进行了深入调查，查明了主要原因和问题，认定郑州地铁5号线、京广快速路北隧道亡人事件是责任事件，郭家咀水库漫坝事件是违法事件；荥阳市崔庙镇王宗店村山洪灾害存在应急预案措施不当、

① 于珊．河南郑州“7·20”特大暴雨灾害调查报告公布［N］．新华社，2022-01-21.

疏散转移不及时等问题，登封电厂集团铝合金有限公司爆炸事故存在未如实报告人员死亡真实原因并违规使用灾后重建补助资金用于死亡人员家属补偿等问题。

针对灾害应对处置中暴露的问题，调查组总结了六个方面的主要教训：郑州市一些领导干部特别是主要负责人缺乏风险意识和底线思维；市委市政府及有关区县（市）党委政府未能有效发挥统一领导作用；贯彻中央关于应急管理体制改革部署不坚决不到位；发展理念存在偏差，城市建设“重面子、轻里子”；应急管理体系和能力薄弱，预警与响应联动机制不健全等问题突出；干部群众应急能力和防灾避险自救知识严重不足。

调查组还提出六项改进措施建议，强调要大力提高领导干部风险意识和应急处突能力，建立健全党政同责的地方防汛工作责任制，深入开展应急管理体制改革及运行情况评估，全面开展应急预案评估修订工作、强化预警和响应一体化管理，整体提升城市防灾减灾水平，广泛增强全社会风险意识和自救互救能力。

【问题】

1. 河南郑州“7 · 20”特大暴雨灾害虽是极端天气引起，但仍暴露出地方政府在应急管理方面的缺陷与漏洞。结合材料与实际，请分析河南郑州应急管理失效的“制度—行为”二重困境。

2. 河南郑州“7 · 20”特大暴雨灾害对我国地方政府的应急管理体系与能力的现代化建设有何启示？

第十九章 西方国家公共组织改革理论

长风破浪会有时，直挂云帆济沧海。——李白《行路难》

经邦有术，持之以恒。——《尚书》

临渊慕鱼，不如退而结网。——《汉书·董仲舒传》

公共管理学的理论始于西方，公共管理理论也在西方最早得以实践。故而，西方国家公共管理学的相关理论范式是学习公共管理学的必修课。正所谓“他山之石可以攻玉”。

第一节 新自由主义

一、新自由主义的起源

（一）新自由主义的兴起

自由主义是产生于17世纪英国的一种思潮，长期以来，它对经济思想、社会思想和政治思想都产生过很大影响。西方经济学中的自由主义又被称为经济自由主义。西方学者将经济自由主义分为古典自由主义和新自由主义。在西方经济学中，新自由主义是指20世纪30年代大萧条以来与国家干预主义相对立的经济自由主义。在以凯恩斯主义为代表的国家干预主义盛行时，新自由主义长期处于非主流地位。20世纪70年代，西方国家特别是美国陷入“滞胀”——即“经济停滞、通货膨胀”，凯恩斯主义出现危机以来，新自由主义从非主流地位上升至主流地位。其主要理论流派的基本情况为：现代货币学派，代表人物是米尔顿·弗里德曼（Milton Friedman）①；供给学派②，主要代表人物有阿瑟·拉弗（Arthur Betz Laffer）③ 等人；此外还有理性预期学派④、伦敦学派⑤、弗莱堡学派⑥等。

（二）新自由主义兴起的原因

20 世纪 70 年代，西方经历了两次战后最深重的经济危机，整个西方经济长期陷入“滞胀”，而凯恩斯主义者却提不出有效对策，从而使他们信奉的经济思想陷入危机，走向衰落。与此同时，新自由主义各种流派已经汇合成一股巨大的潮流，准备迎接资本主义经济矛盾和危机的挑战。伴随着里根和撒切尔的上台和经济全球化，出现了新自由主义的兴起。西方经济学家也把这一现象叫作“新古典复兴”。

---

① 米尔顿·弗里德曼（Milton Friedman），美国当代经济学家、芝加哥大学教授、芝加哥经济学派代表人物之一，货币学派的代表人物。其著作《资本主义与自由》于 1962 年出版，提倡将政府的角色最小化以让自由市场运作，以此维持政治和社会自由。他的政治哲学强调自由市场经济的优点，并反对政府的干预。他的理论成了自由意志主义的主要经济根据之一，并且对 1980 年代开始美国的里根以及许多其他国家的经济政策都有极大影响。

② 供给学派亦称“供给经济学”“供给方面经济学”。着重从供给方面考察经济现状和寻求对策的一种经济理论。相对于强调经济需求的凯恩斯主义而言。20 世纪 70 年代出现于美国。主要代表有蒙代尔、拉弗、吉尔德等。主要论点和主张为：Ⅰ大幅度降低个人和企业纳税的税率，以增加个人储蓄能力，刺激人们工作的积极性，提高对企业的投资能力和投资积极性。Ⅱ取消国家对经济的过多干预，加强劳动和商品市场上的竞争。Ⅲ实行货币管理，使货币的增长与经济的增长相适应。减缓政府预算支出的增长速度，逐步实现预算平衡；削减社会福利支出。

③ 阿瑟·拉弗（Arthur Betz Laffer），美国经济学家，南加州大学教授，供应学派代表人物。拉弗先生以其“拉弗曲线”而著称于世，并当上了里根总统的经济顾问，为里根政府推行减税政策出谋划策。

④ 理性预期学派是西方经济学派之一。20 世纪 70 年代出现。主要代表为美国的卢卡斯、萨金特和华莱士等。认为各个经济行为主体在做出当前的行动决策时，除考虑到当前有关经济变量（如物价、工资率及资产的收益率等）的情况以外，还要对这些变量将来会有的情况做出“预期”。所谓理性的预期，是指人们的预期总是完全准确无误的。由此得出结论，政府为了把失业率压低到“自然失业率”以下，以承受一定程度的通货膨胀为代价而扩大货币供应量的政策措施是无效的，只能导致货币工资率和一般物价水平的上涨，而失业率则始终会保持在“自然率”的水平上。主张政府干预经济的措施越少越好。

⑤ 伦敦学派是 20 世纪初形成于英国的一个资产阶级新自由主义经济学流派。因其主要代表人物均执教于伦敦经济学院而得名。他们以异常保守的态度顽强地维护经济自由主义传统，反对国家对经济生活的干预和调节，反对计划经济。爱德温·坎南是其奠基人。著名的新自由主义者哈耶克是该派最重要的代表人物。

⑥ 弗莱堡学派亦称“联邦德国新自由主义学派”。以联邦德国弗莱堡大学为中心所形成的一个新自由主义经济学派别。他们主张主要通过市场力量调整经济生活，国家尽可能不干预再生产的过程，但不反对必要的和有限的国家调节措施。

其原因分析起来有如下几点：

1. 凯恩斯主义失灵

凯恩斯的需求管理理论是一种宏观经济理论，其实质是在资本主义制度框架内，对资本主义的生产关系和经济关系进行调节，以实现社会总供给和总需求的均衡。由于凯恩斯理论的宏观目标与微观基础存在着不可克服的矛盾，资本主义经济在70年代陷入“滞胀型”危机，一旦发生这种情况，反对凯恩斯宏观理论的新自由主义就会抬头。美国经济学家大卫·科茨从资本主义经济结构变迁的角度，阐述了新自由主义兴起的原因。他认为，“在20世纪70年代，人们接受新自由主义是对那一时期经济不稳定的回应。公司利益集团认为凯恩斯的干预方法对其不再有利，必须寻找其他出路，并找到古典自由主义，认为它至少可以为削减被看作盈利障碍的政府计划提供理论依据。新自由主义的兴起和持续统治可以用世界资本主义竞争结构的变化加以解释。世界资本主义竞争结构的变化形成了至今仍然发展着的世界经济一体化的特殊形式。资本主义这种变化了的竞争结构改变了大企业对于经济政策的政治立场，使大企业从国家管制资本主义的支持者变成反对者。”

2. 经济全球化

如果说凯恩斯主义的内在矛盾（这种矛盾是资本主义经济矛盾的反映）是新自由主义兴起的内因，那么经济全球化则是新自由主义兴起的外因。两次能源危机暴露了资本主义经济的脆弱性，而要克服这种脆弱性就必须进行全球范围内的生产要素的整合和经济结构的调整。20世纪70年代末，中国开始改革开放，实行社会主义市场经济，80年代初，拉美国家遭遇债务危机，被迫接受新自由主义结构性改革措施，80年代末90年代初，苏联解体与东欧剧变，“两个平行市场”消失。所有这些因素都在客观上加速了经济全球化的进程，也使新自由主义有了“大展宏图”的机会。

社会主义与资本主义力量对比发生变化：新自由主义的兴起不仅是一个经济现象，同时也是一个政治现象，因此它的兴起必然有一定的政治环境和条件。20世纪30年代西方资本主义大萧条时期，苏联实行计划经济，经济高速增长。但是，长期以来，受各种因素的制约，苏联和东欧国家选择了高度集权的计划经济体制，经济效率低下，社会主义优越性不能充分发挥。而中央指令性计划经济的弊端却日益暴露。20世纪90年代冷战结束后，新自由主义更加活跃。

二、新自由主义在发达国家的实践

1979年，撒切尔夫人出任英国首相，第一个公开宣布要实践新自由主义的纲领，一年之后，里根当选为美国总统，随后德国基督教民主联盟主席科尔出任联邦德国总理，与此同时，施吕特领导的右翼联盟在丹麦掌握了政权，接着，除瑞典以外的所有斯堪的纳维亚模式福利国家都转向右翼，新自由主义遂成为西方主要资本主义国家右翼政府的经济政策。其具体表现为：在英国，撒切尔领导的各届政府压缩货币总量，提高利率，大幅度减轻高收入者的所得税，取消对金融流动的控制，大幅度提高失业率，压制罢工，执行反工会法和削减社会开支。在美国，里根政府优先考虑的是与苏联的军备竞赛，在经济上同样实施有利于富人的利税政策。在德国及北欧，基督教民主主义右翼政府对实施新自由主义纲领多少持保留态度。它们虽然坚决主张货币紧缩和财政改革，但并没有大量缩减社会支出，并避免与工会正面对抗。在法国、意大利、西班牙、葡萄牙、希腊等社会党执政的南欧国家，也普遍实行了非常接近新自由主义的政策。总体归纳为以下几种代表性做法：

（一）私有化

新自由主义主张对社会所有资产和服务实行私有化，把社会所有的土地、基础设施和企业卖给私人投资者，将公共部门生产的商品和服务转化成私人部门生产的商品和服务。在英国，20 世纪 80 年代，玛格丽特·撒切尔开始实行私有化政策，首先是在公用部门，然后又扩大到社会福利部门，整个 80 年代，共有 600 亿英镑的国有资产被卖给或者转卖给私人投资者。任何公共活动，从监狱到护照的发放，都可以成为私有化的对象。就业数字的变化可以反映英国私有化的规模：撒切尔夫人上台时，政府民用事业就业人数为 77 万人，到 90 年代中期，只有 5 万人了。

（二）削减社会福利

新自由主义要求大量削减社会福利开支和降低国家在这个领域的作用。新自由主义反对国家调节失业率，认为劳动力市场可以通过工资涨落和劳动力供求间的自发调节而实现充分就业。就业水平应取决于劳动力市场的一般条件，而不应该取决于政府的措施。大大减少社会福利支出，就会迫使工人同意以最低工资就业，而企业主因能获得更大利润会扩大投资，导致失业进一步减少。从 20 世纪 80 年代开始，西方国家大幅度减少社会福利支出。

（三）减税

1981 年，里根政府制定的减税法案即《经济复兴税法》全面降低大部分本应由大资本家交纳的个人所得税、企业税等，缩短固定资产折旧年限。近 10 年来，美国 400 名巨富的收入急剧增加。而且由于美国新的减税措施的实施，他们将更加富有。2003 年 5 月 28 日，布什总统签署了一项新的减税法案，在 10 年内减税 3500 亿美

元，美国巨富们的财富还将快速增加。

对于新自由主义理论及政策，西方政治家和战略家深谙其弊端，但他们为了在全球寻找资本利润的来源并试图以此加强对发展中国家的控制，就以新自由主义旗帜，以货币、资本和商品市场的自由化及对国有工业和基础设施的迅速私有化，不断推进经济全球化进程。全球化、自由化、私有化的结果，使大多数政府控制其国内经济、金融活动的能力被大大削弱了，全球经济的金融泡沫更迅速、更大规模扩展开来。

三、新自由主义在其他国家产生的影响

（一）新自由主义在其他国家的影响

新自由主义由发达资本主义激励推崇，在世界范围内蔓延开来，对许多国家尤其是正在寻求经济腾飞之路的转型期国家和发展中国家的经济发展乃至政治地位都产生了十分消极的影响：

1. 俄罗斯和其他东欧国家

90 年代初，俄罗斯联邦政府在自由主义激进派的推动下，制定了在 500 天内实现向市场经济过渡的计划，即所谓向市场经济过渡的“500 天方案”，全称是《向市场过渡——构想和纲领》。它要求在 500 天内在广泛私有化和价格自由化基础上实行迅速彻底的改革。叶利钦上台后，又聘请国际货币基金组织经济学家、哈佛大学教授萨克斯制定了所谓“休克疗法”，1992 年俄罗斯联邦政府将价格一下放开，居民的收入和储蓄顿遭贬值。1992 至 1993 年间实施的私有化，剥夺了绝大多数居民拥有和支配自己先前创造的国家财产的权利，这笔巨大的国有财产成为极少数寡头统治阶层一夜暴富的源泉。1993 至 1994 年，在私有化浪潮的巅峰时期，由国家发行短期债券所构筑的金融“金字塔”再次吞噬了居民的储蓄和财产，使人民蒙受第二轮损失。俄罗斯“休克疗法”的改革方案使俄罗斯成为国际资本的附庸。在东欧，从 1978 年到 1992 年，70 多个国家执行了国际货币基金组织和世界银行强加的 566 个结构调整方案。这些方案改变了这些国家的经济制度和经济结构，把这些发展中国家和前社会主义国家完全纳入了世界资本主义体系。

2. 亚洲国家

1997 年 7 月 2 日爆发的东南亚金融危机始于泰国。泰国在整个 20 世纪 80 年代到 90 年代危机爆发前，年增长率超过 8%。高增长和廉价劳动力以及廉价土地吸引来大量外资。外资主要流进房地产市场和证券市场，房地产热和股市热不断升温。泰国金融体系内外腐败严重，导致贷款猛增，银行呆帐、坏账十分严重。在西方国

家推行的新自由主义影响下，在西方国家主导的经济全球化和金融自由化的压力下，泰国过早地、过度地开放金融市场，撤掉了所有自我保护的屏障，结果爆发了一场严重的金融危机，使泰国经济很快下降到30年来的最低点。泰国金融危机很快发展成为东南亚金融危机，接着发展成为亚洲金融危机。

3. 拉美国家

拉美国家多年来一直是美国推行新自由主义的试验场。推行新自由主义，使阿根廷实施了大刀阔斧的面向外资的国有企业私有化改革，这便使外资企业在国民经济中占据了主导地位，以致在经济危机中由于找不到可作抵押的国有资产而难以向国外金融机构贷款，从而使大批民族企业倒闭，有些城市的失业率高达15%—20%。由于金融自由化，阿根廷的金融机构大多数被国际垄断资本控制，金融安全无保障，经济危机便不可避免。阿根廷金融自由化的重要内容是推行大型国有银行的私有化，允许外资收购本国国有、私营银行。截至2001年，阿根廷10家最大的银行，有8家由外资控股。美元流通扩大，存贷款业务不断增长，货币局和联系汇率制削弱了阿根廷金融主权，政府逐渐丧失了金融调控能力。这场金融危机很快发展成为债务危机以至经济危机。经济危机引起政治动荡，从2001年底阿根廷在半个月内换了5个总统。

2003年12月15日，拉美社的一条题为《拉美寻找代替新自由主义的道路》的电讯说："新自由主义政策曾被作为推动后现代发展的政策而在拉美大陆各国实施，但平民阶层被新自由主义政策所遗忘并深受其害。"拉美社援引联合国拉美经济委员会发表的统计数字说：拉美经济1960年在世界经济中所占的比例是8%，现在是4%。拉美穷人人数增加，在拉美总人口中所占的比例达43.4%。其中巴西贫困人口占全国人口的一半。至于阿根廷，"新自由主义使这个辽阔而富饶的国家变成了本地区最贫困的国家之一"。

（二）新自由主义在上述国家产生影响的具体理论分析与启示

纵观新自由主义在上述国家地区的实践历程，可以看出其危害的途径有：

1. 新自由主义经济政策使发展中国家过分依赖外资

国有部门的投资效率过低；外资与国内经济未能结成一体，其结果是贸易赤字扩大，越来越依靠外资。一旦外资撤离，经济就陷入困境，形成了整个地区经济发展对外资的过分依赖。阿根廷20位宗教界人士致信阿根廷领导人指出，新自由主义政策"把我们拖进了没有希望的境地"。

2. 新自由主义造成财富分配不均

新自由主义对市场作用的极力推崇导致两极分化日益严重，它完全否定了经济发展中必要的公平因素，对于一个国家的健康、可持续的发展是很不利的。市场的作用，必须保持在一个可控的范围内；而发达国家向发展中国家灌输新自由主义思想，就是因为它可以利用其产品优势占领外围国家的经济领土。就像前智利总统帕特里西奥·艾尔文所说，新自由主义经济理论不能消除拉美日益严重的社会灾难，因为市场“常常是非常残酷的，它有利于最强势者，而加重最贫困者的贫穷”。他依据智利的经验指出，“市场不能解决社会问题。市场推动消费和创造财富，但它不能公平地分配财富。”拉美左派组织“圣保罗论坛”也在一份文件中指出，新自由主义改革使财富空前集中，造成了越来越严重的边缘化和贫困化。

3. 新自由主义缺乏有效的公共政策

墨西哥国立自治大学学者卡洛斯·M. 维拉指出，“新自由主义没有社会政策的地位，全靠市场统治一切。”在新自由主义模式中，“社会问题被看作是一个支出领域：‘社会发展’的概念让位于‘社会补偿’，充其量是补偿或缓解经济政策造成的后果”。政府大幅度削减公共开支，取消社会福利体系，从而失去了缓和社会紧张的作用。政府的宏观调控能力被大为削弱，一旦危机到来，只能坐以待毙。

4. 从国际范围看，新自由主义由于缺乏经济、政治、社会和文化方面的计划，无法全面促进世界经济发展

自由主义主张的核心是尽可能弱化国家的作用，主张市场对经济的绝对统治。新自由主义大谈“民族国家和国家主权失去意义”，要求发展中国家减少对经济的干预，把有关主权让渡给国际货币基金组织和世界银行等由发达国家一手遮天的国际金融机构。新自由主义推行着市场自由化，实质上是图谋让强国担负起组织和管理世界经济的任务，阻止弱国拥有保护自己市场的机制和手段，保证其企业对弱国市场行使霸权。很多发展中国家，特别是拉美国家“虔诚而认真地弱化国家”已经造成了严重的后果。

我们认为，今天进行竞争的首先仍是国家，而并非公司和企业。在全球化条件下，国家仍然是西方发达国家资本扩张的基础和最强有力的手段。西方新自由主义者鼓吹的将国家主权让渡于国际金融机构的论点，貌似推行市场自由化，实质上是图谋由西方发达国家担负起管理世界经济的任务，阻止发展中国家拥有保护自己市场的机制和手段。

所以，新自由主义所提倡的完全私有化、商品市场化、国家退出经济控制对于发展中国家来说，不啻为一剂毒药。

第二节　新公共管理理论

一、新公共管理的基本概念

新公共管理亦称管理主义，是20世纪80年代以来兴盛于英、美等西方国家的一种新的公共行政理论和管理模式，也是近年来西方规模空前的行政改革的主体指导思想之一。它以现代经济学为自己的理论基础，主张在政府等公共部门广泛采用私营部门成功的管理方法和竞争机制，重视公共服务的产出，强调文官对社会公众的响应力和政治敏感度，倡导在人员录用、任期、工资及其他人事行政环节上实行更加灵活、富有成效的管理。

二、新公共管理的政策主张

新公共管理的政策主张包括以下几个方面：

（一）改造公共部门

公共部门改造的直接目标包括：（1）提高公共部门的资源配置的效率和工作效率；（2）增加政府的各种计划、项目的有效程度；（3）通过职能转移，缩小公共部门及其人员的规模，削减政府的预算开支；（4）丰富和改善公共部门提供的产品和服务的质量；（5）增强公共服务对公众需求的反应力，使公众更加容易获得公共服务；（6）增加行政行为的透明度，使公共权力内部化的机会最小化；（7）完善公共机构的责任机制，使公共机构及其主管人员更好地对政务官和议会负责。

（二）引入企业管理模式

政府首先有必要引入“企业家精神”，改造行政文化，进而形成充满生机和活力的、具有创新精神和良好应对或应变能力的政府。同时，有必要借鉴企业的管理理论、管理模式、管理原则、管理技术，包括吸收企业的管理人员来改造政府，以克服政府管理的弊端，提高行政绩效水平，改进公共服务的质量。

（三）建立顾客驱动制度

建立顾客导向制度是开创民主行政研究和服务型政府的基础。为了实现顾客导向制度，公共部门有必要提出明确的服务标准，向顾客做出服务承诺，实行顾客意见调查，以实现改善公共服务质量的目的。

（四）引入竞争机制

为了提高政府效率，优化公共产品，降低行政成本，必须引入市场竞争机制。有必要在公共部门推广信息技术，重视人力资源的开发与管理，提高政府的能力，更重要的是，要在政府内部广泛实行绩效管理，明确规定公共机构应达到的工作目标，并且创造诸如量化绩效评定、签订短期就业合同、直接给予物质奖励等适用的方式和技术方法，对最终的工作结果予以评价，同时奖励那些达到或超额完成预期目标的机构及其人员。

（五）重视行政结果

主张公共行政研究和政府管理的重点应当转向“结果”而非“过程”。有必要从传统的重视工作过程和投入的行政价值取向，转向注重结果和产出行政价值取向。其目的在于实现由规则驱动型组织向任务驱动型组织的转变。

（六）推行社会合作

政府应当满足于充当“领航员”的角色，除必须由公共部门单独承担的职能外，许多传统的管理职能，大可通过与企业的合作来实现。为此，公共部门首先必须改变行政理念，打破政府部门对公共资源的垄断，广泛采用市场化运作方式和私营部门的管理方式，通过诸如公开竞标、全面质量管理、目标管理等方式，将公共服务承包出去，同时实现有效的监管。

三、关于新公共管理的争论

（一）意识形态狂热

批评者认为，管理主义的核心思想，根本是一种政治人物所信仰的意识形态，具有明显的意识形态倾向，是保守主义在公共管理领域的应用，是右派政府的公共管理哲学。

（二）背离公共部门社会价值

批评者认为，新公共管理所主张的管理通则论或一般管理论，混淆了私人部门和公共部门的本质区别。公共事业管理和私营企业管理的不同之处比相同之处多，并且不同之处比相同之处更为重要。

（三）理论基础存在偏差

批评者认为，管理主义并不掩饰与公共选择理论、交易成本理论、委托代理人理论、新古典经济学等自由主义经济学理论的关系，却滥用了自由主义经济学说的假设、理论和方法。

（四）顾客满意值得怀疑

批评者认为，政府作为提供者与消费者的交易有一系列独特的内涵。

（五）放弃政府职责、逃避政府责任

批评者认为，新公共管理的市场化的改革措施，包括公共部门私有化、顾客至上、内部竞争、成本控制、市场运作等，从根本上改变了政府与公民的关系，实际上放弃了政府的公共服务职能，逃避了政府责任。

第三节　新公共行政理论

一、新公共行政理论的起源

1968 年美国行政学家沃尔多号召 32 位行政学者在雪城大学讨论公共行政面临的问题，寻求公共行政未来的发展方向。会议提出了新公共行政学作为区别以往行政理论的标志，并以政府及其官员在公共行政管理过程中的价值观和理论观，作为新公共行政学的核心概念和关键性问题。

新公共行政强调政治与行政的连续性，将道德价值概念注入行政过程，将社会公平注入传统的经济与效率目标；强调政府公平，对公众需要负责而不是对公共机构负责，以及公共项目应当对决策和执行负责。代表人物及其著作：弗雷德里克森，《公共行政学》。

二、新公共行政理论的主张

新公共行政学是相对于传统行政学而言的，其研究的核心概念在于政府及其官员在公共行政管理过程中的价值观和伦理观。新公共行政学的理论观点主要集中在以下几个方面：

（一）主张社会正义和社会公平

新公共行政学认为公共行政的根本目的就是实现社会正义和社会公平，因此要把社会公平作为行政原理和政府目标的一部分，作为政府基本的价值标准之一。基于这一理念，政府的行政管理者不应是中性的。他们应当承担起责任，把出色的管理和社会公平作为社会准则、需要完成的事情或者基本原理。据此，新公共行政主张放弃政府传统的“价值中立”原则，而将社会公平和正义作为政府行政的真正的

规范基础。

（二）主张改革的、入世的、与实际过程相关的公共行政学

新公共行政学认为公共行政学研究的重点应在于与社会环境相关、与公众相关、与政策相关、与政府及其官员相关的问题，而不仅限于与学术、理论、思辩和研究方法相关的问题。因此，新公共行政学主张：（1）变革，改变妨碍实现社会公平的政策和制度结构；（2）关注政策，通过入世的、积极进取的科学方式普遍地改进影响所有人生活质量的各项政策；（3）典范革命，对传统行政学的基本假定、理论框架、价值规范、研究范畴、研究方法等进行调整，重视“行动理论”。

（三）主张构建新型的政府组织形态

新公共行政学认为传统的科层官僚组织结构造就了一种超稳定的能力，使政府失去了必要的敏感性和同情心，正在远离社会公众。需要寻求不断的灵活性，使变革成为经常的组织形式。同时，传统的组织理论只关注公共组织的内部问题，理论构成过于空洞。新公共行政提出通过重新定义分配过程、整合过程、边际交换过程和社会情感过程构建新型的公共组织，进而实现社会公平。

（四）主张突出政府行政管理的“公共”性质

新公共行政学认为公共性质是政府公共管理与以产权私有制为基础的企业管理的根本区别。因此，不存在适用于一切组织的“全称性管理科学”，为了实现社会公平，必须坚持政府管理的公共性质。“公共”的实质意义就在于代表公共利益，政府必须坚持公共目的，承担公共义务或公共责任。

（五）主张“民主行政”

新公共行政学将民主行政作为新公共行政的学术识别系统。他们认为，民主行政的核心价值观在于尊重人民主权和意愿，实现社会正义和社会公平，反对滥用权力和行政无能。因此，应当以公众意愿、公众利益为导向，发展以社会公众为中心的政府组织和公共政策，强调政府代表公共利益的职能地位，强调公众参与，强调政府信息和公共政策的公开性，反对政府自利和代表党派利益，反对专业主义。

三、新公共行政理论的评价

新公共行政学的研究重心在公共行政学的“公共部分”，倡导公共服务的平等性、行政官员的政治回应性、民主行政、社区自治等基本价值，强调将“社会公平”引入政府目的和运作机制之中，即“要推动政治权力以及经济福利转向社会中那些缺乏政治积极资源支持，处于劣势境地的人们”。尽管由于新公共行政学自身

的一些原因，例如，缺乏概念的连贯性，没有明确限定的宪法基础等。它没有成为行政学研究的主导范式，然而正是由于它对社会公平与正义的追求，对公共行政“公共性”的关注，公共行政学自此开始步入“自觉构建公共性”的历史阶段。

新公共行政学的主要贡献在于将社会公平提高到公共行政追求的首要价值目标，倡导民主行政，增强了公务员的内省伦理道德意识等。它扩大了公共行政学研究的视野，极大地丰富、发展了公共行政学。

第四节　新公共服务理论

以美国亚利桑那州立大学的登哈特教授夫妇为代表的新公共服务理论则在对新公共管理理论进行批判的同时，建构出了一套比较系统和完善的理论体系。

一、新公共服务理论产生的背景

（一）新公共管理理论的缺陷

新公共管理理论的产生，为政府改革注入了新鲜血液。新公共管理的核心理念是政府有限理性和政府官员的“经济人”假设，政府相似于市场经济条件下的企业组织，政府与民众的关系是公共服务的生产者与消费者的关系。因此，其核心内容是力图将私营部门和工商企业的方法用于公共部门，强调市场竞争、政府工作的绩效评估、行政过程的透明取向、成本效率和顾客导向等。一时间，“企业化政府”“市场为本”“政府瘦身”“重塑政府”成了政府官员使用率极高的流行词语。然而新公共管理的思想并没有涵盖当今政府在实践中所应该涵盖的基本理念。而且新公共管理过分强调市场机制的作用，过分强调政府向企业学习、用企业提供商品的方式提供公共服务，往往会出现在实践中公共部门与私营部门的差别，从而产生伦理上和责任上的问题。另外，在市场化过程中也出现了一些不尽如人意的腐败现象。这一切，导致公平与公正问题的凸显。

新公共管理的一个重要观点就是政府不再同时掌舵和划桨，而是把划桨的任务赋予更为高效率的市场，政府则专心做好掌舵的工作。丹哈特夫妇则针对性地提出了一个实质性的问题：“当我们急于掌舵时，我们是否正在淡忘谁拥有这条船?”从掌控和驾驭社会的角度讲，政府过去已经做了很多，也的确发挥过积极的意义。但是对于现代社会，这种单极化的掌控结构是否还合理呢？现代社会更多意义上是一个多元化的结构，即便在公共行政领域它更多地也要体现出公民的主体性。其实公民才是一个多重的角色，他们既是公共财政的主要供给者，也是公共服务的接受者，同时也是各种生活的参与者和公共利益实现的监督者。归根到底，作为最终的授权者，他们甚至可以通过新契约的形式向民间公共组织授权，而非单独指向政府，这样就使得掌舵者的地位受到了挑战。从这个意义上讲，未来政府在许多时候的角色将不再是主导型的，只是一个非常重要的参与者，至于划桨手也不仅仅是市场这一单一结构能够完全提供的，需要有更为多元的参与力量来重构体系。

（二）新公共服务理论是对新公共管理理论的扬弃

与新公共管理建立在个人利益最大化的经济观念之上截然不同的是，新公共服务是建立在公共利益的观念之上的，是建立在公共行政人员为公民服务并确实全心全意地为他们服务之上的。

新公共服务对新公共管理的超越主要体现在：

1. 新公共服务呼吁维护公共利益，“当公民能够根据公共利益去行动时，社会的广泛利益才能从一个独立的、孤立的存在中脱离出来，并转变成一种美德和完整的存在，向社会奉献的过程最终使个人变得完整”，这种观念大大超越了建立在个人自利基础上的新公共管理理论。

2. 新公共服务强调尊重公民权利。新公共服务的倡导者坚持认为，政府与公民之间是不同于企业与顾客之间的关系的，“公民具有一种公共事务的知识，一种归属感，一种对整体的关切，一种与自身的命运休戚与共的社群道德契约”。新公共服务倡导者相信公共组织如果能在尊重公民的基础上通过合作和分享的过程来运行，就一定能获得成功。

3. 新公共服务重新定位政府的角色。新公共服务看到当今政治生活领域最重要的变化之一就是政策制定方面的变化，政府不再是处于控制地位的掌舵者，而只是非常重要的参与者。更多的利益集团直接参与到政策的制定和实施之中。新公共服务认为行政人员应该意识到，公共项目和公共资源并不属于他们自己，作为负责任的参与者，而不是企业家，他们是“公共资源的管家、公民权和民主对话的促进者、社区参与的催化剂、街道层次的领导者”，将越来越多地扮演调解、协调甚至裁决的角色。

二、新公共服务理论产生的基础理论

（一）民主社会的公民身份理论

认为国家与公民之间关系的主导模式是建立在这样的思想基础之上的，即政府的存在就是要确保一定的程序（如投票程序）和公民权利，从而使公民能够根据自身利益做出选择。

近年来的政治学和社会学理论研究，都提倡复兴和更为积极的公民参与、公民权利与责任。如巴波、曼斯瑞奇、培特曼、桑德尔等人都提出过这一观点。其中桑德尔是这样指出的："关于州政府和公民之间关系比较普遍的模式是建立在这一思想基础上：即政府的存在是为了确保公民可以选择通过一定的程序（如投票），将他们的私利与社会利益相一致，保护个人权利。显然，这一观点将公共选择经济学理论与新公共管理理论相结合。"同时，桑德尔还提出了一个关于公民权利与责任民主化选择理论的观点，在这一观点中，公民个体更加积极地参与了政府治理。这一观点认为：通过长期和广泛的观察，由于公民对公共事务的认知和归属感的建立，集体意识的形成，以及危机时刻将自己的命运与社会命运相结合的认识，公民超越了私利而关注的是公共利益。

与此认识相一致的是柯因和斯缔文斯，他们认为行政人员应该把公民看作公民而不仅仅是投票者，不仅仅是客户、顾客或消费者；他们应该和政府共享权威、减少对公民的控制，行政人员应当相信协作的功效。而且，与功利主义者要求更高的效率相反，柯因和斯缔文斯认为公共管理者应当追求更高的责任心和增加对公民的信任。这一认识直接巩固了新公共服务理论。

（二）社区和市民社会模型

认为在市民社会中，人们需要在社区的利害关系体系中实现自己的利益。只有在这里，公民才能够以个人对话和讨论的形式参与进来，而这种方式便是社区建设和民主本身的实质。认为政府的作用，特别是地方政府的作用，事实上就在于帮助创立和支持"社区"。

此外，近年来，美国关于社区和市民社会的思想和理论又再次成为理论研究的热点问题。主要政治党派的政治领导者、不同阵营的学者、畅销书的作家和受欢迎的评论家，都非常关注社区与市民社会。他们不仅认为美国的社区环境恶化了，而且失望地认为需要思考社会所面临的各种新的问题。尽管美国社会中的多样性不断地增加，也许正是因为如此，社区被认为是产生整合和融汇各种思想的主要途径。在公共行政领域，关于社会的需求表现为政府的角色，特别是地方政府的角色，确实需要帮助创造和支持"社区"。

从某种程度上而言，这一努力建构在一系列健康和积极的"协调机制"基础上，同时关注公民的愿望和利益，并且为公民更好地在大政治体系中的参与提供了良好的经验准备。如同普特南所认为的那样，美国的政治传统建立在公民参与的基础上，是各种类型的活跃组织、协会以及政府团体共同作用的结果。且无一例外地，这些小的组织都是公民为了实现他们的利益和能得到社会的关注而结合在一起，共同组成了所谓的“市民社会”。这种由公民参与的对话与协作是社会和公民体系建立的基础。如同柯因和斯缔文斯再一次指出的那样，政府在创造、促进和支持这些公民与社会之间的联系中扮演着重要而又关键的角色。

（三）组织人本主义和组织对话理论

认为在后现代社会中，我们彼此依赖，治理因而也必须以所有各方（包括公民和行政官员）真诚、开放的对话为基础。提出要想恢复公共官僚机构的活力，重建公共行政领域的合法性等都需要促进公众对话。

在这过去的几十年里，公共行政理论家，包括20世纪60年代晚期至70年代的早期，那些激进的公共行政学家与持不同原则和观点的同行，一致认为传统的等级制方法在社会组织建构的实践中和实证主义的方法在社会科学的研究中，相互得到了加强。结果，他们都对官僚制和实证主义提出了批判。与此不同的是，他们引领寻求一种选择性方法来进行管理和组织。通过新的路径获取知识，包括解释理论、批判理论和后现代主义理论等。这些理论与方法都在寻求如何改革公共组织使之被权威所控制、对公民的需求更为关注，更为关心公共组织中的雇员，也更为关心外部的客户和公民。

这些关于官僚制与社会的诠释理论和批判性理论已开始被中心化，并且进一步为后现代主义理论的提倡者所思考，特别是在话语理论中得到进一步体现。尽管在各种各样的后现代主义理论家之间存在显著的不同，但是他们似乎也得出了一个非常相似的结论——“因为在后现代社会，我们相互依靠和需要，治理必定基于所有党派、公民和行政人员之间真实的和公开的话语（对话）基础上”。当后公共行政学理论家怀疑公共参与的传统方法，似乎他们一致认为需要通过公众对话来复兴官僚体制，重建公共行政领域的合法性认识。

不论是从知识层面，还是从实践层面都需要更新公共服务领域的概念，重新建构新公共服务。基于这样一种理论研究的创新和社会革新的需要，以及在新公共管理理论和运动的冲击下，以丹哈特为代表的新公共服务的提倡者提出了以下与新公共服务相关的原则。

夏书章先生对此有这样的评价，“在传统公共管理与新公共管理之后，出现新公共服务运动，并非偶然，故不论它们之间的理论观点和具体内容上的分歧和争议如何，有一点似乎可以肯定和不容忽视，即强调或提醒公共管理主要是或者归根到底是公共服务的性质。”

三、新公共服务理论有七项核心主张

（一）服务而非掌舵

新公共服务的提倡者认为：对公务员而言，需要承担的一个越来越重要的角色是帮助公民清晰、明白和满足他们共享的利益，而不是试图控制和为社会发展的新方向掌舵。

新公共服务理论认为，过去，政府扮演一个重要的角色是所谓的为社会掌舵。现代生活的复杂性不仅使这种角色看起来不恰当，而且也不可能。政府所赋予的建构和指引社会与政治生活的公共服务项目和政策导致了许多不同组织与群体之间的互动作用乃至于冲突，混淆了不同的观点和利益。在很多领域，考虑到作为政府制定的公共政策不再产生作用。新公共服务理论认为：政府实际上是一个参与者，是一个在很多案例中非常真实的参与者。但是，今天的公共政策，尤其是对社会发展起指导性作用的，是多组织和多利益集团被卷入，相互作用并产生了无法预料的结果。政府不再主管一切。

新公共服务的提倡者认为，政府所扮演的主要角色不仅仅是通过规制和政令来指导公众的行为。虽然，政府在指引社会由一方向另一方变迁的过程中仍扮演着重要的角色，但同时也承担了另一种角色。以往政府所承担的一些行为，现在更加集中到私营部门、非营利性组织中，通过他们之间的竞争来提供公共服务，寻求解决社会所面临的问题。在这一过程中，政府的角色由原来的控制者转变为议程的安排者，选择真正的“参与者”，安排和提供各种相关的公共设施和公共服务，打破了以往对公共问题处理的垄断权，现在通常通过联合公共部门、私营组织和非营利机构来共同解决。而传统的政府对公民需求的反应要么说“是，我们能够提供那种公共服务”或者是“不，我们不能”。新公共服务认为经过选举产生的政府官员和管理者对于公民的请求不是说“是”或“不”，而是应该说，“让我们一起来解决我们应当做什么，并且使它成为可能。”如果要建构一种积极的市民关系，政府官员不能只是承担公共服务提供者的角色——他们还需要扮演协调者、调解者甚至仲裁者的角色。（显然，这些新的角色就需要政府具备新的技能——不是旧的管理中的控制能力，而是新的协调、谈判、妥协和冲突解决的能力。）

（二）公共利益是目标而非副产品

提供公共利益和公共服务是政府的主要目的和任务，但不是由政府自己参与生产或垄断公共服务的提供。新公共服务理论认为，公共行政人员必须建立一个集体共享公共利益的观念。目的不是在个人选择的驱动下，迅速找到解决的办法，而是创造一个利益共享、责任共担的机制。

新公共服务的提倡者认为，需要建立社会的远见和洞察力，而不仅仅需要被选出的政客和被任命的行政人员具有远见。代替它的是，通过社会的公共话语体系和核心层的深思熟虑，建立积极的社会洞察力或方向。政府的这一角色需要政府将更多的公民聚集起来通过无拘束和具有权威性的话语体系来探讨社会可能发展的方向，建立在深思熟虑的基础上，为社会、州政府甚至联邦政府共同建构有着广泛基础的社会远见或洞察力，并且为未来的发展提供一系列指导性的思想。由行攻人员、政治家和市民共同思考关于他们自己社会和民族理想的未来，远远比某一方的单独决策，或实现某一单方面的目标要来得重要。

特别是从推动者的角色而言，政府还有一个重要的道德责任就是确保和证实这些决策产生的过程充分考虑到了公平和正义。政府通过一系列的行为来推动这些公共问题的解决，但是它也需要政府确信这些解决方案已经充分考虑到了公共利益。不论是决策或方案本身，还是制定决策与方案的过程都是和民主规范中的正义、公平与平等紧密相连。

简言之，公务员应该扮演积极的参与者角色，为市民的参与和真正分享社会价值观、形成关于公共利益的集体观念创造有利环境。而不是简单地对不同声音分别做出承诺，公共管理者应当把市民组织起来使他们可以更好地相互理解他人的利益，从更广泛的领域和范围认识社区与社会的利益。

（三）战略地思考，民主地行动

新公共服务提倡者认为通过集体的努力和周密的过程，政府制定满足公民需要的政策和项目，才是更具有效率和责任性的政府。

新公共服务理论认为，在意识到集体的洞察力和远见之后，下一步是如何建立制度和责任机制，通过特定的行为过程向所希望达到的目标努力。需要再强调的是，这一思想并非仅仅是建立社会洞察力，然后将具体的执行留给政府。而是在实施这一项目的过程中和其他党派、组织相联合，朝着理想的方向努力。通过市民教育和各领域的市民领袖都参与到这一项目中来，政府可以刺激或唤起市民的自豪感和市民责任。他们希望这样一种自豪感和社会责任意识在各个层面都能得到体现，并产生美好的意愿，使各党派共同参与、努力协作，为社会创造更多的机会。至于在什么程度上可以实现这一目标，新公共服务理论认为：首先，需要政治领导承担一个非常重要和非常明显的角色——明晰和鼓励市民责任的强化；其次，支持组织和个人共同构建社会的框架体系。政府不能创造社会，但是政府，特别是政治领袖，可以使这一基础性工作成为有效的和负责任的公民行为。公民必须认识到政府是可以接近和理解的，是开放的；政府是责任政府；政府的存在是为了满足公众的需求；除非如此，关于公共服务的战略性思考和民主的行为不能实现。那么这一目标实际上证实政府是开放的、可以接近和接受的，是责任政府，它的行为是为公民提供服务，为市民创造机会。

（四）服务于公民而不是顾客

新公共服务理论认为，公共利益产生了关于价值共享的对话，而不是个体私利的集合。因此，公务员不是对“顾客”或“消费者”的需求做出反应，而是强调和市民之间建构一种协作与信任关系。

新公共服务的提倡者认识到政府与公民的关系和商人与顾客之间的不同。对于公共部门而言，甚至如何决定谁是顾客也是值得怀疑的。因为政府所提供的服务远远不只是为急需的客户提供服务。政府同样也为那些等待服务的人提供公共服务，为那些可能需要服务但并没有积极寻找服务的人提供服务，甚至为未出生的、为直接服务接受者的亲戚、朋友等诸如此类的人提供公共服务。并且，在这些人中间存在不愿意成为“顾客”的“顾客”——如那些得到超速驾车罚单的人。而且，有些政府的“顾客”有丰富的资源和很强的能力，使他们可以先于别人提出需求。这是否是正当的？如果是私营部门，对于这些问题能否处理得更好？当然不一定。至于政府，考虑到在公共服务的提供中，要扮演公正与平等的角色，实际上，在很多案例中，这些重要的考虑比直接客户所希望的还要多。

尽管持续改善公共部门服务提供的质量非常重要，但是新公共服务的提倡者认为不需要无一例外地首先对那些自私的、关注短期利益的“顾客”做出反应。相反，新公共服务的提倡者认为，一个真正的公民应当关注更广泛的社会、他们应当为超越短期利益之上的问题承担责任，他们愿意为邻里和社区发生的事件承担个人的责任。毕竟，这些是定义一个积极和有责任心的公民的基本构成要素。其次，政府必须对公民的需求和利益做出反应。政府应当对更广泛意义上的公民，而不仅仅是具有合法身份的公民做出反应。那些不具有合法公民身份的个体，不仅应当得到政府项目所提供的服务，而且应当鼓励他们参与到自己的社区活动中去。无论如何，新公共服务理论，寻求鼓励越来越多的人行使作为公民的责任，强调政府应特别关注发自不同层面的公民声音。

（五）责任并不是单一的

公务员不仅关注市场，而且要关注宪法和法律条文、社会价值、政治规范、专业标准和公民利益。政府责任是非常复杂的问题。不论是旧公共行政还是新公共管理，都趋向于将这一问题简单化。例如，旧公共行政学的经典观点认为，公共行政人员最简单、最直接的责任就是对政治官员负责。如同威尔逊所写的那样：政策将会不再有官僚作风的污点。政策将不再是终身任职的官员所制定，并且对公民负责的政治家将会直接和不可避免地直接向公众表达观点。远不止如此，责任不再是真正的问题；当行政官僚执行政策的时候，政治家被寄予制定政策的期望。显然，随着时间的逝去，公共行政人员被假定为：最大的能力就是影响政策的过程。因此，在美国的新公共管理领域，强调给予行政人员像企业家那样最大范围内的言论与行动的自由。从企业家的角色来看，新公共管理者主要特征表现为高效、成本最优，以及对市场压力的积极反应。

新公共服务的提倡者认为，这种模式并不能反应今天的公共服务的需求和现实。并且，公共行政人员被一系列复杂的制度和规范以及公共利益、法律和宪法、其他机构、其他层级的政府、大众传媒、专业标准、社会价值和标准、制度因素、民主的标准以及公民等的因素所影响。进一步而言，这些影响公务员的制度和标准，从某种程度上而言和公务员的行为之间存在着复杂的关系。例如，公民的需要和期望影响公务员，同时，公务员的行为也影响了公民的期望。法律为公务员的行为提供了参变量，但是公务员运用法律的方式与风格不仅影响了政策的实际执行情况，而且也会影响法律制定者去按照公务员的风格和方式修改法律。换言之，公共行政人员影响和被所有这些具有竞争性的规范、价值和复杂的政府治理的优先体系所影响。这些参变量不仅影响了公共行政人员的行为，同时他们也被公共行政人员所影响，这显然代表了关于政府责任的另一不同观点。

此外，新公共服务者也认识到了政府责任的复杂性和现实性。它认为：因为具有冲突性和交互性的规范存在，公共行政人员被卷入了复杂的价值冲突之中。它接受了这样一些现实，并且说明了鉴于这些因果关系，公共行政人员应该如何而能够为公民提供服务和公共利益。首先且最重要的是，新公共服务要求公共行政人员不要单独制定决策。应该通过对话、讨价还价、公民的授权和基于广泛的公民基础上，来解决存在的问题、制定决策。公务员仍然有责任确保所有这些关于公共问题的决策应当与法律保持一致，应当遵守民主的规范和其他的政府条令的限制。与其说政府决策是仅仅在与公民参与和对话的事实之后由社会产生的思想和建议基础上的简单判断，还不如说这是公务员应当遵守的基本原则。即主要是通过这一系列的参与和对话使公民了解到存在着这些冲突和变量。因此，这些现实成为话语体系的一个组成部分。这种方式不仅是现实的解决方法，而且它也建构了一种市民权利与责任心，乃至于政府责任。

（六）重视人而不止是生产率

从长远来看，如果公共部门在尊重人民的基础上，强调协作和共享公共政策的制定；那么在纷繁复杂的网络工作中，他们往往是成功者。通过这种方法来管理和组织，这就是新公共服务者所强调的“通过人民来管理”的方法。

生产力体系的改善与提高、流程的再造，执行措施的改善被看作设计管理体系的重要工具。但是新公共服务的倡导者认为，如此控制人类行为理性的意图，从长远看来注定是要失败的，同时，还会导致对组织成员个体的价值观和利益的漠视。并且，即便这些方法也可能达到某种结果，但这些方法和措施并不能培养公民或雇员的责任感、参与意识以及热心公益的行为。

如果期望公务员尊重公民，那么他们也必须要得到公共组织的领导者和部门管理者的尊重。新公共服务理论认为，要认识到公共管理者的工作中存在着大量的挑战和复杂性。公务员既不希望被旧公共行政理论认为他们渴求安全的官僚体系结构中的工作，也不希望被看成如同市场的参与者。公务员是那些动机和对报酬的期待远远不是简单的薪水和安全问题的公民，他们希望和别人有不同的生活。共享公共政策制定能力和观念是为雇员和公民提供机遇，是证实公务员提供公共服务的动机和价值观的关键。在新公共服务的提供者看来，共享领导才能、协作与授权成为组织内外的规范。共享公共政策的制定能力，强调的是组织和社会所希望提高的目标、价值和理想；它的特征在于社会的相互尊重，适应和支持。如同本斯所指出的那样，领导能力在通过和公民合作的努力过程中得到锻炼，并且通过参与者的转移，使公务员关注于更高层面的价值观。在这一过程中，他们为公民提供公共服务的动机与政府雇员的非常相似，并且得到了再认识和相互支持以及认同。

（七）超越企业家身份，重视公民权和公共服务

新公共服务理论认为，通过公务员为公民提供公共服务，使公务员牢记如何为社会创造有意义的贡献，将公共利益得到更好的提升，政府管理者的行为强于企业管理者的行为，因为企业管理者是将企业的公共资金看成他们自己的资本。

新公共服务的提倡者认为：新公共管理鼓励公共管理者像商业、公司的企业家一样思考和行动。这就产生了一种相对比较狭隘的观点——将生产力的作用最大化和满足消费者的需求为己任，接受危机和利用机遇。换言之，他们认为，新公共管理将公民当作“生产力和消费者，忽略了公民是社会主体的意识”。因此，在新公共服务领域，存在着关于公共行政人员不是拥有项目的商人和公司经纪人的清楚认

识。柯因和斯缔文斯再一次提醒我们，政府是为公民所拥有的。

为此，在新公共服务提倡者看来，公共行政人员的正确思想倾向应该是：公共项目和资源不属于他们自己。但是，公共行政人员接受为公民提供公共服务的责任，如同公共资源的管理者，公共组织的保护者与监督者，公民责任与权利以及民主对话的促进者，社会契约的促进者和街道层面的领导者。与商人仅仅关注利润与效率完全不同。有鉴于此，新公共服务提倡者认为，公共行政人员不仅要分享权力；而且要和公民共同努力，解决问题，他们必须认识到他们在治理过程中所扮演的角色是责任的参与者或承担者，而不是企业家。公共行政人员的角色变化对公务员在面临各种类型的挑战和责任时的表现，已经产生了意义深远的影响。(1) 公共行政人员必须认识到他们的管理，远远超过项目本身的需求和资源的许可。为了服务于公民，公共行政人员不仅要认识和管理自己部门的资源，而且要认识到与其他部门和项目资源之间的关系和相关性，相互支持与帮助，在管理的过程中融入到公民与社会中去。(2) 公共行政人员必须考虑到危机的存在。在新公共服务领域，危机和机遇存在于民主的市民权利和责任，以及共享责任的大框架之内。因为不管结果是失败还是成功，公共行政人员都没有必要单独决定做什么和怎么做，对于社会的发展最好不要单独做决策。这并不一定意味着短期的机遇丢失了。如果政府与公民的对话和公民的支持仍然持续着，机遇和潜在的危机可以通过及时调查的方式予以发现。导致公共行政人员面对机遇时是否采取及时地、还是冒险地行为，主要在于信任、协作以及对共享责任的认识等。

四、对于我国政府公共服务改革之启示

当政府改革理念不断深化的时候，政府应该承担什么样的角色？应当如何为公民提供公共服务？用什么样的方式来提供公共服务？这是一个非常迫切需要解决的问题。从美国的公共服务的提供来看，它主要体现了一些值得我们思考和效仿的特征。

(一) 人本主义的服务理念

新公共服务理论强调，要重视与公民之间的关系，要尊重公民。不管是由政府来提供公共服务，还是由非营利性的组织或私营部门来提供公共服务，都不要将公民仅仅看成是生产力。公民是服务的接受者，因此作为纳税人有权力选择和参与公共服务的决策。譬如在美国很多公共场所，经常都会看到残疾人的身影，是不是这个社会的残疾人比我们中国多呢？经过思考和小范围的调查，本文的结论是美国的公共设施比较齐全，确实处处体现了人本主义的关怀，因此，残疾人可以很方便地

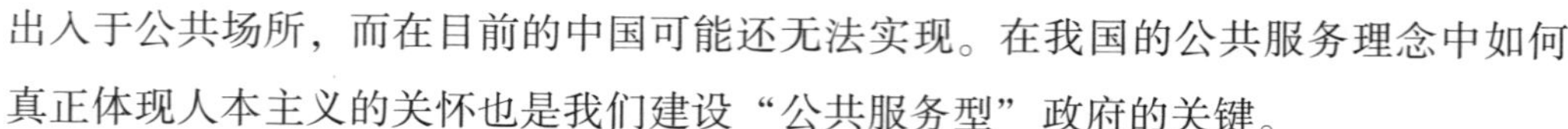

出入于公共场所，而在目前的中国可能还无法实现。在我国的公共服务理念中如何真正体现人本主义的关怀也是我们建设“公共服务型”政府的关键。

（二）公共服务以公民（顾客）为主导的思想

也就是由公民来参与决策的制定，并且让公民和政府共享政策制定的权力，培养公民的责任和风险意识。公民与政府分享公共政策的制定权，是建设自治机制的关键，以此可以提高公民参与治理的能力。并且，让公民参与公共政策的制定，在某种程度上会提高公民的社会责任感和主人意识；提高公民对政策的理解和接受能力；同时，公民参与也重新确立了公民对政府的信任和支持。以公民为主导的公共服务意识与民主的理念是紧密相连的。如果我国政府在提供公共服务的过程中强调公共服务以公民为中心，以“顾客”为主导，这无疑对推动中国的民主建设有着不可忽略的积极而又重要的意义。这一思想在中国地方政府提供的服务中开始得到逐步的重视。但是总体而言，还不是很明确，或者缺乏系统的体制和思想的指导。

（三）公共服务提供的竞争性与私营化

新公共服务的提倡者认为应该在公共服务的提供领域引入竞争机制，如何来实现这一目的，美国在公共服务领域的私营化运动也是值得关注与思考的，通过合同外包，让非营利性的公共组织、私营公司等通过投标与竞标的方式参与公共服务提供的竞争，公民有权利选择公共服务的提供者。与此类似，在我国国内的部分城市、部分领域的公共服务机制也开始逐步引入了竞争机制，且在不同程度上打破了政府对公共服务提供的垄断。当然，这还只是开始，至于哪些领域可以通过合同外包，哪些领域不能用合同外包的方式是值得讨论的，以及如何防范合同外包所带来的公共服务由原来的政府垄断转变为非营利性组织的垄断等问题，也都是值得思考的。

（四）公共服务提供中的责任政府和服务意识

众所周知，新公共管理理论提出政府的角色是掌舵而不是划桨。新公共服务提倡者却认为政府的主要作用是服务而不是掌舵。这一理念显然比新公共管理理论更为激进。新公共服务认为，政府不要试图控制社会发展的方向，而是为社会的发展，提供所必须的公共服务。新公共服务理论认为在纷繁复杂的社会中，政府试图要为社会掌舵的目标比较难以实现。政府应该重新定位自己的角色——服务社会。从某种角度而言，这一观点尚且值得斟酌与思考，但是政府为公民服务的理念是不容置疑的。这也是目前我国政府改革中试图实现的目标之一——建立公共服务型政府。

（五）新公共服务理论所强调的公共服务提供中的责任政府意识也是非常明确和深刻的

在公共服务改革之前，政府雇员或政府行政官员主要是对民选的政治官员负责。行政人员是执行者，政治家是政策制定者。公共服务的提供方式改革之后，行政人员主要是对公民负责。公民是服务的客体，同时公民作为纳税人又是公共服务的购买者，政府与公民的关系实际上是一种“委托—代理关系”，作为公民的“代理人”，自然是要向公民负责。

第五节 治理理论

20 世纪 90 年代以来，治理及善治概念日益成为公共管理的核心概念，治理理论是在西方学术界日渐崛起的显学，而合作网络途径则是其在 90 年代中后期的新进展。

一、治理理论的起源

治理（Governance）一词是相对于传统的统治（Government）而言的，20 世纪 90 年代后，经过西方理论家的使用和阐释，国际组织和西方国家的实践运用，治理成为西方学术界指导公共管理实践的一种新理论。治理理论的提出和兴起有其历史必然性，概而言之，与经济全球化、行政国家的困境以及行政改革的世界潮流是密切相关的。其兴起的条件和诱因有如下几点：（1）世界经济一体化及全球化对公共行政管理的影响。（2）行政国家的扩张造成的治理危机和困境需要新的理论和工具的创新。（3）行政改革的世界潮流也为治理理论的兴起和传播提供了有利的背景和强大的动力。

最早出现于 1989 年世界银行报告中的“治理”概念，在此后十多年中逐渐被发展为一个内涵丰富、适用广泛的理论，并在许多国家的政治、行政、社会管理改革中得到广泛的运用，拥有其理论框架和逻辑体系，形成了一套评估社会发展和管理优劣的价值标准。

治理理论的理论渊源一是以极端自由主义为代表的当代西方哲学和政治思潮。主张消极的自由观和有限政府；二是公共选择学派，用经济学方法分析政治现象，得出了政府失败的结论。它定把经济学家的工具和方法大量应用于集体或市场决策而产生的；三是后现代主义，张扬不确定性、非中心化、小叙事差异和分散等为主要精神的思维方式。

治理理论产生了丰硕的理论成果，有影响的主要学者和作品有：世界银行 1992 年度报告、詹姆斯·N. 罗西瑙的《没有政府的治理——世界政治中的秩序和变革》、R. 罗茨的《新治理·没有政府的统治》、盖伊·B. 彼得斯的《政府未来的治理模式》、E. 费利耶的《行动中的新公共管理》、埃利略·奥斯特罗姆的《公共事务的治理之道》、莱斯特·M. 萨拉蒙的《全球公民社会——非营利部门视界》和《政府工具——新治理指南》、吉尔斯·佩奎特的《通过社会学习的治理》、格里·斯托克的《作为理论的治理：五个论点》、沃尔特·基克的《管理复杂网络：公共部门的行动战略》，国内有影响的学者和作品有毛寿龙的《西方政府的治道变革》和俞可平的《治理与善治》。

二、治理理论的不同观点

对于治理的含义，治理理论的创始人詹姆斯·罗西瑙（Rosenau）认为，“治理是一系列活动领域里的管理机制，它们虽然未得到正式授权，却能有效发挥作用。”治理是一种内涵极为丰富的现象，既包括政府机制，也包含非正式、非政府的机制。

威格里·斯托克（Stroke）概括了治理的五种主要观点：（1）治理意味着一系列来自政府但又不限于政府的社会公共机构和行为者；（2）治理意味着在为社会和经济问题寻求解决方案的过程中存在着界限和责任方面的模糊性；（3）治理明确肯定了在涉及集体行为的各个社会公共机构之间存在着权力依赖；（4）治理意味着参与者最终将形成一个自主的网络；（5）治理意味着办好事情的能力并不仅限于政府的权力，不限于政府的发号施令或运用权威。

罗伯特·罗茨（Rhodes）认为，“治理意味着统治的含义有了变化，意味着一种新的统治过程，意味着有序统治的条件不同于以前，或是以新的方式统治社会。”治理至少有六种不同的定义：（1）作为最小国家的治理。重新界定公共干预的范围和形式，利用市场或准市场的方法来提供公共服务，以削减开支。（2）作为公司治理的治理。这种用法指的是“指导和控制组织的体制”。（3）作为新公共管理的治理。公共部门是“更小的政府”和“更多的治理”，关心竞争、市场以及结果。（4）作为“善治”的治理。治理在行政管理上是指一种有效率的、开放的、负责的并且被审计监督的公共服务体系。（5）作为社会——控制论系统的治理。治理是互动式的社会——政治管理方式的结果。（6）作为自组织网络的管理。治理是建立在信任和互利基础上的社会协调网络。因此，治理既涉及公共部门，也包括私人部门，它是一种持续的互动，而不是一种正式的制度。

俞可平认为，治理“意味着一系列来自政府但又不限于政府的社会公共机构和行为者，政府不是唯一的公共权力中心；治理意味着在为社会和经济问题寻求解决方案的过程中存在着界限和责任方面的模糊性，各种私人部门和公民自愿团体正在承担着越来越多的原来由国家承担的责任；意味着在涉及集体行为的各个社会机构之间存在权力依赖，意味着参与者将形成一个自主的网络；意味着对公共事务的管理在政府权威之外还有其他的技术和方法。”治理是只有被多数人接受才会生效的规则体系。

三、治理理论的研究途径

英文中的 governance 源于拉丁文的 gubenare，有掌舵的、导航的意思，常被用来指称有关指导（guiding）的活动，组织引导（steer）自身的过程。在汉语中，governance 被译成治理，最早出现在市政学中，用来研究如何有效地解决城市和地方上的种种问题。自 20 世纪 90 年代以来，这一概念不再局限于政治学领域，而是被广泛地应用于经济社会领域。

有关治理的研究是近年来社会科学的关注焦点，今天的国际多边、双边机构和学术团体以及民间志愿组织关于发展问题的出版物很难有不以它为常用词汇的。世界银行 1992 年度的报告就以《治理与发展》为标题；经济合作与发展组织 1996 年业以《转变中的治理》为题总结经合国家的治理变革；《国际社会科学》杂志（英文版）1998 年专门刊发了一期探讨治理的文章。在学术研究中，也已出现一些代表人的代表作，如詹姆斯 · N. 罗西瑙的《没有政府的治理——世界政治中的秩序和变革》、R. 罗茨的《新治理：没有政府的统治》、盖伊 · 彼得斯的《治理的未来：四种出现的模式》、吉尔斯 · 佩奎特的《通过社会学习的治理》和沃尔特 · 基克等人的《管理复杂网络：公共部门的行动战略》等。在公共管理领域，治理一词也逐渐获得话语霸权，在很多地方取代了公共行政和政府管理。

然而，由于分析角度和对象的不同，学者们对治理的内涵有着不同的理解，在定义上远未能达成一致的看法。在 R. 罗茨看来，治理可用于指代任何活动的协调方式，至少有六种不同的用法：作为最小国家的治理、作为公司治理的治理、作为新公共管理的治理、作为善治的治理、作为社会控制系统的治理和作为自组织网络的治理，实际上这表明了庞杂的治理理论体系有着不同的研究途径。

（一）政府管理的途径

这一途径将治理等同于政府管理，侧重从政府部门的角度来理解市场化条件下的公共管理改革，主要包括最小国家爱的治理、新公共管理和善治等用法。

新公共管理是对20世纪70年代末80年代初以来西方政府改革运动的总结，被许多学者和政府官员视为政府治理的新模式。随着西方各国由工业化社会向后工业化社会的转变，官僚科层制这一传统行政模式的有效性大打折扣，变得机构林立，创新乏力，难于适应迅速变化、不稳定的社会环境，甚至日益成为社会经济进一步发展的障碍。一场质疑官僚行政有效性、以追求三E为目标的改革运动在西方国家的公共管理部门迅速蔓延开来，大有成为一种国际性潮流的趋势。尽管西方各国政府改革的动因、议程、战略、策略以及改革的范围、规模、力度有所不同，但都具有一个相似的基本取向，那就是以采用商业管理的理论、方法及技术，引入市场竞争机制，提高公共管理水平及公共服务质量为特征的管理主义或新公共管理纲领。

著名的公共管理学家胡德将新公共管理的主要内容概括为：（1）即时的职业化管理。让管理者进行管理并承担起责任。（2）明确的管理目标和绩效评估。（3）强调产出控制。用项目预算和战略管理取代传统的预算管理。（4）实行部门分权，破除部门之间的藩篱，建立网络型组织。（5）引入市场竞争机制。（6）强调运用私营部门的管理风格和方法。不难看出，新公共管理以经纪人为行为假设，以市场化和管理主义为政策取向，强调结果导向和顾客导向，关注公共管理部门的微观经济问题，是新自由主义在国家问题上的表现。

1989年，世界银行用治理危机来概括非洲国家在现代化进程中面临的主要问题。在世界银行看来，治理等同于单个国家的可统治性，指的是为了发展而在一个国家的经济和社会资源的管理中运用权力的方式。非洲国家由于缺乏必须的法律制度和权力规范，无法为处理公共事务提供一个可靠而透明的框架而面临着发展的危机。最近，世界银行又提出善治的口号，合法、效率、负责、透明、开放构成的善治的基本要素，成为规范政治权力的根本要求。

20世纪90年代中后期，国内学者也开始从政府管理的角度关注治理理论。

最早一篇有关治理的文章出现在刘军宁等主编的《公共论丛：市场逻辑与国家概念》中。刘军宁在《Governance：现代治道新概念》中将governance翻译成治道，认为治道是关于治理公共事务的道理、方法和逻辑，是对市场经济条件下国家管理经济职能提出的基本要求，主要涉及运用公共权力的方式，旨在提高发展中国家管理公共事务的效能，驾驭经济发展的能力。撇开翻译上的差异，不难看出，当时国内学者对治理的理解源自世界银行等国际经济组织对善治的用法，治理被等同于明确政府在现代市场经济中的角色，改革公共部门的管理，建立可预知的法律框架，健全责任制度和规范公共权力等。徐勇先生进一步发挥，认为治理不仅设计公共权力的运作，而且设计权力的配置，是统治者或管理者通过公共权力的配置和运作，管理公共事务，以支配、影响和调控社会。

在《西方政府的治道变革》中，毛寿龙先生也将 governance 翻译成治道，认为治道是在市场经济条件下政府如何界定自己的角色，如何运用市场方法管理公共事务的道理。治道变革指的是西方政府如何适应市场经济有效运行的需要来界定自己的角色，进行市场化变革，并把市场制度的基本观念引进公共领域，建设开放而有效的公共领域。大体上，毛寿龙先生采用了治道的新公共管理的用法，强调了企业经营技巧及市场翱翔的激励机制和公共管理中的运用。

（二）公民社会的途径

与将治理等同于政府管理的用法不同，在公民社会途径看来，治理是公民社会的自组织网络，是公民社会部门（或第三部门）在自主追求共同利益的过程中创造的秩序，在公共池塘资源管理、摄取服务与发展、同业协会和跨国性的问题网络中普遍存在。埃利诺·奥斯特罗姆通过对大量案例的分析证实了一群相互依赖的当事人在管理公共池塘资源时的确可以建构自己的网络，把自己组织起来，进行自主治理，从而能够在所有人都面对搭便车、规避责任或其他机会主义行为诱惑的情况下，取得持久的共同利益。

公民社会的自组织网络是一种没有政府的统治，是独立于国家体制之外、有个人组成的多元且自主的领域。在东欧，这一领域被认为是一度被国家剥夺的而现在正力争重新创造的东西：即一个自治的社团网络，它独立于国家之外，在共同关心的事务中将市民联合起来，并通过他们的存在本身或行动，对公共政策产生影响。在西方国家，这一领域具有更宽泛的意义，被视为是由资源追求公共利益的个体、群体和组织组成的公共空间，涉及 NGOS、自愿性社团、协会、社区组织、利益团体和公民自发组织的社会运动等第三部门，即莱斯特·萨拉蒙等人所说的公民社会部门。他们认为，大量的公民社会组织是 20 世纪最伟大的社会创新，自治、自愿、私人、非利润分配是公民社会部门的基本特征。

可见，在这一途径看来，自治的公民社会是共同利益的自愿组合，通过不受国家支配的公民团体和民间组织，社会的各个部分完全可以自我建设、自我协调、自我联系、自我整合和自我满足，从而形成一个制度化的、不需要借助政府及其资源的公共领域；组织成员也完全可以在这一领域中通过公共讨论和公共对话，自主地治理生活领域中的公共事务。这既是保护公民权利、促进社会参与的途径，也是制衡政治权力、防止国家威胁的机制。正如罗伯特·达尔所强调的，相对独立的自治组织或社团有助于防止政府通过等级制对公民实行单项控制，这是实施民主制度的先决条件和必然结果。

自组织的网络主要从公民社会部门的角度来分析治理，将治理看成横向联合的公民参与网络，是一种社会中心论的治理观。但由于它将国家视为一种潜在的威胁，有将国家边缘化的倾向，所以也受到了很多学者的批判。这些学者明确反对将国家和公民社会对立起来的观点，认为在解决集体问题和提供公共产品方面，公民社会和国家可以相互补充，形成良好的合作关系，公民社会的组织利益可以融合进国家的决策结构中。

近来，中国学者俞可平先生也开始从公民社会部门的角度来关注治理理论，认为有民间组织独自行使或它们与政府一道行使的社会管理过程，便不再是统治，而是治理……治理和善治的本质特征是公民社会组织对社会公共事务的独立管理或与政府的合作管理……公民社会的发展必然直接地或间接地影响治理的变迁。不难看出，俞可平先生以公民社会部门为分析中心，不仅将自治的民间组织视为对政府行为强有力的外部制约，而且将民间组织看作沟通政府与公民的重要桥梁，影响政府决策和改革的重要因素。这种发展了的公民社会途径已经接近下面所定义的治理的本质属性了。

（三）合作网络的途径

这一途径则试图在网络管理的框架内整合上述两种研究途径。它认为，20 世纪 90 年代以来，私营部门、第三部门以及各种社会运动出现在管理公共事务的大舞台上，这些非政府部门与政府部门联结起相互依存的合作关系（即网络关系），就共同关心的问题采取着集体行动。因此，治理是政府与社会力量通过面对面的合作方式组成的网状管理系统。一方面，它继承自组织网络的主要观点，将治理看作相互依存状态下的管理，将公民社会部门看做治理的主体，并用它来解释公司部门分享权力、合作治理的新型关系，从而脱离了社会中心论的窠臼，确立了多中心的公共行政体系论。另一方面，它也吸收了政府管理途径的重要观点，承认一个负责、高效、法治的政府对治理的重要意义，认同掌舵而非划桨等新公共管理的思想精华，并认为在网络中，政府与其他主体是平等的关系，需要通过对话、建立伙伴关系和借助其他主体的资源来实现依靠自身无法实现的目标。这就在公共管理中建立了新的工具箱，而不仅仅是市场竞争机制和工商企业的管理方法。

可见，合作网络途径综合考虑了政府层面和非政府有关治理的用法，用它来描绘相互依存时代公共管理的新模式，对当代公共管理的环境变迁及其发展趋势具有很强的解释能力，所以日益得到学者们、官员们、国际组织和其他社会团体的承认，大有成为主导范式的趋势。全球治理委员会也认为：治理是或公或私的个人和继后管理共同事务的诸多方式的总和。它是相互冲突或不同利益得以调和并采取联合行动的持续过程。本书主要从这一角度来理解治理，并展开对治理理论和时间的分析。

我们认为，治理就是对合作网络的管理，又可称为网络管理或网络治理，指的是为了实现与增进公共利益，政府部门和非政府部门（私营部门、第三部门或公民个人）等众多公共行动主体彼此合作，在相互依存的环境中分享公共权力，共同管理公共事务的过程。对政府部门而言，治理就是从统治到掌舵的变化；对非政府部门而言，治理就是从被排斥到主动参与的变化。这是一种以公共利益为目标的社会合作过程——国家在这一过程中起到了关键但不一定是支配性的作用。由于该途径强调，多中心的公共行动者通过制度化的合作机制，可以相互调适目标，共同解决冲突，增进彼此的利益。所以，从这一意义上讲，治理实质上是一种合作管理。

这一概念也表明，治理与统治追求的目标相同，都需要借助公共权力维持社会秩序和处理公共事务，以促进公共利益的最大化，但二者在实现公共利益的过程上又具有明显的区别，表现在：（1）管理的主体不同。统治是政府垄断公共事务管理的活动，而治理是政府、企业、社会团体和个人等公共行动者共同处理公共事务的活动。（2）管理的客体不同。与统治相比，治理的对象更多，范围更广。治理除了要处理公共问题、管理公共资源外（与统治一样），还要解决涉及人群较少的集体事务（如公共池塘资源）。（3）管理的机制不同。统治主要依靠政府的权威，有科层官僚制组织对公共事务进行自上而下、单向度的管理；治理则依靠网络的权威，由公共行动者在互动过程中运动非强制性权力进行协作。统治的机制是控制、治理的机制是信任。（4）管理的手段不同。统治的手段主要是强制性方式，如行政手段和法律手段，甚至是军事手段；治理则开发出了新的管理工具，如合同外包、内部市场、公共哲学、政策社区等。（5）管理的重点不同。统治以满足统治阶级的整体利益为出发点，强调国家的作用，官僚组织的能力；而治理以满足公民的需求为出发点，强调国家和社会、政府与市场、私域与公域的合作。可以预见，随着历史的发展，统治将随着国家的消亡而消亡，而治理将成为自由人的联合体中管理共同事务的社会协调模式。

四、治理理论的特征

（一）多中心的公共行动体系

合作网络途径认为，我们生活在一个相互依赖的环境中，没有哪个机构拥有充足的资源而可以独自解决所有的问题；在解决公共事务时，相互依赖的行政者通过交换管理，共享知识，谈判目标，采取着有效的集体行动。的确，在公共管理领域，并非只有政府一个主体，私营部门、志愿团体、社区互助组织和各种社会运动蓬勃发展，在社会经济领域内积极活动，并依靠自身的资源参与解决公共问题。公共管理已经成为由政府部门、私营部门、第三部门和公民个人等参与者组成的公共行动体系。在这一过程中，各种主体相互依赖，网络治理因此成为公共管理在相互依赖下的表现……是在现存的跨组织关系网络中，针对特定问题协调目标与偏好各异的行动者的策略的活动。正如格里·斯托克所说的：治理指公私机构和自愿社团的相互依存。行动者之间的相互依存关系体现在制度、组织、物质、信息、人力资源和时空环境等多个方面。

（二）反思理性的复杂人

这是合作网络途径的行为假设。它认为，公共行动者在不确定的社会条件下，不可能获得有关公共问题的所有信息，不可能拥有处理信息的完全能力，也不可能绝对理性地进行选择；而且，行为主体有着复杂的动机，既有逐利的一面，也有追求社会效用（包括公共利益）的一面；既有利益分歧，也有共同利益。但是，由于行动者能够通过不断的对话交流信息，能克服有限理性的先天不足；能够通过各种形式的合作，将行动者锁定在厉害相关的网络中，从而减少机会主义行为的动机；能够通过持续的学习，积累经验，改进过去的行为模式，进而提高适应社会的能力；更重要的是，通过这种反思，政府部门与非政府部门学会了约束自己的不合理要求，可以在相互尊重对方利益的基础上采取合作行动实现共同利益。这使得行动者可以通过持续的对话调整各自的行为，追求大家都可以接受的结果。这与建立在完全理性、道德人假设基础上的传统行政科学形成了鲜明的对比。

（三）合作互惠的行政策略

在网络治理中，每个行动者所做的事几乎都会对其他行动者产生影响，所以行动者在考虑个人的行动策略时都会考虑其他行动者的选择。最近的研究表明，在许多重复出现的博弈中，合作策略是最有利的利己战略；经过多次博弈，行动者之间倾向于建立面向长远的互动关系。用博弈论的话说，当博弈各方面协调一致去寻找有利于共同盈利的战略时，就会出现协同性均衡状态了。正如罗伯特·艾克斯罗德所认为的，在机遇互惠以及存在互动的群体中，合作会发生演化，并且一旦建立，就可以防止其他不太合适的战略的侵入。也就是说，为了扩大从集体行动中获利的空间，行动者在不断的互动中会逐渐放弃单独行动策略，转而采取合作策略。相互依赖的公共行动者由于厉害相关，信息共享，更有动机和条件采取合作行动，以创造多赢的博弈的机会。

吉尔斯·佩奎特认为，网络是合意或动机导向型的组织和制度。这表明，合作策略的实现离不开有效的制度安排。制度是一种合意，体现着行动者的共同理解和价值取向，并有要求行动者遵守的压力，能使行动者认同组织目标，进而采取合作行动。而且，在多主体的治理环境下，行动者能否摆脱集体行动的困境而实现合作，不仅取决于行动者和制度环境本身，还取决于双方发生联系的中间媒介——社会资本。社会资本是合作网络运作的深层机制。它塑造了网络成员对外部环境的共同认识，对政策问题的共同看法，有助于解决成员之间的冲突，规范合作伙伴关系，从而使个人理性与集体理性趋向一致。这要求行动者达成互惠的公式，培育相互信任，彼此尊重和具有宽容精神的合作性文化。

（四）共同学习的政策过程

在合作网络途径看来，治理与通知的实质一样，都在于做出有约束力的决策，将行动者的不同偏好转化成分配价值的政策。集体行动的需要通过政策产出来实现公共物品和服务的供给。不过，网络治理中的政策是公共行动者共同学习的产物，而不是中央政府自上而下的安排。这意味着集体行动变成一种自上而下的过程，成为涉及特定政策问题的行动者（包括行政官员和目标群体等在内）的集合，即由参与特定政策领域的相互依存的公共、准公共和个人行动者所组成的政策网络。在政策网络中，各种治理主体通过对话和协商，在各种集体选择的论坛中交流信息，谈判目标，贡献资源，减少分歧，并努力地增进合意，在改善互动关系的同时达成各方都可以接受的政策方案。这就是公共行动者集体学习以产出政策的过程。同时，这也是公共行动者通过政策设计共同管理网络的过程，表现在：一是通过冲突管理、优化行动环境等手段来干预网络的运行，改善网络中的互动关系，这是对网络游戏的共同管理；二是在现代网络无法解决问题的情况下重建网络的制度安排，即共同商讨如何改变网络的游戏规则，如重新分配权力和资源，改变成员的价值观念，对组织之间的关系施加影响等。这种共同学习的过程在培育社会资本，防止社会制度和价值碎片化时发挥着关键性的作用。

五、治理理论的启示

治理理论要想在中国实现其善治的目标，除去其本身理论的不足，同时还要受到我国现有国情的影响。中国传统政治文化根深蒂固，官本位思想严重，全能政府色彩浓重，较少采取合作、互动的方式。同时，中国民间组织对政府的依赖性较强，政治参与意识和能力较弱。但是治理理论提出的“善治”模式，从某种角度讲可以成为中国政府改革的参照。

1. 转变政府职能，树立有限、责任、法治、服务政府的观念。治理理论强调治理主体的多元化，但并不否定政府在公共事务治理中的主导地位和重要作用。

2. 充分发挥党组织和人大、政协的整合、启蒙作用，增强治理能力。党的组织、人大、政协是我国政治体制中的一大特色。首先赋予省级及以下政府更多职权，在省市县对职能相近的党政机关探索合并设立或合署办公，从而破解基层党的机构重合雷同、分工不清、公员过多等问题。其次，人民代表大会是我国的权力机关，我国这种议行合一的结构决定了人大是政府与公民社会之间的一座桥梁，既能整合民意，又能监督政府。最后，政协发挥着政治协商和民主监督的作用，其成员是我国当前公民社会中最有影响力的组成部分，大多数人拥有较高的科学文化水平和参政议政能力，能够了解民情反映民意，有利于政策的科学性和回应性。但现实中人大、政协的作用往往流于形式，因此充分发挥人大、政协的作用，对市民社会的发展和政府与市民社会两者关系的整合将起到巨大的推动作用。

3. 建立政府与公民之间的合作与互动关系，促进公民社会成长。需要政府必须坚持执政为民的理念，以建立民主政府为目标，大力发展和推进政务公开，拓展渠道，使公民更便利更直接地表达自己的意愿，影响政策的制定和执行。其中，重视教育，提高公民的素质也是促进公民参与的一条重要途径。

4. 在加强党的领导的同时，培育和完善独立性强的民间组织。我国的民间组织对政府依赖性太强，要逐步授权给民间组织，使之摆脱政府的主导，充分发挥应有的作用。同时，要用法律对其进行制约，提高自治与自律能力，建立政府与社会的相互协作的互动关系。

善治的出现和发展在当今的发达国家显得很缓慢，往往是几代人才能实现。在这种情况下，我们必须准备好面对长期的、缓慢的、可逆的道路来通向更好绩效的政府。

【思考题】

1. 简述新自由主义的政策主张。
2. 简述新公共管理理论的政策主张。
3. 结合治理理论，谈谈今后中国政府应该如何改革。
4. 结合新公共服务理论，谈谈如何构建服务型政府。

【案例】PPP 模式为老城区带来新活力[①]

北京市通州区碧水污水处理厂是北京城市副中心最大的污水处理厂，位于通州区梨园镇砖厂村北，距北京城市副中心核心区直线距离约 2.2 公里。随着通州区城市化进程不断加快、经济社会飞速发展，其占地大、能耗高、处理能力低的缺点日益凸显，尤其是随着周边社区的不断建设，露天曝气产生的臭气外溢问题使周边居民的投诉日益加剧。

对污水处理厂的升级改造迫在眉睫，按照规划要求和建设“低碳环保的现代化国际新城”总体目标，碧水污水处理厂升级改造工程入选《北京市加快污水处理和再生水利用设施建设三年行动方案（2013—2015 年）》，为北京市政府重点工程、折子工程。2014 年通州区水务局正式启动污水处理厂升级改造工程的各项前期工作。

大运河（北京）水务建设投资管理有限公司（为区国资委下属国有独资企业，对于影响民生的重大事项具有一票否决权）作为政府出资人代表与社会投资人中国水环境集团、原碧水投资人共同组成有政府、国企、民企的北京信通碧水再生水有限公司来负责项目具体运营。大运河水务投资建设有限公司占股 5%，中国水环境集团占股 52%、原碧水投资人（三位自然人股东）占股 43%。

碧水污水处理厂项目采用 ROT（Retrofit-Operate-Transfer）的方式进行投资、建设、运营、维护及移交工作，由社会资本投资建设并运营本项目。特许经营期为 30 年，在特许经营期内投资、建设、运营升级改造后的碧水污水处理厂（不含管网资产），处理政府提供的污水，收取污水处理服务费。特许经营期届满后，项目设施将无偿完好移交给政府方或其指定机构。

【问题】

1. 北京市通州区的碧水污水处理厂在 PPP 模式的运营下，成功焕发新活力，大大改善了其问题。结合材料与所学知识，请你从公共服务供给的角度对比传统模式与 PPP 模式。

2. 如何应对 PPP 模式带来的权力寻租风险？

---

① 清华大学 PPP 研究中心．北京市通州区碧水污水处理厂项目［Z］．北京：中国城镇供水排水协会，2021.

第二十章 中国政府改革理论与实践

变通革弊，与时宜之。——《晋书》

天下之治，有因有革，期于趋时适治而已。——《宋史》

雄关漫道真如铁，而今迈步从头越。——毛泽东《忆秦娥·娄山关》

20 世纪 70 年代末 80 年代初以来，在全球范围内兴起了公共管理或称公共行政改革的浪潮。其波及国家之多，影响范围之广，延续时间之长，作用程度之深，甚至可以和 19 世纪中后期发端并贯穿整个 20 世纪的韦伯式官僚制革命相提并论。中国恰恰是在这样一个历史的节点上，开启了改革开放的进程。行政改革作为中国全方位改革事业的重要组成部分，在实践和理论两个环节都得到了广泛的探讨和着力的推进。

第一节　公共管理改革概述

一、公共管理改革的含义及必然性

（一）公共管理改革的基本含义

公共管理改革是指国家行政机关为适应内外环境的变化，对公共管理的诸方面因素进行的调整和变革。它包括政府权力、政府职能、公共组织、人事制度、领导制度、行政方式和行政运行机制等方面的改革。

公共管理改革是行政主体适应社会政治、经济、文化环境的变迁而进行的自我调整、变革过程。就改革的基本类型看，行政改革有“调适型”“转轨型”和“发展型”改革三种。就改革的基本方式看，有“突变式”和“渐进式”两种。

（二）公共管理改革的必然性

1. 行政改革是适应时代发展和应对全球化挑战的必然要求；

2. 行政改革是促进社会经济发展和加强政府自身管理的需要；

3. 行政改革是适应当代科技发展、实现行政管理科学化和现代化的需要。

二、公共管理改革动力因素

近年来，全球范围的公共管理改革存在若干共同的动力因素，如全球经济竞争、民主化、信息革命和绩效赤字，并已经得到学术界的较多关注；同时，很有必要从公共管理改革的理念、国家的经济—政治—行政结构以及改革的象征性与合法性利益等三个方面对公共管理改革的动力进行补充考察，尤其是要对“新公共管理”改革理念的普遍性和统一性认知进行反思；应当在国际比较的视野和新中国特别是改革开放以来独特的历史进程中去把握当代中国公共管理改革的动力因素，具体说来，可以从中国与世界的内外互动、行政组织与组织环境的内外互动、经济—政治—行政的三元互动、改革理念和改革实践的双向互动以及推动改革的作用强度和影响时效等角度去理解和把握。

国内有学者较为具体地将全球公共行政改革概括为三类：调适型行政改革（以发达工业化国家为代表）、转轨型行政改革（以中国为渐进型转轨的代表，以俄罗斯、前苏联东欧国家为激进型转轨的代表）、发展型行政改革（以第三世界国家为代表），并进而从国际环境（全球化因素）、各国国内环境（公众期望的提高、私营企业革新成就的压力和示范效应、大众传播的普及与监督作用的增长）和政府困境（财政危机、管理危机和信任危机）三方面归纳了全球行政改革的共同动因。

哈佛大学政府创新中心的艾琳·卡马克概括了四个共同的动力因素：全球经济竞争、民主化、信息革命和绩效赤字。由于经济绩效和可靠的政府运转之间的高度相关性，国际经济竞争的压力、吸引国际商业和投资的愿望推动着各国去改革政府，以便创造一个更好的投资和商业环境。对许多发展中国家而言，公共管理改革常常被作为国际或双边援助的一个附加条件；不论是在从种族隔离制度转轨的南非还是在从苏东模式转轨的波兰，民主化的一个重要方面都是政府官僚机构的改革以及分权化的努力；信息革命不但创造着一种共同的、全球性的行政改革语言，而且创造着一种政府改革的需求，提高了公众对公共管理的预期并使得改革缺乏回应性的传统官僚机构显得尤为必要；政府改革运动还受到了对政府绩效赤字的强大公众批判的推动。在卡马克看来，不同种类的国家都在使用明显相似的改革概念和战略，在相当程度上存在着相似的改革努力和可观的全球性效仿。效仿的对象是美国或者在重大的公共行政改革中处于领先地位的英国、新西兰、加拿大和澳大利亚等发达国家。

三、公共管理改革动力的中国经验

1949 年中华人民共和国成立并建立起社会主义性质的国家机器体系以来，新中国的中央和地方政府机构和管理体制陆续经历几十次的调整和改革，其中大规模的行政改革有 8 次。概括而言，新中国的行政改革可以分为两个大的历史阶段：1978 年前为计划经济体制下的以政府机构改革为主的阶段；1978 年后逐步向市场经济体制转轨的过程中机构改革与职能转变并举且日益侧重后者的阶段，并逐步体现出公共管理改革的意蕴和内涵。

第一阶段，政府机构改革基本上在两个怪圈中循环交替，其一是在组织规模上，所谓“精简—膨胀—再精简—再膨胀”。其二是在事权关系上，所谓“一收即死、一放即乱”。从调整的频繁程度和当时政府领导人的言论来看，这一阶段存在着相当强的政府改革动力或需要。为什么会产生较强的政府改革动力？为什么又收效甚微？从已有的大量研究来看，这两个问题的根本答案都要在行政体制之外或之上的经济—政治结构中去寻找。简要论之，20 世纪 50 年代建立起来的中国行政体制的模式，包括中央和地方政府的功能、结构和行为方式，很大程度上是由当时的命令经济或称计划经济体制所决定的，而且和高度集权的政治体制紧密缠绕在一起。命令经济体制和相应的政治体制所无法解决的矛盾和问题积累到一定程度必然激化，而当时改革者的主流认识是将这些矛盾和问题归咎于行政体制的低效、臃肿、重叠、扯皮和浪费，力图通过政府机构的调整和改革来化解这些矛盾和问题。换过来说，当时的经济政治结构也无可避免地限制了行政结构调整的思路和范围。因而，当时环境下的行政改革，既受制于既定的经济—政治结构，又不可能有前瞻性的改革理念，即便短期有效，亦相当有限。60—70 年代政治层面的动荡，湮没了政府机构改革的有限成果，同时又为新时期政府机构改革的有效性留下了想象的空间。

第二阶段，十一届三中全会可谓开创了行政改革的新纪元。1982—2003 年期间 5 年一次、前后相继的 5 次大的行政改革虽然在形式上没有完全跳出“精简—膨胀”的循环，在内容上似乎仍以精简机构和裁减人员为主，但是在方向上和实质上已经发生和正在发生革命性的变化，取得了以转变职能和依法行政初见成效为核心的若干基本成果。这一阶段的中国行政改革不仅在时间上和 70 年代末 80 年代初兴起的全球公共管理改革基本同步，而且在内容上也有诸多的共通之处。比如说：精简机构，缩小政府规模；放松规制改革；人事制度改革；权力下放和分散化等。和其他转轨型国家和发展中国家比较而言，改革内容上的共通或相似之处则更为明显。有中国特色的改革内容当然也很多。

有学者对 1978—1998 年这 20 年期间中国行政改革进行概述时认为，其主要包括党政分开、政企分开、改革政府机构、建立公务员制度、必须依法行政等内容，逐一考察就不难发现，除改革政府机构一项外，其他几方面的问题对其他国家主要是当代西方发达国家而言，要么根本不存在，要么早已得到了较好的解决。

考察和反思改革开放以来 20 多年中国公共管理改革的动力，有几个基本的角度：

第一，从中国与世界的内外互动来看。

中国公共管理改革的内部动力，可用一句话来概括：危机催化改革，发展拉动改革。展开说来，有若干要素：（1）综合危机。这是触发改革的最直接因素。计划经济体制的低效特别是“文革”后期处于崩溃边缘的国民经济，若干历史阶段政治上的不稳定、社会的动荡和思想意识形态的危机，集中到一点，体现为政府治理的有效性和合法性危机。应对危机，一般有两种选择一是强化原有体制，二是全方位综合配套改革。有远见卓识的政治家会明智地选择后者。正如邓小平所说，不改革就没有出路，就是死路一条；（2）经济发展。改革为发展创造条件，经济发展进一步引发新的公共管理改革诉求。经济愈发展，就愈益会感到原有政府体制的束缚和进一步变革的迫切需要；（3）利益多元。经济发展、政治改革、社会转型的进程，同时也是利益分化和多元利益格局形成的过程。在改革前受损和在改革中受益的人们和利益群体，日益成为进一步推动改革的中坚力量；（4）文化革新。思想解放运动的持续深入和文化领域百花齐放的多元格局，为公共管理改革提供了精神动力、智力支持和较宽松的环境；（5）技术变革。主要是信息技术革命和互联网的迅速普及，既为公共管理的高效率和民主化创造了新的技术条件，更是为其提供了新的强大的环境压力。

中国公共管理改革的外部动力，同样可以用一句话来概括：开放强化危机感，开放推动改革。展开说来，也有若干要素：（1）经济全球化。中国的改革开放，是一个重新打开国门、积极主动融入全球化特别是经济全球化的过程。加入 WTO 国内经济学界和实业界喜忧参半，行政学界却是一片叫好之声。普遍认为，加入 WTQ 表面上的压力在于产业和企业，而实质上最大的挑战是体制转轨和政府改革。政府改革是适应经济全球化的关键，这无疑将为中国政府改革提供了强大的压力和持续的动力；（2）政治意识形态的比较。睁眼看世界，资本主义焕发第二春，社会主义特别是有中国特色的社会主义相对于资本主义的优越性如何体现？关键在于通过改革开放，不断解放和发展生产力，不断提高综合国力，不断提高人民的生活水平。公共管理改革既是全方位改革的结合部，又具有较少意识形态的色彩，因而成为改革的理想突破口；（3）世界公共管理改革的潮流。20世纪80年代以来的全球治道变革强调廉价优质更少的成本、更好的服务、掌舵而非划桨、公共服务市场化和社会化，为中国公共管理改革提供了很好的参照和借鉴。

第二，从行政组织与组织环境的内外互动来看。

根据改革的动力产生于行政组织的内部或外部，也可以将其区分为外部动力和内部动力。从这一视角出发，有学者认为外部动力包括政治、经济、意识形态、社会、人口和文化等多种动力因素，内部动力包括新观念和新意识的出现、新技术的产生、利益需求等，并认为行政改革的内部动力通常是有限的，且易受侵蚀，因而改革的动力主要表现为外部动力。认为改革的动力主要来自于行政组织体系的外部，行政组织体系内部改革动力不足甚至阻力很大，这在学术界是一种普遍的看法。建设社会主义物质文明、精神文明和政治文明的迫切需要，市场经济、民主政治、公民社会和文化观念等现代社会的各个领域的迅速发展，日益成为行政组织体系参与和推动公共管理改革的强大外部动力。为什么行政组织体系内部改革动力不足而阻力很大？原因在于行政组织体系或者称各级国家行政机关存在着既独立于社会又独立于国家整体利益的特殊利益。着眼于对中国公共管理改革历史进程的建设性批评，必须进一步反思：为什么改革的外部动力难以直接和迅速地转化为推动改革大踏步前进的直接动力？为什么改革的内部动力难以激活、阻力难以克服而致使“相对于经济市场化改革而言，政府职能的转变还仅仅是初步的，甚至在主要方面是滞后的？”原因在于中国公共管理改革的一个特殊“悖论”：改革主体与改革客体的高度同一。行政组织体系或称国家行政机关既是改革的对象，又同时是改革的主体，在改革进程中直接扮演了制度设计者、资源调动者、改革推动者和利益协调者的多重角色。虽然存在着不同系统、不同层级、不同部门和不同地区之间的多元博弈，但改革的酝酿、设计、制定、执行、监督和评估等全过程都大体上在行政组织体系内部进行，是一场通常所说的自我革命。

在改革的主体和客体高度同一、改革的外部动力难以直接转化的情况下，如何激活改革的内部动力、消解改革的内部阻力，就成为一个即便难以很好地解决也必须努力去解决的迫切问题。更进一步来考察行政组织体系内部的改革动力，可以概括为两个因素：（1）组织利益。主要包括公共行政组织自身生存、壮大和发展的自觉需要，以及公共行政组织中的部分成员实现个人升迁和经济利益的自觉需要；（2）组织文化。主要包括公共行政组织实现组织目标和公共利益的需要，以及公共行政组织中的部分成员甚至多数成员实现个人抱负和使命感、获得成就感和荣誉的需要。由于改革不可避免地会使行政组织体系的诸多既得利益受损，因此一方面有必要因势利导使行政组织体系及其成员逐渐在改革的历史潮流中找到组织利益和个人利益的新的定位，另一个更重要的方面就是要在培育和激发新的和公共管理改革大潮相吻合的组织文化上做大文章。由此，我们也许可以更好地理解和体会近年来国家政治决策层在公共管理领域的重大改革举措和“三个代表”“执政能力建设”“科学发展观”“党员先进性教育”“社会主义荣辱观”等方面的思想教育并举的良苦用心。

第三，从经济—政治—行政的三元互动来看。

与当代西方国家公共管理改革在稳定的、成熟的市场经济基础上展开不同的是，当代中国的公共管理改革从一开始就是和经济基础的变迁紧密联系在一起的，是适应经济改革的急切需要而提上政治日程的。回顾26年来的全方位改革历程，从根本上说，经济体制改革的实质是市场化，政治体制改革的实质是民主化，政治体制改革滞后于经济体制改革，而诚如邓小平同志所深刻指出的：“现在经济体制改革每前进一步，都深深感到政治体制改革的必要性”。行政体制改革作为政治体制改革的一个组成部分，作为经济体制改革和政治体制改革的结合部，承载着经济市场化和政治民主化的双重任务，在经济和政治的双轮驱动下前行，而在政治体制改革滞后、改革进入深水区的情况下，更是有着适应经济体制改革需要和带动政治体制改革发展的双重价值，成为全方位改革新的突破口和优先选择。有学者指出：“当行政体制改革的诉求被提出后，它就同时承担起变革生产关系和上层建筑的双重任务：一方面通过调整生产关系，克服旧体制下形成的某些束缚生产力发展的障碍，促进新的生产关系的建立；另一方面通过改革上层建筑领域中的某些弊端，巩固新的经济基础。”从国家的基本政治结构来看，作为传统的高度集权的单一制国家，中国的中央政府具有自上而下推动大规模公共管理改革的权威和优势，但也相应具有地方积极性难以发挥、改革的灵活性欠缺和回旋余地狭窄等不利的方面。改草开放以来，在中央与地方关系上，在中央力图保持政令统一和动态均衡的基础上，分权成为主基调，地方自主权力呈扩大趋势，地方竞争态势日趋激烈。这对公共管理改革产生了复杂的影响，但目前来看，以积极的影响为主。相当一部分重大改革举措都是沿着“地方自发试验—中央择地试点—政策推广—制定全国性政策和法律法规”的模式出台和运作的，地方的改革积极性功莫大焉。

第四，从改革理念和改革实践的双向互动来看。

理念和实践是相互塑造互为支撑的，但又往往是不同步的。中国的改革开放是在理论准备不足的情况下起步的，表现出显著的实践先行的特点，走的是一条“摸着石头过河”的渐进式道路。但改革的实践进程，同时也是改革理念的萌发、生长、成形、体系化和不断完善的过程，从一开始就伴随着激烈的思想交锋和理论争鸣。改革是从经济体制改革开始起步的，而改革理论的每一次重大突破，也首先集中地表现为经济理论的重大突破，进而对政治体制改革和行政体制改革的理论和实践产生决定性的影响。改革的争议曾一度聚焦于社会主义的本质问题，而 1992 年邓小平的南巡讲话和党的十四大为市场化改革正名，建立社会主义市场经济体制成为了国家目标和社会共识。市场化改革的大框架一定，公共管理改革就有了清晰的方向，就抓住了转变政府职能这一个改革的牛鼻子，政企分开、精简机构、下放权力、转变职能、依法行政、与 WTO 规则接轨、行政审批制度改革、建设服务型政府等内容也就成为了近年来学术界讨论的理论热点和多次行政改革的中心内容。特别值得一提的是，近年来党中央提出的科学发展观和和谐社会理论，既为中国新时期的公共管理改革指明了方向，同时也对更为系统、更适合中国国情、更能有效指导实践的公共管理改革理论提出了要求。当前，与贯彻科学发展观和建设和谐社会很不协调的是我国政府社会管理和公共服务职能的薄弱，国家最高决策层对此问题及其宏观的解决思路已有清楚的表述，而具体如何深化、展开和落实，成为一个广受关注、亟待解决的重大课题，国内学术界也已出现了相关的研究成果。

第五，从推动改革的作用强度和持久影响来看。

从表层看，从短期看，政府财政压力、机构膨胀压力、与国际接轨和入世压力、突发性公共危机等方面因素，直接对国家政治决策层提出了紧迫的公共管理改革任务。近年来，面对公众关于政府膨胀（支出增长与人员扩张）和低效率的日益增长的批评，降低支出水平、调整支出结构、降低行政成本、压缩政府规模自然成为在西方发达国家公共管理改革的首选内容。对中国而言，政府直接考虑的往往是财政的汲取能力及其在不同层级政府之间的分配，但畸高不下的行政成本（财政支出的水平和结构是行政成本的主要指标）更是公共管理改革亟待解决的紧要问题。与国际接轨和入世对公共管理改革的推动也是非常直接的。从实质上说，WTO 是由一整套主要旨在规范政府行为的规则体系组成的，加入 WTO 后，政府行为就必须受到相关规则的约束，这对中国政府而言，无疑是直接而紧迫的改革压力，更是进一步转变政府职能、推动公共管理改革深入进行的历史契机。中国加入 WTO 以来各个方面特别是在政府职能转变方面的显著进展，为此做了最好的说明。接连发生的大规模公共危机事件，从 2003 年的非典到 2005 年的松花江苯污染事件，以及接连不断的矿难事故，所引发的社会关注、官员问责、政府反思和重大改革举措，无疑超越了单纯的危机管理体制改革和安全生产管理体制改革的范围。

从深层看，从长期看，经济增长、社会转型和政治发展所引发、培育和壮大的政治改革诉求，对国家政治决策层提出了长远而又全方位的公共管理改革任务，成为推动中国公共管理改革的最强大而又最深刻的原动力。因为，“随着经济基础的变更，全部庞大的上层建筑也或慢或快地发生变革”。

四、公共组织改革的困境

尽管20世纪80年代以来的全球性行政改革并没有使公共行政走出困境，但是，它的积极意义是应当得到肯定的。无论是西方国家的“政府再造”运动还是中国的行政改革，都取得了积极的进步，特别是进入21世纪，在危机事件频繁发生的情况下，如果不是经历了1/4世纪的行政改革的话，是很难设想政府具有处理这些事件的能力。另外，近些年来非政府组织迅速成长，并且已经成为一支重要的社会治理力量，政府之所以能够与非政府组织共存共在，并能够与之建立起一种相对和谐的关系，也应归功于行政改革，是改革开辟了政府与非政府组织之间建立和谐关系的空间。如果不是经历了这样一场行政改革运动，当非政府组织迅速成长起来的时候，必然会扮演起反对派的角色，即处于与政府对立对抗而不是合作的位置上。在20世纪80年代以前的那种政治结构中，非政府组织一经出现，就会以党派的面目开展活动，今天，非政府组织之所以没有那样，只能从行政改革所促成的新的政治生态来加以解读。正是在这两个方面，我们给予这场持续至今的全球性的行政改革以积极的肯定。但是，如上所说，行政改革并没有使公共行政真正走出困境，在许多方面，公共行政所面对的问题还需要通过进一步的改革来加以解决。

（一）公共利益问题的解决更加棘手

公共行政面对着如何处理公共利益的问题，而且这个公共利益已经不是一国内部的公共利益，而是包含着全球公共利益的内容了。现实表明，全球化已经使世界各国形成了一个相互依存的命运共同体，每一个国家都受其他国家行为的影响，参与选择的结果都部分地取决于其他参与者所做的选择，收益也部分地取决于其他成员的行为。因此，公共行政已经不再是一国的行政，而是全球性的行政了，政府在行政价值取向上无法单纯根据本国的需要和条件来设定发展目标而置其他国家利益或全球公共利益于不顾，而必须更多地从全球的角度来选择本国可能的发展目标，导致政府在促进本国人民利益与促进全球社会利益两种规范性要求之间往往顾此失彼。

（二）公共行政在公平与效率之间的选择变得更加困难

在传统行政环境之下，各国政府相安于相对封闭的国内环境，价值选择上主要考虑是否有利于本国人民的利益，是否有利于本国的经济与社会发展。政策选择时，政府主要是在本国经济增长与政治稳定之间寻求适当的平衡，把握好效率与公平的尺度，因此政府的价值选择较为简单，较容易在不同的价值取向之间取得平衡。而在新的环境中，市场所衍生的价值理念随着经济全球化的进程在全球范围扩散，国家间的竞争也愈来愈激烈，把利润放在价值取向的首位和用消费体现存在价值的消费主义已经遍布全球各地，经济全球化对市场作用的推崇及市场天生对有钱人的偏爱，使资源配置效率日益受到重视，政府行为的决定因素也渐渐偏向效率一边。特别是当政府在政策上向跨国公司倾斜，沦为可自由流动的企业及较富有市民的代言人而忽略了弱者的利益，忽略了捍卫社会公平的责任的时候，政府存在的合法性就会受到质疑。

（三）公共行政的合法性受到质疑

随着社会的发展，现代性因素作为积极的力量瓦解着传统的公共行政合法性来源和基础。传统的公共行政是在民主的架构中获得合法性基础的，特别是在政治与行政二分原则确立之后，政府是作为执行部门而得到社会认同的。作为行政体系，它可以自上而下地行使政治部门赋予它的权力。但是，由于20世纪后期以来政府在行政改革中出现的新变化，使它的政治职能和政治角色迅速加强，同时，转型社会中影响政治社会化的因素呈现出多元色彩，公众逐渐获得了对政治自由论证的意识和能力，开始用理性的目光评价政治现实。许多发展中国家的政治权威不能顺应这种来源方向上的变革而调整自己的统治方式，埋下了合法性危机的隐患。而且，公共行政所处的政治生态恰恰是“人民已习惯于根据公民的经常性利益来评价政治”①。因此，政府“对社会需求的满足程度已经成为能否赢得政治忠诚和支持的重要因素”②。事实上，全球化时代，急速扩展的社会对公共服务的需求，使政府面对越来越繁重的社会责任时显得力不从心。由于政府本身存在着垄断性、自利性和面对环境的不确定性与信息的不完全性等约束条件，也无法通过“有形的手”将资源的配置达到最优，反而带来更严重的“政府失灵”问题。再加上全球化过程中出现的跨国性行为主体如国际或区域性组织、跨国公司和全球金融机构不仅在国际生活中做出越来越多的决定，而且越来越多地影响到一部分原先属于政府管辖的事务。这迫使政府不得不放弃越来越多的公共领域。政府直接控制的事情越来越少，这必

---

① 山口定．政治体制［M］．韩铁英译．北京：经济日报出版社，1991，216.

② 阿尔蒙德．比较政治学：体系—过程和政策［M］．曹沛林，等译．上海：上海译文出版社，1987，180.

然动摇以对权力信奉为基础的传统公共行政合法性的根基。

（四）腐败问题使政府丧失了公众的信任

公共权力是社会有序运行的必要保证，但权力作为一种可支配的资源使“一切有权力的人都容易滥用权力”。在发展中国家的社会转型中，经济体制、政治体制、价值观念等方面发生着深刻的变化，当旧的体制逐渐失去约束力而新的体制尚未形成时，制度短缺造成了权力约束的真空。从经验上看，这种约束的弱化使腐败呈迅速广泛蔓延的态势。腐败使利益越来越集中在政府官员和他们的商业伙伴身上。政府公共性、公平性大大受损。最为重要的是，一方面，全球化使资金的流动和海外洗钱变得非常容易；另一方面，全球化带来了更多的不确定性，在民主体制下，即使是一国的首脑，也会因为对自己的前途有着不确定感而贪腐，并把贪污腐败所得汇入海外账户。更不用说一般的政府工作人员了，只要他们有权力、有机会，就会在聚敛钱财方面表现出一种无尽的贪婪。这使公众对政府的信任不复存在，而传统的行之有效的权力制约和监督机制在这里又无能为力。

（五）行政人员不当个人追求得不到有效抑制

在行政人员的不当个人追求中，除了贪腐之外，更多的是一些可以以冠冕堂皇的形式出现的服务于个人利益的政绩。本来，官僚制倾向于造就所谓“权力攀登者”，行政人员作为“权力攀登者”开展公务活动无非是为了自己的提升和待遇的提高。在社会处于常态发展的时期，这些权力攀登者的个人目标往往可以通过相对平衡的权力制约机制得到有效的抑制，而在当前这一社会转型和变动时期，公众对政府服务功能的需要越来越强烈，但是政府内部的个人却把大量的精力和时间耗费在寻求个人的发展上，而不是寻求快速完成指定的任务，这就导致整体组织效率的降低。应该说，官僚制的原初设计是高效的，但是随着社会的发展，技术的进步，政府低效与具有弹性管理制度的私人部门的高效形成了鲜明对比。在中国，“权力攀登者”往往以劫持政府的方式大搞“形象工程”“政绩工程”以求通过这些所谓政绩而捞取提升的资本。近些年来，一种旨在提高政府回应性的“新公共服务理论”受到了重视，人们希望根据这种理论来对政府加以改革，以求在解决上述问题方面能够有所进展。所以，政府以及公众的注意力都更多地被引向了对公众服务问题的关注。应当说，提高政府公共服务的水平和质量是一个有益的举措，事实上，这些年来在公众服务的问题上也取得了巨大进展。但是，这些进展又是以牺牲 1980 年代以来部门改革成果为代价的。从 1979 年撒切尔夫人的改革开始，近 1/4 世纪中的行政改革一直是以精简机构为主题的，而在新公共服务理论把人们导向对公众服务关注的同时，却让人们忘却了精简机构的意义。因而，政府规模进入了又一轮迅速膨胀的高潮。由于在公共服务的问题上，政府总存在着回应性不足、公共服务供给不充分的问题，政府在公众关于公共服务的要求中感到的压力越来越重，不得不通过行政成本的增加去缓解公众关于公共服务的要求。短期看来，公共服务的改善是积极的，但如此进行下去，要不了多久，政府行政成本的增长就会成为社会无法承受的负担了。从理论上分析，新公共服务理论与新公共管理理论一样，都是在既有的公共行政框架不变的条件下所进行的技术性变革，技术性的调整必然是有局限的，并不能从根本上解决公共行政当前所面对的问题。所以，新公共服务理论依然不是公共行政走出当前困境的正确途径。如果希望公共行政走出当前的困境，就必须谋求政府模式的根本性变革，而中国的服务型政府建设，就是这一变革的积极探索。

第二节　党和国家机构改革与国家治理现代化[①]

一、党的十八大之前六次改革的简要回顾[②]

党的十八大之前，我国于 1982 年、1988 年、1993 年、1998 年、2003 年、2008 年共进行了六次机构改革。

（一）第一次机构改革

1982 年，第一次机构改革对各级政府部门的组织架构做出了明确规定，包括人员数量、年龄要求以及文化结构等方面。在职位设置方面，优化并减少副职数量，提升了干部的整体素质水平，实现了干部队伍的年轻化。此次机构改革还强调要提高政府运作的效率，并通过精简机构来达到这一目标。具体而言，国务院各部门的数量从过去的 100 个精简至 61 个，人员编制也从之前的 5.1 万人减少至 3 万人。

（二）第二次机构改革

1988 年，第二次机构改革首次阐明了“转变政府职能是机构改革的关键”。经

① 陈振明．党和国家机构改革与国家治理现代化——机构改革的演化、动因与效果［J］．行政论坛，2023，30（05）：57-65.

② 陈振明．党和国家机构改革与国家治理现代化——机构改革的演化、动因与效果［J］．行政论坛，2023，30（05）：57-65.

过改革，国务院部委数量从45个减少至41个，同时直属机构由22个减少至19个，此外，非常设机构数量也从75个减少至44个。在国务院的66个部、委、局中，有32个部门合计削减了超过1.5万名人员编制，而另有30个部门共计增加了5 300人（总体减少人员数量超过了9 700人）。

（三）第三次机构改革

1993年，第三次机构改革的重点是转变政府职能，首次明确提出了政府机构改革的目标是适应建设社会主义市场经济体制的需要。改革实施之后，国务院组成部门为41个，加上18个直属机构和办事机构，数量从原来的86个精简到了59个，这一变化带来了约20%的人员减少。国务院不再设置部委归口管理的国家局，此外，国务院直属的事业单位也进行了调整，总数减少至8个。

（四）第四次机构改革

1998年，第四次机构改革提出的首要目标在于：建立办事高效、运转协调、行为规范的政府行政管理体系。在改革落地后，国务院不再保留原有的15个部委，而是新组建了4个部委，并对3个部委进行了更名。经过改革，除了国务院办公厅以外，国务院的组成部门数量从原有的40个减少到29个，与此同时，在全国各级党政机构中，共有115万名行政编制得到精简。

（五）第五次机构改革

2003年，第五次机构改革发生在我国加入世界贸易组织的大背景下，改革的目标在于进一步推进政府职能的转变。在机构设置方面，设立了国资委和银监会，并组建了商务部、国家食品药品监督管理局和安监总局，同时，对国家发展计划委员会进行改组，成立了国家发展和改革委员会。改革生效后，国务院的部门构成，除了办公厅以外，总计由28个部门组成。

（六）第六次机构改革

2008年，第六次机构改革聚焦政府职能转变及部门职责关系优化，在探索实行大部门体制方面迈出了重要一步。具体而言，此次改革着力于在合理范围内配置宏观调控部门的职能、加强能源管理机构的作用。经过改革，国务院重新组建工业和信息化部、交通运输部、人力资源社会保障部、环境保护部以及住房和城乡建设部。这次改革对15个机构做了调整和变动，其中，正部级机构减少了4个，除了国务院办公厅以外，国务院组成部门为27个。

二、党的十八大之后两次机构改革的重要内容[①]

（一）第七次机构改革

2013 年，第七次机构改革的核心是稳步推进大部门制改革。党的十八大报告再次明确提出："稳步推进大部门制改革，健全部门职责体系。"[②] 具体而言，这次机构改革的重点就是围绕政府的职能转变和职责整合，积极稳妥地推进大部门制改革。此次改革，按照大部门制改革的基本思路，对相关部门进行了整合与重组，其措施包括实行铁路政企分离、整合加强卫生和计划生育、食品药品、新闻出版和广播电影电视、海洋以及能源管理机构等。具体在于：组建了国家卫生和计划生育委员会、国家食品药品监督管理总局和国家新闻出版广电总局，重组了国家海洋局和国家能源局等。在改革生效后，国务院的正部级机构数量减少了 4 个，其中，组成部门减少了 2 个，而副部级机构的增减数量相互抵消，总数量保持不变。此次改革后，除了国务院办公厅以外，国务院设置由 25 个部门组成。

2012 年 11 月，党的十八大召开，标志着我国第七次政府改革与治理的开始。2013 年 2 月，党的十八届二中全会讨论通过《国务院机构改革和职能转变方案》（以下简称《方案》）；3 月 14 日，第十二届全国人民代表大会第一次会议审议并批准了《方案》。2013 年 3 月，国务院正式颁布了《方案》，这意味着我国第七轮机构改革正式启动。2013 年 11 月，党的十八届三中全会通过的《中共中央关于全面深化改革若干重大问题的决定》（以下简称党的十八届三中全会《决定》），勾画了我国政府改革与治理蓝图。2014 年 10 月，党的十八届四中全会通过的《中共中央关于全面推进依法治国若干重大问题的决定》（以下简称党的十八届四中全会《决定》），明确了全面依法治国的指导思想；2015 年 2 月，中共中央、国务院印发了《法治政府建设实施纲要（2015—2020 年）》。党的十八大报告与党的十八届三中全会《决定》对深化政府机构改革提出了指导性意见。改革的主要内容包括：一是优化政府机构设置、职能配置、工作流程，完善决策权、执行权、监督权既相互协调又相互制约的行政运行机制；二是创新行政管理方式，提高政府公信力和执行力，严格绩效管理，突出责任落实，确保权责一致；三是统筹党政群机构改革，理

---

① 陈振明．党和国家机构改革与国家治理现代化——机构改革的演化、动因与效果［J］．行政论坛，2023，30（5）：57-65.

② 胡锦涛．坚定不移沿着中国特色社会主义道路前进　为全面建成小康社会而奋斗——在中国共产党第十八次全国代表大会上的报告（2012 年 11 月 8 日）［N］．人民日报，2012-11-18（01）.

顺部门职责关系，积极稳妥实施大部门制，健全部门职责体系；四是优化行政区划设置，有条件的地方探索推进省直接管理县（市）体制改革，深化乡镇行政体制改革；五是严格控制机构编制，严格按规定职数配备领导干部，减少机构数量和领导职数，严格控制财政供养人员总量，推进机构编制管理科学化、规范化、法制化；六是推进事业单位分类改革，加大政府购买公共服务力度，推动公办事业单位与主管部门理顺关系和去行政化，创造条件，逐步取消学校、科研院所、医院等单位的行政级别。

大部门制改革是党中央做出的深化行政管理体制改革的重要战略部署。2007年，党的十七大报告提出："加大机构整合力度，探索实行职能有机统一的大部门体制，健全部门间协调配合机制。"① 2012年，党的十八大报告继续提出："稳步推进大部门制改革，健全部门职责体系。"② 2013年，党的十八届二中全会讨论通过的《方案》提出，要"按照建立中国特色社会主义行政体制目标的要求，以职能转变为核心，继续简政放权、推进机构改革、完善制度机制、提高行政效能""重点围绕转变职能和理顺职责关系，稳步推进大部门制改革"③。

大部门制改革的核心就是促进政府职能转变，它是指政府各级部门在机构设置上，加大横向覆盖的范围，整合职能和管辖范围相近、业务性质类似的政府部门，在此基础上组建一个更大部门的管理体制，其管辖范围较宽，侧重横向宏观管理，制定战略规划和重大政策。

从党的十八大前第六次机构改革提出探索实行大部门制改革到党的十八大后第七次机构改革提出稳步推进大部门制，我国从中央到地方积极稳妥、循序渐进地探索实行大部门制改革，在实践中形成了多种模式，加快推动了政府职能转变，大力提升了行政效能。例如，以"党政机构联动"为特征的顺德模式；以"行政三分"为特征的深圳模式以及广东全省的大部门制改革（如汕头市濠江区）；以"城乡统筹管理"为特征的成都模式；以"合并同类项"为特征的随州模式；建立"专委会"制度的富阳模式，等等。

---

① 胡锦涛．高举中国特色社会主义伟大旗帜 为夺取全面建设小康社会新胜利而奋斗——在中国共产党第十七次全国代表大会上的报告［J］．求是，2007，(21)：3—22.

② 胡锦涛．坚定不移沿着中国特色社会主义道路前进 为全面建成小康社会而奋斗——在中国共产党第十八次全国代表大会上的报告（2012年11月8日）［N］．人民日报，2012-11-18（01）．

③ 国务院机构改革和职能转变方案［N］．人民日报，2013-03-15（05）．

（二）第八次机构改革①

2018年，第八次机构改革的核心在于加强重点领域和关键环节的机构职能优化和调整，并着眼于政府职能的转变，坚决消除制约因素，使市场在资源配置中发挥决定性作用，更好地发挥政府的作用。在此体制机制的改进下，围绕促进高质量发展和构建现代化经济体系，强化和完善政府在经济调节、市场监管、社会管理、公共服务和生态环境保护等方面的角色和功能。重点关注推进关键领域和关键环节的机构职能优化和调整，以建立明确职责、依法行政的政府治理架构，增强政府的执行能力，塑造服务型政府，满足人民的需求。此次机构改革，新组建了自然资源部、生态环境部、应急管理部、退役军人事务部和国家国际发展合作署。至此，国务院的部门设置除了办公厅以外，总计达到26个。

2017年，党的十九大报告指出："深化机构和行政体制改革。统筹考虑各类机构设置，科学配置党政部门及内设机构权力、明确职责。统筹使用各类编制资源，形成科学合理的管理体制，完善国家机构组织法。转变政府职能，深化简政放权，创新监管方式，增强政府公信力和执行力，建设人民满意的服务型政府。赋予省级及以下政府更多自主权。在省市县对职能相近的党政机关探索合并设立或合署办公。深化事业单位改革，强化公益属性，推进政事分开、事企分开、管办分离。"②

从2018年党的十九届三中全会《中共中央关于深化党和国家机构改革的决定》（以下简称党的十九届三中全会《决定》）和中共中央印发的《深化党和国家机构改革方案》来看，第八次机构改革与此前历次机构改革只侧重行政体制改革有所不同，其强调立足经济社会发展全局，统筹推进党政军群机构改革，并且突出党的核心领导地位。党的十九届三中全会《决定》指出："加强党对各领域各方面工作领导，是深化党和国家机构改革的首要任务。要优化党的组织机构，确保党的领导全覆盖，确保党的领导更加坚强有力。"③

概括而言，第八次机构改革取得的主要成就在于以下两个方面：

其一，优化机构设置和职能配置，明确深化改革的四项基本任务，为推进国家治理现代化奠定了基础。2018年，党的十九届三中全会《决定》对第八次党和国家

---

① 陈振明．党和国家机构改革与国家治理现代化——机构改革的演化、动因与效果［J］．行政论坛，2023，30（5）：57—65.

② 习近平．决胜全面建成小康社会　夺取新时代中国特色社会主义伟大胜利——在中国共产党第十九次全国代表大会上的报告（2017年10月18日）［N］．人民日报，2017-10-28（01）．

③ 中共中央关于深化党和国家机构改革的决定［J］．实践（思想理论版），2018，(4)：10—15.

机构改革做出了重大部署并明确提出，要“完善坚持党的全面领导的制度”“优化政府机构设置和职能配置”“统筹党政军群机构改革”“合理设置地方机构”“推进机构编制法定化”① 等。同时，在合理配置宏观管理部门职能方面，明确提出要通过“深入推进简政放权”“完善市场监管和执法体制”“改革自然资源和生态环境管理体制”“完善公共服务管理体制”“强化事中事后监管”“提高政府效能”②等，促进建设人民满意的服务型政府。2019 年，党的十九届四中全会通过的《中共中央关于坚持和完善中国特色社会主义制度推进国家治理体系和治理能力现代化若干重大问题的决定》（以下简称党的十九届四中全会《决定》）指出：“国家行政管理承担着按照党和国家决策部署推动经济社会发展、管理社会事务、服务人民群众的重大职责。”③ 同时，提出了“坚持和完善中国特色社会主义行政体制”“建设人民满意的服务型政府”的改革目标，并明确了深化改革的四项基本任务，即“完善国家行政体制”“优化政府职责体系”“优化政府组织结构”“健全充分发挥中央和地方两个积极性体制机制”④。

其二，加强重点领域和关键环节的机构职能优化和调整，为大力推进“放管服”改革和持续优化营商环境，助力实现政府治理现代化和国家治理现代化奠定了基础。党的十九届四中全会《决定》在“优化政府职责体系”这项任务中指出：“完善政府经济调节、市场监管、社会管理、公共服务、生态环境保护等职能，实行政府权责清单制度，厘清政府和市场、政府和社会关系。深入推进简政放权、放管结合、优化服务，深化行政审批制度改革，改善营商环境，激发各类市场主体活力。”⑤

---

① 中共中央关于深化党和国家机构改革的决定［J］．实践（思想理论版），2018,(4):10—15.

② 中共中央关于深化党和国家机构改革的决定［J］．实践（思想理论版），2018,(4):10—15.

③ 中共中央关于坚持和完善中国特色社会主义制度　推进国家治理体系和治理能力现代化若干重大问题的决定（2019 年 10 月 31 日中国共产党第十九届中央委员会第四次全体会议通过）［N］．人民日报，2019-11-06（01）．

④ 中共中央关于坚持和完善中国特色社会主义制度　推进国家治理体系和治理能力现代化若干重大问题的决定（2019 年 10 月 31 日中国共产党第十九届中央委员会第四次全体会议通过）［N］．人民日报，2019-11-06（01）．

⑤ 中共中央关于坚持和完善中国特色社会主义制度　推进国家治理体系和治理能力现代化若干重大问题的决定（2019 年 10 月 31 日中国共产党第十九届中央委员会第四次全体会议通过）［N］．人民日报，2019-11-06（01）．

三、新一轮党和国家机构改革的着力点[①]

党的十八大以来，以习近平同志为核心的党中央把深化党和国家机构改革作为推进国家治理体系和治理能力现代化的一项重要任务，统一部署、统一推进，迄今共进行了三次机构改革，分别为2013年的第七次、2018年的第八次和今年启动的第九次机构改革，大体延续了每五年进行一次机构改革的惯例。2023年3月，新一轮（第九次）国务院机构改革拉开序幕。

（一）新一轮机构改革方案的形成

2023年2月26日至28日，中国共产党第二十届中央委员会第二次全体会议在北京成功召开。会议审议并通过了党和国家机构改革方案，该方案是在充分征求意见的基础上而形成的。与此同时，会议同意将党和国家机构改革方案中的国家机构改革部分，在法定程序下提交党的十四届全国人大一次会议审议。2023年3月7日，党的十四届全国人大一次会议进行了第二次全体会议。在会议上，与会代表审议了《国务院关于提请审议国务院机构改革方案的议案》。随后，2023年3月10日，2 900多名全国人大代表在人民大会堂大礼堂通过表决器的形式进行了投票表决，正式通过了关于国务院机构改革方案的决定，并批准了这一方案的实施。这标志着党的十八大之后第九次国务院机构改革正式启动。

（二）新一轮机构改革的目标和指导思想

新一轮机构改革的目标是：通过对重点领域机构职责的优化和调整，进一步深化党和国家机构改革，实现“构建系统完备、科学规范、运行高效的党和国家机构职能体系”[②]。

新一轮机构改革的指导思想是：“以习近平新时代中国特色社会主义思想为指导，以加强党中央集中统一领导为统领，以推进国家治理体系和治理能力现代化为导向，坚持稳中求进工作总基调，适应统筹推进‘五位一体’总体布局、协调推进‘四个全面’战略布局的要求，适应构建新发展格局、推动高质量发展的需要，坚持问题导向，统筹党中央机构、全国人大机构、国务院机构、全国政协机构，统筹中央和地方，深化重点领域机构改革，推动党对社会主义现代化建设的领导在机构设置上更加科学、在职能配置上更加优化、在体制机制上更加完善、在运行管理上

① 陈振明．党和国家机构改革与国家治理现代化——机构改革的演化、动因与效果［J］．行政论坛，2023，30（05）：57-65.

② 中共中央关于深化党和国家机构改革的决定［J］．实践（思想理论版），2018,(4)：10—15.

更加高效。”①

（三）新一轮机构改革的重心与举措

新一轮机构改革着眼于转变政府职能、加快建设法治政府，具体包括十三个方面的改革内容。改革重心是加强科技发展、金融监管、数据管理、乡村振兴、知识产权、老龄工作等重点领域的机构职责优化和调整，为全面建设社会主义现代化国家、全面推进中华民族伟大复兴提供有力保障。在党中央机构改革方面，组建了中央金融委员会、中央金融工作委员会、中央科技委员会、中央社会工作部和中央港澳工作办公室等5个新机构，是党中央职能部门的一次重磅改革。经过此次改革，除了国务院办公厅以外，国务院设置组成部门仍为26个。

在科技发展方面。2023年，中共中央、国务院印发的《党和国家机构改革方案》（以下简称2023年《方案》）提出，组建中央科技委员会，并重新组建科技部，原科技委办事机构的职责由重组后的科技部整体承担。这不仅彰显了党中央对科技工作统一领导的作用，而且大大增强了科技工作的重要性，既有助于各个部委各司其职、互相配合，形成工作合力，也有助于推进关键核心技术攻关。党的十二大报告提出，要“健全新型举国体制”“坚决打赢关键核心技术攻坚战”②。在新一轮机构改革中，加强科学技术领域机构职责的优化和调整，旨在更好地应对科学技术尤其是数智科技发展面临的机遇与挑战，构建新型科技创新举国体制，破解科技“卡脖子”难题，以科技创新与发展推进中国式现代化。

在金融监管方面。党的二十届二中全会提出：“有效防范化解重大经济金融风险，守住不发生系统性风险的底线。”③ 在新一轮机构改革中，新组建的两大“重磅”委员会——中央金融委员会、中央金融工作委员会，便是要在打造金融管理新架构的基础上，坚决高质量完成“有效防范化解重大经济金融风险”这一重大考题，重塑金融监管体系。新冠肺炎疫情发生后，全球粮食危机、政治危机、军事冲突、社会稳定及引发的全球经济危机风险概率与日俱增，世界正面临比以往更严重的危机，一场大风暴正在形成，所有问题交汇在一起，气候、能源、粮食、经济衰退等的风险加大。受新冠肺炎疫情等因素的影响，当前我国的经济增长乏力，经济

---

① 中共中央国务院印发《党和国家机构改革方案》［N］．人民日报，2023-03-17（01）．

② 习近平．高举中国特色社会主义伟大旗帜　为全面建设社会主义现代化国家而团结奋斗——在中国共产党第二十次全国代表大会上的报告（2022年10月16日）［N］．人民日报，2022-10-26（01）．

③ 中共二十届二中全会在京举行　中央政治局主持全会　中央委员会总书记习近平作重要讲话［N］．人民日报，2023-03-01（01）．

恢复的基础尚不牢固，需求收缩、供给冲击和预期转弱等三重压力仍然较大；外部环境动荡不安，给我国经济带来的影响加深；经济体制和经济结构的深层次问题和矛盾依然突出；重大经济金融风险尤其是区域性、系统性金融风险、地方政府债务风险、房地产市场风险以及规模性返贫的风险加大，统筹推进经济社会发展的任务繁重艰巨。中央金融委员会的中央金融工作委员会的成立，是加强金融风险管理、应对金融风险的重要举措。

在数据管理方面。面对数字经济时代的挑战，在新一轮机构改革中组建了国家数据局，这既有利于优化数据管理体制，也有利于形成有效的目标约束机制①。实际上，在国家层面的机构改革决定组建国家数据局之前，我国部分省市已经设置了一些与数据相关的机构部门②，在地方层面设立大数据管理局最早出现在 2014 年，以广东省为首，截至目前，在省级层面已有 19 个省、直辖市和自治区成立了大数据管理局。从 2021 年 1 月上海数据交易所成立和 2022 年 12 月发布的《中共中央国务院关于构建数据基础制度更好发挥数据要素作用的意见》提出的“数据二十条”，到 2023 年年初 ChatGPT 的大火，再到组建国家数据局，这表明了加快构建数据基础制度势在必行，而 ChatGPT 的多用途拓展和百度文心一言的开启试用，使得国内数智化话题的热度持续升高。国家数据局的组建，实现了国家对于数字经济和数据要素的“政出一门”，是集中关键战略要素、做强做优做大数字经济、充分实现数据要素价值的关键措施。

另外，在新一轮机构改革中，中央社会工作部的组建受到了广泛关注。中央社会工作部将负责统筹信访、党建引领基层治理和基层政权建设、社会工作人才队伍建设、志愿服务管理等工作。其成立对于社会稳定和社会发展以及激发社会活力具有重大意义。中央社会工作部的职责此前分散在不同的部门，如今整合到一起，有利于进一步做好各个领域的党建工作。例如，在作为国家治理基石的基层治理实践中，长期以来，存在组织部门、政法部门、民政部门的职责交叉重叠以及党建引领基层治理和基层政权建设职责分工不够明确等问题，而中央社会工作部作为党中央职能部门，切实发挥统筹推进党建引领基层治理和基层政权建设的作用，将有效解决基层治理中的突出问题，全面提升基层治理成效。

中央社会工作部的“社会工作”已超越了作为社会学专业术语的“社会工作”，涵盖人民信访、建议征集、行业协会商会、民营企业及两新组织和新就业群体党建

---

① 李爱君．组建国家数据局释放哪些关键信号［J］．人民论坛，2023，(9)：54—58.

② 李爱君．组建国家数据局释放哪些关键信号［J］．人民论坛，2023，(9)：54—58.

工作、社会工作人才队伍建设以及基层治理等方面的内容，可以说是一个具有中国特色的社会工作范畴。在某种意义上说，更接近“社会治理”的概念。

近年来，北京市、上海市、广东省等不少省市都成立了社会工作委员会。组建中央社会工作部，既有利于将地方经验总结提炼并上升到中央层面，也有利于进一步自上而下地全面推动社会工作。与此同时，省、市、县等三级党委也开始组建社会工作部门，并将其职责相应地划入同级党委组织部门“两新”工委（非公有制经济组织和社会组织工作委员会）的职责范围中。这必将推进社会工作上下一贯地全面协同，促使地方社会工作得到更好的统筹协调。

在新一轮机构改革中，全国人大增设全国人大常务委员会代表工作委员会；全国政协优化界别设置，增设“环境资源界”，将“中国共产主义青年团”和“中华全国青年联合会”合并。

四、党和国家机构改革的成效[①]

2023 年 2 月 21 日召开的中共中央政治局会议对深化党和国家机构改革成效做了总结。会议指出：“党和国家机构职能实现系统性、整体性重构，为党和国家事业取得历史性成就、发生历史性变革提供了有力保障，也为继续深化党和国家机构改革积累了宝贵经验。”[②] 概括而言，我国机构改革取得的成效主要体现在四个方面：

一是党和国家机构实现了系统性和整体性重构。这主要体现在中央和地方各级各类机构改革的整体推进，以及党的领导体系、政府治理体系、武装力量体系和群团工作体系的重构与健全。新一轮机构改革更是系统性地增强了党的领导力、政府的执行力、武装力量的战斗力以及群团组织的活力，并初步建立了适应新时代要求的党和国家机构职能体系的主要框架。这一改革为完善和发展中国特色社会主义制度，推进国家治理体系和治理能力现代化提供了有力的组织保障。通过各个领域的整体性推进和重构性健全，我国的党和国家机构日益适应新时代的需求，为实现中国式现代化创造了有利条件。这一过程的推动，不仅是我国政治体制改革的重要方面，而且对于国家治理能力的提升和社会进步具有重要意义。

---

① 陈振明．党和国家机构改革与国家治理现代化——机构改革的演化、动因与效果［J］．行政论坛，2023，30（5）：57—65.

② 中共中央政治局召开会议　决定召开二十届二中全会　中共中央总书记习近平主持会议［EB/OL］．（2023-02-21）［2023-06-18］．https：//news. cctv. com/ 2023/02/21/ ARTI9gWUzXvpXxnF8R5udqoc230221. shtml.

二是全面重构与转变了政府职能。党的十八大以来，以习近平同志为核心的党中央高度重视“放管服”改革与营商环境优化工作，并提出了明确要求。我国通过全面深化改革，推进“放管服”与营商环境优化，极大激发了市场活力和社会创造力。机构改革扭住转变政府职能这个“牛鼻子”，简政放权、放管结合、优化服务“三管齐下”，中央和地方上下联动，取得了显著成效。

三是政府服务能力和水平显著提升。这突出地表现在营商环境的不断优化上。可以说，我国营商环境评价在世界排名的直线上升是政府改革与治理成效的集中体现。2019 年，世界银行中国局局长芮泽（Martin Raiser）表示，“中国为改善中小企业的国内营商环境作出了巨大努力，保持了积极的改革步伐，在多项营商环境指标上取得了令人赞许的进步”①。

四是积累了丰富的机构改革经验。深化党和国家机构改革是推进国家治理体系和治理能力现代化的重要举措，改革的经验在于始终坚持党的全面领导、以人民为中心、优化协同高效和全面依法治国的原则；坚持不立不破、先立后破，始终坚持中央和地方一盘棋的思维，确保改革各项举措的协调性；坚持改革与法治相统一、相协调，使改革的每一步都在法律框架内有序进行；坚持将思想政治工作贯穿整个改革过程之中。这一系列的原则和经验，为我国机构改革提供了有力的指导，奠定了坚实的基础。

第三节　政府改革的价值选择与范畴

一、改革是最大的红利

为什么说，改革是中国最大的红利呢？对此，可从两方面加以说明。

第一个方面，从历史来看，改革曾为中国带来了最大红利，正因为在 40 多年前开启了以放权让利为主要特征的改革，并从过去的“以阶级斗争为纲”转到“以经济建设为中心”，中国的发展进入了一个全新的时代，即改革开放时代。改革释放出了十多亿人口的致富冲动，它不仅解放了生产力，使中国实现了经济总量“超英赶美”目标，也极大地解放了人们的思想，使人们走出被禁锢和封闭的状态，从而

① 世行：中国大力推进改革营商环境改善连续两年排名全球前十［EB/OL］.（2019-10-24）［2023-06-12］. https：//cn. chinadaily. com. cn/a/201910/24/WS5db167caa31099ab995e7a35. html.

使中国融入人类文明发展的主流。这后一点尤其重要，它是中国继续前进的基础。

可见，中国在过去的40余年，之所以能从一个贫困落后和封闭的国家成长为如今的世界第二大经济体，完全得益于改革开放。没有改革开放，便不可能有今天的社会生活和人的自由。

但是，改革曾为中国带来最大红利是否意味着它今后还会继续为中国带来红利？这正是我们需要讲到的第二个方面，即从现实和中国所要实现的目标来看，“让人民过上更加美好的生活，必须通过改革开放”。之所以有这种看法，是基于前40年改革和发展的经验，同时也是由中国的改革思路所决定。从中国的改革实践看，我们采取的是一种务实的渐进改革思路，先从一些好改的、容易改的做起，把难改的、风险大的改革留在后面，待时机成熟再改。由于人们对“时机成熟”的判断不一，加之在改革中滋生了很多既得利益者（这些既得利益者原来也是改革者，但有了既得利益后，就不愿继续改革了，成为进一步改革的阻碍力量），就使得问题被积累下来，改革难以深入推进，“深水区”迟迟无法走出，制度的效应发挥不出来，这就是我们当下所处的状态。

然而，它也说明，改革一旦突破了原来的桎梏，就会迎来一片新的天地，中国社会的发展就会走上一个新的台阶，改革的制度红利就会像40多年前开启改革一样，重新爆发甚至比那时爆发的力度更大，从而在人口红利因素弱化后确保中国社会主义现代化强国的全面建成。

当然，要使改革重新发挥如此效用，必须校正改革的航向，以公平正义作为深化改革的原则和方向。民心思改革，是改革的最大动力。但人们思的是公平公正的改革，而不是各种掠夺人民福利的“伪改革”“歪改革”。假如百姓能够在改革中得到基本的公平权利，所有的企业都能在公平的市场环境中平等竞争，各种特权能够得到最大限度的约束和抑制，人们怎么会不赞成、不支持这样的改革呢？社会的积极性和创造力自然就会勃发出来。

所以，倘若说改革是中国最大的红利，前提乃是改革必须公平正义。唯有如此，被腐败和既得利益等钳制的“改革红利”才会被充分释放出来。因此，公平、正义应该成为未来中国政府改革的核心价值取向。

二、政府改革的价值取向

20世纪80年代以来，政府改革浪潮席卷整个世界。国内外学者都对这场运动提出了自己的理解。这些内容对于我们重新审视当下的政府角色具有重要的启示意义。但是，任何政府改革都与价值观念的变革相联系。这种价值观念的变革对于整个行政体系具有更为重要的作用。当代政府改革的应然价值取向主要包括：政府应是促进者、政府应实行结果导向、政府应以公民为本、政府应实行分权导向、政府应有现代行政精神。这些价值取向对于中国的政府改革具有启发作用。

（一）政府应是促进者

政府改革的首要问题，是政府的角色定位。如何在政府、市场、社会三者互动中把握政府的“进”“退”，划分政府作用边界，是政府改革的核心问题。但是，政府角色问题历来是人们争议不断的问题，因为“根本就不存在什么独立的、客观的方式可以来确定政府的理想规模或界定公共部门的活动范围。社会中的公共部门是其公民思维的产物。”

各国政府的改革，首先都是帮助政府明确其基本目标，精简那些不再服务于基本目标的职能。行政体制的变革，不仅仅是政府结构与功能的变化，更重要的是政府自身的关键使命，即政府主要“涉及的是掌舵职能，而不是划桨职能；是关于做正确的事，而不是正确地做事。”这样才有利于体制的总体目标的实现和改进绩效，有助于增进政府所承担的最重要职能——为整个社会取得更佳结果掌舵。正如德鲁克曾经指出，成功的组织是把高层管理和具体操作分开，这样就可以使高层管理者集中精力进行决策和指导。

20世纪80年代以来，西方各国虽然在政治制度和文化传统等方面存在着差异，但它们大多都倾向于将政府职能的市场化作为其改革的重要举措，体现为“政府的后退、放手，市场价值的回归、利用”。具体地说，就是减少政府对市场的干预，对大部分国有企业实行民营化改革，将提供公共产品（服务）的部分政府职能转交给私营部门和第三部门，以达到减轻政府财政负担，提高公共服务质量和效率，增进社会公共利益的目的。

在此过程中，“政府的角色正在发生变化，正变得越来越像一个促进者而不是一个生产者”“政府越来越经常地扮演催化剂的角色，即规定自己的任务是确定问题的范围和性质，然后把各种资源手段结合起来让他人去解决这些问题。”

（二）政府应实行结果导向

在原有的官僚体制中，“人们过去经常不去考虑公共部门生产了什么产品、质量如何、谁将得到奖惩以及谁是一个优秀的工作人员。在任何情况下，行政官员都不必担心自己的工作绩效，因为其工作就是执行命令。”官员们只需维持现状就可以获得稳定的回报，结果不会给官员带来任何影响。一般来说，传统的政府管理实践中有两大倾向：投入导向和规则导向。投入导向意味着对投入的关注胜于对效果的追求。而“由于不衡量效果，也就很少取得效果。因为，当根据投入给公共机构拨款时就几乎没有必要去争取改善业绩。”规则导向的结果是束缚了管理者的手脚，导致低效、浪费、消极服从意识和目标置换。默顿曾指出，当规则变化得比结果更重要时，必然产生官僚制的功能失调：“参与者对组织规则的内在化日益加强。最初为实现组织目标设计的规则采取了与组织目标无关的积极的价值观。”简言之，在官僚制的行政文化中，程序埋没了目标，过程压倒了结果，投入代替了产出，规则取代了使命。这样导致了政府活动的低效，公共服务的劣质。

对此，合理解决之道在于打破官僚政府公共垄断的特点，以自我驱动的动力机制为主要特征，引入竞争，建立一种以绩效为基础的激励机制。对政府的业绩进行必要的测量，遵循按照业绩付款和业绩管理的原则。概括地说，就是结果导向，关注使命和组织的实现，着眼于终极产品和实际社会效果；就是政府的主管部门向结果负责，权力获取与权力行使的目标和结果密切挂钩。为绩优组织引入奖励，而对绩差组织实施惩罚。这样，就为公务员提供强大的激励因素，以提高其绩效。

胡德在概括 OECD 国家新公共管理实践时也曾提出政府管理应实行结果导向：(1) 明确的绩效规范和绩效评估，科学界定组织目标和组织各部门、各单位的目标，并将其转化为明确的、可衡量的指标，最好是量化指标。实行这一管理模式主要原因是良好的响应性要求清晰的目标界定，而高效率的组织运作需要严格的目标管理。(2) 进一步强调输出控制，实行绩效导向的资源配置和报酬管理制度。实行这一模式的原因是需要强调结果，而不是程序。哈佛大学教授巴达赫指出，作为当代政府改革的实践指南，新公共管理“最核心的观点是为结果而管理，而不是努力去完成那些被期望做的事”。

（三）政府应以公民为本

以公民为本是一种政府管理的目标模式，也是对政府管理本质、政府职能作用的本质概括。长期以来，公共管理者和雇员只是对公共组织中的上级负责，这样就影响了公共服务的质量。

在这场改革浪潮中，很多国家都强调公共部门的“顾客导向”，将服务对象视为“顾客”。顾客战略认为，质量只有由顾客来决定。顾客有权选择公共服务的提供者，公共组织必须达到顾客服务标准。为此，必须把受机构驱使的政府倒转过来，赋予顾客选择公共服务提供者的权力，建立一套顾客驱使制度，形成纵向对上司负责，横向对顾客负责的局面。

英国梅杰政府的“公民宪章”运动就是实施顾客战略的典范。“公民宪章”将政府公共部门服务的内容、标准、责任等公之于众，接受公众监督，以此提高服务水平和质量。它确定的对顾客负责原则增加了公共组织改进绩效的压力，为民选官员、公共管理者和雇员提供不能忽视的信息，即顾客对具体的政府服务及其行为结果的满意度，而且还为公共组织设定了一个必须达到的正确目标——提高顾客满意度。

虽然将政府与公民关系比作企业与顾客的观点一直受到学者们的质疑，但是，顾客导向所凸显的以公民为中心，倾听公民的呼声，响应公民的需求，“要求政府机构重视国民意愿，接受大众监督，要求政府以实现一定的社会目的为一切行政行为的出发点，以国民利益为一切行政行为的价值标准”，体现的是对公共利益的尊重。至少在这一点上值得肯定。因此，政府以民为本、追求公共利益，是政府改革的应有价值取向之一。

（四）政府应实行分权导向

“50 年前，权力集中的机构是必要的。我们别无选择。当时的信息技术还呈现原始状态，不同地方之间的交流很缓慢，公共机构雇员的教育程度相对很低。”但是，现在情形变了，“分权的机构有许多优越性：比集权的机构有更多的灵活性，对于情况和顾客需求的变化能迅速做出反应；比集权的机构更有效率；比集权的机构更具创新精神；分权机构产生更高的士气、更强的责任感、更高的生产率。”因此，这颠覆了官僚制度与集权控制的信条，通过减少层级和授权，给予基层行动的自主权。

英国的公共管理专家费利耶在概括新公共管理内涵时，将分权模式作为四种模式之一。他指出，组织的分散化、分权趋势、弹性结构和模式、脱离标准化的组织体制等，体现了 20 世纪最后 25 年组织发展的新趋势。这种新的组织形式以垂直整合组织形式的解体和组织灵活性的日益加强为特征，大型的组织缩小规模、合同承包越来越多地被采用，并分散为更具有自主性的商业单位。美国的公共管理学家彼得斯也在《政府未来的治理模式》一书中提出，应该用参与型政府模式来改造传统的等级制结构，实行分权，构建扁平型组织。从各国的实践来看，分权化改革适应了全球经济一体化趋势，分权化、扁平化已成为政府发展的趋势之一。

（五）政府应有现代行政精神

传统的官僚体制用复杂的规范来塑造公共雇员的行为，“官僚文化——这种文化倾向于回避风险与责任、出现问题就指责他人、循规蹈矩、满足于远非高质量的结果并抵制变革——控制着整个政府组织。”长此以往，造成了一种公共雇员胆小怕事、相互推诿以及自我保护的文化。“企业型政府”理论认为，必须从深层次的组织文化角度，从雇员的价值观、行为规范、态度及期望值等方面，使企业家精神内化在组织中。

现代政府应该由一群富有企业家精神的公共管理者组成，他们能够创造性地运用各种管理方式或手段，使僵化的官僚体制富有活力和效率。19世纪法国经济学家萨伊认为，所谓的企业家精神就是应用创新的方法使用资源，使生产力及效用最大化。20世纪50年代，经济学家熊彼特认为，经济发展的原动力在于“企业家精神”，即创新。J. W. Doig，E. C. Hargrove在《领导与创新》中指出，公共部门中的企业型领导，他们经常展露出超凡的理性和卓越的能力，不仅能采取有效的手段以达成既定的目标，更能在过程中掌握政治情势和社会动脉。

精神层面的问题是政府改革的深层次问题，涉及到个体公务人员的内在价值观与公共组织的文化，是改革的重要部分，也往往是最困难的部分。一场改革是否有效，或者其效果是否可以长久，很重要的是看改革是否能触及精神层面，将改革的精髓内化为组织文化。虽然有学者对企业家精神提出质疑。但笔者认为，企业家精神在根本上可以理解为对现代行政精神的倡导，即主动进取、追求卓越、创新发展。在当今世界经济一体化程度日益加深、科学技术迅速发展、各国竞争日益激烈的背景下，政府的宏观公共行政能力正变得越来越重要。只有那些锐意进取、追求出色能力的、不断实施制度创新的政府，才有可能获得国民的支持，进而获得国家的竞争优势。

三、中国政府改革的范畴

国家的双重属性和双重职能构成了行政改革的两个层面问题，即法理和法律与管理思想和技术方法的问题。

（一）属于第一个层面即法理与法律的主要问题有：

政府的法定地位：首先是关于行政概念问题，主要包括两个部分，一是政府在国家权力关系体系中，经由宪法和法律所规定和经由传统惯例等所确认的政府的地位问题。二是政府在社会权力关系体系中，在代表国家与除国家公共权力主体之外的各种社会权力主体的关系中，公共行政权力的属性、程度、范围、方式的定位问题。

政府的基本职能：主要是说政府应当履行什么样的职守，也可以说是政府对经济发展、社会进步、国家强盛、民族和谐、国民富足所承担责任的性质、范畴、大小。

增加公众对政府行政管理的参与：在我国，这种参与的政治方面的实质，是充分体现人民群众当家作主的主人翁地位。

（二）属于第二个层面管理思想和技术方法的主要问题有：

调整行政组织：主要表现为划分政府管理部类。

提高行政效率：主要表现为根据职能重新定位，按照分工明确、集中领导、权责一致和效率、效能的原则合理设置机构和岗位，限制和削减行政机构和行政人员。

强化首长负责制：当代政府强化首长负责制的改革方向，一是权力与责任相等，有多大的权力就必须承担多大的责任，并为此建立和固化有效的权力制衡机制；二是行政首长与决策群体相结合，表现为在为行政首长调配训练有素的辅助人员的同时，广泛使用各类专家，形成行政决策群体，而不是主张行政权限的个人化。三是政府与公民相结合，在政府集中事权的同时逐步提高政府行政行为的透明度，加强公开性，扩大政府决策过程的公众参与程度。四是应当设置综合性部门，以有效处理公地或边境事务并形成合力，减少烦琐累赘现象。

扩大行政性分权：分散行政权限的基本思想，是授予地方或区域、地区性行政首长较之现在更多的自主权，从而使他们可在其管辖范围里较为快捷地处理各种事务。

提高政府公务人员的专业化水平：由于社会分工细化，因而专业行政是行政发展的趋势。

改进行政技术：新技术革命，比如机械化、自动化、网络化、计算机控制和人工智能等，都将直接影响到政府公共行政管理的各个方面。

第四节　中国政府改革展望

一、中国政府改革与治理的基本内容①

十八大以来，作为全面深化改革的“先手棋”和转变政府职能的“当头炮”，党和国家持续推进“放管服”改革与营商环境优化，推动政府职能的根本转变，增强市场活力和社会创造力。简政放权、放管结合、营商环境优化成为十八大以来政

① 陈振明．中国政府改革与治理的目标指向和实践进展［J］．东南学术，2020（2）：36—43，246.

府改革与治理的重中之重，核心内容包括密切联系的两个方面：一是优化政府机构及职能配置；二是处理好政府、市场与社会关系。而优化营商环境已经成为我国“放管服”改革的着力点与转变政府职能的落脚点。近年来，党中央和国务院高度重视营商环境优化工作。习近平总书记在不同场合反复指出优化营商环境的重要性，强调“营商环境是企业生存发展的土壤”“营造国际一流营商环境”“以优化营商环境为基础全面深化改革”。2018、2019年的《政府工作报告》中指出：“优化营商环境就是解放生产力、提高竞争力”，“激发市场主体活力，着力优化营商环境”。2019年9月19日，国务院办公厅发布《关于做好优化营商环境改革举措复制推广借鉴工作的通知》，要求全国复制推广京沪两地优化营商环境改革举措。目前从中央到地方，各级政府都将优化营商环境作为政府施政重点之一。

（一）深化政府机构改革①

政府机构改革旨在通过政府机构优化、权力配置、职能转变、流程再造、管理技术创新等方式，提高政府运行效率，增强政府治理能力。党的十八大报告以及十八届三中全会通过的《关于全面深化改革若干重大问题的决定》中有关深化政府机构改革内容包括完善坚持党的全面领导的制度，优化政府机构设置和职能配置，统筹党政军群机构改革，合理设置地方机构，推进机构编制法定化等。在机构设置和职能配置方面，强调统筹设置党政机构，优化政府机构设置和职能配置，推进简政放权，完善市场监管和执法体制，完善公共服务管理体制，改革自然资源和生态环境管理体制，强化事中事后监管，全面提高政府效能，建设人民满意的服务型政府。2013年3月，根据国务院颁布的《国务院机构改革和职能转变方案》，按照大部制改革的基本思路，对相关部门进行整合与重组，组建国家卫生和计划生育委员会、国家食品药品监督管理总局、国家新闻出版广电总局，重组国家海洋局、国家能源局等，改革后正部级机构减少了4个，组成部门减少了2个，国务院组成部门降为25个。2018年以来的机构改革，包括新一轮的2023年的改革，则是一场系统性、整体性、重构性的深刻变革，从完善坚持党的全面领导制度、合理配置宏观管理部门职能、完善党政机构布局、赋予省级及以下机构更多自主权等方面着手进行。总体而言，近年来国务院及地方政府机构改革得以顺利实施。

---

① 陈振明．中国政府改革与治理的目标指向和实践进展［J］．东南学术，2020（2）：36—43，246.

（二）围绕政府与市场关系的改革①

政府与市场关系改革的实质就是政府向市场放权，发挥市场在资源配置中的决定性作用和更好地发挥政府作用。十八大以来，我国政府主要通过深化行政审批制度改革、工商登记制度改革和建立清单式管理制度等方式来进行，力求实现政府简政放权，优化营商环境，激发市场主体活力。

一是行政审批制度改革。我国行政审批制度改革全面启动于 2001 年。2001 年 9 月国务院下发《关于成立国务院行政审批制度改革工作领导小组的通知》（国办发〔2001〕71 号），成立了行政审批制度改革工作领导小组。同年 10 月，国务院下发《国务院批转关于行政审批制度改革工作实施意见的通知》（国发〔2001〕33 号）。

深化行政审批制度改革是十八大以来党中央国务院部署的重要改革。这一改革成为转变政府职能、简政放权的重要抓手和突破口。2015 年 1 月 7 日，国务院召开年度第一场常务会议，重点讨论的是规范和改进行政审批的措施问题。2015 年 2 月，国务院印发了《关于规范国务院部门行政审批行为改进行政审批有关工作的通知》，强调加快转变政府职能，坚持依法行政，推进简政放权、放管结合，规范行政审批行为、提高审批效率，激发市场社会活力、营造公平竞争环境，减少权力寻租空间、消除滋生腐败土壤，确保行政审批在法治轨道运行，进一步提升政府公信力和执行力，建设创新政府、廉洁政府和法治政府。

2018 年 5 月，中共中央办公厅、国务院办公厅印发《关于深入推进审批服务便民化的指导意见》，推广六个地方探索的先进经验。这六个典型案例分别是浙江省“最多跑一次”、江苏省“不见面审批”、上海市优化营商环境、湖北省武汉市“马上办网上办一次办”、天津市滨海新区“一枚印章管审批”、广东省佛山市“一门式一网式”。

二是商事登记制度改革。党的十八届二中全会明确提出推进工商登记制度改革。《国务院机构改革和职能转变方案》提出工商登记制度改革的三个方面内容：一是将“先证后照”改为“先照后证”；二是将注册资本实缴登记制改为认缴登记制；三是放宽工商登记其他条件。2015 年国务院办公厅发布了《关于加快推进“三证合一”登记制度改革的意见》（国办发〔2015〕50 号），决定从 2015 年 10 月 1 日开始，在全国全面实行“三证合一、一照一码”登记模式。2016 年 7 月 29 日，国家工商总局等五部门联合下发通知，要求加快推进“五证合一、一照一码”改革，确

---

① 陈振明．中国政府改革与治理的目标指向和实践进展［J］．东南学术，2020（2）：36—43，246.

保 10 月 1 日起在全国范围内实施。2019 年 11 月，国务院下发《关于在自由贸易试验区开展“证照分离”改革全覆盖试点的通知》（国发〔2019〕25 号），决定在全国各自由贸易试验区对所有涉企经营许可事项实行清单管理，率先开展“证照分离”改革全覆盖试点。

三是建立清单管理制度。清单管理制度也称“权责清单制度”。2014 年 5 月 9 日，习近平总书记在参加河南省兰考县委常委班子专题民主生活会的讲话中指出：“执政党对资源的支配权力很大，应该有一个权力清单，什么权能用，什么权不能用，什么是公权，什么是私权，要分开，不能公权私用。”2015 年的《政府工作报告》中指出，要制定市场准入负面清单，公布省级政府权力清单、责任清单，切实做到法无授权不可为、法定职责必须为；地方政府对应当放给市场和社会的权力，要彻底放、不截留，对上级下放的审批事项，要接得住、管得好。2015 年 3 月 23 日，中共中央办公厅、国务院办公厅发布了《关于推行地方各级政府工作部门权力清单制度的指导意见》。2015 年 12 月 9 日，中央深改领导小组第十九次会议审议通过了《国务院部门权力和责任清单编制试点方案》。2018 年底，经中共中央、国务院批准，国家发展改革委、商务部发布了《市场准入负面清单（2018 年版）》；2019 年版市场准入负面清单再缩减，在保持原有框架不变的基础上，进一步缩短了清单长度、减少了管理措施、优化了清单结构。

清单式管理主要包括四张清单：一是权力清单——法无授权不可为，即政府按照法定职责和“三定”方案，梳理和界定政府权力边界，并按照行权基本要素，将梳理出来的权力事项进行规范化，以列表清单形式公之于众；二是责任清单——法定职责必须为，即以权定责，明确部门间的职责边界，明确权责关系，有权必有责、用权受监督、失责必追究；三是负面清单——法无禁止即可为，即政府以清单方式明确列出禁止和限制企业投资经营的行业、领域、项目等；四是监管清单——针对问题多发领域与关键环节，厘清部门监管职责，解决“谁来监管”“怎么监管”和“标准是什么”等问题。

（三）围绕政府与社会关系的改革

政府与社会关系改革的实质就是政府向社会放权，激发社会组织及居民等社会主体的参与活力。改革的主要内容包括：

一是政府购买社会服务。政府购买社会服务主要着眼于削减或转移职能，实现政府职能向社会领域分权，是政府利用财政资金，采取市场化、契约化方式，面向具有专业资质的社会组织、企业、事业单位购买服务的一项重要制度安排。2013 年

7 月 31 日，李克强总理主持召开国务院常务会议，研究推进政府向 8 社会力量购买公共服务，提出将适合市场化方式提供的公共服务事项交由具备条件且信誉良好的社会组织、机构和企业等承担。2013 年 9 月 30 日《国务院办公厅关于政府向社会力量购买服务的指导意见》（国办发〔2013〕96 号）发布，标志着这项工作的全面启动。2016 年 6 月，为加强对有关工作的组织领导和政策协调，国务院决定成立政府购买服务改革工作领导小组（《国务院办公厅关于成立政府购买服务改革工作领导小组的通知》，国办发〔2016〕48 号）。2014 年 4 月 30 日厦门市出台了《关于推进政府购买服务工作的实施意见》，全面推广政府购买服务试点工作，凡社会能提供的服务，各部门都尽量通过政府购买服务交由社会力量承担，这是地方购买社会服务的一个典型案例。

二是探索社区治理新模式。2017 年 6 月发布的《中共中央国务院关于加强和完善城乡社区治理的意见》提出建立基层党组织领导、基层政府主导的多方参与并共同治理的城乡社区治理体系。2019 年 6 月，中共中央办公厅、国务院办公厅印发了《关于加强和改进乡村治理的指导意见》，提出推进乡村治理体系和治理能力现代化，建立健全党委领导、政府负责、社会协同、公众参与、法治保障、科技支撑的现代乡村社会治理体制，健全党组织领导的自治、法治、德治相结合的乡村治理体系，构建共建共治共享的社会治理格局。十八大之后，各地积极探索“党委领导、政府负责、社会协同、公众参与、法制保障”五位一体的基层治理新模式，构建基层治理新格局，强化区域化党建引领，实行多元主体共治，力求形成政府综治、社区共治和居民自治三个体系交融互动的治理机制。① 作为探索社区治理新模式的一个样本，深圳市龙华区民治街道北站社区在探索党建引领社区及基层善治、居民有序参与社区治理，构建符合新时代要求的社会治理共同体等方面取得了经验，获得了习近平总书记的点赞。2018 年 10 月 24 日，习近平总书记在北站社区视察时指出，要把更多资源、服务、管理放到社区，为居民提供精准化、精细化服务，切实把群众大大小小的事办好；要坚持依靠居民、依法有序组织居民群众参与社区治理，实现人人参与、人人尽力、人人共享。②

三是培育发展社会组织。壮大社会组织的力量，提高社会组织的能力是完成社

① 南翔镇，沈依依．探索居民自治新模式，走出基层善治新路径［EB］．人民网，http：//sh.people.com.cn/n/2015/1128/c373959-27201766.html.

② 习近平在广东考察时强调：高举新时代改革开放旗帜把改革开放不断推向深入［EB］．人民网，http：//politics.people.com.cn/n1/2018/1026/c1024-30363434.html.

会转型的重要条件，是政府职能转变和权力下放的基础。广东省培育发展社会组织的工作起步较早。2009年广东省在全国率先出台《关于开展政府购买社会组织服务试点工作的意见》，试行政府向社会组织购买服务工作。2012年，广东省人民政府办公厅印发了《政府向社会组织购买服务暂行办法的通知》和《2012年省级政府向社会组织购买服务目录（第一批）》。2016年12月，为了促进社会组织健康有序发展，民政部发布了《关于通过政府购买服务支持社会组织培育发展的指导意见》。2018年1月，民政部印发了《关于大力培育发展社区社会组织的意见》（民发〔2017〕191号），按照建立社区社会组织分类扶持、分类管理机制的思路，提出了培育发展社区社会组织的总体要求，重点解决社区社会组织管理服务不健全、培育机制不完善、作用发挥不明显等问题。

二、中国政府改革与治理现代化的路径选择①

（一）以党的领导为根本原则，构建多元协同的治理体系

坚持党的领导是我国改革发展取得成功的重要经验，也是推动治理现代化的重要前提和保障。坚持党的全面领导，就是要发挥党的统筹协调作用，将国家治理领域的“党兴国体制”与政府治理领域的“现代政府治理体制”的发展使命有机汇聚于中国特色社会主义事业的历史新境界的创造之中②。政府治理现代化进程必须以党的领导为根本原则，发挥党总揽全局、协调各方的领导核心作用，使行政管理体制改革与市场经济体制、社会体制相适应，一体化积极稳妥推进。

（二）以政府、市场、社会的动态平衡为基本遵循，调整政府职能

政府、市场、社会有着各自不同的活动领域和运作方式。现代化的治理体系要求政府权力边界清晰、职能合理，不缺位、不错位、不越位，在合理划分治理职责的前提下积极推动各类治理资源的合理配置③。当前，我国政府治理改革的重点在于根据市场和社会发育水平，动态推进政府治理现代化。随着市场和社会发展，政府逐渐退出市场和社会领域，同时通过良好的政府治理推动市场和社会的发展进步，既要在简政放权基础上加强监管和服务，做好裁判员，又要在培养市场和社会发展中做好陪练员，形成三者之间的良性互动。在市场领域，要充分发挥市场在资

① 赵海艳．我国政府治理改革与现代化研究［J］．行政科学论坛，2021，8（11）：34—38.

② 唐亚林．新中国70年：政府治理的突出成就与成功之道［J］．开放时代，2019，（5）：34—52，5—6.

③ 杨雪冬．国家治理现代化背景下的政府治理创新［N］．学习时报，2017-03-27（06）.

源配置中的决定性作用，充分尊重市场经济规律、尊重企业主体地位，建立完善市场规则和制度体系，营造公平竞争的市场环境，运用多样化宏观调控手段，激发市场活力。在社会领域，对社会组织要放松管制、加大培育扶持力度，在登记注册、开展活动等方面给予更多支持，积极为社会组织参与公共治理搭建平台，建立政府部门与社会组织的联动对接机制，探索灵活多样的合作方案，确保有效动员社会资源。

（三）以系统性协同为基本要求，重塑组织结构①

政府治理改革是一项系统工程，需要政府组织结构和功能的整体优化，系统协同是政府组织结构重塑的基本要求。横向上，要实现政府系统内各部门之间整体联动、关系和谐，重点破解“九龙治水”的碎片化问题，破除部门间的“本位主义”思维，解决机构重叠、职责交叉，减少部门间的推诿扯皮等问题。纵向上，注重中央和地方两个积极性的充分发挥，通过经济性和行政性分权，调动地方政府的积极性，加强中央与地方各级政府的机构统筹、协同设置，探索灵活而具有弹性的结构形式。

（四）以提高治理效能为根本目标，协调运转机制

运行高效是政府治理现代化的重要标准，也是我国政府改革的主要目标。首先，要实现政府决策机制的开放性、主动回应性。政府在决策的过程中要扩大公民参与、提供线上线下多样化的参与渠道，不仅在决策方案形成后公开征求意见，而且在决策前就要充分了解民意，向公众介绍决策的前提、背景等，在决策中要充分吸纳民意，真正把民众的意见作为最终的依据。其次，要规范简化办事程序，减少办理环节和时限，提高办事效率。依托现代化信息手段推动政府流程再造，破除部门间的信息梗阻，实现程序上的无缝衔接。最后，要加强事中事后监管，减少事前审批，营造良好的监管环境，实现审管联动、管服结合，释放综合效应，提升治理效能。

（五）以民主法治和信息化为依托，创新治理方式

民主法治是现代化政府治理的基本方式。依法行政是中国特色社会主义法治体系的必然要求，现代化政府治理体系的构建必须在法治的框架下进行。这要求我们不断将改革的制度成果纳入法治轨道，不断完善现有法律法规，积极推进政府机构责任、办事程序等法定化，把政府各项工作全面纳入法治轨道。同时要求

---

① 赵海艳．我国政府治理改革与现代化研究［J］．行政科学论坛，2021，8（11）：34-38.

各级政府及其工作人员依法行政，规范执法行为，善于运用法治思维和法治方式解决经济社会发展中的问题。政府要不断丰富听证会、民意调查等协商民主形式，拓宽公众参与的渠道，扩大民主恳谈会、民主议事会等基层协商民主的范围，并通过制度保障协商的有效性，提升政府治理的合法性基础。同时，政府治理要实现与现代化信息技术的融合发展，依托大数据、云计算等推动政府治理向数字治理、智慧治理转变。

【思考题】

1. 结合改革开放以来历次政府改革的历程，谈谈中国政府改革的经验和教训。
2. 简述大部制改革。
3. 有人说“政府改革的核心问题是政府与市场的关系问题”，谈谈你的看法。
4. 结合实际，谈谈你对政府清单制的看法。

【案例】加快建设全国统一大市场[①]

2022年4月10日，《中共中央 国务院关于加快建设全国统一大市场的意见》正式对外公布。什么是统一大市场？建立全国统一的市场制度规则又有怎样的重要意义？

全国统一大市场长什么样？

关于全国统一大市场，既需要抽象定义，更需要具象认识，避免把小市场、小循环混淆为大市场、大循环。从具象上看，全国统一大市场至少具有以下几个方面的形态。

第一，交通“一张网”。全国的陆路、水路、航空、互联网等重要节点被连接起来，陆、海、空、信息等通达程度更高、更快捷。

第二，规划“一盘棋”。全国的产业布局实现通盘考虑，做到宜工则工、宜农则农、宜商则商，地区间的错位分工更合理，产业链的优势互补更明显。

第三，数据“一个库”。全国的数据格式、口径、目录、接口等被统一起来，食品追踪、药品溯源、文化旅游、交通运输、生态环境、社会信用等数据更丰富、更可及。

---

① 李猛，胡墨如．这份重磅文件提到的“全国统一大市场”是什么？怎么建？[N]．上观新闻，2022-04-12.

第四，生态“一条河”。全国的流域上游地区与下游地区普遍形成生态补偿机制，生态功能区与经济优势地区的群众携手奔向共同富裕，保护生态环境就是保护生产力、改善生态环境就是发展生产力的观念深入人心。

第五，审批“一个章”。全国的市场准入形成统一的负面清单，市场检测实现标准与结果的互认，贸易通关做到一次申报、一次查验、一次放行。

第六，生活“一张卡”。全国的医疗、养老、交通、文化等实现一卡联通、一卡结算，全国统一大市场的建设成果为全体人民看得见、够得着，以人民为中心的价值立场充分彰显。

构建大市场的载体是什么？

关于全国统一大市场，既需要明确目标，更需要明确载体，避免出现“老虎吞天，无从下口”的情况。建设全国统一大市场的过程，实质上就是合“多”为“一”的过程。其中的方法论很重要，精髓就在于“就近一致”原则，即把相互临近的板块先整合起来。这就如同玩“拼图”游戏一样，要不断地把相邻的碎片拼接起来，才能拼成统一、完整的图景。

建设全国统一大市场，要充分发挥三类空间载体的拼接功能：

第一，大都市圈。基于使市场在资源配置中起决定性作用的导向，资本、劳动力、技术、数据等要素向中心城市集聚的趋势越发明显，中心城市的龙头带动作用也日益增强。通过发展以中心城市为龙头的大都市圈，可以把中心城市和毗邻的中小城市“拼起来”。

第二，发展廊道。那些空间上距离中心城市较远的中小城市，可以借助各种类型的发展廊道融入全国统一大市场。这些廊道，包括生产廊道、贸易廊道与生态廊道等。

第三，双向飞地。那些距离中心城市较远，且不在特定发展廊道上的城市，可以借助正向飞地与反向飞地，融入全国统一大市场。其中，正向飞地是指设在相对落后一方的飞地，反向飞地是指设在相对发达一方的飞地。

已经探索了哪些新鲜经验？

关于全国统一大市场，既需要解决方法问题，更需要解决利益问题，避免陷入“台上握手，台下踢脚”的怪圈。重点要淡化“行政区经济”，构建起行之有效的区际利益分享机制。

当前，要在生态补偿、事权交易、园区共建、飞地经济、总部集团、重组并购、项目合作、技术入股、企业迁建、招商引资等方面，进一步总结、提炼中国特色社会主义伟大实践中最新鲜的利益分享经验，为完整准确全面贯彻新发展理念、加快建设全国统一大市场提供借鉴，增强动力。

【问题】

《中共中央 国务院关于加快建设全国统一大市场的意见》就全国统一大市场的建设给出了32字方针：立足内需，畅通循环；立破并举，完善制度；有效市场，有为政府；系统协同，稳妥推进。结合材料、实践与所学知识，谈谈你对上述32字方针的理解。

参考书目

[1] 夏书章．行政管理学［M］．广州：中山大学出版社，2003.

[2] 陈振明．公共管理学［M］．北京：中国人民大学出版社，1999.

[3] 陈振明．公共管理学原理［M］．北京：中国人民大学出版社，2003.

[4] 陈庆云．公共政策分析［M］．北京：北京大学出版社，2006.

[5] 张国庆．公共行政学［M］.4 版．北京：北京大学出版社，2017.

[6] 张成福，党秀云．公共管理学［M］．北京：中国人民大学出版社，2001.

[7] 周志忍．政府管理的行与知［M］．北京：北京大学出版社，2008.

[8] 张国庆，等．典范与良政——构建中国新型政府公共管理制度［M］．北京：北京大学出版社，2010.

[9] 萧鸣政．人力资源开发与管理［M］.2 版．北京：北京大学出版社，2009.

[10] 萧鸣政．人力资源开发的理论与方法［M］.2 版．北京：高等教育出版社，2012.

[11] 萧鸣政．人才评价与开发［M］．北京：北京大学出版社，2013.

[12] 竺乾威．公共行政学［M］．上海：复旦大学出版社，2000.

[13] 徐晓雯，等．行政管理学［M］．北京：经济科学出版社，2004.

[14] 包万超．行政法与社会科学［M］．北京：商务印书馆，2011.

[15] 罗豪才，湛中乐．行政法学［M］.3 版．北京：北京大学出版社，2012.

[16] 王沪宁，竺乾威．行政学导论［M］．上海：上海三联书店，1988.

[17] 邓生庆，吴军．公共行政学［M］．成都：四川人民出版社，2000.

[18] 娄成武．行政管理学［M］．沈阳：东北大学出版社，2003.

[19] 郭济．中国公共行政学［M］．北京：中国人民大学出版社，2003.

[20] 国外公共行政理论精选［M］．彭和平，等译．北京：中共中央党校出版社，1997.

[21] 伍启元．公共政策［M］．香港：商务印书馆，1989.

[22] 俞可平．治理与善治［M］．北京：社会科学文献出版社，2004.

[23] 厉以宁．西方福利经济学述评［M］．北京：商务印书馆，1984.

[24] 黄恒学．公共经济学［M］．北京：北京大学出版社，2009.

[25] 吴俊培．公共部门经济学［M］．北京：中国统计出版社，1998.

[26] 朱天飚．比较政治经济学［M］．北京：北京大学出版社，2006.

[27] 傅军，张颖．反垄断与竞争政策——经济理论、国际经验及对中国的启示［M］．北京：北京大学出版社，2004.

[28] 顾昕．中国社会安全网的制度建设［M］．杭州：浙江大学出版社，2008.

[29] 顾昕．走向全民医保：中国新医改的战略与战术［M］．北京：中国劳动社会保障出版社，2008.

[30] 路风．走向自主创新：寻求中国力量的源泉［M］．桂林：广西师范大学出版社，2006.

[31] 何俊志，任军锋，朱德米．新制度主义政治学译文精选［M］．天津：天津人民出版社，2007.

[32] 罗荣渠．现代化新论［M］．北京：北京大学出版社，1992.

[33] 董辅礽．经济发展战略研究［M］．北京：经济科学出版社，1988.

[34] 王亚南．中国官僚政治研究［M］．北京：中国社会科学出版社，1981.

[35] 孙哲．全国人大制度研究：1979—2000［M］．北京：法律出版社，2004.

[36] 何增科，等．中国政治体制改革研究［M］．北京：中央编译出版社，2004.

[37] 胡鞍钢，王绍光，周建明．第二次转型：国家制度建设［M］．北京：清华大学出版社，2003.

[38] 马俊．中国公共预算改革——理性化与民主化［M］．北京：中央编译出版社，2005.

[39] 王长江．世界政党比较研究［M］．北京：中共中央党校出版社，1996.

[40] 梁琴，钟德涛．中外政党制度比较［M］．北京：商务印书馆，2000.

[41] 徐育苗．中外代议制度比较研究［M］．北京：商务印书馆，2000.

[42] 周淑真．政党与政党制度比较研究［M］．北京：人民出版社，2001.

[43] 林尚立．当代中国政治形态研究［M］．天津：天津人民出版社，2000.

[44] 胡伟．政府过程［M］．杭州：浙江人民出版社，1998.

[45] 曹沛霖，陈明明，唐亚林．比较政治制度［M］．北京：高等教育出版社，2005.

[46] 李景鹏．中国政治发展的理论研究纲要［M］．哈尔滨：黑龙江人民出版

社，2000.

[47] 薛晓源，等．全球化与新制度主义［M］．北京：社会科学文献出版社，2004.

[48] 陈尧．新权威主义政权的民主转型［M］．上海：上海人民出版社，2006.

[49] 郭庆旺，鲁昕．公共经济学大词典［M］．北京：华夏出版社，1999.

[50] 萧超然．中国政治发展与多党合作制度［M］．北京：北京大学出版社，1991.

[51] 关海庭．中俄体制转型模式的比较［M］．北京：北京大学出版社，2003.

[52] 关海庭．20世纪中国政治发展史论［M］．北京：北京大学出版社，2002.

[53] 杜维明．现代精神与儒学传统［M］．北京：生活·读书·新知三联书店，1997.

[54] 刘泽华．中国古代政治思想史［M］．杭州：浙江人民出版社，1995.

[55] 陈哲夫，江荣海，吴丕．二十世纪中国思想史［M］．济南：山东人民出版社，2002.

[56] 高军，等．中国现代政治思想评要［M］．北京：华夏出版社，1990.

[57] 许纪霖．二十世纪中国思想史论［M］．北京：东方出版社，2000.

[58] 袁方，等．社会研究方法教程［M］．北京：北京大学出版社，1997.

[59] 风笑天．社会调查中的问卷设计［M］．天津：天津人民出版社，2002.

[60] 卢淑华．社会统计学［M］．北京：北京大学出版社，1995.

[61] 郭志刚，等．社会统计分析方法——SPSS软件应用［M］．北京：中国人民大学出版社，1999.

[62] 马克思，恩格斯．马克思恩格斯选集（1—4卷）［M］．北京：人民出版社，1995.

[63] R. J. 斯蒂尔曼．公共行政学［M］．北京：中国社会科学出版社，1989.

[64] 尼古拉·亨利．公共行政学［M］．北京：华夏出版社，2002.

[65] 格罗弗·斯塔林．公共部门管理［M］．上海：上海译文出版社，2003.

[66] 尼古拉·亨利．公共行政与公共事务［M］．北京：中国人民大学出版社，2002.

[67] 戴维·H. 罗森布鲁姆，罗伯特·S. 克拉夫丘克．公共行政学：管理、政

治和法律的途径［M］．北京：中国人民大学出版社，2002.

［68］詹姆斯·W. 费斯勒．行政过程的政治：公共行政学新论［M］．北京：中国人民大学出版社，2002.

［69］罗伯特·B. 登哈特．公共组织理论［M］．北京：中国人民大学出版社，2003.

［70］珍妮特·V. 登哈特，罗伯特·B. 登哈特．新公共服务：服务，而不是掌舵［M］．北京：中国人民大学出版社，2004.

［71］B. 盖伊·彼得斯．政府未来的治理模式［M］．北京：中国人民大学出版社，2001.

［72］F. J. 古德诺．政治与行政［M］．北京：华夏出版社，1987.

［73］E. S. 萨瓦斯．民营化与公私部门的伙伴关系［M］．北京：中国人民大学出版社，2002.

［74］劳伦斯·彼德．彼德原理［M］．北京：中国文联出版公司，1996.

［75］查尔斯·沃尔夫．市场或政府——权衡两种不完善的选择［M］．北京：中国发展出版社，1994.

［76］查尔斯·林德布洛姆．政治或市场［M］．上海：上海人民出版社，1997.

［77］拉塞尔·M. 林登．无缝隙政府：公共部门再造指南［M］．北京：中国人民大学出版社，2002.

［78］戴维·奥斯本，特德·盖布勒．改革政府：企业精神如何改革着公共部门［M］．上海：上海译文出版社，1996.

［79］戴维·奥斯本，彼得·普拉斯特里克．摒弃官僚制：政府再造的五项战略［M］．北京：中国人民大学出版社，2004.

［80］戴维·奥斯本，彼得·普拉斯特里克．政府改革手册：战略与工具［M］．北京：中国人民大学出版社，2004.

［81］丹尼尔·耶金，约瑟夫·斯坦尼斯罗．制高点——重建现代世界的政府与市场之争［M］．北京：外文出版社，2000.

［82］詹姆斯·布坎南．公共财政［M］．北京：中国财政经济出版社，1991.

［83］詹姆斯·布坎南．自由、市场与国家［M］．北京：北京经济学院出版社，1998.

［84］詹姆斯·布坎南．民主财政论：财政制度和个人选择［M］．北京：商务印书馆，1993.

[85] 埃文·M. 伯曼，等. 公共部门人力资源管理［M］. 北京：中国人民大学出版社，2008.

[86] 杰费里·梅洛. 战略人力资源管理［M］. 北京：中国劳动社会保障出版社，2004.

[87] 詹姆斯·汤森，等. 中国政治［M］. 顾速，等译. 南京：江苏人民出版社，1995.

[88] R. 麦克法夸，费正清. 剑桥中华人民共和国史［M］. 北京：中国社会科学出版社，1997.

[89] 西里尔·E. 布莱克. 比较现代化［M］. 上海：上海译文出版社，1996.

[90] 道格拉斯·C. 诺思. 经济史中的结构与变迁［M］. 上海：上海人民出版社，1995.

[91] 道格拉斯·C. 诺思. 制度、制度变迁与经济绩效［M］. 上海：上海三联书店，1994.

[92] 曼库尔·奥尔森. 国家兴衰探源［M］. 北京：商务印书馆，1993.

[93] 罗伯特·A. 达尔. 论民主［M］. 北京：商务印书馆，1999.

[94] 科恩. 论民主［M］. 北京：商务印书馆，2004.

[95] 约翰·施特劳斯. 政治哲学史［M］. 石家庄：河北人民出版社，1993.

[96] 萨拜因. 政治学说史［M］. 北京：商务印书馆，1986.

[97] 丹尼尔·F. 史普博. 管制与市场［M］. 上海：上海三联书店，1999.

[98] 列文森. 儒教中国及其现代命运［M］. 北京：中国社会科学出版社，2000.

[99] H. 奇尔科特. 比较政治学理论：新范式的探索［M］. 北京：社会科学文献出版社，2001.

[100] 塞缪尔·亨廷顿. 变革社会中的政治秩序［M］. 北京：生活·读书·新知三联书店，1989.

[101] 邓恩. 公共政策分析导论［M］. 北京：中国人民大学出版社，2002.

[102] 艾尔·巴比. 社会研究方法［M］. 北京：华夏出版社，2000.

[103] 尼尔·丁·斯梅尔塞. 社会科学的比较方法［M］. 北京：社会科学文献出版社，1992.

[104] 迈耶，等. 比较政治学：变化世界中的国家和理论［M］. 北京：华夏出版社，2001.

[105] J. 威亚尔达. 比较政治学导论：概念与过程［M］. 北京：北京大学出

版社，2005.

［106］E. 布莱克．比较现代化［M］．上海：上海译文出版社，1996.

［107］D. 帕特南．使民主运转起来［M］．南昌：江西人民出版社，2001.

［108］E. 古丁，等．政治科学新手册［M］．北京：生活·读书·新知三联书店，2006.

［109］M. 沃勒斯坦．现代世界体系［M］．北京：高等教育出版社，1998.

［110］格林，夏皮罗．理性选择理论的病症［M］．徐湘林，袁瑞军，译．桂林：广西师范大学出版社，2004.

［111］约瑟夫·斯蒂格里兹．政府经济学［M］．北京：春秋出版社，1980.

［112］安东尼·阿特金森，约瑟夫·斯蒂格里兹．公共经济学［M］．上海：上海三联书店，1994.

［113］罗宾·鲍德威，大卫·威迪逊．公共部门经济学［M］．北京：中国人民大学出版社，2000.

［114］迈克尔·麦金尼斯．多中心体制与地方公共经济［M］．北京：生活·读书·新知三联书店，2000.

［115］奥肯·阿瑟．平等与效率：重大的抉择［M］．北京：华夏出版社，1987.

［116］约翰·K. 加尔布雷斯．经济学和公共目标［M］．北京：商务印书馆，1980.

［117］桑贾伊·普拉丹．公共支出分析的基本方法［M］．北京：中国财政经济出版社，2000.

［118］施密特，谢利，巴迪斯．美国政府与政治［M］．北京：北京大学出版社，2005.

［119］霍华德·威亚尔达．新兴国家的政治发展：第三世界还存在吗？［M］．北京：北京大学出版社，2005.

［120］亚当·普沃斯基．民主与市场：东欧与拉丁美洲的政治经济改革［M］．北京：北京大学出版社，2005.

［121］斯蒂芬·海哥德，罗伯特·考夫曼．民主化转型的政治经济分析［M］．北京：社会科学文献出版社，2008.

［122］戴维·伊斯顿．政治生活的系统分析［M］．北京：人民出版社，2011.

［123］加布里埃尔·阿尔蒙德．当代比较政治学：世界视野［M］．上海：上海人民出版社，2010.

[124] 戴维·杜鲁门．政治过程——政治利益与公共舆论［M］．天津：天津人民出版社，2005.

[125] 保罗·A. 萨巴蒂尔．政策过程理论［M］．北京：生活·读书·新知三联书店，2004.

[126] 詹姆斯·G. 马奇，约翰·P. 奥尔森．重新发现制度（政治的组织基础）［M］．北京：生活·读书·新知三联书店，2011.

[127] 道格拉斯·诺斯．制度、制度变迁与经济绩效［M］．上海：上海三联书店，1994.

[128] 杰克·奈特．制度与社会冲突［M］．上海：上海人民出版社，2009.

[129] 詹姆斯·M. 布坎南，戈登·图洛克．同意的计算［M］．北京：中国社会科学出版社，2000.

[130] 威廉姆·A. 尼斯坎南．官僚制与公共经济学［M］．北京：中国青年出版社，2004.

[131] 安东尼·唐斯．民主的经济理论［M］．上海：上海人民出版社，2010.

[132] 曼瑟尔·奥尔森．集体行动的逻辑［M］．上海：上海三联书店，上海人民出版社，1995.

[133] 埃莉诺·奥斯特罗姆．公共事物的治理之道［M］．上海：上海三联书店，2000.

[134] 文森特·奥斯特罗姆．复合共和制的政治理论［M］．上海：上海三联书店，1999.

[135] 文森特·奥斯特罗姆．美国公共行政的思想危机［M］．上海：上海三联书店，1999.

[136] 劳伦斯·巴顿．组织危机管理［M］．北京：清华大学出版社，2002.

[137] 罗伯特·帕特南．独自打保龄球［M］．北京：北京大学出版社，2011.

[138] 乔恩·埃尔斯特．社会粘合剂：社会秩序的研究［M］．北京：中国人民大学出版社，2009.

[139] 罗伯特·A. 达尔．民主及其批评者［M］．长春：吉林人民出版社，2006.

[140] G. 萨托利．民主新论［M］．北京：东方出版社，1998.

[141] 戴维·赫尔德．民主的模式［M］．北京：中央编译出版社，2007.

[142] 加布里埃尔·A. 阿尔蒙德，西德尼·维巴．公民文化：五个国家的政治

态度和民主制［M］．北京：东方出版社，2008.

［143］亚当·普沃斯基．民主与市场：东欧与拉丁美洲的政治经济改革［M］．北京：北京大学出版社，2005.

［144］约翰·罗尔斯．正义论［M］．北京：中国社会科学出版社，1988.

［145］罗伯特·诺齐克．无政府、国家和乌托邦［M］．北京：中国社会科学出版社，2008.

［146］约翰·罗尔斯．正义论［M］．北京：中国社会科学出版社，1988.

［147］亚历山大·汉密尔顿，约翰·杰伊，詹姆斯·麦迪逊．联邦党人文集［M］．北京：商务印书馆，1982.

［148］罗伯特·诺齐克．无政府、国家与乌托邦［M］．北京：中国社会科学出版社，1991.

［149］理查德·R. 纳尔森．经济增长的源泉［M］．北京：中国经济出版社，2001.

［150］J. M. 阿特拜克．把握创新［M］．北京：清华大学出版社，1999.

［151］彼德·德鲁克．管理的实践［M］．北京：机械工业出版社，2006.

［152］简·莱恩．新公共管理［M］．北京：中国青年出版社，2004.

［153］米切尔·黑尧．现代国家的政策过程［M］．北京：中国青年出版社，2004.

［154］亚当·斯密．国民财富的性质和原因的研究［M］．北京：商务印书馆，1996.

［155］彼德·M. 杰克逊．公共部门经济学前沿问题［M］．北京：中国税务出版社，北京腾图电子出版社，2000.

［156］托马斯·霍布斯．利维坦［M］．北京：商务印书馆，1985.

［157］约翰·洛克．政府论［M］．北京：商务印书馆，1983.

［158］C. V. 布朗，P. M. 杰克逊．公共部门经济学［M］．北京：中国人民大学出版社，2000.

［159］罗德·黑格，马丁·哈罗普．比较政府与政治导论［M］．张小劲，丁韶彬，李姿姿，译．北京：中国人民大学出版社，2007.

［160］埃德蒙德·柏克．法国革命论［M］．北京：商务印书馆，1998.

［161］哈耶克．自由秩序原理［M］．北京：生活·读书·新知三联书店。

［162］约翰·密尔．论自由［M］．北京：商务印书馆，1998.

［163］安东尼·哈尔，詹姆斯·梅志里．发展型社会政策［M］．北京：社会

科学文献出版社，2006.

［164］孟德斯鸠．论法的精神［M］．北京：商务印书馆，1982.

［165］卢梭．社会契约论［M］．北京：商务印书馆，1998.

［166］本杰明·贡斯当．古代人的自由与现代人的自由［M］．北京：商务印书馆，1999.

［167］托克维尔．论美国的民主［M］．北京：商务印书馆，1993.

［168］让·布隆代尔，毛里齐奥·科塔．政党政府的性质——一种比较性的欧洲视角［M］．北京：北京大学出版社，2006.

［169］让·布隆代尔，毛里齐奥·科塔．政党与政府——自由民主国家的政府与支持性政党关系的探析［M］．北京：北京大学出版社，2006.

［170］尤尔根·哈贝马斯．公共领域的结构转型［M］．上海：学林出版社，1999.

［171］乌尔里希·贝克．风险社会［M］．南京：译林出版社，2004.

［172］黑格尔．法哲学原理［M］．北京：商务印书馆，1979.

［173］马克思·韦伯．民族国家与经济政策［M］．北京：生活·读书·新知三联书店，1997.

［174］罗伯特·米歇尔斯．寡头统治铁律——现代民主制度中的政党社会学［M］．天津：天津人民出版社，2003.

［175］G. 萨托利．政党与政党体制［M］．北京：商务印书馆，2006.

［176］萨尔沃·马斯泰罗内．欧洲政治思想史：从15世纪到20世纪［M］．北京：社会科学文献出版社，1998.

［177］萨尔沃·马斯泰罗内．当代欧洲政治思想［M］．北京：社会科学文献出版社，1996.

［178］柏拉图．理想国［M］．北京：商务印书馆，1995.

［179］亚里士多德．政治学［M］．北京：商务印书馆，1981.

［180］叶海卡·德罗尔．逆境中的政策制定［M］．上海：上海远东出版社，1996.

［181］汉斯·范登·德尔，本·范·韦尔瑟芬．民主与福利经济学［M］．北京：中国社会科学出版社，1999.

［182］罗伯特·希斯．危机管理［M］．北京：中信出版社，2001.

［183］欧文·E. 休斯．公共管理导论［M］．北京：中国人民大学出版社，2001.

［184］菲利普·佩迪特．共和主义［M］．南京：江苏人民出版社，2006.

［185］沟口雄三．中国前近代思想的演变［M］．北京：中华书局，1997.

［186］金麟洙．从模仿到创新——韩国技术学习的动力［M］．北京：新华出版社，1998.

后　记

本书汇聚北京工业大学、中央党校、中国人民公安大学、南京财经大学等全国近三十所高校的教师历经三年多的时间编写而成，希望能够给读者耳目一新的感觉，尤其本书对公共管理学科框架、脉络和章节内在关系的梳理部分，是很多公共管理学初学者最缺乏、最疑惑的地方，同时也是国内同类教材所没有涉及的内容。

何子维、鲁玉龙、高书平、韩文硕、苏明、陶和平、郭果等研究生在本书的编写过程中收集了大量的素材，在此表示感谢。

此外，由于时间原因和编者水平所限，本书可能存在一些不足和谬误，欢迎读者朋友来信批评、指正。作者电子邮箱：guozhengli@ bjut. edu. cn。